DR ŽIVKO MARKOVIĆ

RAD

BEOGRAD, 1989.

Dr Živko Marković
R A D

Izdavač
IRO „Naučna knjiga"
Beograd, Uzun-Mirkova 5

Recenzent
Prof. dr Predrag Radenović

Za izdavača
Dr Blažo Perović

Urednik
Nikola Dončev

Tehnički urednik
Gordana Krstić

Korektori:
Marina Bradić
Ranka Gvozdenović

Korice
Miloš Majstorović

Tiraž: 500 primeraka

ISBN 86-23-04020-6

Štampa:
Štamparija „Bakar" – Bor

SADRŽAJ

UVOD

Pod radom u najširem smislu može se podrazumevati svako kretanje materije. U prirodi je materije da se stalno kreće, i da kao rezultat tog kretanja nastaju i nestaju konkretni oblici njenog ispoljavanja, koji u svojoj ukupnosti čine jedinstvenu celinu zvanu prirodom. Za materiju se, u tom smislu, može reći da radi i da svojim radom stvara najraznovrsnije oblike prirodnih stvari i pojava. Kao univerzalni oblik ispoljavanja materije, priroda je zapravo proizvod njenog sopstvenog rada. Ali što važi za kretanje materije u celini, važi u principu i za kretanje pojednih delova materije. Nema kretanja koje ne izaziva neke promene u prirodi, i koje u tom smislu ne proizvodi neki učinak.

Kao deo materije, čovek takođe radi, i celokupno ispoljavanje njegovog bića je rezultat njegovog sopstvenog rada. Ali rad čoveka u najširem smislu, kao izvor ukupnog ispoljavanja njegovog prirodnog bića, ne svodi se na njegovu generičku aktivnost. Čovek deluje pre svega kao prirodno biće, i samo na toj opšteprirodnoj osnovi razvija se njegovo generičko delovanje kao specifičan oblik prirodnog delovanja. Ta specifičnost sastoji se u tome što generičko delovanje čoveka predstavlja svesnu aktivnost. Iako svesne aktivnosti ima i kod drugih živih bića, ona samo kod čoveka čini esenciju životne egzistencije.

Mada svesna aktivnost čoveka predstavlja jedinstveni način njegovog bitisanja, ona se jednim delom odvija spontano, a drugim delom organizovano prema unapred postavljenim ciljevima. Obično se samo ovaj drugi oblik aktivnosti tretira kao ljudski rad, mada se u tom okviru daju različita (šira i uža) odredjenja rada kao svrsishodne delatnosti. Taj oblik ljudske aktivnosti je osnovni predmet i ovog istraživanja, koje ima ambiciju da je nešto svestranije osvetli nego što se čini drugim istraživanjima.

Dosadašnja istraživanja bavila su se uglavnom pojedinim aspektima ljudskog rada, ponajviše fiziološkim, psihološkim, tehnološkim, politekonomskim i sociološkim. Pokazuje se, međutim, da se njegova suština teško može sagledati bez integralne analize koja u žižu posmatranja stavlja pre svega odnose među različitim dimenzijama rada. Ovo istraživanje je upravo na liniji multidimenzionalnog izučavanja, koje bi se daleko uspešnije moglo obavljati timskim radom, uz angažovanje istraživača specijaliziranih za izučavanje pojedinih aspekata rada. To je ovde samo delimično nadomešteno širim korišćenjem izvora u kojima se ljudski rad osvetljava sa različitih strana.

Bez obzira na mogućnosti istraživača, svestrani pristup u istraživanju ljudskog rada je nužan, jer je u pitanju složen fenomen kao što je složeno i ljudsko biće koje radi i koje se radom stvara. Ako se posmatra sa raznih strana, ljudski rad se manifestuje i kao fizička i kao intelektualna aktivnost, i kao nužda i kao neposredna životna potreba, i kao proces svrsishodnog trošenja ljudske energije i kao opredmećeni proizvod tog procesa, i kao samopotvrđivanje i kao otuđivanje čoveka. Iza ovih i mnogih drugih suprotnosti kroz koje se rad ispoljava, skriva se njegova suština, čijim se otkrivanjem istovremeno otkriva i suština čoveka.

Te suprotnosti, kroz koje se rad ispoljava, nisu neutralne, već čine neraskidivo jedinstvo koje zapravo i predstavlja rad u njegovom integralnom obliku. Štaviše, njihov sukob čini pokretačku snagu rada, iz koje izvire i njegova stvaralačka moć. Rad je to što jeste upravo zahvaljujući neprekidnoj borbi svojih polarizovanih i međusobno suprotstav-ljenih činilaca, iz koje nastaju sve promene radom pričinjene.

Polarizovani činioci rada ne samo što se istovremeno suprotstavljaju i sjedinjuju, nego se i međusobno ukidaju pretvarajući se jedan u drugog. Na taj način rad se stalno menja prelazeći iz jednog oblika u drugi. Intelektualni rad prelazi u fizički, a fizički u intelektualni, živi u opredmećeni, a opredmećeni u živi, itd. Tako se ljudski rad ispoljava samo kao specifičan oblik neprekidne transformacije materije i energije. U suštini ista supstanca ne samo što se jedanput javlja u jednom, a drugi put u drugom obliku, nego se i istovremeno pojavljuje u različitim oblicima.

Te transformacije ne vrše se u obliku prostog ponavljanja, već imaju razvojni trend. Zato se kretanje ljudskog rada ne odvija u zatvorenom krugu, nego u obliku razvojne spirale. U osnovi takvog kretanja je vremenska polarizacija suprotstavljenih činilaca rada, usled koje se njihova borba vodi kao istorijski proces. Kroz tu borbu rad se istorijski razvija pretvaranjem njegovih nižih oblika u više. Zahvaljujući tome, danas je ljudski rad u svim svojim dimenzijama daleko razvijeniji nego što je bio u prvobitnim oblicima ljudske egzistencije.

U osnovi tog razvoja je istorijski proces razrešavanja karakterističnih suprotnosti rada, i pre svega njegove osnovne protivrečnosti. A osnovna protivrečnost svega postojećeg, pa i ljudskog rada, je protivrečnost između suštine i pojave. Još je stari Heraklit uočavao da "priroda voli da se skriva", jer se, u principu, ništa ne prikazuje onakvim kakvo u suštini jeste. Smisao nauke zapravo i jeste u tome da iza mnoštva različitih i često protivrečnih oblika ispoljavanja jedne iste stvari otkriva njenu suštinu, jer kad bi se stvari ispoljavale onakvim kakve su po svojoj prirodi, one bi bile spoznatljive već na osnovu čulnih opažanja.

Uloga nauke je da u različitim oblicima ispoljavanja rada otkriva njegovu suštinu, koja nije neposredno dostupna empirijskoj spoznaji a ukoliko to postaje rad prestaje biti predmet naučnog istraživanja. Analiza istorijskog razvoja ljudskog rada naime pokazuje da se protivrečno ispoljavanje njegove suštine sve više prevazilazi, iz čega se može zaključiti da će doći vreme kada će se on neposredno ispoljavati onakvim kakav u suštini i jeste. Ali tada će ljudski rad i prestati da bude to što u sadašnjem smislu predstavlja kao što uostalom sve nestaje kad dostigne svoju suštinu.

Izgleda neverovatnim da će čovek ikada prestati da radi s obzirom da je rad osnovni izvor njegove egzistencije. U jednom širem smislu on to doista i neće. Radi se o tome da će nestati rad u sadašnjem smislu sa svim suprotnostima koje ga karakterišu, kao poluljudsku - poluživotinjsku aktivnost. Razrešavanjem tih suprotnosti ljudski rad će sve više dobijati specifična svojstva po kojima će se sve više razlikovati od životinjske aktivnosti da bi se na kraju pretvorio u sasvim drugačiji oblik aktivnosti, čija se obeležja zasada samo naziru. Sadašnji rad čoveka je, u stvari, samo prelazni oblik između životinjske i suštinski ljudske aktivnosti.

Kao opšti uslov ljudske egzistencije, ljudski rad će postojati sve dok postoji čovek ili tačnije, čovek će postojati samo dotle dokle bude postojao ljudski rad. Jer kao što materije nema bez kretanja, ni čoveka, koji je pre svega materijalno biće, ne može biti bez rada, koji je samo specifičan oblik tog kretanja. Rad je zapravo način postojanja čoveka kao što je kretanje uopšte način postojanja materije. Da čovek nije bogom dano biće koje radi, već da je rad stvorio i da stalno stvara čoveka, to je odavno poznato.

Uloga rada u stvaranju čoveka ne može se shvatiti bez uloge čoveka u stvaranju prirode, jer čovek se kao prirodno biće razvija samo kroz menjanje prirode, a priroda humanizira samo kroz razvijanje čoveka. Tehnološka osnova rada čini zapravo onu sudbonosnu sponu između čoveka i prirode bez koje čovek ne može ni egzistirati ni razvijati svoje prirodne potencije. Zato njeno istraživanje predstavlja nužan uslov za naučno razjašnjenje suštine ljudskog rada, utoliko više što se na njoj zasnivaju sve ostale dimenzije ljudskog rada.

Na tehnološkoj osnovi rada počiva i njegova fiziološka osnova, jer razmenu materije sa prirodom čovek vrši posredstvom rada kojim prirodu prilagođava svojim potrebama. Radna energija čoveka, kao proizvod te razmene, reprodukuje se zapravo samim radom.

Pošto sredstva svoje egzistencije, prerađivanjem prirode, sam proizvodi, čovek time proizvodi i energiju čijim trošenjem obavlja svoj rad. Tako se ljudski rad istovremeno javlja i kao izvor i kao rezultat fiziološke samoreprodukcije čoveka.

Fiziološka samoreprodukcija čoveka nije, međutim, rezultat njegovog individualnog rada. Čovek je odavno definisan kao društvena životinja zato što ne može egzistirati kao usamljena jedinka, pre svega zbog toga što na taj način ne može raditi. Rad je oblik zajedničke aktivnosti ljudi kao što je zajednički život kojim žive proizvod njihovog rada. Zato je rad kao tvorac čoveka istovremeno i tvorac ljudskog društva. Samo stvaranjem ljudskog društva rad upravo i stvara čoveka kao društveno biće.

Radom se stvaraju i materijalna osnova društva kao neposredni uslov fiziološke reprodukcije, i društveni odnosi kao uslov generičke reprodukcije čoveka. Celo društvo i svi oblici njegovog organizovanja zasnivaju se na radu i u funkciji su ljudskog rada. Zato kompleksna analiza rada mora iz korena zahvatiti celo društvo, jer se bez toga ne može dosegnuti do njegove suštine, čijim se otkrivanjem istovremeno otkriva i suština samog društva.

Stvaranjem ljudskog društva radom se stvara specifična psihička konstitucija čoveka, koja ga po načinu doživljavanja sveta odvaja od ostalih živih bića. Njena suština je upravo u tome što se rad ne javlja samo kao sredstvo zadovoljavanja životnih potreba čoveka, već pre svega kao njegova neposredna i prva životna potreba. U toj funkciji, rad zapravo predstavlja osnovu psihičke konstitucije čoveka kao društvenog bića. Svako kompleksnije istraživanje rada mora u njemu otkriti ne samo objektivni uslov, nego i subjektivni smisao ljudske egzistencije.

I. OSNOVNE KARAKTERISTIKE RADA

Intelektibilnost rada

Svesno-voljna osnova rada

Ljudski rad je, pre svega, *svesna* aktivnost čoveka, za razliku od aktivnosti koje se u prirodi odvijaju bez učešća svesti. Kao deo prirode, i ljudski organizam je nosilac mnogih aktivnosti kojih čovek nije svestan, pa ih ne može ni kontrolisati niti usmeravati. I za samu nauku, ljudski organizam je beskrajno tajnovito područje koje u sebi skriva i večito će skrivati nespoznate procese.

Svesna aktivnost čoveka ne svodi se, međutim, na prosto registrovanje postojećeg. Ona je po svojoj prirodi prožeta težnjom za suprotstavljanjem postojećem i za njegovim menjanjem. Ta težnja u najširem smislu nazvana je voljom, koja implicira napor suprotstavljanja nečemu bilo da se vrši ili trpi neki uticaj. Namerna konfrontacija s postojećim čini zapravo suštinsko obeležje svesne aktivnosti čoveka, koja ga odlikuje kao buntovničko biće prirode i preko koje se priroda buni protiv same sebe.

Takva aktivnost i odvaja čoveka od ostalog životinjskog sveta koji uglavnom ne dela po sopstvenoj volji već po prirodnom nagonu. Voljna delatnost čini zapravo suštinu svesne aktivnosti, koja se stoga s pravom tretira kao specifično generičko svojstvo čoveka.[1] Dok je životinjska svest uglavnom registratorska, ljudska svest je delatna. Zato samo čovek radi smišljeno i s određenom namerom koja usmerava njegovu aktivnost.

Volja, u stvari, predstavlja specifičnu sposobnost ljudskog uma da vlada svesnom aktivnošću i da misao pretvara u akciju.[2] Štaviše, ona je sposobnost samog mišljenja, koje nužno podrazumeva koncentraciju uma na određeni objekat kao predmet mišljenja. Da bi misao pretvarao u delo, čovek mora pre svega biti sposoban (mora hteti) da misli. Ta sposobnost je zapravo nužan uslov ljudskog rada, bez kojeg se on ne bi mogao ni zamisliti.

Kao što je nagon pokretačka snaga životinjske aktivnosti, tako je volja pokretačka snaga ljudske aktivnosti. Voljna aktivnost je, u stvari, humanizirani oblik nagonske aktivnosti, jer je volja humanizirani oblik nagona. I kao što životinja ne bi mogla egzistirati bez nagona, tako čovek ne bi kao generičko biće postojao bez volje. Štaviše bez volje čovek ne bi opstao ni kao živo biće, jer je voljna aktivnost nužan uslov ljudske egzistencije.

---

[1] Po Karlu Marksu, "svjesna životna djelatnost razlikuje čovjeka neposredno od životinjske životne djelatnosti" i "on je upravo samo na taj način radno biće" ("Ekonomsko-filozofski rukopisi iz 1844. godine", K. Marks, F. Engels, *Dela*, "Prosveta", Beograd, 1972, tom 3, str. 221).

[2] "Volja nije samo misao nego nešto više, zato što je stvaralačka, što pokušava ostvariti misao, nameru. Između misli i akcije su osećanja i naročito, kao ujedinitelj misli i osećanja, volja (htenje, hotenje) koja je upravo sposobnost izvršenja ili ostvarenja misli. Volja je "praktična" misao, (razum) u praksi, u akciji". (Dr. Borislav Lorenc, *Misao i akcija*. Beograd, Izdavačka knjižarnica Gece Kona, 1930, str. 43).

Ali volja nije samo generator, ona je istovremeno i unutarnji regulator generičke egzistencije čoveka. Kao što nagon autohtono upravlja životnom aktivnošću životinje, tako volja upravlja generičkom aktivnošću čoveka. Ljudsko biće uvek želi da radi to što mu njegova sopstvena volja nalaže, kao što se životinja ponaša po sili sopstvenog nagona. I volja i nagon usmeravaju životnu aktivnost u pravcu održanja i reprodukovanja životne egzistencije, jer predstavljaju samo različite generatore životne samoreprodukcije.

Nagonska reprodukcija života odvija se, međutim, kroz prilagođavanje prirodi, dok se voljna reprodukcija ostvaruje kroz prilagođavanje prirode. [3] Zato prvom vladaju zakoni prirode, dok se druga vrši njihovim ovladavanjem u borbi sa prirodom. U nagonskoj reprodukciji priroda se predaje samoj sebi, u voljnoj reprodukciji ona se bori sa samom sobom. Uostalom, i nagonska i voljna reprodukcija su samo različiti oblici prirodne reprodukcije života.

Snaga nagona proističe iz narušavanja ravnoteže u životnoj razmeni materije sa prirodnom sredinom. Što je raspon između fizioloških potreba živog organizma i stepena njihove zadovoljenosti veći, nagon je jači, i obrnuto. A snazi nagona srazmeran je, po pravilu, intenzitet angažovanja da se nezadovoljene potrebe zadovolje. Kad se dostigne optimalno zadovoljenje ravnoteža se uspostavlja, ali istog trenutka započinje njeno ponovno narušavanje, i tako u nedogled.

Za razliku od nagona, snaga volje proističe iz odnosa želja i njihovog ostvarivanja. Dok se nagon rađa iz fizioloških potreba, koje diktira priroda, želja je pre svega izraz duhovnih potreba, koje sam čovek stvara. Fiziološke potrebe čovek mora zadovoljavati da bi opstao kao živo biće, dok duhovne potrebe zadovoljava da bi egzistirao kao ljudsko biće. Zato su samo duhovne potrebe, kao izraz generičkog bića čoveka, stvar njegove volje od koje zavisi da li će, i u kojoj meri, biti zadovoljene.

Kao pokretačka snaga ljudske aktivnosti, volja podrazumeva ostvarivost želje. Neostvarive želje ne podstiču nikakvu volju za radnim angažovanjem, i svode se na obično sanjarenje o imaginarnom. Želja može prerasti u volju samo ako izvan same sebe nalazi uslove za svoje ostvarenje, jer ona i nastaje iz odnosa subjekta prema objektu. Iako sa njom počinje svaka ljudska aktivnost, ona je i sama proizvod aktivnog odnosa čoveka prema životnoj sredini i njegove generičke sposobnosti da je prilagođava svojim potrebama.

Ali pošto i sama volja predstavlja subjektivno stanje psihe, ona ne nastaje samo u slučaju kad zaista postoje objektivni uslovi za ostvarenje određenih želja, već pri svakom ubeđenju (koje može predstavljati i zabludu) da je neka želja ostvariva. Zato voljna aktivnost može ostajati i bez rezultata, što će se svakako rede dešavati ukoliko se ona više oslanja na objektivnu procenu svoje delotvornosti. Utoliko će sa sve većom spoznajom prirode, i voljna aktivnost čoveka postajati sve racionalnijom i delotvornijom.

Nasuprot nagonu koji deluje slepo, volja podrazumeva namerno usmeravanje aktivnosti prema određenom cilju kao slobodno projektovanom ostvarenju želje. Voljna aktivnost je, u stvari, put ostvarenja želje, kojim se može ići do kraja, ali koji se može i namerno prekinuti. U tom pogledu ona znači slobodno delovanje u odnosu na strogo determinisanu aktivnost. Dok preko nagonske aktivnosti priroda vlada ljudskim bićem, preko voljne aktivnosti ljudsko biće vlada i samo sobom i prirodom.

Sloboda voljne aktivnosti je, međutim, relativna jer je i objektivno i subjektivno ograničena. Pošto je usmerena na ovladavanje prirodom, ona neizbežno nailazi na otpore, koji se ne mogu savladavati bez napora, i koji samim tim ograničavaju ostvarivanje ljudskih želja. Ali volja upravo i nastaje kao pokretačka i usmeravajuća snaga tog napora. Kad se želje, po ćudi prirode, ostvaruju bez ikakvog napora, volja se ne javlja kao i u slučaju kada su potpuno neostvarive.

Napor potreban za ovladavanje prirodom podrazumeva trošenje ljudske energije, koja je ograničena, pa su samim tim ograničene i mogućnosti čoveka da prirodom ovladava. Sloboda voljne aktivnosti određena je, u tom pogledu, odnosom akcije subjekta i reak-

---

[3] Pojam prirode ovde se upotrebljava u najširem smislu tako da uključuje i čoveka, pa i društvenu zajednicu.

2

cije objekta prema kojem je akcija usmerena. Što je akcija snažnija a reakcija slabija, delotvornost voljne aktivnosti je veća, i obrnuto. Zbog toga se istom količinom radne energije može, zavisno od reakcije objekta na koji se deluje, ostvarivati različit učinak.

Pošto je radna energija čoveka ograničena ne samo relativno već i apsolutno, delotvornost u ovladavanju prirodom ostvaruje se pre svega njenim racionalnim korišćenjem, koje se zasniva na poznavanju prirode. Što čovek više ulazi u tajne prirode, lakše je savlađuje, jer pronalazi puteve kojima sa manje napora dolazi do svojih ciljeva. A manji napor pretpostavlja slabiji otpor koji priroda pruža ljudskim pohodima na njeno osvajanje. Racionalno korišćenje radne energije praktično se i svodi na kretanje putevima gde se nailazi na što slabiji otpor u ovladavanju prirodom. Narodna izreka "um caruje - snaga klade valja", to najlapidarnije izražava.

Zato je glavni put za povećavanje slobode voljne aktivnosti u otkrivanju zakona prirode, sa čijim ovladavanjem raste sposobnost ovladavanja samom prirodom. To važi kako za pojedinca tako za ceo ljudski rod, što čini osnovu istorijskog razvoja voljne aktivnosti, a time i generičkog bića čoveka. Suština tog razvoja je upravo u sve većoj slobodi voljne aktivnosti i sve većoj sposobnosti ovladavanja prirodom.

U tome je i put razrešavanja protivrečnosti između čoveka i prirode. U nastojanju da ovlada prirodom, čovek joj se voljnom aktivnošću svesno suprotstavlja dolazeći u sukob sa prirodnim silama. Ali kroz to suprotstavljanje on se ovladavanjem prirodnim zakonima sa njom istovremeno i identifikuje delujući u skladu sa zakonitostima njenog kretanja. I što čovek tako više deluje, on se sve više naturalizuje, a priroda humanizuje.

Kao nerazdvojni deo prirode, čovek je sa njom u stalnoj interakciji. Zato i voljna aktivnost, kao modus njegovog generičkog delovanja na prirodu, predstavlja stalni proces. U tom procesu jedna akcija smenjuje drugu, i tako se lanac voljnih impulsa produžava u nedogled. Karakteristika je ljudskog bića da se nikada ne zadovoljava postignutim i da u ovladavanju prirodom postavlja pred sebe stalno nove ciljeve. Ne samo što se ostvarenjem jedne želje podstiču druge, nego se istovremeno javljaju različite želje koje se često sukobljavaju, zbog čega voljna aktivnost predstavlja veoma složen psihički proces.

Zato je voljna aktivnost daleko fleksibilnija od nagonske aktivnosti koja se odvija po prirodnom "šablonu". Ne samo što se relativno lako menjaju smer, intenzitet, pa i smisao akcije, nego se i prvobitni ciljevi napuštaju i zamenjuju novim. Pošto se ne kreće "uhodanim stazama", voljna aktivnost više greši, ali i lakše ispravlja greške. I sam način dolaženja do cilja se menja, i to ne samo u zavisnosti od objektivnih okolnosti, već i pod uticajem subjektivne invencije. Dok je nagonska aktivnost po prirodi repetitivna, voljna aktivnost je u suštini novatorska.

Fleksibilnost voljne aktivnosti zasniva se na fleksibilnosti same volje kao specifične generičke sposobnosti čoveka. Determinacija volje daleko je složenija od determinacije nagona, jer se zasniva i na fiziološkim i na duhovnim činiocima. Zato je, u odnosu na jačinu nagona, snaga volje podložna znatno većim varijacijama, koje je teško predvideti. Zavisno od dejstva različitih činilaca, volja može i slabiti i jačati u procesu ostvarivanja pojedinih želja; jačati u jednim, a slabiti u drugim akcijama; slabiti u pojedinim akcijama, a jačati u celini, i obrnuto.

Kao generičko svojstvo čoveka, volja se sa razvojem ljudske inteligencije i sama razvija. Zahvaljujući tome, raste ljudska moć u ovladavanju prirodom, koje sa svoje strane podstiče dalji razvoj generičkih potencija čoveka, pa i same volje. Na tome se zasniva ubrzani progres kako u generičkom razvoju ljudskog bića tako i u njegovom ovladavanju prirodom. Napredak u tom pravcu ne samo što se ne može zaustaviti, nego se snagom voljne aktivnosti ubrzava geometrijskom progresijom.

Suština rada

Voljna aktivnost je po svojoj prirodi *smišljeno* angažovanje. Ona podrazumeva projekciju određenog cilja i njegovog ostvarenja, a svaka projekcija je misaona konstrukcija, koja empirijski treba tek da se realizuje. Projekcija cilja i njegovog ostvarenja predstavlja

3

zapravo okosnicu voljne aktivnosti, koja je bez takve projekcije apsolutno nezamisliva. Jer ne samo što je ona vodilja empirijske akcije, nego se u toku nje i sama dograđuje. Kroz sučeljavanje s empirijskom realnošću, prvobitna zamisao cilja i njegove realizacije doživljava promene, kako zbog objektivnih prepreka tako i pod uticajem stvaralačke invencije.

Mišljenje na taj način čini osnovu ljudskog rada kao voljne aktivnosti. Iako pretpostavlja napor koji se samo voljom pokreće i održava, ono je svojevrstan pokretač same volje. Spontano začeta misao podstiče voljni impuls, kojim se njen dalji tok produžava i drži vezanim za određeni predmet. Misao se, kao svako živo biće, mora hraniti, negovati i odgajati dok ne dostigne svoj vrhunac, a to se samo voljom postiže. I kao što živa bića često umiru pre vremena, tako se i mnoge misli prevremeno gase usled nedostatka volje. Moć koncentracije, kojom se određena misao održava i vodi do krajnjeg cilja, neposredno je zasnovana na snazi volje. Nije, prema tome, volja samo sposobnost realizacije misli, kako se često misli, ona je sposobnost samog mišljenja.

Kao osnova voljne aktivnosti, mišljenje je specifičan oblik kretanja materije. Ono je zapravo karakteristična funkcija ljudskog mozga kao posebnog oblika visokoorganizovane materije, sa čijim se razvojem i samo razvija. [4] Sposobnost mišljenja raste u srazmeri sa razvojem zapremine i strukture moždanog tkiva. Kao nosilac viših nervnih funkcija, koje čine osnovu mišljenja, čeoni režanj zaprema kod kunića 2% moždane mase, psa oko 7%, gibona preko 11%, šimpanza 16%, a kod čoveka 29%. [5] I kod samog čoveka kora velikog mozga je sve veća i sve složenija, što čini materijalnu osnovu stalnog razvoja ljudskog mišljenja.

Ali i mišljenje je pokretačka osnova razvoja mozga. Kao što se svaki organ razvija sopstvenim radom, i mozak se razvija mišljenjem, koje je zapravo autentični oblik njegovog rada. I što je mišljenje kreativnije, njegov uticaj na razvoj moždanog tkiva je delotvorniji, jer je angažovanje odgovarajućih moždanih centara veće. A pošto razvijeniji mozak znači veću sposobnost kreativnog mišljenja, u tom međuuticaju leži glavna pokretačka snaga ubrzanog razvoja i mozga i mišljenja.

Kao način funkcionisanja mozga, mišljenje predstavlja kontinuiran proces opštenja čoveka sa prirodom. [6] Ceo ljudski organizam je u neprekidnoj aktivnosti, a mozak je upravo njegov najaktivniji deo, zbog čega po jedinici težine troši gotovo dvostruko više kiseonika od mišića. Mišljenje se, u stvari, i ne sastoji u aktiviranju neaktivnih moždanih neurona, već u izmeni njihove već postojeće aktivnosti, odnosno u stalnom smenjivanju moždanih impulsa, te menjanju rasporeda uzbuđenih i inhibiranih područja. [7] Aktivnost mozga ne prestaje ni za vreme sna, koji predstavlja samo stanje njegovog relativnog mirovanja. [8]

Iako je značajan, intenzitet moždane aktivnosti nije odlučujući za kreativnost mišljenja. Glavni činilac inteligencije, koja označava sposobnost kreativnosti, je razvijenost komunikacija u moždanom tkivu, izražena brojem i karakterom veza među moždanim ćelijama. [9] Zato se nove ideje mogu javljati i pri relativno niskom intenzitetu moždane aktivnosti, pa čak i u snu. One, se po pravilu, i ne stvaraju samo neposrednim angažovanjem moždanog tkiva, već nastaju kao rezultat njegove dugoročnije aktivnosti, te se u određenim trenucima mogu pojavljivati i sasvim spontano.

---

[4] "Iza svake izgovorene reči, iza delatnosti jezika i glasnih žica krije se rad velikog broja nervnih ćelija u kori velikog mozga" (prof. J.P. Frolov, *Od instikta do razuma*, "Narodna prosvjeta", Sarajevo, 1958, str. 109.

[5] Vidi: Dr. Božo Škerlj, *Opšta antropologija*, "Naučna knjiga", Beograd, 1960, str. 20.

[6] "Mišljenje i jeste proces upravo zato što je ono neprekidno uzajamno delovanje čoveka s objektom". (S.L. Rubinštajn, *O mišljenju i putevima njegovog istraživanja*, Zavod za udžbenike i nastavna sredstva, Beograd, 1981, str. 39.

[7] Vidi: Zoran Bujas, *Psihofiziologija rada*, Zagreb, 1968, str. 32.

[8] "Snevanje je očevidno duševni život za vreme spavanja" (Sigmund Frojd, *Uvod u psihoanalizu*, IV izdanje, "Kosmos", Beograd, 1961, str. 64.

[9] Vidi: Radivoj Kvaščev, *Mogućnosti i granice razvoja inteligencije*, "Nolit", Beograd, 1981, str. 139.

Kao organska funkcija mozga, mišljenje nije samo stalna, već i svojevrsna nagonska aktivnost. Čovek ne može da ne misli, kao što ne može da ne diše, jede i zadovoljava ostale fiziološke potrebe. Uostalom, i mišljenje je specifičan fiziološki proces koji se odvija u moždanom tkivu i koji je teško, a trajno i nemoguće zaustaviti.[10] Da bi se neko razmišljanje namerno prekinulo, često je potrebna snažna, a ponekad još i snažnija volja nego da bi se nastavilo.

Pošto i samo predstavlja svojevrstan fiziološki proces, mišljenje je organski deo jedinstvenog fiziološkog procesa koji se neprekidno odvija u ljudskom organizmu. Procesi nervnog tkiva nastavljaju se procesima mišićnog tkiva, i obratno. Mišljenje upravlja muskularnim pokretima i istim biva podsticano. Mentalni i mišićni rad se na taj način sjedinjuju u neraskidivi lanac pokretačkih impulsa, koji čini osnovu sinhronizovanog funkcionisanja svih delova ljudskog organizma.[11] Na najnižem stupnju razvoja svest je čak toliko stopljena sa pokretom da se teško mogu razlučiti.[12]

Diferencijacija mentalnog i mišićnog rada na višem stupnju razvoja ne odvija se u pravcu njihovog razdvajanja, već u pravcu sve veće dominacije prvog nad drugim. Mišljenje, kao viši oblik mentalnog rada, postaje zapravo upravljačka snaga mišićnog rada, koja ga vodi prema sopstvenim ciljevima.[13] Time se mišićni rad čoveka sve više istrže iz vlasti prirodnog nagona i postaje sastavni deo voljne aktivnosti. Na taj način čovek istovremeno ovladava i prirodom i samim sobom, i samo ovladavajući sobom on ovladava prirodom.

To praktično znači da bez mišljenja nema ljudskog rada.[14] Ono je zapravo njegova suština, koja ga odlikuje od svakog drugog rada, pa i od aktivnosti ostalih živih bića. Taj rad je ljudski upravo zbog toga što je misaon i što je, za razliku od drugih aktivnosti, rukovođen razumom.[15] Zato svi oblici rada predstavljaju samo različita ispoljavanja mišljenja kao njegove suštine. Rad čoveka je zapravo autentični oblik ispoljavanja i realizacije njegovog mišljenja.[16]

---

10) "Čovek zbog aktivnosti svojih duhovnih sposobnosti ne može da izbegne razmišljanje". (Čarls Darvin, *Čovekovo poreklo i spolno odabiranje,* Matica srpska, Novi Sad, 1949, str. 175.

11) "Nema ljudskog rada, koji bi se odvijao na fiziološkoj razini, a isto tako ne postoji ni mentalni rad, koji ne bi uključivao aktivnost čitavog organizma... Tačnija ispitivanja su pokazala, da je svaki mentalni rad najuže povezan s mišićnim radom, i to u tolikoj meri, da prema mišljenju mnogih modernih istraživača mentalni rad uopće i nije moguć bez te motorne komponente". (Zoran Bujas, isto, str. 9. i 33).

12) "Svaki čulni utisak ili nadražaj izaziva odmah ma kakvu motornu reakciju, tj. prelazi u pokret". (Dr Borislav Lorenc, isto, str. 41/42).

13) "Mehanizam koji upravlja ljudskim radom jest *snaga pojmovnog mišljenja* koje nastaje u sasvim izuzetnom središnjem živčanom sustavu". (Harry Braverman, *Rad i monopolistički kapital,* "Globus", Zagreb, str. 44).

14) "Bez mišljenja nema radne aktivnosti. U izvjesnoj mjeri to se odnosi na svaki oblik rada". (K.K. Platonov, *Problemi psihologije rada,* "Panorama", Zagreb, 1966, str. 97).

15) "Stoga je rad kao djelatnost s ciljem, djelatnost kojom rukovodi razum, poseban proizvod ljudske vrste". (Harry Braverman, isto, str. 46). "Ukoliko se ljudi više udaljavaju od životinja, utoliko njihovo delovanje na prirodu sve više dobija karakter smišljenog, planskog delovanja prema određenim, unapred poznatim ciljevima". (F. Engels: "Uloga rada u procesu pretvaranja majmuna u čoveka" K. Marks – F. Engels, *Dela,* "Prosveta", Beograd, tom 31, str. 371).

16) "Prava akcija je svesno ostvarenje cilja, dakle upravo ostvarenje misli, ukoliko cilj postoji prvo kao misao (predstava). Tako shvaćena akcija je ispoljena misao, misao koja se realizuje". (Dr. Borislav Lorenc, isto, str. 39).

Kao suština ljudskog rada, mišljenje je i samo rad. [17] Ono je u stvari unutrašnja, nevidljiva aktivnost samog mozga, koji je glavni generator svakog ljudskog rada. [18] U svakom radu kao voljnoj aktivnosti čoveka, mišljenje predstavlja početni i odlučujući čin kojim se predodređuje i usmerava ceo proces rada. [19] Štaviše, mišljenje se i samo za sebe javlja kao poseban oblik rada, to jest kao njegova neposredno ispoljena suština. [20]

Ako je suština ljudskog rada u mišljenju, suština mišljenja je u sposobnosti negacije postojećeg i afirmacije nepostojećeg, zbog čega se ceo ljudski rad praktično svodi na razaranje i stvaranje. Zato mišljenje po svojoj prirodi znači pobunu protiv postojećeg. Svaka ideja kao projekcija nepostojećeg predstavlja misaonu konstrukciju koja se može ostvariti samo razaranjem postojećeg. I ako se mišljenje shvati kao prirodni proces, što zapravo i jeste, onda se mora zaključiti da se priroda upravo preko njega počinje buniti protiv same sebe težeći sopstvenom samoprevazilaženju. Otuda je razumljivo što i sasecanje korena nepoželjnim promenama obično započinje zabranom mišljenja.

Domet promena koje se u prirodi ostvaruju ljudskim radom je i glavno merilo kreativnosti mišljenja. Čak relativno beznačajne promene u radu moždanih centara, koje nemaju nikakav direktan uticaj na spoljašnji svet, govore o izvesnoj kreativnosti i najnižih oblika mišljenja kao što su maštanje, sanjarenje, simbolizam i sl. [21] Sa povećavanjem kreativnosti povećava se i domet promena, koje prelaskom granice unutrašnjih procesa prodiru sve šire i sve dublje u spoljašnji svet.

Pošto se priroda pobeđuje samom prirodom, ona se može svesno menjati samo posredovanjem mišljenja. Zato ljudski rad na menjanju prirode započinje praktično tek sa izradom sredstava rada. [22] Ali prvi i najneposredniji oblik radnog posredovanja između mišljenja i spoljašnjeg sveta je ruka, koja je pod direktnom komandom mozga. [23] Ruka je zapravo prvobitno sredstvo i samog saopštavanja mišljenja, koje se koristi uvek kad se misao ne može drugačije saopštiti.

Protivrečno ispoljavanje rada

Posredovanje mišljenja aktivnošću ruku je osnova protivrečnog ispoljavanja rada. Pošto je aktivnost ruku vidljiva, a mišljenje nevidljivo, izgleda kao da se ceo rad svodi na fizičku aktivnost i kao da sa mišljenjem nema nikakve veze. Zato je vekovima ljudski rad i tretiran kao čisto fizička aktivnost koja je izjednačavana sa životinjskim tegljenjem. Verovalo se da je ruka glavni izvor rada, iako je ona samo sredstvo voljne aktivnosti, koja može izvirati jedino iz ljudskog mozga. [24]

---

17) "I kad ozbiljno misli, čovek radi (duhovno), aktivan je... Prava, aktivna misao je misaoni napor, upravo niz napora, tj. misaoni rad". (Isto, str. 9. i 78).
18) "Svaka ozbiljna misao, svaki akt suđenja (zaključivanja) je neka vrsta odluke, intelektualni napor, i u tom smislu samostalna, unutrašnja akcija". (Isto, str. 77).
19) "Ozbiljno misliti znači misliti na neki cilj (zadatak), na njegovo ostvarenje, a to znači u nekoliko početi raditi na njegovom ostvarenju" (Isto).
20) "I samo mišljenje je ("teorijska") aktivnost, ukoliko je rešavanje problema, postizavanje ciljeva mišljenja, saznanja". (Isto, str. 94).
21) "Mašta, sanjarenje, simbolizam, nesvesno mišljenje, detinjasto emocionalno mišljenje, psihoanalitičke slobodne asocijacije — svi su oni na svoj način plodonosni". (Abraham H. Maslov, *Motivacija i ličnost*, "Nolit", Beograd, 1976, str. 314).
22) "Rad počinje s izradom oruđa". (F. Engels, isto, str. 369).
23) Ruka i oružje označavaju se na engleskom istim terminom — *arm*.
24) Zajednički termin za ruku i oružje — *arm*.navodi na zaključak da je ruka oružje mozga.

6

Ukoliko je rad izjednačavan sa fizičkom aktivnošću, intelektualna aktivnost nije smatrana radom. Tako su pojava i ꞏsuština rada međusobno suprotstavljane, jer je samo fizička aktivnost tretirana kao rad, a intelektualna kao nerad. Sa neradom je, dakle, izjednačavana generička strana ljudskog rada, pa je samim tim on prividno izjednačavan sa životinjskim radom, jer je apstrahovana njegova specifičnost po kojoj se upravo razlikuje od životinjske aktivnosti.

Izjednačavanjem ljudskog rada sa životinjskim radom, i radnik je izjednačavan sa životinjom. Zato je rad shvatan kao prokletstvo, [25] koje je stvaralo osećanje stida. Radnici su tretirani kao bića nižeg reda, [26] nasuprot neradnicima, koji su izdizani iznad radnika upravo zato što nisu radili. Ko je radio ponižavan je, ko nije radio veličan je. Nerad je značio sreću, a rad nesreću. Stoga je rad izbegavan, [27] a nerad priželjkivan.

Protivrečno ispoljavanje ljudskog rada proističe iz određene podudarnosti sa životinjskim radom. Dok ljudski rad karakteriše intelektualni napor, suštinsku odliku životinjskog rada predstavlja fizički napor. Zato relativni odnos intelektualnog i fizičkog angažovanja u procesu nekog rada govori o stepenu njegove humanizacije, što drugim rečima znači da je stepen humanizacije jednak stepenu intelektualizacije rada. Jedan rad je utoliko ljudskiji ukoliko zahteva više intelektualnog, a manje fizičkog napora. I obrnuto, neki rad je utoliko više životinjski ukoliko znači veće fizičko, a manje intelektualno angažovanje.

To samo znači da je čovek još na prelazu iz životinjskog sveta u istinski ljudski svet. Angažovanje ruke dokaz je da ljudski mozak još nije sposoban da direktno utiče na spoljašnji svet, a ukoliko to postaje ruka prestaje biti nezamenjivo sredstvo rada. Ruka je prvobitno bila osnovno sredstvo i samog saopštavanja misli u komuniciranju sa spoljašnjim svetom, što je delimično i do danas ostala. [28] Samo je ꞏstalni napor da se put misli do spoljašnjeg sveta što više skrati mogao voditi ka tome da se ručni govor postepeno sve više zamenjuje glasovnim govorom. Ali to nikako nije i kraj ljudskih težnji. Ne samo što je usmeni govor nadopunjen pisanim govorom, čime je domet misli povećan i prostorno i vremenski, nego su sve izrazitije težnje, praćene povećanim sposobnostima, da se mišljenjem i najneposrednije utiče na menjanje prirode.

Istorijski proces intelektualizacije rada ima za rezultat da se on sve manje ispoljava kao ꞏživotinjska, a sve više kao ljudska aktivnost. Neposredni izraz tog procesa je da se životinjsko tegljenje sve više zamenjuje stvaralačkom igrom, pa se zavisno od toga i neza-

---

[25] "Prema Tilgeru (Tilgher, 1962),, za "Grke je rad bio samo prokletstvo i ništa više" — pogled koji su očigledno delili i Rimljani i Jevreji. Rani hrišćani su sledili jevrejsku tradiciju, shvatajući rad kao kaznu za čovekov prvobitni greh" (D.R. Dejvis, V.Dž. Šeklton, *Psihologija rada*, "Nolit", Beograd, str. 13);
"O *suštini* rada općenito vlada uvjerenje, prema Starom zavjetu, da je fizički rad nametnut ljudima kao kazna i prokletstvo za okajanje njihovih grijehova". (J.A.S. Brown, *Socijalna psihologija u preduzeću*, "Privreda", Zagreb, 1962, str. 125).

[26] "Treba li ovdje podsjetiti na neka društva u kojima neki oblici rada (manuelni uticaj na prirodu) →
nisu bili uopšte cijenjeni kao vrijednosti, nego su, naprotiv, prepušteni klasama koje su smatrane kao niže". (Georges Friedmann — Pierre Naville, *Sociologija rada*, "Veselin Masleša", Sarajevo, 1972, str. 15).

[27] "Istraživanja koja su proveli sovjetski sociolozi pokazuju da jednaki postotak sovjetskih građana i građana kapitalističkih zemalja ne žele biti radnici ili seljaci, i da velika većina radnika ne bi željela da njihova djeca postanu radnici." (Branko Horvat, *Politička ekonomija socijalizma*, "Globus", Zagreb, 1984, str. 71).

[28] "N.J. Mor je pokazao da je u preistorijsko doba postojao naročiti, veoma izraziti jezik, tzv. ručni govor od koga je danas ostala samo njegova bleda senka — gestikulacija koja prati nastupe govornika i ponekad se može zapaziti kod južnjaka". (Prof. J.P. Frolov, isto, str. 137).

dovoljstvo radom smenjuje zadovoljstvom.[29] Uporedo s tim, menja se i poimanje ljudskog rada, koji se sve više shvata kao intelektualna aktivnost, te se, tako shvaćen, sve više ceni, a sve manje potcenjuje.[30]

Dvojna, fizičko-intelektualna ili životinjsko-ljudska sadržina rada predstavlja objektivnu osnovu njegovog protivrečnog ispoljavanja, pa shodno tome, i odgovarajućeg subjektivnog doživljavanja. Rad se objektivno ispoljava i kao fizička i kao intelektualna aktivnost, a subjektivno doživljava i kao teret i kao zadovoljstvo.[31] Utoliko on znači i negiranje i potvrđivanje, i degradiranje i oplemenjivanje ljudskog bića, u kojem izaziva i sasvim različita subjektivna stanja, od depresije do radosti.[32]

Ta protivrečnost predstavlja izvor stalne težnje za smanjivanjem fizičke i razvijanjem intelektualne aktivnosti. Čovek je oduvek nastojao da se oslobodi one strane rada koja ga spušta na nivo ostalog životinjskog sveta, i da razvije njegovu drugu stranu koja ga izdiže iznad tog nivoa. Samo zahvaljujući tome, on se i mogao izdići tako visoko u odnosu na druga bića i zagospodariti prirodom umesto da ona gospodari njime.

U tim nastojanjima čovek nije birao sredstva, ne prezajući ni od toga da drugog čoveka pretvara u fizičko sredstvo rada. Na relativno niskom stupnju intelektualnih mogućnosti čovek se nije ni mogao osloboditi naporne fizičke aktivnosti bez velike društvene podele rada, kojom je ogromna većina ljudi zadržana na niovu životinjskog sveta da bi se samo neznatna manjina donekle izdigla iznad njega, i to uz zadržavanje životinjskih ćudi. U opravdavanju takve podele išlo se čak dotle da je ona proglašavana prirodnom podelom rada.[33]

Ali iako je proces intelektualizacije rada ubrzan, društvenom podelom rada nisu za to stvorene i neograničene mogućnosti, pa nije otvorena ni neograničena perspektiva za ovladavanje prirodom. Ostaje, pre svega, neostvarena težnja ogromne većine čovečanstva da se oslobodi mukotrpnog fizičkog rada, bez čega se ne može ostvariti ni opšta intelektualizacija ljudskog rada. I samo postojanje fizičkog radnika, kao sredstva ovladavanja prirodom, dokaz je ograničene intelektualizacije rada, koji još nije u stanju da prirodu savlađuje samom prirodom.

Kao razumno biće, čovek je oduvek težio da do svojih ciljeva dolazi što kraćim putem i sa što manjim utroškom vlastite energije.[34] Ostvarivanje takve težnje moralo je započeti racionalizacijom pokreta samog ljudskog organizma, da bi se moglo proširiti i na

---

29) "Definira li se prema karakteru zadovoljstva i nezadovoljstva, lako je navesti dokaz da rad i igra ponekad znače isto". (J.A.S. Brown, isto, str. 126).

30) Veliki istorijski uspon idejna valorizacija ljudskog rada počela je da doživljava u komunističkim vizijama socijalista utopista. Tomas Mor je tvrdio da je rad ne samo dužnost, nego i čast svih pripadnika društva, Sen Simon da je u radu izvor svih vrlina, a Šarl Furije da rad predstavlja najveće zadovoljstvo čoveka. (Vidi: Dr Danilo Ž. Marković, *Sociologija rada,* "Savremena administracija", Beograd, 1981, str. 105—106).

31) "Rad može biti aktivnost zbog koje život postaje zanimljiv i pun svrhe. Ali rad može biti izvor muke i ogorčenja" (D.C. Miller — V.H. Form, *Industrijska sociologija,* "Panorama", Zagreb, 1966, str. 158).

32) "Subjektivno stanje doživljeno u toku rada ide od nezadovoljstva, tuge i čak depresije, neuroze pa sve do toga da je čovjek ispoljio sve svoje mogućnosti, do stanja ostvarenja sebe, zadovoljstva, oslobođenja i, na kraju, (rijetko) radosti". (Georges Fiedmann — Pierre Naville, isto, str. 16).

33) I tako veliki mislilac, kao što je Aristotel, verovao je da "postoji prirodna podela na robove — koji treba da se bave fizičkim radom — i robovlasnike — koji treba da se bave umnim radom". (Vidi: Dr Danilo Ž. Marković, isto, str. 101).

34) "Rad je, posmatran u istorijskom razvoju proizvodnje, bio pretežno težak i naporan, iscrpljivao je čovekove snage i čovek ga je osećao kao prinudu od koje se želeo osloboditi. Otuda se ekonomski princip upotrebe bioenergije javio u čoveku u obliku davne nesvesne težnje za štednjom energije". (S. Kukoleča, Ž.K. Kostić, *Organizacija proizvodnje,* "Tehnička knjiga", Beograd, 1956, str. 14).

racionalizaciju korišćenja spoljašnjih sredstava rada. Do sada je taj proces prošao četiri istorijske faze, karakteristične po načinu ostvarivanja ekonomije u raspolaganju bioenergijom i radnim vremenom.

Prvu fazu karakteriše racionalizacija pokreta prednjih udova putem voljnog usmeravanja, koja je vodila njihovom pretvaranju u ruke kao specijalizovane organe rada. To su prvi koraci odvajanja čoveka od ostalog životinjskog sveta, koji su bili odlučujući za održanje ljudskog roda, jer su omogućavali uspešniju borbu za opstanak. Veština hvatanja rukom, koja je nastajala kao rezultat razvijenije funkcije ljudskog mozga, omogućavala je da se brže i lakše dolazi do sredstava životne egzistencije, kao i da se uspešnije štiti od ćudi prirode.

Verovatno je moralo proteći mnogo vremena dok se čovek dosetio da svoju ruku "produži" spoljašnjim predmetom, i time znatno smanji potrebni utrošak vlastite energije u borbi za opstanak. U ovoj – *drugoj fazi* racionalizacije neobrađeni predmeti (kamen, drvo, voda i dr.) služe kao prirodna sredstva rada, koja "produžavanjem" ljudske ruke skraćuju put do cilja, kako u pribavljanju sredstava egzistencije tako u odbrani od neprijatelja. To je moguće upravo zahvaljujući tome što se već na ovaj način bioenergija čoveka zamenjuje energijom prirode, čime se delotvorna moć ljudskog rada znatno povećava.

Treću fazu racionalizacije označava proizvodni rad čoveka obrađenim sredstvima rada, od upotrebe primitivno obrađenog kamena i drveta do mašinske industrije. Sada ne samo što se pomoću obrađenih predmeta i ukroćenih sila prirode postiže daleko veća ušteda ljudske enegije, nego se i pod komandu jednog čoveka stavlja radna snaga drugog čoveka, što omogućava da se jedan, mada manji deo čovečanstva potpuno oslobodi fizičkog rada. Time se čovek znatno približio ostvarenju iskonske težnje da prirodom vlada bez vlastitog fizičkog napora.

To je zapravo put u *četvrtu fazu* racionalizacije, koju karakteriše potpuna automatizacija proizvodnje čijom se primenom konačno celo čovečanstvo oslobađa mukotrpnog fizičkog rada. Ako se proizvodni ljudski rad zasniva na pretvaranju prirode u produženu ruku čoveka, osnovu automatizovane proizvodnje predstavlja pretvaranje prirode u produžetak ljudskog mozga, koji se na taj način oslobađa repetitivnih misaonih operacija, na čije se obavljanje u neautomatizovanoj proizvodnji troši najveći deo psihičke bioenergije.

Automatizacija se na taj način pokazuje kao put "obogotvorenja" čoveka, koji svojim intelektualnim naporima doseže takvu moć kakvu je pripisivao samo natprirodnim silama. Religija, u stvari, nastaje i održava se kao imaginarna strana ljudskog bića, koja predstavlja izraz njegove nemoći da ostvari sopstvenu suštinu. Svemoćno božanstvo je samo anticipirano, još neostvareno generičko biće čoveka, čija je suština da samim mišljenjem menja svet. Ukoliko se ta suština ostvaruje, čovek se sam "obogotvoruje", a izmišljeno božanstvo "očovečuje" jer nestaje razlika između stvarnog i zamišljenog bića čoveka.[35]

Mentalna identifikacija čoveka sa magičnim bićima traje otkad traje i njihovo izmišljanje, što samo potvrđuje da ona predstavljaju svojevrsnu kompenzaciju neostvarenosti ljudskog bića. Ali čovek nije samo u njima proicirao sebe, nego je i njihovu magičnu moć proicirao u sebe. Takvu moć on je odavno pripisivao ne samo "božijim", nego i sopstvenim mislima. Verovanje da izgovorena ili na drugi način izražena misao, pa čak i sama pomisao, može prouzrokovati stvarni događaj[36] sreće se i kod civilizovanih naroda.

35) "Uloga čovjeka nije više pokoravanje nekomu ili nečemu, već osvajanje, razaranje i preoblikovanje svega što jest prema njegovoj zamisli i mjeri. Čovjek postaje osvajač i stvaralac, i u tom smislu preuzima ulogu logosa i božanstva". (Stjepan Holadin, *Industrijska sociologija*, Fakultet građevinskih znanosti, Zagreb, 1983, str. 15).

36) Vidi: Slobodan Žarković, *Primitivni mentalitet*, "Privredni pregled", Beograd, 1945, str. 19. i dalje.

Ali ta identifikacija se ne svodi samo na golu imaginaciju, nego se prvobitno izmiš-
ljene čarolije sve više pretvaraju i u stvarnost. Misao nikada nije ni bila potpuno nemoćna
bez oslonca na fizičku snagu, već je oduvek predstavljala izvor određenog *neposrednog*
uticaja na životnu sredinu. Štaviše, ona je postajala tim delotvornijom što je u svom izra-
žavanju angažovala manje fizičke snage. Uticaj misli preko ručnog, glasovnog i pisanog
govora raste u obrnutoj srazmeri sa angažovanjem fizičke snage. Reč je čudotvorna u od-
nosu na ručnu gestikulaciju,[37] a pismo u odnosu na reč.

Prelaskom sa ručnog na glasovni, i sa glasovnog na pisani govor ne samo što se,
prostorno i vremenski, povećava domet misli, nego se podiže i kvalitet te intenzitet njenog
uticaja. Preko reči misao stavlja pod svoju komandu ponašanje i delovanje pojedinaca,[38]
a preko pisma celog društva i mnogih generacija mimo svih prostornih i vremenskih gra-
nica. Pojedinci, pa i cele generacije ponašaju se i deluju prema pravilima koja su smišljena
stotine i hiljade godina ranije.

Ta fantastična moć misli proističe iz njene sposobnosti da se širi u prostoru i vreme-
nu i da u drugoj sredini, a ne samo na svom izvoru, proizvodi novu misao. Bez toga ne bi
bilo ni ljudske zajednice ni njene istorije, jer misao je upravo ona koheziona snaga koja
ljude prostorno i vremenski povezuje u jedinstvenu skupinu. Ali izvan takve skupine ni
pojedinac ne bi mogao opstati kao misaono biće, jer se sama misao ne bi mogla održati
bez prostorne i vremenske ekspanzije. Fantastičnu moć kolektivizacije misao poseduje
upravo zahvaljujući tome što je i sama proizvod kolektivnog "duha", zbog čega je i mogla
nastati idealistička uobrazilja da neki misaoni demiurg postoji izvan čoveka i izvan materi-
je.

Ali čovek se ne zadovoljava time da svojim mišljenjem utiče samo na druge ljude,
već nastoji da takav uticaj vrši i na prirodu. Pripisivanje promena u prirodi "volji" nekih
natprirodnih sila predstavlja samo refleksiju ljudskih želja da takve promene nastaju po
ljudskoj volji. Čovek već odavno teži ka tome da prirodu stavi u pogon tako da ona za nje-
ga sama radi.[39] Da se ta težnja i ostvaruje potvrđuje već dostignuti nivo automatizacije
na kojem se fizičko angažovanje čoveka u procesu proizvodnje svodi na napor koji je
potreban samo da se jednim pritiskom na dugme pokrene ili zaustavi ceo proizvodni
mehanizam.

Može li se i taj minimalni fizički napor zameniti komandnim signalima koji će ne-
posredno prihvatati samu misao? To je zamisao koja već zalazi u sfere telepatije, i ako je
psihokineza[40] uopšte moguća čovek je sasvim blizu ostvarenja takve zamišli, čime bi zai-
sta stekao fantastičnu moć, pripisivanu samo natprirodnim bićima, da samim mišljenjem
menja svet. Iako to na prvi pogled izgleda nemoguće, činjenica da su mnoge nekada neo-
stvarive ideje ostvarene, navodi na optimistički zaključak.

---

37) Po narodnoj izreci, "lepa reč gvozdena vrata otvara". Sigmund Frojd primećuje da su "reči
prvobitno bile mađije" i da je "reč i danas zadržala mnogo od svoje stare mađijske moći". (Isto,
str. 5).

38) "Rečima može jedan čovek drugoga usrećiti ili oterati u očajanje, rečima predaje učitelj svoje
znanje učenicima, rečima zanosi govornik slušaoce i određuje njihove sudove i odluke. Reči iza-
zivaju afekte i one su opšte sredstvo da ljudi utiču jedan na drugog." (Isto)

39) "Ideja stroja koji bi sam djelovao bez kontrole čovjeka je veoma stara. Ona se javlja već u antičko
vrijeme kod starih Grka." (Dr. Rudi Supek, *Automatizacija i radnička klasa*, "Božidar Adžija",
Zagreb, 1965, str. 6).

40) "Novi pojam *"psihokineza"* (PK) uveden je kao oznaka sposobnosti da se proizvedu mehanička
djelovanja parapsihičkim načinom pomoću duhovne snage, dok je postojanje takve sposobonosti
bilo odavno pretpostavljeno" (Milan Ryzl, *Parapsihologija*, četvrto izdanje, "Prosvjeta", Zagreb,
1981, str. 229).

Sa stanovišta dijalektičkog materijalizma, može se postaviti pitanje da li je uopšte i moguće zamisliti nešto što nema nikakvu objektivnu osnovu u postojećem svetu i što se ni pod kojim uslovima ne bi moglo ostvariti. Istorija zapravo pokazuje da su zamisli koje su u određenim prostornim i vremenskim okolnostima bile irealne, u izmenjenim okolnostima postajale realne, i obrnuto. Fantastični svet imaginacije pretvaran je tako u banalni svet stvarnosti, pa su mnoge nekada neostvarive težnje čoveka postale neprimetna svakodnevnica.[41)]

U osnovi tih promena je razvoj ljudskog intelekta, koji za rezultat ima postepeno menjanje odnosa fizičke i intelektualne aktivnosti sve do potpune dominacije intelektualnog i konačnog ukidanja fizičkog rada.[42)] Na prelazu iz životinjske u ljudsku aktivnost razvoj ljudskog rada započinje gotovo potpunom dominacijom fizičkog angažovanja uz sasvim neznatan intelektualni napor,[43)] a završava stvaralačkim angažovanjem praktično oslobođenim fizičkog napora.[44)] Danas se on sve ubrzanijim tempom približava potpunoj zameni proizvodnog rada naučnim stvaralaštvom.[45)]

Taj proces ispoljava se naročito kroz: povećavanje neproizvodnog rada u odnosu na proizvodni nastajanjem novih i širenjem postojećih proizvodnih delatnosti;[46)] sve većom intelektualizacijom samog proizvodnog rada u kojem raste uloga znanja u odnosu na fizičko angažovanje radnika;[47)] zamenjivanje proizvodne snage čoveka mehaničkom

---

41) Let kroz vasionu

42) "Sav dosadašnji razvoj tehnološke organizacije u industrijskoj proizvodnji tekao je od prve industrijske revolucije pa sve do naših dana tako da je fizička radna snaga neposrednog proizvođača, snaga njegovih mišića, postajala sve manje značajna, dok je neprestano rastao značaj njegove umne, intelektualne radne snage." (Dr. Jože Goričar, *Sociologija* "Rad", Beograd, 1959, str. 342).

43) "Promatrači su utvrdili kod primitivaca odlučnu odvratnost od umovanja, do one djelatnosti mišljenja, koju logičari nazivaju deduktivnim mišljenjem; ujedno su primijetili da ova odvratnost nije posljedica potpune nesposobnosti ili prirodne nemoći njihova razbora, već da se prije može objasniti cjelokupnošću navika njihova duha." (lucien Lévy Bruhl, *Primitivni mentalitet,* "Kultura", Zagreb, 1954, str. 7).

44) "Znanost je znamo onaj "opći rad" koji će jedino preostati i kojim će se jedino baviti članovi komunističkog društva." (Dr Adolf Dragičević, *Ekonomsko oslobođenje rada,* "Narodne novine", Zagreb, 1981, str. 194.

45) "Devet desetina naučnika koje je čovečanstvo iznedrilo od svog postanka živi i danas. Više smo napredovali za četiri decenije nego za 40 vekova. Devedeset devet odsto naših znanja dugujemo ljudima koji i danas, žive. Krivulja naučnog napretka, koja ide od otkrića vatre do osvajanja vasione, naglo se penje okomito krajem 19. veka, a nešto pre sredine našeg stoleća teži da se izjednači sa vertikalom." (Cit. Roberta Openhajmera, dr Dragiša Milićević, *Činioci proizvodnje i dohodak,* Institut društvenih nauka, Beograd, 1971, str. 63.

46) "U SAD, 1900. godine, 41% od 28,7 miliona radnika bilo je zaposleno u bazičnoj privredi (poljoprivreda, šumarstvo, ribarstvo i rudarstvo), 28% u prerađivačkoj industriji i 31% u uslužnim delatnostima. Godine 1960, 10% od 68,7 miliona radnika bilo je zaposleno u bazičnoj privredi, 32% u prerađivačkoj industriji i 58% u uslužnim delatnostima." (D.R. Dejvis, V.Dž. Šeklton, isto, str. 10).

47) "Neki autori počeli su da govore o "postindustrijskom društvu", opisivanom kao "društvo znanja u dvostrukom smislu: prvo, izvor inovacija je sve češće istraživački rad (i, još neposrednije, stvara se nov odnos između nauke i tehnologije, zbog središne uloge teorijskog znanja); drugo, težište jednog društva — mereno odnosom nacionalnog bruto-proizvoda prema pojedinim širokim kategorijama zaposlenja — sve se više prebacuje na oblast znanja." (Bell, 1974). (Isto, str. 11).

energijom;[48) menjanje strukture zaposlenih povećavanjem intelektualnih na račun smanjivanja fizičkih radnika;[49) skraćivanje radnog i produžavanje slobodnog vremena u kojem se sve više razvijaju intelektualne aktivnosti.[50)

Menjanje odnosa fizičkog i intelektualnog angažovanja ljudske radne snage u istorijskom procesu razvoja rada može se grafički predstaviti na sledeći način:

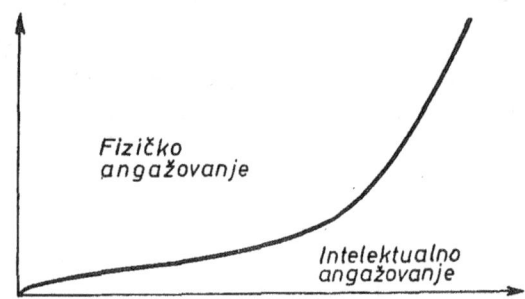

Tokom celog svog razvoja ljudski rad se ispoljava i kao fizička i kao intelektualna aktivnosti, s tim što na početku dominira prvi, a pri kraju drugi vid aktivnosti. Ukidanjem te protivrečnosti ukida se i sam rad, koji se ostvarivanjem svoje suštine pretvara u slobodnu stvaralačku aktivnost, kao autentični oblik generičke reprodukcije ljudskog bića.

Svrsishodnost rada

Egzistencijalna osnova svrsishodnosti rada

Intelektibilnost rada po svojoj prirodi implicira svrsishodnost radnog procesa. Kao osnova rada, misao uvek stremi određenom cilju prema kojem usmerava ceo radni proces.[51) Zato svaki rad čoveka predstavlja svrsishodnu aktivnost, a ukoliko je neka aktiv-

---

48) "U savremenoj industrijskoj proizvodnji u razvijenim zemljama ljudska radna snaga predstavlja svega 1% celokupne radne, odnosno pogonske snage – sve ostalo je mehanička energija. Prosečni stanovnik razvijene zemlje raspolaže danas mehaničkom energijom koja predstavlja ekvivalenat 200 robova nekadašnjeg robovlasničkog sistema." (Dr Janez Stanovnik, *Kriza kapitalizma i novi međunarodni ekonomski poredak,* Centar za marksističko obrazovanje OSK Beograda, Beograd, 1977, str. 18).

49) "Automatizacija proizvodnje izbacuje kao suvišne masu radnika čiji je posao bio pretežno mehaničke prirode. Stoga se kategorija koju Marks naziva "tvorničkim radnicima" sve više smanjuje, dok se broj onih koji se bave znanstvenim istraživanjem, projektiranjem, izvođenjem, upravljanjem, nadzorom nad poslom itd. sve više povećava." (Dr Zvonimir Baletić, *Ekonomski proces i ekonomska teorija,* "Informator", Zagreb, 1972, str. 29).

50) "U poslednjih deset godina ustanovilo se, da kao gljive rastu koještarije (dada), amatersko bavljenje raznim zanatima i igrama (art and craft hobbies), kojima se pridružuju svakovrsni aktivni oblici razonode, kao fotografiranje, keramika, elektronika, radio itd." (Georges Friedmann, *Razmrvljeni rad,* "Naprijed", Zagreb, 1959, str. 152).

51) "Ne postiže on (radnik – prim. ŽM) samo promenu oblika prirodnih stvari, on u njima ujedno ostvaruje i svoju svrhu koja mu je poznata, koja poput zakona određuje put i način njegova rađanja, i kojoj mora da potčini svoju volju. A ovo potčinjavanje nije usamljen čin, Pored naprezanja organa koji rade, traži se za sve vreme trajanja rada i svrsishodna volja, koja se očituje kao pažnja". (K. Marks, "Kapital" I, K. Marks, F. Engels, *Dela,* Isto, tom 21, str. 164).

12

nost nesvrsishodna ona ne predstavlja ljudski rad. Po tome se rad čoveka bitno razlikuje od aktivnosti životinje, koja se po sili prirodnog nagona odvija spontano i bez svesnog usmeravanja prema određenim ciljevima.

Ciljevi koje čovek pred sebe postavlja proističu, neposredno ili posredno, iz njegovih egzistencijalnih potreba. Zato se i njihovo ostvarivanje, neposredno ili posredno, svodi na zadovoljavanje tih potreba. Kao svrsishodna aktivnost čoveka, rad prema tome ima izvornu osnovu u njegovim egzistencijalnim potrebama. Sve što radi, čovek, u krajnjoj liniji, radi za to da bi zadovoljio svoje potrebe. I kao što je aktivnost svakog živog bića u funkciji njegove egzistencije ma kakva ona bila, tako je i rad čoveka, kao specifični oblik životne aktivnosti, u funkciji njegove egzistencije.

Ako mišljenje, kao orgnaska funkcija mozga, predstavlja suštinu ljudskog rada, onda je rad već po sebi i sam za sebe egzistencijalna potreba čoveka. Štaviše, kao ostvarenje te suštine, on u odnosu na ostale egzistencijalne potrebe čoveka predstavlja njegovu primarnu generičku potrebu. U toj funkciji, rad je sam sebi svrha jer se ne obavlja radi nekog spoljašnjeg cilja već radi sebe, pa se u suštini može definisati kao *samosvrsishodna delatnost.*

Istina, samosvrsishodnost rada nema aposlutno značenje u tom smislu da rad predstavlja nekakav krajnji cilj kojim bi se prekidao lanac svrsishodnosti životne egzistencije čoveka, jer takvi ciljevi i ne postoje. [52] Pošto po svojoj suštini predstavlja organsku funkciju mozga, rad je nužan uslov njegove reprodukcije, bez koje nema ni generičke reprodukcije čoveka. Samim tim, on je nužan uslov generičke egzistencije čoveka, koja se njime reprodukuje. Štaviše, kao organska funkcija mozga, rad po svojoj suštini predstavlja samu generičku egzistenciju čoveka, njenu esenciju i unutarnju, samopokretačku snagu, kojom se ona samoreprodukuje. [53] Rad je zapravo način egzistencije čoveka, [54] bez kojeg on ne može kao što ne može bez bilo koje organske potrebe. [55]

U tom smislu, generička egzistencija čoveka javlja se kao unutarnja svrha rada, a sam rad kao njeno sredstvo. Ali ni time se lanac svrsishodnosti ne završava, jer je smisao generičke egzistencije čoveka baš u samom radu. Ako radi zato da bi živeo, čovek istovremeno živi zato da bi radio. Rad se na taj način u celokupnom lancu svrsishodnosti ljudske egzistencije javlja kao ključna — polazna i završna karika kojom sve započinje i sve završava. I upravo zbog toga on predstavlja samu suštinu i samopokretačku snagu ljudske egzistencije.

U stvari, čovek je *čovek* samo utoliko ukoliko u radu nalazi smisao svoje egzistencije. Ukoliko se, međutim, rad javlja kao nužno zlo, čovek još egzistira kao životinja. Ali pošto rad u svom pojavnom obliku predstavlja prelaz iz životinjske u ljudsku aktivnost, on se istovremeno javlja i kao nužno zlo i kao smisao ljudske egzistencije, pa se utoliko i čovek javlja kao prelazno, poluživotinjsko-poluljudsko biće. Iz dvojnosti rada nužno proističe dvojnost radnika.

---

[52] Utoliko je prihvatljivo upozorenje da se rad "ipak ne može smatrati sam po sebi završetkom." (Georges Friedmann – Pierre Naville, isto, str. 15).

[53] "Nećemo pretjerati ako kažemo da rad nije dio života, već sam život." (Dj.C. Miller – V.H. Form isto, str. 149).

[54] "Rad je način bivstvovanja dan čovjeku kao živom biću. Da bi čovjek živeo mora proizvoditi svoj život, a ovo proizvođenje njegova života je opći način njegova bivstvovanja, opća struktura njegovog odnošenja prema svijetu i prema samome sebi." (Dragutin Nikšić, *Čovjek i rad*, SNL, Zagreb, 1979, str. 34).

[55] "Ekonomske motive ne možemo smatrati isključivim motivima za rad, jer radnici nastavljaju raditi čak i onda kada više nemaju potrebe za materijalnim dobrima." (D.C. Miller – V.H. Form, isto, str. 149).

Kao životinjska aktivnost, rad nije neposredna, već posredovana potreba, te u toj funkciji ne predstavlja svrhu, nego *sredstvo egzistencije* čoveka. Njegova svrsishodnost u zadovoljavanju egzistencijalnih potreba čoveka nije sadržana u njemu samom kao suštini ljudske egzistencije, već je posredovana nekim spoljašnjim ciljem kao sredstvom egzistencije. Zato reprodukcija tog sredstva, a ne same ljudske egzistencije, predstavlja njegovu neposrednu svrhu.

Nužnost posredovane svrsishodnosti proističe iz ograničene proizvodne snage rada, zbog čega je on i u neposrednoj funkciji fiziološke (životinjske), a ne samo generičke reprodukcije čoveka. Što je proizvodna snaga rada manja, bioenergija čoveka više je angažovana na njegovoj fiziološkoj, nego na generičkoj reprodukciji, pa se samim tim rad više javlja kao sredstvo nego kao svrha reprodukcije. I s obzirom na to da je fiziološka reprodukcija bezuslovna, dominacija posredovane nad neposrednom egzistencijalnom svrsishodnošću rada je neizbežna, pa na prvi pogled izgleda kao da se on i ne javlja drugačije nego kao sredstvo egzistencije, pogotovu kad se identifikuje sa fizičkom aktivnošću. [56]

Bez obzira da li se rad javlja kao sredstvo ili kao svrha, egzistencijalnu osnovu njegove svrsishodnosti u svakom slučaju čine životne potrebe čoveka. [57] A sve životne potrebe čoveka svode se u osnovi na održavanje njegove fiziološke i generičke reprodukcije. Svaka potreba izražava težnju za ponovnim uspostavljanjem fiziološke i psihičke ravnoteže ljudskog organizma, koja se neizbežno narušava bilo voljnim ili nagonskim troženjem njegove bioenergije. I potreba za samim radom nastaje iz neodoljive težnje za ponovnim uspostavljanjem narušene ravnoteže ljudskog organizma uopšte, [58] jer je rad nužan uslov zadovoljenja svih potreba. Zato se ljudski rad u tom pogledu može definisati kao prva i najegzistencijalnija potreba, te kao potreba svih životnih potreba čoveka.

Osećaj potrebe, kao subjektivni odraz objektivno narušene životne ravnoteže, izaziva želju za njenim zadovoljenjem, koja se, neposredno ili posredno, ostvaruje svrsishodno usmerenom akcijom. [59] Na zadovoljenje jedne potrebe nadovezuju se želje za podmirivanjem drugih potreba, i tako se motivacioni lanac svrsishodnih aktivnosti produžava u nedogled, zbog čega se rad praktično odvija kao stalni proces životne reprodukcije čoveka. [60] Kontinuitet životne reprodukcije čoveka zasniva se upravo na kontinuitetu njegove svrsishodne aktivnosti.

---

56) "Rad se najčešće smatra kao aktivnost, direktna ili indirektna, u cilju pribavljanja sredstava za opstanak." (D.C. Miller – V.H. Form, isto, str. 148).

   U teoriji rad je dugo definisan samo kao instrumentalna aktivnost. Po ekonomisti Calsonu, "rad je iskorištavanje vlastitih tjelesnih i moralnih snaga koje čovjek vrši u cilju stvaranja bogatstva ili usluga", prema Petty-u, "rad je otac i aktivni izvor bogatstva, kao što je zemlja mati" (Vidi: Dragutin Nikšić, isto, str. 27), a po Henri Bergsonu, "ljudski rad sastoji se u stvaranju koristi", dok je Francis Bacon definisao rad kao "čoveka koji se pridodaje prirodi". (Vidi: Georges Friedmann – Pierre Naville, isto, str. 13. i 14).

57) "Jedini realan sadržaj i smisao ljudskog (motivisanog) ponašanja je težnja za *zadovoljenjem* bioloških i psihičkih potreba". (Stevan Palić, *Psihologija rada,* često izdanje, Viša škola za organizaciju rada, Novi Sad, 1983, str. 47).

58) "Čovek dejstvuje samo ako oseća potrebu, to jest ako je ravnoteža između sredine i organizma trenutno poremećena, a akcija teži da ponovo uspostavi ovu ravnotežu, to jest da ponovo adaptira organizam (Klapared)". (Žan Pijaže, *Psihologija inteligencije,* "Nolit", Beograd, 1977, str. 48).

59) "Životne potrebe rađaju želje, a već one povlače za sobom radnje; želja tada postaje motiv ili cilj, a pokreti postaju radnje ili sredstva za postizanje cilja (I.M. Sečenov)". (K.K. Platonov, isto, str. 69).

60) "Čovek je životinja koja neprestano nešto želi i koja retko kad dostiže stanje potpunog zadovoljenja, izuzev za kratko vreme. Kada je jedna želja zadovoljena, druga iskrsava na njenom mestu. Odlika ljudskog bića je da tokom svog života skoro stalno nešto želi". (Abraham H. Maslov, *Motivacija i ličnost,* "Nolit", Beograd, 1976, str. 83).

14

Ali reprodukcija životne egzistencije čoveka nije tako jednostavna da se nova potreba javlja tek kada je prethodna zadovoljena. Ne samo što jedna potreba nastaje pre zadovoljenja druge, nego se i različite potrebe javljaju istovremeno. Ukoliko se ne mogu istovremeno i zadovoljavati, one se diferenciraju prema stepenu neophodnosti, kojim se, po pravilu, određuje prioritet u njihovom zadovoljavanju. I pošto fiziološke potrebe deluju snagom nagona, one već po svojoj prirodi imaju prioritet u odnosu na generičke potrebe čoveka. 61)

Ukoliko su motivi za zadovoljavanje istovremenih potreba po svojoj snazi izjednačeni, dolazi do njihovog sukoba, koji se mora razrešiti da bi akcija otpočela. A razrešenje tog sukoba moguće je samo putem svesnog potiskivanja jedne potrebe za račun druge, tako da se prioritet u njihovom zadovoljavanju ne određuje njihovom sopstvenom snagom, nego arbitrernom snagom volje. Ako se, međutim, jednom potisnuta potreba više ne može zadovoljiti, stanje organske neravnoteže se produžava prerastajući u frustraciju.

Dobijanjem prioriteta u zadovoljavanju, potreba postaje neposredni ili posredovani cilj akcije. Potreba za samim radom je neposredan, a potreba za hranom posredovan cilj rada. Da bi se zadovoljila potreba za radom, potrebno je samo raditi, a da bi se utolila glad, mora se prethodno proizvesti hrana, koja kao sredstvo ishrane postaje neposredni cilj rada. U suštini, neposredni cilj rada su istovremeno i sam rad i proizvodi rada kao sredstva životne egzistencije, jer je rad istovremeno i cilj i sredstvo egzistencije. Pojavno se, međutim, ti ciljevi najčešće razdvajaju i jednostrano postavljaju prema tome da li preovlađuje rad kao sredstvo ili kao potreba.

Prema postavljenom cilju usmerava se ceo tok akcije. Rad ne predstavlja svrsishodnu aktivnost samo zato što je u funkciji određenog cilja, nego pre svega zbog toga što je ceo radni proces podređen ostvarivanju tog cilja. Kao projekcija zadovoljenja određene potrebe, cilj je glavni motiv i usmeravajuća snaga svrsishodne transformacije radne energije, koja čini fiziološku osnovu rada. U procesu rada celokupan radni napor, kao neposredni generator te transformacije, usmerava se prema unapred određenom cilju.

Po fiziološkoj sadržini, radni proces predstavlja svrsishodno trošenje raspoložive bioenergije čoveka, koja svoje opredmećenje nalazi u određenom, svesno odabranom cilju. 62) Hemijska energija, stvorena razlaganjem belančevina, masti i ugljenih hidrata, pretvara se u električnu, mehaničku i toplotnu energiju, koje daljom transformacijom u procesu fizičke i psihičke aktivnosti ljudskog organizma doprinose uspostavljanju njegove fiziološke i psihičke ravnoteže. Osnovu tih transformacija u procesu ljudskog rada čine bioelektrični procesi u kori velikog mozga, koji za sobom povlače sve ostale procese neophodne za ostvarenje postavljenog cilja.

Za sada se može samo pretpostavljati da se psihička ravnoteža uspostavlja pomoću svojevrsne *psihičke energije*, u koju se tokom rada transformiše bioelektrična energija. Takva vrsta energije javlja se kao duhovna hrana ljudske psihe, čija reprodukcija izaziva neposrednu potrebu za radom, bez kojeg zbog toga čovek ne bi mogao ni kad bi se njegove fiziološke potrebe automatski zadovoljavale. U toj funkciji ona predstavlja nužan uslov ne samo proste reprodukcije psihičkog života, već i progresivnog razvoja generičkih potencija čoveka.

---

61) ”Ako su sve potrebe nezadovoljene, organizmom vladaju fiziološke potrebe i u tom slučaju sve druge potrebe mogu praktično prestati da postoje, odnosno mogu biti odgurnute u pozadinu... Osoba kojoj nedostaje hrana, sigurnost, ljubav i poštovanje najverovatnije će osećati glad za hranom jače nego za bilo čim drugim”. (Isto, str. 93).

62) ”Ma koliko različiti bili korisni radovi ili proizvodne delatnosti, fiziološka je istina da su oni funkcije čovekova organizma i da je svaka takva funkcija, ma kakvi joj bili sadržina i oblik, u suštini trošenje čovečjeg mozga, nerva, mišića, čulnog organa”. (K. Marks ”Kapital”, isto, str. 74).

Fiziološka funkcija rada već je odavno poznata. Iako se fiziološki procesi odvijaju po sili prirodnog nagona, oni su u ljudskom organizmu pod velikim uticajem svrsishodne aktivnosti, koja ih podstiče, usmerava i reguliše. Na taj način rad deluje kao mobilizator i generator fizičkih potencija čoveka, koje se pod njegovim uticajem reprodukuju i razvijaju. U procesu rada se u fizičkim, kao i u psihičkim potencijama ljudskog organizma neposredno opredmećuje veliki deo angažovane bioenergije.

Ali ukoliko je rad prvenstveno u funkciji posredovanog zadovoljavanja životnih potreba, onda se to unutarnje, i psihičko i fizičko, opredmećivanje bioenergije javlja samo kao nusprodukt njenog spoljašnjeg opredmećivanja. Jer u tom slučaju oblikovanje spoljašnje prirode, a ne unutarnjih potencija radnika, predstavlja neposredni cilj rada u kojem se prvenstveno opredmećuje angažovana bioenergija. 63) Čovek se tu reprodukuje reprodukujući prirodu, a ne reprodukuje prirodu reprodukujući sebe.

Iz procesa rada obrađeni predmet izlazi kao zajednički proizvod čoveka i prirode, u kojem je opredmećeni rad sjedinjen sa preobraženom prirodnom supstancom. Tokom radnog procesa u proizvodu je opredmećena i s prirodnom supstancom sjedinjena i fizička i psihička snaga radnika, zbog čega on predstavlja svojevrstan sintetički izraz očovečene prirode i naturalizovanog čoveka. Oblikovanjem prirode prema svojoj zamisli, čovek u nju unosi samog sebe dajući joj time ljudska obeležja.

Ali to je tek prvi stupanj očovečenja prirode. Na višem stupnju proizvod rada ulazi u fazu neposrednog zadovoljenja životnih potreba čoveka, u kojoj se direktno pretvara u njegovu bioenergiju ili na bilo koji način doprinosi njenom stvaranju. Time se već preobražena prirodna supstanca transformiše u relativno najviši oblik svog postojanja, koji je završna, ali i polazna tačka neprekidnog opštenja između čoveka i prirode. Iz moždane "laboratorije" lansiraju se inicijative, i u njoj "svode računi" svih akcija koje čovek vodi u borbi sa prirodom.

Protivrečnosti rada kao svrsishodne aktivnosti

Rad kao neposredna i rad kao posredovana potreba je relativno istovetan. Isti radni proces može istovremeno biti u funkciji ostvarenja i unutrašnje i spoljašnje svrhe, jer se bilo koji ljudski posao može obavljati i iz zadovoljstva i radi zarade. Kada profesionalni umetnik ili naučnik stvara, on to istovremeno čini i iz neposredne potrebe za stvaranjem i radi obezbeđenja sredstava za podmirenje ostalih životnih potreba.

Pa i kad se obavlja samo iz zadovoljstva ili radi zarade ni jedan posao ne isključuje u potpunosti ni jednu od osnovnih funkcija rada. I kada slikar slika samo iz zadovoljstva on nastoji da na platno, kao spoljašnji predmet, verno prenese, te tako i drugima saopšti, svoj unutrašnji doživljaj. S druge strane, i jedan čistač ulica, koji taj posao svakodnevno obavlja samo radi zarade, oseća bar izvesno zadovoljstvo samim radom i, u svakom slučaju vodi sadržajniji život nego neko ko ništa ne radi.

Rad kao neposredna potreba je, međutim, istovremeno u suprotnosti sa radom kao posredovanom potrebom. U osnovi takvog odnosa je suprotnost između intelektualne i fizičke aktivnosti jer je rad kao neposredna potreba prvenstveno intelektualna, a rad kao

---

63) "Rad je pre svega proces između čoveka i prirode, proces u kome čovek svojom sopstvenom aktivnošću omogućuje, reguliše i nadzire svoju razmenu materije s prirodom. Prema prirodnoj materiji on sam istupa kao prirodna sila. On pokreće prirodne snage svoga tela, ruke i noge, glavu i šaku da bi prirodnu materiju prilagodio sebi u obliku upotrebljivom za njegov život". (K. Marks: "Kapital", isto, str. 163).

posredovana potreba prvenstveno fizička aktivnost. Zbog toga u funkciji neposredne potrebe rad predstavlja zadovoljstvo, dok se u funkciji posredovane potrebe doživljava kao teret i dosada. I ukoliko se istovremeno javlja u obe funkcije, on se u isto vreme doživljava i kao teret i kao zadovoljstvo, pri čemu jedno osećanje, po pravilu, preovlađuje zavisno od toga koja funkcija rada dominira.

Ali takva polarizacija osnovnih funkcija rada ne predstavlja polarizaciju nekih neutralnih suprotnosti koje bi mirno koegzistirale jedna pored druge. To su suprotnosti koje se nalaze u stalnom sukobu jer se pomenute funkcije rada međusobno ograničavaju. Što je više u funkciji sredstva egzistencije, rad je utoliko manje u funkciji svrhe egzistencije, i obrnuto. Zato se on preko određene granice ne može u obe funkcije istovremeno povećavati. Da bi obezbedio sredstva egzistencije, čovek se najčešće mora lišavati rada iz zadovoljstva, a da bi više radio iz zadovoljstva, mora se odricati nekih drugih zadovoljstava koja se obezbeđuju posredstvom rada.

Kao sredstvo egzistencije, rad se neposredno akumulira u proizvodu posredstvom kojeg zadovoljava životne potrebe čoveka. Proizvod rada je, prema tome, sam rad u preobraženom obliku, pa se u tom smislu između rada i njegovog proizvoda može staviti znak jednakosti. [64] U svom proizvodu rad samo dobija poseban oblik ispoljavanja preko kojeg ostvaruje jednu od osnovnih funkcija u reprodukovanju životne egzistencije čoveka. I pošto predstavlja akumulirani rad, proizvod se i kvantitativno izjednačava s uloženim radom, koji određuje njegovu veličinu. Što se više rada uloži u određenu proizvodnju, više će se proizvesti, pa se samim tim i odgovarajuće potrebe mogu u većoj meri zadovoljiti.

Ali rad je istovremeno u suprotnosti sa svojim proizvodom. Kao proces svrsishodnog opredmećivanja ljudske bioenergije, rad je proces samog života u kojem se generičko biće čoveka najneposrednije ispoljava. Nasuprot tome, kao završeno opredmećenje ljudske bioenergije, proizvod je umrtvljeni rad koji je potpuno izgubio životna svojstva. [65] Na jednoj strani je, dakle, *tekući živi*, a na drugoj *opredmećeni-minuli* rad.

Kao proces svrsishodnog opredmećivanja ljudske bioenergije, živi rad je imanentna funkcija ljudskog bića koja označava način njegovog postojanja i predstavlja njegovu esenciju. Nasuprot tome, kao već izvršeno opredmećenje te iste bioenergije, proizvod rada predstavlja njeno otuđenje od čoveka. A ukoliko se bioenergija čoveka svrsishodno otuđuje prema njegovoj vlastitoj želji i zamisli, opredmećeni rad predstavlja njegovo sopstveno, i fizičko i generičko, otuđenje. Nešto što je jednom postojalo u samom čoveku kao deo njegovog života, kroz rad je otuđeno u neki spoljašnji predmet koji postoji izvan čoveka. [66]

Ukoliko proizvod rada predstavlja svrhu ljudske aktivnosti, on dominira nad živim radom kao što svaka svrha dominira nad svojim sredstvom. Živi rad je u tom slučaju podređen opredmećenom radu, radi kojeg se obavlja i prema kojem se usmerava. Zato takav rad ne predstavlja slobodnu, već prinudnu aktivnost, jer čovek ne radi što želi, nego što mora raditi da bi obezbedio egzistenciju. To što radnik pri tom želi nije sam rad, već njegov proizvod.

---

64) "Kakav god bio njegov oblik, bilo novac, roba ili sredstva za proizvodnju, kapital je rad... Istodobno, *rad je kapital!* kao živi rad koji kapitalist kupuje kako bi pokrenuo proizvodni proces". (Harry Braverman, isto, str. 313).

65) "Proizvod rada jest rad koji se fiksirao u jednom predmetu, koji je postao stvar, to je *opredmećenje* rada". (K. Marks: Ekonomsko-filozofski rukopisi iz 1844, godine, tom 3, isto, str. 218).

66) "U *radu radi zarade* nalazi se: 1) slučajnost i otuđenje rada od subjekta koji radi; 2) slučajnost i otuđenje rada od predmeta rada.. Predmet proizveden radom, njegov proizvod, suprotstavlja se njemu kao *tuđe biće,* kao *sila nezavisna* od proizvođača". (Isto, str. 286. i 218).

Otuda proizvodni rad, i kad je pretežno intelektualne sadržine, ne predstavlja zadovoljstvo, nego teret i dosadu, zbog čega se izbegava kad god se izbeći može. [67] Ukoliko se pri takovom radu javlja neko zadovoljstvo, njega ne pričinjava sam rad, već proizvod rada. A proizvod rada može pričinjavati zadovoljstvo samo ako zadovoljava neku životnu potrebu radnika. [68] U tom slučaju, zadovoljstvo se može prenositi i na sam proces rada, čineći ga ugodnim pri pomisli na njegovu svrsishodnost. Ako, međutim, proizvod rada ne zadovoljava nikakvu potrebu radnika, proces rada se praktično pretvara u "pakao" bez obzira što zadržava svoju svrsishodnost.

Nije, međutim, protivrečan samo proizvodni rad, nego i rad koji se obavlja iz potrebe za samim radom. S jedne strane, rad kao neposredna potreba je istovetan sa svojom svrhom, jer je zapravo sam proces rada ta neposredna potreba. Pošto je rad esencijalna funkcija ljudskog bića, ono bez njega ne može kao što materija uopšte ne može bez kretanja jer je rad samo specifični oblik njegovog kretanja. Neposredni cilj rada i sam proces rada ovde su, dakle, sasvim istovetni.

Ali čovek ne oseća potrebu za radom uopšte, već za konkretnim oblicima rada van kojih rad uopšte i ne postoji. A potreba za konkretnim radom je prolazna i prestaje kad se zadovolji. Dok se fiziološke potrebe obnavljaju u neizmenjenom obliku, potrebe za radom su uvek nove; pa se moraju i zadovoljavati novim oblicima rada. Promena je suštinsko obeležje i potrebe za radom i samog rada kojim se ona zadovoljava.

U tim promenama rad stalno dolazi u sukob sa samim sobom kao samosvrhom. Čim se potreba za određenim radom zadovolji on se počinje suprotstavljati opštoj potrebi za radom koju više ne može zadovoljavati, i od zadovoljstva pretvara se u dosadu. Ali taj sukob je neprekidno prisutan i u procesu istog rada jer je i potreba za *određenim* radom promenljiva, bez čega se on ne bi ni odvijao kao svrsishodan proces. Svaki napredak u zadovoljavanju neke potrebe neizbežno dolazi u sukob s odgovarajućim segmentom radnog procesa koji ga je omogućio, zahtevajući time njegovu promenu.

Put za razrešavanje te protivrečnosti rada je, prema tome, u njegovom menjanju, koje može ići u dva osnovna pravca. Jedan pravac je u menjanju poslova, a drugi u razvijanju istog posla. Svaka ljudska jedinka oseća potrebu i za jednom i za drugom vrstom promene, mada se mogu razlikovati tipovi koji su više skloni jednoj nego drugoj vrsti. Čovek je u tom pogledu dvodimenzionalno biće koje svoju aktivnost razvija i u širinu i u dubinu, i ne može je razvijati u jednom ako je ne razvija i u drugom pravcu.

Mogućnost razrešavanja protivrečnosti rada kao neposredne potrebe ograničena je, međutim, protivrečnostima između rada kao neposredne i rada kao posredovane potrebe. Da bi mogao raditi iz potrebe za samim radom, čovek proizvodnim radom mora najpre zadovoljiti fiziološke potrebe, to jest da bi radio iz zadovoljstva, mora najpre raditi iz nužde. Zato je razrešenje protivrečnosti između rada kao neposredne i rada kao posredovane potrebe uslov razrešenja protivrečnosti rada kao neposredne potrebe.

Razrešavanje tih protivrečenosti je istorijski proces koji prolazi tri karakteristične faze. U prvoj fazi rad kao neposredna i rad kao posredovana potreba su sjedinjeni u aktivnosti istih subjekata, s tim što preovlađuje rad kao posredovana potreba. U drugoj fazi oni

---

[67] "Ima li išta čudno u tome što radnik, čim je "preguao" svojih osam sati, ima samo jednu pomisao: da beži, da napusti mašinu, radionicu, da smakne sa sebe radnički kombinezon... I sami tehničari, rukovodioci proizvodnje, inženjeri planiranja (planinga) i proučavanja, trpe od tog nedostatka motivacije na duži rok". (Žorž Fridman, *Kuda ide ljudski rad,* "Rad", Beograd, 1959, str. 85. i 272).

[68] "Rad se opravdava sam po sebi kada radnik vidi usluge koje čini. Jedan kolar u selu shvata odmah zašto radi, zna za koga i zašto udara obruč na točkove, opravlja osovine, pravi lotre". (Isto, str. 89).

se razdvajaju u aktivnosti različitih subjekata, a u trećoj ponovo spajaju, ali sada sve više preovlađuje rad kao neposredna potreba dok se rad kao posredovana potreba smanjuje.

Prvobitno je čovek radio iz nužde (proizvodio) samo toliko koliko je bilo neophodno da neposredno zadovolji svoje fiziološke potrebe. [69] Prvenstveno je od prirodnih okolnosti zavisilo koliko će mu za to trebati snage i vremena, čiji je ostatak koristio po slobodnoj volji. Ako su prirodne okolnosti bile izuzetno povoljne, on je sa malo fizičkog rada živeo u realtivnom izobilju, što mu je omogućavalo da se bavi i slobodnim aktivnostima.[70] U pravilu je, međutim, čovek prvobitno najveći deo vremena provodio u potrazi za hranom i drugim sredstvima fiziološke egzistencije boreći se sa surovom prirodom, kojom je još teško ovladavao.

Tegobe fizičkog rada iz nužde čovek je najčešće ublažavao obrednim igrama, kojima je slavio svoju pobedu nad prirodom, kao što se još uvek, naročito u zaostalijim sredinama, svaki značajniji uspeh u borbi za životnu egzistenciju slavi i proslavlja.[71] Proizvodni rad je na taj način kombinovan s igrom, što se i u savremenoj industriji, ali sa daleko manje uspeha, pokušava da bi se ubila monotonija i time uticalo na produktivnost. Šta više, u početku rad i igra još nisu bili izdiferencirani, pa ni pojmovno nisu razlikovani.[72] U lov i berbu divljih plodova danas se više ide radi zabave, a nekada su te aktivnosti predstavljale glavni izvor egzistencije.

Zbog neizdiferenciranosti proizvodnog rada i slobodnih aktivnosti nisu bili izdiferencirani ni radno i slobodno vreme.[73] To nije bilo moguće ni zbog načina obezbeđivanja životne egzistencije čoveka. Sve dok se više prilagođavao prirodi nego što je prirodu prilagođavao sebi, čovek je i vreme svog rada morao prilagođavati prirodnoj stihiji. U poljoprivredi se i danas radno vreme više prilagođava vremenskim prilikama i drugim prirodnim okolnostima nego ljudskim potrebama, i često se preplice sa slobodnim vremenom koje takođe u velikoj meri, priroda određuje.

Društveno razdvajanje slobodnog i proizvodnog rada bilo je moguće tek kada je ljudski rad dostigao takvu proizvodnu moć da proizvodi više nego što je neophodno za životnu reprodukciju samog proizvođača. Tada se već jedan deo društva mogao naći u poziciji da živi od viška rada drugih i da, oslobođen proizvodnog rada, može slobodno birati čime će se u životu baviti i šta će konkretno raditi.

Takva sloboda, makar i za neznatnu manjinu društva, omogućila je ubrzani razvoj duhovnog stvaralaštva, koje je doprinosilo da se i proizvodni rad sve više intelektualizira i time postupno oslobađa određenih obeležja prinude. Oslobađanje od životinjske strane rada omogućavalo je da se razvija njegova ljudska strana. Zahvaljujući tome, mogle su relativno brzo procvetati tipično ljudske delatnosti kao što su filozofija, nauka i umetnost.

---

69) ”Čovjek, za sebe – u divljem, barbarskom stanju – ima stoga mjeru svoje proizvodnje u *opsegu* svoje neposredne potrebe, čija je sadržina *neposredno* sam proizvedeni predmet. Zato čovjek u tom stanju *ne proizvodi više* nego što mu neposredno treba. Granica njegove potrebe je granica njegove proizvodnje”. (K. Marks: Ekonomsko-filozofski rukopisi iz 1844. godine, isto, str. 288).

70) Prema nalazima nekih antropologa, paleolitski lovci i skupljači i neolitski zemljoradnici ”rade tri do četiri sata dnevno,... dobro su uhranjeni i otprilike jednako visoki kao današnji prosječan čovjek; kad se nastane, žive u udobnim i zdravim nastambama i bave se brojnim umjetničkim aktivnostima”. (Branko Horvat, isto, str. 427/8).

71) ”Tradicionalni rad bio je više – manje iskvaren iracionalnim praksama – običaji, obredi, svetkovine. One su u početku zamišljene kao sredstva da se pomogne radu da postigne svoje ciljeve, zatim su se ukorijenile kao nešto što se pristoji i što je uobičajeno, i stvarno pružaju priliku da se ljudi *unutar* rada oslobode napetosti što je stvara njegova svrsishodnost”. (Charles R. Walker, *Moderna tehnologija i civilizacija*, ”Naprijed”, Zagreb, 1968, str. 425).

72) ”Neki australijski urođenici imaju istu riječ za rad i za igru”. (Branko Horvat, isto, str. 428).

73) Vidi isto.

Ali razrešavanje protivrečnosti ljudskog rada na jednoj strani, doprinelo je njihovom još većem zaoštravanju na drugoj strani. Ako je jedan deo društva oslobođen proizvodnog rada, drugi, znatno veći deo, je njime još više opterećen. Radno i slobodno vreme je strogo izdiferencirano, ali na različite subjekte tako da su jedni raspolagali samo radnim, a drugi samo slobodnim vremenom. Time su jedni potpuno oslobođeni prinudnog, a drugi potpuno lišeni slobodnog rada. Društvo je na taj način podeljeno na dva međusobno suprotstavljena tabora od kojih je jedan morao živeti životinjski da bi drugi mogao živeti ljudski ali uz životinjski odnos prema protivničkom taboru.

Takav društveni odnos mogao je biti zasnovan samo na otuđujućoj prirodi proizvodnog rada. Jer ukoliko se živi rad otuđuje u svom proizvodu, i proizvod se, kao spoljašnji i od radnika nezavisan predmet, može otuđiti od svog izvora. On se prema izvoru mora vraćati samo u meri koja obezbeđuje da isti ne presahne kako bi stalno mogao izbacivati nove proizvode, te se utoliko vrši i razotuđivanje privremeno otuđenog rada. Preko te mere svaki proizvod rada može se nepovratno otuđivati od radnika i služiti kao sredstvo životne egzistencije neradnika.

Nepovratno otuđivanje rada javlja se na taj način kao materijalna osnova otuđivanja radnika u neradniku. Proizvodeći otuđujući proizvod, radnik proizvodi neradnika kao svoju negaciju, jer ako je otuđujući proizvod opredmećenje živog radnika, neradnik kojem taj proizvod služi kao sredstvo životne reprodukcije, predstavlja ponovno oživotvorenje radnika u otuđenom i protivstavljenom obliku. Neradnik je, u suštini, otuđeni radnik, jer je njegov život otuđeni život radnika.

Kao oblik nepovratnog otuđivanja rada, proizvod se dvostruko suprotstavlja radniku: kroz opredmećivanje njegovog živog rada i kroz reprodukovanje životne egzistencije neradnika pod čiju ga komandu stavlja. Preko proizvoda i zbog proizvoda, koji dominira nad živim radom, uspostavlja se i društvena dominacija neradnika nad radnikom. Na taj način se otuđivanje čoveka od samog sebe u proizvodu njegovog sopstvenog rada javlja kao uzrok otuđivanja čoveka od čoveka i suprotstavljanja jednog čoveka drugom čoveku. [74]

S nepovratnim otuđivanjem rada otuđuje se od radnika i njegova svrsishodnost. Ukoliko radniku ne pripada predmet koji proizvodi, rad za njega prestaje biti svrsishodan ne samo kao neposredna, već i kao posredovana potreba. Umesto za radnika, proizvodni rad je svrsishodan za neradnika, zbog čega radniku postaje stran i mora mu se spolja nametati. Za radnika rad tada ostaje svrsishodan samo u svom apstraktnom obliku kao opšti uslov njegove egzistencije, dok prema konkretnom radu postaje ravnodušan izbegavajući ga kad god mu se za to ukaže prilika.

Ukoliko prinudni rad proizvođača predstavlja uslov slobodnog rada neproizvođača, od njega se u nekom drugom čoveku otuđuje ne samo njegovo fizičko, nego i njegovo generičko biće. Na račun sopstvene potrebe za radom kao svojim generičkom suštinom, on proizvodi za potrebe drugih. Time on svoje, i fizičko i generičko, biće "pretače" u biće drugog čoveka, koje postaje utoliko bogatije ukoliko njegovo biće više siromaši. [75] Prinudni rad za drugoga pretvara se praktično u životinjsko teglenje kojim se život radnika svodi na golu reprodukciju radne snage.

---

74) "Neposredna posljedica toga što je čovjek otuđen proizvodu svoga rada, svojoj životnoj djelatnosti, svojoj rodnoj suštini, jest *otuđenje čovjeka* od *čovjeka*. Ako se čovjek sam sebi suprotstavlja, njemu se suprotstavlja *drugi* čovjek". (K. Marks: "Ekonomsko-filozofski rukopisi iz 1884. godine, isto, str. 222).

75) "Rad proizvodi čudesna djela za bogataše, ali on proizvodi ogoljenje za radnika. On proizvodi palače, ali za radnika jazbine. On proizvodi ljepotu, ali za radnika oskaćenje... On proizvodi duh ali za radnika proizvodi glupost i kretenizam". (Isto, str. 219).

To pokazuje da nepovratno otuđujući rad predstavlja samoubilačku delatnost radnika koja razara njegovo fizičko i generičko biće. Prema takvoj delatnosti radnik se mora negativno odnositi jer se ona negatorski odnosi prema njemu. Negativno doživljavanje rada koje se stvara njegovim spoljašnjim opredmećivanjem, podiže se nepovratnim otuđivanjem na viši stepen i dovodi do krajnjih granica nepodnošljivosti. Umesto da predstavlja najveće životno zadovoljstvo, ljudski rad se takvim otuđivanjem pretvara u najveće mučenje. [76]

Ali baš u toj nepodnošljivosti otuđujućeg rada leži glavni izvor revolucionarnog bunta radnika koji ga pokreće u borbu za razotuđenje. Stvarno razotuđenje rada nije ni moguće bez revolucionarne akcije, pomoću koje radnik treba da ovlada proizvodom svog rada umesto da proizvod vlada njime. Ta velika promena označava ponovno spajanje rada kao neposredne i rada kao posredovane potrebe u aktivnosti istih subjekata.

Uspostavljanje dominacije živog rada nad opredmećenim radom ne zavisi, međutim, samo od ukidanja dominacije neradnika nad radnikom. Ako nepovratno otuđivanje ljudskog rada ima svoju osnovu u njegovom spoljašnjem opredmećivanju, onda se ono ne može iskoreniti dok se ta osnova ne ukine. Rezultati svih dosadašnjih pobuna protiv otuđivanja rada sastojali su se samo u menjanju njegovih oblika jer se spoljašnje opredmećivanje rada objektivno nije moglo ukinuti.

Ali istorijski proces ukidanja spoljašnjeg otuđivanja rada, a samim tim i spajanja rada kao neposredne i rada kao posredovane potrebe je praktično već otpočeo. I on se odvija u dva pojavno različita oblika. Jedan se sastoji u razvijanju slobodnih aktivnosti proizvodnih radnika, a drugi u sve većem prožimanju samog proizvodnog rada slobodnim stvaralaštvom.

Razvoj slobodnih aktivnosti proizvodnih radnika uslovljen je, u krajnjoj liniji, povećanjem proizvodne snage rada, koje omogućava da se skraćuje radno, i samim tim povećava slobodno vreme radnika. Za poslednjih sto godina radno vreme je prepolovljeno, pa je praktično izjednačeno sa slobodnim vremenom. Ako je ranije slobodno vreme predstavljalo privilegiju neradnika, sada je ono i na raspolaganju radnika sa tendencijom da se stalno povećava.

Povećavanje slobodnog na račun smanjivanja radnog vremena omogućava da se rad kao neposredna potreba povećava na račun smanjivanja rada kao posredovane potrebe, te da se rad iz nužde sve više zamenjuje radom iz zadovoljstva. Vanradno vreme je upravo i dobilo epitet *slobodnog* vremena po tome što nasuprot radnom vremenu označava mogućnost slobodnog ispoljavanja radnikove ličnosti. Zato radnik smisao života traži u slobodnom, a ne u radnom vremenu u kojem se putem otuđivanja rada otuđuje i njegov život. [77]

---

76) Po Marksu, ospoljenje rada u uslovima njegovog nepovratnog otuđivanja sastoji se u tome "da je rad radniku *spoljašnji* rad, tj. da ne pripada njegovoj suštini, da se on stoga u svom radu ne potvrđuje, nego poriče, da se ne osjeća sretnim, nego nesretnim, da ne razvija slobodnu fizičku i duhovnu energiju, nego mrcvari svoju prirodu i upropaštava svoj duh. Stoga se radnik osjeća kod sebe tek izvan rada, a u radu se osjeća izvan sebe. Kod kuće je kad ne radi, a kad radi nije kod kuće. Stoga njegov rad nije dobrovoljan, nego prinudan, *prisilan rad...* Njegova tuđost jasno se pokazuje u tome što se rad izbjegava kao kuga čim ne postoji fizička ili druga prisila. Spoljašnji rad u kojem se čovjek ospoljuje, jest rad samožrtvovanja, mrcvarenja". (Isto, str. 219/220).

77) "U društvu u kojemu se radna snaga kupuje i prodaje radno vrijeme se oštro i antagonistički dijeli od slobodnog vremena, pa radnik izuzetno cijeni svoje "slobodno" vrijeme, a vrijeme provedeno na poslu smatra izgubljenim ili nekorisno utrošenim". (Harry Braverman, isto, str. 230).
Radnik "štedi svoje najbolje snage za ono što će raditi izvan rada". (Georges Friedman. *Razmrvljeni rad,* isto, str. 152).

21

Ali se povećavanjem intelektualizacije proizvodnog rada, i radno vreme se sve više ispunjava radom kao neposrednom potrebom. Ukoliko se rutinski poslovi više automatizuju, utoliko se i u proizvodnji sredstava životne egzistencije povećava uloga stvaralačkog rada koji se obavlja sa zadovoljstvom ne samo zbog proizvoda koji stvara, već i zbog same stvaralačke sadržine. Samim tim razlika između radnog i slobodnog vremena sve više se relativizira, jer i radno vreme, u suštini, postaje slobodno, a slobodno radno.[78]

Zahvaljujući pre svega mehanizaciji i automatizaciji proizvodnje, rad kao neposredna potreba se, dakle, sve više i sve brže povećava na račun smanjivanja rada kao posredovane potrebe. Pošto se zasniva na sve većoj intelektualizaciji rada, taj proces može se grafički predstaviti slično kao što je predstavljen i proces intelektualizacije, tj.:

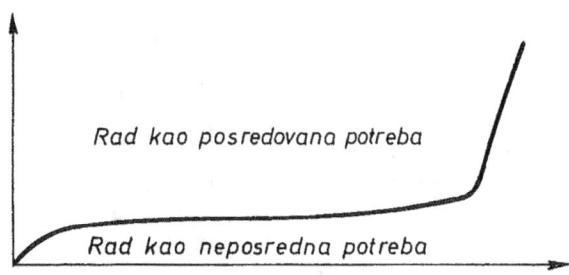

I na bazi potpune intelektualizacije, on će se završiti potpunom zamenom rada kao posredovane potrebe stvaralačkim radom kao neposrednom potrebom čoveka.

Planomernost rada

Pošto rad predstavlja stalnu aktivnost čoveka, i protivrečnosti koje proističu iz njegove svrsishodnosti moraju se stalno razrešavati. To se postiže planskim usmeravanjem radne aktivnosti. Za razliku od životinjske aktivnosti, koja se odvija stihijski, ljudski rad predstavlja organizovanu aktivnost, koja se snagom volje usmerava po unapred zamišljenoj projekciji.[79]

Osnovu te projekcije čine zamisao cilja i zamisao njegovog ostvarenja. Ostvarenje cilja ne može se zamisliti bez zamisli samog cilja, ali ni zamisao cilja bez zamisli njegovog ostvarenja ne može predstavljati usmeravajući faktor svrsishodne aktivnosti. Okosnicu organizovane radne aktivnosti čoveka čini samo celovita zamisao cilja i njegovog ostvarenja.

---

[78] "Težnja za skraćenjem radnog dana oslobađa od rada najviše običnog radnika i službenika; naprotiv, intelektualni radnici sve više rade, čak toliko da se u vrhunskih intelektualnih radnika postupno gubi razlika između "radnog" i "slobodnog" vremena. Zapravo cijelokupno raspoloživo vrijeme postaje sve više interesantno, ugodno i privlačno stvaralačko samodjelovanje". (Dr Adolf Dragičević, *Ekonomsko oslobođenje rada,* isto, str. 145).

[79] "Pauk vrši operacije slične tkačevim, a gradnjom svojih vazdušnih komora pčela postiđuje ponekog ljudskog graditelja. Ali što unapred odvaja i najgorega graditelja od najbolje pčele jeste da je on svoju komoru izgradio u glavi pre no što će je izgraditi u vosku. Na završetku procesa rada izlazi rezultat kakav je na početku procesa već postojao u radnikovoj zamisli, dakle idealno". (K, Marks" "Kapital", tom I, K. Marks, F. Engels, *Dela,* isto, tom 21, str. 163).

Projekcija cilja izražava potrebu. Ako je neposredna potreba sam rad, onda projekcija cilja predstavlja projekciju rada. Ukoliko je, međutim, rad prvenstveno sredstvo zadovoljenja potrebe, projekcija cilja je projekcija proizvoda rada kojim se potreba zadovoljava. U prvom slučaju projekcija cilja predstavlja elaboraciju same potrebe, a u drugom slučaju elaboraciju sredstva kojim se potreba može zadovoljiti.

Po svojoj sadržini, projekcija cilja ne predstavlja samo izraz, nego i kreaciju potrebe. Za razliku od potreba životinje, generičke potrebe čoveka nisu od prirode date, već su rezultat njegove sopstvene volje. Potreba za samim radom, kao prva generička potreba čoveka, nije data unapred, nego se svaki put u novom obliku stvara snagom volje radnika, a tako je i s ostalim duhovnim potrebama.

Ali ni fiziološke potrebe čoveka ne zadovoljavaju se u njihovom životinjskom obliku. Pod uticajem generičke aktivnosti čoveka one su u procesu stalne kultivacije, tako da se i po obliku i po načinu zadovoljavanja sve više razlikuju od tipično životinjskih potreba. Zato i projekcije proizvoda kojima se zadovoljavaju fiziološke potrebe ne vode prostom reprodukovanju tih potreba, već su u funkciji njihovog menjanja. A pošto je i projektovanje jedan od oblika rada, to znači da rad nije samo sredstvo zadovoljavanja, nego i sredstvo stvaranja životnih potreba čoveka.

I te funkcije rada su u protivrečnom odnosu. S jedne strane, one su u procesu reprodukcije ljudskog života nerazdvojno povezane, i ne samo što se međusobno uslovljavaju, nego se u određenom smislu i podudaraju, jer već samo stvaranje potreba znači istovremeno i njihovo zadovoljavanje, a u procesu zadovoljavanja potreba vrši se i njihovo stvaranje. Potrebe se ne mogu zadovoljavati ako nisu definisane, a samo definisanje potreba ne bi imalo nikakvog smisla bez njihovog zadovoljavanja.

S druge strane, stvaranje životnih potreba čoveka je u stalnom sukobu sa njihovim zadovoljavanjem. Pošto se ljudske potrebe zadovoljavaju radom, mogućnosti njihovog zadovoljavanja određene su stvaralačkim mogućnostima rada. A to znači da rad predstavlja istovremeno i osnovni izvor i granicu zadovoljavanja tih potreba. Potrebe čoveka ne mogu se zadovoljavati preko mogućnosti koje se za to radom stvaraju, ali one su upravo glavni motiv rada i povećavanja njegovih stvaralačkih mogućnosti. Jednom nastale potrebe već u procesu stvaranja podstiču aktivnost na njihovom zadovoljavanju u toku kojeg se javljaju ideje za promenama u pravcu stvaranja novih i sve humanijih potreba, čije zadovoljavanje zahteva nove i sve razvijenije radne aktivnosti. Na taj način novim potrebama negiraju se stare aktivnosti, a novim aktivnostima stare potrebe.

Iz suprotnosti neograničenih potreba čoveka i ograničenih mogućnosti njihovog zadovoljavanja proističe i međusobno suprotstavljanje samih potreba. Pošto se sve potrebe ne mogu istovremeno zadovoljiti, nastaje sukob motiva koji se razrešava potiskivanjem slabijih motiva od strane jačih, čime se zadovoljavanje manje neophodnih potreba odlaže za račun neophodnijih. Na taj način se određuju prioriteti životnih potreba, pri čemu se polazi od objektivnih mogućnosti njihovog zadovoljavanja, tako da obim i nivo zadovoljavanja potreba u određenom vremenskom periodu zavisi, u krajnjoj liniji, od stvaralačke odnosno proizvodne snage rada.

Dok se kod životinje redosled zadovoljavanja životnih potreba snagom prirodnog nagona određuje stihijski prema uslovima koje priroda pruža, čovek ga snagom sopstvene volje planira prema mogućnostima koje svojim radom sam stvara. Osnovni smisao planiranja je zapravo u svesno-voljnom razrešavanju protivrečnosti između životnih potreba čoveka i objektivnih mogućnosti njihovog zadovoljavanja, među kojima se na taj način uspostavlja određena, životnim procesima stalno narušavana ravnoteža.

Ukoliko se to postiže potiskivanjem jednih potreba za račun drugih, i samo planiranje predstavlja protivrečnu aktivnost, u kojoj je dobrovoljno opredeljivanje zasnovano na samoprinudi, tako da se zadovoljavanje jednih potreba obezbeđuje samoodricanjem od drugih. Opšta suprotnost između životinje i prirode, koja se razrešava ćudima prirode, ovde je locirana u samom čoveku da bi se razrešavala njegovom sopstvenom, relativno slobodnom voljom.

Da je volja čoveka, na kojoj se zasniva njegova planska aktivnost, samo specifičan način ispoljavanja prirodnih zakona, i da je zbog toga samo relativno slobodna, najnepobitnije dokazuje činjenica da on u planiranju svoje aktivnosti mora najpre polaziti od svojih prirodno-nagonskih potreba. Dok duhovne potrebe mogu biti predmet slobodnog opredeljivanja, fiziološke potrebe predstavljaju kategorički imperativ prirode, zbog čega se a priori svrstavaju u prioritetne potrebe. Zato i proizvodna aktivnost čoveka, sve dok ljudski rad predstavlja nužno sredstvo egzistencije, dobija apsolutni prioritet nad njegovim slobodnim aktivnostima.

Ali ako su fiziološke potrebe prioritetne sa stanovišta fizičke egzistencije čoveka, duhovne potrebe su prioritetne sa stanovišta njegove generičke egzistencije. Svoje generičke potrebe čovek ne može zadovoljavati ako nije zadovoljio fiziološke potrebe, ali on fiziološke potrebe zadovoljava radi svojih generičkih potreba, jer je generička egzistencija čoveka smisao njegove fizičke egzistencije. Zato planiranje radne aktivnosti čoveka nije u osnovi podređeno fiziološkim, već generičkim potrebama, što se najneposrednije izražava kroz težnju da se fiziološke potrebe zadovolje sa što manje rada kako bi što više snage i vremena ostalo za slobodne atkivnosti.

U dvojnom karakteru životnih potreba čoveka sadržana je i mogućnost njihovog razdvajanja. Ukoliko duhovne potrebe nisu sudbonosne za fizičku egzistenciju radnika, one se od njega mogu otuđiti, čime se i njegovo generičko biće otuđuje od njegovog fizičkog bića. A pošto je smisao fizičke egzistencije čoveka u njegovoj generičkoj egzistenciji, sa duhovnim potrebama otuđuju se u suštini i fizičke potrebe radnika, jer se njegovo fizičko biće stavlja u funkciju generičke egzistencije drugog čoveka. Potrebe bića koje ne pripada samom sebi nisu njegove potrebe. Ukoliko se radnik pretvara u sredstvo egzistencije neradnika, i njegove se potrebe pretvaraju u sredstvo zadovoljavanja tuđih potreba.

S otuđivanjem potreba i radne aktivnosti na njihovom zadovoljavanju otuđuje se i planiranje, a radnik se od subjekta pretvara u objekat planiranja. Polaznu osnovu planiranja tada ne čine potrebe radnika, već potrebe neradnika kojima se u osnovi podređuje celokupna radna aktivnost. Otuđivanjem rada smanjuju se mogućnosti zadovoljavanja životnih potreba radnika, ali se povećavaju mogućnosti zadovoljavanja potreba neradnika. Time se protivrečnost između životnih potreba i objektivnih mogućnosti njihovog zadovoljavanja na jednoj strani zaoštrava da bi se na drugoj strani razrešavala.

Opšte razrešenje te protivrečnosti moguće je samo na bazi opšteg ukidanja otuđenosti ljudskog rada podizanjem njegove proizvodne snage do nivoa koji će omogućiti neograničeno zadovoljavanje fizioloških potreba. To je nivo na kojem nestaje prinudni i nastaje potpuno slobodni rad čoveka. Tada će i planiranje izgubiti prinudni karakter u smislu potiskivanja duhovnih za račun fizioloških potreba i ograničavanja duhovnih za račun fizičkih aktivnosti. Planiranje duhovnih potreba i njihovog zadovoljavanja oslobodiće se ograničenja koja nameće prirodna nužda i pretvoriti u potpuno slobodan izbor ciljeva i njihovog ostvarivanja koji će proisticati iz potreba slobodne generičke reprodukcije čoveka.

Stepenom slobode u izboru ciljeva određen je i stepen slobode u izboru aktivnosti na njihovom ostvarivanju jer aktivnost mora odgovarati cilju koji se želi ostvariti. Ako su u prvom planu fiziološke potrebe, proizvodni rad mora dominirati nad slobodnim aktivnostima. Ali ta dominacija se ne mora ostvarivati i u pogledu kvantitativnog preovlađivanja proizvodnog rada u odnosu na neproizvodni. Ukoliko se sa povećavanjem proizvodne snage rada smanjuje vreme neophodno za podmirivanje fizioloških potreba, utoliko se povećava sloboda izbora ciljeva, pa samim tim i odgovarajućih aktivnosti u zadovoljavanju duhovnih potreba.

Cilj ne određuje samo vrstu aktivnosti, već i njen predmet, sredstva i način obavljanja. Projekcija ostvarenja cilja mora obuhvatiti sva tri osnovna činioca radne aktivnosti bez kojih se ona ne bi mogla ostvariti. Projektovanje predmeta, sredstava i načina radne aktivnosti znači, u stvari, trasiranje puta do projektovanog cilja koji treba ostvariti. Da bi se projektovani cilj zaista ostvario, kako je zamišljen, mora se radna aktivnost odvijati tačno prema predviđenoj projekciji njegovog ostvarenja.

Kao što svaka svrsishodna aktivnost mora odgovarati određenom cilju radi čijeg se ostvarenja obavlja, tako i među osnovnim činiocima bilo koje radne aktivnosti mora postojati određeni sklad da bi se svrsishodno obavljala. Način rada mora odgovarati predmetu i sredstvima rada, ali i među sredstvima i predmetom rada postoji određena kvalitativna i kvantitativna međuzavisnost. Projekcijom ostvarenja cilja taj sklad je neophodno obezbediti ne samo radi toga da bi se odredila mera potrebnog rada, već i da bi se cilj uopšte mogao ostvariti.

Takvo usklađivanje činilaca radne aktivnosti i same aktivnosti sa njenim ciljem predstavlja nužan uslov ljudskog rada. Dok je aktivnost životinje uredila priroda, čovek je u poziciji da svoju aktivnost sam uređuje, ali to ne može činiti proizvoljno. Kao što se aktivnost životinje odvija po prirodnim zakonima, tako po određenim zakonima i čovek uređuje svoju aktivnost. Zato se planiranje ljudskog rada mora zasnivati na nauci i naučnim istraživanjima kojima se ti zakoni otkrivaju i rezultati naučnih saznanja uvode u praktičnu primenu.

Naučna zasnovanost planiranja je nužna pretpostavka svrsishodnosti ljudskog rada, bez koje se ne može trasirati pravi put do željenog cilja. Ona omogućava da se radna aktivnost čoveka pravilno usmeri u pravcu zadovoljavanja njegovih životnih potreba i na taj način obezbedi normalna reprodukcija njegove životne egzistencije. Sposobnost predviđanja i usmeravanja sopstvene aktivnosti po unapred utvrđenim pravcima ostvarivanja željenih ciljeva je neizostavni uslov životne egzistencije čoveka.

Ta sposobnost sadržana je u samoj prirodi ljudskog rada kao svrsishodne aktivnosti, sa čijim se razvijanjem i sama sve više razvija. Kao što se nagonska aktivnost zamenjuje voljnom aktivnošću, tako se u razvoju ljudskog bića stihijno delovanje sve više zamenjuje planskim delovanjem.[80] Planomernost rada i proističe iz njegove svesno voljne osnove, pa se i razvija zajedno sa njenim razvojem. U tom razvoju ona prolazi tri karakteristične faze, koje bitno karakterišu razvoj ljudskog rada.

U *prvoj fazi* funkcija planiranja je praktično još stopljena sa izvršilačkom funkcijom. Ukoliko se čovek više prilagođava prirodi nego što prirodu prilagođava sebi, utoliko deluje više stihijski nego planski, jer planirati može samo u meri u kojoj je ušao u tajne prirode. Pritom izvršilačka funkcija, koja se odvija više po sili prirodnog nagona nego po slobodnoj volji, dominira nad planerskom funkcijom. U početku se planiranje javlja tek u embrionalnom obliku probijajući se kroz stihijno delovanje u vidu kratkoročnih predviđanja i nepredviđenim slučajnostima isprekidanog usmeravanja radne aktivnosti. Diferencijacija izvršilačke i planerske funkcije mogla se vršiti samo na bazi sve većeg ovladavanja prirodom, koje nije moguće bez planskog usmeravanja, ali su one dugo ostale sjedinjene u proizvođačkoj ulozi istog subjekta.

---

80) "Ukoliko se ljudi više udaljavaju od životinja, utoliko njihovo delovanje na prirodu sve više dobija karakter smišljenog, planskog delovanja prema određenim unapred poznatim ciljevima". (F. Engels: "Uloga rada u procesu pretvaranja majmuna u čoveka", isto, tom 31, str. 371).

Do razdvajanja izvršilačke i planerske funkcije dolazi u *drugoj fazi*, kao rezultat društvene podele na intelektualni i fizički rad. Pošto po svojoj sadržini predstavlja tipično intelektualnu aktivnost, planiranje se sa velikom podelom rada moralo odvojiti od pukog izvršenja kao tipično fizičke aktivnosti. Do tog razdvajanja došlo je ne samo radi oslobađanja od mukotrpnog fizičkog rada, već i radi njegovog podređivanja potrebama vladajuće klase. To je moguće samo ako je funkcija planiranja u isključivoj nadležnosti te klase, što podrazumeva da je uloga proizvođačke klase svedena na funkciju pukog izvršenja. Time se izvršilačka i planerska funkcija ne samo razdvajaju, već i međusobno suprotstavljaju, čime se društvene protivrečnosti rada još više zaoštravaju.

Ukidanjem društvene podele rada ukida se, u *trećoj fazi*, i razdvojenost izvršilačke i planerske funkcije. Pritom, najpre dolazi do njihovog ponovnog sjedinjavanja u proizvođačkoj ulozi radnika da bi se zatim izvršilačka funkcija putem automatizacije sve više ukidala za račun jačanja planerske funkcije. Potpunom automatizacijom izvršilačke funkcije ljudski rad će se praktično svesti na stvaračko projektovanje životnih potreba i njihovog zadovoljavanja.

Grafički se odnos između izvršilačke i planerske funkcije može predstaviti na sledeći način:

planerska funkcija

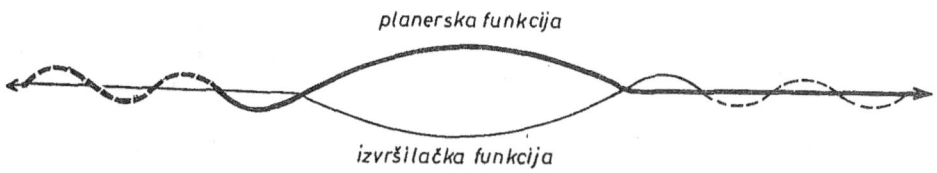

izvršilačka funkcija

U meri u kojoj je razvijena, planerska funkcija se u početku obavlja kolektivno neposrednim angažovanjem cele zajednice. Taj prvobitni kolektivizam nužno proističe iz zajedničkog zadovoljavanja životnih potreba, koje se upravo zbog toga što su zajedničke moraju zajednički i planirati. Pošto zadovoljavanje životnih potreba zavisi prevashodno od ćudi prirode, i zajedničko planiranje je pretežno spolja nametnuto, te se ostvaruje više po nuždi nego po slobodnoj volji ljudske jedinke, koja još nije ni sposobna za samostalno delovanje.

Razvoj individualnih sposobnosti za ovladavanje prirodom stvarao je sve veće mogućnosti za individualno zadovoljavanje životnih potreba, pa samim tim i za njihovo individualno planiranje. Podređivanje vladavine prirodom individaulnim potrebama pripadnika vladajuće klase dovelo je do opštedruštvene zamene prvobitnog kolektivnog planiranja individualnim planiranjem. Odlučivanje o tome šta će se i kako proizvoditi prešlo je sa proizvođača na vlasnike proizvodnih sredstava, čije su individualne potrebe, umesto zajedničkih potreba proizvođača, postale glavni orijentir proizvodnje.

Automatizacija proizvodnje doneće sa sobom novo zajedništvo u zadovoljavanju životnih potreba, a time i u njihovom planiranju. Za razliku od embrionalnog prvobitnog zajedništva, to će biti razvijeno opštedruštveno zajedništvo koje će se zasnivati na slobodnom opredeljivanju i samostalnom delovanju ljudske jedinke. Zajedničko planiranje biće u funkciji obezbeđenja ne samo zajedničke, već i potpuno samostalne individualne egzistencije svih članova društvene zajednice. Dok je još neophodan proizvodni rad čoveka, ono će se ostvarivati putem samoupravnog odlučivanja udruženih radnika, a zatim u uslovima slobodnog stvaralaštva kroz potpuno slobodno dogovaranje o zajedničkom radu.

Posredovanost rada

Smisao i osnovni činioci posredovanosti rada

Po svom tehnološkom karakteru, ljudski rad je svojevrstan *proces između čoveka i prirode.* [81] Odnos čoveka prema prirodi ispoljava se pre svega kroz rad kojim je on menja prema svojim potrebama, što može činiti samo pomoću određenih sredstava kojima utiče na prirodne sile i oblikuje prirodne predmete. Bez takvog posredovanja kreativni odnos čoveka prema prirodi praktično ne bi bio moguć, jer se bilo kakva promena u prirodi samo sredstvima prirode može izazivati.

Da bi se bilo koja aktivnost čoveka mogla svrsishodno obavljati, potrebna su određena *sredstva za rad,* koja se sastoje od *predmeta rada* i *sredstava rada.* Predmet rada je dvojake prirode. To je, na jednoj strani, određeni prirodni objekat koji treba oblikovati ili pojava koju treba izazvati, a na drugoj strani, odgovarajuća zamisao prema kojoj se to čini. Dvojake prirode su i sredstva rada, koja obuhvataju kako materijalne činioce tako i odgovarajuća znanja pomoću kojih se predmet rada oblikuje.

Predmet rada je, u stvari, rezultat rada u procesu stvaranja, od prvobitne zamisli do krajnje finalizacije. Zavisno pre svega od razvijenosti rada, taj proces može biti kontinuiran ili, prostorno i vremenski, manje ili više isprekidan. Po prirodi stvari projektovanje prethodi realizaciji, pri razvijenijoj tehnologiji te faze rada se razdvajaju, dok se kod primitivnog načina rada spajaju., pa čak i prepliću kad u procesu same realizacije dolazi do većih odstupanja od prvobitne zamisli.

Da bi se predmet rada transformisao u rezultat rada koji može zadovoljiti određenu potrebu, on se u procesu rada mora oblikovati prema zamišljenom cilju. Način tog oblikovanja zahteva odgovarajuća sredstva rada bez kojih se oblikovanje ne može vršiti. Što je način rada savršeniji moraju savršenija biti i sredstva rada, a to znači da se bez njihovog razvijanja ni rad ne može razvijati. Da bi se unapređivao rad, neophodno je unapređivati sredstva rada, ali je unapređivanje rada, u funkciji unapređivanja životne egzistencije čoveka, glavni motiv za unapređivanje sredstava rada.

Sredstva rada, u širem smislu, obuhvataju sve činioce pomoću kojih se vrši idejno i fizičko oblikovanje predmeta rada. U najširem smislu sredstvo rada je i sam ljudski organizam sa svim svojim organima i funkcijama. To je, u stvari, i najznačajnije sredstvo rada, bez kojeg ni jedan rad kao svrsishodna aktivnost objektivno nije moguć. I samo unapređivanje rada i sredstava rada sudbonosno je vezano prvenstveno za razvoj moždanog tkiva i gornjih udova čoveka. Šta više, bez mozga i ruku ne bi bilo ni ljudskog rada ni sredstava rada.

Ako se apstrahuje ljudski organizam kao izvorno i univerzalno sredstvo rada, sva ostala sredstva rada mogu se svrstati u dve osnovne kategorije: materijalna sredstva i znanja. Materijalna sredstva rada u neposredni proces rada ulaze u naturalnom obliku, dok znanja funkcionišu u obliku sposobnosti njegovog svrsishodnog usmeravanja. Sjedinjavanjem ti činioci tvore tehnološku osnovu rada, ali do sjedinjavanja može doći samo ako znanja odgovaraju prirodi materijalnih sredstava. Zato se sva sredstva rada, da bi svrsishodno funkcionisala, moraju sinhronizovano razvijati, što podrazumeva da je svako unapređenje materijalnih sredstava rada praćeno odgovarajućim unapređenjem znanja.

---

[81] "Rad je pre svega proces između čoveka i prirode, proces u kome čovek svojom sopstvenom aktivnošću omogućuje, reguliše i nadzire svoju razmenu materije s prirodom". (K. Marks: "Kapital", isto, tom 21, str. 163).

Sredstva rada predstavljaju, u stvari, svojevrsne transmisije za opredmećivanje živog rada. Dok su materijalna sredstva fizički nosilac tog procesa, znanja su kreativni činilac njegovog svrsishodnog usmeravanja. Na taj način vrši se u predmetu rada svrsishodna akumulacija opredmećenog živog rada sve do njegove transformacije u određeni rezultat rada. I materijalna sredstva rada i znanja moraju proći ceo put te transformacije da bi se ona mogla ostvariti.

Taj proces može še simbolički izraziti sa

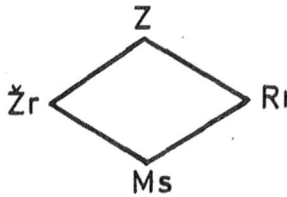

gde Žr označava živi rad, Z — znanje, Ms — materijalna sredstva rada, i Rr — rezultat rada. Rezultat rada koji se pojavljuje na kraju radnog procesa nastaje sjedinjavanjem živog rada, znanja i materijalnih sredstava, tako da je

$$Žr + Z + Ms = Rr$$

To sjedinjavanje vrši se u određenim srazmerama, koje zavise pre svega od nivoa znanja i razvijenosti materijalnih sredstava rada. Pravilo je da su nivo znanja i razvijenosti materijalnih sredstava rada u upravnoj, a količina živog rada i razvijenost sredstava rada u obrnutoj srazmeri. To znači da se isti rezultat rada može ostvariti sa manje živog rada ako su sredstva rada razvijenija i obrnuto, odakle proističe interes da se sredstva rada stalno unapređuju.

Iz analitičkih razloga, ovde je živi rad uzet u apstraktnom obliku, kao prosto trošenje radne energije. U konkretnom obliku on se, međutim, uvek pojavljuje kao kvalifikovani rad koji u sebi apsorbuje i određeno znanje. Zato konkretan ljudski rad po svojoj sadržini predstavlja složen (multiplikovan prosti) rad sastavljen od dve osnovne komponente: rada utrošenog u sticanje znanja i tekućeg rada koji se neposredno troši u određenom procesu rada. To je uostalom jedna od osnovnih karakteristika ljudskog rada koja ga bitno razlikuje od aktivnosti životinje kao prostog trošenja životne energije.

Ali kao specifična komponenta ljudskog rada, znanje nije samo rezultat individualnog rada radnika. Ono predstavlja akumulirani rad celog društva i svih generacija od samog nastanka čovečanstva, i cirkuliše kao posebna objektivno postojeća društvena vrednost koja se prenosi sa generacije na generaciju i sa jednog radnika na drugog. Zato se i u naučnoj analizi ljudskog rada znanje mora posmatrati kao društvena stvaralačka snaga rada koju je neophodno apstrahovati od indidvidualne sposobnosti radnika.

Materijalna sredstva rada

Po funkciji koju vrše u procesu rada, sva materijalna sredstva rada mogu se svrstati u četiri kategorije: radni prostor, oruđa za rad, radnu energiju i pomoćni materijal. S obzirom na različito vreme trošenja u procesu rada, ta sredstva se mogu podeliti na stalna i tekuća. Radni prostor i oruđa za rad se relativno sporo troše i zbog toga relativno dugo funkcionišu u većem broju radnih ciklusa, pa se po tome mogu označiti kao *stalna* ili *osnovna sredstva* rada. Nasuprot njima, radna energija i pomoćni materijal troše se, po pravilu, brzo u istom radnom ciklusu, po čemu se mogu označiti kao *tekuća sredstva* rada.

Radni prostor je univerzalno sredstvo rada jer se ni jedan rad ne može obavljati van prostora. A pošto je radni prostor smešten na određenom zemljištu, zemlja je prirodni i opšti uslov svakog rada. Ljudski rad, se, međutim, retko obavlja na čisto prirodnom (divljem) prostoru, koji zavisno od vrste delatnosti i razvijenosti sredstava rada, mora biti manje ili više uređen. To uređenje se kreće od najprimitivnije zaštite prirodnog prostora do izgradnje najsavremenijih radnih prostorija van kojih se neki poslovi ne bi uopšte mogli obavljati.

Na radnom prostoru odvija se ceo proces rada, što podrazumeva da su na njemu pored radne snage smeštena i sva sredstva za rad, i to u odgovarajućem poretku koji omogućava da se radni proces normalno odvija. Pored toga, neophodno je da radni prostor bude tako opremljen da pruža sve neophodne uslove za normalan život i rad radnika kao i za potpunu zaštitu angažovanih sredstava. To podrazumeva da radni prostor predstavlja istovremeno i odgovarajući životni prostor u meri u kojoj ljudski rad zahteva određene uslove života.

Istorijski se radni prostor unapređuje s unapređivanjem rada i sredstava rada. Dok je čovek živeo od skupljanja divljih plodova i lova na divljač, "radni prostor" je praktično predstavljala cela zemlja kao beskrajna divljina po kojoj se lovac u potrazi za plenom neograničeno kretao. Zemljoradnja i stočarstvo su već zahtevali da se radni prostor ograniči na određenu deonicu zemlje koja je malo po malo sve više kultivisana. Zanatstvo je svoj prostor suzilo na minornu radionicu od par kvadrata dok manufaktura nije počela ponovo da ga širi da bi ga mašinska industrija proširila do neslućenih razmera. Ako se prostor koji zapremaju hiljade raznih pogona za proizvodnju, na primer, jednog automobila može smatrati jedinstvenim radnim prostorom, onda je to siguran nagoveštaj da se razvoj kreće u pravcu ponovnog pretvaranja zemljine kugle u jedinstven, ali sve savršenije opremljen radni prostor.

Oruđa za rad u širem smislu obuhvataju sva fizička sredstva koja čovek u procesu rada koristi za oblikovanje predmeta rada i stvaranje određenog rezultata rada. U najširem smislu, među ta sredstva spada i ljudska ruka, koja u stvari predstavlja prvo i najneposrednije oruđe ljudskog rada. Sva ostala oruđa mogu se shvatiti kao veštački poduzetak ruke, a prvobitno su ona i nastajala iz težnje da se dosegne dalje nego što se moglo rukom dosegnuti.

S obzirom na funkciju koju imaju u procesu rada, oruđa predstavljaju nezamenljivo sredstvo ljudskog rada,[82] koje ga bitno odlikuje od životinjske aktivnosti. Dok životinja na prirodnu sredinu deluje neposredno svojim telom, čovek to čini posredstvom oruđa koja izrađuje da bi prirodu lakše savladao. Ako se pojedine životinje u prigodnim prilikama i mogu poslužiti prirodnim predmetima kao pomoćnim sredstvom svoje aktivnosti, čovek je prvo i jedino zemaljsko biće koje je sposobno da oruđa svog rada samo izrađu-

---

[82] "Nikakva proizvodnja nije moguća bez nekog oruđa za proizvodnju, pa ma to oruđe bila samo ruka". (K. Marks: "Osnovi kritike političke ekonomije", isto, tom 19, str. 7).

je. [83] Zato se on, pored ostalog definiše i kao "životinja koja pravi oruđa", a po nekim teoretičarima i ljudski rad počinje sa izradom oruđa. [84]

Zajedno sa razvojem rada, oruđa za rad razvijala su se u pravcu sve veće specijalizacije za obavljanje različitih radnih operacija. Od primitivno obrađenog kamena i drveta koji su u početku imali univerzalnu upotrebu, taj razvoj je doveo do neslućeno velikog broja specijalizovanih i veoma savršenih alatki, strojeva, instrumenata i aparata prilagođenih za obavljanje najraznovrsnijih operacija. Bez specijalizacije oruđa ni specijalizacija rada praktično ne bi bila moguća, i one su uvek predstavljale nedeljiv proces.

Oruđa su, u stvari, nastala kao kompenzacija nesavršenosti ruke, koja nije mogla udovoljiti sve većim zahtevima ljudskog mozga. Ali ta kompenzacija je vremenom počela da prerasta i u kompenzaciju nesavršenosti ljudskih čula, pa i samog mozga. Pritom su se u svom funkconisanju u procesu rada pojedina oruđa sve više osamostaljivala ne samo u odnosu na ruku, već i u odnosu na mozak. U tom pogledu, mogu se u istorijskom razvoju ljudskih oruđa za rad razlikovati tri karakteristične faze. Prvu fazu karakteriše upotreba *ručnih alatki*, drugu — *mehaničkih strojeva* i treću — *veštačkih mozgova*. Ako su u prvoj fazi ručne alatke predstavljale dodatak ruci, u drugoj fazi ruka je postala dodatak mehaničkom stroju, dok je u trećoj fazi i ljudski mozak dobio svoj dodatak u veštačkom mozgu.

U toku svog razvoja oruđa za rad su sve više zamenjivala ljudsku ruku, a potom i ljudski mozak, koji su obavljali sve lakše i sve suptilnije operacije čije obavljanje pomoću veštačkih oruđa još nije bilo moguće. Ako je pri upotrebi ručnih alatki bila neprekidno uposlena, sa primenom elektronskih mozgova ruka je postala poluslobodna, dok će je potpuna automatizacija bar u neposrednom procesu proizvodnje učiniti gotovo suvišnom. Istovremeno i ljudski mozak se upotrebom veštačkih mozgova sve više oslobađa rutinskih operacija, čime se povećavaju mogućnosti za stvaralački rad.

Radna energija se u procesu rada javlja u dva osnovna oblika: u obliku ljudske i u obliku prirodne energije. Njihova upotreba je komplementarna, što omogućava da se jedna vrsta energije zamenjuje drugom. I upravo zahvaljujući tome, čovek se povećanom upotrebom prirodne energije sve više oslobađa mukotrpnog fizičkog rada, štedeći sopstvenu energiju za stvaralačke aktivnosti. Ako se u početku gotovo celokupna proizvodnja zasnivala na upotrebi ljudske energije, već do sada je u industriji ta energija najvećim delom zamenjena mehaničkom energijom. Mehanizacija proizvodnje je upravo omogućila da se stvaralački rad čoveka počne razvijati geometrijskom progresijom.

Pošto je čovek deo prirode, njegova radna energija takođe predstavlja prirodnu energiju, ali za razliku od svih ostalih oblika energije ona čini neposrednu pogonsku snagu ljudskog rada. Zato je ona nužan uslov takvog rada bez kojeg on ne bi ni postojao kao svrshishodna aktivnost. Nasuprot tome, ostali oblici pogonske energije predstavljaju spoljašnje sredstvo ljudskog rada kojim se samo uvećava njegova stvaralačka moć, ali bez kojeg se on može obavljati i energijom samog čoveka. Kao što je, sa stanovišta stvaralačke snage rada, oruđe veštački produžetak ljudske ruke, tako je prirodna energija veštačko uvećanje ljudske energije.

---

83) "Čovekov životinjski predak odvojio se konačno od životinjskog sveta teķ onda kad je počeo praviti oruđe za rad". (Dr Jože Goričar, isto, str. 130).

"Razlika između čoveka i majmuna koji radi oruđem još je i u tome što čovek stalno usavršava oruđe kojim radi, praveći ga podesnijim, zgodnijim za prenos, jevtinijim, dok se majmun samo koristi onim što smo za njega napravili i sam ne unosi ništa u njegovu strukturu". (Prof. J.P. Frolov, isto, str. 104).

84) "Rad počinje s izradom oruđa". (F. Engels: "Uloga rada u procesu pretvaranja majmuna u čoveka", isto, tom 31, str. 369).

Bez obzira u kojem se obliku upotrebljava, radna energija je neposredni nosilac radnog procesa. Njeno svrsishodno trošenje i opredmećivanje čini zapravo materijalnu supstancu rada, čija se količina zbog toga meri količinom svrsishodno utrošene energije. Stvaralačka moć rada direktno je određena snagom radne energije, pa je stoga i radni učinak srazmeran njenoj svrsishodno upotrebljenoj količini.

S obzirom na to, promene u vrsti radne energije predstavljaju osnovu velikih tehnoloških promena, jer zahtevaju uvođenje i nove tehnike i novih metoda rada. Velike tehnološke revolucije nastajale su upravo uvođenjem novih vrsta energije u proizvodni proces. Prva i po širini promena verovatno najveća tehnološka revolucija izazvana je upotrebom vatre, kao prvog prirodnog izvora radne energije,[85] koja je omogućila izradu i korišćenje znatno savršenijih i rentabilnijih oruđa nego što su pre toga upotrebljavana. Vodenom parom otvorena je era mašinske proizvodnje, a električnom energijom era elektronike i automatizacije, dok atomska energija, čije su mogućnosti još nesagledive, otvara široke perspektive za potpuno oslobađanje ljudske energije iz procesa neposredne proizvodnje.

Pomoćni materijal kao sredstvo rada može biti u neposrednoj funkciji radnog procesa ili u funkciji održavanja drugih sredstava rada. U prvom slučaju njegova upotreba olakšava ili pospešuje proces rada, a u drugom produžava radni vek sredstava rada ili ih čini delotvornijim, doprinoseći time njihovoj rentabilnosti. Zbog toga se sa razvojem rada i sredstava rada pomoćni materijal sve više upotrebljava i sve više doprinosi povećavanju stvaralačkih mogućnosti rada.

Znanje kao sredstvo rada

Pored materijalnih sredstava, svaki rad zahteva i odgovarajuća znanja. Ni jedan rad ne može se obavljati ako se ne zna šta i kako treba raditi.[86] Zanje je stoga univerzalno sredstvo rada bez kojeg materijalna sredstva i ne ulaze u radni proces jer samo pri stručnoj upotrebi mogu ispravno funkcionisati i davati pozitivne efekte. Neophodnost znanja proističe u stvari iz same prirode ljudskog rada, čija svrsishodnost nužno podrazumeva poznavanje ciljeva i načina obavljanja radne aktivnosti.

Proces rada pretpostavlja da su i materijalna sredstva i znanje unapred dati kao njegovi ulazni činioci. A da bi ušlo u određeni proces rada kao njegov činilac, znanje mora biti prethodno akumulirano i izdiferencirano u obliku koji tom procesu odgovara i u kojem može biti svrsishodno upotrebljeno. A samo akumuliranje znanja vrši se praktično od nastanka čoveka, tako da znanje na kojem se zasniva neki proces rada predstavlja rezultat vekovnih saznanja koja su se u istorijskom lancu ljudske spoznaje nadovezivala jedno na drugo.

Znanja koja u najširem smislu služe kao sredstvo rada mogu se podeliti na osnovna ili opšta i specijalna ili stručna. Opšta znanja imaju univerzalnu upotrebu u svakom radu, a predstavljaju i zajedničku osnovu stručnih znanja. Ona obuhvataju osnovna saznanja o postojećem svetu u kojem se odvija ljudska aktivnost, kao i o tehnici njihovog saopštavanja pomoću koje se u toj aktivnosti vrši međusobno komuniciranje ljudi. Za razliku od opštih znanja, stručna znanja obuhvataju posebna saznanja o pojedinim oblicima ljudskog rada.

---

85) ”Vatra je bila prvi izvor energije što ga je čovjek naučio upotrebljavati, a koji se nalazi izvan njegova vlastitog tijela koje hranu i kisik pretvara u energiju”. (Charles R Walker, isto, str. 19).

86) ”Nikakva proizvodnja nije moguća bez minulog, nagomilanog rada, pa ma taj rad bio samo ona umješnost koja se ponavljanim vježbanjem skupila i koncentrirala u ruci divljaka”. (K. Marks: ”Osnovi kritike političke ekonomije”, isto, tom 19, str. 7).

U stručna znanja spadaju teorijska saznanja i praktične veštine za obavljanje konkretnih oblika rada. Iako teorijska saznanja značajniju ulogu imaju u intelektualnom, a praktične veštine u fizičkom radu, nema ni jednog rada koji se ne oslanja na neko teorijsko saznanje i za koji nije potrebna neka praktična veština. Svaki rad zasniva se u stvari na posebnom spoju odgovarajućeg teorijskog saznanja i praktične veštine.

Sa aspekta funkcije koju imaju u procesu rada, teorijska znanja mogu se najglobalnije podeliti na poznavanje ciljeva rada i poznavanje mogućnosti njihovog ostvarivanja, a ova poslednja mogu se dalje raščlaniti na poznavanje načina rada i poznavanje sredstava za rad. Praktične veštine vezane su pre svega za korišćenje sredstava za rad (posebno za rukovanje oruđima) i vođenje radnog procesa. Iako se često stiču spontano, praktične veštine se u suštini zasnivaju na teorijskim znanjima, ali i teorijska znanja nastaju iz kritičke analize prakse i praktičnih iskustava.

Sva znanja koja su u funkciji rada stiču se iz dva osnovna izvora: teorijskih istraživanja i praktičnih iskustava. I s obzirom da i teorija i praksa predstavljaju kontinuiran društveni proces koji rezultira novim saznanjima, znanja koja se koriste u procesu rada moraju se stalno obnavljati. To je i najznačajniji uslov da bi se ljudski rad stalno unapređivao, jer je znanje nezamenjivo sredstvo njegovog ne samo obavljanja, nego i razvijanja.

S obzirom na funkcije koje ima u procesu rada, normalno je da uloga znanja sa razvojem rada sve više jača. Što su sredstva za rad i tehnologija rada razvijeniji potrebno je veće angažovanje znanja u procesu rada, koje sa svoje strane i samo deluje kao osnovni faktor tog razvoja. Uloga znanja povećava se i apsolutno i relativno kako u odnosu na materijalna sredstva rada, tako i u odnosu na živi rad. S istim živim radom i sredstvima postižu se uz veće angažovanje znanja sve veći efekti.

Veće angažovanje znanja podrazumeva i veću količinu informacija koje istovremeno cirkulišu u procesu rada. Ukoliko je nosilac informacija sam radnik, ta količina je ograničena njegovim sposobnostima da informacije pamti i prenosi, čime se ograničava i mogućnost njihovog korišćenja u radu. Zato je već odavno nastala potreba za objektivizacijom informisanja u smislu odvajanja znanja od čoveka te njihovog skladištenja i prenošenja putem informativnih sredstava. Pismo je univerzalno sredstvo takve objektivizacije putem kojeg se sva znanja u izvornom obliku mogu čuvati i prenositi u vremenu i prostoru.

Elektronika je ne samo povećala mogućnosti objektiviziranog informisanja, nego je omogućila i objektivizaciju upotrebe znanja. Elektronski mozak sve više zamenjuje čoveka u svrsishodnom korišćenju znanja prema određenom, unapred utvrđenom programu rada. To omogućava da se povećava ne samo obim znanja koje istovremeno funkcioniše u procesu rada, već i preciznost njegove primene, čime se znatno uvećava stvaralačka snaga rada.

Potpunim objektiviziranjem znanje se u procesu rada pretvara u posrednika između radnika i materijalnih sredstava za rad. Umesto da rukovanjem oruđima za rad neposredno deluje na predmet rada, radnik to sada čini posredstvom objektiviziranog znanja koje u toku radnog procesa samostalno funkcioniše.[87] Zahvaljujući tome, on svoju stvaralačku snagu može sve više usmeravati na stvaranje novih znanja i programiranje njihove upotrebe.

---

[87] "Između rada strojeva i rada čovjeka sada se je ubacio jedan novi sistem: sistem signala". Čovek "djeluje na stroj i sirovinu samo *posredno*, to jest pomoću jednog sistema koji je uništio početno jedinstvo čovjeka i prirode u proizvodnji. Između čovjeka i prirode, odnosno stroja koji prirodu obrađuje, umetnuo se jedan novi sistem obavještavanja i komunikacija". (Dr Rudi Supek, isto, str. 55).

Protivrečnost rada i sredstava rada

Sredstva rada su sam opredmećeni rad. I najprimitivnija oruđa predstavljaju *obrađene* predmete koje čovek koristi u procesu rada, a što su sredstva rada savršenija ona su u većoj meri rezultat ljudskog rada. U svakom sredstvu rada akumuliran je određeni minuli rad koji je trebalo uložiti da bi se ono stvorilo. Zanje, kao i materijalna sredstva, predstavlja minuli rad koji je bio neophodan za njegovo dobijanje i dovođenje do stanja svrsishodne upotrebe.

Ali i živi rad nastaje svrsishodnom upotrebom sredstava rada, kojima se stvaraju sredstva životne egzistencije čijom se upotrebom stvara radna energija čoveka. U tom lancu sredstva rada se prikazuju kao potencijalna sredstva egzistencije, a sredstva egzistencije kao potencijalna sredstva rada. Ukoliko se sredstvima rada stvaraju sredstva životne egzistencije čoveka, utoliko i ona sama u širem smislu predstavljaju sredstva egzistencije. A to znači da bez sredstava rada ne može biti ni živog rada, kao što bez živog rada ne može biti sredstava rada.

Kao opredmećeni rad, sredstva rada su istovremeno u suprotnosti sa živim radom iz kojeg nastaju. Svojim opredmećivanjem živi rad se u sredstvima rada umrtvljuje i iz tekućeg pretvara u minuli rad, čime se otuđuje od svog izvora i polarizuje kao njegov spoljašnji antipod. Na taj način on iz aktivnog stanja prelazi u pasivno stanje pretvarajući se iz delotvornog činioca u sredstvo delovanja. Da bi bila svrsishodno upotrebljena, sredstva rada moraju bar posredno biti pokrenuta živim radom.

Zato živi rad po prirodi stvari dominira nad sredstvima rada kao svojim proizvodom, ali se i ta dominacija protivrečno ispoljava tako da ne dominira samo živi rad nad sredstvima rada, već i sredstva rada nad živim radom. Dominacija živog rada nad ručnim alatom kojeg neposredno sam pokreće je u tehnološkom pogledu sasvim jednostavna, ali je sa strojem koji se pokreće prirodnom energijom već sasvim drugačije. Ovde živi rad dominira nad sredstvom rada utoliko što određuje njegovu upotrebu i kontroliše ga, ali i sredstvo rada dominira nad živim radom ukoliko se njime u procesu rada obslužuje.[88]

Društvenom podelom rada taj odnos je izdiferenciran tako da je sredstvo rada i dalje ostalo podređeno intelektualnom, ali je istovremeno postalo nadređeno fizičkom radniku. U odnosu na ručni rad mašinska proizvodnja je sasvim obrnula odnos između fizičkog radnika i sredstva rada. Dok se pri ručnom radu alat pridodaje radniku, pri mašinskoj proizvodnji radnik se pridodaje mašini. Alatom se radnik služi, dok mašinu obslužuje.[89] U poluautomatizovanoj fabrici tehnološka zavisnost radnika od mašine, kojoj služi samo kao relativno beznačajan fizički dodatak, dovedena je do krajnjih granica.

Ali fizički radnik ovde nije u podređenom položaju samo prema tehnici, već i prema znanju kao sredstvu rada, jer radi po proizvodnom programu i tehnološkim postupcima na koje nema nikakvog uticaja. Šta više, u uslovima objektivizirane upotrebe znanja isprogramiranom procesu proizvodnje podređeni su i radnici koji u njemu obavljaju određene in-

---

88) "Koliko god pojedinac, s jedne strane, bio slobodniji u odnosu na rad samog stroja, jer je postao pokretniji u odnosu na njegov rad, toliko je postao zavisniji od njega, jer mora voditi računa o njemu u bilo koje vrijeme dana ili noći, već prema dogovoru u smjeni ekipa. Mogli bismo reći da je to jedan novi oblik zavisnosti i relativne nezavisnosti u odnosu čovjeka i stroja". (Isto, str. 58).

89) "U manufakturi i zanatu radnik se služi alatom, u fabrici on služi mašini. Tamo kretanje sredstva za rad polazi od njega, ovde on mora da ide za njegovim kretanjem. U manufakturi radnici sačinjavaju udove jednog živog mehanizma. U fabrici postoji mrtav mehanizam, nezavisan od njih, a oni su mu pripojeni kao živ dodatak". (K. Marks: "Kapital", isto, str. 374).

telektualne operacije. Ceo proces proizvodnje tu je praktično pretvoren u otuđenu silu koja apsolutno dominira nad živim radom čije oslobođenje postaje moguće jedino izvan tog procesa.

Nepovratnim otuđivanjem živi rad je pored tehnološke zavisnosti doveden i u društvenu zavisnost od sredstava rada. S obzirom da bez sredstava za rad nema ni živog rada, njihovo otuđivanje je osnova otuđivanja rada uopšte. Ukoliko proizvođač sam raspolaže sredstvima za proizvodnju, ona u suštini predstavljaju sredstva njegove egzistencije jer su u funkciji stvaranja sredstava za njegovu ličnu potrošnju. Stoga se tu ne vrši društveno, već samo tehnološko otuđivanje rada koji se stalno vraća svom izvoru. Ukoliko su, nasuprot tome, sredstva za proizvodnju otuđena od proizvođača, živi rad je faktički pretvoren u sredstvo njihovog reprodukovanja,[90] zbog čega u sredstva proizvodnje u širem smislu spadaju i sredstva za ličnu potrošnju proizvođača.

Zbog toga se sredstva za ličnu potrošnju obezvlašćenog proizvođača reprodukuju samo u obimu neophodnom za prostu reprodukciju njegove radne snage, koja u otuđenom procesu proizvodnje i sama funkcioniše kao otuđeno sredstvo rada. Ni rob ni kmet ni proleter ne dobijaju u raspodeli društvenog proizvoda više nego što im je neophodno za obnavljanje radne snage pomoću koje se može obnavljati proces proizvodnje, u kojem i jedan i drugi i treći deluju samo kao živi dodatak materijalnim sredstvima rada. Bez obzira na relativno veću slobodu kretanja, proleter se ne može odvojiti od fabrike isto kao što se kmet nije mogao odvojiti od feuda ili rob od robovlasničkog poseda.

Da bi se ponovo stavila pod dominaciju živog rada, sredstva rada moraju se vratiti radniku. Kao što je otuđenost sredstava za rad uslov otuđivanja živog rada, tako je njihovo razotuđivanje uslov opšteg oslobođenja rada. A razotuđivanje sredstava rada podrazumeva njihovo stavljanje u funkciju životne reprodukcije radnika, čime se faktički pretvaraju u to što po definiciji i treba da budu — u sredstva živog rada.

Vraćanje sredstava rada radniku, pa i njihovo stavljanje pod dominaciju živog rada nije, međutim, moguće u potpunosti ostvariti bez potpune automatizacije proizvodnje. Sve dok se sasvim ne oslobodi proizvodnog rada radnik ne samo što će više ili manje biti tehnološki podređen objektiviziranom procesu proizvodnje, nego zbog nejednakog položaja u društvenoj podeli rada, neće ravnopravno učestvovati ni u njegovom programiranju. Zato pravi i nezaobilazni put za potpuno ukidanje i tehnološke i društvene dominacije sredstava rada nad živim radom leži u njihovom razvoju sve do potpune automatizacije neposrednog procesa proizvodnje.

Oslobođeni živi rad sastojaće se praktično u traganju za novim saznanjima, projektovanju sredstava i metoda rada, i programiranju proizvodnje. Znanje će na taj način postati opšti posrednik između živog rada i materijalnih sredstava rada. Kao sredstvo rada, ono je oduvek posredovalo i sve više će posredovati i u sticanju novih znanja, koja čine osnovu progresivnog razvoja ljudskog rada.

---

90) "Sad sredstva za proizvodnju više ne upotrebljava radnik, već sredstva za proizvodnju upotrebljavaju radnika. Umesto da on njih troši kao materijalne elemente svoje proizvodne delatnosti, ona troše njega kao ferment svog vlastitog životnog procesa". (Isto, str. 379).

Društvenost rada

Osnovne dimenzije društvenosti rada

Rad se na prvi pogled ispoljava kao prevashodno individualna aktivnost čoveka. Ako se ta aktivnost neposredno posmatra, izgleda da čovek najčešće radi sam za sebe kao izolovana jedinka. Tako se ispoljava ne samo fizički nego još i više intelektualni rad. Pošto se ljudski rad sastoji prvenstveno od aktivnosti mozga i ruku, to po logici zdravog razuma izgleda i sasvim normalno.

Ako se, međutim, ljudski rad kao svrsishodna delatnost posmatra u svom kontinuitetu, onda se pokazuje da on u suštini predstavlja *društvenu* aktivnost i da se ni u jednom slučaju ne svodi na izolovano individualno angažovanje. Dve su osnovne dimenzije kroz koje se izražava njegova društvenost. Jednu dimenziju predstavlja njegov vremenski, a drugu prostorni kontinuitet. Ciljevi koje ljudi u zadovoljavanju svojih potreba ostvaruju, rezultat su njihove zajedničke sukcesivne i simultane aktivnosti.

Vremenska dimenzija društvenosti rada izražava se kroz sukcesivnost aktivnosti koje na putu do ostvarenja određenog cilja obavljaju različiti subjekti. I kad je izraz pojedinačne želje, cilj koji neposredno ostvari neki pojedinac nije rezultat samo njegovog individualnog rada. Da bi pristupio poslu, morao je prethodno naučiti kako se isti obavlja, a to znanje je rezultat rada mnogih generacija, koje su zbog toga posredni učesnici u ostvarivanju pomenutog cilja. Ostvarenje bilo kojeg cilja se na taj način javlja kao rezultat zajedničkog rada različitih generacija.

Kao sredstvo rada, znanje je uostalom jedna od osnovnih determinanti ostvarivosti ciljeva koje čovek pred sebe postavlja. Šta više, dostignuti nivo znanja potrebnog za neki posao je već pretposlednja stepenica na putu do cilja koji se njegovim obavljanjem želi postići. Svaki radni poduhvat temelji se na dugačkom istorijskom lancu ne samo srodnih poduhvata, već i najraznovrsnijih saznanja i veština sa mnogih područja ljudske delatnosti. Atomska energija sigurno ne bi bila otkrivena i primenjena ne samo da joj nije prethodila primena drugih oblika energije, već i da nije bilo mnogobrojnih otkrića u oblasti matematike, fizike, hemije i drugih naučnih disciplina.

U ostvarivanju konkretnih ciljeva rada na taj način posredno učestvuju tri kategorije radnika: naučnici koji tragaju za novim saznanjima; prosvetari koji se bave prenošenjem znanja sa generacije na generaciju; i praktičari koji razvijaju radne veštine prenoseći ih istovremeno na nove generacije. Ako su u početku te funkcije dugo bile neizdiferencirane, sa jačanjem uloge znanja kao sredstva rada nauka i obrazovanje su se postepeno izdvajale i sve više razvijale kao posebne delatnosti. Danas se gotovo u svaki proizvod ljudskog rada posredno ugrađuje i rad naučnih i prosvetnih radnika.

U neposrednom procesu rada radnik u proizvod rada ugrađuje i minuli rad koji je ulagao u sticanje znanja. To ugrađivanje vrši se kroz multiplikovanje živog rada kao prostog trošenja radne energije, tako da se konkretni rad kojim se ostvaruje neki cilj može simbolički predstaviti kao

$$R = T \cdot Ks,$$

gde R označava konkretan rad, T — vreme rada i Ks — koeficijent složenosti rada, koji kao multiplikator prostog rada izražava u stvari stepen stručnosti ili nivo znanja potrebnog da bi se dati posao uspešno obavio.

Koeficijent složenosti rada izražava relativni udeo znanja u konkretnom radu potrebnom za ostvarenje oređenog cilja. Ako je potrebno vreme rada 1 sat, a koeficijent složenosti rada 2, količina konkretnog rada uloženog u ostvarenje nekog cilja iznosiće:

$$R = 1 \cdot 2 = 2,$$

što znači da je količina rada uloženog u sticanje odgovarajućeg znanja dvostruko veća od neposredno uloženog živog rada.

Taj rad je rezultat zajedničkih napora radnika u čijem je znanju akumuliran, i neposrednih prenosilaca znanja, ali je u njemu sadržan i doprinos svih prethodnih učesnika u procesima istraživanja i obrazovanja iz kojih je dato znanje proisteklo. I kad je objektivizirano, prenošenje znanja predstavlja zajedničku aktivnost njegovih primalaca i prenosilaca koji u toj funkciji obavljaju različite poslove. O samoobrazovanju može se govoriti samo uslovno u smislu samoinicijative primaoca znanja, jer je i čitanje knjige ili slušanje magnetofonskog snimka oblik (posrednog) komuniciranja među ljudima, bez kojeg ne može biti nikakvog obrazovanja.

Pored znanja, ni materijalna sredstva za rad najčešće nisu proizvod radnika koji neposredno radi na ostvarenju nekog cilja. Ako su u početku oruđa za rad i irzađivali sami korisnici, vremenom je njihova izrada sve više odvajana od upotrebe i pretvarana u posebne delatnosti. Sa mehanizacijom rada, u posebnu delatnost pretvorena je i proizvodnja pogonske energije, a sa sve većom upotrebom pomoćnih materijala, i njihova je proizvodnja sve više odvajana od finalizacije. Dok ne stignu do finalizacije, i premeti rada, po pravilu, prolaze kroz prethodne razdvojene faze obrade.

U proizvodnji oruđa za rad, radnih prostorija, pogonske energije, sirovina i pomoćnih materijala koji služe za stvaranje istog proizvoda rade različiti radnici, i oni zajedno sa radnicima na samoj izradi tog proizvoda čine u suštini jednu radnu celinu iako ne moraju biti ni u kakvim neposrednim odnosima. I rezultat rada koji se na kraju pojavljuje predstavlja njihov zajednički proizvod bez obzira da li se oni prema njemu tako i subjektivno odnose.

I rad uložen u proizvodnju materijalnih sredstava za rad ugrađuje se u proizvod čijem stvaranju ta sredstva služe, tako da se proces stvaranja bilo kog proizvoda može predstaviti kao sjedinjavanje živog rada i rada opredmećenog u sredstvima za rad, to jest kao:

$$\left.\begin{array}{l} \check{Z}r \\ Or \end{array}\right\} \text{Ur, ili:}$$

$$\check{Z}r + Or = Ur,$$

gde Žr označava živi rad, Or — rad opredmećen u materijalnim sredstvima za rad, i Ur — ukupan rad uložen u proizvod rada.

Ali i neposredni proces rada na stvaranju određenog proizvoda često se rastavlja na zasebne faze koje obavljaju različiti radnici, tako da se sjedinjavanje živog i opredmećenog rada usložnjava po šemi:

$$(\check{z}r + or)_1 \rightarrow (\check{z}r + or)_2 \rightarrow \ldots (\check{z}r + or)_n \rightarrow Ur, \text{ ili}$$

$$(\check{z}r + or)_1 + (\check{z}r + or)_2 + \ldots (\check{z}r + or)_n = Ur.$$

Ukoliko u pojedinim fazama istim sredstvima za rad radi više radnika, to sjedinjavanje postaje još složenije, pa se može predstaviti kao:

$$(\check{z}r_1 + \check{z}r_2 + ... \check{z}r_n + or)_1 \rightarrow + (\check{z}r_1 + \check{z}r_2 + ... \check{z}r_n + or)_2 \rightarrow + ... (\check{z}r_1 + \check{z}r_2 + ... \check{z}r_n + or)_n \rightarrow = Ur$$

Vremenska dimenzija društvenosti rada izražava se i kroz reprodukovanje radne snage. Ukoliko sredstva sopstvene egzistencije ne proizvodi neposredno sam radnik, njegova radna snaga reprodukuje se proizvodima rada drugih radnika, dok se njegovim proizvodima reprodukuje radna snaga drugih. Tako se sukcesivnim opredmećivanjem živog, i oživljavanjem opredmećenog rada vrši međusobno proizvođenje samih radnika. Lanac te transformacije može se simbolički izraziti kao:

$$\check{Z}r_1 \rightarrow Or_1 \rightarrow \check{Z}r_2 \rightarrow Or_2 \rightarrow ... \check{Z}r_n \rightarrow Or_n.$$

Najzad, i sami motivi za rad imaju u suštini društveni karakter. Vlastitim radom čovek teži da zadovolji ne samo svoje individualne potrebe, nego i potrebe drugih. To nisu samo potrebe porodice koje su u funkciji individualne egzistencije radnika, već i potrebe drugih ljudi sa kojima on ostvaruje određene zajedničke interese. Pored toga, rad se motiviše i potrebom društvene afirmacije radnika, koji svojim aktivnostima utiče na životnu sredinu i potvrđuje se kao društveno biće. S druge strane, same individualne potrebe radnika se istovremeno javljaju i kao potrebe drugih ljudi kojima je *on* potreban.

U celini svog vremenskog kontinuiteta rad se, dakle, javlja kao tipično društvena aktivnost. Posmatran iz tog ugla, celokupan ljudski rad se pokazuje kao jedinstven istorijski proces, iz kojeg se ni jedna jedina radna operacija ne bi mogla izdvojiti kao potpuno izolovan poduhvat koji bi se mogao uspešno obaviti nezavisno od ostalih aktivnosti u tom istorijskom lancu. Svaka nova aktivnost čini samo dodatnu kariku u tom lancu, a svaki novi proizvod predstavlja rezultat dugotrajnog radnog procesa koji je praktično započet još samim nastankom ljudskog rada.

Prostorna dimenzija društvenosti rada izražava se u njegovom prostornom kontinuitetu. Kao što se sukcesivno nadovezuju jedan na drugi, različiti radovi se simultano povezuju u jedinstvene celine čak i kad su prostorno sasvim rastavljeni. Niti se zajednički rad mora obavljati u jedinstvenom prostoru, niti jedinstveni prostor u kojem se obavljaju različiti radovi, sam po sebi podrazumeva njihovo zajedništvo. I prostorni i vremenski kontinuitet rada podrazumevaju diskontinuitet u prostoru i vremenu u kojima se rad obavlja, jer kad ne bi bilo diskontinuiteta ni kontinuitet ne bi postojao.

Osnovu prostornog kontinuiteta rada ne čini njegova zbijenost u jednom prostoru, već njegova funkcionalna povezanost, koja se može ostvarivati i u razdvojenim prostorima. Bez obzira na lokaciju, poslovi koji se obavljaju s istim ciljem, predstavljaju sastavne delove jedinstvenog radnog poduhvata. A ukoliko ih obavljaju različiti radnici, oni čine njihov zajednički rad bez obzira na prostornu udaljenost.

Pošto su ciljevi rada različiti, vrši se i različito kombinovanje pojedinačnih poslova u jedinstvene celine tako da isti posao može predstavljati sastavni deo više radnih celina. Ako se zadovoljavanje ukupnih životnih potreba čoveka shvati kao integralni cilj ljudskog rada, onda se svi poslovi koji se u tom cilju obavljaju mogu shvatiti kao jedinstvena radna aktivnost. A ukoliko sve te poslove ne obavlja sam pojedinac, oni čine sastavne delove zajedničkog rada manjeg ili većeg broja radnika, koji se simbolički može izraziti kao:

$$Zr = r_1 + r_2 + \dots r_n,$$

gde Zr označava zajednički rad, a r_1, r_2, r_n poslove koje obavljaju pojedini radnici. Stepen njegove društvenosti određen je veličinom r_n, to jest brojem radnika koji su angažovani na njegovom obavljanju.

Da je ljudski rad od samog nastanka predstavljao društvenu aktivnost, pokazuje već reprodukcija prvobitne horde koja se zasnivala na najneposrednijem zajedništvu rada. Zbog minorne stvaralačke snage rada, članovi horde su sve teže poslove obavljali zajednički tako da su delovali kao jedinstvena radna snaga. Ukoliko su tragali samo za blagodetima prirode, prostorni kontinuitet njihovog rada određivan je prirodnim uslovima. To što je hordu držalo na stalnom okupu bila je pre svega neprekidna borba za opstanak koju pojedinac nije mogao voditi izolovanom aktivnošću.

U takvim uslovima svi su uglavnom zajednički radili sve što je bilo neophodno za kolektivni opstanak, zbog čega se takva aktivnost morala odvijati u jedinstvenom prostoru koji se mogao menjati ali ne i deliti na odvojene radne celine. Veličinu horde određivala je kolektivna sposobnost njenih članova za pribavljanje životnih sredstava i zaštitu od neprijatelja, i ona je predstavljala potpuno zatvorenu, samoj sebi dovoljnu radnu celinu koja nije imala potrebe za daljim širenjem. Zbog toga je društvenost ljudskog rada u početku imala savim minijaturne prostorne dimenzije, što je predstavljalo osnovu rascepkanosti ljudskog roda na sićušne i međusobno nepovezane, po sili prirode oformljene zajednice.

Iako su povećavanjem stvaralačke snage rada povećavane i individualne sposobnosti pojedinca da ovladava prirodom, zajednica rada kao osnova društvene zajednice nije sužavana, nego je sve više proširivana. Osnovni uzrok takvog trenda je u tome što je stvaralačka snaga rada povećavana zahvaljujući pre svega unapređivanju sredstava rada čija je upotreba zahtevala sve veću specijalizaciju, koja se nije mogla vršiti bez podele rada. Ako je u početku pojedinac bio praktično nesposoban za samostalno delovanje, s unapređivanjem sredstava rada on je za to postajao sve sposobniji, ali u sve užim oblastima rada.

Iz toga je proisticala zakonita tendencija stalnog proširivanja ljudskih zajednica, jer je za ostvarivanje integralnih ciljeva rada u zadovoljavanju životnih potreba bio neophodan sve veći broj radnika. Što je područje rada kojim se pojedinac bavio više sužavano, to je zajednica rada sve više proširivana. Specijalizacija je na taj način razvijana kao osnova sve većeg podruštvljavanja rada, koje se od sićušne horde razvijalo u pravcu sveobuhvatne svetske zajednice.

Taj proces se odvija u vidu spirale koja zahvata sve širi krug učesnika u tokovima zajedničkog rada, tako da se grafički može predstaviti u sledećem obliku:

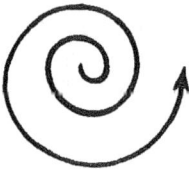

Ako su u početku zajedničkim radom povezivane relativno malobrojne grupe ljudi, na kraju će na taj način biti praktično povezano celokupno čovečanstvo. Bez najšireg podruštvljenja rada svetska zajednica ne bi nikada ni bila stvorena, jer je rad osnovna spona koja ljude povezuje u jedinstvene skupine.

U procesu svog podruštvljavanja rad prolazi tri istorijske faze: prakomunističkog, klasnog i komunističkog zajedništva. Osnovni faktor prakomunističkog povezivanja rada su zajedničke, prvenstveno fiziološke potrebe samih radnika, klasnog — prvenstveno individualne potrebe neradnika, a komunističkog — zajedničke, prvenstveno generičke potrebe slobodno udruženih stvaralaca. Zato se prvo ostvaruje prirodnom nuždom, drugo — društvenom prinudom, a tek treće — slobodnom voljom radnika.

Povezivanje fizičkog rada po svojoj prirodi zahteva fizičko okupljanje radnika u određenom prostoru, dok je povezivanje intelektualnog rada prostorno neograničeno. To samo potvrđuje da ljudski rad po svojoj suštini predstavlja društvenu aktivnost, jer je i povezivanje fizičkog rada rezultat intelektualne aktivnosti. Otuda se istorijski proces sve većeg podruštvljavanja ljudskog rada javlja kao zakoniti izraz ostvarivanja njegove suštine.

Prakomunistička zajednica, u kojoj dominira fizički rad, predstavlja prvenstveno fizičku skupinu ljudi koji su stalno na okupu. Ukoliko zajednički obavljaju iste fizičke poslove, oni se praktično i ne mogu razdvajati. Ali već su prvi oblici intelektualizacije rada izraženi kroz specijalizaciju, doveli do fizičkog razdvajanja članova prvobitne zajednice u procesu rada, pa i do njenog uvećavanja i raščlanjivanja na uže skupine. Fizičko raščlanjivanje nije, međutim, značilo i društveno razbijanje, već samo drugačije povezivanje prvobitne zajednice zasnovano na izmenjenom načinu povezivanja rada. Prvobitna podela rada između muškarca i žene, prouzrokovana pronalaskom luka i strele te unapređenjem veštine lova, nije razbila nego je još više učvrstila bračnu zajednicu.

S otuđivanjem rada otuđuje se i njegovo povezivanje, jer se neposredne veze zasnovane na potrebama radnika kidaju i zamenjuju posredničkim vezama zasnovanim na potrebama neradnika. Unutarnje veze rada se na taj način zamenjuju spoljašnjim vezama nerada, pa izgleda kao da živi rad i nije povezan. Međutim, okupljanje radnika na posedu vlasnika sredstava za rad pokazuje da je glavni faktor povezivanja umesto živog, postao otuđeni opredmećeni rad kao potreba svih potreba vladajućih klasa.

Kao opšta potreba pripadnika vladajuće klase, otuđena sredstva za rad svojom integrativnom snagom prevazilaze okvire njihovog individualnog poseda, i to utoliko više ukoliko su razvijenija. Zato društveno povezivanje rada uzima šire razmere od individualnih potreba vlasnika sredstava za rad. Tim razmerama određene su u osnovi granice državnih zajednica, koje se sa razvojem sredstava za rad sve više šire. Državna zajednica je šira od plemenske zajednice pre svega zbog šireg društvenog povezivanja rada.

Širenje društvenog povezivanja rada je osnova i za stapanje državnih zajednica u jedinstvenu svetsku zajednicu rada. Robno-novačani način proizvodnje je već od početka dolazio u sukob s teritorijalnim omeđivanjem rada, jer podrazumeva robno-novčanu razmenu nezavisno od mesta proizvodnje. Idnustrijalizacijom su postavljeni temelji svetske integracije rada, koja na osnovama kompleksne automatizacije i razotuđenih sredstava rada postaje prirodni oblik komunističkog zajedništva.

Automatizacijom proizvodnje ljudski rad se potpuno oslobađa prostornih ograničenja. Već u neposrednom procesu proizvodnje automatizacija sve više razara prostorni kontinuitet fizičkog rada zamenjujući ga kontinuitetom intelektualnog rada. A prostorni kontinuitet intelektualnog rada je, isto kao i njegov vremenski kontinuitet, nezavisan od fizičkog zajedništva radnika. U procesu intelektualnog rada neposredno komuniciranje radnika može se vršiti bez obzira na njihovu fizičku udaljenost.

To omogućava da se posredovano povezivanje zameni neposrednim udruživanjem rada, i da umesto opredmećenog rada ponovo živi rad postane glavni faktor sopstvenog povezivanja. Komunističko zajedništvo se zapravo i može zasnovati samo na potpuno slobodnom udruživanju ljudskog rada, koje isključuje svako prostorno ograničavanje, a tako se može udruživati jedino intelektualni, to jest suštastveno ljudski rad.

Društvena podela i podruštvljavanje rada

Osnovu društvene podele rada čine i vremenski i prostorni kontinuitet rada, jer se na različite izvršioce mogu deliti kako sukcesivni tako i simultani poslovi. Proizvodnjom sredstava proizvodnje i proizvoda čijoj su proizvodnji ona namenjena, kao i proizvodnjom delova istog proizvoda mogu se baviti i bave se različiti proizvođači. Razlika između sukcesivne i simultane podele rada može se grafički prikazati na sledeći način:

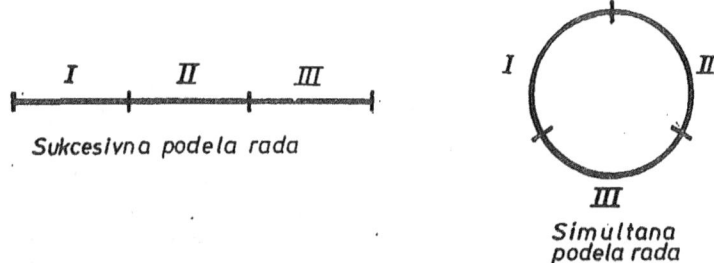

gde rimski brojevi I — III označavaju različite grupe radnika.

Društvena podela rada po svojoj prirodi protivreči njegovoj društvenosti, jer aktivnost društvene zajednice razdvaja na posebne delove sve do pojedinačne aktivnosti. Ona je istorijski i nastala tako što je amorfna i u početku nedeljiva aktivnost prvobitne zajednice među njenim članovima podeljena na taj način da su se jedni počeli trajno baviti jednim, a drugi drugim poslovima. Time je umesto nedeljive, stvorena podeljena zajednica rada.

Ali podeljena zajednica rada ne znači i razbijenu zajednicu, jer ni podeljeni rad ne znači razbijeni rad. U celishodno izvršenoj podeli rada svaki radnik određeni posao obavlja i za sebe i za druge, dok ostali radnici svoje poslove obavljaju i za sebe i za njega. I u sasvim primitivnoj zajednici jedan kovač izrađuje alatke i za sebe i za druge članove zajednice, koji za njega proizvode hranu, odeću i ostala sredstva egzistencije. Zbog toga njegov rad predstavlja u suštini društvenu aktivnost, ne samo što služi i drugim članovima zajednice, već što se na osnovu njihovog rada i sam reprodukuje.

Na taj način se među podeljenim poslovima održava reprodukciona međuzavisnost tako da se svaki obavlja kao sastavni deo jedinstvene društvene aktivnosti. I ta međuzavisnost je utoliko veća ukoliko je društvena podela rada razuđenija te ukoliko je oblast rada kojom se pojedinci i pojedine grupe radnika bave uža. Zato društvena podela rada predstavlja samo drugu, u određenim uslovima neodvojivu stranu njegove društvenosti. A protivrečnost koja među njima postoji, deluje kao pokretačka snaga sve većeg podruštvljavanja rada, tako da se podela rada javlja kao njegov fkator. Što je podela rada razvijenija nivo društvenosti rada je, po pravilu, viši.[91]

---

91) "Shvaćeno kao proces, kao ekonomsko oslobađanje rada, podruštvljavanje rada i sredstava za proizvodnju razvija se uporedo s razvojem podele rada". (Čedo Šakota, Petar Vasiljević, *Razaranje svojine,* "Privredna štampa", Beograd, 1979, str. 76).
Pored ostalog, "razvitak podjele rada pretpostavlja sjedinjavanje radnika u jednu radionicu". (K. Marks: "Bijeda filozofije", isto, tom 7, str. 125).

Takva uloga društvene podele rada proističe iz neophodnosti povezivanja podelje-
nog rada, bez kojeg on ne može ostvarivati svoju funkciju u zadovoljavanju životnih potre-
ba.[92] Što je rad više rascepkan, potreba za njegovim povezivanjem je veća, pa je i dejstvo
podele rada na podruštvljavanje snažnije. Integracija proizvodnje delova jednog proizvoda
je u svakom slučaju neophodnija od integrisane proizvodnje različitih proizvoda.[93]

U vezi s tim, može se postaviti pitanje zašto je podela rada uopšte i potrebna ako
je neophodno njegovo povezivanje. Ona je u stvari nastala i razvijala se kao posledica spe-
cijalizacije uslovljene unapređivanjem sredstava rada. Stoga su se sredstva rada, specija-
lizacija i podela rada razvijali istovremeno kao opšta osnova podruštvljavanja rada u svim
fazama njegovog razvoja.

Unapređivanje sredstava rada nije čoveku spolja nametnuto, već proističe iz njegove
sopstvene težnje za povećavanjem stvaralačke snage rada. Specijalizacija je proistekla iz
potrebe racionalnog korišćenja tih sredstava, i prati njihov razvoj od prvobitne diferenci-
jacije oruđa za rad.[94] Bez odgovarajuće specijalizacije, stvaralačka snaga rada ne bi se
mogla podići nikakvim sredstvima koja bi praktično bila neupotrebljiva.

Društvena podela rada proistekla je iz ograničene specijalizacije, uslovljene ograniče-
nom razvijenošću sredstava rada. Zbog nerazvijenosti sredstava, specijalizacija za jedan
posao isključivala je mogućnost specijalizacije za druge poslove. Da je bila moguća univer-
zalna specijalizacija, društvena podela rada bila bi nepotrebna i besmislena, jer ona sama
po sebi ne samo što ne predstavlja generičku potrebu čoveka, nego u suštini protivreči nje-
govom generičkom biću, pa i samoj prirodi ljudskog rada.

Uprkos tome, društvena podela rada je, kao nužan izraz razvoja sredstava rada i
specijalizacije, postala neizbežan oblik društvene organizacije rada. Ona je toliko utemelje-
na u društvenu reprodukciju da ni najveći mislioci, poput Platona i Aristotela, nisu mogli
zamisliti ljudsko društvo bez nekakve podele rada.[95] I danas se društvena podela rada
često apsolutizuje i podiže na nivo prirodnog zakona.[96]

S obzirom na nivo razuđenosti, mogu se razlikovati tri karakteristična oblika druš-
tvene podele rada, koji istovremeno označavaju različite oblike njegove društvenosti.
Opštu i najširu podelu čini podela na intelektualni i fizički rad, užu — podela na de-
latnosti i najužu — podela na radne operacije. Prva se zasniva na razdvajanju suštine i po-

---

92) "Udruživanje rada nastaje kao *objektivna nužnost sjedinjavanja i organizacionog povezivanja i
kooperacije podjelom rada razjedinjenih i usitnjenih dijelova rada uslijed općedruštvene ili tehno-
loške podjele rada u jednu proizvodnu cjelinu.* Pojedine društvene epohe i njihovi odnosi ne raz-
likuju se po tome da li imaju ili nemaju udruživanja rada već se razlikuju po tome *kako* se taj
proces zbiva". (Stjepan Holadin, isto, str. 121).

93) "U preduzeću" proces proizvodnje teži da ujedini. Ljudi koji tu rade moraju da djeluju kao da je
sve predviđeno — inače se sve ruši. To stanje stvari priznato je već danas, i biće to sve više i više,
kao činjenica koju je nemoguće mijenjati". (Georges Friedmann — Pierre Naville, isto, str. 709).

94) "Ispitivanja zbirki predmeta, koji su proizvedeni u prethistorijskim radionicama, pokazuju, da
je postojanje tih mnogobrojnih alatki od kremena i kostiju, strugalica, strugova, dlijeta, blanja-
lica, sjekira, pila, pretpostavljalo razne sposobnosti onih, koji su ih proizvodili i njima rukovali".
(Georges Friedmann, *Razmrvljeni rad*, isto, str. 21).

95) Po mišljenju Platona, "mnogostruki rad i međusobno zamenjivanje triju staleža najveća je šteta
za državu i s najviše se prava može zvati zločinstvom". *(Država*, izd. Matice hrvatske, Zagreb,
1942, str. 169).

96) Ana Žilić — Jurin, na primer, tvrdi da je "potreba postojanja podjele društvenog rada u određenim
proporcijama neophodan prirodni zakon koji se ne može ukinuti i koji važi za svaku društvenu
zajednicu". *(Akumulacija i reprodukcija kapitala,* "Rad", Beograd, 1953, str. 9).

41

jave rada, druga – na razdvajanju proizvodnje različitih proizvoda i usluga, a treća – na razdvajanju različitih operacija u proizvodnji istog proizvoda ili usluge.[97]

Nastala razdvajanjem pojave i suštine ljudskog rada, najveća društvena podela rada izražava sve suprotnosti koje iz tog razdvajanja proističu. Ona je najneposredniji izraz otuđenosti suštine rada od fizičkog radnika i njene suprotstavljenosti fizičkom radu kao obliku sopstvenog ispoljavanja. Podelom na intelektualni i fizički rad celo društvo je podeljeno na dva polarizovana i međusobno suprotstavljena dela, od kojih jedan, monopolizacijom suštine rada, svojstva čovečnosti stiče na račun obeščovečenja drugog.

Fizički rad, međutim, ne može bez intelektualnog rada kao što uopšte pojava ne može bez svoje suštine. Jedinstvo intelektualne i fizičke aktivnosti neophodno je u funkcionisanju društva isto kao i u delovanju pojedinca. Ako su te aktivnosti razdeljene na različite delove društva, to samo znači da oni jedan bez drugog ne mogu postojati. Njihova komplementarnost je nepobitan dokaz društvenosti kako intelektualnog tako i fizičkog rada.

Bez obzira na pomenute suprotnosti, i upravo zahvaljujući njima, podela na intelektualni i fizički rad ubrzala je podruštvljavanje i ukupan razvoj ljudskog rada. Ubrzani razvoj duhovnog stvaralaštva, koji je tom podelom podstaknut, već je sam po sebi značio i ubrzano podruštvljavanje rada, ali je njime istovremeno omogućen i brži razvoj sredstava rada kao osnovnog faktora podruštvljavanja i fizičkog i intelektualnog rada. S druge strane, podelom rada podstaknuto jačanje proizvodne snage fizičkog rada omogućilo je da se brže razvijaju i duhovno stvaralaštvo i ukupna sredstva rada.

Razdvajanje intelektualnog i fizičkog rada ne bi ni bilo moguće bez prethodnog podizanja produktivnosti proizvodnog rada, koje je stvaranjem viška proizvoda omogućilo da se jedan deo društva, živeći od tog viška, posveti isključivo intelekatualnim aktivnostima. Tome je doprinela i podela samog proizvodnog rada, koja je prethodila izdvajanju intelektualnih aktivnosti. Velika podela na intelektualni i fizički rad mogla je nastati samo kao rezultat niza prethodnih podela jedinstvene intelektualno-fizičke aktivnosti čoveka.

U početku je podela na fizički i intelektualni rad ispoljavana kroz podelu na proizvodni rad i neproizvodne aktivnosti. I pošto je u proizvodnom radu preovlađivala poljoprivreda, suprotnosti fizičkog i intelekatualnog rada ispoljavale su se uglavnom kroz suprotnosti sela i grada u kojem su pretežno obavljane neproizvodne aktivnosti. Ali sama činjenica da grad nije mogao bez sela kao ni selo bez grada, i da su tek zajedno činili jedinstvenu društvenu zajednicu, svedoči o međusobnoj zavisnosti fizičkih i intelektualnih aktivnosti.

Razvoj je, međutim, vodio daljem razuđivanju podele na intelektualni i fizički rad i unutar proizvodnje i unutar neproizvodnih delatnosti, čime je prvobitna oštra podela između tih velikih sfera rada sve više relativizirana, pa su i razlike između grada i sela smanjivane. Industrijalizacija je u tom pravcu učinila odlučujući zaokret jer je i samu proizvodnju polarizovala na fizičku i intelektualnu sferu. [98] Ona je projektovanje ciljeva i

---

[97] U okviru samog prizvodnog rada, Marks je razlikovao opštu, posebnu i pojedinačnu podelu tako što je "razdvajanje društvene proizvodnje na velike njene rodove, kao poljoprivredu, industriju itd. "označio kao" opštu podelu rada, deljenje ovih rodova proizvodnje na vrste i podvrste kao posebnu podelu rada, a podelu rada u okviru jedne radionice kao pojedinačnu podelu rada". ("Kapital", isto, tom 21, str. 313).

[98] "Ovaj proces odvajanja započinje u prostoj kooperaciji, gde kapitalista prema pojedinačnim radnicima predstavlja jedinstvo i volju društvenog radnog tela; razvija se dalje u manufakturi, koja radnika obogaljuje u delimičnog radnika, a završava se u krupnoj industriji, koja nauku odvaja od rada kao nezavisnu snagu proizvodnje i silom je stavlja u službu kapitala". (isto, str. 322).

tehnologija proizvodnje potpuno odvojila od njegove realizacije, čime je fizičkog radnika pretvorila u slepog izvršioca tuđih zamisli. 99)

Time je podela na intelektualni i fizički rad dovedena do krajnjih granica, ali na tom nivou i njihova međuzavisnost dostiže svoj maksimum. Što je polarizacija ljudskog rada na pojavu i suštinu dublja, neophodnost njihovog povezivanja je veća. Sve dok je ljudski rad neophodan u neposrednom procesu proizvodnje, ni najidealnija proizvodna zamisao ne može se realizovati bez određenog fizičkog napora, kao što nikakav fizički napor ne može imati efekta bez određene zamisli.

Industrijalizacija je uticala na polarizaciju intelektualnog i fizičkog rada i u neproizvodnim delatnostima, uključujući upravljanje društvenom reprodukcijom, koje je postajalo sve složenije. I ovde su zamisao posla i njeno izvršenje sve više razdvajani, što je imalo za posledicu da je uporedo s povećavanjem intelektualnog rada u oblasti proizvodnje vršeno povećavanje fizičkog rada van proizvodnje. 100) Tako je istovremeno s produbljivanjem vršeno razvodnjavanje društvene podele na intelektualni i fizički rad, iz kojeg je proisticalo i razvodnjavanje klasne polarizacije društva.

Iako je i sama nastala kao rezultat prethodnih podela na delatnosti, velika podela na intelektualni i fizički rad je, sa svoje strane, podstakla dalje razgranavanje delatnosti i u proizvodnoj i u neproizvodnoj sferi. Od prvobitne podele rada između muškarca i žene preko izdvajanja stočarstva, zemljoradnje i zanatstva razgranavanje delatnosti uzelo je veoma široke razmere sve do specijalizacije za pojedine vrste proizvoda i usluga. Razdeljene na pojedine delove društva, one se u celini obavljaju kao komplementarne aktivnosti jedinstvenog društvenog rada.

Društvena spona koja razdvojene delatnosti povezuje u jedinstvenu celinu je razmena rada. Da bi se reprodukcija života i rada mogla odvijati, višak proizvoda jednog proizvođača mora se razmenjivati za višak proizvoda drugih proizvođača, što praktično znači da svako istovremeno radi i za sebe i za druge. Time se među različitim delatnostima uspostavlja reprodukciona međuzavisnost, koja čini. osnovu neraskidivog jedinstva društvene zajednice rada.

Dok nije bilo podele, nije bilo ni razmene rada. Članovi prvobitne horde zajednički su pribavljali i zajednički trošili životna sredstva. Ali već prvi oblici podele rada implicirali su određenu neposrednu razmenu među članovima prvobitne zajednice, koja je, iako nije vršena u vidu fizičke zamene proizvoda, ipak značila svojevrsnu prećutnu razmenu rada. Muškarac je lovio i za ženu zato što je žena kućne poslove obavljala i za muškarca. Jedan deo članova zajednice obavljao je određene poslove za celu zajednicu zato što su ostale poslove za njih obavljali drugi. Ta prvobitna neposredna razmena rada činila je glavnu integrativnu snagu plemenske zajednice.

Drugu karakterističnu fazu društvenog povezivanja razdvojenih delatnosti predstavljala je delimična posredna razmena u vidu fizičke zamene proizvoda i usluga. Proizvođač je jedan deo svog proizvoda sam trošio, a drugi deo razmenjivao za proizvode drugih

---

99) "Nužna posljedica tog odvajanja zamisli od izvršenja jest da se radni proces sada dijeli na različitim mjestima i među različitim grupama radnika. Na jednom se mjestu obavljaju fizički procesi proizvodnje, a na drugome se prave nacrti, planovi, proračuni i vodi knjigovodstvo... Fizički procesi proizvodnje danas se obavljaju više ili manje naslijepo, i to nije slučaj samo s radnicima koji ih obavljaju, već i s nižim slojevima nadglednika. Proizvodne jedinice djeluju kao ruka koju promatra, ispravlja i kontrolira udaljeni mozak". (Harry Braverman, isto, str. 105).

100) "Mišljenje i planiranje postaju funkcija sve manje grupe unutar ureda, a za masu namještenika ured je postao isto toliko mjesto obavljanja fizičkog rada koliko i tvornički pogon". (Isto, str. 261/2).

proizvođača. Na taj način vršeno je delimično povezivanje delatnosti koje su obavljane ne samo u istoj, nego i u različitim zajednicama, što je već predstavljalo prve začetke svetske integracije rada.

U trećoj fazi, kada podela na delatnosti dostiže maksimalnu razuđenost, ceo proizvod se proizvodi za drugoga i razmenjuje za proizvode drugih proizvođača. Na toj osnovi dostignut je i po dubini i po širini takav stepen reprodukcione međuzavisnosti da se ni jedna delatnost ne može obavljati bez stalne i potpune razmene svojih proizvoda sa čitavim nizom drugih delatnosti nezavisno od njihove lokacije. Podela na delatnosti i nije mogla do kraja ići u dubinu a da po širini već ne stvori obrise svetske zajednice rada.

Dalji razvoj podele rada od podele na različite vrste proizvoda i usluga mogao je ići samo u pravcu razdvajanja različitih operacija u proizvodnji istog proizvoda. Proizvod se ovde javlja kao rezultat zajedničkog rada više radnika, od kojih svaki u procesu njegove proizvodnje vrši određenu operaciju, izrađuje neki deo ili obavlja određenu fazu izrade. Društvena podela rada je i u ovoj fazi sve više išla u dubinu i širinu tako da je proizvodnja jednog proizvoda raščlanjivana na sve veći broj operacija koje je obavljao sve veći broj proizvođača na sve širem području.

Počev od manufakture, podela na radne operacije preko fabričkog načina proizvodnje dostiže nivo svetske kooperacije. Dok se manufakturni proces proizvodnje deli na osnovne faze i delove zajedničkog proizvoda, a fabrički na delove i faze delova, međunarodna kooperacija zasniva se na krajnjem usitnjavanju individaulnih operacija sve do pojedinačnih pokreta koji gube obeležja konkretnog rada. [101] Zavisno od toga, u manufakturi rade desetine, a u fabrici stotine i hiljade radnika, dok svetska kooperacija na zajedničkom proizvodu povezuje stotine i hiljade fabrika.

Ako specijalizacija za pojedine delatnosti uvećava proizvodnu snagu ljudskog rada, specijalizacija za pojedine radne operacije čini to u daleko većoj meri. I najjednostavniji oblici kooperacije pokazuju u tom pogledu određene prednosti u odnosu na individualni rad, a sa razvojem kooperativne podele rada produktivnost raste geometrijskom progresijom [102] Trka za ubrzanim rastom produktivnosti, koju je nametala kapitalistička konkurencija, upravo je i predstavljala glavnu pokretačku snagu ubrzane kooperativne podele rada kao značajnog činioca produktivnosti.

Ali i pozitivno dejstvo kooperativne podele rada na produktivnost ima određenu granicu preko koje, zbog psiholoških, fizioloških, pa i tehnoloških razloga, prelazi u svoju suprotnost. [103] Zato dalji proces preko te granice može ići samo u pravcu ukidanja podele rada. Da bi se produktivnost i dalje povećavala, ljudski rad se mora zamenjivati mehaničkim radom, pa samim tim i njegova podela podelom mehanizovanog rada. Vekovima razvijana podela proizvodnog rada se, dakle ne ukida, nego se sa radnika penosi na automatizovana sredstva rada.

---

101) "Sa stajališta uprave, kao i sa stajališta prakse koju ona nameće, vrijedi pravilo da rad, što se više svodi na klasificirane pokrete koji prelaze okvire zanimanja i poslova, to više gubi svoje konkretne oblike koji se pretvaraju u opće tipove pokreta pri radu. Ta mehanička upotreba ljudskih sposobnosti prema tipovima pokreta, koji se proučavaju odvojeno od određene vrste rada što se obavlja, oživljava marksističku koncepciju "apstraktnog rada". (Isto, str. 153).

102) "Kombinovani ili ukupni radnik ima ruke i oči i spreda i pozadi, i u izvesnoj meri je svugde prisutan... U planskoj saradnji s drugima, radnik briše svoje indvidualne granice i razvija moć svoga rada". (K. Marks: "Kapital", III tom, isto, tom 23, str. 223).

103) "Sada smo počeli shvaćati, da podjela rada, kao i svaki drugi proces, ide do nekog stupnja, na kojem prednosti počinju opadati... Atomizacija rada, koji je sveden samo na jedan pokret, dovodi do fizioloških i nervnih oštećenja (grčenja mišića, glavobolje, gluhoća, upale živaca)". (Georges Friedmann, *Razmrvljeni rad,* isto, str. 62. i 63).

Kooperativnom podelom rada se i priprema teren za automatizaciju kao tehnološku negaciju i proizvodnog rada čoveka i njegove društvene podele. Pojedine proizvodne operacije ne mogu se automatizovati dok se podelom rada toliko ne uproste da se ljudski rad može zameniti mehaničkim radom. Da bi se proces proizvodnje automatizovao, mehaničkom povezivanju mora prethoditi živo razdvajanje tih operacija.

Uprošćavanje proizvodnih operacija kooperativnom podelom rada vrši se zahvaljujući pre svega tome što je u njenoj osnovi podela na intelektualni i fizički rad. Najjednostavnije proizvodne operacije, od kojih i započinje proces automatizacije, zasnivaju se uglavnom na fizičkom naporu radnika. U neposrednom procesu proizvodnje automatizacijom se ljudski rad najpre oslobađa fizičkih, a zatim i rutinskih intelektualnih operacija.

To pokazuje da ukidanje društvene podele rada ne vodi ponovnom spajanju intelektualnog i fizičkog rada, već potpunom oslobađanju intelektualnog rada od mukotrpnog psiho-fizičkog napora.[104] Automatizacijom fizičkih i rutinskih intelektualnih poslova, koji takav napor zahtevaju, mogućnost društvene podele rada biće praktično isključena, jer je slobodno intelektualno stvaralaštvo kojim će se članovi komunističke zajednice rada baviti, nespojivo sa društvenim podelama.

Do izvesnog ponovnog spajanja intelektualnog i fizičkog rada dolazi samo u procesu ukidanja društvene podele rada ukoliko se automatizacija ne može ostvarivati bez samoupravljanja kao oblika intelektualne aktivnosti radnika. Ukidanje društvene podele rada zapravo i jeste jedna od osnovnih funkcija samoupravljanja, ali ono tu ulogu ne može ostvariti bez automatizacije, bez koje se uostalom ni samo ne može razvijati. Samoupravljanje, automatizacija proizvodnje i ukidanje društvene podele rada predstavljaju osnovu prelaznog perioda iz klasne u komunističku zajednicu rada, ali se njima konačno i završava istorijski proces intelektualizacije i podruštvljavanja ljudskog rada.

Protivrečnosti individualnosti i društvenosti rada

Društvenosti ljudskog rada protivreči njegova individualnost. Svaki živi rad zasniva se na upotrebi individualne radne snage i trošenju radne energije koja se reprodukuje u organizmu pojedinca. I motivacija za rad proističe iz individualnih potreba radnika bilo da je u pitanju potreba za samim radom ili za proizvodima rada. Ciljevi koji se radom ostvaruju, uvek izražavaju životne potrebe konkretnih ljudi koji egzistiraju kao pojedinačna bića. Društvene potrebe ne postoje van životnih potreba pojedinaca kao što ni društveni rad ne postoji van rada pojedinačnih radnika.

Društveni rad je samo zajednički rad pojedinačnih radnika kao što su društvene potrebe samo zajedničke potrebe pojedinačnih članova društvene zajednice. Društvenost, kao suštinsko obeležje ljudskog rada, proističe otuda što nema individualnog rada koji istovremeno nije zajednički rad manjeg ili većeg broja radnika, bilo da se radi o sukcesivnom ili simultanom, ili najčešće i o jednom i o drugom povezivanju različitih individualnih radova. Društveni rad je, prema tome, združeni individualni, a individualni individualizirani društveni rad.

Ali u tome je sadržana i osnovna suprotnost individualnosti i društvenosti ljudskog rada. Individualni rad negira zajednički rad, a zajednički individualni, jer međusobnim suprotstavljanjem jedan iz drugog nastaje. Zajednički radovi se slivaju u individualni, a

---

[104] "Parcijalni i rutinski rad koji nije pretopljen znanjem preuzimaju na sebe mašine — u fabrici i kancelariji — a čovekova delatnost se polako ali uporno pomera u oblast istraživanja, projektovanja, kontrole i upravljanja" (Miroslav Pečujlić, *Budućnost koja je počela,* Institut za političke studije Fakulteta političkih nauka u Beogradu, bez godine izdanja, str. 23/4).

45

individualni radovi u zajednički. U individualnom se radu zajednički rad subjektivizira, a u zajedničkom individualni objektivizira. Zato se zajednički radovi gube u individualnom, a individualni u zajedničkom, pa izgleda da se individualni rad zasniva samo na pojedinačnom naporu radnika, a da iza zajedničkog rada stoji neka nadindividualna sila.

S obzrom na to, bespredmetno je pitanje koji je rad pre nastao. Iako na prvi pogled izgleda da zajednički rad nastaje iz pojedinačnih radova, nikada pojedinačni radovi nisu bili toliko stopljeni u zajednički rad kao u prvobitnoj hordi, koja je praktično delovala kao nedeljiva radna snaga. Pošto je stvaralačka snaga rada bila isuviše mala da bi pojedinac mogao samostalno delovati, individualni rad još nije bio dovoljno izdiferenciran, pa je praktično izjednačavan sa kolektivnim radom, [105] što pojedine teoretičare navodi na zaključak da su individualni rad i život nastali iz kolektivnog rada i života. [106]

Kolektivni rad bez individualnog rada nije, međutim, nikada mogao postojati, jer kolektivno već po definiciji pretpostavlja individualno. Pošto čovek potiče od životinje, njegov kolektivni rad morao je u početku po mnogo čemu ličiti na kolektivni rad životinja. Kao što se životinjski rad uopšte zasniva na prirodnom nagonu, tako je i njegovo povezivanje u kolektivnu aktivnost nagonske prirode. Jedinka se tu slepo pokorava prirodnim pravilima kolektivnog rada, te se o nekakvom zajedništvu, koje pretpostavlja određenu individualnu samostalnost, ne može ni govoriti. Ali ako se takva samostalnost, kao izraz svesne aktivnosti, javlja već kod najrazvijenijih životinja, onda je kolektivni rad prvobitne ljudske horde morao početi od nekakvog nasleđenog zajedništva.

Kolektivitet ljudskog rada se od kolektiviteta životinjskog rada i razlikuje po tome što se zasniva na zajedništvu, koje podrazumeva svesno povezivanje individualnih radova u jedinstven zajednički rad. U prvobitnoj hordi to zajedništvo je još rudimentarno, a tek u komunizmu dostiže punu razvijenost. U stvari, razvijenošću zajedništva rada određen je i stepen razvijenosti društvene zajednice u celini.

Istorijski proces zajedništva odvija se kroz neprekidno suprotstavljanje individualnosti i društvenosti rada. U početku je ono slabije izraženo, jer ukoliko je svesno združivanje individualnog rada još rudimentarno, takvi moraju biti i odnosi članova prvobitne zajednice. Ukoliko se aktivnost životinja zasniva na prirodnom nagonu, one u procesu kolektivnog rada ne stupaju u međusobne odnose, jer je i njihovo individualno delovanje kombinuje automatski po sili nagona. Pošto počinje od životinjskog kolektiviteta, ni ljudski rad nije imun od takvog automatizma kojeg se može osloboditi tek u potpuno razvijenom komunističkom zajedništvu.

Dve su vrste suprotnosti koje karakterišu odnose individualnosti i društvenosti ljudskog rada. Jedna proističe iz rada kao neposredne, a druga iz rada kao posredovane potrebe. Obe su, međutim, ukorenjene u suprotnosti između tih osnovnih funkcija rada, čijim je razrešavanjem uslovljeno i njihovo razrešavanje.

Suprotnost životnih potreba i mogućnosti njihovog zadovoljavanja, koja proističe iz ograničene stvaralačke snage rada, izražava se i kroz suprotstavljanje individualnosti i društvenosti rada. Jačanjem stvaralačke snage rada povećavane su mogućnosti individualnog zadovoljavanja životnih potreba, koje u jedinstvenoj zajednici rada predstavlja osnovu za delovanje centrifugalnih sila. Zato su nasuprot centrifugalnim, morale istovremeno i u istoj meri jačati centripetalne sile da bi se zajedništvo individualnog rada održalo.

---

105) "Po mističnoj participaciji za primitivca je sve povezano. Individualno se ne da odeliti od kolektivnoga, već se, nasuprot nama, pod individualnim, bez ikakvih teškoća, vidi ujedno i kolektivno, i obratno". (Slobodan Žarković, isto, str. 27).

106) "Kolektivni život nije nastao iz individualnog života, nego je, naprotiv, ovaj drugi nastao iz prvoga". (Emil Dirkem, *O podeli društvenog rada*, "Prosveta", Beograd, 1972, str. 326).

46

U prakomunističkoj zajednici rada centripetalnu silu čine zajedničke potrebe samih radnika, a u klasnoj zajednici potrebe neradnika kao otuđene potrebe radnika, dok komunističko zajedništvo rada započinje ukidanjem tog otuđenja i ponovnim pretvaranjem zajedničkih potreba radnika u odlučujuću snagu društvenog povezivanja rada. U sva tri slučaja zajedništvo se ostvaruje dominacijom društvenih potreba bilo da se javljaju u obliku zajedničkih ili otuđenih potreba radnika. Ali dok u prakomunističkoj zajednici ta dominacija započinje, u komunističkoj zajednici ona završava s otuđivanjem potreba radnika.

Dominacija društvenih potreba neophodna je sve dok se one ne mogu zadovoljavati bez ograničavanja individualnih potreba. Zbog toga se ona mora i ostvarivati određenom društvenom prinudom, koja je utoliko neophodnija ukoliko su suprotnosti individualnih i društvenih potreba veće. Sa razrešenjem tih suprotnosti, podizanjem stvaralačke snage rada do nivoa neograničenog zadovoljavanja fizioloških potreba čoveka, i dominacija društvenih potreba i društvena prinuda kao njen oslonac nestaće sami po sebi, jer će se kroz zadovoljavanje generičkih potreba čoveka ostvarivati potpuni identitet njegovih individualnih i društvenih potreba.

Suprotnošću individualnih i društvenih potreba uslovljena je i suprotnost individualnosti i društvenosti neposrednog procesa rada. Ukoliko je proces zajedničkog rada određen društvenom potrebom kao spoljašnjom svrhom, individualno učešće u tom procesu podređeno je njegovoj društvenoj predodređenosti. Pod društvenom dominacijom opredmećenog rada ostvaruje se i dominacija zajedničkog rada nad individualnim radom.

Zato se i proces zajedničkog rada mora odvijati pod određenom društvenom prinudom kojom se vrši spoljašnje povezivanje individualnih aktivnosti u zajedničku aktivnost. Pošto opredmećeni rad dominira nad živim radom, tu prinudu uvek vrši onaj ko raspolaže sredstvima rada. Kad su sredstva rada u rukama radnika, oni dominaciju zajedničkog rada nad individualnim radom sami obezbeđuju, a kad se sredstva rada otuđuju od radnika, proces zajedničkog rada odvija se pod prinudom njihovog privatnog vlasnika.[107]

Prakomunistička i klasna zajednica se u tom pogledu razlikuje utoliko što u prvoj radnici svoju individualnu aktivnost po prirodnoj nuždi podređuju procesu zajedničkog rada, dok se u drugoj to podređivanje vrši pod prinudom privatnog vlasnika otuđenih sredstava rada. Pošto se u socijalističkoj zajednici sredstva rada podruštvljavaju, klasna prinuda se zamenjuje samoprinudom kojom udruženi radnici postavljaju branu svakom narušavanju jedinstvenog procesa zajedničkog rada.

Ukoliko, međutim, dominaciju opredmećenog zamenjuje dominacija živog rada, utoliko se razvija slobodno komunističko udruživanje rada, koje isključuje potrebu za bilo kakvom prinudom. Prinudno povezivanje je način postojanja prinudnog proizvodnog rada, dok je slobodnom intelektualnom stvaralaštvu svojstveno slobodno udruživanje. Razvijena komunistička zajednica zasnivaće se na slobodnom udruživanju intelektualnog rada kao što se klasna zajednica zasniva na prinudnom povezivanju fizičkog rada. I dok je u klasnoj zajednici rada neposredni proces intelektualnog stvaralaštva uglavnom individualiziran, već na prelazu u komunističku zajednicu on se slobodnim udruživanjem rada sve više kolektivizira.[108]

---

107) "Manufakturna podela rada ima za pretpostavku bezuslovan autoritet kapitaliste nad ljudima koji čine proste udove ukupnog mehanizma koji njemu pripada". (K. Marks: "Kapital", isto, tom 21, str. 318).
   "Kapitalističko (kapitalovo) udruživanje rada je proces *prisilnog ili nužnog* sjedinjavanja i kooperacije pojedinca, odnosno individualnih radova u jedinstven proces proizvodnje koji ima oblik kapitalističke manufakture ili poduzeća (tvornice)". (Stjepan Holadin, isto, str. 122).

108) "Naučni rad dobio je nove organizacione oblike, čija je najglavnija karakteristika što se od pojedinačnog, solističkog prešlo na grupni, timski rad i na rad u istraživačko — razvojnim laboratorijama i institutima". (Teofanija Trivunac, *Automatizacija i kibernetika,* drugo izdanje, "Savremena administracija", Beograd, 1974, str. 72).

Univerzalnost rada

Univerzalnost kao suštinsko obeležje intelektibilnosti rada

Jednu od osnovnih karakteristika ljudskog rada čini i njegova univerzalnost, koja proističe iz neograničene sposobnosti ljudskog bića da obavlja najraznovrsnije aktivnosti.[109] Ta sposobnost sadržana je u neiscrpnim intelektualnim potencijama čoveka da prirodu menja po sopstvenoj želji. Već i dostignuti nivo tih potencija omogućava da čovek u toku svog radnog veka stalno menja oblike i način aktivnosti, a njihov dalji razvoj će mogućnosti raznovrsnog delovanja sve više proširivati.

Mada su i fizičke aktivnosti raznovrsne, njihova raznovrsnost je ograničena fizičkim potencijama, koje su neuporedivo uže od intelektualnih potencija. Ograničenost fizičkih i neograničenost intelektualnih potencija ispoljava se pored ostalog i kroz ograničenost fizičkih i neograničenost intelektualnih aktivnosti čoveka. Zato se univerzalnost ljudskog rada, koja podrazumeva njegovu neograničenost, ne izražava kroz raznovrsnost fizičkih, već kroz raznovrsnost intelektualnih aktivnosti. Ona pretpostavlja potencijalnu sposobnost ljudske jedinke da, bez obzira na ograničenost svojih fizičkih potencija, obavlja sve intelektualne aktivnosti koje ljudsko biće uopšte može obavljati.

Tom sposobnošću predodređena je suštinska razlika između jednostranosti životinjskog i univerzalnosti ljudskog rada.[110] Pošto se zasniva uglavnom na nagonskoj fizičkoj aktivnosti, rad životinje može do određene granice biti raznovrstan, ali ne može biti univerzalan. Ukoliko je određen prirodnom nuždom i ukoliko se ispoljava pretežno kroz fizičku aktivnost, i rad čoveka je relativno jednostran u odnosu na njegove intelektualne potencije, koje se u punoj meri mogu ispoljiti tek pri slobodnoj, od prirodne nužde oslobođenoj aktivnosti.

Ako je inteligencija izvor univerzalnosti ljudskog rada, univerzalnost je neposredna potreba inteligencije. Kao intelektibilno biće, čovek po svojoj prirodi teži univerzalnosti, zbog čega promena čini način njegove egzistencije. Uniformnost i monotonija, koji karakterišu nagonski automatizam, sve su više tuđi ljudskom intelektu što se on više razvija. I kad ne znači kvalitativnu promenu, raznovrsnost je izvor životne relaksacije ljudskog bića, koje se po prirodi svoje inteligencije nikada ne zadovoljava postojećim.

Mada i promena fizičke aktivnosti predstavlja olakšanje jer fizički napor raspoređuje na veći deo organizma, čovek životnu relaksaciju traži pre svega u duhovnim promenama. To pored ostalog potvrđuju i empirijska istraživanja, prema kojima se ljudi u slobodnom vremenu bave pretežno intelektualnim aktivnostima,[111] ali se i u radnom vremenu

---

[109] "Aktivni radni procesi koji su potencijalno sadržani u radnoj snazi ljudi toliko su raznoliki po tipu, načinu obavljanja, itd., da se praktično može reći kako nemaju granica". (Harry Braverman, isto, str. 51).

[110] Životinja "proizvodi jednostrano, dok čovjek proizvodi univerzalno; ona proizvodi samo pod vlašću neposredno fizičke potrebe, dok čovjek reproducira cijelu prirodu... Životinja oblikuje samo po mjeri i potrebi vrste kojoj ona pripada, dok čovjek znade proizvoditi prema mjeri svake vrste i znade svagdje dati predmetu inherentnu mjeru". (K. Marks: Ekonomsko-filozofski rukopisi iz 1844. godine, isto, tom 3, str. 221/2).

[111] Vidi: Dr Krsto Kilibarda, *Rad i samoupravljanje,* "Privredni pregled", Beograd, 1973, str. 261).

zadovoljstvo radnika povećava kad mu se poveravaju kreativniji poslovi,[112] ili kada bar naizmenično obavlja različite poslove,[113] što se koristi kao metod za podsticanje produktivnosti, koja raste kad je posao kreativniji i raznovrsniji.[114]

Univerzalnost ljudskog rada je dvodimenzionalna jer se ostvaruje i po širini i po dubini. Po širini ona se izražava kroz raznovrsnost delatnosti, a po dubini kroz raznovrsnost stručnosti u obavljanju iste delatnosti. I u jednom i u drugom pravcu univerzalnost rada se stalno razvija, od prvobitne jednolične i nekvalifikovane aktivnosti ka sve raznovrsnijim delatnostima i njihovom sve kvalifikovanijem obavljanju. Nivo svestranosti i stručnosti neposredni je izraz razvijenosti ljudskog rada.

Diferenciranje prvobitne jednolične aktivnosti čoveka na sve veći broj delatnosti vršeno je putem specijalizacije i društvene podele rada, ali time nisu negirane potencijalne sposobnosti pojedinca za obavljanje bilo koje od tih delatnosti. Zato danas nema ni jedne delatnosti za čije se obavljanje ne bi mogla osposobiti bilo koja mentalno zdrava osoba. Jedan ratar mogao bi postati ne samo rudar, stolar ili metalac, već i lekar, umetnik, naučnik ili bilo šta drugo što je u sferi ljudske aktivnosti.

Od nekvalifikovane aktivnosti za koju nije bila potrebna nikakva stručnost, ljudski rad se s unapređivanjem sredstava rada razvijao u pravcu sve veće diferencijacije i u pogledu stručnog obavljanja pojedinih delatnosti. Specijalizacija i podela rada vršeni su ne samo po liniji horizontalnog razdvajanja delatnosti, već i po liniji vertikalnog razdvajanja radnih operacija čije obavljanje iziskuje različiti stepen stručnosti. Ali ni time nije negirana potencijalna sposobnost pojedinca za obavljanje bilo koje od tako specijaliziranih operacija. Jedan nekvalifikovani metalac može se okvalifikovati za obavljanje bilo koje operacije u obradi metala sve do istraživanja i projektovanja novih tehnologija.

Univerzalizacija ljudskog rada razvija se kao jedinstven proces, jer su horizontalna i vertikalna diferencijacija radne aktivnosti u direktnoj međuzavisnosti. Specijalizacija po stepenu stručnosti vrši se pod uticajem specijalizacije po delatnostima, i obratno. Na toj međuzavisnosti zasniva se jedinstvo raznovrsnih oblika rada zahvaljujući kojem svaki pojedinac može raditi sve što radi ceo ljudski rod. Stepen tog jedinstva je toliki da se ma koji radnik jedne delatnosti može osposobiti za obavljanje bilo koje stručne operacije u svim ostalim delatnostima.

---

112) "Zadovoljstvo radnika često raste sa složenošću izvršenih operacija, i tu činjenicu svakodnevno zapažamo ne samo u industriji, nego također i u uredima". (Georges Friedmann, *Razmrvljeni rad*, isto, str. 42).

113) "U pogonu jedne velike tvornice automobila, u kojoj se radi na mehaniziranoj traci, jedan od poslovođa preuzeo je inicijativu da se uvede sistem rotacije zadataka. Radnici pokazuju neobično veliko zadovoljstvo u radu i potpuno su svijesni, da je to posljedica te nove mjere", (Isto, str. 52).

D.R. Dejvis i V.Dž. Šeklton navode dva metoda koji se primenjuju u planiranju posla da bi se povećala njegova motivacijska sadržina. Jedan je *rotacija posla,* pri kojoj radnik povremeno prelazi na drugačiji zadatak, bilo obavezno, bilo dobrovoljno", a drugi *proširenje posla* "kojim se dva ili više zasebnih poslova spajaju u jedan". (Isto, str. 49/50).

Prema istraživanju Wyatta, dosada na poslu se smanjuje i "kad se oblik aktivnosti promijeni u pogodno vrijeme u toku radnog perioda" i "kada se rad doživljuje kao niz zasebnih zadataka a ne kao neograničena i očito beskonačna aktivnost". (Vidi: Charles R. Walker, isto, str. 88).

114) "Stanovita istraživanja u engleskim tvornicama pokazuju da krajnja repetitivnost smanjuje produktivnost individualnog radnika. On proizvodi više kad u njegovu radu ima neke raznovrsnosti". (Isto, str. 108).

Protivrečnost specijalizacije i univerzalizacije rada

Univerzalizacija je očigledno u suprotnosti sa specijalizacijom rada. Dok univerzalnost podrazumeva svestranost, specijalnost znači ograničenost na određeni oblik aktivnosti. Kao proces, univerzalizacija je širenje, a specijalizacija sužavanje radne aktivnosti. Shodno tome, univerzalnost pretpostavlja kvalifikovanost za svaki, a specijalnost samo za određeni rad. I s obzirom da je čovek po prirodi univerzalno biće, univerzalizacija znači širenje, a specijalizacija sužavanje njegove generičke aktivnosti. Samim tim, univerzalizacijom se svestrano razvija generičko biće čoveka, dok se specijalizacijom taj razvoj manje ili više sužava.

Te suprotnosti odražavaju se na ukupnu egzistenciju čoveka. Specijalizacijom i društvenom podelom rada njegovo generičko biće se manje ili više otuđuje u drugim ljudima, jer poslove koje bi po prirodi svoje univerzalnosti on obavljao, obavljaju drugi.[115] Time se potencijalni univerzalni radnik reducira na realnog polovičnog radnika, a njegova univerzalna ličnost na polovičnu ličnost.[116] I što je podela rada razvijenija, to sakaćenje ljudskog bića je veće, sve do krajnje redukcije kojom se vraća na nivo životinje.[117]

Specijalizacija i univerzalizacija predstavljaju, međutim, jedinstven proces. Kao osnova univerzalnosti, raznovrsnost ljudskog rada nastaje njegovom specijalizacijom, a specijalizacija diferencijacijom ukupne radne aktivnosti čoveka. Univerzalnost je, prema tome, svestrana specijalnost, a specijalnost parcijalna univerzalnost. U njihovoj osnovi je jedinstvena radna aktivnost, zbog čega specijalnosti nema bez univerzalnosti, ni univerzalnosti bez specijalnosti, kao što deo ne postoji bez celine ni celina bez dela.

Pri nastajanju ljudskog rada nije još moglo biti nikakve specijalnosti pa zato nije bilo ni univerzalnosti. Iako je svako radio sve,[118] niko nije bio stručan ni za šta, zbog čega je univerzalnost, koja pretpostavlja svestranu stručnost, bila isključena. Pošto je po prirodi stvari opšta neznalica, divljak ne može biti ni univerzalni radnik ni univerzalna ličnost,[119] utoliko pre što u svakom pogledu zaostaje i za najzaostalijim pripadnikom civilizovanog društva.

U svakom slučaju, univerzalni radnik nije mogao nastati pre specijalizovanog radnika, pa ni svestrana ličnost pre delimične ličnosti. Protivrečnost specijalnosti i univerzalnosti upravo i proističe otuda što ljudski rad ne nastaje kao univerzalna aktivnost odjednom, nego u tom pravcu treba da se iz amorfnog embrionalnog stanja tek razvija. U osnovi tog procesa je razvoj i razrešavanje suprotnosti između specijalizacije individualnog i univerzalizacije društvenog rada.

---

[115] *"Podjela rada* je nacionalno ekonomski izraz *društvenosti rada* unutar otuđenja". Ona je "samo *otuđeno, ospoljeno* postavljanje čovjekove djelatnosti kao *realne radne djelatnosti* ili kao dje-latnosti *čovjeka kao radnog bića".* (K. Marks: Ekonomsko-filozofski rukopisi iz 1844. godine, isto, str. 253).

[116] "Gledano s gledišta ideala punog i sadržajnog ljudskog života, specijalizacija je zlo koje čovjeka čini djelomičnim čovjekom; ona ga veže uz jednostavne i monotone radnje, sam sadržaj rada čini mu tuđim, čini čovjeka pukim sredstvom otuđvajući od njega upravljanje i inicijativu, uništavajući njegovu samostalnsot". (Dr. Zvonimir Baletić, isto, str. 26).

[117] U poluautomatizovanoj industrijskoj proizvodnji, gde podela ljudskog rada dòseže krajnje granice, "isključena je svaka raznolikost, inicijativa, odgovornost, sjedinjavanje u jednoj cjelini, pa čak i smisao". (Georges Friedmann, *Razmrvljeni rad,* isto str. 14).

[118] "Divljak ide od posla do posla, prema okolnostima i potrebama koje ga gone". (Emil Dirkem, isto, str. 250/1).

[119] "Posledica je dakle istinske zablude što se ponekad moglo smatrati da je ličnost bila celovitija dok je podela rada nije zahvatila". (Isto, str. 388).

50

Na tome se zasniva i suprotnost između ljudske jedinke i društvene zajednice. Potencijalnu univerzalizaciju individualnog, zamenjuje stvarna univerzalizacija društvenog rada ali na račun sužavanja individualne aktivnosti, jer što dobija zajednica kao celina to gubi pojedinac kao njen deo. Tim otuđivanjem, i društvena zajednica se otuđuje od pojedinca delujući kao spoljašnja sila nezavisno od njegove volje.

Društvenom podelom rada vrši se na jednoj strani sve veća univerzalizacija društvenog, a na drugoj strani sve veća specijalizacija individualnog rada. Ali univerzalizacija društvenog rada ne bi bila moguća da i sama specijalizacija individualnog rada nema protivrečan tok. Nasuprot uprošćavanju fizičkog rada,[120] specijalizacijom se vrši sve veće usložnjavanje intelektualnog rada, kojim se stvara osnova njegove univerzalizacije. Na jednoj strani ona ljudski rad podiže do najvišeg nivoa kvalifikovanosti, dok ga na drugoj strani srozava na nivo gole fizičke aktivnosti, oduzimajući mu svaku kvalifikovanost i svaku specijalnost.[121]

Pošto veće pojednostavljivanje fizičkog rada nije moguće, dalji razvoj može ići samo putem njegovog zamenjivanja automatizacijom proizvodnih procesa, kojom već u samoj proizvodnji započinje istorijski proces univerzalizacije individualnog rada.[122] Ukidajući fizički rad, automatizacija istovremeno objedinjuje specijalizacijom rascepkani intelektualni rad povezujući u jedinstvenu individualnu aktivnost potpuno odvojene operacije istraživanja, projektovanja i kontrole proizvodnog procesa.[123]

Intelektualni rad zapravo se jedino i može univerzalizovati. Univerzalizacija raznih manuelnih veština, koje su rezultat dugotrajnog fizičkog vežbanja, nije ni moguća ni potrebna, jer će takve veštine u potpunosti zameniti automatizovani rad. Kao prototip radnika budućnosti, genije lako postiže uspehe u mnogim oblastima intelektualnog stvaralaštva, dok se u manuelnim operacijama snalazi teže od svakog šegrta.

Pošto je automatizacija tesno povezana s demokratizacijom upravljanja, ona podrazumeva opštu univerzalizaciju individualnog rada, kojom praktično počinje i završava razrešavanje suprotnosti između specijalizacije individualnog i univerzalizacije društvenog rada. Taj proces je osnova i za razrešavanje suprotnosti između ljudske jedinke i društvene zajednice, kojim počinje i završava socijalizam kao prelazni period iz klasne u besklasnu zajednicu. Razvijenost socijalizma može se, pored ostalog, meriti i stepenom ostvarene univerzalnosti individualnog rada, koja čini neposrednu osnovu razvijenosti socijalističke ličnosti.

---

120) "Ukoliko *podela rada* raste, utoliko se rad uprošćava". (K. Marks: "Najamni rad i kapital", isto, tom 9, str. 350).

121) Društvenom podelom rada fizički rad se do te mere uprošćava da *"posebna umešnost* radnikova gubi vrednost. Radnik se pretvara u prostu, monotonu proizvodnu snagu, od koje se ne zahteva ni telesna ni duhovna elastičnost". (Isto).

122) "Podjela rada u radionici s mašinama odlikuje se time što je rad izgubio svaki karakter specijalnosti. A od trenutka kad prestane svako specijalno razvijanje počinje se osjećati potreba za svestranošću, težnja za svestranim razvitkom ličnosti. Automatska fabrika uklanja specijaliste i profesionalni idiotizam". (K. Marks: "Bijeda filozofije", isto, tom 7, str. 125).
"Najbolji lek protiv neizbežnih opasnosti koje nosi u sebi lančani rad jeste radikalan: to je njegovo ukidanje totalnom automatizacijom tih još hibridnih procesa u kojima su sami ljudi pretvoreni u mašine koje neprestano obavljaju isti rad". (Žorž Fridman, *Kuda ide ljudski rad*, isto, str. 265).

123) "Ali prije ili kasnije će se rad, nakon što se rasparčao, sintetizirati. Strojevi će izvršiti tu sintezu", jer stroj je, po jednoj definiciji, *"način ujedinjavanja različitih čestica rada koje* je podjela razdvojila". (Pierre Naville, *U susret automatiziranom društvu*, "Školska knjiga", Zagreb, 1979, str. 97).

Parcijalizacija živog rada proističe, pored ostalog, iz njegove podređenosti proizvodu rada. Ukoliko se intelektualni rad oslobađa te podređenosti, on po svojoj prirodi teži objedinjavanju i univerzalizaciji. Dok se u neposrednoj funkciji proizvodnje naučno-istraživački rad razvija parcijalno kroz zasebne naučne discipline, u funkciji slobodnog stvaralaštva on teži povezivanju u jedinstvenu delatnost. [124] Automatizacija i kibernetika omogućavaju da se to povezivanje sve brže razvija i da se celokupna stvaralačka aktivnost čoveka integriše u jedinstvenu društvenu delatnost. [125]

Specijalizacija rascepkanog rada otežava, a interesi proizvodnje i ne dozvoljavaju često menjanje posla. Nasuprot tome, automatizacija proizvodnje će omogućiti, a integracija rascepkanog rada olakšati da se posao bira i menja prema slobodnom opredeljenju pojedinca, čime će se potencijalna univerzalnost individualnog rada pretvoriti u njegovu stvarnu univerzalnost.

Na taj način će se konačno prevazići suprotnost između specijalnosti individualnog i univerzalnosti društvenog rada jer će pojedinac raditi sve što radi društvena zajednica kao celina. A zahvaljujući tome, prevazići će se i suprotnost između ljudske jedinke i društvene zajednice jer će pojedinac delovati kao zajednica u malom, a zajednica kao pojedinac u velikom. Otuđenu i individualnom radu suprotstavljenu univerzalnost društvenog rada zameniće neposredna univerzalnost samog individualnog rada, koji će na taj način postati *neposredno* društveni rad.

---

[124] "Dok su ranije naučne stvari i pojave tretirane disciplinarno tj. pojedinačno i izolovano jedne od drugih, danas se sve više taj tretman prostire na celine, na veće komplekse uzete zajedno i od strane većeg broja disciplina". (Teofanija Trivunac, isto, str. 72).

[125] "Kibernetika, ne ukidajući postojanje raznovrsnih naučnih disciplina kao određenih derivata i delova nauke, u stvari ove objedinjuje, međusobno ih približuje i povezuje, otvarajući na taj način nove međuprostore za razvoj naučne misli, uz istovremeno ' intenziviranje razvoja samih integrisanih naučnih disciplina". (Isto, str. 73).

52

II. DRUŠTVENA ULOGA RADA

Rad kao neposredna potreba čoveka

Kao način egzistencije čoveka, rad je nesumnjivo njegova prva i najneophodnija potreba,[1] po kojoj se bitno razlikuje od ostalog životinjskog sveta. Dok je za životinju njena aktivnost uglavnom sredstvo egzistencije, za čoveka je njegov rad prvenstveno duhovna potreba. Po tome bi se za čoveka moglo reći da će se izdići iznad ostalog životinjskog sveta tek onda kad njegov rad kao duhovna potreba postane dominantan nad radom kao sredstvom egzistencije.

Neposredna potreba za radom u suštini se izražava kroz težnju za stvaranjem.[2] Kao biće promena, čovek neprekidno teži da prema sopstvenoj zamisli stvara neki novi i savršeniji svet, a već i samo zamišljanje drugačijeg sveta je određeni intelektualni rad. Zato nije slučajno što je on boga kao imaginaciju vlastitog savršenstva zamislio u vidu svemoćnog stvaraoca koji stoji iza svih mogućih promena.

Pošto se zasniva na slobodnom projektovanju sveta, rad kao neposredna potreba ima oblik stvaralačke igre, u kojoj čovek nesmetano ispoljava svoje generičke potencije. U uslovima dominacije opredmećenog rada, takav rad se obično naziva hobijem, ali su upravo njime stvarani temelji civilizacije.[3] Iz "hobija", a ne prvenstveno iz materijalne koristi, nastajala su mnoga dela u oblasti filozofije, nauke i umetnosti bez kojih se savremena civilizacija ne bi mogla ni zamisliti.

Potreba za stvaralačkim radom čini osnovu ljudske psihe. Njenim zadovoljavanjem uspostavlja se psihička ravnoteža, koja se svaki put iznova narušava kad god je određena aktivnost završena. A svako narušavanje psihičke ravnoteže rađa potrebu za novim aktivnostima, i tako u nedogled. U uslovima kad se slobodni rad potiskuje prinudnim radom, potisnuto je i njegovo doživljavanje, ali upravo zbog toga ono se, često i podsvesno, odigrava u dubinama ljudske psihe, odakle diriguje celokupnim raspoloženjem, a u velikoj meri i ponašanjem čoveka.

---

[1] "Rad je oduvek bio i ostao osnovna ljudska potreba". (Slobodanka Kostić, *Psihologija rada,* "Naučna knjiga" Beograd, 1983, str. 47).
"Rad je sada postao glavna stvar u životu i temeljna stvarnost za sve klase u industrijskom društvu". (Charles R. Walker, isto, str. 426).

[2] "Svaki od nas nosi u sebi makar i nesvjesnu težnju za stvaranjem... Potreba za stvaranjem duboko je usađena u ljudskoj prirodi". (Dr Marijan Košiček, *Radna sposobnost,* "Privreda", Zagreb, 1963, str. 164).

[3] "Hobby je igra, a igra je, kako kaže Jan Huizinga, majka kulture". (Charlos R. Walker, isto, str. 428).

Kao faktor psihičke ravnoteže, slobodni rad je izvor duhovnog zadovoljstva čoveka.[4] Najsrećnijim se osećaju oni ljudi koji prema sopstvenim zamislima deluju i u njihovoj realizaciji najviše uspevaju. Nasuprot tome, uskraćivanje i osujećivanje slobodnih aktivnosti kao i sve prepreke njihovom ostvarivanju stvaraju nezadovoljstvo frustracije, pa i teška psihička oboljenja.[5] Ali svaki poremećaj koji je izazvan nedostatkom, rada, može se radom i lečiti.[6]

Stepenom zadovoljenja generičkih potreba određen je generički vek čoveka, koji je duži kad su one više zadovoljene, i obrnuto. Pod generičkim vekom može se smatrati efektivno vreme zadovoljavanja generičkih potreba, koje je manje od biološkog vremena. Ako se generički vek stavi u odnos prema biološkom veku, dobija se indeks generičke egzistencije, koji pokazuje relativnu dužinu generičkog veka u odnosu na biološki vek, tj.:

$$Rgv = \frac{Gv}{Bv},$$

gde Rgv označava relativnu, a Gv apsolutnu dužinu generičkog veka, i Bv — dužinu biološkog veka.

Dužina generičkog veka u velikoj meri zavisi od profesije, i kod kreativnijih profesija je veća, ali se sa skraćivanjem radnog vremena kod svih profesija može povećavati. Ako bi se utvrdio prosečan generički vek određene generacije, mogao bi se izračunavati koeficijent generičke egzistencije za pojedince i pojedine profesije, tako da se dužina individualnog ili prosečnog generičkog veka profesije stavi u odnos prema prosečnom generičkom veku generacije, tj.:

$$Kge = \frac{Gv}{Pgv} \text{ za pojedinca, odnosno}$$

$$Kgep = \frac{Pgvp}{Pgv} \text{ za profesiju,}$$

gde Kge označava koeficijent generičke egzistencije pojedinca, a Kgep profesije, Gv — generički vek pojedinca, Pgv — prosečan generički vek generacije, i Pgvp — prosečan generički vek profesije.

---

4) "Svaki rad koji odgovara slobodnom izboru, čovjekovim sposobnostima predstavlja jedan faktor psihološke ravnoteže, izgrađivanja ličnosti, trajnog zadovoljstva, "sreće". (Georges Friedmann — Pierre Naville, isto, str. 16).

5) "Nezaposlenost za pojedinca predstavlja istodobno društvenu regresiju, a nakon izvjesnog vremena dolazi do neke vrste "intoksikacije", koja zahijeva potpunu readaptaciju. Ako nezaposlenost traje duže vremena, ona može postati opasna za duševno zdravlje pojedinca". (Geordes Friedmann, *Razmrvljeni rad,* isto, str. 185).
"Ljudi se često boje nezaposlenosti ili penzioniranja, čak i onda ako to za sobom ne povlači nesigurnost. Poslovni su ljudi poslije povlačenja često slabog mentalnog zdravlja, čini se da njihovi mentalni uslovi pridonose preranoj smri". (K.K. Platonov, isto, str. 436).

6) "Kad imamo pred sobom već pogrešno razvijenu ličnost koja trpi od raznih poremećaja svojih funkcija, onda je rad vrijedno sredstvo za uspostavljanje emocionalne ravnoteže i učvršćivanje ličnosti". (Dr Marijan Košiček, isto, str. 163).
"Terapeutske metode pomoću rada omogućile su ondje, gdje su ih uveli pioniri, da se za 40% povećao broj slučajeva ozdravljenja i poboljšanja". (Georges Friedmann, *Razmrvljeni rad,* isto, 190/1).

54

Intelektualizacijom rada generički vek se iz generacije u generaciju stalno produžava, i to kako apsolutno tako i relativno jer po pravilu raste brže od biološkog veka. Društvenom podelom na intelektualni i fizički rad nastaju unutar generacija velike grupne razlike u dužini generičkog veka, koje se u fazi ukidanja podele rada smanjuju dok se na kraju ne svedu na individualne razlike. Pošto su i biološki uslovljene, individualne razlike u generičkoj aktivnosti ne mogu se ukinuti, ali se ujednačavanjem društvenih uslova života i rada mogu smanjivati.

Neposredna potreba za radom, kao osnovna generička potreba čoveka, uslovljena je samim položajem ljudske jedinke u životnoj – prirodnoj i društvenoj – sredini. Sa svojom sredinom čovek je u neprekidnom interakcijskom odnosu, preko kojeg i on utiče na sredinu, i sredina na njega. Specifičnost njegovog položaja je u tome što je svestan tog odnosa i što na životnu sredinu svesno deluje u nastojanju da je menja prema sopstvenoj zámisli.

U interakciji sa životnom sredinom čovek je istovremeno u aktivnom i pasivnom položaju: i deluje na sredinu, i trpi njeno delovanje. Svojom akcijom on izaziva reakciju sredine, na čiju akciju i sam mora odgovarati reakcijom. Kada to čini iz nužde, čovek deluje kao biće same prirode, a kad se rukovodi sopstvenom voljom, on deluje specifično generički, kao relativno natprirodno biće. U prvom slučaju njegova aktivnost je prinudni rad, a u drugom slobodna igra kroz koju on životnu sredinu menja po svojoj volji.

U osnovi te igre je protivrečna težnja svesno-voljne aktivnosti čoveka da prirodom ovladava i da joj se kroz ovladavanje predaje. Čovek živi i uživa u prirodi upravo kroz njeno oblikovanje, divi se njenom savršenstvu težeći da je učini još savršenijom, nalazi u njoj inspiracije za svoje ideje odužujući joj se njihovim ostvarivanjem pomoću njenog sopstvenog materijala. U tom poigravanju on traži i nalazi sebe u prirodi kakvu sam želi, ali se nikad ne zadovoljava postignutim, zbog čega njegovom traganju za savršenstvom nema kraja.

Ta igra zapravo i čini suštinu rada koji se označava kao prva generička potreba čoveka bez koje on ne bi ni bio *čovek*. Kad bi se čovek zadovoljavao postojećim, njegov rad bi ostao na nivou prirodne nužde, a on nikada ne bi ni postao čovekom. Zbog toga je celokupno čovečanstvo sa svim svojim vrednostima tekovina isključivo slobodne generičke aktivnosti čoveka. Sve što je ljudsko može se jedino ljudskim radom stvoriti, pa i priroda postaje ljudskom samo ukoliko se po ljudskoj zamisli oblikuje.

Protivrečan odnos čoveka prema prirodi neposredni je izraz zakonomernosti prirodnih procesa, kojoj se i ljudski rad, kao neodvojivi deo tih procesa, mora povinovati. Zato se priroda može potčinjavati čoveku samo ako se čovek potčinjava prirodi (delujući u skladu s njenim zakonima). Ma koliko se izdizao nad prirodom, čovek se od nje ne može otrgnuti, pa se ne može osloboditi ni vlastite potrebe za radom, koja je njegova unutarnja *priroda.*

Iz toga proističe i prirodna potreba za upoznavanjem sveta, kao integralnom komponentom stvaralačke aktivnosti, koje se i samo odlikuje samosvrsishodnošću.[7] Da je radoznalost imanentna samosvrsishodnoj aktivnosti pokazuje i ponašanje dece,[8] pa i razvijenijih životinja,[9] kod kojih se ona ispoljava sasvim spontano i bez spoljašnjih

---

7) "Proučavanja psihološki zdarvih ljudi pokazuju da je njihovo određujuće svojstvo to da ih privlači tajanstveno, nepoznato, haotično, neorganizovano. Izgleda da ih to privlači samo *po sebi"*. (Abraham H. Maslov, isto, str. 104).

8) "Decu ne treba učiti da budu radoznala". (Isto, str. 105).

9) "Kod viših životinja može se lako uočiti nešto nalik na ljudsku radoznalost. Majmun će sam rastavljati predmete, gurati prste u otvore, istraživati u svakojakim situacijama kada je malo verovatno da ga na to nagone glad, seks, potreba za utehom itd". (Isto, str. 104).

podsticaja. I zadovoljenje ili osujećenje potrebe za upoznavanjem nepoznatog izazivaju slične doživljaje kao zadovoljenje ili osujećenje potrebe za radom. [10]

Zbog toga što se priroda može menjati samo u skladu s prirodnim zakonima, njeno upoznavanje je nužan uslov ljudskog rada, ali je ono i samo za sebe rad. [11] Štaviše, otkrivanje zakona po kojima se menja postojeći svet, je najsloženiji i najsuštastveniji oblik svrsishodne aktivnosti čoveka, koji čini osnovu svakog rada. Bez otkrivanja puteva kojima se može stići do ciljeva koje čovek pred sebe postavlja, ne samo što nikakva svrsishodna aktivnost kao njihovo ostvarivanje ne bi bila moguća, nego se ni sami ciljevi ne bi mogli postavljati.

Kao suštastveni oblik ljudskog rada, otkrivanje neotkrivenih tajni prirode je perspektiva čovečanstva. Dok prelazak iz carstva nužnosti u carstvo slobode karakteriše podređenost istraživačke aktivnosti obezbeđenju životne egzistencije čoveka, carstvo slobode će se odlikovati posvećivanjem životne egzistencije čoveka njegovim istraživačkim ambicijama. Svojevrsna anticipacija zrelog čovečanstva sadržana je u ranom detinjstvu čoveka. Kao što je rano detinjstvo ispunjeno ispitivanjem neposredne životne sredine, tako će zrelo doba čovečanstva ispunjavati ispitivanje vasione, od najsitnijih čestica materije i životnih funkcija ljudskog organizma do najudaljenijih vasionskih tela.

Kao što se odnosi prema prirodi, čovek se u suštini odnosi i prema drugom čoveku. Ovladavanje drugim čovekom je njegova neposredna životna potreba isto kao svesno predavanje drugom čoveku. A i jedno i drugo su samo različite strane jedinstvene društvene akcije, bez koje čovek ne može isto kao što ne može i bez stvaralačkog odnosa prema prirodi. Drugi čovek je čoveku potreban ne takav kakav jeste, već kakvim ga on zamišlja, a njegova zamisao uvek ide ispred stvarnosti.

Potreba za ovladavanjem drugim čovekom izražava se kroz težnju za njegovim pridobijanjem, koje se ostvaruje uticajem na jednu osobu da se ponaša po želji druge osobe. [12] Nema ljudske jedinke koja tu potrebu ne oseća, i koja u cilju njenog zadovoljavanja ne utiče na druge i onda kad je na to ne podstiču nikakve spoljašnje pobude. Šta više, taj uticaj se kroz međusobno komuniciranje ljudi u velikoj meri vrši spontano tako da se jedni ponašaju po željama drugih i kad ne postoji nikakva namera za pridobijanjem.

Ovladavanje drugim čovekom, kao i ovladavanje prirodom, već samo po sebi pričinjava zadovoljstvo nezavisno od toga da li se njime postiže nekakav dalji cilj. Svako uživa u tome da drugi prihvataju njegove sugestije, odobravaju ono što misli i čini ili ga oponašaju, bez obzira da li mu to na neki drugi način koristi. I zadovoljstvo je utoliko veće što se više napora ulaže u pridobijanje, dok se pasivnim držanjem praktično i ne vrši neki uticaj.

Društveni uticaj može se vršiti samo društvenom akcijom, koja kao i menjanje prirode zahteva odgovarajuće znanje. Njegova efikasnost zavisi od toga koliko odgovara interesima onih na koje se vrši, bez čijeg poznavanja ne može ni biti stvarnog uticaja. Ukoliko se pridobijanju ljudi pristupa protiv njihovih interesa, ono se pretvara u pokoravanje,

---

10) "Podmirenje kognitivnih impulsa doživljava se kao subjektivno zadovoljstvo i dovodi do vrhunskih doživljaja", kao što "postoje po svoj prilici, istinske psihopatološke posledice osujećenja saznajnih potreba". (Isto, str. 105).

11) "Samo praktična delatnost čoveka, koja dolazi do izražaja u napregnutom i nadahnutom radu, omogućuje saznanju pristup takvim stranama okolnog sveta koje pri pasivnom posmatranju nikad ne bi mogle da budu uočene". (Prof. J.P. Frolov, isto, str. 131).

12) "Za Kaplana, moć "u najširem smislu označava sposobnost pojedinca ili grupe da utječu na ponašanje drugih, tj. da mijenjaju vjerojatnost da će drugi odgovoriti na određeni način na određene stimule", a Zald definira moć kao "sposobnost pojedinca ili grupe, da iz bilo kojih razloga utječu na sposobnost drugih pojedinaca ili grupa za ostvarivanje njihovih ciljeva"." (Dr Inge Perko Šeparović, *Teorije organizacije,* "Školska knjiga", Zagreb, 1975, str. 98).

koje se ne može vršiti bez prinude. Odnos je sličan kao kad se osvajanju prirode pristupa suprotno njenim zakonima. I u jednom i u drugom slučaju vrši se nasilje nad objektom osvajanja, koje vodi njegovom uništavanju.

Sukob interesa čini zapravo osnovu međusobnog uništavanja ljudi, od prikrivene eksploatacije do fizičke likvidacije. A ceo prelazni period iz carstva nužnosti u carstvo ljudske slobode karakteriše sukobljavanje čoveka ne samo sa prirodom, nego i sa drugim ljudima. Ukoliko još nije sposoban da ovladava prirodom, čovek ne može da ovladava ni drugim čovekom, zbog čega je sukobljavanje neizbežno. A ukoliko se ovladavanjem prirodnim zakonima oslobađa sukoba sa prirodom, utoliko se i sukob među ljudima oslobađa putem ovladavanja društvenim zakonima.

Članovi prvobitne zajednice nisu se jedni drugima suprotstavljali jer još nisu bili sposobni da se samostalno suprotstavljaju prirodi. Ukoliko su još srastali sa prirodom, kojoj su se uglavnom prilagođavali, utoliko su i jedni s drugima srastali u amorfni kolektivitet putem kojeg su zajednički opštili s prirodom.[13] Čovek je mogao početi da se suprotstavlja članovima svog kolektiva tek kad je postao sposoban da se pojedinačno suprotstavlja prirodi prilagođavajući je svojim potrebama.

Diferencijacija prvobitne ljudske zajednice na relativno samostalne, ali apsolutno nerazdvojive individue stvorila je neposrednu potrebu čoveka da zajedno s ovladavanjem prirodom ovladava i drugim čovekom. I ta potreba je zapravo postala glavna integrativna snaga ljudskog zajedništva, bez kojeg ni ovladavanje prirodom ne bi bilo moguće. Sukobi među ljudima nisu nastali i ne nastaju iz neposredne potrebe za samim radom, već iz potrebe za radom kao sredstvom egzistencije. Iz sukoba rada kao oblika egzistencije i rada kao sredstva egzistencije proističe i sukob između potrebe za drugim čovekom kao produžetkom, i potrebe za drugim čovekom kao sredstvom vlastite egzistencije. To samo pokazuje da sukobi među ljudima u suštini proističu iz sukoba čoveka sa samim sobom, to jest iz sukoba njegovog ljudskog i njegovog životinjskog bića.

Kao oblik ljudske egzistencije, rad implicira jedinstvo ovladavanja i predavanja drugim ljudima, koje rad kao sredstvo egzistencije isključuje. Slobodna stvaralačka aktivnost je koliko rad za sebe toliko i rad za drugoga, te kao takva znači istovremeno i ovladavanje i predavanje drugim ljudima. Svojim radom slobodni stvaralac sopstvenu viziju sveta saopštava drugima, uživajući u tome što u njegovom radu drugi uživaju. Ako ne vredi za druge, jedno umetničko ili naučno delo ne vredi ni za autora.

Ukoliko je smisao sopstvenog rada u radu za drugog, utoliko se pridobijanje drugog čoveka vrši predavanjem drugom čoveku. Jedino takav rad, u stvari, i jeste istinski *ljudski* i istinski *društveni* rad, koji kao samosvrsishodna aktivnost najneposrednije i najevidentnije vezuje ljude jedne za druge. Rad kao neposredna potreba u svojoj suštini implicira potrebu za drugim čovekom, ne samo zato što se ostvaruje zajednički, već i što bez potrebe drugih gubi svoj smisao. I pravo zadovoljstvo sopstvenim radom doživljava se samo ako se njime pričinjava zdovoljstvo i drugima, što pokazuje da u neposrednoj potrebi za radom nije sadržana samo njegova individualna nego i društvena samosvrsishodnost.

Neposredna potreba za radom, u stvari, i nije samo individualna, već i kolektivna potreba čoveka. Slobodni rad je svojevrsna kolektivna igra u kojoj tek kroz zajedničko ispoljavanje dolazi do punog izražaja stvaralačka moć ljudskog intelekta. Zato neposredna potreba za radom nije samo potreba za individualnim, već i za kolektivnim radom. Potre-

---

13) "U prvobitnom društvu čovjek još ne postoji kao pojedinac. On je uronjen u kolektivitet, neprijateljska priroda smrtna mu je prijetnja, a njegovim životom prevladavaju tabue, mitovi i tradicije". (Branko Horvat, isto, str. 428).

bu za zajedničkim radom čovek ne oseća samo zbog veće produktivnosti, već i zbog potpunijeg ispoljavanja stvaralačkih potencija koje mu samo po sebi pričinjava duhovno zadovoljstvo.

Iako je dobrovoljni rad za drugog, kao generička potreba čoveka, postojao od nastanka čovečanstva, on će u budućnosti postati osnovna sadržina ljudskog života, a to već i danas sve više postaje.[14] Taj proces je jedna od najvećih tekovina automatizacije prinudnog proizvodnog rada, koji čini osnovu ljudskog egoizma. I upravo u tehnološki najrazvijenijim zemljama, gde su i materijalni uslovi života najpovoljniji, životna aktivnost čoveka je, ne iz nekih moralnih obzira već iz lične potrebe, dostigla relativno najviši stepen alocentričnosti,[15] a sve govori da će se u tom pravcu još brže razvijati.

Rad kao sredstvo egzistencije

Kao sredstvo egzistencije, rad je tvorac predmeta i usluga koji služe zadovoljavanju životnih potreba čoveka. U toj funkciji, oni se obično nazivaju *upotrebnim dobrima*, iako ovaj izraz ima šire značenje jer pored proizvoda ljudskog rada obuhvata i radom netaknuta prirodna dobra koja se u zadovoljavanju životnih potreba mogu neposredno koristiti. Za razliku od prirodnih dobara, radom stvoreni predmeti i usluge mogli bi se bliže definisati kao *proizvedena upotrebna dobra,* s tim što tu ne spadaju i proizvodi koji su neupotrebljivi.

Upotrebna dobra imaju *upotrebnu vrednost,* koja se meri korisnim efektima upotrebe. U tom pogledu, ona se mogu razlikovati naročito po trajanju i po značaju upotrebe. Neka dobra imaju kratkotrajnu, a druga relativno trajnu upotrebu u kom slučaju se nazivaju *trajnim upotrebnim dobrima* ili dobrima od trajne upotrebne vrednosti. Prehrambeni proizvodi, na' primer, imaju kratkotrajnu, a stambene zgrade trajnu upotrebnu vrednost. Po značaju za zadovoljavanje životnih potreba, upotrebna dobra mogu se rangirati od najznačajnijih kao što je voda ili kiseonik do relativno beznačajnih kao što su neki začini (biber, lorber i sl.) koji nisu neophodni ljudskom organizmu.

Da bi imala upotrebnu vrednost, upotrebna dobra moraju biti kvantitativno i kvalitativno određena tako da mogu zadovoljiti neku potrebu. Neophodno je naročito da upotrebni predmeti imaju određene dimenzije, fizička, hemijska, biološka i druga svojstva koja odgovaraju potrebama korisnika. Ona mogu varirati samo u određenim granicama izvan kojih upotrebljivost predmeta prestaje, u kom slučaju se on ne može ni smatrati upotrebnim dobrom. Kao upotrebna dobra, i usluge moraju po obimu i kvalitetu odgovarati potrebama korisnika, pri čemu je posebno značajno da budu obavljene u rokovima koji obezbeđuju blagovremeno zadovoljenje potreba, izvan kojih inače usluga gubi upotrebnu vrednost bez obzira na ostale kvalitete.

Ali i kad imaju sva upotrebna svojstva, upotrebna dobra ne moraju uvek biti i upotrebljena. Proizvodi koji po količini premašuju realne okvire potrošnje, ne mogu se upotrebiti, bez obzira na njihov kvalitet. Tone najkvalitetnijeg žita koje se nisu mogle plasirati na tržištu, bacane su u more jer nisu imale upotrebnu vrednost ni za site ni za gladne. To što je za čoveka nedostižno ili za čim ne oseća potrebu, nema za njega nikakvu vred-

---

14) "Neki nas je promatrač nazvao ljudima koji su sve više "usmjereni na druge", ljudima kojima su drugi potrebni ne samo radi kruha i skloništa već i radi opravdanja postojanja i normi po kojima će živjeti". (Harold J. Leavitt, *Psihologija za rukovodioce,* "Privreda", Zagreb, 1964, str. 107).

15) "Neki sociolozi slažu se da su današnji Amerikanci više "alocentrični", tj. da više vode računa o onome što misle drugi i više im je stalo da zadovolje norme ostalih, nego što je to nekada bilo". (Isto, str. 249).

nost, zbog čega se mora govoriti o potencijalnoj i stvarnoj upotrebnoj vrednosti proizvoda ljudskog rada. A proizvod koji nema stvarnu upotrebnu vrednost te se iz ma kog razloga ne može upotrebiti, znači u suštini promašen i konačno izgubljen rad.

Upotrebna vrednost proizvoda je jedinstvo prirodne supstance i rada, tako da je

$$Up = Ps + R$$

gde Up označava upotrebnu vrednost, Ps — prirodnu supstancu, i R — rad, što najbolje pokazuje da je ona rezultat svrsishodnog oblikovanja prirode. U procesu stvaranja upotrebne vrednosti Ps je pasivni, a R aktivni činilac, dok se u samom proizvodu ta razlika gubi, pa upotrebna dobra postaju sastavni deo kultivisane prirode.

U globalu se stalno povećavaju i količina rada koji se ulaže u proizvodnju sredstava životne egzistencije, i količina oblikovane prirodne supstance, čime se priroda u funkciji životne reprodukcije čoveka sve više kultiviše, a čovek u njenom ovladavanju postaje sve moćniji. Taj napredak najbolje se izražava kroz tendenciju da udeo oba činioca u jedinici proizvoda opada uporedo s njihovim povećavanjem u ukupnom proizvodu.

Pošto se povećavanjem produktivnosti s istom količinom rada stvara sve veća količina upotrebnih dobara, fiziološke potrebe čoveka zadovoljavaju se za sve kraće vreme. Samim tim smanjuje se uloga rada kao sredstva egzistencije za račun povećavanja njegove uloge kao oblika egzistencije, pa se i sve više bliži vreme kada će prinudni proizvodni rad biti u potpunosti zamenjen slobodnim stvaralačkim radom.

Sve dok postoji, proizvodni rad mora u zadovoljavanju životnih potreba imati namenski karakter, tako da se u njegovom obavljanju ne polazi od potrebe za samim radom, već od potreba za određenim proizvodima rada. Zavisno od vrste tih potreba, svi proizvodi se mogu svrstati u dve velike grupe prema tome da li su u funkciji fizioloških ili duhovnih potreba. Apsolutno razgraničenje, međutim, nije mouguće, jer pojedini proizvodi mogu zadovoljavati bilo jedne bilo druge potrebe. Neka odeća, na primer, može služiti za svakodnevnu nošnju ili kao rekvizit u pozorištu.

Po nameni se proizvodi rada mogu podeliti i na sredstva za ličnu reprodukciju i sredstva za rad, ali i ta podela je relativna jer se mnogi proizvodi mogu naći u obe funkcije. Proizvodi koji imaju najveću upotrebnu vrednost, kao što su voda ili energija, obično služe i za ličnu i za proizvodnu potrošnju. A kad se rad javlja kao neposredna potreba lične reprodukcije, onda su sredstva rada istovremeno i sredstvo lične reprodukcije.

Za životnu egzistenciju čoveka stvaranje sredstava fiziološke reprodukcije je nesumnjivo najneophodnija funkcija rada jer bez fiziološke reprodukcije ne može biti ni gole fizičke egzistencije. Čovek ima fiziološke potrebe koje ima svaka životinja, ali se on od svih ostalih životinja razlikuje po načinu njihovog zadovoljavanja. Dok se životinja zadovoljava proizvodima prirode, čovek sredstva svoje egzistencije uglavnom sam proizvodi. Ta razlika je toliko značajna da se početak ljudske proizvodnje može smatrati kao jedan od odlučujućih momenata za izdizanje čoveka iznad ostalog životinjskog sveta.

Sopstvenom proizvodnjom čovek je svoju egzistenciju učinio i čini je sve manje zavisnom od ćudi prirode. On, pre svega, proizvodi više, i sve više, životnih sredstava nego što ih može naći u prirodi, što mu omogućava da svoje potrebe potpunije, i sve potpunije, zadovoljava. Većom proizvodnjom od neposredne potrošnje stvaraju se rezerve životnih sredstava kojima se unapred, nezavisno od prirodnih promena, osigurava kontinuirana reprodukcija životne egzistencije.

Pored većeg obima, čovek sopstvenom proizvodnjom obezbeđuje i bolji kvalitet te veći asortiman životnih sredstava, kojim zadovoljavanje svojih potreba podiže na viši, i sve viši, nivo. Dok se životinja mora zadovoljiti kvalitetom kakav nalazi u prirodnim proizvodima, čovek po sopstvenoj želji stvara i viši kvalitet i raznovrsnije proizvode nego što ih sama priroda daje. Na taj način on sredstva egzistencije prilagođava svojim potrebama umesto da (kao životinja) potrebe prilagođava sredstvima.

Ali čovek ne prilagođava samo proizvodnju potrebama. Stvarajući nove proizvode, on istovremeno stvara i nove potrebe koje druga bića nemaju baš zato što ne mogu stvarati. Zbog toga su i same fiziološke potrebe čoveka fleksibilnije i raznovrsnije od potreba životinja, što se izražava i kroz veću fleksibilnost i raznovrsnost njegove životne egzistencije. Radom je ostvaren i ostvaruje se sve viši stepen humanizacije ukupnih, pa i fizioloških potreba čoveka.

Time se fiziološke potrebe čoveka po svojim karakteristikama i načinu zadovoljavanja sve više približavaju njegovim generičkim potrebama. Ukoliko se proizvodnja sredstava fiziološke reprodukcije automatizuje, utoliko će se fiziološke potrebe sve više zadovoljavati posredno putem zadovoljavanja generičkih potreba. I čovek će njima sve više ovladavati tako da će ih umesto po prirodnoj nuždi regulisati i zadovoljavati po sopstvenoj volji.

Za razliku od fizioloških potreba, duhovne potrebe su, kao generičke potrebe čoveka, već po svojoj prirodi promenljive. Čovek vodom celog života svaki put s nesmanjenim zadovoljstvom utoljuje žeđ, ali mu već jednom ponovljeno čitanje i najinteresantnije knjige prelazi u dosadu. Zato i proizvodnja duhovnih dobara, kojima se te potrebe zadovoljavaju, mora biti promenljiva toliko da svaki put daje novi proizvod.

Iako je duhovno stvaralaštvo po svojoj prirodi samosvrsishodna aktivnost, ono se u uslovima društvene podele rada, poput stvaranja sredstava fiziološke reprodukcije, pretvara u proizvodnu delatnost jer njegovom osnovnom svrhom umesto samog stvaralaštva postaje stvoreni proizvod kao upotrebno dobro za drugoga. Članovi prvobitne zajednice su se duhovnim aktivnostima bavili "za svoju dušu", i one su za njih značile stvaralačku igru, kojom je na neki način predskazivana budućnost čovečanstva.

To stvaralaštvo je, međutim, i po obimu i po kvalitetu bilo veoma ograničeno, mada bi mu savremeni stvaraoci šund kulture mogli i pozavideti. Pošto je slobodno i od prirodne nužde (jer se bez njega može), slobodno stvaralaštvo je oduvek ograničavano i biće ograničavano nužnim proizvodnim aktivnostima sve dok ih čovek, radi fiziološke reprodukcije, bude morao neposredno obavljati.

Društvena podela rada značila je pokušaj da se bar jedan deo društva oslobodi tog ograničenja, ali je i takvo oslobađanje moralo biti ograničeno, jer što je dobijeno na jednoj, izgubljeno je na drugoj strani. Povećavanjem mogućnosti manjine sužavane su mogućnosti većine u zadovoljavanju duhovnih potreba. Jedni su mogli biti oslobođeni proizvodne aktivnosti samo pod uslovom da drugi budu lišeni slobodne aktivnosti, neproizvođač je zadovoljavanje duhovnih potreba mogao povećavati samo ako je ono proizvođaču uskraćivano.

Prvobitno su svi bili i stvaraoci i korisnici duhovnih dobara dok podelom rada stvaralaštvo nije pretvoreno u profesiju malog broja nadarenih da bi služilo prvenstveno njihovoj fiziološkoj reprodukciji. To je doprinosilo da se slobodno stvaralaštvo preobraća u svoju suprotnost s karakterističnim obeležjima prinudnog proizvodnog rada. I samo zahvaljujući tome ono je moglo biti podređivano interesima vladajućih klasa, pod čijom je dominacijom, grcajuću u apologetici i pomodarstvu, izopačavano u nadrikulturu.

Zbog toga slobodno stvaralaštvo klasnog društva u stvari i nije slobodno. U sukobu s interesima vladajućih klasa, ono se iz društvene sfere potiskuje u intimnu sferu individualne aktivnosti, čije se javno ispoljavanje strogo kažnjava. Samim tim i duhovne potrebe se potiskuju na periferiju životne egzistencije, bez obzira da li se zadovoljavaju stvaranjem ili samo korišćenjem duhovnih dobara. Korišćenje nepoželjnih naučnih ili umetničkih dela jednako se zabranjuje kao i njihovo stvaranje uvek kad ugrožava interese vladajućih klasa.

U odnosu na klasno društvo komunizam znači veliku prekretnicu u zadovoljavanju životnih potreba, pa samim tim i u stvaranju upotrebnih dobara koja tom zadovoljavanju služe. Zadovoljavanje duhovnih potreba pomera se u središte životne reprodukcije čoveka oslobađajući se svih društvenih ograničenja. Ukoliko se neposredna proizvodnja sredstava fiziološke reprodukcije automatizuje, utoliko se radna energija čoveka oslobađa za njegovu generičku reprodukciju. Samim tim i stvaranje duhovnih dobara, koja služe zadovoljavanju generičkih potreba, gubi obeležja proizvodnog rada pretvarajući se u slobodnu aktivnost kao neposrednu generičku potrebu.

Zahvaljujući tome, u komunizmu će ponovo svi i stvarati i koristiti duhovna dobra. Ali dok se duhovni život, potiskivan fiziološkom reprodukcijom, u početku nalazio još na periferiji životne egzistencije čoveka, sada će on ispunjavati njenu sadržinu. Kao razvijeno intelektibilno biće, čovek će živeti uglavnom duhovnim životom jer će svoju fiziološku reprodukciju obezbeđivati minimalnim trošenjem vremena i energije.

Taj prelaz prevashodno životinjske na prevashodno ljudsku egzistenciju može se podeliti u dve karakteristične faze. U prvoj fazi čovek je još preokupiran pretežno fiziološkom reprodukcijom sa tendencijom sve većeg angažovanja na zadovoljavanju duhovnih potreba, dok drugu fazu karakteriše sve veća dominacija slobodne duhovne aktivnosti nad nužnim zadovoljavanjem fizioloških potreba. Sa tog stanovišta bi se i prelazni period iz klasnog u besklasno društvo mogao podeliti na nerazvijeni i razvijeni socijalizam.

Ograničenost proizvodne snage rada izražava se i kroz suprotnost reprodukcije sredstava životne egzistencije i reprodukcije sredstava rada. Pošto se sredstva životne egzistencije stvaraju radom, njihova veličina određena je produktivnošću rada, koja zavisi pre svega od razvijenosti sredstava rada. A da bi se sredstva rada razvijala, mora se deo živog i opredmećenog rada u njihov razvoj ulagati na račun sredstava životne egzistencije.

Ukoliko je ukupan proizvod rada objektivno ograničen, ni jedan od njegovih delova ne može se povećati ako se drugi ne smanji jer je

$$Up = Sž + Sr,$$

gde Up označava ukupan proizvod, Sž — sredstva životne egzistencije, a Sr — sredstva rada. Ako se ograničenom proizvodnom snagom rada proizvede više životnih sredstava, mora se za isto vreme proizvesti manje sredstava rada, i obratno.

Ali sredstva životne egzistencije i sredstva rada se kao suprotnosti ne isključuju, već međusobno uslovljavaju, čineći unutarnju protivrečnost rada koja pokreće razvoj njegovih stvaralačkih potencija i povećava njegovu proizvodnu snagu. Sredstva životne egzistencije mogu se unapređivati samo ako se sredstva rada razvijaju, ali se ni sredstva rada ne mogu razvijati bez unapređivanja životne egzistencije radnika.

U osnovi te međuzavisnosti je zakonita tendencija koja uprkos tekućim oscilacijama i upravo kroz te oscilacije, obezbeđuje relativno ravnomeran dugoročni trend razvoja i životnih sredstava i sredstava rada. Ako se jednom nesrazmerno više uloži u razvoj jednog činioca, drugi put će se nesrazmerno većim ulaganjem u razvoj drugog činioca taj nesklad izbalansirati, inače bi nastao zastoj, pa i nazadak ukupne reprodukcije.

Pošto su živeli na minimumu egzistencije, za članove prvobitne zajednice problem usklađivanja osnovnih činilaca društvene reprodukcije gotovo da se nije ni postavljao ili se tek blago ispoljavao. Svako unapređenje proizvodne snage rada dobro je došlo, ali ono zbog još nerazvijenih sredstava rada nije zahtevalo velika ulaganja, pa je glavna preokupacija bila usredsređena na obezbeđenje sredstava životne egzistencije.

Ali već prvobitni višak rada učinio je društvenu reprodukciju znatno složenijom jer nije služio samo za životnu egzistenciju neradnika, već i za unapređivanje sredstava rada. Problem njegove raspodele i namenskog korišćenja morao se postaviti i postavljao se svom oštrinom. U celoj klasnoj reprodukciji on je u osnovi rešavan tako što je život neposrednog proizvođača putem društvene prinude zadržavan na minimumu egzistencije da bi se celokupan višak rada pored egzistencije neradnika usmeravao u reprodukciju sredstava rada.

Zato je život proletera ostao praktično na nivou robovskog života iako je fizička prinuda kao sredstvo njegovog zadržavanja na minimumu egzistencije zamenjena ekonomskom prinudom. Ako je robu direktno određivana veličina porcije koja je dovoljna za prostu reprodukciju njegove radne snage, kmet je o svojoj egzistenciji nakon izmirenja unapred određenih dažbina morao sam brinuti, dok sudbinu proletera određuje slobodna konkurencija koja ga može ostaviti i bez minimuma egzistencije. Etatizam, bez obzira kako je politički obojen, nije prema neposrednom proizvođaču ništa blagonakloniji jer mu veličinu plate takođe odmerava prema minimumu egzistencije.[16)]

Problem usmeravanja društvene reprodukcije ne svodi se, međutim, samo na odnos sredstava rada i životne egzistencije proizvođača, već se tiče ukupne egzistencije društva uključujući i životnu egzistenciju vladajućih klasa koje o društvenoj reprodukciji odlučuju. Šta više, pošto se u klasnoj reprodukciji životna egzistencija proizvođača praktično svodi na reprodukciju radne snage, lična potrošnja vladajućih klasa javlja se kao glavni ograničavajući faktor materijalne osnove rada. Ako se prekomerno povećava, ona može ugroziti i prostu reprodukciju, a time i samu sebe. Rasipništvo je nemilosrdno kažnjavano propadanjem celih gazdinstava, bila ona robovlasnička, feudalna ili kapitalistička.

Što je proizvodno gazdinstvo razvijenije, neophodna su veća ulaganja u njegovu reprodukciju, ali su veće i mogućnosti zadovoljavanja životnih potreba koje ono proizvodnjom upotrebnih dobara pruža. Konflikt se, međutim, time ne razrešava sve dok potrebe idu isped mogućnosti proizvodnje. Veće potrebe traže veću proizvodnju, koja, pored ostalog, pretpostavlja ukrupnjavanje proizvodnih jedinica i racionalizaciju njihovog poslovanja.

U uslovima proizvodne autarhije najpreči put ukrupnjavanju proizvodnih jedinica je njihovo nasilno spajanje. Zato ratovi predstavljaju karakteristično obeležje celog prelaznog perioda iz životinjskog carstva nužnosti u ljudsko carstvo slobode. Nasilnim spajanjem proizvodnih jedinica se, međutim, problemi razvoja proizvodnje ne rešavaju neposredno, već se samo vrši društvena centralizacija proizvodnih sredstava, kao jedna od osnovnih pretpostavki razvoja.

Istorijski proces zamene nasilne centralizacije ekonomskom centralizacijom mogao je otpočeti tek na određenom stepenu razvoja robne proizvodnje, u kojoj nasilna prinuda ustupa mesto ekonomskoj prinudi. I nasilna centralizacija se, po pravilu, vrši pripajanjem slabijih ekonomija jačim kao što u tržišnoj konkurenciji, putem koje se vrši ekonomska centralizacija, jači kapitali "gutaju" slabije kapitale. Da bi se održao, individualni kapital se mora stalno uvećavati, pa i na račun lične potrošnje sve dok konačno ne podlegne konkurenciji.

Ma kako se ispoljavala, u osnovi celokupnog razvoja društva je zakonita tendencija uvećavanja proizvodnje, bez kojeg nema napredovanja ni u zadovoljavanju životnih potreba. Ali tek na određenom, relativno visokom stepenu razvoja proizvodnje postaje moguć

---

16) "Plate su uvijek obuhvatale minimume ispod kojih nije više bilo moguće ni zaposlenje ni konkurencija". (Georges Friedmann – Pierre Naville, isto str. 483).
U socijalističkim državama je radnička klasa decenijama nakon revolucije životarila na minimumu egzistencije dok je materijalna osnova rada uvišestručena.

opšti rast životnog standarda stanovništva uključujući i standard proizvođača. Šta više, bez unapređivanja životne egzistencije proizvođača ne bi bio moguć ni dalji razvoj visoko mehanizovane porizvodnje.

Ako je zadržavanje egzistencije proizvođača na životnom minimumu uslov razvoja klasne reprodukcije, socijalistička reprodukcija se ne može razvijati bez unapređivanja životne egzistencije proizvođača. Zato ono nije samo stvar slobodne volje udruženih proizvođača koji o socijalističkoj reprodukciji odlučuju, već pre svega ekonomske nužde kao objektivnog izraza ekonomskih zakona. Socijalizam, pored ostalog, i započinje tek kad se reprodukcija proizvođača počne razvijati preko životnog minimuma.

Ukoliko sredstvima reprodukcije proizvođači sami raspolažu, njihov odnos prema materijalnoj osnovi rada bitno se menja. Pošto se u klasnoj reprodukciji ta sredstva otuđuju od proizvođača, prirodno je što oni za njihov razvoj nisu zainteresovani, utoliko pre što on nije u funkciji njihove životne egzistencije. Taj interes nastaje zapravo tek kad se životna egzistencija proizvođača dovede u neposrednu zavisnost od razvoja sredstava reprodukcije, što pretpostavlja da oni tim sredstvima sami raspolažu.

Interes slobodnih proizvođača za razvijanje sredstava društvene reprodukcije proističe već iz toga što je ono nužan uslov za unapređivanje njihove životne egzistencije. Oni mogu pasti u iskušenje da zakonite proporcije raspodele društvenog proizvoda privremeno naruše na štetu materijalne osnove rada, ali će za to ubrzo biti kažnjeni zastojem proizvodnje, pa zbog toga i životnog standarda. Takva iskušenja moguća su naročito u uslovima relativno niskog standarda, a sa približavanjem komunističkom izobilju težnja za uvećavanjem sredstava fiziološke egzistencije postepeno će jenjavati.[17] Štaviše, ukoliko se rad iz sredstava za zadovoljavanje životnih potreba sve više pretvara u predominantnu životnu potrebu, utoliko će i razvoj sredstava rada postajati glavna preokupacija slobodnih radnika.

Reprodukcija materijalne osnove rada i životne egzistencije mora se usklađivati u svakoj radnoj zajednici i društvenoj zajednici kao celini, koje se zapravo i reprodukuju kao zajednica života i rada. Što se proizvodnja više podruštvljava, usklađivanje osnovnih sfera društvene reprodukcije sve je složenije jer su složeniji i odnosi među radnim zajednicama koje se u socijalističkoj reprodukciji povezuju u jedinstvenu zajednicu rada.

Usklađivanje lične potrošnje sa naturalnom proizvodnjom je prilično jednostavno jer svaka proizvodna jedinica proizvodi uglavnom za sebe. Zato je težište na internom usklađivanju dok se na nivou društvene zajednice usklađuju samo opšti uslovi života i rada. Ukoliko se naturalna proizvodnja zamenjuje robnom proizvodnjom, usklađivanje proizvodnje i potrošnje postaje sve složenije jer proizvodne jedinice više ne proizvode za sebe, nego jedne za druge.

Pošto se u kapitalističkoj reprodukciji proizvodne jedinice povezuju uglavnom putem tržišne razmene, društveno usklađivanje proizvodnje i potrošnje vrši se stihijski putem ponude i potražnje. I s obzirom da je sama proizvodnja u društvenim razmerama još nepovezana, odnosi ponude i potražnje se stalno narušavaju, pa se stalno obnavlja i njihovo uravnotežavanje kao oblik naknadnog usklađivanja različitih sfera reprodukcije. Zato se i proizvodni kapital iz oblasti u kojima pretiče stihijski stalno preliva u oblasti gde nedostaje.

---

17) Istraživanja Milera i Forma pokazuju da su se "vrlo siromašni i vrlo bogati... pomirili sa svojim ekonomskim stanjem" (Vidi: isto, str. 473). Prvi zato što nemaju nikakvog izgleda za bogaćenje, a drugi što su bogatstvom već prezasićeni.

Ukoliko se razvijanjem socijalističke reprodukcije celokupna proizvodnja neposredno povezuje u jedinstven reprodukcioni lanac, naknadno sitihijsko usklađivanje proizvodnje i potrošnje se zamenjuje prethodnim planskim usklađivanjem. Na taj način se održava stalna ravnoteža različitih sfera reprodukcije, koja obezbeđuje da proizvodnja sredstava rada i sredstava životne egzistencije u svim segmentima ravnomerno raste. A to pretpostavlja punu sinhronizacija tokova društvene reprodukcije unutar i između proizvodnih jedinica, koja se može ostvarivati samo jedinstvenim sistemom društvenog planiranja.

Sve dok postoje, suprotnosti reprodukcije sredstava rada i reprodukcije sredstava životne egzistencije razrešavaju se pomoću određene prinude. U klasnoj reprodukciji ona se ostvaruje pre svega potčinjavanjem proizvođača vlasniku sredstava proizvodnje, dok u socijalističkoj reprodukciji dobija oblik društvene samoprinude samih proizvođača. Takva funkcija društvene prinude postaće izlišnom tek sa stvaranjem komunističkog izobilja, to jest sa potpunim razrešenjem suprotnosti između osnovnih sfera društvene reprodukcije kada rad sam za sebe postane glavna životna preokupacija.

Rad kao uslov reprodukcije čoveka

Iz svega što je dosad rečeno proizlazi da je rad odlučujući činilac reprodukcije čoveka. Antropološka istraživanja već odavno pružaju dovoljno materijala za zaključak da je rad stvorio čoveka i da predstavlja neizostavni uslov njegovog održavanja.[18]) Zato se nastanak čoveka sa pravom vezuje za nastanak ljudskog rada.[19] Pošto je u suštini intelektibilno biće, razumljivo je da čovek ne bi mogao ni nastati ni opstati bez svrsishodne intelektibilne aktivnosti.

Ali rad nije stvorio, nego stalno stvara čoveka čije je "postojanje u postajanju".[20] Kao odlučujući činilac reprodukcije čoveka, rad je glavni agens razvoja njegovih životnih potencija, bez kojeg njegova reprodukcija ne bi ni bila moguća jer se ne može svesti na prosto obnavljanje životnih funkcija. Zato je sasvim osnovana teza da je istorija čoveka u osnovi istorija njegovog rada.[21] Čovek se menja i razvija samo utoliko ukoliko se menja i razvija njegov rad kao glavna pokretačka snaga njegove reprodukcije.

Promene koje u životu čoveka nastaju, nisu rezultat jednostranog uticaja sredine, već pre svega aktivnog odnosa (akcije i reakcije) čoveka prema sredini. Samo kroz menjanje prirode koja ga okružuje, čovek istovremeno menja i svoju sopstvenu prirodu.[22]

---

18) Rad je "prvi osnovni uslov svega ljudskog života, i to u tolikoj meri da u izvesnom smislu moramo reći: rad je stvorio samog čoveka". (F. Engels: "Uloga rada u procesu pretvaranja majmuna u čoveka", isto, tom 31, str. 365).

19) "Kažemo da ie čovjek postao čovjekom u času kad je počeo *raditi".* (Marija Novosel, *Odnosi među ljudima u proizvodnji,* "Informator", Zagreb, 1963, str. 13).

20) Po rečima Fon Herdera, "čovek nikad nije završen; njegovo postojanje je u postajanju". (Vidi: Gordon V. Olport, *Sklop i razvoj ličnosti,* "Kultura", Beograd, 1969, str. 482).

21) "Radom se čovjek odijelio od životinja, radom je zagospodario prirodom, kroz rad je ostvario različite tipove socijalnih zajednica i konačno u toku rada on oblikuje i mijenja svoju vlastitu ličnost. Prema tome je opravdano ustvrditi, da je povijest čovjeka zapravo povijest njegova rada". (Zoran Bujas, isto, str. 7).

22) "Time što ovim kretanjem (prirodnih snaga svog tela – prim. ŽM) deluje na prirodu izvan sebe i menja je, on (čovek – prim. ŽM) ujedno menja i svoju sopstvenu prirodu. On razvija snage koje u njoj dremaju, i potčinjava njihovu igru svojoj vlasti". (K. Marks: "Kapital", isto, tom 21, str. 163).
Po Žoržu Fridmanu, "čovek preinačuje svoju sredinu i kroz svoju sredinu preinačuje i samog sebe i uzvija se ka novim preobražajima". *(Kuda ide ljudski rad,* isto, str. 44).

Iako su životna sredina i prirodne dispozicije čoveka značajne determinante njegovih sposobnosti, one praktično deluju samo preko njegove svrsishodne aktivnosti. Kao potencijalne sposobnosti, prirodne dispozicije se u određenim životnim uslovima jedino radom mogu razviti u stvarne kvalitete ljudske jedinke. [23]

Pošto je i sredstvo i oblik životne egzistencije čoveka, rad je odlučujući činilac njegove ukupne – i fiziološke i generičke reprodukcije. I s obzirom da je fiziološka reprodukcija čoveka nužna pretpostavka njegove generičke reprodukcije, te funkcije rada su praktično neodvojive. Bez rada se čovek ne bi mogao reprodukovati ni kao fizičko ni kao generičko biće jer je njegovo generičko biće samo poseban oblik ispoljavanja fizičkog bića.

Fiziološka reprodukcija čoveka sastoji se u obnavljanju njegovih fizičkih potencija pomoću bioenergije koja se zadovoljavanjem fizioloških potreba stvara u ljudskom organizmu. Kao nužan uslov reprodukcije, stalno stvaranje i trošenje bioenergije predstavlja normalan fiziološki proces čije narušavanje izaziva fiziološke poremećaje bilo da se u organima javlja višak ili manjak energije. Zato je za fiziološku reprodukciju čoveka pasivnost jednako štetna kao i preterana aktivnost. [24]

Bioenergija ljudskog organizma se i stvara i troši radom. Radom se proizvode sredstva životne egzistencije čijim trošenjem nastaje bioenergija, koja se opet radom usmerava u novu proizvodnju i slobodno stvaralaštvo. To kruženje zapravo i čini osnovu fiziološke reprodukcije ili, tačnije, samoreprodukcije čoveka, koji samo sopstvenim radom može održavati svoju životnu egzistenciju.

Proces fiziološke reprodukcije čoveka se, međutim, ne svodi na prosto obnavljanje njegovih fizioloških potencija. Radom se organi ljudskog organizma stalno razvijaju postajući sve sposobnijim za obavljanje svojih funkcija. Razvojna dostignuća jedinke prenose se sa generacije na generaciju, što vodi sve većem razvijanju sposobnosti vrste. [25] Upravo zahvaljujući tome, došlo je, pored ostalog, do nastanka i razvoja ruku kao oruđa rada, do uspravnog hoda i drugih fizičkih kvaliteta čoveka koji ga odlikuju od ostalih životinja.

Ali rad na razvoj fizičkih potencija čoveka ne deluje samo neposredno. Proizvodnjom sve obilnijih i sve kvalitetnijih sredstava životne egzistencije povećavaju se mogućnosti da se te potencije istom aktivnošću brže razvijaju. Sva ispitivanja pokazuju da se rastom životnog standarda ubrzava razvoj fizičkih potencija, poboljšava zdravstveno stanje i produžava životni vek čoveka.

Fizički rad je istovremeno i oblik neposrednog razvijanja fizičkih potencija i sredstvo stvaranja životnih sredstava čoveka. Ali ako je preteran, on u funkciji stvaranja životnih sredstava može te potencije i razarati pretvarajući fizičkog radnika u bogalja. Pored

---

[23] "Stjecanje složenih sposobnosti, potrebnih da udovoljimo različitim društvenim potrebama, zahtjeva *samoaktivitet,* tj. svjesno upravljenu aktivnost, koja će povezati dispozicione mehanizme, koji se bez aktiviteta ne bi sami od sebe nikada aktualizirali... Okolina može aktualizirati odnosno strukturirati dispozicije jedino kroz aktivnost". (Zoran Bujas, isto, str. 46).
"Najvažnija tačka naučnog slaganja je u tome da nijedna crta ili osobina nije isključivo nasledna, i da ni jedna nije po svom poreklu nastala isključivo kao rezultat sredine". (Gordon V. Olport, isto, str. 93).

[24] "Smanjenje upotrebe bioenergije ispod jedne granice dovelo bi, dakle, u opasnost dalji čovekov razvoj i usavršavanje, kao što upotreba bioenergije preko izvesne granice dovodi u opasnost čovekovu radnu sposobnost, njegovo zdravlje i njegov život". (S. Kukoleča, Ž.K. Kostić, isto, str. 15).

[25] "Možemo zaključiti da, kad su u dalekoj prošlosti čovekovi preci bili u prelaznom stanju, kad su se preobraćali od četvoronožaca u dvonošce, da je tada prirodno odabiranje bilo jako potpomognuto nasleđivanjem efekata koji su dolazili od veće ili manje upotrebe različitih delova tela". (Čarls Darvin, isto, str. 78).

toga, pri društvenoj podeli rada fizički rad jednostrano deluje na razvoj fizičkih potencija jer se razvijaju samo oni delovi organizma koji su u radnoj funkciji dok ostali zakržljavaju. Zbog toga je u uslovima klasne reprodukcije, i fizička a ne samo generička reprodukcija radnika ograničena njegovom jednostranom funkcijom u procesu reprodukcije.

Ukoliko se čovek oslobađa prinudnog fizičkog rada, njegove fizičke potencije moraju se razvijati slobodnim fizičkim aktivnostima, koje se javljaju kao neposredna životna potreba ljudskog organizma. Srednjevekovni plemići nisu se bavili lovom da bi se prehranili, već iz potrebe za neposrednom fizičkom rekreacijom. Svestran i skladan razvoj ljudskog organizma jedino se i može obezbediti slobodnim aktivnostima koje se obavljaju prema neposrednim potrebama fiziološke reprodukcije.

Sa sve većom intelektualizacijom ljudskog rada, i fiziološka a ne samo generička reprodukcija čoveka će se sve više zasnivati na intelektualnom radu. Napredak nauke omogućiće da se stimulacijom određenih centara u ljudskom organizmu po želji usmerava i ubrzava razvoj pojedinih fizičkih potencija i fizičke konstitucije organizma u celini. I naučnim unapređivanjem ishrane i drugih činilaca reprodukcije taj razvoj može se ubrzavati bez povećavanja ili čak uz smanjivanje fizičke aktivnosti.

Dok fizički rad ima određenu ulogu u fiziološkoj reprodukciji, generička reprodukcija čoveka ostvaruje se isključivo intelektualnim radom. Bez intelektualne aktivnosti ni jedna od generičkih potencija čoveka ne može se ni održavati ni razvijati, jer je ona zapravo i dovela do njihovog nastajanja i izdizanja čoveka iznad ostalog životinjskog sveta. Iako je fizička aktivnost neodvojiva od njegove intelektualne aktivnosti, ona predstavlja samo fiziološku osnovu njegove generičke reprodukcije.

Kao što fizička aktivnost vodi razvijanju odgovarajućih organa koji su njeni nosioci, tako intelektualna aktivnost vodi razvijanju mozga kao svog organskog nosioca. Moždana kora je utoliko razvijenija ukoliko je intelektualna aktivnost jedinke veća i kreativnija, i ukoliko je nivo civilizacije ljudskog rada u celini viši.[26] Zato se može očekivati da će se s ubrzanim oslobađanjem čoveka od fizičkog rada putem kompleksne automatizacije znatno ubrzati i razvoj njegovog moždanog tkiva, i to ne samo po obimu već pre svega strukturalno.

Sposobnost mišljenja, koja predstavlja osnovno generičko svojstvo čoveka, može se razvijati samo samim mišljenjem kao osnovom intelektualne aktivnosti. I ona se upravo razvija utoliko ukoliko se razvija intelektualna aktivnost ljudske jedinke i ljudskog roda u celini.[27] Ako je nivo apstraktnog mišljenja primitivnih naroda toliko nizak da se jedva mogu otrgnuti od čulnog opažanja konkretnih predmeta,[28] mišljenje civilizovanog čoveka je, zahvaljujući pre svega razvoju nauke, već na takvom nivou da može izmišljati i stvarati predmete kojih u prirodi uopšte nema.

Intelektualnim radom vrši se stalno samopotvrđivanje i samoostvarivanje generičkog bića čoveka,[29] čija se suština kroz rad jedino i može ispoljavati. Bez rada čovek ne bi ni bio čovek niti bi se čovekom osećao. Zato lišavanje čoveka mogućnosti rada predstavlja najveću kaznu, koja može izazvati velike psihičke poremećaje do totalnog ugrožavanja životne egzistencije,[30] jer čovek i ne može egzistirati kao živo biće ako ne egzistira kao ljudsko biće.

---

26) ”Razlike u zapremini lobanje koje postoje među pojedincima iste rase” su ”utoliko veće ukoliko rasa stoji više na lestvici civilizacije”. (Vidi: Emil Dirkem, isto, str. 164).

27) ”Napredak u načinu mišljenja išao je vrlo polagano i to paralelno sa razvojem nauke i metodičkog proveravanja iskustvenih podataka”. (Slobodan Žarković, isto, str. 71).

28) Vidi isto, str. 32).

29) Vidi: Dr Danilo Ž. Marković, isto, str. 108; i Branko Horvat, isto, str. 81.
30) ”Gubitak odgovornosti i stvaralaštva u radu prouzrokuje, dakle, ozbiljne povrede u psihološkoj ravnoteži jedinke i u njenom razvijanju”. (Žorž Fridman, *Kuda ide ljudski rad,* isto, str. 373).

Progresivni karakter generičke reprodukcije čoveka proističe već iz njegove potrebe za stvaralačkim novatorstvom. Stvaranjem novih dela istovremeno se stvaraju nove generičke potencije čoveka zahvaljujući kojim on postaje sposobnijim za sve veće stvaralaštvo. Stvaralačke sposobnosti čoveka jedino se i mogu razvijati stvaralačkim radom, i što je intelektualno stvaralaštvo razvijenije to su razvijenije i stvaralačke sposobnosti.

Stimulacijom odgovarajućih moždanih centara taj razvoj se može još više ubrzati kao i razvoj fizičkih potencija. [31] Razvoj nauke omogućiće da čovek naučnim metodima po želji usmerava i ubrzava razvoj svojih ne samo fizičkih, nego i generičkih potencija. Nauka će sve više postajati osnova ukupne aktivnosti, pa i samoreprodukcije čoveka. Dok se pri dominaciji proizvodnog rada generičke potencije čoveka razvijaju spontano, pri dominaciji slobodnog stvaralaštva razvijaće se putem organizovanog usmeravanja. Ovladavanje spoljašnjom prirodom omogućiće čoveku da sve više ovladava i svojom unutarnjom prirodom razvijajući vlastite potencije po sopstvenoj želji.

Ali sve dok je čovek preokupiran fiziološkom reprodukcijom, njegova generička reprodukcija ostaje potisnuta u drugi plan. Primarnost fizioloških potreba u odnosu na duhovne potrebe proističe upravo iz prirodne primarnosti fiziološke reprodukcije u odnosu na generičku reprodukciju. [32] Fiziološke potrebe su nužan preduslov duhovnih potreba zato što je fiziološka reprodukcija nužan preduslov generičke reprodukcije čoveka.

Pošto se i fiziološka i generička reprodukcija čoveka ostvaruju radom, pri ograničenoj produktivnosti fiziološka reprodukcija se, zbog svoje primarnosti, nužno javlja kao ograničavajući faktor generičke reprodukcije. Ako se izuzme njihova delimična podudarnost u procesu proizvodnog rada, generička reprodukcija radnika se, zbog toga, u osnovi svodi na ostatak njegove ukupne reprodukcije, koji se u slobodnom vremenu ostvaruje neproizvodnim ostatkom bioenergije.

Reduciranjem generičke reprodukcije na minimum životna egzistencija radnika se praktično svodi na sredstvo njegove fiziološke reprodukcije, čime faktički gubi ljudski smisao. [33] To se u suštini ostvaruje reduciranjem rada na sredstvo fiziološke egzistencije, čime se životna aktivnost radnika svodi na prinudan proizvodni rad. A sa prinudnim radom, i sam život radnika dobija prinudni, u suštini životinjski karakter. [34]

S obzirom da suprotnost fiziološke i generičke reprodukcije čoveka proističe iz suprotnosti rada kao sredstva i oblika egzistencije, ona se može razrešiti samo podizanjem produktivnosti na nivo koji omogućava potpuno oslobođenje rada. Mehanizacija proizvodnog rada zapravo ubrzanim tempom vodi u tom pravcu, [35] što čini da se odnos fiziološke

---

31) Već je "dokazano da je moguće u ranom periodu razvoja stimulirati razvoj neuronske mreže". (Radivoj Kvaščev, isto, str. 139).

32) "Nikada ne bismo osetili želju da komponujemo muziku i stvaramo matematičke sisteme, ukrašavamo svoje domove ili budemo lepo obučeni, ako bi naši stomaci bili skoro stalno prazni, ili ako bismo stalno umirali od žeđi, ili ako bi nas neprestano ugrožavala bliska katastrofa ili ako bi nas svi mrzeli". (Abraham H. Maslov, isto, str. 83/4).

33) "Radnik ne određuje svoj vlastiti rad, on izvršava postavljene zadatke jednostavno zato da bi preživio. Čovek je sveden na sredstvo svoje vlastite egzistencije, što tu egzistenciju čini besmislenom". (Branko Horvat, isto, str. 90).

34) "Dok je svojevoljni produktivan rad najveće uživanje za koje znamo, prinudan rad je najokrutnije mučenje, mučenje koje najviše ponižava. Ništa nije strašnije nego kad čovek svakog dana od jutra do večeri mora da radi nešto za šta nema volje". (F. Engels: "Položaj radničke klase u Engleskoj", isto, tom 4, str. 200).

35) "Prije 1800. godine čovjek je raspolagao radnim kapacitetom 1/10 konjske snage. Već je oko 1900. parna turbina u 24 sata izvršavala 234.000 — struki rad čovjeka. Četrdesetih godina našega vijeka jedna turbina od 300.000 ks vršila je u toku 24 sata devetmilijunostruki rad jednog čovjeka". (Dragutin Nikšić, isto, str. 9).

i generičke reprodukcije sve više obrće u prilog ove poslednje. Smanjivanjem proizvodnog radnog vremena i bioenergije koja se u njemu troši, povećavaju se slobodno vreme i bioenergija koja je na raspolaganju generičke reprodukcije. Krajnji rezultat tog procesa može biti samo potpuno pretvaranje rada u oblik generičke reprodukcije čoveka.

Dok je na prelazu iz carstva nužnosti u carstvo ljudske slobode generička reprodukcija čoveka u službi njegove fiziološke reprodukcije, u ostvarenom carstvu slobode će biti obrnuto. Sve do potpunog oslobođenja rada generička reprodukcija u suštini služi kao sredstvo fiziološke reprodukcije dok se konačno taj odnos potpuno ne obrne tako da fiziološka reprodukcija postane sredstvo generičke reprodukcije.

Pri dominaciji fiziološke reprodukcije aktivnost ljudske jedinke je uglavnom okrenuta njoj samoj jer je njena individualna egzistencija osnovni smisao te reprodukcije. Sve što radi, pojedinac radi prventveno za sebe i radi sopstvenog opstanka težeći da svojim potrebama podredi i aktivnost drugih. Zato čovek još predstavlja egocentrično biće koje je u zadovoljavanju životnih potreba preokupirano samo sobom.

Nasuprot tome, pri dominaciji generičke reprodukcije čoveka ljudi će svoju aktivnost posvećivati jedni drugima jer je smisao ljudske reprodukcije zajednička egzistencija.[36] Tek sa takvom aktivnošću čovek će postati to što u suštini i treba da bude — društveno biće u punom značenju te reči. Egocentričnost koja ga po načinu egzistencije izjednačava sa životinjom, zameniće socijalizacija njegove ličnosti kao karakteristična specifičnost *ljudske* egzistencije.

Rad kao uslov reprodukcije društva

Kao uslov reprodukcije ljudske jedinke, rad je istovremeno i uslov reprodukcije ljudskog društva, jer niti jedinka može egzistirati izvan društva niti društvo postoji izvan jedinki čiju zajednicu zapravo predstavlja. Zato društvena zajednica, kao i ljudska jedinka, nastaje, postoji i razvija se na osnovama ljudskog rada, bez kojeg ne bi ni mogla postojati.[37] Rad je zapravo pokretačka snaga, karakteristični oblik kretanja i način postojanja društva baš kao i svakog njegovog člana.[38]

Društvo je u suštini zajednica rada. Rad je zapravo najsudbonosnija veza među ljudima koja ih čini društvenim bićem i bez koje oni ne bi mogli ni opstati kao živa bića. U međusobne odnose ljudi stupaju pre svega zato da bi radili i zajedničkim radom obezbeđivali životnu egzistenciju. Zbog toga odnosi koji ljude povezuju u procesu rada, čine okosnicu društvenih odnosa, a radno zajedništvo osnovu društvenog zajedništva.

Ali pošto ljudski rad implicira i odnos čoveka prema prirodi, društvo u njegovom totalitetu čini celina odnosa koji ljude u procesu rada povezuju međusobno i sa prirodom.[39] I s obzirom da se priroda samo zajedničkim radom može oblikovati prema zamisli i potrebama čoveka, ljudsko društvo je radom izgrađeno jedinstvo čoveka i prirode,

---

[36] "U društvu izobilja, opstanak se sam po sebi razumije, a smisao života traži se drugdje. Gdje god se pronašao, on zahtijeva međusobnu suradnju s drugim ljudima. Da bi se čovjek ispunio, treba druge ljude. Sebičnost sada implicira solidarnost". (Branko Horvat, isto, str. 430).

[37] "Ljudski rad i delatnost su način postojanja društva i čoveka. Čovek i društvo radom nastaju i postoje, kreću se i razvijaju, stvaraju sebe i svoj svet", (Dr Krsto Klibarda, *Rad i samoupravljanje*, "Privredni pregled", Beograd, 1973, str. 7).

[38] Po Prudonu, "rad predstavlja odlučujuću silu društva koja određuje rast društva i ceo njegov organizam, unutrašnji i spoljašnji". (Vidi: Dr Danilo Ž. Marković, isto, str. 109).

[39] "Celina tih odnosa, u kojima se nosioci te proizvodnje nalaze naspram prirode i među sobom, u kojima proizvode, ta celina baš i jeste društvo, posmatrano u njegovoj ekonomskoj strukturi". (K. Marks: "Kapital" III, isto, tom 23, str. 681).

čijim se ostvarivanjem priroda humanizira a čovek naturalizuje.[40] Zato njega pored živih ljudi čine i sva   materijalna i duhovna dobra koja oni svojim radom stvaraju. Ako je suština čoveka u njegovom radu, ljudsko društvo je po svojoj suštini jedinjenje živog i opredmećenog rada čoveka, dakle i ono je u suštini sam ljudski rad.

Iz društvenosti ljudskog rada nužno proističe i društvenost ljudskog bića. Pošto moraju zajednički raditi, ljudi moraju zajednički i živeti jer je ljudski život u suštini sam rad. Zato se ljudska jedinka ne može ni reprodukovati bez reprodukovanja društva baš kao što reprodukcija drušva ne bi bila moguća bez reprodukcije njegovih članova. Čovek nastaje, živi i razvija se kao član   društvene zajednice, kao što i društvo nastaje, postoji i razvija se kao zajednica *ljudi*.

U procesu svoje reprodukcije ljudi nužno stupaju u određene međusobne odnose,[41] koji se menjaju i razvijaju upravo u zavisnosti od menjanja i razvijanja njihovog rada. I ukoliko se rad više podruštvljava utoliko njihove reprodukcione veze postaju šire i čvršće, pa se i društvo od sićušne i potpuno izolovane horde sve više razvija u pravcu jedinstvene, zajedničkim radom organski povezane svetske zajednice. Ako je u početku ljudska zajednica počivala više na krvnom srodstvu, u toku njenog razvoja rad je sve više postajao njena glavna koheziona snaga.[42]

Dok krvno srodstvo predstavlja prirodnu vezu među ljudima, rad je njihova tipično *društvena* veza. Zato je razumljivo što sa razvojem rada društvene veze sve više jačaju. U početku su one, upravo zbog nerazvijenosti rada, bile još relativno slabe, pa su se relativno lako i raskidale, zbog čega je ljudsko zajedništvo i održavano više na krvnom srodstvu nego na radu.[43]   Kao neposredni izraz podruštvljavanja, razvoj društvene podele rada vodio je sve većem jačanju tih veza, koje su postajale sve čvršća osnova nedeljivosti društvene zajednice.[44]

Ukoliko društvene veze zasnovane na radu jačaju, utoliko prirodne veze među ljudima gube na značaju i sve više slabe kao osnova njihovog zajedništva.[45] To nije slučaj samo sa stvarnim, nego i sa fiktivnim vezama koje su ljudi izmislili i koje u njihovom povezivanju objektivno deluju kao kompenzacija još nerazvijenih društvenih (u suštini radnih) veza. Zato sa jačanjem uloge rada u ostvarivanju društvene reprodukcije istovremeno

---

[40] ”Društvo je dovršeno suštinsko jedinstvo čovjeka s prirodom, istinsko uskrsnuće prirode, provedeni naturalizam čovjeka i provedeni humanizam prirode”. (K. Marks: ”Ekonomsko-filozofski rukopisi iz 1844. godine, isto, tom 3, str. 238).

[41] ”U društvenoj proizvodnji svoga života ljudi stupaju u određene, nužne odnose, nezavisne od njihove volje, odnose proizvodnje”. (K. Marks: ”Prilog kritici političke ekonomije”, isto, tom 20, str. 332).

[42] ”Njihova (ljudi – prim. ŽM) prirodna i nužna društvena sredina nije više rodna sredina, nego profesionalna sredina. Ono što obeležava mesto svakome, nije više krvna veza, stvarna ili prividna, nego funkcija koju vrši”. (Emil Dirkem, isto, str. 203).

[43] ”Ta kidanja (društvenih veza – prim. ŽM) su najčešća i najlakša u nižim društvima, u kojima je solidarnost po sličnosti jedina ili skoro jedina... Kalmici i Mongoli napuštaju svoga poglavicu kad nađu da je njegova vlast ugnjetačka. Albiponci napuštaju svoga poglavicu ne tražeći za to od njega dopuštenje pri čemu ni on ne ispoljava svoje nezadovoljstvo, i odlaze sa svojom porodicom svuda gde im se prohte”. (Isto, str. 176).

[44] ”Sasvim drukčije biva ukoliko se rad više deli. Različiti delovi skupine, zato što ispunjuju različite funkcije, ne mogu se lako razdvojiti. ”Ako bi se, kaže g. Spenser, Midlseks odvojio od svoje okoline, svi njegovi poslovi bi stali posle nekoliko dana, zbog nedostatka materijala. Odvojte srez u kome se obrađuje pamuk od Liverpula i drugih centara, i njegova industrija će stati, a zatim će i njegovo stanovništvo propasti”. (isto, str. 177).

[45] Dirkem uočava da ukoliko se razvija društvena podela rada, pojedinci se ”više ne grupišu po njihovim odnosima potomstva, nego po posebnoj prirodi društvene delatnosti kojoj se posvećuju”. (isto, str. 203).

slabi društvena uloga ne samo porodice nego i religije. [46] Razvoj industrije, koji je ljude u reprodukciji njihovog života izvukao iz uskog porodičnog kruga, ne samo što je praktično razorio porodicu kao proizvodnu jedinicu, nego je sa sobom doneo i masovni ateizam.

Komunističko zajedništvo slobodnog rada ne može doneti ništa drugo do potpunog odumiranja svih prirodnih i izmišljenih natprirodnih veza kao osnove ljudskog (u suštini neljudskog) zajedništva. Svojevrsnom prirodnom osnovom istinski ljudskog zajedništva postaće zapravo sam zajednički rad kao potpuno slobodna društvena aktivnost kojom će ljudi suvereno vladati i prirodom i sami sobom. Bez slobodnog rada ne može u suštini biti ni *čoveka* ni *ljudske* zajednice jer je slobodno delovanje zapravo suštinsko obeležje ljudskog bića.

Pravi put do slobodnog *ljudskog* društva je, prema tome, put oslobođenja ljudskog rada. A na tom putu ljudi se sukobljavaju sa mnogim preprekama, pa i jedni sa drugim, jer u procesu društvene reprodukcije života i čovek čoveku postaje prepreka. Šta više, sve dok fiziološka reprodukcija čoveka dominira nad njegovom generičkom reprodukcijom međusobni sukobi ljudi su neminovni jer proističu iz ograničenih mogućnosti njenog ostvarivanja, čime je uostalom uslovljena i njena dominacija nad generičkom reprodukcijom.

Zbog te ograničenosti pojedinac se u procesu društvene reprodukcije svog života i okreće prvenstveno sebi i sopstvenim potrebama, čime se neizbežno suprotstavlja drugim članovima društvene zajednice koji se na isti način suprotstavljaju njemu. Sve dok je proizvodnja životnih sredstava u odnosu na fiziološke potrebe ljudi ograničena, društvenih sukoba mora biti iz prostog razloga što se ograničenim proizvodom te potrebe ne mogu podmiriti ili se bar ne mogu zadovoljavati podjednako.

Zato se ti sukobi objektivno ne mogu ni razrešiti bez komunističkog izobilja, do čijeg je stvaranja celokupna aktivnost čoveka posvećena prvenstveno reprodukciji materijalne osnove života. Dok se reprodukcija prvobitne zajednice svodi praktično na reprodukciju golog života, stvaranje viška proizvoda je, zahvaljujući povećanju proizvodne snage rada, omogućilo reprodukovanje trajne materijalne osnove društva, koje je predstavljalo osnovni smisao klasne reprodukcije. Stalno razvijanje te osnove zapravo i vodi ka društvu komunističkog izobilja.

Reprodukcija materijalne osnove društva obuhvata obnavljanje i razvijanje kako sredstava proizvodnje i ukupnih sredstava rada, tako i sredstava životne egzistencije. Kao proširena reprodukcija materijalne osnove, razvoj tih sredstava ima kvantitativnu i kvalitativnu dimenziju koje se sastoje u njihovom uvećavanju i unapređivanju njihove strukture, kvaliteta i upotrebne vrednosti, bez čega ne može biti ni unapređenja životne egzistencije čoveka.

Iako supstanca materijalne osnove društva predstavlja sastavni deo prirode, ona je ljudskim radom oplemenjena, po čemu se bitno razlikuje od ostale prirode. Materijalna osnova društva je u stvari ljudskim radom oblikovana priroda, koja je stavljena u funkciju zadovoljavanja životnih (fizioloških i duhovnih) potreba čoveka. Iako su nužan uslov života, materijalnu osnovu društva ne čine prirodna dobra koja ljudski rad nije doticao (na primer, vazduh, sunčeva energija i dr.) jer su ona uostalom postojala i kad ljudskog društva nije bilo.

---

[46] "Ako ima neke istine koju je istorija stavila izvan sumnje, to je da religija obuhvata sve manji i manji deo društvenog života... Malo – pomalo, političke, privredne, naučne funkcije se oslobađaju od religijske funkcije, orgnaizuju se posebno i dobijaju sve jače svetovno obeležje. Bog, ako se tako može izraziti, koji je u prvo vreme bio prisutan pri svim ljudskim odnosima, postepeno se iz njih povlači; ostavlja svet ljudima i njihovim svađama". (Isto, str. 194).

Oblikovanjem prirode čovek stalno uvećava materijalnu osnovu društva, pridodajući prirodnoj supstanci svojstva koja odgovaraju njegovim životnim potrebama. A pošto se životne potrebe čoveka stalno menjaju i razvijaju, menja se i unapređuje i način oblikovanja prirode kojim se prirodna supstanca oplemenjuje novim i raznovrsnijim svojstvima. Time se priroda sve više podruštvljava u istoj meri u kojoj se ljudsko društvo naturalizira, pri čemu ljudski rad zahvata sve veći deo prirode izazivajući u njoj sve dublje promene.

Pošto menjanjem prirode čovek istovremeno menja i samog sebe, sa razvojem materijalne osnove društva razvijaju se i njegove proizvodne snage (sredstva proizvodnje i proizvođači) u celini kao društvena osnova jačanja proizvodne snage samog rada, zahvaljujući kojem čovek postaje sve sposobniji da ovladava i prirodom i samim sobom. U tome je sadržana i mogućnost da se sa razvojem materijalne osnove društva menjaju i društveni odnosi kao osnovni činilac oslobađanja čoveka i njegovog rada od okova samog društva. [47]

Zbog ograničene proizvodne snage rada, taj razvoj se, međutim, ne odvija bez prepreka i zastoja, koji u uslovima dominacije fiziološke reprodukcije proističu iz protivrečnosti proizvodnih snaga i proizvodnih odnosa. Da bi se proizvodni odnosi razvijali, moraju se razvijati proizvodne snage, ali se proizvodne snage ne mogu razvijati bez razvoja proizvodnih odnosa. Dok je proizvodna snaga rada još relativno mala, proizvodne snage društva se sporo razvijaju, zbog čega dolazi do zastoja u razvoju proizvodnih odnosa sve dok proizvodne snage u svom razvoju ne dostignu određeni stepen. A tada proizvodne snage dolaze u sukob s okoštalim proizvodnim odnosima, koji se silom moraju razbijati da bi se promenili. [48]

Trajno razrešenje te protivrečnosti moguće je tek na visokom stupnju razvoja proizvodnih snaga kad produktivnost rada, sa stanovišta fiziološke reprodukcije čoveka, postane praktično neograničena. Pošto se takav nivo produktivnosti može dostići tek sa potpunom automatizacijom proizvodnje, on podrazumeva i potpunu dominaciju generičke nad fiziološkom reprodukcijom čoveka. Jedino takav nivo produktivnosti rada omogućava društvene odnose u kojima se ostvaruje puna sloboda i potpuno slobodna reprodukcija ljudske ličnosti.

Visok nivo produktivnosti rada omogućava tako brz razvoj proizvodnih snaga koji objektivno ne dozvoljava zastoje u razvoju proizvodnih odnosa, pa zbog toga i ne nailazi na njihovo dramatično suprotstavljanje kao u slučaju niske produktivnosti. Zato takav razvoj proizvodnih snaga umesto naizmeničkog smenjivanja zastoja i skokovitih promena podrazumeva kontinuiran razvoj proizvodnih odnosa, koji se odvija u pravcu sve veće demokratizacije društva i sve veće slobode čoveka. [49]

---

[47] Marks je naučno dokazao da proizvodni odnosi između ljudi "odgovaraju određenom stupnju razvitka njihovih materijalnih proizvodnih snaga", te da se sa razvojem tih snaga i sami razvijaju. (Vidi: "Prilog kritici političke ekonomije", isto, str. 332, i "Najamni rad i kapital", isto, tom 9, str. 340).

[48] Marks je dijalektiku tog kretanja na sledeći način izrazio: "Na izvesnom stupnju svog razvitka materijalne proizvodne snage društva dolaze u protivrečnost s postojećim odnosima proizvodnje, ili, što je samo pravni izraz za to, sa odnosima vlasništva u čijem su se okviru dotle kretale. Iz oblika razvijanja proizvodnih snaga ti se odnosi pretvaraju u njihove okove. Tada nastupa epoha socijalne revolucije. S promenom ekonomske osnove vrši se sporije ili brže prevrat cele ogromne nadgradnje". ("Prilog kritici političke ekonomije", isto, str. 332).

[49] Svojim istraživanjima Žorž Fridman dolazi do zaključka da će "u okvirima "automacije" poduzeće zahtijevati, da se svaki radnik *dobrovoljno i potpuno* preda kolektivu kome pripada", *(Razmrvljeni rad,* isto, str. 169), a Miroslav Pečujlić primećuje da "prodor naučnog rada i automatizacije znači podrivanje temelja tradicionalne, oligarhijske organizacije rada". *(Budućnost koja je počela* isto, str. 25).

Međutim, sve do potpunog društvenog oslobođenja rada i radnog čoveka određena protivrečnost proizvodnih snaga i proizvodnih odnosa je neizbežna, ali ona je i glavna pokretačka snaga društvenog razvoja. Dok, zbog niske produktivnosti primitivnog rada, ta protivrečnost još nije bila dovoljno izražena, razvoj društva je tekao veoma sporo. Stvaranjem viška proizvoda, na bazi povećane produktivnosti, protivrečnost proizvodnih snaga i proizvodnih odnosa je zaoštrena, ali je time i razvoj društva ubrzan. Iako je značila cepanje društva na antagonistički suprotstavljene klase, koncentracija viška proizvoda u rukama relativno malog broja vlasnika omogućila je ubrzani razvoj materijalne osnove društva, a time i društvenih odnosa. [50]

Klasne suprotnosti, koje su nastale kao rezultat razvoja proizvodnih snaga i u krajnjoj liniji povećanja produktivnosti rada, zahtevale su posebne institucije za obezbeđenje eksploatacije i prinudnog jedinstva klasno razjedinjene društvene zajednice. Tako je stvorena ogromna politička nadgradnja klasnog društva koja je silom održavala eksploataciju rada, na kojoj je i sama održavana i reprodukovana. Kad sa stvaranjem komunističkog izobilja klasna podela na potreban rad i višak rada postane besmislena, i politička nadgradnja će postati suvišna jer će odnosi među ljudima biti neposredni i jednostavni kao što su bili dok takva podela još nije ni postojala. Ali dok društvena jednakost, koja tu neposrednost i jednakost implicira, pri niskoj produktivnosti predstavlja prirodnu nuždu, pri visokoj produktivnosti ona je neposredni izraz društvene slobode.

---

50) "Bez ropstva ne bi bilo grčke države, grčke umetnosti i nauke; bez ropstva ne bi bilo Rimske imperije. A bez helenstva i Rimske imperije kao temelja ne bi bilo ni moderne Evrope... Bez antičkog ropstva ne bi bilo ni modernog socijalizma". (F. Engels: "Anti-Diring", isto, tom 31, str. 137).

III. PROIZVODNI RAD.

Pojam proizvodnog rada.

Suštinsko određenje proizvodnog rada proističe iz njegove posebne svrhovitosti. Po tom određenju proizvodan je svaki rad koji za osnovnu svrhu ima neki proizvod.[1] Ukoliko je pak osnovni smisao rada u njemu samom kao neposrednoj životnoj potrebi, takav rad je po svom suštinskom određenju neproizvodan i kad se opredmećuje u nekom proizvodu. A to znači da jedan isti rad može biti i proizvodan i neproizvodan zavisno od toga sa kojim se ciljem obavlja.

Šta više, pošto je rad uopšte neposredna potreba čoveka, svaki pa i proizvodni rad je u izvesnoj, manjoj ili većoj meri neproizvodan, kao što nema neproizvodnog rada koji se manje ili više ne opredmećuje u nekom spoljašnjem proizvodu. Ali neki rad se određuje kao relativno proizvodan ili neproizvodan po *osnovnoj* svrsi prema kojoj se usmerava njegov tok, i kojom je radnik u procesu svog rada preokupiran u težnji da je ostvari. Da je ta razlika zaista relativna najbolje pokazuju primeri kad je teško odrediti da li je jedan rad proizvodan ili neproizvodan jer se gotovo podjednako javlja i kao sredstvo i kao neposredna potreba života.

Relativnost proizvodnog rada određena je i društvenim uslovima proizvodnje,[2] u kojima se i sam proizvodni rad u različito vreme ili čak istovremeno prikazuje i kao proizvodan i kao neproizvodan. Za proizvođača je proizvodan samo onaj rad čiji proizvod služi zadovoljavanju njegovih životnih potreba, dok je rad koji se od njega otuđuje ne samo neproizvodan već i kontraproizvodan jer predstavlja čist gubitak njegove radne energije.

Nasuprot tome, za neproizvođača koji živi od tuđeg rada je upravo taj otuđeni rad proizvodan, dok je rad potreban za reprodukciju životne egzistencije proizvođača neproizvodan i tretira se kao proizvodni trošak. Za robovlasnika je produktivan samo onaj rob koji mu stvara višak proizvoda, za feudalca kmet koji donosi rentu, a za kapitalistu radnik

---

[1] "S jednostavnog stanovišta *procesa rada* uopšte izgleda nam *proizvodan* onaj rad koji se realizuje u nekom *proizvodu"*. (Karl Marks: *Rezultati neposrednog procesa proizvodnje,* "Komunist", Beograd, 1977, str. 64).

[2] "Proizvodan rad uvek označava rad izvršen *pod određenim društvenim uslovima....* Ono što je proizvodan rad za jedan način proizvodnje, ne mora biti i za neki drugi". (Nikos Pulancas, *Klase u savremenom kapitalizmu,* "Nolit", Beograd, 1978, str. 236).

koji stvara profit. Iz ugla kapitalističkih uslova proizvodnje proizvodnim se prikazuje samo onaj rad koji je u funkciji proširene reprodukcije kapitala.3)

Za suštinsko određenje rada irelevantno je koje je vrste rad i proizvod rada. Ako je u funkciji sredstva egzistencije, proizvodan je i fizički i intelektualni rad, kako onaj koji proizvodi materijalna dobra tako i onaj koji se opredmećuje u duhovnim dobrima. Ukoliko jedan naučnik ili umetnik stvaraju zato da bi preživeli, utoliko je njihov rad proizvodan kao i rad bilo kojeg fizičkog radnika. I za kapitalistu je rad jednog istraživača proizvodan kao i rad nekog priučenog radnika na poluautomatizovanoj traci ukoliko mu donosi profit.

Uobičajena podela na proizvodni rad kojim se proizvode materijalna dobra, i neproizvodni rad koji stvara duhovna dobra,4) ne zasniva se na suštinskom, već na pojavnom određenju, i pošto protivreči suštinskom određenju, ona potpuno zamagljuje suštinu proizvodnog rada. Pojavno razgraničavanje proizvodnog i neproizvodnog rada zasniva se, međutim, na protivrečenom ispoljavanju suštine ljudskog rada. U proizvodnji meterijalnih uslova ljudskog života rad se vekovima ispoljavao prevashodno kroz fizičku aktivnost čoveka uz izrazito distanciranje od njegove duhovne aktivnosti, stvarajući i u svesti ljudi površnu predstavu o svojoj prirodi.

Ubrzana intelektualizacija proizvodnje doprinosi, međutim, da se takva predstava o proizvodnom radu danas sve više menja približavajući se njegovom suštinskom određenju. Ali taj proces označava istovremeno i pretvaranje proizvodnog rada u neproizvodni rad koji se umesto iz nužde, obavlja iz ličnog zadovoljstva. Što se proizvodnja više automatizuje, sve su veće mogućnosti da se rad iz nužde zamenjuje slobodnim radom i da se time i proizvođač iz prinudnog radnika pretvara u slobodnog stvaraoca.

Podela na proizvodni i neproizvodni rad podrazumeva i podelu na proizvodne i neproizvodne radnike. U prvobitnoj zajednici svi su bili proizvodni radnici jer su se svi morali angažovati u obezbeđivanju sredstava životne egzistencije. Klasno društvo samo relativno malom broju svojih članova omogućava da rade ono što žele jer za njih proizvode drugi. Tek će pri potpunoj automatizaciji proizvodnje celo društvo biti oslobođeno proizvodnog rada, što će omogućiti da svi članovi komunističke zajednice deluju kao potpuno slobodni stvaraoci.

Pri ulasku u "ovozemljaski raj" svi će, međutim, morati da prođu kroz "čistilište" proizvodnog rada jer socijalistička raspodela prema radu isključuje mogućnost življenja na tuđ račun. Iako će se rad sve više pretvarati u slobodno stvaralaštvo, on će za sve isto-

---

3) "Sa stanovišta kapitalističkog procesa proizvodnje... proizvodan je onaj rad koji neposredno oplođuje kapital ili proizvodi višak vrednosti... Pošto je neposredna svrha i *pravi proizvod* kapitalističke proizvodnje — *višak vrednosti, proizvodan* je samo onaj *rad* i samo onaj *radnik*, primenilac radne snage, koji neposredno proizvodi višak vrednosti". (K. Marks, isto).

"Rad je utoliko više proizvodan ukoliko donosi veći profit. Ukoliko pak ne donosi profit, rad je neproizvodan pa ma kakav drugi učinak imao". (Dr Adolf Dragičević, *Ekonomsko oslobođenje rada,* isto, str. 111).

4) "Proizvodan je...svaki rad koji ima za cilj da zadovolji potrebe materijalnog života društva; naprotiv, neproizvodan je svaki rad koji je namijenjen zadovoljavanju duhovnih potreba društva i koji je na bilo koji način upravljen na čovjeka radi njegovog oplemenjivanja, osiguranja, zaštite itd". (Dr Adolf Dragičević, isto, str. 102).

"Deo ljudskog rada, koji ima za svrhu reprodukciju materijalnih uslova života ispoljava se kao proizvodni rad". (Dr inž. Vukan Đ Dešić, isto, str. 12).

"Proizvodnja je stvaranje materijalnih dobara u borbi između ljudi i prirode u kojoj ljudi podređuju društvu delove prirode radi zadovoljavanja materijalnih potreba društva i pojedinaca". (Prof. dr Nenad Mileusnić, dipl. inž., *Organizacija procesa proizvodnje,* "Privredni pregled", Beograd, 1977, str. 15).

vremeno predstavljati i prinudnu proizvodnu delatnost jer će svaki član socijalističke zajednice sopstvenim radom morati da obezbeđuje ličnu egzistenciju. Ako je smisao proizvodnog rada prvobitne zajednice u obezbeđenju gole egzistencije proizvođača, a u klasnom društvu u stvaranju viška proizvoda, rente ili profita, smisao proizvodnog rada u socijalizmu je u sticanju dohotka i ličnog dohotka udruženih proizvođača, posredstvom kojeg oni zajednički obezbeđuju svoju egzistenciju.

Proces proizvodnje i proizvod

Pošto je smisao proizvodnog rada u stvaranju proizvoda kao spoljašnje svrhe, proces proizvodnje je u funkciji ostvarivanja te svrhe kojoj od početka do kraja mora biti podređen. Zato je u svakoj racionalnoj proizvodnji proizvod glavna determinanta neposrednog procesa proizvodnje. Ukoliko se ne rukovodi striktno svojom svrhom, proces proizvodnje će biti manje ili više neracionalan sve do potpunog promašaja.

Zbog primarnosti proizvoda u odnosu na proizvodni proces, i njegovo određenje prethodi određenju procesa proizvodnje. A određenje proizvoda mora polaziti od ostvarivih potreba koje će se njegovom upotrebom zadovoljavati. Ukoliko se proizvod ne određuje prema ostvarivim potrebama, njegova upotrebna vrednost može biti promašena, pa će samim tim biti promašen i proces proizvodnje.

Pod ostvarivim potrebama podrazumevaju se potrebe koje se objektivno mogu zadovoljiti, bez čega se proizvod inače ne može realizovati. Potrebe koje se ne mogu zadovoljiti su neostvarive i svode se samo na osećanja potrebe izražena kroz puke želje za zadovoljenjem. Ako milioni ljudi umiru od gladi, to još nije dovoljan dokaz da je neograničena proizvodnja žita opravdana sve dok glad ne prestane, jer njegova realizacija u uslovima robno-novčanog načina proizvodnje nije neposredno određena životnim potrebama već realnom potražnjom zasnovanoj na kupovnoj moći potrošača.

Zavisno od toga, potrebe mogu proizvodnjom novih proizvoda biti i izazvane pod uslovom da za njima postoje odgovarajuće predispozicije, koje prethodno moraju biti ispitane da bi takvi poduhvati bili pouzdani. Opravdanost proizvodnje televizora, na primer, mogla je biti zasnovana samo na ljudskoj radoznalosti, koja je u sebi pored ostalog skrivala i potencijalnu potrebu za čarobnim "prozorom u svet".

Prema suštinskom određenju proizvodnog rada, proizvode predstavljaju i materijalna i duhovna dobra, pa se zavisno od toga, i proizvodnja može podeliti na materijalnu i duhovnu proizvodnju. Ali i takva podela je relativna, jer što se više fiziološke potrebe čoveka humanizuju a proizvodnja intelektualizira razlika između proizvedenih materijalnih i duhovnih dobara se smanjuje. Dok na jednoj strani, estetskim oblikovanjem materijalnih dobara čovek prirodnoj supstanci sve više utiskuje pečat svoje inteligencije, na drugoj strani je sve više koristi kao izražajno sredstvo duhovnog stvaralaštva.

Zavisno od vrste proizvoda, odvija se i proces proizvodnje. U proizvodnji duhovnih dobara dominantnu ulogu ima znanje, a u proizvodnji materijalnih dobara materijalna sredstva rada. Ali i to je sve više relativno jer sa razvojem tehnologije i u proizvodnji materijalnih dobara stalno raste uloga znanja, a u proizvodnji duhovnih dobara uloga materijalnih sredstava rada. Proizvodnja elektronskih aparata zahteva visok nivo znanja, kao što proizvodnja duhovnih dobara za masovno korišćenje (radio, televizija, film i sl.) zahteva visoko razvijenu tehniku.

Znanje i materijalna sredstva rada su zapravo glavni činioci neposrednog procesa svake proizvodnje. Do potpune automatizacije čovek se u tom procesu javlja samo kao njihov neposredni nosilac ako se pod materijalnim sredstvom rada podrazumeva i njegova radna energija. I samo zahvaljujući tome on svoju energiju može zamenjivati mehaničkom energijom i svoje znanje prenositi na materijalna sredstva rada. Upravo zahvaljujući tome, čovek se polako povlači iz neposrednog procesa proizvodnje zadržavajući samo kreativnu ulogu projektovanja proizvoda i proizvodnog procesa u kojem ostaju samo materijalna sredstva rada i materijalizovani sistem proizvonog kretanja informacija.

U neposredni proces ljudske proizvodnje ulaze živi i opredmećeni rad, a iz njega u obliku proizvoda izlazi *uvećani* opredmećeni rad. Proizvodnja je, u stvari, svojevrstan proces opredmećivanja živog rada putem njegovog sjedinjavanja sa već opredmećenim radom. U tom pogledu, ona bi se simbolički mogla predstaviti kao:

$$\begin{matrix} \text{Žr} \\ \\ \text{Or} \end{matrix} \searrow \xrightarrow{\quad P \quad} \text{Or'},$$

gde Žr označava živi rad, Or – opredmećeni, a Or' – uvećani opredmećeni rad, i P – sam proces proizvodnje.

Neposredni nosilac živog rada je ljudska radna snaga, a opredmećenog rada sredstva za proizvodnju, pa bi se, u tom pogledu proces proizvodnje mogao predstaviti i kao:

$$\begin{matrix} \text{Rs} \\ \\ \text{Sp} \end{matrix} \searrow \xrightarrow{\quad P \quad} \text{Pr},$$

gde Rs označava radnu snagu, Sp – sredstva proizvodnje, a Pr – proizvod.

Dok živi rad ima relativno veću ulogu u duhovnoj nego u materijalnoj proizvodnji, uloga opredmećenog rada je veća u materijalnoj nego u duhovnoj proizvodnji. I u jednoj i u drugoj proizvodnji udeo opredmećenog rada se stalno povećava dok se udeo živog rada smanjuje sve do potpunog iščezavanja u automatizovanom procesu proizvodnje.

Povlačenjem živog rada iz neposrednog procesa proizvodnje reprodukcija materijalne osnove društva razdvaja se u potpunosti na stvaralački i izvršilački deo, od kojih se prvi zasniva isključivo na intelektualnom, a drugi na mehanizovanom radu. A sve dotle projektovanje proizvoda i proizvodnog procesa je sjedinjeno sa funkcijom izvršenja jer je i samo u isključivoj funkciji *proizvodnje*. Izdvajanjem u posebnu sferu društvene reprodukcije ono postaje prvenstveno oblik generičke reprodukcije čoveka, i tek u tom obliku se istovremeno javlja, i kao stvaralačka osnova njegove fiziološke reprodukcije.

Iako su u još neautomatizovanoj proizvodnji projektovanje i izvršenje sjedinjeni, oni se, bez obzira na način izvođenja, i tu u suštini ostvaruju kao različite faze, koje se sa razvojem tehnologije i organizacije rada sve više diferenciraju tako da se njihovo razdvajanje vrši postupno i gotovo neprimetno. U istorijskom procesu te diferencijacije mogu se razlikovati tri karakteristične faze. U početnoj fazi projektovanje i izvršenje su praktično stopljeni, pa se obavljaju i naizmenično tako da proizvođač tek preko niza praktičnih korekcija prvobitne zamisli dolazi do konačne projekcije. Drugu fazu karakteriše njihovo razdvajanje na posebne, jasno izdiferencirane, ali u istom subjektu sjedinjene funkcije. Tek u trećoj fazi dolazi do podele tih funkcija na različite izvršioce, pa i na posebne organizacione jedinice.

Razvijeno projektovanje proizvodnje u najširem smislu sastoji se od tri osnovne funkcije: ispitivanja potreba; projektovanja (modeliranja) proizvoda i tehnologije; i planiranja proizvodnje. U razvijenoj podeli rada te funkcije obavljaju posebne organizacije ili bar posebne stručne službe u sastavu iste organizacije. Ali ma kako da su podeljene, one i međusobno i sa izvršilačkim funkcijama moraju funkcionalno biti povezane u jedinstven proizvodni proces.

I samo izvršenje projektovane proizvodnje raščalanjuje se na različite funkcije, koje se obavljaju u njegovoj pripremnoj, tehnološkoj i završnoj fazi. U pripremnoj fazi obezbeđuju se i dopremaju činioci proizvodnje, tehnološku fazu čini njihovo spajanje pri oblikovanju proizvoda, dok se u završnoj fazi vrši odlaganje i otpremanje gotovih proizvoda. Uz ove osnovne funkcije, koje čine neraskidivi lanac neposrednog procesa proizvodnje, izvršenje obuhvata i niz pomoćnih funkcija koje su uslov za njegovo obavljanje, kao što su: zaštita radnika na radu, održavanje sredstava proizvodnje, kontrola kvaliteta proizvoda, poslovni, administrativno-pravni, računovodstveni te informativno-analitički poslovi, i druge. 5)

Sve funkcije proizvodnje su u zajedničkoj funkciji proizvoda na kojoj se zapravo zasniva integritet proizvodnog procesa. Njihovim sinhronizovanim obavljanjem ceo proces proizvodnje kreće se prema svom proizvodu, kojem je podređen i radi kojeg se i odvija. Svaka od pojedinih funkcija proizvodnje i sve zajedno nalaze u zajedničkom proizvodu osnovni smisao svog izvođenja.

Već kroz to se izražava njihov otuđujući karakter ma kakav društveni oblik imao način proizvodnje. Samim opredmećivanjem u proizvodu ljudski rad se u svakoj proizvodnji otuđuje od čoveka kao ospoljena i prirodnom nuždom iznuđena negacija njegovog generičkog bića. 6) U tome je i osnovna suprotnost između proizvodnog procesa i proizvoda ljudskog rada.

Pošto ta suprotnost proističe iz nemoći čoveka u ovladavanju prirodom, njeno razrešenje može biti samo u podizanju ljudske stvaralačke moći do nivoa potpune automatizacije proizvodnje. Otuđivanja u sopstvenom proizvodu čovek se nikako ne može osloboditi bez oslobođenja od same proizvodnje. To je upravo zbog toga što se prirodno otuđivanje proizvodnog rada u proizvodu može ukinuti jedino ukidanjem samog proizvodnog rada.

Ali čovek se prirodnog otuđivanja svog rada ne može osloboditi bez oslobođenja od njegovog društvenog otuđivanja. Jer ukoliko je nepovratno otuđivanje proizvoda od proizvođača kao izraz društvenog otuđivanja, produžetak njegovog povratnog prirodnog otuđivanja, s ukidanjem svoje osnove mora i samo biti ukinuto. A kako po prirodi stvari prvo nestaje ono što je poslednje nastalo, društveno otuđivanje rada se ne ukida automatski ukidanjem njegovog prirodnog otuđivanja, nego mu i prethodi.

To dvostruko oslobađanje ne vrši se po nekom jednosmernom redosledu. Složenost njegove protivrečnosti ogleda se u tome što se čovek može osloboditi samo ukoliko se oslobodi kao proizvođač, ali se proizvođač ne može osloboditi ukoliko se ne oslobodi kao čovek. Drugim rečima, nije samo prirodno oslobođenje uslov društvenog oslobođenja čoveka, nego je i društveno oslobođenje uslov njegovog prirodnog oslobođenja.

Po karakteru otuđivanja, mogu se razlikovati dva tipa proizvodnje. Kao oblik prirodnog otuđivanja, povratno otuđivanje se, sa društvenog stanovišta, može nazvati *slobodnom*, a nepovratno otuđivanje — *eksploatatorskom* proizvodnjom. Prvi tip podrazumeva da sredstvima i rezultatima proizvodnje raspolažu sami proizvođači, a drugi da se i sredstva proizvodnje i proizvodi otuđuju od proizvođača, i da pripadaju neproizvođačima kao eksploatatorima.

---

5) Vidi: Prof. dr Nenad Mileusnić, isto, str. 18; i dr inž. Vukan Đ Dešić, isto, str. 150/1.

6) "Predmet proizveden radom, njegov proizvod, suprotstavlja se njemu kao *tuđe biće,* kao *sila nezavisna* od proizvođača". A "ako je, dakle, proizvod rada ospoljenje, onda sama proizvodnja mora biti djelatno ospoljavanje, djelatnosti djelatnost ospoljavanja. U otuđenju predmeta rada rezimira se samo otuđenje, ospoljenje u samoj djelatnosti rada", (K. Marks: Ekonomsko-filozofski rukopisi iz 1844. godine, isto, str. 218. i 219).

U eksploatatorskoj proizvodnji proizvođač je samo nosilac znanja i radne energije kao osnovnih sredstava proizvodnje. Zato se on tu u suštini i sam pojavljuje samo kao sredstvo proizvodnje, odnosno kao radna snaga koja neposredno nosi proces proizvodnje. U toj funkciji on zajedno sa proizvodom i materijalnim sredstvima proizvodnje takođe pripada svom eksploatatoru, za kojeg sem proizvodne sposobnosti nema drugih vrednosti.

Nasuprot tome, slobodni proizvođač ne raspolaže samo svojom radnom snagom, nego ukupnim sredstvima proizvodnje, pa i samim proizvodom. On se u svom proizvodu otuđuje samo privremeno jer mu se opredmećeni rad preko životnih sredstava vraća kao pogonska snaga njegove sopstvene reprodukcije. Zato se to otuđivanje vrši samo po sili prirodne nužde, a ne i snagom društvene prinude, po čemu i dobija obeležje društveno slobodne proizvodnje.

Ali društvena sloboda je neodvojiva od slobode u ovladavanju prirodom. Odsustvo društvene prinude u prvobitnoj zajednici nikako ne znači prisustvo slobodne proizvodnje, jer ukoliko se, zbog niske produktivnosti rada, nema šta otuđivati, prinuda koja bi otuđivanje obezbeđivala je izlišna. Prvobitni proizvođači nisu radili za sebe zato što su bili slobodni, već što od njihovog skromnog proizvoda niko drugi nije ni mogao živeti.

Pošto predstavlja prinudnu aktivnost, proizvodnja sama po sebi i ne može biti slobodna, a za čoveka postaje slobodnom samo ukoliko se on njome prestaje neposredno baviti. Zato, ma koliko na prvi pogled izgledalo paradoksalno, sloboda proizvodnje nastaje sa nastankom eksploatacije, ali ne za proizvođača već za eksploatatora. Ako prakomunistička proizvodnja predstavlja prirodnu prinudu, eksploatatorska proizvodnja je dvostruko (prirodno i društveno) prinudna za proizvođača, ali istovremeno i dvostruko slobodna za eksploatatora. Preko proizvođača, koji se po društvenoj ulozi izjednačava sa materijalnim sredstvima proizvodnje, eksploatatorske klase podređuju sebi i prirodu i društvo.

Ali i za eksploatatore je eksploatatorska proizvodnja samo relativno slobodna jer u procesu proizvodnje apsolutnu vlast ostvaruju samo nad proizvođačem a ne i nad prirodom. Zato svojim neumoljivim zakonitostima proces proizvodnje više vlada njima nego što oni vladaju njime. I u najrazvijenijem — kapitalističkom obliku eksploatatorske proizvodnje kapitalista se mora povinovati gvozdenoj logici reprodukcije kapitala.

Za proizvođača proizvodnja postaje slobodnom tek s ukidanjem njenog eksploatatorskog karaktera putem ukidanja društvenog otuđivanja rada. Ali i za njega ta sloboda ostaje relativno ograničena kako njegovim neposrednim učešćem u procesu proizvodnje tako i objektivnim zakonitostima društvene reprodukcije, koje kao spoljašnja sila deluju sve dok se neposredna proizvodnja u potpunosti ne automatizuje. To praktično znači da će proizvodnja postati potpuno slobodna tek kad je se čovek u potpunosti oslobodi, to jest kad njegova funkcija izvršenja bude definitivno zamenjena funkcijom kreiranja proizvodnje.

Tehnologija proizvodnje

U suštini tehnologija označva *način* proizvodnje. Ona pokazuje kako se određeni predmet rada oblikuje, od ulaska proizvodnih činilaca u neposredni proces proizvodnje do izlaska gotovog proizvoda. U najširem smislu, tehnologijom se definiše način obavljanja svih radnih operacija koje su u određenom procesu proizvodnje neposredno ili posredno vezane za proizvodnju nekog proizvoda. U užem smislu, tehnologija obuhvata samo metode i postupke neposredne izrade proizvoda. U svakom slučaju, tehnologija označava zakonit sistem metoda i postupaka kojim se u celini definiše neposredni proces proizvodnje.[7]

To znači da osnovu svake tehnologije čini odgovarajuće znanje o načinu proizvodnje, jer se određeni proces proizvodnje može naučno defnisati samo ako se poznaju odgovarajuće zakonitosti. Tehnologija se često definiše i kao fond akumuliranih znanja o određenoj proizvodnji,[8] koja su u funkciji svrsishodnog izvođenja proizvodnog procesa. To su, u stvari, sva potrebna znanja o racionalnom korišćenju živog i opredmećenog rada u neposrednom procesu proizvodnje.

Društveni smisao tehnologije kao naučne discipline zapravo i jeste u *racionalnom* korišćenju svih činilaca neposredne proizvodnje, koje podrazumeva osnovni princip ekonomije da se sa što manje živog i opredmećenog rada proizvede što više. Iz toga proističu i osnovni ciljevi tehnologije koji se u osnovi mogu svesti na ekonomiju živog i ekonomiju opredmećenog rada uz što bolji kvalitet proizvoda.[9] Od ovih ciljeva morala bi polaziti svaka tehnologija proizvodnje, nezavisno od toga koliko oni u određenim uslovima odgovaraju stvaralačkim ambicijama proizvođača.

Radi ostvarivanja pomenutih ciljeva, tehnologija utvrđuje odgovarajuće metode i postupke. *Tehnološki metod* čine osnovna pravila proizvodnje po kojima se u proizvodnom procesu vrši svrsishodno oblikovanje proizvoda. *Tehnološki postupak* je skup radnji kojima se radi dobijanja određenog proizvoda vrše određene promene na predmetu rada.[10] Metodi i postupci čine jedinstven tehnološki sistem jer se radnje na oblikovanju predmeta rada moraju vršiti po određenim pravilima.

Osnovni faktori koji određuju karakter i oblike proizvodnje tehnologije su: sam proizvod, nauka, tehnika i proizvodni odnosi. Pošto je svaki od navedenih faktora promenljiv, sa njegovim menjanjem menja se i tehnologija proizvodnje. Razvoj tehnologije predstavlja, u stvari, svojevrsnu rezultantu razvoja tih faktora, koji su u međusobnoj zavisnosti, tako da svaka značajnija promena jednog povlači za sobom i menjanje ostalih.

Proizvod je glavni faktor proizvodne tehnologije jer je njemu podređen ceo proces proizvodnje. U početku, dok su ostali faktori tehnologije tek nastajali i veoma se sporo razvijali, on je igrao i predominantnu ulogu u određivanju načina proizvodnje. Proizvodnja pšenice i proizvodnja odeće, nisu se ni izdaleka razlikovali toliko po tehnici i stručnosti proizvođača koliko po prirodi samih proizvoda. Zato je vrsta proizvoda oduvek predstavljala glavni osnov za diferencijaciju različitih tehnologija, pa su sa novim proizvodima nastajale i nove tehnologije.

---

7) "Tehnologija proizvodnje...odnosi se na metode i sistem svrsishodnog delovanja čovekovog rada i sredstava za rad na predmete rada u proizvodnji radi stvaranja proizvoda". (Prof. dr Nenad Mileusnić, dipl. inž., *Organizacija procesa proizvodnje,* "Privredni pregled", Beograd, 1977, str. 16).

8) "Fond akumuliranih *znanja o tehnikama* proizvodnje kao i *sinteza ili skup tehnika primjerenih nekoj kompleksnoj djelatnosti* (na pr. prerada nafte ili proizvodnja aluminijuma) naziva se *tehnologija".* (Stjepan Holadin, isto, str. 28).

9) Po E.F. Šuljmanu, "pojam progresivne tehnologije podrazumijeva iskorištavanje posljednjih dostignuća nauke i tehnike koja osiguravaju primjenu najmanje količine najjeftinijeg i viokokvalitetnog materijala, uz najmanje vrijeme obrade, uz najmanju količinu pokreta, uz najmanji utrošak energije i uz optimalan kvalitet proizvedenih proizvoda". *(Protočna proizvodnja,* "Panorama", Zagreb, 1964, str. 13). Iz toga H.B. Maynard izvodi "zadatak tehnologa da tačno analizira svaki radni postupak određenog rada, tako da isključi svaki nepotrebni postupak, u cilju pronalaženja najbrže i najbolje metode za izvođenje svakog rada". *(Oblikovanje rada,* "Privreda", Zagreb, 1962, str. 24).

10) "Proizvodni postupak je skup radnji kojima se menja sastav, kvalitet, oblik ili veličina materijala za izradu, da bi se dobio željeni proizvod". (S. Kukoleča, Ž.K.Kostić, isto, str. 113).

Pored vrste, bitnu determinantu tehnologije predstavljaju i osnovna svojstva odnosno kvalitet proizvoda. Zato svaka tehnologija, da bi bila svrsishodna, mora polaziti od osnovnih karakteristika proizvoda čiji način proizvodnje utvrđuje, pa se i sa svakim veštačkim menjanjem tih karakteristika mora i sama menjati. Promena tehnologije zapravo i predstavlja nužan put za veštačko menjanje bitnih karakteristika nekog proizvoda, bilo da je u pitanju eliminisanje starih, ili stvaranje novih svojstava.

Mogućnosti veštačkog kreiranja prizvoda određene su pre svega razvojem *nauke*. Kao zakonomerni sistem proizvodnih metoda i postupaka, tehnologija u stvari i nastaje tek sa nastankom nauke razvijajući se i sama kao posebna naučna disciplina. Prvobitna proizvodnja zasnivala se uglavnom na iskustvenom i nesistematizovanom znanju, koje je spontano prenošeno sa generacije na generaciju, zbog čega su se asortiman i kvalitet proizvoda, zadržavajući nasleđena prirodna svojstva, veoma sporo menjali.

Razvoj tehnologije doneo je sa sobom *novatorsku* proizvodnju, koja je rezultirala ubrzanim unapređivanjem asortimana i kvaliteta proizvoda. Proizvodni metodi i postupci ne samo što su dobili naučnu osnovu, nego se na toj osnovi sve brže razvijaju sa tendencijom sve većeg tehnološkog savršenstva. Takav trend već sada široko otvara perspektivu slobodne proizvodnje, u kojoj će neposredni proizvodni proces praktično predstavljati samo eksperimentalnu bazu permanentnog novatorskog stvaralaštva čoveka.

Razvoj proizvodne tehnologije ne bi bio moguć bez razvoja proizvodne *tehnike*, koja u najširem smislu obuhvata celokupna sredstva za proizvodnju.[11] Tehnološke inovacije već same po sebi podrazumevaju odgovarajuće promene u tehnici proizvodnje, kao što, s druge strane, svaka tehnička inovacija zahteva manje ili veće promene u tehnološkim postupcima i metodama. Šta više, određene promene u tehnici proizvodnje, kao što je zamena slabije pogonske snage snažnijim vrstama energije, izazivaju opštu tehnološku revoluciju, koja ubrzava i unapređivanje ostalih faktora tehnologije.

Najadekvatniji pokazatelj tehničke osnove proizvodne tehnologije je *tehnička opremljenost* rada, koja se često meri veličinom sredstava za proizvodnju po zaposlenom radniku.[12] Takvo merenje nije, međutim, dovoljno egzaktno ukoliko između veličine sredstava za proizvodnju i broja zaposlenih radnika nije obezbeđen određeni zakonomerni sklad koji podrazumeva optimalno korišćenje njihovih radnih kapaciteta. U tom slučaju, keoficijent tehničke opremljenosti biće niži ili viši od tehnološki relevantne opremljenosti jer bilo živi bilo opredmećeni rad angažovan u procesu proizvodnje neće moći optimalno da se koristi.

Sa tehnološkog stanovišta, najadekvatnije merilo tehničke opremljenosti je odnos angažovanog živog i opredmećenog rada po jedinici proizvoda, merenog društveno potrebnim radnim vremenom, kao jedino egzaktnim ekonomskim merilom rada. Simbolički se taj odnos može izraziti sa:

$$To = \frac{Žr}{Or},$$

odakle se, ako se i Žr i Or izraze društveno potrebnim radnim vremenom, može izračunati koeficijent tehničke opremljenosti, koji pokazuje nivo tehnološke osnove jedne proizvodne jedinice ili društvene zajednice u celini.

---

[11] "Tehnika je sveukupnost srestava za rad, predmeta rada i svrsishodnog znanja i delovanja čovekovog rada u sistemu društvene proizvodnje čiji je cilj da stvara materijalna dobra društva". (Prof. dr Nenad Mileusnić, dipl. inž., isto, str. 15).

[12] "Tehnička opremljenost rada je odnos između količine sredstava za rad i radne snage, odnosno vrednosti sredstava za rad i broja zaposlenih radnika. Ona je pokazatelj vrednosti sredstava za rad po jednom zaposlenom radniku". (Dr Dragiša Milićević, isto, str. 81).

Generalno se tehnička opremljenost može meriti količinom društveno potrebnog opredmećenog rada po jedinci živog rada. Ako je na 1 čas živog rada otpimalno angažovan 1 čas opredmećenog rada, koeficijent tehničke opremljenosti je:

$$Kto = \frac{1}{1} = 1.$$

Racionalnim povećavanjem količine opredmećenog rada po jedinici živog rada tehnička opremljenost se unapređuje sa tendencijom približavanja apsolutnoj opremljenosti, izraženoj nultim koeficijentom:

$$Kto = 0,$$

koja odlikuje potpuno automatizovanu proizvodnju.

Takav tehnički progres ne bi, međutim, bio moguć bez progresivnog razvoja *proizvodnih odnosa*. Osnovna tehnološka protivrečnost eksploatatorskog načina proizvodnje je u tome što koncentracijom proizvoda u rukama eksploatatora na jednoj strani ubrzava razvoj tehnike, a na drugoj strani ubija svaki interes proizvođača za njeno racionalno korišćenje. Razrešavanje te protivrečnosti zamenjivanjem robovskog rada kmetovskim, i kmetovskog rada najamnim radom proletera, predstavljalo je osnovu progresivnog razvijanja proizvodnih odnosa i u okvirima ekploatatorske proizvodnje, ali istorijski sukob tehnologije i proizvođača nije, i u tim okvirima ne može biti prevaziđen.

Trajno razrešenje tog sukoba moguće je jedino putem ukidanja eksploatatorskog načina proizvodnje. Proizvođač može biti zainteresovan za unapređivanje tehnike i tehnologije samo ako plodovi tog unapređivanja ostaju u njegovom posedu. A bez opšte zainteresovanosti proizvođača automatizacija se, kao najviši oblik mehanizacije proizvodnog rada, pogotovu ne može ni razvijati ni racionalno koristiti.[13] Zato je ona praktično neodvojiva od socijalističkog proizvodnog odnosa kao odlučujuće determinante relativno slobodne socijalističke proizvodnje.

Prelaskom na socijalistički način proizvodnje bitno se menja društveni karakter tehnologije. U eksploatatorskoj proizvodnji ona je u funkciji podređivanja živog rada opredmećenom radu, dok je u socijalističkoj proizvodnji u funkciji ostvarivanja sve veće slobode živog rada. U prvom slučaju ona je u stvari u službi eksploatatorskih klasa, dok je u drugom slučaju u službi slobodno udruženih proizvođača.

Zavisno od ukupnog dejstva različitih faktora, razvoj tehnologije dobija protivrečan tok, koji se odvija ubrzanim tempom. Dok se u početku način proizvodnje veoma sporo menja, savremena tehnologija razvija se "meteorskom" brzinom.[14] Prema suštinskim promenama u načinu proizvodnje, mogu se u tom razvoju razlikovati tri istorijske faze: praistorijske, eksploatatorske i slobodne tehnologije. Jednostrane su mada ne i po-

---

[13] "Proizvodnja na visokom tehnološkom nivou ne može se uspješno razvijati pomoću sredstava *čisto vanjske discipline,* . već je za to potrebna *dobrovoljna disciplina,* to jest zadovoljstvo radnika na radnim mjestima". (Dı Rudí Supek, isto, str. 72).

[14] "Tehnologija je uvijek bila bitna za čovjekovu egzistenciju i napredak, prije no što je zarudjela zora historije i poslije toga. Ali vremenska dimenzija naglašava drugu činjenicu od velikog značaja, nevjerojatnu sporost tehnološkog napretka u svim ranijim razdobljima čovjekova razvoja i zapanjujuće ubrzanje tempa razvoja tehnologije u kasnijim razdobljima". (Charles R. Walker, isto, str. 19).

grešne periodizacije koje za osnovni kriterij uzimaju samo razvoj tehnike, deleći razvoj tehnologije na faze manuelizacije, mehanizacije i automatizacije odnosno automacije, i slično. [15])

Praistorijsku fazu u razvoju tehnologije karakteriše primitivni način proizvodnje, kojeg su određivali pre svega prirodni uslovi. Pošto se više prilagođavao prirodi nego što je prirodu prilagođavao sebi, čovek je i u izboru proizvoda i u njihovoj proizvodnji postupao prvenstveno po ćudima prirode i prema mogućnostima koje mu je ona pružala. Nauka i tehnika kao ni proizvodni odnosi, čiji je razvoj tek započinjao, nisu u društvenoj reprodukciji pa ni u samoj proizvodnji mogli imati značajniju ulogu.

Pre svega znanje, kao osnova svake tehnologije, bilo je kod prvobitnog proizvođača nedovoljno da bi se mogla utvrditi neka zakonomerna pravila proizvodnje pa su se proizvodni postupci zasnivali uglavnom na prilagođavanju prirodnim prilikama. A sve dok se nije počela odvijati po određenim tehnološkim pravilima, prvobitna proizvodnja nije ni predstavljala proizvodnju u pravom smislu reči. Praistorijska faza u razvoju tehnologije označava, u stvari, period ranog detinjstva ili prohodavanja ljudske proizvodnje.

U nedostatku tehničkih sredstava, proizvođač se služio prvenstveno svojim prirodnim sredstvima, pre svega rukom, koju je pokretao sopstvenom radnom energijom. Zato se, sa tehničkog stanovišta, početna faza u razvoju proizvodne tehnologije može označiti kao faza *manuelizacije*. Proizvodni proces sastojao se uglavnom od ručnih operacija koje su obavljane sasvim primitivnim oruđima ili golim rukama. To nije ni zahtevalo neko stručno znanje, pa je svako mogao uspešno obavljati sve operacije i sve poslove. U opštem neznanju prvobitni proizvođač je tako delovao kao univerzalna sveznalica.

Primitivni način proizvodnje teško je obezbeđivao i prostu reprodukciju životne egzistencije proizvođača, pa je upravo zbog toga i bio neposredno podređen takvoj reprodukciji kao osnovnom cilju. Proizvod koji je jedva zadovoljavao i minimum životne egzistencije proizvođača, nije se mogao nepovratno otuđivati, pa sem neposrednih proizvođača nije moglo biti ni drugih učesnika u procesu društvene reprodukcije. I s obzirom da se ni sami proizvođači nisu po svojoj ulozi i položaju u procesu proizvodnje bitno razlikovali, proizvodni odnosi su bili neposredni i stoga sasvim jednostavni, zbog čega je sasvim jednostavan bio i prvobitni način proizvodnje.

Razvitak tehnike omogućio je da se proizvodnja materijalnih dobara poveća iznad minimuma fiziološke egzistencije proizvođača i da se tako stvoreni višak proizvoda počne nepovratno otuđivati. Stavljanjem u funkciju stvaranja tog viška, proizvodna tehnologija dobija tipično eksploatatorski karakter. Suštinu *eksploatatorske tehnologije* čini zapravo pretvaranje proizvodnog rada, a time i samog proizvođača kao njegovog nosioca, u sredstvo stvaranja otuđujućeg viška proizvoda. Sva metodologija takve tehnologije zasnovana je na premisi da sem reprodukovanja otuđujućeg viška proizvoda, životna egzistencija proizvođača, i nema drugog smisla.

Na tome se zasniva i tehnološko izjednačavanje proizvođača sa proizvodnom tehnikom u pogledu korišćenja njihovih radnih potencijala. Osnovni je princip eksploatatorske tehnologije da teži maksimalnom iskorišćenju i proizvodne tehnike i radne snage proizvođača čija se životna reprodukcija time praktično svodi na prosto održavanje fiziološke egzistencije. Takav princip dolazi u koliziju sa samim sobom pa i sa sopstvenom svrhom, ali tek na relativno visokom stepenu razvoja proizvodnje kad sama tehnika dođe u sukob sa životinjskim načinom života neposrednog proizvođača, i kad se eksploatatorska tehnologija više ne može ni održati.

---

15) Vidi: Milan Mesarić, *Suvremena znanstveno-tehnička revolucija*, Ekonomski institut, Zagreb, 1971, str. 3; Dr Adolf Dragičević, *Ekonomsko oslobođenje rada*, isto, str. 124; Teofanija Trivunac, isto, str. 19—20.

Pretvaranje u višak proizvoda i poslednje kalorije radne energije proizvođača, predstavlja, naime, moto eksploatatorske tehnologije, a ukoliko se od toga odstupa utoliko se ona nedosledno primenjuje. Zato su i proizvodni postupci takve tehnologije sračunati na maksimalnu intenzivnost proizvodnog rada, kojom se maksimalno ograničavaju slobodne aktivnosti proizvođača. U toj funkciji, eksploatatorska tehnologija sjedinjuje u sebi dvostruku — i prirodnu i društvenu prinudu, ali joj glavni oslonac za razliku od praistorijske tehnologije, čini zapravo društvena prinuda, bez koje se njeni metodi i postupci praktično ne bi mogli primenjivati.

Takav tehnološki oslonac zasniva se, kao i samo otuđivanje proizvodnog rada, na klasnom proizvodnom odnosu, koji proizvođača stavlja u protivrečnu poziciju. Kao aktivni subjekt proizvodnje, bez čijeg se angažovanja proizvodni proces ne može odvijati, neposredni proizvođač je u takvom odnosu istovremeno i pasivni objekat eksploatacije baš kao i tehnika kojom rukuje. Subjekt proizvodnje, on je pod prirodnom, a objekat eksploatacije pod društvenom prinudom.

Istorijskom razrešenju te protivrečnosti vodi i sam razvoj tehnike, koji ima protivrečan uticaj na položaj i proizvođača i njegovih eksploatatora. Da bi uvećale višak proizvoda, eksploatatorske klase su objektivno i jačale i potkopavale svoj položaj u društvenoj reprodukciji, što je za rezultat imalo njihovo smenjivanje i konačan odlazak s istorijske pozornice. Zajedno s eksploatatorskim klasama smenjivale su se i eksploatisane klase, sve do konačnog oslobođenja od eksploatacije.

Pošto je proizvod osnovna svrha svake proizvodnje, u celokupnoj istoriji neposredne ljudske proizvodnje opredmećeni rad u obliku proizvoda dominira nad živim radom kao proizvodnim procesom. Ali na određenom stupnju razvoja eksploatatorske tehnologije živi rad dolazi pod neposrednu dominaciju opredmećenog rada i u samom procesu proizvodnje. Po tome bi se faza eksploatatorske tehnologije mogla podeliti na dve osnovne etape: zanatske i industrijske tehnologije.

U *zanatskoj proizvodnji* proizvođač kao nosilac živog rada još dominira nad proizvodnom tehnikom kao opredmećenim radom. Takav odnos proističe iz relativno nerazvijene tehnike, čiju osnovu čine ručne alatke, manuelne veštine i prirodne sirovine. Kao neposredni nosilac i glavna pogonska snaga tehnike, proizvođač igra odlučujuću ulogu u neposrednom procesu proizvodnje. U toj funkciji, on je zapravo glavni izvršilac proizvodnih postupaka i fizički izvođač radnih operacija.

U težnji za što većom racionalizacijom proizvodnih postupaka, proizvođač je stalno usavršavao i ručne alatke i manuelne veštine prilagođavajući ih proizvodnji pojedinih vrsta proizvoda. Tako je zanatstvo, kao posebna grana proizvodne delatnosti, i nastalo i razvijalo se u pravcu sve veće specijalizacije i podele rada koja je vršena i po horizontali i po vertikali. Jer ne samo što su od svaštarskog zanatstva nastali mnogi specijalizovani zanati, nego je i u okviru svakog pojedinog zanata izvršena podela proizvodnih funkcija prema stepenu tehnološkog znanja i radnog iskustva.

Tako je u hijerarhiji proizvodnih funkcija klasna subordinacija dobila karakterističan tehnološki izraz. Preko hijerarhijske lestvice: majstor — kalfa — šegrt, koja se grafički može predstaviti kao:

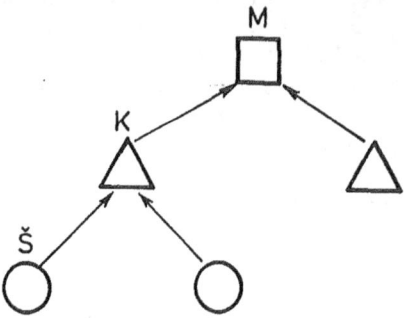

(gde M označava majstora, K —kalfu, i Š — šegrta), odnosi klasne subordinacije uvedeni su u sam tehnološki proces, što-dovoljno pokazuje da je proizvodna tehnologija praktično neodvojiva od proizvodnih odnosa.

Na prikazanoj lestvici temelji se, po pravilu, ceo tehnološki proces eksploatatorskog načina zanatske proizvodnje. Iako su i majstor i kalfa i šegrt neposredni izvršioci proizvodnih postupaka, izvršenje je među njima stepenovano prema tehnološkom znanju tako da šegrt neposredno izvršava naloge kalfe, a kalfa naloge majstora. Ko je na nižoj stepenici lestvice pokorava se tako volji onih koji su iznad njega, a svoju volju sprovodi preko onih koji su ispod njega. To je u takvom načinu proizvodnje osnovno tehnološko pravilo, i ako se ono naruši narušiće se ceo tehnološki proces. Zna se da proizvodnja određenog proizvoda započinje najsloženijim operacijama majstora, a završava najjednostavnijim operacijama šegrta (koji uz to obavlja i razne pomoćne poslove u toku celog proizvodnog procesa), i drugačije ne može biti.

Specijalizacijom zanatske proizvodnje stručna kvalifikacija neposrednog proizvođača sve više je sužavana, ali je jedinstvo stvaralačke i izvršilačke funkcije u neposrednom procesu proizvodnje zadržano. Zanatlija stvara ceo proizvod, od njegove zamisli do finalne obrade,[16] ali se to jedinstvo već i u zanatskom načinu proizvodnje počinje narušavati hijerarhijskom podelom proizvodnih funkcija. Šegrt i kalfa ne obavljaju jednostavnije operacije samo zbog manje stručnosti, nego i zato što majstor kreativnije operacije zadržava za sebe, čime se praktično već začinje cepanje proizvodnje na stvaralački i izvršilački deo.

Kao tehnološki proces, to cepanje započinje još u prostoj kooperaciji, nastavlja se u manufakturnoj, a ubrzava i završava u industrijskoj proizvodnji.[17] Svodeći proizvodnu funkciju radnika na parcijalno učešće u oblikovanju celovitog proizvoda, manufaktura ga već u velikoj meri lišava stvaralačke uloge, koju mora neko drugi preuzeti. Prenoseći tu ulogu na tehničku inteligenciju, *idnustrijska tehnologija* proizvodno stvaralaštvo sve više izvlači iz neposrednog procesa proizvodnje.

---

16) Zanatlija "radi *individualno* po naučenim i stečenim metodima. U tom radu zadržava se još *jedinstvo pripreme i izvršenja* (intelektualnog i izvršnog rada)". (Stjepan Holadin, isto, str. 78).

17) "Manufakturna podela rada urodila je time da su se duhovne snage procesa materijalne proizvodnje protivstavile radnicima kao tuđa svojina i kao sila koja nad njima gospodari. Ovaj proces odvajanja započinje u prostoj kooperaciji, gde kapitalista prema pojedinačnim radnicima predstavlja jedinstvo i volju društvenog radnog tela; razvija se dalje u manufakturi, koja radnika obogaljuje u delimičnog radnika, a završava se u krupnoj industriji, koja nauku odvaja od rada kao nezavisnu snagu proizvodnje i silom je stavlja u službu kapitala". (K. Marks: "Kapital" I knj., isto, tom 21, str. 322).

84

Odlučujući korak u tom pravcu predstavlja zamena fizičke snage radnika mehaničkom snagom mašine. Dok se zanatska tehnologija temelji na radnoj energiji čoveka, temelj industrijske tehnologije čini prirodna energija. A kao nosilac prirodne energije, koja čini glavnu pogonsku snagu industrijske proizvodnje, mašina nužno potiskuje radnika iz središta tehnološkog procesa, jer umesto njega ona preuzima ulogu glavnog izvršioca tehnoloških postupaka.

Mašina se na taj način ubacuje između radnika i alatke kojom se predmet rada neposredno oblikuje. Time umesto alatke ona postaje neposredni produžetak njegove proizvodne snage, ali u izvršavanju proizvodnih postupaka, gde je *ona* glavni nosilac posla, i radnik postaje *njen* produžetak. Jedini način da se tako protivrečna pozicija radnika prevaziđe je razdvajanje njegove izvršilačke i stvaralačke funkcije.

Kao mehanička naprava, mašina može u procesu proizvodnje ostvarivati izvršilačku funkciju samo ako je konstruisana tako da u svrsishodnom oblikovanju predmeta rada zamenjuje radnika. To podrazumeva da ona radi po zamisli svog konstruktora, koji na nju prenosi izvršavanje radnih operacija umesto da ih sam izvodi. Mehanizovani proizvodni postupci izvode se, dakle, prema projekcijama koje se stvaraju izvan neposrednog procesa proizvodnje, a ne na licu mesta kao što se često ili po pravilu radi u praistorijskom, pa i zanatskom načinu proizvodnje.

Stoga se za mašinu može reći samo da je ona svojevrsni produžetak proizvodne snage njenog konstruktora, a ne bilo kojeg radnika. Nasuprot konstruktoru i svim drugim stvaraocima koji projektuju proizvod i njegovo oblikovanje, radnik koji pri tom oblikovanju obslužuje mašinu deluje samo kao *njen* tehnološki produžetak ili čak kao sporedni dodatak, nadomeštajući njeno tehnološko nesavršenstvo. I zato je on u službi mašine, a nije mašina u funkciji ostvarivanja njegove proizvodne uloge, što zapravo čini da opredmećeni rad, za razliku od zanatske tehnologije, i u neposrednom procesu proizvodnje dominira nad živim radom. [18)]

Pošto se temelji na mehanizaciji, industrijska proizvodnja se već u nižoj fazi svog razvoja deli na stvaralački i izvršilački deo, tako da se prvi deo obavlja van neposrednog proizvodnog procesa. Mehanizacija po svojoj prirodi podrazumeva da je neposredni proces proizvodnje objektiviziran i da se odvija po unapred utvrđenim pravilima i postupcima. [19)] U takvom tehnološkom sistemu sve funkcije su strogo definisane prema proizvodnim ciljevima, a ne prema osobinama izvršilaca, koje moraju odgovarati karakteru funkcije, za razliku od slobodnih aktivnosti gde su stvaralačke funkcije određene stvaralačkim sposobnostima njihovih izvršilaca.

Zbog toga industrijska tehnologija već sama u sebi nosi suprotnost između radnika i tehničke inteligencije koja se javlja kao posrednik u klasnoj suprotnosti između industrijalca i radnika. Tehnička inteligencija se, naime, u kreiranju tehnoloških sistema neposredno podređuje industrijalcu (rukovodeći se njegovim interesima), dok se radnik neposredno podređuje tehnološkom sistemu koji kreira tehnička inteligencija. Na taj način se stvara karakteristična hijerarhijska lestvica industrijske tehnologije, koja se grafički može predstaviti kao:

---

18) "U manufakturi i zanatu radnik se služi alatom, u fabrici on služi mašinu. Tamo kretanje sredstava za rad polazi od njega, ovde on mora da ide za njegovim kretanjem. U manufakturi radnici sačinjavaju udove jednog živog mehanizma. U fabrici postoji mrtav mehanizam, nezavisan od njih, a oni su mu pripojeni kao živ dodatak". (Isto, str. 374).

19) "Ustrojstvo društvenog procesa rada u manufakturi je sasvim subjektivno, to je kombinacija delimičnih radnika; mašinski sistem krupne industrije sasvim je objektivan organizam proizvodnje koji radnik zatiče kao gotov materijalni uslov za proizvodnju". (K. Marks: "Kapital", isto, tom 21, str. 342).

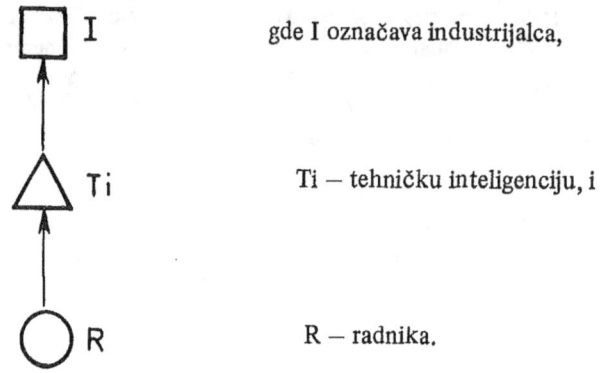

gde I označava industrijalca,

Ti — tehničku inteligenciju, i

R — radnika.

Ali na tome se hijerarhijska diferencijacija, koju implicira industrijska tehnologija, ne završava. U samoj primeni tehnologije, koja nameće vertikalnu podelu rada i u neposrednom procesu proizvodnje, ona se produžava i na odnose među radnicima. Vrši se najpre diferencijacija na *stručne* izvršioce koji brinu o pravilnoj primeni proizvodnih metoda i postupaka, i *priučene* radnike koji samo izvode proizvodne operacije. Ona se zavisno od složenosti poslova, dalje razgranava tako da se dobija čitava skala izvršnih funkcija prema kojoj se vrši diferencijacija na pogonske inžinjere, visokokvalifikovane, kvalifikovane, polukvalifikovane i nekvalifikovane radnike, i slično.

Ta hijerarhija implicira odnose subordinacije i među samim radnicima, tako da svako radi po nalogu nekog drugog. Na taj način tehnološka struktura celokupne žive sile koja nosi industrijsku proizvodnju, dobija oblik piramide u čijem je vrhu industrijalac, a u osnovi priučeni radnik. Proces mehanizacije industrijske proizvodnje vodi zapravo stvaranju sve veće armije priučenih izvršilaca koji rade po nalozima i pod neposrednom kontrolom kvalifikovanih radnika na sve većoj distanci od vlasnika proizvodnog kapitala.[20]

Tako složena struktura industrijske proizvodnje rezultat je veoma razgranate podele rada, koja se industrijskom tehnologijom, i po vertikali i po horizontali, razvija do krajnjih granica. Armija priučenih radnika stvara se time što specijalizacija na bazi mehanizacije prelazi granice stručne kvalifikacije tako da specijalizaciju znanja zamenjuje specijalizacija fizičkih pokreta, koja pored intelektualne, i fizičku aktivnost čoveka u neposrednom procesu proizvodnje čini krajnje jednostranom. Na taj način industrijska proizvodnja do te mere uprošćava ljudski rad da ga praktično pretvara u njegovu suprotnost izjednačavajući ga sa mehaničkim radom, čime se i radnik po svojoj funkciji izjednačava sa mehaničkim sredstvom rada.

Ali to je i nužna pretpostavka automatizacije proizvodnog procesa, koja čini tehničku osnovu *slobodne tehnologije*. Ljudski rad može se zameniti mehaničkim radom tek kad je do te mere uprošćen da se praktično svodi na fizičke operacije. Tehnika sigurno ne može misliti, ali se može toliko usavršiti da mehanički precizno reprodukuje ljudsku misao, pa da, na toj osnovi, po zamisli čoveka izvodi i veoma složene operacije.

---

20) "Uvođenjem mašina alatljika smanjuje se potreba za kvalificiranom i *nekvalificiranom radnom snagom...* Tako je već oko 1920. godine u Fordovim tvornicama 43% svih zaposlenih steklo svoju kvalifikaciju za manje od jedan dan, 36% za manje od jedan tjedan, a smo 10—15% ima šire i kompleksnije obrazovanje", (Stjepan Holadin, isto, str. 20. i 96).

Ako se prosta mehanizacija proizvodnje zasniva na zameni ljudske energije prirodnom energijom, i ljudskih mišića mehaničkim sredstvima, automatizacija je oblik složene mehanizacije koji se uz to zasniva i na zameni čovekovog nervnog sistema veštačkim sistemom telekomunikacija. U prenošenju svojih sposobnosti na tehniku čovek ide od nižih ka višim potencijama. Čelična šaka zamenjuje ljudsku šaku, fotoelektrična ćelija — oko, plinski detektor — čulo mirisa, mikrofon — uho, i električni mikrometar — čulo dodira, a njihovim povezivanjem pomoću elektronskog mozga u jedinstven telekomunikacioni sistem nastavlja se proces mehaničke substitucije ljudskog mozga i nervnog sistema u celini.

Shodno tome, i proces automatizacije proizvodnje ide od prostijih ka složenijim operacijama, odnosno od delova ka celini proizvodnog procesa, te od pojedinačnih mašina ka celom proizvodnom mehanizmu. Taj proces prolazi uglavnom kroz četiri osnovne faze tako da se u *prvoj* fazi ručni rad zamenjuje radom mašina, u *drugoj* mehanizuju operacije regulisanja, merenja, kontrole i upravljanja mašinama i mehanizmima, u *trećoj* se automatizuju delovi proizvodnog procesa, a u *četvrtoj* ceo proces proizvodnje. [21] Zavisno od stepena ostvarenja, automatizacija, prema tome, može biti parcijalna i kompleksna.

Potpuno slobodna tehnologija podrazumeva potpunu automatizaciju proizvodnje koja se odvija bez neposrednog učešća čoveka. Proizvodni postupci i neposredni proces proizvodnje u celini izvode se samo pomoću tehnike, dok se oslobođeni radnik pretvara u tehnologa koji te postupke i procese izučava, projektuje i usavršava. Svoju funkciju neposrednog proizvođača čovek na taj način zamenjuje funkcijom slobodnog kreatora proizvodnje.

Samim tim, čovek od usko specijaliziranog radnika postaje univerzalna ličnost, jer i najsloženije funkcije koje čine neposredni proces proizvodnje, kao što su obrada informacija, upravljanje proizvodnim procesom, njegovo nadgledanje i korigovanje, kontrola kvaliteta i slično, sve do sastavljanja proizvodnih programa, [22] prenosi na mehaničke naprave. Umesto radnika, te naprave sada popunjavaju razgranatu mrežu specijalizacije i podele rada koju je čovek vekovima pleo za sebe i u koju se sve više zaplitao robujući sopstvenom delu. Automatizovani proizvodni sistemi toliko će se usavršiti da će pomoću njih jednog dana svako moći da proizvodi sve. [23]

Samim ukidanjem podele rada i specijalizacije ukida se i proizvodna hijerarhija. Već u procesu automatizacije nestaje diferencijacija proizvodnih funkcija po njihovoj složenosti jer se nakon mehanizacije jednostavnih operacija, u krugu izvršilačkih funkcija neposrednih proizvođača zadržavaju još uglavnom složenije operacije, čije obavljanje ne

---

21) Vidi: Danilo Ž. Marković, isto, str. 248).

22) Vidi: Teofanija Trivunac, isto, str. 43—71.; Inž. Uroš Popović, ,Automatika i njen razvojni put, "Rad", Beograd, 1943, str. 31—49.; inž. Dušan Hristović i inž. Milojko Marić, *Elektronski digitalni automati,* "Rad", Beograd, 1964, str. 6—23).

23) "Jedna od pozitivnih posljedica automatizacije je u tome da ona u velikoj mjeri ukida onaj najnesretniji oblik rada koji je rodila mehanizacija, naime specijalizirani ili priučeni rad uz mehaniziranu proizvodnu traku". (Dr Rudi Supek, isto, str. 77).

podleže principu hijerarhijske subordinacije.[24] Slobodno proizvodno stvaralaštvo izbrisaće konačno svaki trag proizvodne hijerarhije, sa kojom je inače po svojoj prirodi nespojivo.

Rušenjem proizvodne hijerarhije ruše se temelji ukupne društvene hijerarhije. Oslobođenje živog rada proizvođača od dominacije proizvodne tehnike je najneposrednije povezano sa njegovim oslobođenjem od društvene dominacije neproizvođača. Zato slobodna tehnologija već u toku svog nastajanja zahteva samoupravnu asocijaciju slobodnih proizvođača, koji zajednički samostalno upravljaju i proizvodnim procesima i ukupnim uslovima, sredstvima i rezultatima svog rada.[25]

. Proizvodna moć koju radnik dobija nad moćnom tehnikom postaje osnova njegove društvene moći. Ovladavajući proizvodnjom, on istovremeno ovladava celim društvom, koje na proizvodnji i počiva. Ukoliko radnik više vlada tehnikom umesto da ona vlada njime, utoliko više vlada samim sobom umesto da njime vladaju drugi. Automatizacija mu daje i materijalnu osnovu i moralni podsticaj da se konačno oslobodi vekovnog robstva.[26]

Taj cilj se, u svakom slučaju, ne bi mogao ostvariti bez razvoja tehnologije iako mu on u određenim fazama protivreči stavljajući se u neposrednu funkciju otuđivanja rada. Bez obzira na sve protivrečnosti kroz koje prolazi, racionalizacija ljudskog rada u krajnjoj rezultanti nezadrživo vodi njegovom oslobođenju. Jer i kad je u neposrednoj funkciji reprodukcije kapitala, racionalizacija proizvodnog rada stvara materijalne preduslove njegovog oslobođenja.

Kao naučna disciplina, tehnologija do rešenja za racionalizaciju proizvodnog rada dolazi na osnovu analize proizvodnog procesa i njegovih delova. Racionalizacija živog rada vrši se najpre eliminisanjem suvišnih i kombinovanjem korisnih pokreta, a zatim njihovim zamenjivanjem mehaničkim pokretima tehničkih naprava, koji se takođe mogu dalje pojednostavljivati da bi se vršile uštede opredmećenog rada. Racionalizacija živog rada je u stvari preduslov njegove mehanizacije, jer da bi se mehanizovali, fizički pokreti se moraju najpre pojednostaviti. To je istovremeno putokaz i za mehanizaciju intelektualnog rada, koji se prethodno takođe mora pojednostaviti oslobađanjem od suvišnih impulsa koji ne doprinose neposredno obavljanju radnih operacija.

---

[24] "Namesto hijerarhije specijaliziranih radnika, karakteristične za manufakturu, u automatskoj fabrici javlja se tendencija za izjednačavanjem ili nivelisanjem radova, koje pomoćnici mašine imaju da izvode". (K. Marks: "Kapital", isto, tom 21, str. 372).
"U mehaniziranoj proizvodnji se radni kolektiv može usporediti sa pešadijskim bataljonom kojemu je na čelu strogi komandant, čiji autoritet stvara od izoliranih pojedinaca čvrstu cijelinu. Naprotiv, radni kolektiv u jednoj automatiziranoj tvornici liči prije na *posadu* jednog velikog aviona, gdje su funkcije strogo raspodijeljene, ali svaki osjeća da zavisi od drugoga i da zajedno snose zajedničku odgovornost za uspjeh u zadatku". (Dr. Rudi Supek, isto, str. 71/2).

[25] "Radnici u automatiziranim poduzećima samoupravljanje osjećaju kao *dio svojih neposrednih zahtjeva*, jer ne prihvaćaju da bi jednom prvenstveno naučnom i tehnološkom organizacijom proizvodnje rukovodio netko tko je izvan samog radnog kolektiva... Automatizacija ruši moć "malih bogova"!" (Dr Rudi Supek, isto, str. 73. i 100).

[26] S automatizacijom prizvodnje, "u najmanju ruku naziru se mogućnosti za novi položaj i dostojanstvo čovjeka kao proizvođača,... mogućnosti koje, što se više sukobljavaju s uvjetima njegova današnjeg društvenog položaja, moraju duboko utjecati na psihologiju radnika i ubrzati njihove aspiracije. Čovjek kao tehničar u proizvodnom procesu sve više se suprotstavlja radnoj snazi kao robi, na kojoj se temelji kapitalizam". (Maurice Dobb, *Studije o razvoju kapitalizma*, "Naprijed", Zagreb, 1961, str. 420/1).

Analiza proizvodnog procesa vrši se njegovim raščlanjivanjem na sastavne delove: osnovne faze, operacije, zahvate, pokrete i mikropokrete, što se simbolički može izraziti sa:

$$Pp < Of < Op < Za < Po < Mp,$$

gde $<$ označava strukturu, Pp – proizvodni proces u celini, Of – osnovne faze, Op – operacije, Za – zahvate, Po – pokrete, i Mp – mikropokrete.

Svaki proizvodni proces sastoji se od pripremne, tehnološke i završne faze, koje u različitim oblicima proizvodnje imaju različit oblik i sadržinu. U svim oblicima proizvodnje teži se njihovom skraćivanju putem racionalizacije radnih operacija koje ih čine. Jedna faza sastoji se od manjeg ili većeg broja radnih operacija, što se simbolički može izraziti sa:

$$Of = Op_1 + Op_2 + ... Op_n.$$

Skraćivanje faze vrši se skraćivanjem, spajanjem, pa i eliminisanjem pojedinih operacija, i njihovih delova tako da se ukupno vreme trajanja faze i troškovi proizvodnje smanjuju.

Pripremna faza obuhvata sve operacije do početka oblikovanja predmeta rada koje treba da rezultira gotovim proizvodom. U razvijenijim oblicima proizvodnje ona se diferencira na ekonomsku i tehničku pripremu, tako da se simbolički može izraziti kao:

$$Pf = Ep + Tp,$$

gde Pf označava pripremnu fazu, Ep – ekonomsku, i Tp – tehničku pripremu.

Ekonomskom pripremom obezbeđuju se svi potrebni činioci proizvodnje koji neposredno ulaze u proizvodni proces. Tu naročito spadaju: pribavljanje odgovarajućih zakonskih prava i odobrenja za proizvodnju određenih vrsta proizvoda i usluga; obezbeđenje potrebnih finansijskih sredstava; nabavka osnovnih sredstava, pogonske energije, sirovina i repromaterijala, a u eksploatatorskim oblicima proizvodnje, i radne snage.

Tehnička priprema proizvodnog procesa sastoji se od inženjeringa i operativne pripreme. Inženjering obuhvata: izbor procesa i načina njegove primene; izbor specifične opreme koja će se upotrebiti; izbor potrebnog specijalnog alata; i utvrđivanje lokacija primene specijalnih alata.[27] Operativni deo tehničke pripreme obuhvata naročito: tehničku obradu ulaznih informacija; instaliranje proizvodnih kapaciteta odnosno dopremanje proizvodnih činilaca do mesta proizvodnje; i njihovo stavljanje u stanje tekuće proizvodne pripravnosti.

Tehnološka faza je proces neposredne izrade određenog proizvoda, u toku kojeg se predmet rada svrsishodno oblikuje prema projektovanom modelu tog proizvoda. Pri tome se manje ili više menjaju fizička, hemijska i druga svojstva oblikujućeg predmeta, da bi se dobila određena nova svojstva projektovanog proizvoda koja određuju njegovu upotrebnu vrednost. Zavisno od stepena tih promena, razlikuju se tehnološki procesi *obrade* i *prerade* sirovinske osnove. Dok se kod obrade svojstva sirovine u osnovi zadržavaju, kod prerade se ona bitno menjaju.[28]

---

27) Vidi: Harold B. Maynard, *Savremena organizacija proizvodnje,* "Kulturni centar", 1979, 3–38).
28) Vidi: Isto, 3–4.

Stepen oblikovanja osnovnog materijala u tehnološkom procesu najbolji je izraz razvijenosti materijalne proizvodnje. Primitivnim sredstvima rada čovek je predmete prirode mogao samo delimično oblikovati menjajući uglavnom njihovu veličinu i oblik. Savremenom tehnikom on može po sopstvenoj želji stvarati razne sintetičke materijale kojih u prirodi nigde nema, i od njih izrađivati proizvode koji svojim upotrebnim svojstvima daleko nadmašuju prirodne predmete.

Završna faza proizvodnog procesa u razvijenim oblicima proizvodnje sastoji se iz dva dela: tehnološke verifikacije i ekonomske valorizacije gotovih proizvoda. Tehnološka verifikacija se zasniva pre svega na tehničkoj kontroli kvaliteta proizvoda, koji treba da odgovara društvenim standardima utvrđenim prema odgovarajućim potrebama potrošača. Ona u stvari znači neposrednu proveru uspešnosti tehnološkog procesa, koja se kvalitativno meri stepenom ostvarenosti projektovanih svojstava gotovog proizvoda.

Tehnološki verifikovan proizvod nije, međutim, u svim oblicima proizvodnje i finalni proizvod proizvodnog procesa. U robno-novčanom načinu proizvodnje on putem razmene mora dobiti i svoju ekonomsku valorizaciju, novčano izraženu ostvarenim prihodom kao krajnjom verifikacijom uspešnosti proizvodnog procesa. A ukoliko krajnji cilj proizvodnog procesa predstavlja njegovo opredmećenje u novčanom obliku, on se s ekonomskog stanovišta ne može ni smatrati završenim dok se takvo opredmećenje ne izvrši.

Radna operacija je osnovni deo proizvodnog procesa koji se kao jedinstvena celina po pravilu obavlja u okviru jednog radnog mesta. Više neposredno povezanih operacija koje čine određenu celinu, predstavljaju posebnu *fazu rada* kao deo osnovne faze proizvodnog procesa. Faze rada mogu biti prostorno i vremenski odvojene ne samo kad pripadaju različitim osnovnim fazama proizvodnog procesa, već i kao delovi iste faze. Delovi jednog tehnološkog procesa mogu se kao posebne faze rada obavljati i u različitim proizvodnim organizacijama i u odvojenim vremenskim periodima, kao što je, na primer, slučaj sa izradom delova automobila i njihovim ugrađivanjem u finalni proizvod, ili sa setvom i žetvom pšenice.

Priroda radne operacije određuje u osnovi i fizionomiju *radnog mesta,* koje predstavlja koherentan skup (sistem) proizvodnih činilaca, sposoban da radnu operaciju samostalno izvodi. Iako takav skup nosi naziv "radnog *mesta*", stalna lokacija nije njegov odlučujući činilac, bez obzira što se svaki posao obavlja u nekom prostoru. Radno mesto vozača automobila ili trgovačkog putnika nema stalnu lokaciju, ali je ono radnom operacijom koja zahteva odgovarajuće sposobnosti i sredstva rada, sasvim precizno određeno. [29)]

Operacija se sastoji od *zahvata*, koji predstavljaju posebne svrhovite i relativno celovite segmente u procesu njenog obavljanja. Svaki zahvat se obavlja s određenim neposrednim ciljem prema kojem su usmereni radni pokreti, i čije ostvarenje neposredno zaokuplja pažnju radnika. Svi zahvati jedne operacije su, međutim, usmereni prema određenom zajedničkom cilju radi čijeg se ostvarenja povezuju u jedinstvenu koherentnu celinu tako da se obavljaju po određenom redosledu koji vodi do zajedničkog cilja kao krajnjeg cilja cele operacije.

Po određenom redosledu obavljaju se i radni *pokreti* kao integralni delovi zahvata. I pokret predstavlja određenu delatnu celinu u jedinstvenom procesu obavljanja zahvata, koja znači neku promenu u odnosu između radnika i predmeta odnosno sredstva rada.

---

29) O definiciji radnog mesta vidi: S. Kukoleča, Ž.K. Kostić, isto, str. 27; i Prof. dr Nenad Mileusnić, dipl. inž., *Organizacija procesa proizvodnje,* isto, str. 95—99.

Pokreti mogu biti u funkciji neposrednog delovanja na predmet rada ili u funkciji obavljanja pripremnih i završnih radnji koje takvo delovanje omogućuju, a sa stanovišta uloge koju u njihovom obavljanju imaju pojedini delovi ljudskog organizma, mogu se deliti na pokrete šake, dolaktice, nadlaktice, ruku, nogu i tela. [30]

Pokret se može raščlaniti na *mikropokrete* kao najmanje delove tehnološkog procesa, koji se tehnološki ne mogu dalje deliti. Kao organski deo pokreta, i mikropokret predstavlja određenu celinu, koja čini poseban segment u obavljanju pokreta. Redosled mikropokreta određen je jedinstvenom funkcijom pokreta, i oni se obično obavljaju u kontinuitetu, sa sasvim kratkim prekidima ili neprekidnim prelazima s jednog na drugi.

Pored prostorne dimenzije, proces proizvodnje i njegovi delovi imaju svoju vremensku dimenziju. Ukupno vreme potrebno za proizvodnju nekog proizvoda obuhvata društveno potrebna vremena trajanja svih radnih operacija koje se u cilju njegovog stvaranja moraju obaviti —od izrade idejnih projekcija proizvoda i proizvodnog procesa do njihove krajnje realizacije. Pored toga, tu spadaju i alikvotni delovi trajanja radnih operacija neophodnih za proizvodnju odgovarajućih sredstava za proizvodnju, kao i za obrazovanje odnosno reprodukciju radnih sposobnosti proizvođača. Simbolički se stuktura ukupnog vremena proizvodnje može u opštem obliku izraziti sa:

$$Tp = To_1 + To_2 + ... + To_n,$$

gde Tp označava vreme proizvodnje, a To_1 — To_n vremena pojedinih radnih operacija.

Osnovu vremena proizvodnje čini *tehnološko vreme* kao vreme trajanja tehnološke faze, u kojem se vrši oblikovanje predmeta rada radi dobijanja gotovog proizvoda. Ono se sastoji od vremena izrade i pripremno — završnog vremena, što se simbolički može izraziti sa:

$$Tt = Ti + Tpz,$$

gde Tt označava tehnološko vreme, Ti — vreme izrade, i Tpz — pripremno-završno vreme.

· *Vreme izrade* sastoji se od vremena neposredne izrade i pomoćnog vremena, tako da je:

$$Ti = Tni + Tpm,$$

U vremenu neposredne izrade vrše se tehnološke promene na predmetu rada koje znače njegovo neposredno oblikovanje prema utvrđenoj nomenklaturi proizvoda, zbog čega se ono naziva i osnovnim vremenom izrade ili tehnološkim vremenom u užem smislu. Pomoćno vreme je u funkciji osnovnog vremena bilo da mu sledi ili prethodi, kao što je, na primer, puštanje u rad i zaustavljanje mašine, nameštanje i skidanje komada koji se obrađuje, i slično.

Pripremno-završno vreme sastoji se od vremena pripreme i vremena završavanja izrade, tako da je:

$$Tpz = Tpr + Tz.$$

---

[30] Vidi: Prof. dr Nenad Mileusnić, dipl. inž., isto, str. 22.

U pripremnom vremenu vrši se pripremanje radnog mesta, koje se sastoji od proučavanja tehničke dokumentacije, pripremanja mašine i alata i sl., dok je završno vreme ispunjeno raspremanjem radnog mesta. Pripremno-završne radnje vezane su za aktiviranje i dezaktiviranje radnog mesta, bez obzira koja se količina proizvoda proizvede u određenom intervalu njegove aktivnosti.

Pored vremena izrade i pripremno-zvaršnog vremena, tehnološko vreme u širem smislu obuhvata i takozvano *dopunsko vreme*, koje predstavlja vreme neizbežnih prekida tehnološkog procesa. Ono obuhvata: predviđeno vreme odmora i nepredviđene zastoje zbog obavljanja drugih fizioloških potreba radnika, neispravnosti mašina i alatki, nestanka pogonske energije i materijala, povreda na radu, elementarnih nepogoda i slično. [31]

Ukupna struktura tehnološkog vremena može se, prema tome, izraziti sa:

$$Tt = Ti < \frac{Tpm}{Tni} + Tpz < \frac{Tz}{Tpr} + Td,$$

gde Td označava dopunsko vreme. Sem dopunskog vremena, svako od naznačenih vremena deli se na vremena radnih operacija, a ova na vremena zahvata koja se dalje dele na vremena pokreta sastavljena od vremena mikropokreta kao najmanjih jedinica tehnološkog vremena.

Dužina tehnološkog vremena zavisi naročito od četiri osnovna faktora: motivacije i sposobnosti radnika, intenziteta rada, tehnologije proizvodne, organizacije rada i prirodnih uslova. Pošto su ti faktori od slučaja do slučaja različiti i promenljivi, različito je i promenljivo i tehnološko vreme koje oni određuju. Ono se razlikuje ne samo u različitim proizvodnim organizacijama, već i na istom radnom mestu u različito vreme.

Tehnologija bi kao naučna disciplina, za merilo tehnološkog vremena morala uzimati društveno potrebno vreme, koje je pod jednakim objektivnim uslovima rada određeno prosečnim intenzitetom rada. Ono se snimanjem tehnološkog procesa praktično utvrđuje kao prosečno vreme rada po jedinici proizvoda, tako da je:

$$Tdp = \frac{t_1 + t_2 + ... + t_n}{n},$$

gde Tdp označava društveno potrebno vreme, t_1 — tn individualna vremena pojedinih radnika, i n — broj individualnih vremena na osnovu kojih se utvrđuje prosečno vreme.

Tako utvrđeno vreme potrebno da se proizvede jedinica nekog proizvoda označva se kao *normativ živog rada*. Kao objektivno merilo rada, ono pokazuje koliko je živog rada uloženo u jedinicu proizvoda nezavisno od toga za koje je individualno vreme ona proizvedena. Tri potpuno jednaka primerka nekog proizvoda sadrže jednake količine rada od na primer 2 sata, i kad je jedan urađen za 3, drugi za 2, a treći za samo 1 sat.

Odnos društveno potrebnog i individualnog vremena označava *efektivnost* konkretnog *individualnog rada*, koja se simbolički može izraziti sa:

$$Efr = \frac{Tdp}{Ti}$$

---

[31] O strukturi radnog vremena vidi: Inž. Nenad Mileusnić, *Normiranje rada*, "Rad", Beograd, 1956 str. 4–6; S. Kukoleča, Z.K. Kostić, isto, str. 59–60; Inž. Drago Taboršak, *Studij Rada*, Zagreb, 1962, str. 22; Slavko Marjanović, *Proučavanje rada*, "Tehnika", Beograd 1957, str. 95.

gde Efr označava efektivnost konkretnog individualnog rada, a Ti — individualno vreme. Taj odnos pokazuje stepen efektivnosti individualnog rada, izražen koeficijentom efektivnosti, koji se izračunava pomoću formule:

$$Kefr = \frac{Tdp}{Ti}$$

Ako su konkretna individualna vremena po jedinici proizvoda, na primer, 1 i 3 sata, a društveno potrebno vreme 2 sata, koeficijenti individualnih radova su:

$$Kefr_1 = \frac{2}{1} = 2 \ i \ Kefr_2 = \frac{2}{3} = 0,66$$

Intencija je svake tehnologije da koeficijent efikasnosti konkretnog rada što više poveća. Postoji, međutim, bitna razlika između eksploatatorske i slobodne tehnologije u načinu ostvarivanja tog cilja. Pošto teži maksimalnom korišćenju radne snage, eksploatatorska tehnologija efektivnost individualnog rada povećava pored ostalog i povećavanjem njegove intenzivnosti. I ona to čini bilo putem direktne prinude nad radnikom, bilo materijalnom stimulacijom kojom se zarada delimično vezuje za radni učinak.

Veća efektivnost konkretnog individualnog rada putem njegove intenzifikacije ostvaruje se povećanom količinom rada u jedinici vremena, koja podrazumeva i veći utrošak radne energije. I da bi se iz najamnog radnika isterao što veći učinak, radna norma koju treba odraditi za određenu najamninu, ne utvrđuje se na osnovu prosečnog, već na osnovu nadprosečnog intenziteta rada, niti na osnovu prosečnih, već na osnovu nadprosečnih radnih sposobnosti.

Materijalna stimulacija vrši se tako što se zarada pri podbačaju norme smanjuje, a pri prebačaju povećava do određene granice koja odgovara prvenstveno interesu poslodavca. Da je eksploatacija osnovni smisao takve stimulacije, potvrđuje i praksa da se norme često proizvoljno povećavaju čim dođe do njihovog masovnijeg prebacivanja, i da radnici koji to povećavanje ne mogu svojim učinkom pratiti, dobijaju otkaz. Poslodavac se na taj način prema radniku odnosi dosledno eksploatatorski kao prema svakom drugom sredstvu rada: koristi ga maksimalno, a čim se pokaže nerentabilnim izbacuje ga iz upotrebe.

To samo pokazuje da tehnologija, kao i svaka druga naučna disciplina, u službi bezobzirne ekploatacije manje ili više gubi naučna obeležja pretvarajući se u svoju suprotnost. Ali fiziološke mogućnosti intenzifikacije ljudskog rada su previše male i za razvoj eksploatatorskog načina proizvodnje. Odlučujući značaj za ubrzani razvoj kapitalističke proizvodnje nije imala intenzifikacija najamnog rada, već podizanje njegove produktivnosti, koje podrazumeva da se povećani učinak ostvaruje s istim i normalnim intenzitetom rada. Samo u toj funkciji mogla je već u kapitalizmu procvetati i tehnologija kao posebna naučna disciplina, bez koje u stvari ne bi bilo ni visoke produktivnosti rada ni visoko razvijenog kapitalizma.

Osnovna funkcija tehnologije kao naučne discipline je zapravo u podizanju produktivnosti rada putem pronalaženja metoda i postupaka pomoću kojih se veći proizvodni efekti ostvaruju s istom količinom živog rada. To se postiže uglavnom na dva načina: prvo, podizanjem stručnosti i radne veštine odnosno umešnosti radnika; i drugo, mehanizacijom ljudskog rada, koja se sastoji u zameni živog rada radom mehaničkih naprava.

Osnovni proizvodni smisao podizanja stručnosti i radne veštine je da se radne operacije obavljaju sa što manje žive energije radnika bez njene zamene mehaničkom energijom. To se postiže prvenstveno pojednostavljivanjem radnih operacija putem eliminisania, skraćivanja ili kombinovanja pojedinih pokreta i međupokreta koji su suvišni ili nedovoljno racionalni. Dva su osnovna načina koji se za to koriste: prilagođavanje radnika sredstvima rada, i prilagođavanje sredstava rada radniku.

Prilagođavanje radnika sredstvima rada sastoji se u njegovom ovladavanju tim sredstvima tako da se ona u procesu rada što jednostavnije i sa što manje napora koriste. To se postiže kako prenošenjem već stečenih znanja putem teorijske i praktične obuke, tako i ličnim iskustvom koje radnik u procesu rada sam stiče. Znanja i veštine kojima se u toku radnog veka služi, svaki radnik delom nauči od drugih, delom sam stekne.

Mogućnosti racionalizacije radnih pokreta ograničene su, međutim, datim karakteristikama sredstava rada, zbog čega je neophodno i njihovo prilagođavanje radniku da bi se te mogućnosti povećale. Ono se sastoji naročito u takvoj konstrukciji mehaničkih naprava koja: odgovara prirodnim pokretima radnika i omogućava što prirodniji položaj njegovog tela; doprinosi racionalizaciji radnih pokreta; smanjuje fizičko i psihičko naprezanje radnika i potrebni utrošak njegove radne energije. [32]

Prilagođavanje radnika sredstvima rada i sredstava rada radniku predstavlja osnovu ekonomije pokreta, koja se, u suštini, svodi na njihovo obavljanje sa što manjim utroškom radne enrgije. Ona se, pored ostalog, ostvaruje: eliminisanjem suvišnih pokreta i međupokreta unapređivanjem sredstava rada i umešnosti u njihovom rukovanju; skraćivanjem pojedinih pokreta i međupokreta putem eliminisanja njihovih suvišnih elemenata; kombinacijom i sinhronizacijom različitih pokreta; ritmičkim i automatskim obavljanjem pokreta; elastičnošću kretnji sa blagim i gipkim prelazima između mikropokreta; rasterećenjem pokreta oslobađanjem od nepotrebnog tereta; oslanjanjem na prirodne sile teže, inercije i sl.; racionalnim rasporedom alata i sirovina; optimalizacijom područja dohvata i internog transporta. [33]

Racionalizacija pokreta je preduslov njihove mehanizacije, koja započinje čim se oni umesto živom, počnu obavljati mehaničkom snagom. Mehanizacija zapravo započinje od pojedinih pokreta preko zahvata i operacija sve do mehanizacije i automatizacije tehnološkog i, na kraju, celog proizvodnog procesa. Racionalizacijom se utire put mehanizaciji pokreta jer se oni pojednostavljuju do nivoa koji omogućava njihovu zamenu pokretima mehaničkih naprava.

Pošto se u suštini svodi na zamenjivanje živih pokreta ljudskog organizma veštačkim pokretima mehaničkih naprava, proces mehanizacije stvara ali i ukida dvojnu strukturu proizvodnog rada, što se simbolički može izraziti sa:

$$Rp = Pž \nleftrightarrow Pm,$$

gde Rp označava ukupan proizvodni rad, Pž — žive, a Pm — mehanizovane pokrete, i $\nleftrightarrow$ — proces mehanizacije.

Mehanizacijom se struktura proizvodnog rada menja tako da se broj mehanizovanih pokreta povećava na račun živih pokreta koji tendiraju ka potpunoj eliminaciji, što će za krajnji rezultat imati potpuno mehanizovanje proizvodnog rada, simbolički izraženo sa: Rp = Pm. Time se snaga proizvodnog rada ne smanjuje, već se, naprotiv, povećava, i to geometrijskom progresijom u odnosu na smanjivanje žive radne snage. Snaga jednom mehanizovanih pokreta povećava se nezavisno od angažovanja žive radne snage na još nemehanizovanim proizvodnim punktovima. Tako se mehaničkim napravama zamenjuje ne samo zaposlena, već i potencijalno angažovana radna snaga.

---

32) Vidi: Dr inž. Vukan Đ Dešić, isto, str. 198/9; Slavko Marjanović, isto, str. 81.
33) Vidi: H.B. Maynard, *Oblikovanje rada* "Privreda", Zagreb, 1962, str. 74;; Prof. dr Nenad Mileusnić, isto, str. 312/13.

Pošto je neposredni nosilac mehanizovanog rada mašina, mašinizacija je neposredni izraz mehanizacije. Umesto radnika, radna mesta, u funkciji neposrednog izvršenja radnih operacija, popunjavaju mašine. Istorijski proces te zamene prolazi dve osnovne faze. U prvoj fazi sistem izvršenja radnih operacija kombinovan je od radnika i pojedinačnih mašina, dok u drugoj fazi njegovu osnovu čini složeni mašinski mehanizam kojim se pojedinačne mašine tehnološki povezuju u jedinstven proizvodni sistem. [34]

Takav sistem podrazumeva radikalne promene u načinu proizvodnje jer višestruko multiplikuje snagu proizvodnog rada. [35] Tehnološki sistem koji se zasniva na ručnom radu radnika, karakteriše *pojedinačna proizvodnja*, pri kojoj se u jednom proizvodnom ciklusu po pravilu radi samo jedan proizvod. Nasuprot tome, mašinskom sistemu odgovaraju *serijska i masovna proizvodnja*, pri kojima se u istom proizvodnom ciklusu istovremeno, serijski ili u masi, rade velike količine proizvoda. I dok je pojedinačna proizvodnja po pravilu *prekidna*, velikoserijska i masovna proizvodnja su *neprekidne*, i obavljaju se po pravilu *linijski*. [36]

Dok je ručna proizvodnja individualizirana, mašinska proizvodnja je tipizirana. Zbog toga prva nosi na sebi pečat radnikovog subjektiviteta, a druga pečat mašinskog objektiviteta. Ručnim radom se proizvodi po ličnom ukusu pojedinačnih potrošača, dok se mašinom proizvodi po opštem ukusu masovnog potrošača. Zato *standardizacija* čini bitno tehnološko obeležje mašinske proizvodnje, kojom se zajedno s unifikacijom upotrebnih svojstava proizvoda unificiraju i individualne potrebe ¡potrošača. [37]

Standardizacijom se mašinska proizvodnja višestruko racionalizuje. Socijalizacijom asorimana i upotrebne vrednosti proizvoda se na jednoj strani obezbeđuje određena unifikacija proizvodnje koja donosi ogromne uštede, a na drugoj strani vrši društveno usklađivanje masovne proizvodnje i potrošnje kojim se omogućava društvena valorizacija proizvoda. A to su toliko neophodni uslovi mehanizovane proizvodnje da ona bez njih praktično ne bi ni bila moguća.

Pored racionalizacije živog rada, razvoj tehnologiie implicira i racionalnije korišćenje opredmećenog rada. Njegova neophodnost proističe iz sve veće uloge koju opredmećeni rad dobija u neposrednom procesu proizvodnje. Što je vrednost angažovanih proizvodnih sredstava veća, njihovo racionalno korišćenje je utoliko neophodniie ier su veći i negativni efekti neracionalnosti.

Utrošak opredmećenog rada, prema kojem se određuie racionalnost njegovog korišćenja, meri se *normativima opredmećenog rada*, koii pokazuiu koliki je društveno potrebni utrošak tog rada po jedinici proizvoda. Oni se, slično normativima živog rada, utvrđuju kao prosečan utrošak, odnosno kao prosek različitih pojedinačnih utrošaka ostvarenih pod jednakim objektivnim uslovima rada.

---

34) "Pravi mašinski sistem stupa na mesto pojedinačnih samostalnih mašina tek kad predmet rada prolazi kroz neprekidan niz različnih uzastopnih procesa koje izvodi niz mašina radilica, a ove se međusobno razlikuju, ali se i uzajamno dopunjuju. Ovde se ponovo javlja kooperacija zasnovana na podeli rada, kooperacija koja je svojstvena manufakturi, ali sad kao kombinacija delimičnih mašina radilica." (K. Marks: "Kapital", isto, tom 21, str. 336).

35) "Mašina, od koje polazi industrijska revoluciia, zamenjuje radnika koji rukuje jednim alatom, mehanizmom koji u isti mah radi masom istovetnih ili sličnih alata, a kretanje prima od jedne jedine koje bilo pogonske snage". (Isto, str. 333).

36) O pomenutim oblicima proizvodnje vidi: Charles R. Walker, isto, str. 67.; Harlod B,Maynard, *Savremena organizacija proizvodnje*, isto, 3–15.; S. Kukoleča, Ž.K.Kostić; isto, str. 19–27.; Prof. dr Nenad Mileusnić, isto, str. 30–34.

37) O standardizaciji vidi: S. Kukoleča, Ž.K. Kostić, isto, str. 93.

Odnos društveno potrebnog i ostvarenog utroška označava stepen racionalnog korišćenja opredmećenog rada, koji se može izraziti odgovarajućim koeficijentom kao:

$$Kror = \frac{Ordp}{Oru}$$

gde Kror označava koeficijent racionalnog korišćenja opredmećenog rada, Ordp — društveno potrebni, a Oru — ostvareni utrošak opredmećenog rada. Ako je potrebni utrošak opredmećenog rada 1, a ostvareni utrošak 0,5 ili 2 merne jedinice, onda je:

$$Kror = \frac{1}{0,5} = 2, \text{ odnosno } \frac{1}{2} = 0,5.$$

Zbog bitne razlike u načinu trošenja, utrošak osnovnih (zemljišta, zgrada, opreme) i obrtnih (energije, sirovina, repromaterijala) sredstava različito se meri. Dok se utrošak osnovnih sredstava sukcesivno raspodeljuje na više proizvodnih ciklusa, angažovana obrtna sredstva utroše se, po pravilu, u toku jednog proizvodnog ciklusa. Zato se ti utrošci objektivno ne mogu meriti na isti način.

Kao tehnološko merilo, normativ rabaćenja osnovnih sredstava utvrđuje se tako što se njihov radni vek deli ukupnim brojem jedinica proizvoda koje se za to vreme, pod normalnim uslovima rada, mogu proizvesti. Ako je, na primer, radni vek neke mašine utvrđen na 10 godina, a broj jedinica proizvoda koje ona za to vreme može proizvesti, na 10.000, onda je vreme njenog rada po jedinici proizvoda:

$$T = \frac{10.365}{10.000} = 0,36 \text{ dana,}$$

odnosno 8,6 časova. Na osnovu toga može se utvrditi opšti obrazac u obliku:

$$T = \frac{Rv}{Bj},$$

gde Rv označava radni vek osnovnih sredstava, a Bj — broj jedinica koje se pomoću njih mogu proizvesti.

Pri određivanju radnog veka osnovnih sredstava rada mora se uzimati u obzir njihovo i fizičko i moralno rabaćenje, pri čemu se za osnovu normativa uzima onaj radni vek koji je kraći. Kod nekih sredstava to je moralni, a kod drugih fizički vek, zbog čega se za svaku vrstu sredstava moraju posebno utvrđivati normativi njihovog rabaćenja. Broj jedinica koje se mogu proizvesti u toku radnog veka, utvrđuje se prema mogućnostima optimalnog korišćenja pojedinih sredstava.

Tehnološki normativ utroška obrtnih sredstava utvrđuje se kao prosečan utrošak energije i materijala po jedinici proizvoda, izražen odgovarajućim mernim jedinicama (kilovatima, kilogramima, metrima, litrima i sl.), tako da je:

$$Nos = K/Jp,$$

gde Nos označava normativ obrtnih sredstava, K — količinu energije ili materijala, i Jp — jedinicu proizvoda. Pošto se različita obrtna sredstva kao fizičke veličine ne mogu zbrajati, njihov utrošak meri se odgovarajućim normativima koji se utvrđuju kao posebna merila za svaku vrstu energije i materijala.

Sintetički normativ utroška svih sredstava može se dobiti samo njihovim svođenjem na zajednički imenitelj putem prevođenja na utrošak živog rada potreban za njihovu proizvodnju. Zbrajanjem vremena potrebnih da se proizvede normirana količina utroška svake pojedine vrste osnovnih i obrtnih sredstava, dobija se ukupna količina opredmećenog rada potrebna da se proizvede jedinica nekog proizvoda, tako da je:

$$Nsor = Tor_1 + Tor_2 + ... + Tor_n = \Sigma Tor/Jp,$$

gde Nsor označava sintetički normativ utroška opredmećenog rada $Tor_1 - Tor_n$ — vremena potrebna za proizvodnju normiranih utrošaka pojedinih vrsta osnovnih i obrtnih sredstava, a $\Sigma Tor/Jp$ — zbir tih vremena po jedinici proizvoda.

Vreme potrebno za proizvodnju normiranog utroška osnovnog sredstva dobija se kad se ukupno vreme potrebno za proizvodnju tog sredstva podeli brojem jedinica proizvoda koje ono u toku svog radnog veka treba da proizvode, a vreme potrebno za proizvodnju utroška obrtnog sredstva, kad se vreme za proizvodnju merne jedinice tog sredstva pomnoži brojem jedinica sadržanih u ukupnom normiranom utrošku.

Kao naučna disciplina, tehnologija treba da traga za takvim metodima i postupcima proizvodnje koji će doprinositi smanjivanju utrošaka opredmećenog rada po jedinici proizvoda. Kod osnovnih sredstava ono se ogleda u skraćivanju vremena rabaćenja, a kod obrtnih sredstava u smanjivanju količine energije i materijala po jedinici proizvoda.

Racionalizacija u potrošnji materijalnih sredstava ne bi se nikako smela vršiti na račun kvaliteta proizvoda, jer bi u tom slučaju mogla više štetiti nego koristiti. I to je, pored ostalog, jedan od razloga za normiranje i standardizaciju kvaliteta proizvoda. *Normativom kvaliteta* treba da se unapred definišu sva osnovna upotrebna svojstva proizvoda, sa dozvoljenim odstupanjima od optimalnih zahteva koja ne bi smela bitno umanjiti njegovu upotrebnu vrednost.

Normativi rada utvrđuju se za normalne i približno jednake *objektivne uslove rada*. Pošto promene objektivnih uslova izazivaju određene promene i u količini potrebnog rada, one se pri merenju rada moraju uzimati u obzir, i na osnovu toga vršiti odgovarajuće korekcije utvrđenih normativa. Te korekcije mogu biti pozitivne ili negativne s obzirom da nepovoljniji uslovi od normalnih utiču na povećanje, a povoljniji na smanjenje neophodnog utroška živog i opredmećenog rada.

Objektivni uslovi rada koji nezavisno od zalaganja i sposobnosti radnika utiču na utrošak živog i opredmećenog rada, su dvojakog karaktera. Jedni su određeni prirodnim okolnostima u kojima se proces proizvodnje odvija, a drugi stepenom društvene razvijenosti proizvodnih snaga. Uloga tehnologije proizvodnje je da i jedne i druge menja tako da se neophodni utrošak živog i opredmećenog rada po jedinici proizvoda smanjuje.

Prirodne okolnosti veštački se menjaju u pravcu približavanja idealnim uslovima koji najpovoljnije utiču na radni učinak. Preniska ili previsoka temperatura podiže se ili snižava, a premala ili prevelika jačina svetlosti povećava ili smanjuje dok se ne dostigne po radnu sposobnost najblagotvorniji nivo temperature i osvetljenosti radnog mesta. Od razvijenosti tehnike i tehnologije zavisi koliko će se prirodni uslovi približiti idealnim uslovima rada, čime oni sve više gube autentična prirodna obeležja pretvarajući se u tehnološke uslove.

Tehnološki uslovi su zapravo autentični izraz društvene razvijenosti proizvodnih snaga, kojom se u osnovi određuje neophodni utrošak živog i opredmećenog rada po jedinici proizvoda. Sa razvojem proizvodnih snaga taj utrošak se stalno smanjuje, i on je u stvari i najbolji pokazatelj njihove razvijenosti. Zato se od tehnoloških, kao i od prirodnih uslova rada mora neizostavno polaziti pri utvrđivanju neophodnih proizvodnih utrošaka.

To je utoliko neophodnije što eksploatatorski način proizvodnje karakterišu nejednaki uslovi rada, koji se praktično zadržavaju sve do njegovog potpunog prevazilaženja slobodnim komunističkim stvaralaštvom. Šta više, sa razvojem eksploatatorskog načina proizvodnje razlike u objektivnim uslovima rada se sve više povećavaju, što neizbežno vodi ka centralizaciji proizvodnih snaga, koja podrazumeva sve veću polarizaciju društva i celog čovečanstva na razvijeni i nerazvijeni deo. Kad takav trend dostigne granicu na kojoj stvorene razlike postanu kočnica daljeg razvoja, eksploatatorski način proizvodnje mora se zameniti slobodnom i sve slobodnijom socijalističkom proizvodnjom, ali time istorijski proces prevazilaženja nasleđenih razlika tek treba da otpočne.

Organizacija proizvodnje

Organizacija svakog, pa i proizvodnog rada je u stvari oblik ispoljavanja opštih zakonomernosti kretanja materije. Dok se u prirodi ta zakonomernost ostvaruje stihijski, a u životinjskom svetu nagonski, čovek svoje aktivnosti svesno usklađuje usmeravajući ih prema određenim ciljevima. Takvo usklađivanje zapravo i čini suštinu organizacije ljudskog rada kao svrsishodne aktivnosti. Organizacija proizvodnje može se definisati kao svrsishodno usklađivanje proizvodnih aktivnosti i njihovih činilaca prema određenim proizvodnim ciljevima. [38]

Neophodnost usklađivanja proizvodnih aktivnosti i njihovih činilaca objektivno je determinisana već samom tehnologijom proizvodnje. Da bi se proizveo neki proizvod, neophodni su *određeni* sklad proizvodnih aktivnosti i *određena* struktura proizvodnih činilaca. [39] Kroz to se zapravo izražava zakonomernost proizvodnog procesa, koji za svaku vrstu proizvoda ima određeni tok i zahteva određene proporcije u trošenju angažovane radne snage i proizvodnih sredstava.

Pošto proizvodnja predstavlja, po pravilu, repetitivnu aktivnost, ta zakonomernost se ispoljava kroz određenu ustaljenost odgovarajućih proizvodnih tokova i struktura. Zato je proizvodna organizacija relativno trajna, postojana i predvidljiva, [40] pa se, kao i tehnologija, može prostorno i vremenski prenositi. A ukoliko obuhvata usklađivanje tehnoloških postupaka i činilaca, organizacija čini neodvojivu komponentu same tehnologije, pa su utoliko i njihovi proizvodni ciljevi podudarni.

Racionalizacija proizvodnje je inače osnovni cilj i tehnologije i organizacije proizvodnje. [41] Usklađivanje proizvodnih aktivnosti i činilaca vrši se zapravo radi toga da bi se sa što manje živog i opredmećenog rada proizvelo što više. Zato pri konstantnoj tehno-

---

38) "Pod "organizacijom" se u SAD podrazumeva pre svega osnovna funkcija koordiniranja delatnosti u preduzeću s obzirom na cilj preduzeća." *(Organizacija u američkim preduzećima,* Institut za spoljnu trgovinu, Beograd, 1965, str. 15).

39) "Organizacija proizvodnje je svrsishodna zavisnost i povezanost čovekovog rada, sredstava za rad i predmeta rada u procesu i funkciji proizvodnje radi stvaranja proizvoda koje će društvo kao robu priznati na tržištu". (Prof. dr Nenad Mileusnić, isto, str. 9).

40) "Za Fayola organizirati znači odrediti i izgraditi opću strukturu organizacije u udnosu na cilj, sredstya i budući tok djelovanja koje je zamišljeno planom". (Dr Inge Perko Šeparović, isto, str. 14).

41) "Sa sociološkog stanovišta, organizacija nastaje kad god ljudi međusobno djeluju na trajnijoj osnovi radi ostvarenja zajedničkog cilja... Svaka ujednačenost, rutinski postupci i konvencionalnost u djelovanju grupe predstavlja socijalnu organizaciju". (D.C. Miller – V.H. Form, isto, str. 180).

logiji stepen racionalnosti proizvodnje varira u zavisnosti od njene organizacije, pa se i sa relativno nižom tehnologijom može boljom organizacijom postići relativno veća racionalnost proizvodnje.

Organizacija je neodvojivi antipod spontaniteta, bez kojeg praktično ne može postojati kao što forma ne može postojati bez sadržine. Svrsishodnost ljudskog rada po svojoj prirodi podrazumeva da se on odvija kao organizovana aktivnost, bez čega inače ne bi bio to što u suštini jeste. Pošto se samo svrsishodnom aktivnošću mogu ostvarivati, spontano nastale ljudske težnje već same u sebi nose tendenciju organizovanog ostvarivanja.

Kao svesno-voljno biće, koje svoju aktivnost usmerava prema određenim ciljevima, čovek je po svojoj prirodi biće organizacije. [42] Sve postupke motivisane njegovim životnim potrebama, on smišljeno povezuje u jedinstven sistem ponašanja, kroz koji se manifestuje integritet njegove ličnosti. Na taj način ceo život čoveka dobija oblik kontinuirane i planski usmeravane aktivnosti, u kojoj se smisao svakog postupka organski uklapa u osnovni smisao celog života.

Što važi za organizaciju individualnog, važi u principu i za organizaciju društvenog života. Kao što se u organizaciji individualnog života usklađuju postupci jedne jedinke, tako se u organizaciji društvenog života usklađuju postupci više jedinki. Slično organizaciji individualne aktivnosti, i društvena organizacija je sistem kontinuiranih i planski usmeravanih individualnih aktivnosti motivisanih zajedničkim zadovoljavanjem ljudskih potreba. [43] Kao uslov zadovoljavanja egzistencijalnih potreba čoveka, organizacija proizvodnje je osnova ukupne društvene organizacije.

Društvena organizacija je po pravilu institucionalizovana, dok je individualna organizacija po pravilu izvorna. Da bi ostvarivao životne ciljeve, i pojedinac mora delovati po zakonima prirode, ali on svoje delovanje ne uređuje nikakvim normama, i ne priziva u pomoć nikakve spoljašnje sile koje bi ga primoravale da tako deluje. Zakoni prirode su jedina, i unutrašnja i spoljašnja sila sa kojom ima posla, te samo od njegovog ličnog opredeljenja zavisi hoće li im se povinovati ili će trpeti poraze. Jedan individualni proizvođač ne mora sam za sebe utvrđivati nikakve norme po kojima će raditi, ali ako hoće proizvoditi, zakone prirode mora uvažavati.

Ako se, međutim, na zajedničkom poslu nađu i samo dve jedinke, njihova aktivnost se mora uređivati nekakvim normama, pa makar to bio i usmeni dogovor. A to već predstavlja društvenu organizaciju, koja mora biti utoliko više institucionalizovana ukoliko obuhvata širi krug jedinki. Ako su te jedinke u ostvarivanju zajedničkih ciljeva povezane ličnim kontaktima, organizacija njihove aktivnosti ne mora biti formalno institucionalizovana, [44] pa se takve skupine obično nazivaju *neformalnim grupama*. [45]

---

[42] "Osnovni zadatak naučne organizacije jeste racionalizacija proizvodnje, a dobrota svake organizacije se i ceni po tome koliko je ona u tome uspela. To u suštini znači da je organizacija mera nivoa organizacije". (Dr inž. Đ Dešić, isto, str. 127).

[43] Po Bake, E. Wightu, "društvena je organizacija kontinuiran sistem diferenciranih i kontinuiranih ljudskih aktivnosti, koje upotrebljavaju, transformiraju i stapaju u jedan specifičan skup ljudskih, materijalnih, novčanih, idejnih i prirodnih sredstava u jedinstvenu cjelinu za rješavanje problema, kojih je funkcija zadovoljavanje pojedinih ljudskih potreba". (Vidi: Dr Inge Perko Šeparović, isto, str. 41).

[44] Neformalna organizacija "sadrži prijateljstva i neprijateljstva među ljudima koji rade zajedno, primarne grupe, klike i grupe srodnih ljudi u pogonu ili uredu". (D.C. Miller – V.H. Form, isto, str. 183). Ona se "konstituira *isključivo na personalnim, osobnim, ljudskim odnosima*, najčešće spontano i zbog naoko neobjašnjivih razloga". (Stjepan Holadin, isto, str. 59).

[45] "Neformalne grupe nemaju svoga formalno postavljenog vođu, norme, precizirane uloge i pravila ponašanja". (Slobodanka Kostić, isto, str. 284).

Nasuprot tome, društvena organizacija jedinki koje nisu povezane ličnim kontaktima, mora se objektivizirati i formalno institucionalizovati pomoću javnih normi i odgovarajućih mera kojima se obezbeđuje njihovo ostvarivanje, zbog čega se obično naziva *formalnom organizacijom.*[46] To podrazumeva da su odnosi među članovima *formalne grupe* normativno uređeni i sankcionisani tako da oni u skladu sa zajedničkim ciljem deluju jedinstveno.[47]

Naziv "formalna organizacija" nije, međutim, sasvim adekvatan jer je u pitanju stvarna organizacija koja se formalno samo unapred utvrđuje. Dok neformalna grupa svoju aktivnost organizuje "u hodu", formalna grupa deluje po pravilima koja su određena nezavisno od konkretnih izvršilaca. Za formalno institucionalizovanu organizaciju je zapravo karakteristično da je unapred projektovana kao i same aktivnosti koje se organizuju. Sistematizacija radnih mesta u jednoj proizvodnoj organizaciji radi se prema njihovom opisu, potpuno nezavisno od konkretnih izvršilaca koji će na njima raditi.

Kao projekcija, formalna organizacija znači, u stvari, idealnu organizaciju koja na datom tehnološkom nivou za osnovni cilj ima maksimalnu racionalizaciju proizvodnje. I kao što se, zbog sukoba s postojećom realnošću, ništa ne ostvaruje u potpunosti kako je zamišljeno, tako se ni stvarna organizacija praktično nikada ne podudara u potpunosti sa svojom idejnom projekcijom, koja u toku realizacije neizbežno dolazi u sukob sa tendencijama spontanog organizovanja.[48] A tendencije spontanog organizovanja su utoliko snažnije ukoliko čovek, kao njihov nosilac, ima značajniju ulogu u neposrednom procesu proizvodnje, zbog čega se u manuelnoj proizvodnji formalna i neformalna organizacija praktično prepliću, sjedinjuju ili suprotstavljaju jedna drugoj.[49]

Sa razvojem mehanizacije, formalna organizacija se odvaja od neformalne organizacije,[50] okrećući se tehnici proizvodnje, i postavljajući se zajedno s njom iznad neposrenog proizvođača. Mašinska tehnologija objektivno ograničava i na kraju potpuno ukida aktivnu ulogu proizvođača u neposrednom organizovanju proizvodnog procesa jer ne samo što organizatorske funkcije preuzimaju za to specijalizirani izvršioci, nego se sa mehanizacijom proizvodnog rada sve više mehanizuje i njegovo organizovanje.

Otuđivanje organizacije od proizvođača rezultat je otuđivanja samog proizvodnog rada. Pošto proizvodni rad već po svojoj prirodi predstavlja otuđujuću delatnost, i njegova organizacija je po prirodi otuđujuća. Već individualni proizvođač mora svoju aktiv-

---

46) "Formalne su organizacije: 1) impersonalne ili nisu lične po svojoj prirodi, 2) sastavljene od članova koji su u idealnim međusobnim odnosima i 3) obično dijelovi većih kooperativnih sistema". (D.C. Miller – V.H. Form, isto, str. 182).d Po Barnardu, "pod *formalnom organizacijom* obično se misli na *sistem svjesno, planski i normativno koordiniranih aktivnosti* dvaju ili više pojedinaca".. (Vidi: Stjepan Holadin, isto, str. 53).

47) "Osnovne karakteristike svake formalne grupe su: zajednički *cilj* okupljanja članova grupe. Ispunjavanje radnog zadatka je zajednički cilj radne grupe; svaka formalna grupa ima i svoje *ime;* formalna grupa uvek ima svog *vođu".* (Slobodanka Kostić, isto, str. 283).

48) "Iako su u formalnoj organizaciji čovjek uzima naprosto kao element u sistemu proizvodnje, ipak se spontano razvija neformalna socijalna organizacija". (Charles R. Walker, isto, str. 421).

49) "Faza A se odlikuje sveobuhvatnim jedinstvom formalne i neformalne organizacije. Budući da je rad još uvijek "prirodan", postoje "prirodna" svojstva koja daju i formalno zapovijedanje i neformalno vodstvo. Najstariji nadničar najčešće postaje poslovođa, ili u praksi djeluje kao poslovođa, a ostali ga zanatski radnici ujedno spontano priznaju kao vođu. Po Mileru i Formu, običaji, norme i vrednosti na koje se oslanja neformalna organizacija, "vodit će ponašanja radnika ponekad u smjeru ciljeva formalne organizacije, a ponekad u suprotnom smjeru". (Isto, str. 183).

50) "Nastupanje faze B u društvenoj klimi kojom dominira tehničar ubrzava potpuno razdvajanje formalne i neformalne organizacije". (Charles R. Walker, isto).

nost usmeravati prema proizvodu kao spoljašnjoj svrsi, a ne prema unutarnjoj potrebi za samim radom. A ukoliko se vrši nepovratno otuđivanje rada, neposredni proizvođač se praktično lišava organizatorske funkcije, i to utoliko više ukoliko se proizvodni rad više mehanizuje.

Ukoliko se otuđuje od proizvođača, organizacija mora da se oslanja na prinudu da bi se ostvarivala. Već je individualni proizvođač prinuđen da se radi proizvodnje životnih sredstava odriče aktivnosti koje mu pričinjavaju zadovoljstvo, i da same proizvodne aktivnosti obavlja u određeno vreme i odgovarajućim sredstvima nezavisno od toga koliko mu to odgovara. Iako se prinuda ovde javlja u vidu samoprinude, organizacija proizvodnje u suštini ne gubi prinudni karakter jer proizvođač radi faktički onako kako *mora*, a ne kako bi želeo.

Zavisno od toga da li se organizacija proizvodnje oslanja na spoljašnju prinudu ili na samoprinudu, njeno sprovođenje zasniva se na nametnutoj ili dobrovoljnoj *disciplini*. Da bi se uopšte proizvodilo, moraju se poštovati određena pravila proizvodnje koja izražavaju objektivne zakonomernosti proizvodnog procesa. Ako proizvođač to ne čini po sopstvenoj volji, neophodno je nametanje tuđe volje, što je moguće samo pomoću spoljašnje prinude.

Oblik proizvodne discipline određen je u osnovi proizvodnim odnosima. Kad proizvodnim sredstvima i proizvodima sopstvenog rada raspolaže sam proizvođač, on je istovremeno i organizator porizvodnje, pa je dobrovoljna disciplina ili samodisciplina prirodni oslonac takve organizacije. Ukoliko se, međutim, sredstva proizvodnje i proizvodi rada otuđuju od proizvođača, glavni oslonac organizacije čini spolja nametnuta disciplina, jer takav položaj proizvođača objektivno isključuje dobrovoljno povinovanje zahtevima otuđujuće proizvodnje.

Osnovu spolja nametnute, na prinudu oslonjene organizacije čini, po pravilu, klasna vladavina nad proizvođačem, [51] koja se u proizvodnji ispoljava kroz *upravljanje* proizvodnim procesom. Na klasnu prinudu oslonjeno usmeravanje proizvodnog procesa predstavlja zapravo suštinu proizvodne organizacije kao otuđene društvene koordinacije ljudskih aktivnosti. Bez upravljanja proizvodna organizacija bi predstavljala beživotnu i praktično neostvarivu formu. [52]

Ukoliko je proizvođač neposredni činilac proizvodnje, upravljanje proizvodnim procesom je istovremeno i upravljanje proizvođačem. Organizator proizvodnje je tu u funkciji upravljača, a proizvođač u poziciji objekta upravljanja baš kao i sredstva proizvodnje. Svoj operativni izraz upravljanje proizvođačem dobija u *rukovođenju*, koje se praktično sastoji u pokretanju, usmeravanju i usklađivanju proizvodnih aktivnosti putem izdavanja radnih naloga i kontrole njihovog izvršavanja. [53] Kao nalogodavac, organizator je rukovodilac, a proizvođač rukovođeni izvršilac radnih naloga.

---

51) "U klasičnom modelu vlast je jedno od bitnih obilježja organizacije, osnovni instrument njezine racionalnosti". (Dr Inge, Perko Šeparović, isto, str. 105).

52) "Organizacija je svojevrsna "anatomija" preduzeća, a upravljanje je njegova "fiziologija". Ako hoćete, organizacija — to je "statika" posla, a upravljanje — njegova "dinamika"". *(Savremena organizacija rada,* "Rad", Beograd, 1969, str. 27/8).

53) "Sadržina rukovođenja je, prema tome: 1) izdavanje naloga na osnovu kojih se pokreću i obavljaju sve akcije u okviru poslovanja, odnosno povezivanja zadataka, i 2) povezivanje svih tih mnogobrojnih akcija i njihovo međusobno usklađivanje na takav način da one dovedu do ostvarenja zajedničkog cilja, odnosno koordinacija". (Dr Živko Kostić, *Osnovi organizacije rada i sredstava u udruženom radu,* II izdanje, "Savremena administracija", Beograd, 1979, str. 223).

Podela na rukovodioce i rukovođene već sama po sebi podrazumeva odnose hijerarhijske subordinacije, koji se grafički najjednostavnije mogu predstaviti u obliku piramide čiji vrh čini organizator, a osnovu izvršioci, tj. kao:

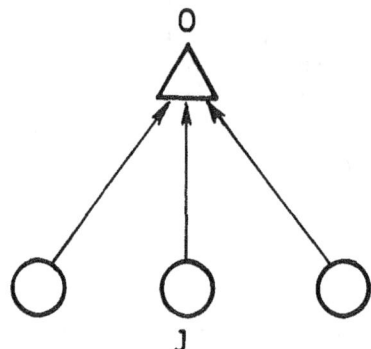

Radni nalozi se uvek kreću od vrha prema bazi, a obratno samo izveštaji o njihovom izvršavanju, jer vrh odlučuje i kontroliše, a baza sprovodi odluke i u tome biva kontrolisana.

Tipičan oblik takvog organizovanja je *autokratsko rukovođenje*, koje karakteriše isključiva vlast organizatora i potpuna obezvlašćenost izvršioca. Organizator je tu u poziciji pretpostavljenog, a izvršilac u poziciji potčinjenog. Prvi o svemu sam odlučuje, dok drugi samo sprovodi njegove odluke, zbog čega se u procesu proizvodnje pojavljuju kao sasvim neravnopravni učesnici. Iako se ptočinjavanje može obezbeđivati i ličnim autoritetom organizatora, karakteristično je da se ono institucionalizuje oslanjanjem na prinudu, koja se vrši i uz pomoć nasilja.[54]

Autokratsko rukovođenje je karakteristčan oblik društvene organizacije eksploatatorske proizvodnje, ali ono nastaje već sa pojavom vertikalne podele rada, pa će u potpunosti i nestati tek sa njenim nestankom. Rukovođenje je u stvari autentični oblik organizovanja otuđujućeg rada, pa samim tim i organizovanja proizvodnje kao autentičnog oblika takvog rada. U eksploatatorskoj proizvodnji ono samo dobija tipično autokratski oblik, putem kojeg se eksploatacija zapravo i obezbeđuje.

Iako rukovođenje kao društveni odnos karakteriše kolektivnu proizvodnju, već pri individualnoj proizvodnji proizvođač *se rukovodi* proizvodom kao spoljašnjom svrhom primoravajući samog sebe da postupa u skladu s određenim zakonomernostima proizvodnog procesa. Kao individualni proizvođač, on je sam sebi i nalogodavac i izvršilac sopstvenih naloga, po kojima mora postupati da bi proizvodio, a proizvoditi mora da bi opstao.

Ali već u dvočlanoj radnoj grupi jedan, po prirodi proizvodnje kao otuđujućeg rada, makar i sasvim spontano preuzima funkciju organizatora dok se drugi mora zadovoljiti samo funkcijom izvršioca da bi se proces proizvodnje normalno odvijao. Dok čovek nije počeo sam proizvoditi, za sakupljanje gotovih proizvoda prirode nije bila neophodna nikakva vertikalna podela rada, pa ni diferencijacija na organizatore i izvršioce, jer su svi članovi horde stihijski "vođeni" ćudima prirode. Tu još niko nije bio ni organizator ni izvršilac, iz prostog razloga što proizvodnja kao oblik opredmećivanja ljudskog rada još nije ni postojala.

---

54) "Tip vođe koji u stvari nije ništa drugo nego "orkestar od jednog svirača", može se nazvati autokratskim. On neprekidno izdaje naredbe čije izvršenje može i iznuditi, on određuje politiku svoje grupe, a da se s njom ne savjetuje niti je obavještava o svojim planovima za budućnost". (J.A.C. Brown, isto, str. 142).

Kao proizvodna grupa, već je prvobitna zajednica morala biti organizovana po sistemu hijerarhijske subordinacije u kojem se "vođa" svojom organizatorskom funkcijom izdizao iznad ostalih članova grupe. On, međutim, nije morao, pa po pravilu, nije sam o svemu ni odlučivao, zbog čega organizacija prvobitne zajednice i njene proizvodne aktivnosti nije bila tipično autokratska. Šta više, o najvažnijim pitanjima života i rada svi su zajednički odlučivali, ali je operativno sprovođenje zajedničkih odluka neko morao organizovati.

Upravo zbog toga autoritet vođe nije se toliko oslanjao na spoljašnju prinudu koliko na kolektivno osećanje neophodnosti njegove organizatorske funkcije. Za njim je jendostavno osećana potreba, kao što se u stanju bespomoćnosti inače oseća potreba makar i za nekim imaginarnim izbaviteljem.[55] Pošto proizvod rada još nije nepovratno otuđivan od proizvođača, funkcija vođe kao organizatora bila je od zajedničkog interesa za sve članove prvobitne zajednice, pa je tako kolektivno i doživljavana.

Već sa prvim nepovratnim otuđivanjem rada otpočeo je i proces autokratizacije njegovog organizovanja, kojim je prvobitna identifikacija organizatora sa radnom grupom pretvarana u antagonističku suprotnost. Lišavanjem sopstvenog proizvoda proizvođač je lišavan i organizatorske funkcije, koju je preuzimao vlasnik proizvodnih sredstava. Interesi organizatora i izvršioca postali su sasvim suprotni, zbog čega organizacija proizvodnje više nije bila moguća bez oslanjanja na spoljašnju prinudu. I faze kroz koje je autokratska organizacija prolazila u svom razvoju određivane su pre svega promenama u karakteru eksploatatorske tehnologije.

Manuelna proizvodnja organizuje se po sistemu jednostavnog *linijskog rukovođenja* u kojem se sva naređenja kreću direktno od pretpostavljenog ka potčinjenim.[56] Iako je u robovlasničkoj i feudalnoj proizvodnji glavni pretpostavljeni izvan neposrednog procesa proizvodnje, on svojim naređenjima praktično određuje obim, asortiman i dinamiku proizvodnje kao i sve društvene uslove pod kojim se ona odvija. U zanatskoj i manufakturnoj radionici kapitalista u svojoj proizvodnoj ulozi još sjedinjuje sve tri funkcije — vlasničku, proizvođačku i organizatorsku, ali u skladu sa vlasničkim monopolom organizatorsku funkciju ostvaruje autokratski.[57]

U mašinskoj proizvodnji kapitalista se najpre oslobađa proizvođačke, a zatim i organizatorske funkcije zadržavajući samo vlasnički monopol nad proizvodnim kapitalom[58] Ne samo što organizovanje proizvodnje postaje do te mere složeno da zahteva posebnu

---

55) Zato Engels u "Poreklu porodice, privatne svojine i države"zaključuje da "najmoćniji vladalac i najveći državnik ili vojskovođa doba civilizacije može pozavideti najneznatnijem gentilnom starešini na neiznuđenom i neosporavanom poštovanju koje mu je ukazivano". (K. Marks, F. Engels, *Dela,* isto, tom 32, str. 135).

56) Linijski sistem rukovođenja ima svoje ime otud što u tome sistemu zadatak ide od jednog rukovodioca do mesta na kome treba da se izvrši po pravoj liniji silazno" (D₁ Živko Kostić, isto, str. 253.)..." Teoretski postoji direktna linija do čovjeka na vrhu hijerarhije sve do radnika koji proizvode ili pružaju usluge" (D.C. Miller — V.H. Form, isto, str. 192)... "Sva naređenja i sve upute prenose se istim putem. Svaka osoba u takvoj organizaciji prima ove informacije isključivo od svog pretpostavljenog". (Inž. Boris Gornik, ₁*Organizacija rada i produktivnost*₁₁ "Radnička štampa", Beograd, 1969, str. 6).

57) "Zanatska i manufakturna radionica organizaciono je povezana birokratskim autoritetom poslodavca, vlasnika (poslovođe) koji je po svojem društvenom statusu nadređen svima"... U njemu su "koncentrisane sve funkcije: kadrovske, komercijalne, tehničke, kontrola itd". (Stjepan Holadin, isto, str. 80. i 93).

58) "U razvijenoj fazi kapitalističkog poduzeća dolazi do *odvajanja kapitala od rada*. Vlasnik kapitala u pravilu plaća ekipu rukovodilaca i stručnjaka i same radnike, a on samo ubira profite, ne upuštajući se u kompliciranu problematiku organizacije proizvodnog procesa". (Isto, str. 34).

specijalizaciju, nego se organizatorski poslovi i po obimu povećavaju toliko da ih pojedi-
nac više ne može sam obavljati.[59] Zato organizatorske funkcije od pojedinaca preuzi-
maju sve brojnije ekipe organizatora, koje se i same za sebe hijerarhijski diferenciraju tako·
da se u istoj proizvodnoj organizaciji obrazuju različiti nivoi organizacione strukture.[60]

Jednostavno linijsko rukovođenje sa jednim organizatorom prerasta tako u složeno
rukovođenje sa manjim ili većim brojem funkcionalno povezanih organizatora, koje se raz-
vija u sistem *funkcionalnog rukovođenja*, zasnovan na specijalizaciji organizatorskih funk-
cija za pojedine delatnosti.[61] Najpre se u sistemu linijskog rukovođenja konstituiše više
organizacijskih nivoa, što se može izraziti sledećom piramidalnom šemom organizacije:

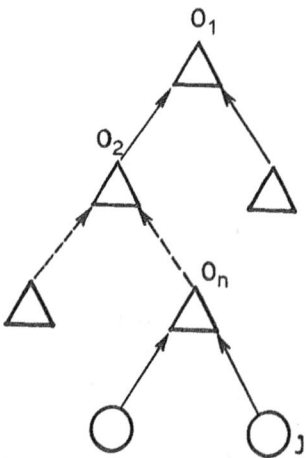

Između najvišeg rukovodioca i neposrednih izvršilaca su posrednici koji igraju ulogu tran-
smisija u prenošenju radnih naloga, i koji su u poziciji izvršilaca u odnosu na viši, a u pozi-
ciji rukovodilaca u odnosu na niži nivo organizovanja.

---

59) ”Mogućnost pojedinca da organizuje proces proizvodnje i promet robe u visokoserijskoj pro-
izvodnji postaje sasvim minimalna. U tome je on onemogućen veličinom i tehnološkom oset-
ljivošću koncentrisanih proizvodnih sredstava i složenošću procesa rada, s obzirom na sve ma-
nju pouzdanost intuicije pojedinca da oceni pravilnost odluka u rukovođenju tako složenim
sistemima proizvodnje”. (Čedo Šakota, Petar Vasiljević, isto, str. 216).

60) ”Sa porastom složenosti proizvodne tehnologije (tehnologije rada), menja se i broj upravnog,
administrativnog i nadzornog osoblja u odnosu na drugo osoblje. Takođe se povećava i broj
nivoa na hijerarhijskoj lestvici autoriteta”. (D.R. Dejvis, V.Dž. Šeklton, isto, str. 103).

61) ”U funkcionalnom sistemu rukovođenja se, nasuprot linijskom sistemu, zadatak koji polazi od
jednog rukovodioca na najvišim nivoima rukovođenja rastavlja na više različitih naloga koji se
upućuju rukovodiocima na nižim nivoima da bi se svi ti nalozi ponovo sastavili, spojili na iz-
vršnom radnom mestu. Umesto jedne direktne linije javlja se dekomponovanje posredstvom
rukovodilaca nadležnih za pojedine delatnosti koje uslovljavaju izvršenje zadatka (Dr Živko
Kostić, isto, str. 255)... ”Svaki vertikalni segment predstavlja grupu koja obavlja svoju vlasti-
tu funkciju (D.C. Miller − V.H. Form, isto, str. 193)...”Između šefova proizvodnje i radnika u
takvoj organizaciji nalaze se specijalisti koji daju radnicima upute i podatke za rad. Svaki spe-
cijalist daje samo podatke i upute iz svog djelokruga”. (Inž. Boris Gornik, isto, str. 7/8).

Prelaz na funkcionalni sistem vrši se preko funkcionalno-linijskog ili linijsko-štabskog sistema rukovođenja, čiju osnovu čini linijski sistem, ali odgovorni rukovodilac pre donošenja odluke konsultuje odgovarajuće specijaliste ili stručna odeljenja.[62] Još bliže funkcionalnom sistemu rukovođenja je komitetska organizacija u kojoj linijsko rukovođenje umesto pojedinih specijalista ili stručnih odeljenja kao savetnika, pojačavaju komiteti sastavljeni od stručnjaka koji rešavaju pojedine probleme i daju predloge za donošenje odluka.[63]

Razvijena mehanizacija zahteva i razvijenu funkcionalnu organizaciju zasnovanu na timskom radu i kolektivnom rukovođenju, čiji karakteristični oblik predstavljaju štabovi ravnopravnih učesnika u odlučivanju.[64] Specijalizacija organizatorskih funkcija već sama po sebi zahteva razvijen timski rad jer se one u složenoj tehnologiji proizvodnje ne mogu obavljati bez međusobne koordinacije, koju najuspešnije mogu zajednički obavljati njihovi neposredni nosioci.[65]

Za razliku od linijskog rukovođenja, sistem funkcionalnog rukovođenja može se grafički predstaviti sledećom šemom:

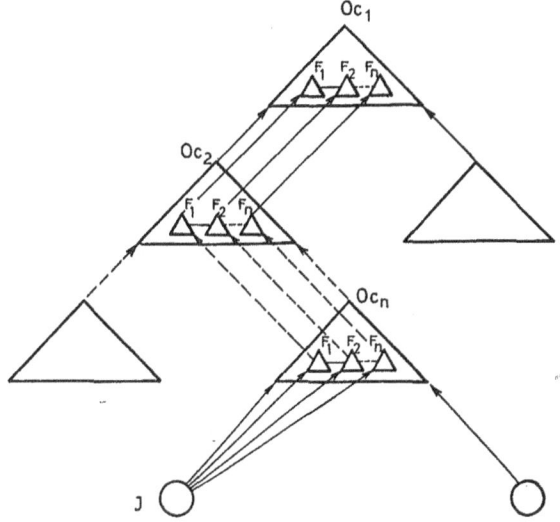

---

[62] ”Za ovaj sistem je karakteristično da je linijski sistem uzet za osnovu tako da je nadležnost za odluku zasnovana potpuno na principima linijskog sistema, ali je odgovorni rukovodilac dužan da konsultuje odgovarajuće specijaliste pre nego što svoju odluku donese”. (Dr. Živko Kostić, isto, str. 257).

[63] Vidi: Inž. Boris Gornik, isto, str. 9.

[64] ”Karakteristika ovog sistema je da odbor, formiran za određenu grupu problema, donosi u odgovarajućoj problematici svoje odluke, a ne samo mišljenja ili savete... Odbor kolektivno donosi odluku i kolektivno kontroliše da li se ona poštuje”. (Dr Živko Kostić, isto, str. 257).

[65] Pošto skoro svi saradnici, saglasno zadatku, stvaralački rade po sopstvenoj inicijativi, zbog čega moraju raspolagati odgovarajućim visokim kvalifikacijama i specijalizacijom, grupni rad predstavlja jedini mogući oblik radne organizacije” (Organizacija u američkim preduzećima, isto, str. 55)... ”Uski timski rad između svih funkcionalnih elemenata preduzeća, a naročito proizvodnje, tehničkog sektora, nabavke i marketinga — je ne samo poželjan, već brzo postaje i potreban”. (Harold B. Maynard, Savremena organizacija proizvodnje, isto, 1—4).

Pošto se rašćlanjuje na više posebnih funkcija, funkcionalno rukovođenje predstavlja složen sistem njihove vertikalne i horizontalne koordinacije. Obavljanje iste funkcije usklađuje se među različitim niovima organizovanja, dok se usklađivanje različitih funkcija vrši na istom nivou organizovanja. Time se obezbeđuje da ceo sistem funkcioniše kao jedinstvena celina, bez čega visoko mehanizovana proizvodnja inače ne bi bila moguća.

Funkcionalno rukovođenje je najviši nivo autokratske organizacije, ali je ono istovremeno i početak njenog kraja. Neophodnost timskog rada i kolektivnog rukovođenja upravo pokazuje da je klasični autokratski sistem rukovođenja po principu "jedinonačalija" došao u sukob sa visoko mehanizovanom proizvodnjom, i da zbog toga mora sve više ustupati mesto demokratskom rukovođenju. Iako je u sistemu funkcionalnog rukovođenja demokratizam na osnovama hijerarhijske subordinacije ograničen tako da se ostvaruje samo unutar rukovodećeg štaba, on u suštini označava začetak opšte demokratizacije upravljanja proizvodnjom.

O neophodnosti demokratizacije svedoči i činjenica da se sa razvojem funkcionalnog rukovođenja istovremeno odvija proces decentralizacije upravljanja, koje se sa rukovodećih struktura sve više prenosi i na neposredne izvršioce. [66] Zakonomernost tog procesa ogleda se u praktično već potvrđenom pravilu da ukoliko se proizvodni kapital više centralizuje utoliko se upravljanje proizvodnjom mora više decentralizovati jer je za to neophodna sve veća upravljačka moć. [67] Ako su stručni štabovi svojevremeno morali zameniti inokosne rukovodioce, na određenom stepenu razvoja, i sami moraju biti zamenjeni neposrednim upravljanjem svih proizvođača. [68]

To je u stvari imperativ proizvodne automatizacije, kojoj prinudna disciplina u izvršavanju radnih obaveza ne odgovara, [69] a da bi se obezbedila dobrovoljna disciplina, neposredni izvršioci radnih naloga moraju samima sebi postati nalogodavci. Mora se,

---

66) "Već u prvim godinama posle prvog svetskog rata zapažena je pojava napuštanja organizacionih oblika koji su izgrađeni na principu centralizacije. Umesto toga, sve se više u oblikovanju organizacije primenjivao princip decentralizacije" *(Savremena organizacija rada,* isto, str. 29/30)... "Posle drugog svetskog rata, u SAD se moglo primetiti snažno kretanje u pravcu decentralizovanja zadataka, ovlašćenja i odgovornosti... Da se uopšte u velikim preduzećima u osnovi upravlja samo decentralizovano, može se smatrati vladajućim gledištem u SAD". *(Organizacija u američkim preduzećima,* isto, str. 33. i 34/5).

67) "U principu, decentralizacija omogućava da se problemima lakše operiše na nižem nivou u organizaciji, nego li, što je često slučaj, da se veliki broj problema mora da rešava na nivou rukovodioca proizvodnje. Ukoliko se svi problemi rešavaju na višim nivoima, to odnosi vreme, a možda, što je najgore od svega, ne dozvoljava radniku dovoljno slobode da reši svoje sopstvene probleme, koje najbolje poznaje". (Harold B.Maynard, isto, 1—9).

68) Na neophodnost demokratizacije upravljanja savremenom proizvodnjom ukazuju, pored ostalog, i istraživanja Milera i Forma, po kojima bi "gotovo svaka tvornica morala stati kad bi radnici doslovce slijedili nalog određenih ukalupljenih rukovodilaca": "Radi kao što ti je naređeno — jer za razmišljanje nisi plaćen!", te da bi "bez potporne unutarnje organizacije često i vanjska bila bespomoćna", jer kad bi se nalozi rukovodilaca "često dani bez poznavanja stvarnih okolnosti — uistinu uzeli ozbiljno, oni bi doveli do opće pometnje, do pada radnog učinka i radnog morala". (Vidi: J.A.C. Brown, isto, str. 102).

69) "Proizvodnja na visokom tehnološkom nivou ne može se uspješno razvijati pomoću sredstava *čisto vanjske discipline,* već je za to potrebna *dobrovoljna disciplina".* (Dr Rudi Supek, isto, str. 72).

dakle, uspostaviti sličan odnos prema poslu kao u slučaju individualne proizvodnje, što podrazumeva ukidanje nepovratnog otuđivanja rada, a time i otuđene hijerarhijske organizacije proizvodnje. [70]

Automatizacija proizvodnje je stoga nužno povezana sa pretvaranjem autokratske u *demokratsku organizaciju rada.* Umesto klasične podele na organizatore i izvršioce, te rukovodioce i rukovođene, razvija se *samoupravna organizacija rada,* u kojoj su svi proizvođači istovremeno i organizatori i izvršioci, i "rukovodioci" i "rukovođeni". Oni procesom proizvodnje *zajednički* upravljaju kao što ga u jedinstvenom tehnološkom lancu zajednički i izvode, [71] pa šema proizvodne organizacije dobija sledeći oblik:

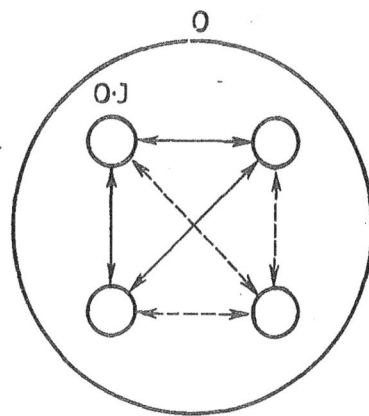

Time se praktično prevazilazi protivrečna pozicija proizvođača kao subjekta proizvodnje i objekta proizvodne organizacije, koja je glavna smetnja automatizovanju proizvodnog rada, i čije prevazilaženje stoga nije samo rezultat, nego i faktor automatizacije.

Ali kao što se automatizacija ne uvodi odjednom, tako se ni samoupravna organizacija rada ne uspostavlja preko noći. U procesu svog ostvarivanja, ona prolazi dve karakteristične faze. U prvoj fazi o osnovnim pitanjima organizacije demokratski odlučuju svi proizvođači, dok transmisionu ulogu u operativnom sprovođenju donesenih odluka zadržavaju rukovodeći organi, čime se njihov položaj radikalno menja. Ako autokratsko rukovo-

---

70) "Mehanička organizacija rada koja se temelji na podređivanju čoveka stroju, nije više uopšte moguća; ta promjena se najbolje vidi u preduzećima koja su razvila novi tip kompleksne automatizirane tehnologije... Više neće biti moguća klasična hijerarhijska organizacija u toj okolini, jer će izgubiti i funkcionalnu i socijalnu osnovu" *(Eksperimenti u demokratizaciji radnih odnosa,* Zagreb, 1978, Filozofski fakultet Sveučilišta u Zagrebu, str. 14)... "Ako shvatimo da je osnovna uloga birokratizacije da bude posrednik, naročito u prenošenju odluka s viših instancija na niže tada automatizacija ovu posredničku funkciju čini suvišnom". (Dr. Rudi Supek, isto, str. 109).

71) U samoupravnoj organizaciji rada "grupa sama određuje svoje ciljeve i puteve za njihovo ostvarenje... Članovi grupe za svoj rad i disciplinu nisu odgovorni isključivo rukovodiocu već celoj grupi, kao i sam rukovodilac". (Slobodanka Kostić, isto, str. 295).

đenje podrazumeva pokoravanje proizvođača rukovodstvu, u samoupravnoj organizaciji rada rukovodstvo se u obavljanju svojih funkcija pokorava zajedničkim odlukama proizvođača, koje mora sprovoditi i kad se s njima ne slaže. [72]

U drugoj fazi ostvarivanja samoupravne organizacije, i taj oblik pokoravanja se ukida jer se izvršno-operativne funkcije organizovanja proizvodnje sve više automatizuju. Zbog potrebe savršene preciznosti, kompleksna automatizacija isključuje mogućnost da čovek neposredno upravlja proizvodnim procesima, zbog čega se operativna rukovodstva zamenjuju elektronskim centrima. Time se hijerarhija među ljudima u neposrednom procesu proizvodnje zamenjuje hijerarhijom među tehničkim aparatima. [73]

Takva organizacija mora imati strogo naučnu podlogu, jer je neophodna potpuna usklađenost svih činilaca i tokova proizvodnog procesa. [74] Zbog toga se izvan neposrednog procesa proizvodnje mora kontinuirano razvijati istraživačka delatnost na području proizvodne organizacije, kojom će se stalno unapređivati automatsko obavljanje organizatorskih funkcija. Umesto neposrednim organizovanjem proizvodnje, čovek će se u uslovima potpune automatizacije baviti samo projektovanjem proizvodne organizacije.

Istina, i projektovanje proizvodne organizacije, kao uostalom svaka stvaralačka aktivnost, mora se organizovati, ali će se to činiti sasvim slobodno kao što će slobodno biti i samo obavljanje takvih aktivnosti. A potpuno slobodno organizovanje isključuje svako, pa i demokratsko pokoravanje, jer podrazumeva samostalno opredeljivanje svakog pojedinca bez ikakve društvene prinude. [75] Pri potpuno slobodnom stvaralaštvu, i udruživanje rada će se vršiti sasvim slobodno na bazi podudarnosti ličnih interesa, pa će i njegovo usklađivanje biti oslobođeno prepreka na koje nailazi kad su ti interesi suprotstavljeni.

Ma koji oblik organizacija proizvodnje imala, njenu osnovu čini planomernost rada. *Plan proizvodnje* je u suštini projekcija proizvodne organizacije po kojoj se vodi proizvodni proces, zbog čega je on presudan i za efikasnost organizacije. Od toga kako se planiraju činioci i tokovi proizvodnje odlučujuće zavisi kako će se ona operativno organizovati i kakve će efekte dati. [76] Zato je razvoj planiranja ključni činilac unapređivanja proizvodne organizacije.

---

72) "Rukovodioci u preduzeću nisu više izvor vlasti, već njeni izvršni organi kojima su povereni operativni poslovi organizacije. Zato funkcija rukovodioca poprima *profil organizatora* koji sprovodi volju radne zajednice, izraženu normativnim aktima i posebnim odlukama". *(Savremena organizacija rada,* isto, str. 26).

73) "Čitava tehnička hijerarhija podređena je jednom bezličnom autoritetu, koji se zove ured za programiranje ili prosto tehnološka organizacija proizvodnje ... Odluke se, zapravo, donose u uredima za programiranje, a prenose se neposredno na strojeve, a ne na ljude!" (Dr Rudi Supek, isto, str. 111, i 109).

74) "U procesu automatizovane proizvodnje mora da postoji potpuna usklađenost toka procesa i faza proizvodnje u svim pogonima preduzeća. Proces ne može uspešno da funkcioniše ako nema i ako nije odgovarajućom, na naučnoj osnovi, organizacijom rada obezbeđen". (Teofanija Trivunac, isto, str. 11).

75) "Odlučivanje putem individualnih sloboda zasniva se na maksimalnoj slobodi svih članova grupe u odlučivanju. Ovaj oblik odlučivanja najčešće se primenjuje u grupama naučnika, koji karakteriše visok stepen individualnosti. Jedini zadatak rukovodioca je da podeli i eventualno pokupi rezultate rada grupe". (Slobodanka Kostić, isto, str. 295).

76) "Iako ni jedna od proizvodnih funkcija ne može biti zanemarena, planiranje je verovatno najkritičnija u konkurentskoj i ekspandirajućoj ekonomiji, i to bilo da se planiranje obavlja zbog rekonstrukcije postojećeg, ili radi izgradnje novog pogona. Sa visokim stepenom mogućnosti u izboru metoda rada, proizvodnje i mašina, greška u fazi planiranja može biti izvanredno skupa ili čak i fatalna za konkurentnost preduzeća. S druge strane, ogromni dobici su mogući inteligentnim planiranjem ... Planiranje proizvodnje je proces odluke o sredstvima koja preduzeće zahteva za svoju buduću proizvodnju i raspoređivanje ovih sredstava za proizvodnju željenog proizvoda u željenim količinama sa najnižim ukupnim troškovima proizvodnje". (David M. Boodman, po Haroldu B. Maynardu, isto, 1—7 i 3—80).

Kao osnova organizacije, planiranje ima isti proizvodni smisao koji ima i proizvodna organizacija, da se sa što manjim utroškom rada i sredstava ostvare što veći proizvodni efekti. [77] Iz toga proističe i njegov značaj kao jedne od osnovnih funkcija proizvodnje, čija se uloga sa razvojem tehnologije stalno povećava. [78] Što je tehnologija proizvodnje složenija, to je neophodnije prethodno usklađivanje proizvodnih činilaca i tokova. [79] Kad se operativni deo organizatorske aktivnosti čoveka automatizuje, ona će se praktično svesti na planiranje proizvodnih procesa.

Polaznu osnovu razvijenog planiranja predstavlja usklađivanje proizvodnje i potrošnje, koje se u suštini svodi na razrešavanje protivrečnosti između ljudskih potreba i objektivnih mogućnosti njihovog zadovoljavanja.U odnosima proizvodnje i potrošnje ta protivrečnost ispoljava se kroz njihovo međusobno uslovljavanje i uzajamno ograničavanje. Bez proizvodnje nema ni potrošnje. kao što bez potrošnje ne bi bilo ni proizvodnje koja samo u potrošnji nalazi svoj smisao. [80] Ali proizvodnja je istovremeno granica potrošnje, kao što je potrošnja granica proizvodnje, jer jedna predodređuje drugu pošto se ništa ne može trošiti što nije proizvedeno niti ima smisla proizvoditi nesto što se neće trošiti. [81]

Planiranje proizvodnje i potrošnje svodi se u suštini na usklađivanje njihovih mogućnosti, koje se međusobno uslovljavaju jer se troše samo oni proizvodi (po vrsti, kvalitetu i obimu) koji se mogu proizvoditi, a proizvode se proizvodi koji se mogu potrošiti. I pošto je određena mogućnostima proizvodnje, potrošnja nije identična s potrebama, koje uvek idu ispred proizvodnje kao njen motiv. Zato, ukoliko za potrebama zaostaje proizvodnja, utoliko neizbežno zaostaje i potrošnja.

Protivrečnost između proizvodnje i potrošnje razrešava se povećavanjem proizvodne snage rada, kojim se objektivno proširuju mogućnosti proizvodnje, a time i mogućnosti potrošnje. Da bi se povećala potrošnja, mora se povećati proizvodnja ali tako da to odgovara stvarnim mogućnostima potrošnje. Ako takve podudarnosti nema, proizvodnja se može povećavati a da potrošnja stagnira, usled čega se javlja suficit proizvodnje nad potrošnjom, čak i kad potrebe za suficitarnim proizvodima nisu zadovoljene. Površno označene "krizama hiperprodukcije", takve pojave se javljaju zbog nepodudarnosti stvarnih potreba i stvarnih mogućnosti potrošnje. Zato se i može dešavati da se hiljade tona žita bacaju u more u isto vreme dok milioni ljudi umiru od gladi iz sasvim banalnog razloga što proizvedeno žito ne mogu kupiti.

Zbog toga je usklađivanje proizvodnje i potrošnje nužan uslov društvene reprodukcije. U naturalnoj proizvodnji ono je relativno jednostavno jer je odnos između proizvodnje i potrošnje neposredan. Pošto se proizvodi uglavnom za sebe, svako to čini prema svojim

---

77) "Planiranje je, prema tome, nužnost, nastala iz težnje da se potrebe pojedinaca i društva zadovolje uz minimalni utrošak rada, odnosno iz težnje da se uz istu količinu rada, ostvari što veća masa proizvoda". (Dr inž. Vukan Đ. Dešić, isto, str. 167).

78) "Argyris i Miller — u studiji četiri tvornice — upitali su rukovodioca tvornice da navede odjel koji smatra najvažnijim i drugi koji za njim slijedi. 50% smatrali su najvažnijim odjel za kontrolu proizvodnje, dok su 44% naveli odjel za planiranje. Svi osim jednoga — koji je odjel za kontrolu proizvodnje smatrao najvažnijim — izjavili su da je odjel za planiranje drugi po važnosti". (William Foote Whyte, *Čovjek i rad,* "Panorama", Zagreb, 1966, str. 556).

79) "Američki rukovodeći kadar vidi svoj zadatak prvenstveno u tome da se predvidi i unapred usmeri budući razvoj". *(Organizacija u američkim preduzećima,* isto, str. 73).

80) "Bez proizvodnje nema potrošnje; bez potrošnje nema proizvodnje, ... jer bi proizvodnja tada bila bez svrhe". (K. Marks: "Osnovi kritike političke ekonomije", isto, tom 19, str. 11. i 12).

81) "Određena proizvodnja određuje određenu potrošnju", a "potrebe potrošnje određuju proizvodnju". (Isto, str. 17).

potrebama, pa sam i troši proizvedeno. Zbog toga potrošnja sledi relativno oskudnu proizvodnju, tako da se praktično troši sve što se proizvede, pa njihovo usklađivanje i ne predstavlja poseban problem.

Sa prerastanjem naturalne proizvodnje u robnu proizvodnju, između proizvodnje i potrošnje ubacuje se kao posrednik robna razmena, koja postaje glavni regulator njihovog usklađivanja. A ukoliko se robna razmena ostvaruje posredstvom tržišta, to usklađivanje se ne vrši planski, već, putem ponude i potražnje, stihijski. Umesto da se proizvodnja i potrošnja unapred sinhronizuju, izravnavanje ponude i potražnje vrši se naknadno tek kad je njihova ravnoteža narušena, pa se tako uspostavljeni sklad proizvodnje i potrošnje stalno smenjuje njegovim narušavanjem.

Zato se na tržištu redovno javlja suficit jednih i deficit drugih proizvoda, zbog čega se proizvodni kapital mora seliti iz jedne oblasti proizvodnje u drugu, čime se mogućnost racionalizacije tržišne proizvodnje znatno sužava. Neracionalnosti koje nastaju usled tržišnih oscilacija su još i podnošljive dok je proizvodnja relativno nerazvijena, a ukoliko se ona više razvija utoliko posledice takvih oscilacija postaju teže. Krize kapitalističke hiperprodukcije su zaprvo snažno uzdrmale sistem tržišne proizvodnje, i na taj način ubrzale prelazak sa stihijskog na plansko usklađivanje proizvodnje i potrošnje.

Ukoliko se, međutim, plansko usklađivanje pretvara u monopol države ili drugih monopolskih organizacija, spoljašnje posredovanje proizvodnje i potrošnje se ne ukida, iako se bitno menja. Umesto tržišne konkurencije koja zbog međusobnog sukobljavanja učesnika robne razmene deluje kao neka objektivna sila nezavisna od proizvođača i potrošača, monopolske organizacije deluju kao subjektivna snaga koja svojim odlukama direktno određuje nivo proizvodnje i potrošnje. I upravo zbog toga te organizacije su u mogućnosti da proizvodnju i potrošnju voluntaristički oktroišu nezavisno od volje neposrednih proizvođača i potrošača.

Bez voluntarističkog oktroisanja proizvodnje i potrošnje, monopolske organizacije u stvari i ne mogu vršiti njihovo usklađivanje. Umesto da sami proizvođači i potrošači određuju obim i strukturu proizvodnje i potrošnje, to, prvenstveno prema svojim interesima, čine njihovi posrednici. Iako se i u tržišnoj razmeni odnosi proizvodnje i potrošnje uspostavljaju nezavisno od volje proizvođača i potrošača, to se dešava uz njihovo neposredno učešće u takvoj razmeni, dok su iz monopolskog usklađivanja proizvodnje i potrošnje oni praktično isključeni.

Dok u tržišnoj razmeni proizvođači i potrošači polaze neposredno od svojih potreba pri monopolskom usklađivanju proizvodnje i potrošnje njihove potrebe se određuju sa strane. Drugačije u stvari ne može ni biti jer monopolsko planiranje uključuje i monopol na odlučivanje o strukturi i obimu proizvodnje i potrošnje. Ni država ne može funkcije društvenog planiranja obavljati drugačije, upravo zbog toga što se, kao najmoćnija monopolska organizacija, postavlja iznad društva i njegovih stvarnih potreba.

Zato je moguće da se država, kao i svaka monopolska organizacija, odvaja od društva i njegovim potrebama pretpostavlja potrebe pojedinih društvenih grupacija. Pošto to protivreči stvarnim interesima društva, pa samim tim i objektivnim zakonima njegovog razvoja, monopolsko planiranje mora biti zamenjeno samoupravnim planiranjem, kojim sami proizvođači i potrošači zajednički usklađuju mogućnosti proizvodnje i potrošnje.

Tek time usklađivanje proizvodnje i potrošnje dobija karakter *društvenog* planiranja postajući neotuđivom funkcijom celog društva, iz čijeg ostvarivanja niko nije isključen kao što nije ni iz same proizvodnje i potrošnje. Ukoliko se o strukturi i obimu proizvodnje i potrošnje proizvođači i potrošači neposredno dogovaraju, oni tokove društvene reprodukcije planski usmeravaju, čime unapred isključuju moguće disproporcije koje vode neracionalnom rasipanju snaga i sredstava. Samoupravno planiranje se na taj način razvija kao istorijska negacija tržišne stihije na putu komunističkog ovladavanja društvenom reprodukcijom.

Taj proces otpočinje već u kapitalizmu sistematskim ispitivanjem tržišta i planskim usklađivanjem proizvodnje sa njegovim zahtevima. Ako u klasičnom kapitalizmu okvir proizvodnog planiranja predstavlja interna organizacija preduzeća, polaznu osnovu planiranja u razvijenom kapitalizmu čini usklađivanje proizvodnje sa mogućnostima potrošnje, zbog čega istraživanje tržišta postaje jedna od najznačajnijih funkcija kapitalističkog preduzeća. 82) Takva promena je neminovna posledica razvoja same proizvodnje, jer dok nerazvijena proizvodnja vlada oskudnim tržištem, obilato tržište vlada razvijenom proizvodnjom.

Zbog toga ovladavanje tržištem postaje sve sudbonosnije pitanje razvijene proizvodnje. Ono se, međutim, ne svodi samo na predviđanje tržišnih kretanja, već podrazumeva i njihovo usmeravanje prema mogućnostima i stvaralačkim ambicijama proizvodnje. To se postiže, pre svega, podsticanjem odgovarajuće potražnje na bazi kreiranja novih potreba, kojim se struktura potražnje unapred određuje. Prilagođavanje tržištu se na taj način, sa razvojem proizvodnje, sve više zamenjuje njegovim kreiranjem, koje predstavlja jednu od najznačajnijih funkcija savremenog marketinga. 83)

To je zapravo proces prevladavanja tržišne stihije, koji u stvari znači odumiranje tržišta kao društvenog regulatora proizvodnje i potrošnje, čije je osnovno obeležje upravo stihijno delovanje zakona ponude i potražnje. U interesu je svakog proizvođača da unapred osigura plasman svojih proizvoda, kao što je u interesu svakog potrošača da se unapred obezbedi potrošnim dobrima. Dok su interesi proizvođača i potrošača još suprotstavljeni, što zapravo i čini osnovu tržišne stihije, to objektivno nije moguće postići, a čim prevazilaženje tih suprotnosti otpočne, onda otpočinje i zamenjivanje stihijnog planskim usklađivanjem proizvodnje i potrošnje.

Planska usklađenost proizvodnih mogućnosti sa mogućnostima potrošnje morala bi predstavljati osnovu svakog *proizvodnog programa* da bi se unapred obezbedila njegova uspešna realizacija. Mogućnosti proizvodnje i mogućnosti potrošnje određenih proizvoda su zapravo sudbonosne determinante svakog realnog programa proizvodnje kojim se konkretno utvrđuje proizvodnja tih proizvoda.84) Takav program je osnovna sadržina i polazna osnova proizvodnog plana, kojim se bliže utvrđuju uslovi njegove realizacije. 85).

---

82) "Brižljivo istraživanje tržišta i sistematsko razvijanje novih proizvoda predstavlja, dakle, kamen temeljac ovog perspektivnog planiranja, pri čemu podsticaj treba u prvom redu da potekne sa tržišta. Nikakvo razvijanje ili istraživanje ne može da otpočne pre nego što se brižljivo ispitaju tržišni izgledi". *(Organizacija u američkim preduzećima,* isto, str. 73).

83) "Marketing je odgovoran da otkrije i zadovolji kupčeve potrebe za proizvodom i uslugom kroz četiri funkcije: 1. Analitičku funkciju marketinga, koja odgovara da obezbedi tehniku sakupljanja informacija i interpretiranja želja kupca i prevođenja ovih informacija u konstrukciju i opremu proizvoda. To uključuje i odluku o količini koju treba proizvesti u određenom periodu vremena; 2. Nabavnu funkciju, koja obavlja poslove terminiranja, transporta i stokiranja proizvoda, tako da su raspoloživi tamo i kada su potrebni; 3. Funkciju kreiranja potreba, što uključuje informisanje i uticanje na potrošača kroz oglašavanje, politiku cena, prodaju proizvoda, finansiranje i kreditiranje; 4. Funkciju informisanja o performansama proizvoda, koja obuhvata prikupljanje podataka o načinu upotrebe proizvoda, njegovim performansama pri upotrebi, kvalitativnim zahtevima i promenama u zahtevima potrošača". (Harold B. Maynard, *Savremena organizacija proizvodnje,* isto, 2—19).

84) "Proizvodni program obuhvata celokupnu delatnost preduzeća za posmatrani vremenski period — obično za godinu dana — i sadrži: a) količinu, vrste i asortimane gotovih proizvoda, b) količinu i specifikaciju nedovršene proizvodnje, i c) proizvodne usluge za sebe i druge". (Dr inž. Vukan Đ Dešić, isto, str. 183).

85) "Primarni element plana proizvodnje jeste proizvodni program koji predstavlja pregled proizvoda koji se predviđaju za proizvodnju i otpremanje za svaki pojedini mesec u periodu za koji plan važi". (James R. Lynch, po Haroldu B. Maynardu, isto, 2—32).

Za racionalnu organizaciju proizvodnje neophodno je da se proizvodnim planom utvrđuju svi relevantni uslovi realizacije proizvodnog programa kao osnovnog planskog zadatka, a naročito: radna snaga, osnovna sredstva, materijal i energija, transportna sredstva, nabavke, obezbeđenje kvaliteta, tehničko-organizacione mere za izvršenje proizvodnog programa, investicije, troškovi proizvodnje, finansijska sredstva i drugi.[86] Na višem stupnju podruštvljenosti proizvodnje proizvodnim planom bi se pored tehnoloških morali utvrđivati i društveni uslovi realizacije proizvodnog programa, kao što su produktivnost, rentabilnost i ekonomičnost, ekonomske i političke mere, obaveze prema poslovnim partnerima, raspoređivanje i raspodela ostvarenog dohotka, udruživanje rada i sredstava, razvoj proizvodnih i drušvenih odnosa, i druge.[87]

Ali za racionalnu organizaciju proizvodnje nije dovoljno utvrđivanje bilo kakvih uslova realizacije proizvodnog programa. Ona podrazumeva da se proizvodnim planom utvrđuju takve proporcije među predviđenim činiocima proizvodnje koje obezbeđuju da se proizvodni program realizuje sa što manjim utroškom živog i opredmećenog rada. A to je moguće samo ako se takav utrošak planira na osnovu tehnoloških normativa kao standardnih merila društveno potrebnog rada.

Planiranje na osnovu standardizovanih normativa je nužan uslov naučne organizacije rada. U eksploatatorskim oblicima proizvodnje planiranje se, međutim, vrši tako da se iz radnika izvuče što više rada, pa se radna norma kao individualni plan proizvodnje, umesto na normalnom, zasniva na usiljenom intenzitetu rada sa tendencijom da se iscrpljivanje radne snage povećava do maksimuma. Na sličan način planira se i proizvodnja državnih preduzeća, čiji se planovi proizvoljno povećavaju kad god dođe do njihovog učestalijeg prebacivanja.

Lišeno naučne osnove i suprotno interesima proizvođača, takvo planiranje moguće je samo uz oslanjanje na prinudu. I radna norma radnika, i proizvodni plan državnog preduzeća utvrđuju se nezavisno od volje proizvođača i ostvaruju uz prinudu, koja predstavlja nužan oslonac najamnog i svakog otuđujućeg rada. Podbačaj norme povlači za sobom smanjivanje zarade i otpuštanje sa posla, a podbačaj poslovnog plana kažnjavanje pa i smenjivanje preduzetnog rukovodstva.

Nasuprot tome, u društvenoj proizvodnji koja je oslobođena prinude, planiranje se zasniva, i mora se zasnivati, na naučnoj metodologiji i zajedničkom interesu udruženih proizvođača. Do zajedničkog plana proizvodnje ne može se doći bez jedinstvenih merila

---

86) Harold B. Maynard navodi sledeće elemente plana proizvodnje: proizvodni program, troškove proizvodnje proizvoda, radnu snagu, transportna sredstva, materijalna sredstva (sirovine, zalihe, gotovi proizvodi), troškove proizvodnje (izdatke), nabavke, obezbeđenje kvaliteta, industrijski inženjering, proizvodni inženjering, gotovinska sredstva i investicije (Isto, 2—32/3). Po Vukanu Dešiću, najvažniji delovi osnovnog plana su: proizvodni program — plan zadatak, plan radne snage i platnog fonda, plan osnovnih sredstava, plan materijala, plan investicija, plan cene koštanja proizvoda, plan tehničko-organizacionih mera za izvršavanje proizvodnog programa, i finansijski plan (Isto, str. 175).

87) Po Edvardu Kardelju, samoupravni plan osnovne organizacije udruženog rada treba pored proizvodnog, odnosno poslovnog plana da sadrži i sledeće elemente: sticanje dohotka i njegovu raspodelu, razvojne ciljeve i adekvatan investicioni plan, udruživanje rada i dohotka sa osnovnim i drugim organizacijama udruženog rada, obaveze prema širim organizacijama udruženog rada u koje je udružena osnovna organizacija, obaveze prema društvu u celini, obaveze osnovne organizacije udruženog rada u odnosima slobodne razmene rada sa društvenim delatnostima, strukturu ličnog dohotka po osnovu tekućeg i minulog rada, zajedničku potrošnju u osnovnoj organizaciji udruženog rada i učešće u zajedničkoj potrošnji mesnih zajednica. (O sistemu društvenog plahiranja, brionske diskusije, "Radnička štampa", Beograd, 1978, str. 59/60).

potrebnog utroška živog i opredmećenog rada, niti se takav plan može doneti bez ravnopravnog izjašnjavanja svih zainteresovanih subjekata, koje je takođe moguće samo uz jednake kriterije i jedinstvena merila učešća u zajedničkom radu i njegovim rezultatima. Bez toga se ne bi mogla utvrditi ni međusobna prava i obaveze udruženih proizvođača i njihovih asocijacija, čije je ispunjavanje nužan uslov zajedničke proizvodnje.[88]

Zajedničko planiranje je nužan uslov zajedničke proizvodnje. Individualni proizvođač može svoj rad usmeravati na osnovu sopstvene zamisli i bez ikakvog dogovaranja sa drugima. I privatni poslodavac može rad svojih najamnika koordinirati i usmeravati prema planu koji je sam sastavio, a i planovi državnih preduzeća utvrđuju se autokratski bez neposrednog učešća njihovih izvršilaca. Zajednička proizvodnja slobodno udruženih proizvođača nije, međutim, moguća bez njihovog ravnopravnog dogovaranja o proizvodnim programima i uslovima njihove realizacije. Bez takvog dogovaranja nije moguće čak ni slobodno udruživanje kapitalista i njihovih proizvodnih potencijala jer neravnopravnu saradnju niko ne prihvata.

Kad na zajedničkom proizvodnom programu radi više udruženih proizvođača, oni svoje učešće u njegovoj realizaciji i u zajedničkom proizvodu moraju unapred utvrditi. Njihov međusobni sporazum moguć je samo ako se to učešće utvrđuje istim tehnološkim i ekonomskim parametrima kojima se obezbeđuje stvarna ravnopravnost u proizvodnji i raspodeli zajedničkog proizvoda. Zajedničkim planom moraju se precizno utvrđivati prava, obaveze i odgovornost svakog učesnika u zajedničkoj proizvodnji.

To su pre svega: kvalitet, količina i rokovi isporuke poluproizvoda i delova zajedničkog proizvoda; uslovi isporuke osnovnih sredstava, energije, sirovina i repromaterijala; uslovi obavljanja inženjeringa, održavanja, istraživačko-razvojnih, računovodstvenih, administrativno-tehničkih i drugih usluga u zajedničkom radu; udeo pojedinih učesnika u zajedničkom proizvodu i raspodeli zajednički ostvarenog dohotka; mere odgovornosti učesnika koji ne ispune preuzete obaveze ili na drugi način naruše prava ostalih učesnika; kao i sva ostala pitanja od zajedničkog interesa udruženih proizvođača.

Samo pitanja od zajedničkog interesa, i treba da se utvrđuju zajedničkim planom proizvodnje, dok su pitanja od posebnog interesa predmet pojedinačnih planova udruženih organizacija. Zajedničkim planom se, na primer, ne reguliše proizvodnja poluproizvoda, već samo odnosi u proizvodnji zajedničkog proizvoda koji obezbeđuju globalnu skladnost zajedničke proizvodnje. Po tome se samoupravno planiranje bitno razlikuje od centralizovanog autokratskog planiranja, koje isključuje poslovnu samostalnost proizvodnih jedinica.

U takvom karakteru samoupravnog planiranja sadržana je mogućnost njegovog neograničenog širenja sve do opštesvetskih razmera uz istovremeno jačanje poslovne samostalnosti osnovnih proizvodnih asocijacija. Kao bitno obeležje zajedničke proizvodnje, samoupravno planiranje se razvija zajedno sa njenim razvijanjem, koje je objektivno uslovljeno sve većom podelom i specijalizacijom proizvodnog rada. Što se veći broj proizvođača i proizvodnih asocijacija udružuje na zajedničkim proizvodnim programima, to se više širi i zajedničko planiranje ne samo u okviru pojedinih nacionalnih i regionalnih ekonomija, već u svetskim razmerama.

---

[88] "Svi subjekti planiranja treba da budu u mogućnosti da izraze svoje ekonomske, socijalne i druge interese i inicijative i istovremeno da demokratski prihvate određene obaveze i odgovornosti koje proizlaze iz međusobne zavisnosti i ravnopravnosti radnika u zajedničkom radu i ostvarivanju njihovih ličnih i društvenih interesa". (Edvard Kardelj, *O sistemu samoupravnog planiranja*, isto, str. 15).

To je zapravo zakoniti proces stvaranja integralnog sistema samoupravnog planiranja kao osnove jedinstvene svetske organizacije rada. Kao integralni sistem, samoupravno planiranje se jedino i može razviti u svetskim razmerama, jer za pretpostavku ima međunarodnu podelu rada. Ako se plansko usklađivanje proizvodnih činilaca i tokova mora vršiti u okviru istog preduzeća, to je još neophodnije u zajedničkoj proizvodnji različitih proizvodnih asocijacija. I kao što se u fabričkoj podeli rada uspostavlja organska međuzavisnost proizvodnih funkcija i radnih operacija, tako se u međunarodnoj podeli rada uspostavlja organska međuzavisnost različitih proizvodnih segmenata, koji se putem planskog usklađivanja mogu razvijati samo kao integralni delovi jedinstvenog proizvodnog sistema. [89)]

Sa širenjem prostorne, širi se i vremenska dimenzija zajedničkog planiranja. Manufakturna proizvodnja mogla se planirati i na kraći rok, koji se, međutim, sa razvojem industrijalizacije morao sve više produžavati. Što je širi krug proizvodnog zajedništva, neophodno je dugoročnije usklađivanje njegovih činilaca, zbog čega se pri razvijenoj podeli rada konkretno planiranje mora vršiti na osnovu dugoročnih planskih projekcija, kojima se naznačuju opšte konture razvojne orijentacije. [90)]

Te projekcije bi morale izražavati zakonite tendencije društvenog i tehnološkog razvoja, što pretpostavlja da se one rade na bazi temeljitih naučnih istraživanja kojima se pomenute tendencije otkrivaju. Svaka improvizacija je utoliko rizičnija ukoliko se na duži rok planira jer su i moguće stranputice takvog razvoja dalekosežnije. Ali ako se na bazi naučnih istraživanja mogu raditi približno tačne globalne projekcije dugoročnog razvoja, na duži rok je teško utvrđivati sve neophodne elemente planskog usmeravanja, pa je realnije da osnovni planski instrumenat predstavlja srednjoročni (višegodišnji) plan proizvodnje.

Upravo zahvaljujući tome što je za nekoliko godina unapred moguće sa relativno velikom preciznošću utvrditi osnovne elemente planskog usmeravanja, srednjoročni plan može predstavljati ključnu kariku između dugoročnih ciljeva društveno-tehnološkog razvoja i neposredne društvene akcije pomoću koje se oni praktično ostvaruju. Ako dugoročni plan označava globalne konture razvoja, srednjoročni plan utvrđuje osnovne pravce akcije na njegovom ostvarivanju, koji se operativnim (godišnjim, kvartalnim, mesečnim i dnevnim) planovima raščlanjuju na konkretne zadatke radnih grupa i pojedinih radnika. [91)]

Apsolutnu planomernost proizvodnje nije, međutim, moguće postići ni dnevnim planiranjem radnih zadataka. Zato svaki plan predstavlja samo manje ili više konkretnu orijentaciju proizvodne aktivnosti, od koje se u praksi manje ili više odstupa da bi se postavljeni ciljevi ostvarili. Radi toga se i najrealniji plan u toku praktične realizacije mora prilagođavati okolnostima koje su pri planiranju previđene ili objektivno nisu mogle biti predviđene.

---

89) "U prošlosti je svjetska zajednica bila tek skup suštinski nezavisnih dijelova. Pod tim okolnostima svaki je dio mogao rasti — više ili manje — kako mu se svidjelo. U novim uvjetima, kao što pokazuje primjer globalnog kriznog sindroma, svjetska zajednica mora se pretvoriti u svjetski sustav, odnosno u skupinu funkcionalno međuovisnih dijelova ... U takvom sustavu rast jednog dijela ovisi o rastu ili nerastu ostalih. Tako neželjeni rast bilo kojeg dijela ugrožava ne samo taj dio nego i cjelinu". (Mihajlo Mesarović, Eduard Pestel, *Čovječanstvo na raskršću,* "Stvarnost", Zagreb, 1978, str. 4).

90) "Dugoročni planovi su, ipak, više opšta orijentacija razvoja društva i njegovih proizvodnih snaga nego precizno određen program akcije". (Edvard Kardelj, isto, str. 129).

91) "Operativni plan je plan poslova koje treba izvršiti da bi se dobili proizvodi predviđeni osnovnim planom proizvodnje". On "određuje kada se i na kome radnom mestu ima izvršiti određeni posao odnosno određena operacija". (S. Kukoleča, Ž.K. Kostić, isto, str. 127).

Mogućnosti predviđanja proizvodnih okolnosti su, međutim, relativno male sve dok društvenom reprodukcijom vlada tržišna stihija, zbog čega se društveno planiranje u početku praktično zasniva na manje ili više pouzdanim prognozama, bez većeg uticaja na objektivne okolnosti. Potpuna planomernost proizvodnje podrazumeva potpuno ovladavanje udruženih proizvođača društvenom reprodukcijom koje već znači ulazak u komunističku reprodukciju.

Ma kakav da je, proizvodni plan je osnov operativnog organizovanja proizvodnje. Po planu se: obezbeđuju potrebni činioci proizvodnje; vrši odgovarajući raspored radne snage i proizvodnih sredstava; obavljaju pripremne radnje za početak neposredne proizvodnje; usmerava tehnološki proces i usklađuju njegovi tokovi; kontroliše izvršenje radnih zadataka; ostvaruje društvena valorizacija proizvoda; vrši eksterno i interno raspoređivanje i raspodela ostvarenog proizvoda; preduzimaju mere i aktivnosti za unapređivanje proizvodnje i razvijanje proizvodnih odnosa; i obavljaju sve ostale atkivnosti neophodne za realizaciju proizvodnog programa.

Na osnovu plana vrši se podela *radnih funkcija* na učesnike u realizaciji proizvodnog programa, čime se predodređuje i organizaciona struktura odgovarajućih proizvodnih asocijacija. Što je društvena podela rada razvijenija, radne funkcije se dele na veći broj subjekata, pa je i organizaciona struktura proizvodnih asocijacija razuđenija i složenija. U svom razvoju ona se, poput koncentričnih krugova, širi od radnog mesta do najširih proizvodnih asocijacija svetskih razmera.

Radnim mestom kao tehnološkom ćelijom, objektivno je predodređen *radni položaj* svakog izvršioca u okviru podelom rada formiranih proizvodnih asocijacija. [92] Industrijskom tehnologijom on je unapred striktno određen kao skup organski povezanih tipičnih funkcija i socijalnih odnosa, nezavisno od konkretnih izvršilaca koji će ga po operativnom rasporedu tekuće organizacije rada zauzimati. Po prirodi sopstvene tehnologije, industrijska proizvodnja se organizuje upravo tako da se radnik prilagođava unapred određenom radnom mestu, a ne radno mesto radniku, ali tako je u principu kod svake proizvodnje koja za osnovnu svrhu ima spoljašnji proizvod, a ne unutarnju generičku potrebu radnika. [93]

Obavljanjem funkcija radnog mesta na koje je raspoređen, radnik ostvaruje svoju *radnu ulogu*, koja mu je samom predodređenošću tih funkcija takođe predodređena. [94] Ako je radno mesto osnovna ćelija tehnološkog sistema, radna uloga je osnovni elemenat proizvodne organizacije. Šemom proizvodne organizacije radne uloge se unapred utvrđuju i povezuju u jedinstven sistem organizacije, iz kojeg se, prema osposobljenosti za njiho-

---

[92] "Radno mesto sa socijalnog stanovišta zovemo *radnim položajem*". (D.C. Miller — V.H. Form, isto, str. 228).

[93] "Radni položaj ne odnosi se na konkretnog pojedinca koji obavlja svoj posao. On znači niz tipičnih funkcija i socijalnih odnosa koje radnik mora poštovati i kojih se mora pridržavati". (Isto).

[94] "Kada su stvarno zabavljeni ispunjavanjem očekivanja koja važe za njihove radne položaje, radnici igraju svoje *radne uloge*. Radna uloga je dinamičan aspekt položaja". (Isto, str. 229).

vo obavljanje, dodeljuju konkretnim izvršiocima. Ta šema se u apstraktnom obliku može predstaviti na sledeći način:

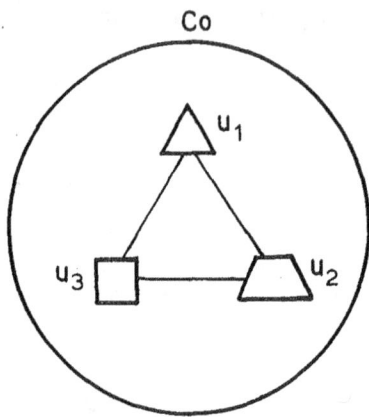

gde $U_1 - U_3$ označava različite radne uloge, a So — integralni sistem organizacije.

Povezivanje radnih uloga u jedinstveni sistem organizacije vrši se na bazi njihove funkcionalne međuzavisnosti u društvenoj podeli rada, zbog koje se one i ne mogu obavljati nezavisno jedna od druge. Uloge koje su funkcionalno najneposrednije povezane, predstavljaju osnovu za obrazovanje *primarne (nuklearne) radne grupe* sastavljene od njihovih neposrednih nosilaca. [95] U proizvodnji zasnovanoj na fizičkom radu, radne uloge primarne grupe su i prostorno povezane, pa se među njenim članovima uspostavljaju lični kontakti, zbog čega takva grupa pored radnih, dobija i šira socijalna obeležja tako da ne deluje samo kao radna, već i kao određena kulturna mini zajednica. [96] U intelektualnom radu se, međutim, funkcionalno povezivanje radnih uloga može vršiti nezavisno od njihove prostorne lokacije, pa se i primarne radne grupe mogu obrazovati i funkcionisati a da njihovi članovi fizički ne stupaju u lične kontakte, što će u uslovima razvijenih telekomunikacija postati ustaljena pojava.

Primarne radne grupe se sistemom organizacije, na bazi reprodukcione međuzavisnosti, povezuju u šire, a ove u još šire *sekundarne radne grupe.* [97] U sistemu hijerarhijske organizacije to povezivanje vrši se spolja posredstvom autokratskog upravljanja koje isključuje neposrednu saradnju. Grafički se ono može uprošćeno predstaviti na sledeći način:

---

95) *"Grupa nije* jednostavan *zbir pojedinaca* koji je čine nego manje ili više za određeno vreme *zatvorena celina* sa svojim specifičnim karakterom... Upoređen sa karakterom pojedinca, *karakter grupe* nije ništa drugo do *jedinstven sistem svrha, ciljeva i pravila* od kojih će zavisiti spoljne ponašanje grupe, kao i *međusobni odnosi* njezinih *članova".* (Mr Vlastimir Mihailović, isto, str. 263).

96) "Nuklearna radna grupa sastavljena je od ljudi koji su dnevno u poslovnom ličnom dodiru. Obično je sačinjavaju radni položaji koji su funkcionalno povezani i prostorno u blizini". (D.C. Miller – V.H. Form, isto, str. 229).

97) "Prema C.I. Barnardu, sve veće organizacije mogu se predočiti kao tvorevine nastale od većeg broja manjih grupa". (J.A.C. Brown, isto, str. 89).

116

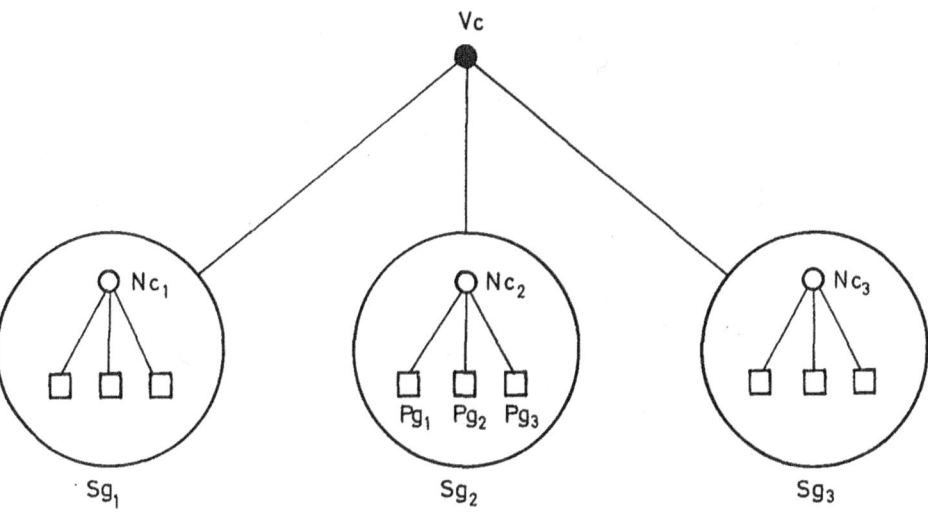

gde Fg_{1-3} označava primarne, a Sg_{1-3} sekundarne radne grupe, Vc — viši centar upravljanja, i Nc_{1-3} — niže centre upravljanja.

Nasuprot hijerarhijskoj organizaciji, u sistemu samoupravne organizacije rada sve radne grupe se međusobno same povezuju, stupajući u neposredne proizvodne i društveno-ekonomske odnose, što se grafički može predstaviti kao:

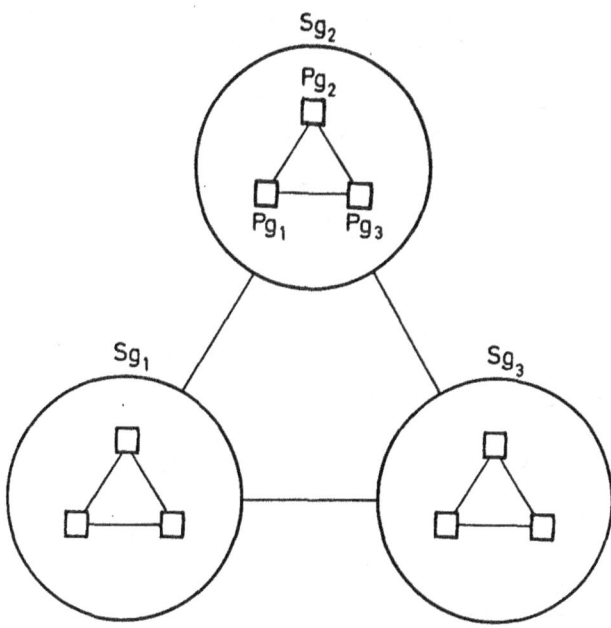

U sistemu samoupravne organizacije rada primarna radna grupa predstavlja, po pravilu *osnovnu radnu jedinicu* koja poseduje određenu radnu i samoupravnu samostalnost, pa u obavljanju svojih i zajedničkih funkcija može stupati u neposredne odnose sa drugim jedinicama. Na taj način ona može delovati i kao integralni deo širih radnih i organizacionih jedinica ili sama predstavljati posebnu organizacionu jedinicu. Kao što članovi radne grupe u obavljanju radnih funkcija ravnopravno sarađuju, tako i radne grupe sarađuju međusobno, čime se zapravo i potvrđuje njihov stvarni integritet, koji tek u samoupravnoj organizaciji rada dolazi do punog izražaja.

Da bi predstvaljala *proizvodnu jedinicu,* radna grupa mora biti sposobna da samostalno proizvodi, radi čega mora raspolagati odgovarajućim proizvodnim sredstvima. Po tome se samoupravna organizacija rada bitno razlikuje od hijerarhijske organizacije gde su radne grupe kao izvršioci proizvodnih funkcija, odvojene od sredstava proizvodnje, zbog čega ne mogu samostalno ni proizvoditi ni svoj rad udruživati. Zato u takvoj organizaciji radna grupa ne predstavlja društveno-ekonomsku, već samo tehnološku i slabo povezanu socijalnu skupinu koja van neposrednog procesa proizvodnje gotovo i ne postoji.

Pošto u samoupravnoj organizaciji rada radnici svoj rad slobodno udružuju, njihove proizvodne jedinice mogu se nazvati *organizacijama udruženog rada,* što je Ustavom SFRJ 1974. godine već i institucionalizovano. Organizacija udruženog rada označava u stvari društveno-ekonomsko jedinstvo živog i opredmećenog rada u kojem sami udruženi proizvođači raspolažu sredstvima proizvodnje. Zato se radna grupa tu javlja kao čvrsto povezana *radna zajednica* u kojoj udruženi radnici *zajednički* raspolažu sredstvima i rezultatima svog rada, delujući kao stabilna socijalna skupina i izvan neposrednog procesa proizvodnje.

S obzirom na to, i osnovna proizvodna jedinica u samoupravnoj organizaciji proizvodnje može biti označena kao *osnovna organizacija udruženog rada,* u kojoj udruženi radnici neposredno i ravnopravno odlučuju o uslovima, sredstvima i rezultatima zajedničkog rada. [98] Da bi mogla samostalno delovati kao proizvodna jedinica, osnovna organizacija mora predstavljati jedinstvenu tehnološko-radnu, dohodovnu i samoupravnu celinu, čiji se proizvodi i usluge mogu ekonomski valorizovati i pravno urediti tako da o njima samostalno odlučuju oni koji su ih proizveli. [99]

Ako ispunjava sve uslove proizvodne jedinice, funkcije osnovne organizacije udruženog rada može obavljati i primarna radna grupa, a kad ti uslovi ne postoje, unutar iste osnovne organizacije može delovati više primarnih grupa sa statusom *radnih jedinica* kao

---

[98] Po Ustavu SFRJ iz 1974. godine, "osnovna organizacija udruženog rada je osnovni oblik udruženog rada u kome radnici neposredno i ravnopravno ostvaruju svoja društveno-ekonomska i druga samoupravna prava i odlučuju o drugim pitanjima svog društveno-ekonomskog položaja". (Član 14. Ustava).

[99] Prema Ustavu SFRJ iz 1974, osnovnu organizaciju udruženog rada organizuju "radnici u delu radne organizacije koji čini radnu celinu, u kome se rezultat njihovog zajedničkog rada može samostalno izraziti kao vrednost u radnoj organizaciji ili na tržištu i u kome radnici mogu ostvarivati svoja društveno-ekonomska i druga samoupravna prava", (član 36. Ustava).
Po rečima E. Kardelja, "kad se kaže da je OOUR deo radne organizacije koji čini radnu celinu, onda je tu reč o osnovnom, jedinstvenom i samostalnom delu procesa proizvodnje u kome je rad radnika najneposrednije tehnološki povezan, to jest u kome radnici rade sredstvima za proizvodnju koja u tehnološkom smislu predstavljaju osnovnu, jedinstvenu i nerazdvojnu celinu i u kome su radnici međusobno najneposrednije zavisni u pogledu sticanja dohotka". (Edvard Kardelj, *Slobodni udruženi rad,* brionske diskusije, "Radnička štampa", Beograd, 1978, str. 229).

samoupravno organizovanih *jedinica udruženog rada.* [100] Zavisno od tehnološkog proce-
sa, više primarnih radnih grupa može delovati i unutar iste jedinice udruženog rada. U sva-
kom slučaju interna struktura osnovne organizacije udruženog rada mora biti u funkciji
njenog svrsishodnog delovanja i efikasnog funkcionisanja kao celine.

Osnovna organizacija udruženog rada može poslovati i kao zasebna proizvodna je-
dinica, ali u razvijenoj podeli rada ona, po pravilu, deluje kao integralni deo širih proiz-
vodnih asocijacija. [101] Ukoliko nije trajno udružena u šire oblike radnog organizovanja,
onda i nema rezona da se naziva *osnovnom* organizacijom, pa se u praksi takvi oblici
organizovanja obično nazivaju prostim radnim organizacijama (bez osnovnih organiza-
cija u svom sastavu). Smisao organizovanja osnovnih organizacija je u stvari u tome da
se unutar širih proizvodnih asocijacija ostvari samostalnost njihovih užih proizvodnih
jedinica, koja predstavlja ne samo osnovu samoupravne organizacije, već i nužan uslov
socijalističke ekonomije udruženog rada.

Pošto je samostalnost u stvari demokratsko naličje međuzavisnosti, samoupravno
udruživanje osnovnih organizacija u *radnu organizaciju* ima društvenog smisla i ekonom-
skog opravdanja samo ako među njima postoji reprodukciona međuzavisnost, u kojoj
zajednički proizvode i ekonomskom valorizacijom tako dobijenih proizvoda zajednički
ostvaruju dohodak. [102] Takvo udruživanje vrši se na bazi podele rada i specijalizacije
osnovnih organizacija za obavljanje određenih funkcija u proizvodnji zajedničkog proiz-
voda, odakle zapravo i proističe njihova reprodukciona međuzavisnost.

Na istim osnovama vrši se i samoupravno udruživanje radnih organizacija u *složene
organizacije udruženog rada* i šire reprodukcione celine, kao put stvaranja jedinstvenog
samoupravnog organizovanja udruženog rada, koji se grafički može predstaviti u vidu kon-
centričnih krugova koji označavaju različite nivoe reprodukcionog povezivanja.

U I krugu su organizacije koje se neposredno bave proizvodnjom određenih proizvoda; u
II — organizacije koje im pružaju neposredne proizvodne usluge; u III — prometne
organizacije; u IV — proizvođači osnovnih sredstava, energije, sirovina i repromaterijala;
u V — naučno-istraživačke, istraživačko-razvojne i projektantske organizacije; u VI — or-
ganizacije koje se bave obrazovanjem i stručnim usavršavanjem; u VII — zdravstvene i
druge organizacije koje brinu o ljudskom zdravlju i zaštiti životne i radne sredine; i u
VIII krugu — ostale organizacije koje se bave pružanjem usluga u zadovoljavanju zajedni-
čkih i opštih društvenih potreba.

---

100) "Nema potrebe da se jedinice formiraju kada je *manja* OOUR. U okviru takve — manje — OOUR
se konstituiše *homogen* radni kolektiv, sa čvrstim ekonomskim i socijalnim ciljevima i interesima.
Međutim, kada je OOUR *krupna*, po broju članova u prvom redu, zbog objektivnih potreba da
bude dovoljno sposobna: sposobna za udruživanje dohotka, odnosno rada i sredstava, u cilju ost-
varenja zajedničkog dohotka, realna je *potreba* za formiranjem jedinica udruženog rada". (Dr
Tomislav Bandin, *Samoupravna ekonomija organizacija udruženog rada,* "Savremena administra-
cija", Beograd, 1979, str. 33).

101) Po Ustavu SFRJ iz 1974, osnovna organizacija se organizuje kao deo radne organizacije, dok
"radnici u radnoj organizaciji u kojoj ne postoje uslovi da se pojedini njeni delovi obrazuju kao
osnovne organizacije udruženog rada ostvaruju u radnoj organizaciji sva prava koja imaju radnici
u osnovnoj organizaciji udruženog rada". (Član 36).

102) "Racionalna (optimalna) struktura radne organizacije treba da bude komponovana od OOUR
koje su međusobno proizvodno-tehnološki povezane; koje zajednički proizvode gotov proizvod,
ostvaruju zajednički prihod i zajednički dohodak". (Dr Tomislav Bandin, isto, str. 20).
"Nema nikakve potrebe da se u radnu organizaciju udružuju i takve OOUR koje nisu nikako me-
đusobno povezane i nemaju nikakve zajedničke interese u radu". (Edvard Kardelj, *Slobodni
udruženi rad,* isto, str. 241).

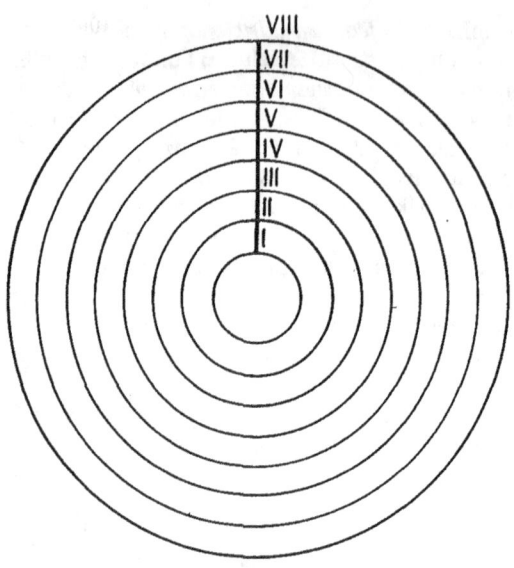

Upotrebna i ekonomska vrednost proizvoda

Stvari same po sebi nemaju nikakvu vrednost jer je vrednovanje specifičan odnos čoveka prema svetu. Vrednosne kategorije označavaju značaj koji postojeće stvari imaju za čoveka, i koji samo čovek kao razumno biće može doživljavati jer spada isključivo u sferu racionalnog. Vrednost neke stvari nema, međutim, samo subjektivno značenje za pojedinca, već u društvenoj praksi, u kojoj zapravo i nastaje, dobija objektivno društveno značenje, iako se individualno različito doživljava zbog čega jedna ista stvar može za različite pojedince imati različitu ili nikakvu vrednost.

Vrednovanje postojećih stvari čovek vrši prema svojim potrebama, pa vrednim označava stvari kojim može, a bezvrednim kojim ne može zadovoljiti neku potrebu. Stoga svaka vrednost ima relativno značenje prema tome u kojoj meri zadovoljava ljudske potrebe, tako da ista stvar za različite subjekte vrednovanja ima nejednaku ili nema nikakvu vrednost. Zavisno od vrste i stepena zadovoljenja potreba, nejednaku vrednost, i za istog pojedinca imaju ne samo različite stvari, već i jedna ista stvar u različito vreme. Ni stvari koje u životu čoveka inače igraju značajnu ulogu, nemaju za one kojima su nedostupne nikakvu stvarnu vrednost.

Svaka stvar koja zadovoljava neku ljudsku potrebu, ima za nosioca te potrebe *upotrebnu vrednost*, dok su nekorisne stvari bezvredne.[103] A da bi mogla zadovoljiti ljudske potrebe, jedna stvar mora najpre imati odgovarajuća fizička, hemijska, biološka, estetska i druga svojstva koja je čine upotrebljivom. To, međutim, još nije dovoljno, jer da bi neka stvar zaista dobila upotrebnu vrednost, mora neko biti u mogućnosti da je stvarno upotrebi jer se upotrebna vrednost samo upotrebom ostvaruje.[104]

---

[103] Samo "korisnost neke stvari čini tu stvar upotrebnom vrednošću". (K. Marks: '"Kapital" I, isto, tom 21, str. 44).

[104] "Upotrebna vrednost ostvaruje se samo upotrebom ili trošenjem". (Isto).

Zavisno od toga, upotrebnu vrednost mogu imati i prirodni predmeti ukoliko čovek za njima oseća potrebu i ukoliko su mu dostupni. Voda, vazduh, divljač, i razni predmeti koje čovek nalazi u prirodi, koriste mu isto toliko ili čak i više nego proizvodi njegovog sopstvenog rada. Štaviše, upotrebna vrednost prirodnih proizvoda je primarna u odnosu na proizvodne vrednosti jer se bez upotrebe prirodne supstance ne bi moglo ni proizvoditi. Kad ne bi bilo tako, ne bi bilo ni toliko jagme za prirodnim resursima.

Bilo bi razumno da čovek proizvodi samo ono što mu je potrebno, tako da svi proizvodi njegovog rada dobijaju upotrebnu vrednost. Racionalnom proizvodnjom se zapravo i može smatrati samo ona proizvodnja koja proizvodi upotrebne vrednosti. Ukoliko su proizvodi ljudskog rada, iz bilo kojeg razloga, neupotrebljivi, njihova proizvodnja je neracionalna jer je utrošeni rad, bez ostvarenja svoje svrhe, nepovratno izgubljen. Neracionalnosti takve vrste samo potvrđuju da, suprotno ljudskom razumu, i proizvodi ljudskog rada mogu biti bez upotrebne vrednosti.

Proizvodni rad čoveka ima dvojaki smisao: da povećava masu upotrebnih vrednosti, i da stvara nove vrednosti. Prvi cilj proistekao je već iz nedovoljnosti prirodnih dobara da zadovolje ljudske potrebe, dok drugi proističe iz prirodne težnje čoveka za neograničenim razvijanjem sopstvenih potreba. Kvalitativno nove upotrebne vrednosti nastaju zapravo iz kvalitativno novih prohteva čijim se zadovoljavanjem unapređuje životna egzistencija čoveka.

Ako upotrebnu vrednost mogu dobijati i prirodni predmeti, onda proizvodi ljudskog rada pored upotrebne, moraju imati i neku drugu vrednost koja je rezultat samog uloženog rada. Ta posebna, radom stvorena vrednosti je *ekonomska vrednost* proizvoda ljudskog rada, koja predstavlja zapravo sam opredmećeni rad. [105] Stoga je njena veličina, za razliku od upotrebne vrednosti proizvoda, proporcionalna količini uloženog rada. Iako je i masa proizvedenih upotrebnih vrednosti zavisna od količine uloženog rada, ona joj nije proporcionalna jer je određena još i proizvodnom snagom rada.

Pošto i količina i proizvodna snaga rada pozitivno utiču na masu upotrebnih vrednosti, ona se povećava brže od količine uloženog rada. Zato se pri povećanoj proizvodnoj snazi rada istom količinom rada proizvodi više, i obratno. Što je veća proizvodna snaga rada, njegova količina u jedinici proizvoda je manja, zbog čega je ekonomska vrednost upravno srazmerna količini, a obrnuto srazmerna proizvodnoj snazi rada, što se simbolički može predstaviti sa:

$$Ev = \frac{Kr}{Psr} \, ,$$

gde Ev označava ekonomsku vrednost, Kr — količinu, i Psr — proizvodnu snagu rada.

S obzirom da upotrebnu vrednost imaju i prirodni predmeti, ona može postojati i bez ekonomske vrednosti, dok ekonomska vrednost ne može bez upotrebne vrednosti, koja je, kao što je još Marks naučno dokazao, njen prirodni nosilac, jer ljudi zapravo i proizvode da bi zadovoljili određene *potrebe*. [106] Jedna stvar ima i upotrebnu i ekonomsku vrednost samo ako je proizvod ljudskog rada, ali ako je bez upotrebne vrednosti ona

---

105) "Ljudska radna snaga u tekućem stanju, tj. ljudski rad, stvara vrednost, ali on sam nije vrednost. Rad postaje vrednost tek kad dođe u čvrsto stanje, kad dobije predmetan oblik". (Isto, str. 57).

106) "Neka stvar može biti upotrebna vrednost, a da ne bude vrednost", ali "nikakva stvar ne može da bude vrednost ako nije predmet za upotrebu". (Isto, str. 48).

nema ni ekonomsku vrednost pa makar i predstavljala ljudski proizvod jer u nju uloženi rad nema značaja nizakog.[107)

Ekonomska vrednost je neodvojiva od upotrebne vrednosti zbog toga što je rad koji je stvara neodvojiv od rada kojim se stvaraju upotrebne vrednosti. Svaka upotrebna vrednost je proizvod sasvim određenog konkretnog rada, dok je ekonomska vrednost rezultat bilo kojeg konkretnog rada, to jest ljudskog rada uopšte.[108) I kao što je svako opšte sadržano samo u svojim posebnim oblicima, tako je i rad uopšte kojim se stvara ekonomska vrednost, sadržan u posebnim konkretnim radovima kojima se stvaraju upotrebne vrednosti.[109)

Iz protivrečnosti opšteg i konkretnog rada proističe i osnovna protivrečnost ekonomske i upotrebne vrednosti. S jedne strane, ekonomska vrednost je identična s upotrebnom vrednošću u istom smislu u kojem je rad uopšte identičan sa konkretnim radom. Određeni konkretni rad kojim se proizvodi neka upotrebna vrednost istovremeno je i opšti rad koji stvara ekonomsku vrednost, jer se svrsishodno trošenje radne energije kao fiziološka osnova svakog rada, uvek vrši u nekom konkretnom obliku da bi se za rezultat dobila neka konkretna stvar od upotrebne vrednosti. I upravo zbog toga se sa povećanjem mase upotrebnih vrednosti istovremeno povećava i u njima sadržana ekonomska vrednost.

Ali, s druge strane, opet u istom smislu u kojem opšti rad protivreči konkretnom radu, i ekonomska vrednost protivreči upotrebnoj vrednosti. Kao što je opšti rad apstrakcija konkretnog rada, tako je ekonomska vrednost apstrakcija upotrebne vrednosti. Apstraktni rad (koji se u tom obliku praktično ne pojavljuje van konkretnog rada) može se shvatiti kao opšte, bezrazlično trošenje radne energije u ma kojem obliku, pa se shodno tome, i ekonomska vrednost (koja se zbog svoje apstraktnosti takođe ne pojavljuje u posebnom obliku van upotrebne vrednosti) može shvatiti kao opšta, kvalitativno jednolična vrednost.

Kao što se ekonomska vrednost ne može odvojiti od konkretnih upotrebnih vrednosti, tako je i upotrebna vrednost koju čovek proizvodi, neodvojiva od ekonomske vrednosti, iz prostog razloga što se ne može stvarati bez trošenja radne energije kao opšte fiziološke osnove svakog konkretnog rada. Konkretni radovi kojima se stvaraju upotrebne vrednosti praktično i nastaju odgovarajućim kombinovanjem jednostavnih radnih impulsa. Svaki konkretni rad predstavlja određenu kombinaciju neposrednog trošenja radne energije i minulog rada utrošenog u sticanje znanja neophodnog za stvaranje odgovarajuće upotrebne vrednosti, koje je opet samo za sebe rezultat mnoštva različitih kombinacija najjednostavnijih impulsa prostog rada.

Zahvaljujući tome, svaki konkretni rad može se analitički rastaviti na proste činioce, i tako svi složeni radovi svesti na prost rad kao zajednički imenitelj.[110) I kad se, na osnovu toga, konkretni rad stavi u odnos prema prostom radu, dobija se koeficijent njegove složenosti, koji se simbolički može izraziti formulom:

---

107) "Bude li (neka stvar — Z.M.) nekorisna, onda je nekorisan i rad sadržan u njoj, ne važi kao rad, pa stoga ne stvara ni vrednost". (Isto, str. 49).

108) "Svaki je rad, s jedne strane, utrošak ljudske radne snage u fiziološkom smislu, a u tome svojstvu jednakog ljudskog ili apstraktnog ljudskog rada stvara robnu vrednost. S druge strane, svaki je rad utrošak ljudske radne snage u nekom naročitom celishodnom obliku, a u ovome svojstvu konkretnog korisnog rada proizvodi upotrebne vrednosti". (Isto, str. 53).

109) "Neka upotrebna vrednost ili dobro ima, dakle, vrednost samo zato što je u njoj (odnosno u njemu) opredmećen ili materijalizovan apstraktni ljudski rad". (Isto, str. 46).

110) "Komplikovaniji rad važi samo kao *potenciran* ili bolje reći *multiplikovan* prost rad, tako da je manja količina komplikovanog rada jednaka većoj količini prostog". (Isto, str. 51).

122

$$Ks = \frac{R}{Rp},$$

gde Ks označava koeficijent složenosti, R — konkretni, i Rp — prosti rad.

Konkretni rad je rezultat dva osnovna multiplikatora prostog rada: sticanja znanja i njegovog aktiviranja u neposrednom procesu rada. Napor aktiviranja znanja srazmeran je naporu njegovog sticanja jer ukoliko je više znanja potrebno za obavljanje određenog posla, utoliko je veće intelektualno angažovanje neophodno da se ono upotrebi. Zato je i složenost rada srazmerna vremenu sticanja znanja potrebnog za njegovo kvalifikovano i samostalno obavljanje.

Zahvaljujući tome, stepen složenosti različitih poslova može se najjednostavnije utvrđivati na osnovu upoređivanja društveno potrebnih vremena za sticanje odgovarajućih znanja koja zahteva njihovo stručno obavljanje. Pošto apsolutno prostog ljudskog rada koji ne bi zahtevao nikakvo znanje, praktično nema, koeficijent *relativne* složenosti nekog rada utvrđuje se kad se vreme osposobljavanja za njegovo obavljanje, koje je obično društveno ustaljeno, stavi u odnos prema vremenu osposobljavanja za najjednostavniji posao.

To se može činiti pomoću formule:

$$Ks = \frac{Tos}{Top},$$

gde Tos označava vreme osposobljavanja za složeni, a Top — vreme osposobljavanja za prosti osnosno relativno najprostiji rad. Ako je društveno potrebno vreme osposobljavanja za neki visoko stručni posao (školska sprema + specijalizacija + odgovarajuće radno iskustvo) na primer, 24 godine, a za najjednostavniji posao 8 godina, onda je:

$$Ks = \frac{24}{8} = 3,$$

odakle proističe da jedan sat prvog "vredi" kao tri sata drugog.

Toerijski se multiplikovano vreme složenog rada može izraziti kao zbir vremena njegovih prostih činilaca, tako da je:

$$Ts = Tp_1 + Tp_2 + \ldots Tp_n.$$

Ali u tom slučaju bi se za jedinicu mere složenosti uzimao čisto fizički rad, što je prikladno za mehanizovani, ali ne i za živi ljudski rad koji se samo teorijski može razlagati do čisto fizičkih komponenti.

Pošto se svaka stvar meri *svojom* merom, i ljudski rad se meri ljudskim radom, pa se za osnovnu jedinicu mere njegove složenosti uzima najjednostavniji rad, koji je u odnosu na čisto fizički rad, i sam relativno složen. To je rad za koji je potrebno minimalno ili relativno najmanje vreme osposobljavanja bez ikakve stručne pripreme. Pored osnovne jedinice, za jedinicu mere se po potrebi može uzimati i relativno složeniji rad, kao što se slično čini i kod drugih vrsta merenja.

Kao mera složenosti rada, prost rad je istovremeno naturalna osnova i za merenje ekonomske vrednosti. Pošto je određena količinom uloženog rada, ekonomska vrednost se, kao i sam rad, naturalno meri društveno potrebnim radnim vremenom. Za jedinicu mere uzima se društveno potrebno vreme jedinice prostog rada, tako da jedan radni sat kao osnovna jedinica mere prostog rada, predstavlja istovremeno osnovnu naturalnu jedinicu za merenje ekonomske vrednosti.

Tako merena, ekonomska vrednost bilo kojeg proizvoda ljudskog rada utvrđuje se kao proizvod koeficijenta složenosti odgovarajućeg rada i društveno potrebnog vremena neophodnog da se taj proizvod proizvede, što se simoblički može izraziti formulom:

$$Ev = Ks \cdot T$$

gde Ev označava ekonomsku vrednost proizvoda, a T – društveno potrebno vreme njegove proizvodnje.

Ako je složenost rada kojim se proizvede jedinica nekog proizvoda Ks = 3, a društveno potrebno vreme njene proizvodnje T = 2 sata, onda je: Ev = 3 · 2 = 6, što pokazuje da je u njoj sadržano 6 časova prostog rada iako se proizvodi za 2 sata. Pošto se na taj način može utvrditi vrednost bilo kojeg proizvoda, svi proizvodi ljudskog rada su preko svoje ekonomske vrednosti uporedivi i međusobno samerljivi, zbog čega se ekonomska vrednost istovremeno ispoljava i kao njihova *relativna vrednost*.

Preko ekonomske vrednosti tehnološki normativi prevode se na *vrednosne normative*, tako da se za sve proizvode ljudskog rada u jednoj organizaciji ili zajednici može sačiniti odgovarajuća tehnološko-vrednosna tabela prema sledećem modelu:

VRSTA PROIZVODA	JEDINICA PROIZVODA	VREME PROIZVODNJE (čas)	KOEFICIJENT SLOŽENOSTI RADA	EKONOMSKA VREDNOST
x	a	1	2	2
y	b	2	3	6
. . .	. . .	. . .	. . . .	. . .
n	J	t	k	v

Jedan proizvod ne sadrži, međutim, samo rad koji je u njega neposredno uložen, nego i rad koji je uložen u sredstva njegove proizvodnje čija se vrednost prenosi na novi proizvod. A pošto se svaki proizvod proizvodi nekim sredstvima, njegova ekonomska vrednost se sastoji od dva osnovna činioca: *prenesene* i *novostvorene* vrednosti, tako da je:

$$Ev = Tv + Nv$$

S obzirom da se osnovna sredstva proizvodnje u pojedinim proizvodnim ciklusima troše delimično, njihova ekonomska vrednost se na nove proizvode prenosi sukcesivno, zbog čega se ona i sa ekonomskog stanovišta definišu kao *osnovna* ili *stalna* sredstva. Nasuprot tome, vrednost tekućih sredstava se u toku jednog proizvodnog ciklusa prenosi na novi proizvod u celini, zbog čega se ona s ekonomskog stanovišta definišu kao *obrtna* ili *opticajna*.

Ukupna ekonomska vrednost nekog proizvoda predstavlja, prema tome, sintetički izraz ukupnog – živog i opredmećenog rada koji je u njega uložen, i dobija se zbrinim prevođenjem odgovarajućih tehnoloških normativa na vrednosni normativ, što se tabelarno može izraziti pomoću sledećeg modela:

124

VRSTA PROIZVODA	JEDINICA PROIZVODA	NORMATIV opredm. rada (čas)	NORMATIV živog rada (u cas)	EKONOMSKA VREDN. jedinice proizvoda
x	a	2	1	3
y	b	3	2	5
. . .	. . .	. . .	. . .	. . .
n	j	o	ž	v

Odnos prenesene i novostvorene vrednosti u ukupnoj ekonomskoj vrednosti proizvoda određen je u osnovi *organskim sastavom* činilaca proizvodnje, koji izražava organsku povezanost njihovog tehničkog i vrednosnog sastava, i u opštem obliku označava odnos opredmećenog i živog rada angažovanog u neposrednom procesu proizvodnje, tj.:

$$Or : Žr.$$

Ako je Or : Žr = 2 : 1, biće u osnovi i Vp : Vn = 2 : 1, a moguća odstupanja su uslovljena drugim faktorima.

Zbog te povezanosti, čim se promeni organski sastav činilaca proizvodnje, promeniće se u istoj srazmeri i odnos prenesene i novostvorene vrednosti u ukupnoj ekonomskoj vrednosti proizvoda. Ako se, na primer, organski sastav činilaca proizvodnje promeni od 60% : 40% na 70% : 30%, promeniće se u istom smislu i struktura ekonomske vrednosti proizvoda. A pošto se organski sastav činilaca proizvodnje istorijski menja u pravcu povećavanja opredmećenog, i smanjivanja živog rada, to se i struktura ekonomske vrednosti proizvoda menja u pravcu relativnog povećavanja prenesene, i smanjivanja novostvorene vrednosti.

U fazi nastajanja ljudske proizvodnje živi rad je kao činilac proizvodnog procesa dominirao nad opredmećenim radom, pa je i novostvorena vrednost činila glavnu supstancu ekonomske vrednosti proizvoda. A ukoliko sa razvojem proizvodne tehnike dominaciju živog rada zamenjuje dominacija opredmećenog rada, glavnom supstancom ekonomske vrednosti proizvoda umesto novostvorene postaje prenesena vrednost. Pošto se automatizacijom proizvodnje živi rad sve više potiskuje iz proizvodnog procesa, to se i novostvorena vrednost proizvoda sve više smanjuje sa tendencijom da se pri potpunoj automatizaciji potpuno anulira.

Ali, kako su i sredstva proizvodnje proizvod živog rada, zajedno sa novostvorenom, smanjuje se i prenesena, pa samim tim i ukupna ekonomska vrednost proizvoda ljudskog rada. Relativno povećavanje prenesene vrednosti uz njeno apsolutno smanjivanje vrši se samo zato što u procesu apsolutnog smanjivanja novostvorena vrednost prednjači. Ako se organski sastav činilaca proizvodnje obrne od 1 : 2 na 2 : 1, obrnuće se i odnos prenesene i novostvorene vrednosti, pa će u slučaju kad se ukupna vrednost proizvoda smanji na primer od 90 na 30, prenesena vrednost pasti sa 30 na 20, a novostvorena sa 60 na 10.

Takav trend je neposredni izraz protivrečnosti same proizvodnje da kroz težnju za povećanjem ekonomske vrednosti proizvoda neizbežno vodi njenom ukidanju. Razvoj tehnologije i organizacije proizvodnje zasnovan na prirodnoj težnji čoveka da sa što manje rada proizvede što više, ima za rezultat da se sa povećavanjem proizvedene mase upotrebnih vrednosti istovremeno smanjuje njihova ekonomska vrednost.

Samo kroz protivrečan razvoj proizvodnje mogle su se razviti i protivrečnosti upotrebne i prometne vrednosti. U početku se te protivrečnosti nisu ni ispoljavale jer dok je svako sam trošio sve što je proizveo nisu se ni upotrebna i prometna vrednost ispoljavale kao posebni oblici vrednosti. Njihovo ispoljavanje započinje praktično sa nastankom društvene podele rada kada ljudi počinju proizvoditi jedni za druge, pretvarajući time svoje proizvode u *robu*. [111]

Ekonomska vrednost počinje se kao posebna vrednost ispoljavati zapravo tek sa robnom razmenom upotrebnih vrednosti, dobijajući tako oblik *razmenske vrednosti*. [112] Kada se proizvod ljudskog rada razmenjuje, tada se pokazuje da njegova upotrebna vrednost nije prava svrha proizvodnje, već samo sredstvo pomoću kojeg se ostvaruje neka druga svrha. To je najpre neka druga upotrebna vrednost, a zatim i apstraktna vrednost kao opšta vrednosna supstanca koja se može razmeniti za bilo koju upotrebnu vrednost.

Ali već i sama neposredna razmena različitih upotrebnih vrednosti pokazuje da u njima postoji neka istovetna supstanca koja čini osnovu njihove samerljivosti i međusobne razmenjivosti. Zato se već u prvim razmenskim transakcijama ta supstanca morala ispoljiti kao posebna i svim proizvodima ljudskog rada zajednička vrednost bez koje robna razmena praktično ne bi bila moguća, što pokazuje da se društvenom podelom rada proizvod ljudskog rada od početka polarizovao na upotrebnu i ekonomsku vrednost kao nerazdvojne suprotnosti.

Ta polarizacija čini zapravo protivrečno biće robe, koja baš zbog toga što je nosilac razmenske vrednosti ne predstavlja upotrebnu vrednost za njenog proizvođača, već za nekog drugog ko sa njenom proizvodnjom nema nikakve neposredne veze. Ali ako nema upotrebnu, roba za svog proizvođača ima razmensku vrednost radi čega je on i proizvodi jer za nju može dobiti neku drugu upotrebnu vrednost kojom će zadovoljiti svoje potrebe. I obrnuto, za svog potrošača roba nema razmensku, ali ima upotrebnu vrednost pod uslovom da on za nju može razmeniti neku drugu robu koja za njega opet nema upotrebnu ali ima razmensku vrednost. [113]

Zato se roba od svog proizvođača otuđuje kao upotrebna, a ostaje u njegovom posedu kao ekonomska vrednost. U razmenskoj transakciji:

$$R_1 - R_2$$

robe menjaju posednike kao upotrebne, ali ne i kao ekonomske vrednosti. Naprotiv, da bi se razmena izvršila, uslov je da je ona sa stanovišta ekonomske vrednosti ekvivalentna, to jest da je:

$$R_1 = R_2 ,$$

što podrazumeva da ni jedna strana ne gubi niti dobija za račun ili na račun druge strane.

---

[111] Do izražavanja rada kao vrednosti ”došlo je u vremenu u kojem je čovjek mogao nešto od svog rada, odnosno sakupljenih ili proizvedenih stvari ostaviti za rezervu ili zamijeniti za neki drugi proizvod”. (Dr Ivo Burić, *Udruženi rad i minuli rad*, ”Informator”, Zagreb, 1983, str. 66).

[112] ”Razmenska vrednost ispoljava se pre svega kao kvantitativni odnos, kao srazmera u kojoj se upotrebne vrednosti jedne vrste razmenjuju za upotrebne vrednosti druge vrste”. (K. Marks: ”Kapital” I, isto, tom 21, str. 44).

[113] ”Za njega (svog vlasnika – ŽM) roba nema neposredne upotrebne vrednosti ... Ona ima upotrebnu vrednost za druge. Za njega ima neposredno samo tu upotrebnu vrednost što je ona nosilac razmenske vrednosti, dakle što je sredstvo za razmenu. Zato on i hoće da je otuđi i za nju dobije robu čija će ga upotrebna vrednost zadovoljiti. Sve robe su neupotrebne vrednosti za svoje posednike, a upotrebne vrednosti za one koji ih ne poseduju”. (K. Marks, isto, str. 86).

Zbog protivrečnosti same robe, i robna razmena je, dakle, u suštini protivrečna. Ona je ekvivalentna sa stanovišta ekonomske, a neekvivalentna sa stanovišta upotrebne vrednosti. Robe se razmenjuju upravo zato što imaju nejednake upotrebne vrednosti, i jedino se različite upotrebne vrednosti i razmenjuju jer bi razmenjivanje istovetnih upotrebnih vrednosti bilo besmisleno. Štaviše, za robnu razmenu je sasvim irelevantna i kvantitativna ekvivalencija upotrebnih vrednosti koje ulaze u razmenske transakcije, pa se za istu količinu jedne robe razmenjuju različite količine druge robe pod uslovom da su njihove razmenske vrednosti ekvivalentne.

Ta protivrečnost robne razmene može se simbolički izraziti kao:

$$R_1 \overset{u}{\underset{e}{\neq}} R_2,$$

gde u označava upotrebnu, a e — ekonomsku vrednost roba koje se razmenjuju. Po upotrebnoj vrednosti, R_1 može biti i manje i veće od R_2 ali po ekonomskoj vrednosti moraju biti jednaki da bi se razmena obavila.

Protivrečnost upotrebne i ekonomske vrednosti daje robi čudotvornu moć da deluje kao integrativni činilac društva. U uslovima društvene podele rada roba zapravo čini ključnu kariku u društvenom povezivanju proizvođača i potrošača, koji putem robne razmene nužno stupaju u međusobne odnose jer sami za sebe ne bi mogli ni proizvoditi ni trošiti. I pošto je svaki član društvene zajednice u nekoj funkciji proizvođača ili potrošača, a najvitalniji deo društva istovaremeno u obadve, robna razmena se u razvijenoj robnoj proizvodnji javlja kao vladajući opštedruštveni odnos.

U toj funkciji, robna razmena je pre svega faktor društvene integracije samog rada, koju vrši povezivanjem zasebnih privatnih radova u celovit društveni rad. [114] I upravo kao faktor društvene integracije rada, robna razmena deluje kao faktor integracije celog društva. Ona uostalom i sama proističe iz nužnosti povezivanja privatnih radova koje je društvena podela rada učinla reprodukciono zavisnim iako se obavljaju nezavisno. [115]

Čudotvorna moć robe da povezuje proizvodni rad i proizvođače proističe otuda što i ona sama predstavlja opredmećeni rad i opredmećeno biće radnika jer se rad samo radom, a biće radnika samo bićem radnika može povezivati. Ali kao spoljašnje opredmećenje, roba je otuđeni rad i otuđeno biće radnika, zbog čega ona svoju integrativnu funkciju ne ostvaruje iznutra nego spolja. Zato i odnosi među proizvodima ljudskog rada u robnom prometu predstavljaju u suštini otuđene i reificirane odnose među ljudima i njihovim živim radovima. [116] Tako se živi svet rada kroz robni promet ispoljava kao otuđeni svet stvari koji nad njime suvereno vlada.

---

114) "Pošto proizvođači stupaju u društveni dodir tek razmenjivanjem proizvoda svog rada, to se i specifična društvena obeležja njihovih privatnih radova pokazuju tek u okviru te razmene. Ili, privatni radovi potvrđuju se kao članovi ukupnog društvenog rada tek putem odnosa u koje razmena dovodi proizvode rada, a preko ovih i proizvođače". (Isto, str. 75).

115) "Upotrebni predmeti postaju robe uopšte samo zato što su proizvodi privatnih radova koji se vrše nezavisno jedni od drugih". (Isto).

116) "Tajanstvenost robnog oblika sastoji se prosto u tome što on ljudima karaktere vlastita njihova rada odražava kao karaktere koji objektivno pripadaju samim proizvodima rada, kao društvena svojstva koja te stvari imaju od prirode ... Zbog toga se ovima (proizvođačima – Ž.M) društveni odnosi njihovih privatnih radova prikazuju kao ono što jesu, tj. ne kao neposredno društveni odnosi samih lica u njihovim radovima, već, naprotiv kao, predmetni odnosi među licima, a društveni odnosi među stvarima". (Isto, str. 74. i 75).

Ta vladavina zasniva se na vladavini ekonomske vrednosti nad upotrebnom vrednošću, koja je neposredni izraz vladavine apstraktnog rada nad konkretnim radom. Ali kao što sve ima svoj vek, i vladavina ekonomske vrednosti vezana je za određeni period u razvoju ljudskog društva. U početku je ekonomska vrednost bila "stopljena" s upotrebnom vrednošću jer opšti rad kao tvorac ekonomske vrednosti još nije bio izdiferenciran na konkretne radove kao tvorce upotrebnih vrednosti.

Pošto ljudski rad u svom razvoju startuje od jednoobrazne životinjske aktivnosti, on je u početku i sam jednoobrazan svodeći se na jednolično trošenje radne energije. Sakupljanje divljih plodova bez obzira na njihovu raznovrsnost, ne zahteva nikakve specijalizacije, i praktično se u svim situacijama svodi na prosto trošenje radne energije. Zato su konkretni radovi tu u osnovi još identični i međusobno i s opštim oblikom rada kao što se i sasvim različite ljudske individue u embrionalnom stadijumu ne mogu razlikovati ni međusobno ni od drugih životinja.

Diferencijacija ekonomske i upotrebne vrednosti nastaje na osnovi diferencijacije samog rada, koja svoj društveni izraz nalazi u društvenoj podeli rada i specijalizaciji. Čim se konkretni radovi počnu razlikovati međusobno, nastaje i njihovo razlikovanje od opšte, svim konkretnim radovima zajedničke supstance rada, kao osnova razlikovanja upotrebne i ekonomske vrednosti. Kao opredmećenje opšteg rada, ekonomska vrednost može se razlikovati od upotrebnih vrednosti tek kad se one počnu razlikovati među sobom.

To razlikovanje izbija na videlo već pri trampi kao najjednostavnijem obliku robne razmene. Ma kako se upotrebne vrednosti razmenjivih roba razlikovale, za određenu ekonomsku vrednost jedne traži se ekvivalentna ekonomska vrednost druge, što pokazuje ne samo da su ekonomska i upotrebna vrednost evidentno različite, već i da prva dominira nad drugom jer je količinska srazmera u kojoj se razmenjuju upotrebne vrednosti određena njihovom ekonomskom evkivalencijom a ne obrnuto. Za kilogram jabuka može se dobiti kilogram banana samo ako su oba iste ekonomske vrednosti, to jest ako su i u jednom i u drugom sadržane jednake količine rada. Ukoliko se vrednost banana udvostruči, onda će se one razmenjivati za dvostruko veću količinu jabuka ili će se za istu količinu jabuka dobijati dva puta manje banana.

Ako već u neposrednoj razmeni upotrebnih vrednosti dominira, u robno-novčanoj razmeni ekonomska vrednost "caruje". Iako je u suštini neodvojiva od upotrebne vrednosti, u razmenskom lancu robno-novčanih transakcija:

$$R - N - R,$$

ona se u obliku *novca* pojavljuje kao relativno samostalna i do te mere dominantna poluga robnog sveta da se i upotrebna vrednost njenog opšteg nosioca izvodi iz njene razmenske funkcije, tako da novac kao opšti robni ekvivalent,[117] i nema druge upotrebne vrednosti sem da posreduje u razmeni upotrebnih vrednosti.

Kao opšti robni ekvivalent, novac je specifično oličenje ekonomske vrednosti, pa samim tim i opšteg rada kojim se ona stvara.[118] I pošto su od ekonomske vrednosti apstrahovane sve konkretne upotrebne vrednosti robe, to je i njeno novčano oličenje gola apstrakcija upotrebne vrednosti lišena svih upotrebnih svojstava sem veštački nakalemlje-

---

[117] "Pošto su sve druge robe samo posebni ekvivalenti novca, a novac njihov opšti ekvivalent, to se one odnose kao posebne robe prema novcu kao opštoj robi". (Isto, str. 90).

[118] "Novac je radno vrijeme kao opći predmet ili opredmećenje općeg radnog vremena, radno vrijeme kao *opća roba*" (K. Marks: "Kritika političke ekonomije", isto, tom 19, str. 71).

nog svojstva da može biti puki nosilac bilo koje ekonomske vrednosti.[119] Ispod državnog grba, koji stoji iza tog nakalemljenog svojstva, može se utisnuti znak ma koje vrednosti — od šivaće igle do celokupnog bogatstva ovozemaljskog sveta.[120]

Zato novac predstavlja apstraktno bogatstvo koje samo po sebi ne može zadovoljiti ni jednu ljudsku potrebu, ali *pomoću kojeg* se može zadovoljiti svaka potreba.[121] I upravo zahvaljujući toj instrumentalnoj moći, on postaje osnovni cilj i glavni motiv robne proizvodnje kao najrazvijenijeg oblika proizvodnog rada čoveka.[122] Zbog toga finalni proizvod takve proizvodnje nije upotrebna, nego ekonomska, novčano izražena vrednost robe.[123] Pošto za krajnji cilj ima novac, proces robno-novčane proizvodnje završava se tek novčanom valorizacijom proizvedenih upotrebnih dobara.

Ali ma koliko se osamostaljivao u odnosu na upotrebne vrednosti robnog sveta, novac svoju društvenu moć ne crpi s neke druge strane, već upravo iz tih vrednosti i njihove suprotnosti s ekonomskom vrednošću. Ako bi se upotrebne vrednosti uništile, novac bi se automatski pretvorio u bezvredno smeće jer bi s upotrebnom nestala i ekonomska vrednost koju on svojim značenjem oličava. Bez obzira na stepen funkcionalne osamostaljenosti u robnom prometu, novac je, kao i ekonomska vrednost koju izražava, samo jedan pol neraskidive unutarnje suprotnosti robe čiji je drugi pol njena upotrebna vrednost.

Pošto je novac samo oličenje ekonomske vrednosti, njegova vrednost određena je ekonomskom vrednošću proizvedenih upotrebnih dobara, odnosno društveno potrebnim vremenom utrošenim u njihovu proizvodnju. Zato, ako se promeni vrednost upotrebnih dobara koja sačinjavaju postojeći robni svet, promeniće se, pod nepromenjenim ostalim uslovima, u istoj srazmeri i vrednost novca koji u tom svetu cirkuliše obavljajući svoju prometnu funkciju. To praktično znači da se uprkos relativnom osamostaljivanju novca, društveno bogatstvo ne može ni za najmanji delić uvećati ako se ne uveća masa upotrebnih dobara.

Da se to ne može postići samim uvećanjem novčane mase, najbolje potvrđuje *inflacija*, pri kojoj se time vrši relativno obezvređivanje novca ako vrednost robne mase ostaje nepromenjena. Kad se ne menja ekonomska vrednost mase upotrebnih dobara, i vrednost novčane mase ostaje nepromenjena, ali se veličina vrednosti novčane jedinice

119) "Novac je opća, za sebe konstituirana *vrijednost* svih stvari. Stoga je cijeli svijet, čovjekov svijet, kao i prirodu lišio njihove osebujne vrijednosti". (K. Marks: "Prilog jevrejskom pitanju", isto, tom 3, str. 131).

120) "Monetarna egzistencija novca razdvaja se potpuno od njegove vrednosne supstancije. Stoga mogu mesto njega da funkcionišu kao moneta i stvari koje su relativno bez vrednosti, papirne cedulje". (K. Marks: "Kapital" I, tom 21, str. 119/20).

121) Novac je po Marksu, "čisto apstraktno bogatstvo — u kojem je izbrisana svaka posebna upotrebna vrijednost, dakle i svaki individualni odnos između posjednika i robe ... U njemu mogu da nosim kod sebe u džepu opću društvenu moć i opću društvenu povezanost, društvenu supstanciju ... Kao što se sve može alijenirati za novac, sve se također može dobiti za novac". (K. Marks: "Osnovi kritike političke ekonomije", isto, tom 20, str. 259. i 242).

122) Formula kružnog kretanja kapitala "izražava da je razmenska, a ne upotrebna vrednost, svrha koja određuje kretanje. Upravo zato što je novčano obličje vrednosti njen samostalni opipljivi pojavni oblik, N... N; prometni oblik čija je polazna i završna tačka stvarni novac, pravljenja novca, najočitije izražava pobudu koja pokreće kapitalističku proizvodnju. Proces proizvodnje javlja se samo kao neizbežni srednji beočug, kao nužno zlo u svrhu pravljenja novca". (K. Marks: "Kapital" II, isto, tom 22, str. 56).

123) "Uspjeh pojedinca i organizacije mjeri se jednostavnim mjerilom: veličinom prihoda i veličinom imovine. Gdje god se okrenuli vidjet ćemo primjenu novčanih mjerila. Uspjeh određuje novac koji netko posjeduje ili mogućnost da svoju imovinu pretvori u novac. Novčani uspjeh smatra se toliko važnim da ga izjednačuju s moralnošću". (Đ C. Miller — V.H. Form, isto, str. 473).

menja u obrnutoj srazmeri sa menjanjem veličine novčane mase. Vrednost novca je, dakle, u istoj srazmeri sa vrednošću robne mase, a u obrnutoj srazmeri sa veličinom novčane mase.

Ali se ni veličina novčane mase ne može menjati nezavisno od vrednosti robne mase jer je ona zapravo u funkciji robne razmene, koja se najuspešnije može obavljati ako u prometu nema ni manje ni više novca nego što je stvarno potrebno za njeno obavljanje. I inflacija i deflacija su izraz određenih poremećaja, koji privremeno i parcijalno mogu olakšavati, ali dugoročno i u celini otežavaju tokove robnog prometa. Iako se količina novca u opticaju ne može apsolutno poklapati sa neposrednim potrebama prometa, da bi se postizali što povoljniji ekonomski efekti neophodno je da ona što manje odstupa od tih potreba.

U ostvarivanju prometne funkcije novac mora stići da pokrije sve robno-novčane transakcije, zbog čega je njegova otpicajna količina u osnovi određena s jedne strane zbirom cena svih roba koje se razmenjuju, a s druge strane brzinom opticaja novčanih jedinica. Za razliku od sume robnih cena, brzina opticaja je u obrnutoj srazmeri s potrebnom količinom opticajnog novca jer pri bržem opticaju manji broj novčanih jedinica obavlja istu funkciju kao veći broj pri sporijem opticanju.[124]

Pošto potrebnu količinu novca određuju samo cene roba koje se u određenom vremenskom periodu razmenjuju za novac, ona se utvrđuje kad se od zbira cena svih roba oduzmu cene roba koje se putem prebijanja razmenjuju neposredno kao i cene roba koje se prodaju na kredit sem prispelih plaćanja, i dobijeni iznos stavi u odnos prema brzini opticaja, tako da je:

$$Kn = \frac{Zrc - Prb - Kr + Pp}{Bo},$$

gde Kn označava količinu novca u opticaju, Zrc – zbir robnih cena, Prb – prebijanja, Kr – prodaje na kredit, Pp – prispela plaćanja, i Bo – brzinu opticaja novca.

Svojom prometnom funkcijom novac povećava i ubrzava društvenu cirkulaciju ljudskog rada. Putem robno-novčanih transakcija robe menjanjem različitih posednika duže i brže kruže u robnom prometu a da se fizički često i ne pomeraju s jednog mesta. To je uostalom bitna dimenzija društvenog razvoja proizvodnje, jer što je proizvodnja veća a društvena podela rada razuđenija proizvodi ljudskog rada moraju dolaziti u dodir sa većim brojem posednika, zbog čega se mora povećavati i brzina njihovog prometa. Iz toga je zapravo i nastala potreba novčanog posredovanja u tom prometu.

Povećavanjem društvene cirkulacije rada povećava se i društveno komuniciranje među ljudima, jer se širenjem robne razmene širi krug subjekata koji stupaju u međusobne razmenske odnose. U funkciji razmene, novac deluje kao generator sve šireg i sve intenzivnijeg društvenog povezivanja. Putem robno-novčane razmene vrši se ne samo reprodukciono povezivanje proizvođača i potrošača u različitim delovima sveta, nego se omogućava i veća društvena pokretljivost od one koja se ostvaruje na osnovama naturalne proizvodnje. Ne samo što se sa novcem u džepu može obilaziti ceo svet i živeti bilo gde, nego se po želji može menjati i društveni status.

---

124) "Ukupnu količinu novca koji u izvesnom određenom periodu funkcioniše kao prometno sredstvo određuje, s jedne strane, zbir cena prometnog robnog sveta, a s druge strane sporiji ili brži tok njihovih suprotnih prometnih procesa, od kojega zavisi koliki će se deo one sume cena moći realizovati istim komadima novca". (K. Marks: "Kapital" I, isto, tom 21, str. 115).

Kao opšte sredstvo egzistencije, novac i spaja i razdvaja, i sjedinjuje i razjedinjuje, izazivajući i ljubav i mržnju, i prijateljstva i neprijateljstva, jer on je i neposredni oslonac društvene moći onih koji ga poseduju, i glavni uzročnik društvene nemoći onih kojima nedostaje. I kao sredstvo vladavine opredmećenog rada nad živim radom, novac je istovremeno sredstvo vladavine neradnika nad radnikom delujući kao glavna poluga društvenog potčinjavanja. Zamenjujući u toj funkciji društveno nasilje, novac potčinjava snažnije od najsnažnijeg nasilja.

Magična moć novca da i bez nasilne prinude ostvaruje funkciju društvenog potčinjavanja, može proisticati samo otuda što on kao oličenje ekonomske vrednosti predstavlja koncentrisani izraz društvenog otuđenja ljudskog rada.[125] Dominacija ekonomske vrednosti nad upotrebnom vrednošću je samo vrednosni izraz društvene dominacije opredmećenog nad živim, i opšteg nad konkretnim radom. Ona se najsublimarnije izražava kroz to što stvaranje ekonomske vrednosti kao opšte supstancije materijalnog bogatstva postaje osnovni smisao viška proizvodnog rada.[126]

Relativno osamostaljivanje ekonomske vrednosti u odnosu na upotrebnu vrednost omogućilo je da se ona nepovratnim otuđivanjem od proizvođača koncentriše u rukama manjeg i sve manjeg dela društva.[127] Takva koncentracija ima smisla samo kad je stvaranje ekonomske vrednosti osnovni smisao same proizvodnje. A da je gomilanje ekonomske vrednosti osnovni smisao eksploatatorske proizvodnje, potvrđuju i primeri da su često produkovani i takvi proizvodi koji sem obezbeđenja društvenog prestiža nisu imali druge upotrebne vrednosti.

U robno-novčanom načinu proizvodnje dominacija ekonomske nad upotrebnom vrednošću dostiže svoj maksimum i stoga postaje sasvim prirodna. Tu je već potpuno irelevantno šta se od upotrebnih vrednosti proizvodi ako se samo proizvodi ekonomska vrednost. Novac se ne investira u proizvodnju zato da bi se proizvela određena upotrebna dobra, već da bi se sam novac uvećao, što se simbolički može izraziti sa:

$$N - P - (N + n),$$

gde n označava uvećanje od uložene investicije N. Shodno tome, novac se i u robno-novčani promet ubacuje da bi se iz njega izvuklo još više novca, tako da dobija sličan kružni tok:

$$N - R - (N + n).$$

[125] "Novac, to je čovjeku otuđeno biće njegova rada i njegova opstojanja, i to tuđe biće njime vlada, a on mu se klanja". (K. Marks: "Prilog jevrejskom pitanju", isto, tom 3, str. 147).

[126] "Niska pohlepa je bila pokretačka snaga civilizacije od njenog prvog dana do danas, njen jedini krajnji cilj je bilo bogatstvo, i još jednom bogatstvo, i po treći put bogatstvo, bogatstvo ne društva, nego te jedine bedne individue. Ako joj je pri tome pao u deo sve snažniji razvoj nauke i ako su se u njenim nedrima ponavljali periodi najvišeg procvata umetnosti, to je ipak bilo stoga što se bez njih ne bi mogla u punoj meri sticati bogatstva našeg doba". (F. Engels: "Poreklo porodice, privatne svojine i države", isto, tom 32, str. 139).

[127] "Izveštaj Ujedinjenih nacija o svetskoj socijalnoj situaciji za 1974. godinu daje u tom pogledu sledeću sliku raspodele dohotka u raznim zemljama sveta: najbogatijih 5% stanovnika u razvijenim zemljama sa prosečnim dohocima po glavi stanovnika od preko 2000 dolara primalo je oko 16,4% celokupnog dohotka. Međutim, u siromašnim zemljama u razvoju sa prosečnim dohotkom po glavi stanovnika ispod 500 dolara najbogatijih 5 procenata stanovnika pojavljivalo se sa skoro dvostrukim učešćem u nacionalnom dohotku — preko 30%. Međunarodna organizacija rada konstatuje: "u većini zemalja u razvoju najbogatijih 10 procenata domaćinstava prima 40 odsto ličnih dohodaka dok najsiromašnijih 40 procenata prima 15 odsto, ili manje, a drugih najsiromašnijih 20 procenata svega 5 odsto". (Dr Janez Stanovnik, isto, str. 14).

Kao tipični oblik proizvodnje ekonomske vrednosti, oplođavanje kapitala zapravo i počinje novcem, i završava njegovim uvećanjem, tako da kružni tok novčanog kapitala dobija oblik:

$$N - R \mathrel{<} {Rs \atop Sp} \dots P \dots R' - (N + n),$$

gde R označava robu koja ulazi u proces proizvodnje (Rs — radnu snagu i Sp — sredstva proizvodnje) a R' — proizvedenu robu. Za kapitalistu proizvodnja upotrebnih vrednosti zaista ne bi imala nikakvog smisla ako iz nje ne bi, u vidu *profita*, izvlačio više ekonomske vrednosti nego što ulaže.

Kod *finansijskog kapitala* taj smisao je do kraja ogoljen tako da se neposredno i sasvim otvoreno ispoljava. Kružni tok finansijskog kapitala:

$$N - (N + n)$$

pokazuje da se novac direktno razmenjuje za uvećani novac a da njegov posednik nema nikakve veze sa neposrednim procesom proizvodnje upotrebnih dobara. Zbog toga se stvara privid da ekonomska vrednost u obliku novca samu sebe oplođava te da je za njeno reprodukovanje proizvodnja upotrebnih vrednosti potpuno irelevantna. [128]

Kao najrazvijeniji oblik reprodukcije ekonomske vrednosti, kapitalizam sam po sebi potvrđuje istorijsku nužnost njene vladavine jer u suštini znači neprikosnovenu vladavinu kapitala kao najrazvijenijeg oblika ekonomske vrednosti. Gomilanje bogatstva je osnovni smisao i robovlasničke i feudalne proizvodnje, ali se u obliku reprodukcije kapitala ono do te mere apsolutizuje da u sopstvenu žrtvu pretvara i samog kapitalistu uništavajući nemilosrdno celu kapitalističku klasu. Proširena reprodukcija kapitala ostala je, i bez kapitalista, osnovni smisao *državnog kapitalizma* ma u kom se obliku javljao.

U finansijskom kapitalu gubi se svaki trag stvarnom poreklu ekonomske vrednosti, ali time se samo potvrđuje njena suprotnost s izvornom vrednošću rada kao neposrednom ljudskom potrebom. Upravo zbog toga što je izraz otuđenog opredmećenog rada, ekonomska vrednost je negacija autentične vrednosti slobodnog živog rada. Kao nezamenljivi izvor i ekonomske i upotrebne vrednosti, rad je za čoveka vrednost nad vrednostima bez koje ne bi bilo nikakvih vrednosti jer ne bi bilo ni samog čoveka kao subjekta vrednovanja.

Suprotnost izvorne i ekonomske vrednosti je pre svega u tome što iza prve stoji slobodni, a iza druge prinudni rad. Zato, dok su ekonomska i upotrebna vrednost nerazdvojne suprotnosti samog prinudnog, u proizvodu otuđenog rada, ekonomska vrednost i izvorna vrednost rada su suprotnosti koje se isključuju i međusobno ograničavaju. Ukoliko je ljudski rad izvor ekonomske vrednosti utoliko nije vrednost za sebe, a ukoliko je vrednost za sebe utoliko nije ekonomska vrednost, jer ukoliko je prinudan utoliko nije slobodan, i obratno.

Ali nije samo ekonomska vrednost negacija potencijalne izvorne vrednosti rada kao što je prinudni rad negacija potencijalnog slobodnog rada, nego je i izvorna vrednost rada istorijska negacija stvarne ekonomske vrednosti kao što je slobodni rad istorijska negacija stvarnog prinudnog rada. Što se ekonomska vrednost proizvoda ljudskog rada više smanju-

---

128) "U kamatonosnom kapitalu dostiže kapitalistički odnos svoj najspoljašnjiji i najfetiškiji oblik. Tu imamo N—N', novac koji proizvodi više novca, vrednost koja se sama oplođuje". (K. Marks: "Kapital" III, isto, tom 23, str. 328).

je, to više raste izvorna vrednost samog rada, jer što je manje prinudnog, to je više slobod-nog rada. Kad ekonomske vrednosti potpuno nestane, ostaće samo slobodni rad kao vrednost za sebe.

Izvorna vrednost rada nije, međutim, u suprotnosti samo s ekonomskom već i s upotrebnom vrednošću, koja je kao nosilac ekonomske vrednosti, i sama izraz otuđenog opredmećenog rada. Zato su upotrebna vrednost proizvoda ljudskog rada i izvorna vrednost samog rada takođe isključujuće suprotnosti koje se međusobno ograničavaju i jedna drugu negiraju. Što je veća angažovanost u proizvodnji upotrebnih vrednosti, to se manje sam rad doživljava kao vrednost, i obratno.

Ukoliko proizvodni rad dominira nad slobodnim radom utoliko ekonomska vrednost dominira nad izvornom vrednošću rada, a ukoliko dominira opšti rad nad konkretnim radom ona utoliko dominira i nad upotrebnom vrednošću proizvoda. Svoju kulminaciju dominacija ekonomske vrednosti dostiže u mehanizovanoj eksploatatorskoj proizvodnji, gde se konkretni rad industrijskog radnika praktično svodi na bezrazlični opšti rad, a proizvodnja upotrebnih vrednosti na proizvodnju ekonomske vrednosti.

Tu radnik dolazi na ivicu da više ne proizvodi upotrebne vrednosti ni za sebe ni za drugoga jer umesto njega glavnu snagu neposrednog procesa proizvodnje čini proizvodna tehnika. On svoju radnu snagu razmenjuje direktno za novac nezavisno od toga kako će biti upotrebljena, i njime kupuje robu u vidu životnih sredstava kojima obnavlja životnu egzistenciju, tako da njegova životna reprodukcija dobija oblik:

$$Rs - Na - Rž - Rs,$$

gde Rs označava radnu snagu, Na – najamninu, i Rž – životna sredstva.

Roba koju najamni radnik iznosi na tržište je njegova radna snaga, i zbog toga njega uopšte ne interesuje kakve će upotrebne vrednosti proizvoditi i da li će se one ekonomski valorizovati. Radna snaga je jedina upotrebna vrednost kojom on raspolaže, ali koju bez proizvodnih sredstava ne može sam upotrebljavati, zbog čega je i pretvara u robu da bi njenom razmenom za druge upotrebne vrednosti obezbedio sredstva životne egzistencije. I jedino što ga u toj razmeni interesuje jeste veličina ekonomske vrednosti (najamnine) koju za svoju snagu može dobiti, dok veličina upotrebnih vrednosti koje će se njenom upotrebom proizvesti, za njega nema nikakvog značaja.

A ekonomska vrednost koju radnik za svoju snagu može dobiti, određena je u osnovi cenom njene reprodukcije, to jest veličinom ekonomske vrednosti sadržane u sredstvima životne egzistencije neophodnim za tu reprodukciju. Ona je, po pravilu, manja od vrednosti koju radnik svojom snagom može stvoriti, zbog čega se radna snaga i prodaje kao roba za koju je kupac zainteresovan upravo zato što njenom upotrebom može proizvesti više vrednosti nego što sama vredi. U toj sposobnosti radne snage da stvara veću vrednost od sopstvene vrednosti zapravo i leži tajna eksploatatorske proizvodnje, ali je u tome istovremeno i tajna društvenog progresa.

Ekonomsku osnovu društvenog progresa čini zapravo razrešavanje protivrečnosti između upotrebne i ekonomske vrednosti radne snage. S povećavanjem stvaralačke moći radne snage povećava se njena upotrebna a smanjuje ekonomska vrednost jer se ona reprodukuje s manje i sve manje rada. Kad dostigne određeni nivo moći, radna snaga gubi robni karakter jer od upotrebne vrednosti za poslodavca postaje upotrebna vrednost za samog radnika.

Dve su osnovne pretpostavke za to. Prva je da se pojedinačne radne snage udruže tako da deluju kao jedinstvena radna snaga društva, a druga da se stvaralačka snaga rada razvije toliko da živi rad postane dominantan nad opredmećenim radom tako da udruženi radnici sami ovladaju sredstvima svog rada. Tada udruženi radnici umesto upotrebne vrednosti radne snage, za novac razmenjuju upotrebnu vrednost svojih proizvoda, tako da reprodukcija njihove egzistencije dobija oblik:

$$Rs - R - N - Rž - Rs,$$

gde R označava bilo koju robu koja se može razmeniti, a N – njenu novčanu valorizaciju, koja nema nikakve veze s najamninom (Na) kao cenom radne snage.

Zbog toga se, s ekonomskog stanovišta, i proces socijalističke proizvodnje bitno razlikuje od procesa kapitalističke proizvodnje, tako da se simbolički može predstaviti kao:

$$N \diagdown {Rs \atop Sp} \dots P \dots R' - N + n,$$

s tim što se N i n strukturalno razlikuju od odgovarajućih činilaca u obrtnom lancu proizvodnog kapitala. Dok tamo N obuhvata izdatke za sredstva proizvodnje i radnu snagu, ovde ono pokriva samo izdatke za sredstva proizvodnje. Kod obrta proizvodnog kapitala n označava samo višak vrednosti (profit), a u ciklusu socijalističke proizvodnje ukupnu novostvorenu vrednost.

Ukoliko se individualne snage radnika više udružuju u jedinstvenu radnu snagu, utoliko i proizvodi njihovog rada sve više gube robni karakter jer u proces robne razmene ulaze tek kao delovi zajedničkog proizvoda. Osnovu robne proizvodnje ne čini samo društvena podela, već i društvena podvojenost rada koja proističe iz podvojenosti sredstava proizvodnje. Zato se ukidanjem te osnove putem automatizacije i društvene integracije živog i opredmećenog rada postepeno ukida i robni način proizvodnje. Što se zajedništvo rada više razvija, obim robne razmene se relativno sve više smanjuje.

To se pojednostavljeno može pokazati na sledećem primeru. Ako su tri organizacije iz jednog reprodukcionog lanca – A, B i C – povezane kupo-prodajnim odnosima, A će svoj proizvod prodavati B-u, a B svoj C-u koja će finalni proizvod sama prodavati njegovom potrošaču. Kad sve tri organizacije udruže svoj rad na zajedničkom proizvodu, njihovi kupo-prođajni odnosi biće zamenjeni odnosima zajedničke proizvodnje pa će one potrošaču finalni proizvod i prodavati zajednički, čime će se broj kupo-prodajnih transakcija smanjiti za dve trećine. Dalje širenje takvog zajedništva podrazumeva odgovarajuće smanjivanje obima robne razmene dok na kraju ona potpuno ne odumre.

Smanjivanje obima robne razmene podrazumeva i smanjivanje količine novca u opticaju. Što je manji broj robno-novčanih transakcija, to je manje novca potrebno da se one obave. Samim tim društvena uloga novca se smanjuje, ali njegove funkcije u društvenoj reprodukciji ostaju sve dok upotrebne vrednosti budu nosioci ekonomske vrednosti, to jest dok se budu proizvodile ljudskim radom. Društvo bez novca podrazumeva razvijeno komunističko zajedništvo, u kojem osnovni smisao ljudskog rada neće biti ni upotrebna ni ekonomska vrednost proizvoda, već slobodno ljudsko stvaralaštvo. Zato društvenu dominaciju ekonomske vrednosti neće zameniti dominacija upotrebnih vrednosti, već dominacija izvorne vrednosti samog rada.

134

Ekonomija rada

Proizvodnja ekonomske vrednosti je glavna preokupacija ekonomije rada, čiji je osnovni princip da se sa što manje rada što više proizvede. [129] U tome je i osnovna protivrečnost ekonomije rada, koja kroz težnju za povećanjem ekonomske vrednosti vodi njenom smanjivanju i konačnom ukidanju. Kad su proizvodne snage maksimalno angažovane, dalje povećanje proizvodnje nije ni moguće bez smanjivanja količine rada, a time i ekonomske vrednosti po jedinici proizvoda.

Osnovni princip ekonomije rada može se izraziti i u vidu zahteva da se s istom količinom rada proizvede što više, ili da se ista količina proizvoda proizvede sa što manje rada, čime se problem ekonomije u osnovi svodi na problem *produktivnosti rada*. Pošto je vrednost proizvoda određena količinom uloženog rada, povećanje produktivnosti je osnova za povećanje ekonomije rada. Što se određeni proizvod s manje rada proizvede, ekonomičnost njegove proizvodnje je veća, i obratno.

Ekonomija se s produktivnošću može, međutim, kvantitativno izjednačiti samo pod pretpostavkom ekvivalentne razmene rada, a to znači samo apstraktno i ako se odnos uloženog rada i novostvorene vrednosti posmatra u globalu, dok do stvarnog izjednačavanja u praksi dolazi samo pukim slučajem. Pošto se u pojedinačnim razmenskim transakcijama vrši uglavnom neekvivalentna razmena tako da se za veću vrednost dobija manja vrednost i obratno, ekonomija konkretnog rada je, po pravilu, manja ili veća od njegove produktivnosti.

S obzirom da se ekonomska valorizacija proizvedenih dobara ostvaruje putem njihove razmene, ekonomija rada zavisi i od uslova razmene, na koje pored ostalog utiče i dovitljivost njenih subjekata. Stoga u proizvodnju ekonomske vrednosti pored neposrednog procesa proizvodnje spada i rad koji se ulaže u procesu ekonomske valorizacije proizvedenih dobara, pa se i ekonomija rada u uslovima robne proizvodnje pored ekonomisanja proizvodnim radom sastoji i od ekonomisanja razmenom proizvedenih dobara koje se svodi na to da se s istom količinom uloženog rada iz prometa izvuče što veća ekonomska vrednost.

Ali ekonomija prometa ne obuhvata samo valorizaciju proizvedenih dobara, već i obezbeđenje ulaznih činilaca proizvodnje. Kao što se iz prometa može izvlačiti manja ili veća vrednost pri prodaji, to se isto može postizati i pri kupovini. Zato ekonomija rada pored ekonomije njegovog korišćenja u nepsorednom procesu proizvodnje obuhvata i ekonomiju ukupne razmene koja se, kao nužan uslov robne proizvodnje, odvija van neposrednog proizvodnog procesa.

Kvalitativna razlika između produktivnosti i ekonomije rada je u tome što prva označava odnos količine proizvoda uopšte, a druga samo njegovog vrednosno-ekonomskog oblika-i količine uloženog rada, tako da je:

$$Pr = \frac{Kp}{R} \text{ , a}$$
$$Er = \frac{Ev}{R} \text{ ,}$$

[129] "Ekonomski princip proizvodnje se, dakle, ispoljava u težnji da se sa što manjom upotrebom (odnosno što manjim trošenjem) radne snage (1), sredstava za rad (2) i materijala (3) proizvede što više proizvoda (a), što boljeg kvaliteta (b) i što korisnijih sa gledišta društvenih potreba (c)". (S. Kukoleča, Ž.K. Kostić, isto, str. 7).

Pošto je ekonomska vrednost finalni proizvod robne proizvodnje, ekonomija rada je samo posebni, vrednosni oblik njegove produktivnosti. I dok se u naturalnoj proizvodnji produktivnost meri naturalnim, u robnoj proizvodnji ona se mora meriti i naturalnim i ekonomskim pokazateljima.

Dvojno merenje neophodno je već zbog same nepodudarnosti ekonomije rada i produktivnosti, pa se bez njega ne može utvrđivati ni razlika između neposredno proizvedene i razmenom ostvarene vrednosti. S obzirom da se ekonomska vrednost samo radom stvara, i da je ona stoga u globalu jednaka uloženom radu (Ev = R), ta razlika ne samo što može biti i pozitivna i negativna, već ako je na jednoj strani pozitivna, na drugoj strani mora biti negativna. Zato se njenim utvrđivanjem otkrivaju ne samo tokovi "prelivanja" ekonomske vrednosti, nego i određena "uska grla" pa i mogućnosti unapređenja ekonomije.

Pošto se rad meri društveno potrebnim radnim vremenom, ekonomija rada se u suštini svodi na ekonomisanje radnim vremenom,[130] pa se i izražava kroz odnos novostvorene vrednosti i radnog vremena tako da je:

$$Er = \frac{Nv}{T} \ .$$

U međunarodnoj robnoj razmeni društveno potrebno radno vreme predstavlja u stvari prosečno svetsko vreme, pa se i ekonomija rada javlja kao svetski fenomen i opšti "aršin" kojim se meri nivo i nacionalnih ekonomija i ekonomija pojedinih proizvodnih jedinica.

Ako se prosečna svetska ekonomija rada standardizuje kao opšte merilo ekonomije (Ser), onda se pomoću nje mogu utvrđivati koeficijenti pojedinih konkretnih ekonomija primenom obrasca:

$$Ker = \frac{Er}{Ser} \ ,$$

tako da će koeficijent ekonomije biti veći od 1 kad je nivo konkretne ekonomije viši, ili manji od 1 ako je isti niži od svetskog proseka, pri čemu se za merilo svetske ekonomije uzima prosečno svetsko, a za merilo konkretne ekonomije prosečno nacionalno ili utrošeno radno vreme.

Nivo ekonomije može se, međutim, meriti i dužinom radnog vremena po vrednosnoj jedinici, tako da je:

$$Er = \frac{T}{Nv} \ ,$$

u kom slučaju se koeficijent ekonomije utvrđuje pomoću obrasca:

$$Ker = \frac{Ser}{Er} \ ,$$

---

130) "Ekonomiziranje vremenom, na to se naposljetku svodi sva ekonomija ... Prava ekonomija — ušteda — sastoji se u uštedi radnog vremena". (K. Marks: "Kritika političke ekonomije", isto, tom 20, str. 78).

pa je on veći od 1 kad je konkretno radno vreme po vrednosnoj jedinici kraće od prosečnog svetskog vremena, a manji od 1 ako je ono duže od svetskog proseka.

Dok se kod ekonomije rada u odnos prema uloženom radu stavlja ostvarena vrednost, kod utvrđivanja produktivnosti u takvom odnosu treba da je prosečna vrednost koja bi se ostvarivala pri ekvivalentnoj razmeni, i koja se praktično može izraziti kroz prosečnu svetsku cenu, tako da je:

$$Pr = \frac{Pnv}{T} \qquad ili \qquad Pr = \frac{T}{Pnv} \, ,$$

zavisno od toga da li se produktivnost meri brojem vrednosnih jedinica u jedinici radnog vremena ili dužinom radnog vremena po vrednosnoj jedinici.

Ako se prosečna svetska produktivnost standardizuje kao opšte merilo konkretne produktivnosti rada, onda se nivo nacionalne produktivnosti ili produktivnosti pojedinih proizvodnih jedinica može izražavati odgovarajućim koeficijentima produktivnosti pomoću obrazaca:

$$Kpr = \frac{Pr}{Spr} \qquad ili \qquad \frac{Spr}{Pr} \, .$$

U prvom slučaju koeficijent produktivnosti biće veći od 1 kad je broj vrednosnih jedinica u jedinici vremena veći od svetskog proseka, a u drugom kad je konkretno vreme po vrednosnoj jedinici kraće od prosečnog svetskog vremena.

Kao osnova ekonomije, produktivnost označava efektivnost ukupnog, živog i opredmećenog, rada koji se ulaže u proizvodnju upotrebnih dobara. [131] To nije samo rad koji neposredno ulazi u proces proizvodnje, već i onaj koji posredno doprinosi proizvodnji upotrebnih dobara, sve do društvene bezbednosti. Razložena na osnovne činioce, ukupna produktivnost rada može se simbolički izraziti sa:

$$Pr = \frac{Kp}{Žr + Or} \, ,$$

a u vrednosnom obliku sa:

$$Pr = \frac{Pnv}{Tž + To} \, ,$$

ili sa:

$$Pr = \frac{Žr + Or}{Pnv} \qquad i \qquad Pr = \frac{Tž + To}{Pnv} \, ,$$

gde Tž označava radno vreme uloženog živog, a To — radno vreme uloženog opredmećenog rada.

---

[131] "Pod pojmom produktivnosti u širem smislu treba shvatiti težnju da se ostvari maksimalni dohodak kao sumarni izraz svih efekata postignutih u poslovanju". (Mika Špiljak, *Borba za povećanje produktivnosti rada,* "Rad", Beograd, 1976, str. 12).

Produktivnost samog živog rada, koja se naturalno izražava sa $Prž = \dfrac{Kp}{Žr}$ ili $Prž = \dfrac{Žr}{Kp}$, može se, dakle u vrednosnom obliku izraziti sa:

$$Prž = \frac{Pnv}{Tž} \qquad \text{ili} \qquad Prž = \frac{Tž}{Pnv},$$

odnosno sa:

$$Prž = \frac{Pd}{Tž} \qquad \text{ili} \qquad Prž = \frac{Tž}{Pd},$$

gde Pd označava prosečan dohodak. Koeficijent produktivnosti utvrđuje se kad se društveno potrebno vreme stavi u odnos s uloženim vremenom, tako da je:

$$Kprž = \frac{Dptž}{Utž}$$

Za razliku od produktivnosti ekonomija živog rada izražava se odnosom ostvarenog dohotka i živog rada, tako da je:

$$Ež = \frac{D}{Žr}, \qquad \text{odnosno} \qquad Ež = \frac{D}{Tž}.$$

I koeficijent ekonomije živog rada utvrđuje se kad se ostvareni dohodak stavi u odnos prema prosečnom dohotku, tako da je:

$$Kež = \frac{D}{Pd}.$$

Produktivnost opredmećenog rada, koja se naturalno izražava sa $Pro = \dfrac{Kp}{Or}$ ili $Pro = \dfrac{Or}{Kp}$, može se u vrednosnom obliku izraziti sa:

$$Pro = \frac{Pnv}{To} \text{ ili } Pro = \frac{To}{Pnv},$$

odnosno sa:

$$Pro = \frac{Pd}{To} \text{ ili } Pro = \frac{To}{Pd}.$$

Koeficijent produktivnosti dobija se kad se društveno potrebno vreme (kao vrednosni normativ opredmećenog rada) stavi u odnos prema utrošenom vremenu (kao vrednosnom izrazu utrošenog opredmećenog rada), tako da je:

$$Kpro = \frac{Dpto}{Uto}.$$

Ekonomija opredmećenog rada izražava se kroz njegovu ekonomičnost i rentabilnost. *Ekonomičnost* opredmećenog rada izržava odnos ostvarenog dohotka i *utrošenog* opredmećenog rada, pa je:

$$Eo = \frac{D}{Or} \text{ , odnosno } Eo = \frac{D}{To} .$$

Koeficijent ekonomičnosti utvrđuje se kad se društveno potrebni (normativima utvrđeni) trošak stavi u odnos prema ostvarenom trošku, tako da je:

$$Keo = \frac{Dpt}{Ot} .$$

Kad je Keo veći od 1, ekonomičnost je pozitivna i donosi uvećanje dohotka, a kad je manji od 1, ona je negativna pa povlači smanjenje dohotka iz kojeg se mora nadoknaditi prekomerni trošak.

Rentabilnost opredmećenog rada označava odnos ostvarenog dohotka i *angažovanih* sredstava, tako da se simbolički može izraziti sa:

$$Re = \frac{D}{As}$$

Koeficijent rentabilnosti dobija se kad se druševno potrebna (normativima utvrđena) sredstva stave u odnos prema stvarno angažovanim sredstvima po jedinici dohotka, tako da je:

$$Kre = \frac{Dps}{As} .$$

U eksploatatorskom načinu proizvodnje rentabilnost opredmećenog rada ima, međutim, specifičan oblik pošto osnovni cilj takve proizvodnje nije ukupna novostvorena vrednost, već samo višak vrednosti, čijom se veličinom rentabilnost zapravo i meri. Za kapitalističku proizvodnju, rentabilnost opedmećenog rada je *rentabilnost kapitala* koji funkcioniše u procesu društvene reprodukcije. Nova vrednost koja iz tog procesa izlazi, za kapitalistu nije ukupna novostvorena vrednost, nego samo onaj deo te vrednosti koji u obliku *profita* premašuje uloženi kapital. Zato se rentabilnost kapitala meri *profitnom stopom* koja označava odnos ostvarenog profita prema uloženom kapitalu, tako da je:

$$P_f' = \frac{Pf}{K} .$$

Pošto kapital obuhvata i najamninu, njegova rentabilnost uključuje i rentabilnost radne snage koja se upotrebom najamnine reprodukuje. Zato osnovu kapitalističke ekonomije ne čini samo produktivnost rada, već i produktivnost radne snage koja sem efektivnosti samog rada obuhvata i efektivnost njegove eksploatacije. Ukoliko skraćuje radno vreme i smanjuje intenzitet rada, poslodavac to čini ili pod pritiskom radnika, ili zato što time kroz povećanje produktivnosti samog rada više dobija nego što na drugoj strani gubi.

Zbog toga što se najamna radna snaga kao živi kapital ekonomski izjednačava s opredmećenim radom, ni ekonomičnost kapitalističke proizvodnje se ne svodi na korišćenje opredmećenog rada, već obuhvata i racionalno korišćenje radne snage koje teži maksimalnoj eksploataciji. Zato se i najamnina svrstava među troškove proizvodnje kao svi ostali proizvodni izdaci, tako da ekonomičnost kapitalističke proizvodnje označava odnos ostvarenog profita i ukupnog utrošenog kapitala izraženog kroz cenu koštanja, što se simbolički može izraziti sa:

$$Ek = \frac{Pf}{Ck} \,.$$

Ekonomija najamnog rada se na taj način svodi na ekonomično korišćenje kapitala, tako da je:

$$Er = Ek,$$

jer oplođavanje kapitala zapravo i čini osnovni smisao takve ekonomije. Nasuprot tome, ekonomija slobodno udruženog rada na kojem se zasniva socijalistički način proizvodnje, označava odnos ukupne novostvorene vrednosti prema ceni koštanja socijalističke proizvodnje koja, za razliku od cene koštanja kapitalističke proizvodnje, obuhvata i ukupnu (prosečnu) novostvorenu vrednost, koja udružene radnike košta njihovog uloženog rada, tako da je:

$$Er = \frac{D}{Mtp + Pd} \,,$$

gde Mtp označava materijalne troškove proizvodnje (materijalni troškovi + amortizacija).

Po prirodi kapitalističke proizvodnje, novostvorena vrednost se unapred razdvaja na dva sasvim različita dela — najamninu i profit, od kojih je prvi za kapitalistu proizvodni izdatak, a drugi čist dobitak koji ga ništa ne košta. Nasuprot tome, u socijalističkoj proizvodnji se nova vrednost na ličnu potrošnju i proširenje materijalne osnove rada deli tek kad je ostvarena, i ni jednim delom ne ulazi u troškove sopstvene proizvodnje, jer ne služi za kupovinu radne snage kao u kapitalizmu, i u proces sopstvene reprodukcije ućiće tek u narednim proizvodnim ciklusima. Ali u cenu koštanja sopstvene proizvodnje ona ulazi u celini jer nije mogla nastati drugačije nego samim radom koji je u tu proizvodnju uložen.

Ukupna ekonomija rada pojedinih proizvodnih jedinica i zajednica može se upoređivati sa prosečnom društvenom ekonomijom pomoću koeficijenta ekonomije koji označava odnos konkretne i prosečne svetske ekonomije, tako da napred utvrđeni opšti obrazac za koeficijent ekonomije rada dobija oblik:

$$Ker = \frac{\dfrac{D}{Mtp + Pd}}{\dfrac{Pd}{Pmtp + Pd}} = \frac{D(Pmtp + Pd)}{Pd(Mtp + Pd)} \,,$$

gde Pmtp označava prosečne (normativom utvrđene) materijalne troškove proizvodnje.

Pošto u socijalističkoj proizvodnji radnik nije objekat, nego subjekt ekonomije rada, ovde se ne može govoriti o ekonomičnosti i rentabilnosti radne snage, već samo o ekonomičnosti i rentabilnosti opredmećenog rada. Ako se utrošeni opredmećeni rad izrazi kroz materijalne troškove proizvodnje, onda se napred utvrđeni opšti obrazac za ekonomičnost opredmećenog rada može izraziti u obliku:

$$Eo = \frac{D}{Mtp},$$

a koeficijent ekonomičnosti u obliku:

$$Keo = \frac{\dfrac{D}{Mtp}}{\dfrac{Pd}{Pmtp}} = \frac{D \cdot Pmtp}{Pd \cdot Mtp}$$

Za razliku od rentabilnosti kapitala koja se izražava profitnom stopom, rentabilnost opredmećenog rada u socijalističkom načinu proizvodnje može se izraziti dohodnom stopom, koja označava odnos ostvarenog dohotka i angažovanih osnovnih i obrtnih sredstava tako da je::

$$D' = \frac{D}{A(Os + Obs)},$$

zbog čega je ovde umesto rentabilnosti ispravnije govoriti o *dohodnosti* angažovanih sredstava.[132] I koeficijent dohodnosti može se izraziti odnosom konkretne i prosečne društvene dohodnosti, tako da je:

$$Kd = \frac{\dfrac{D}{A(Os + Obs)}}{\dfrac{Pd}{Dp(Os + Obs)}} = \frac{D \cdot Dp(Os + Obs)}{Pd \cdot A(Os + Obs)},$$

gde Dp(Os + Obs) označava društveno potrebna (normativom utvrđena) osnovna i obrtna sredstva po jedinici dohotka.

Razvoj ekonomije rada neposredno je uslovljen razvojem samog rada. Ukoliko se rad više podruštvljava, neophodno je i sve veće podruštvljavanje ekonomije. Pri individualnom radu, uštede živog i opredmećenog rada su individualna stvar samog radnika, ali već i pri najjednostavnijoj kooperaciji one postaju zajednička stvar međusobno povezanih kooperanata. Zbog toga se zajednički rad mora uređivati odgovarajućim proizvodno-tehnološkim i društveno-ekonomskim normama.

Da bi se ekonomija zajedničkog rada mogla ostvarivati, neophodno je da se tehnološki normativi rada *standardizuju* tako da dobiju značenje društvenih normi koje će učesnici u procesu zajedničke proizvodnje uvažavati i prema njima delovati, bez čega uostalom ne bi bilo moguće ni samo tehnološko normiranje.[133] Time se tehnološki

---

[132] Vidi: Dr Tomislav Bandin, isto, str. 105.).

[133] Po Winston Rodgersu, "tek kad su standardizovani oprema, materijal, radni uvjeti i metoda nekog određenog rada — tek se onda može pokušati naći vrijeme potrebno za izvođenje". (H.B. Maynard, isto, 19)..

normativi pretvaraju u društvene *standarde rada,* kojima se proces proizvodnje reguliše u skladu sa društvenim odnosno zajedničkim interesima njegovih učesnika. Standardizacija tehnoloških normativa rada ima svoju prostornu i vremensku dimenziju.

Prostornom standardizacijom utvrđuju se prostorne granice važenja tehnoloških normativa unutar kojih se vrši njihova praktična primena. Zavisno od stepena podruštvljenosti proizvodnog rada, standardi se utvrđuju za pojedine proizvodne organizacije i njihove asocijacije, nacionalne zajednice i njihove saveze, ili za celu svetsku zajednicu, tako da mogu biti lokalni, granski i grupacijski, regionalni, nacionalni, internacionalni i svetski. Razvijanjem međunarodne podele rada proizvodnja se sve više približava svetskoj standardizaciji, čime se stvaraju društvene pretpostavke za sve veću institucionalizaciju svetske ekonomije rada.

Vremenskom standardizacijom određuje se vremensko važenje tehnoloških normativa, koje može biti striktno terminirano ili uslovno otvoreno. U svakom slučaju, jednom utvrđeni standardi mogu važiti dotle dok se ne promene tehnološki i društveni uslovi kojima su određeni. Kad god se znatnije promene tehnika i tehnologija proizvodnje, to za sobom povlači odgovarajuće promene tehnoloških normativa, pa i njihovih standarda, ali to je slučaj i kad se znatnije menjaju prirodni uslovi, organizacija rada, ili proizvodni odnosi.

Standarde rada uvek utvrđuje onaj ko upravlja procesom proizvodnje. U privatnom kapitalističkom preduzeću to je kapitalista, u državnoj privredi – država, a u socijalističkoj proizvodnji – udruženi radnici. U eksploatatorskim oblicima proizvodnje o standardima se odlučuje autokratski, a u socijalističkim – demokratski, ali se i među kapitalistima i kapitalističkim državama o tome sve više odlučuje sporazumno.

Bez standardizacije tehnoloških normativa ne bi moglo biti ni sporazumevanja među subjektima podruštvljene proizvodnje, jer ona je osnovno sredstvo takvog sporazumevanja. Standardizacija je zapravo jezik razvijene proizvodnje preko kojeg se odvija proizvodno komuniciranje i koji deluje kao faktor društvene integracije ne samo proizvodnje, već i razmene, raspodele i potrošnje. Ona je stoga nužan uslov ovladavanja udruženih radnika društvenom reprodukcijom, bez kojeg se ne može razviti sistem socijalističke proizvodnje.

Standardizacija tehnoloških normativa nije, međutim, samo uslov, već je i neposredni činilac ekonomije rada. Ona u stvari znači i standardizaciju same proizvodnje kojom se vrši njena racionalizacija, jer se potencijalna varijabilnost proizvodnog asortimana i proizvodnih postupaka svodi u okvire koji garantuju najoptimalniji ekonomski efekat.[134] Bez standardizacije bi automatizacija proizvodnje praktično bila neostvariva, pored ostalog i zbog toga što ona predstavlja bitnu komponentu automatizacije.

Na ekonomiju rada utiču, međutim, posredno ili neposredno mnogi proizvodni i neproizvodni činioci, čije dejstvo može biti i pozitivno i negativno, tako da tek njihova rezultanta neposredno određuje postojeći nivo ekonomije. Činioci od kojih zavisi sama

---

134) "Suština standardizacije se svodi na racionalizaciju proivodnje i potrošnje. Ona je nastala iz razvoja savremene proizvodnje, a ujedno predstavlja osnovni uslov za njen dalji razvoj i usavršavanje zbog sve oštrijih zahteva koji se postavljaju u vezi sa sve detaljnijom podelom rada, umnožavanjem vrsta i asortimana proizvoda, uprošćavanjem proizvodnih i drugih postupaka, jedinstvenim merenjima, međunarodnom razmenom proizvoda, kooperacijom u proizvodnji i raznim drugim zahtevima ekonomsko-tehničkog karaktera". (Dr inž. Vukan Đ Dešić, isto, str. 355).
"Standardizacija obuhvata: 1) Svođenje asortimana materijala na manji broj pozicija ... 2) Propisivanje kvaliteta, oblika i dimenzija za onaj asortiman materijala koji ostaje posle eliminisanja nepotrebnih kvaliteta, oblika i dimenzija... 3) Tačno određivanje svih karakteristika materijala, bilo sa stanovišta proizvodne tehnologije, bilo sa stanovišta potreba komercijalne službe". (S.Kukoleča, Ž.K. Kostić, isto, str. 97).

produktivnost rada kao osnova svake ekonomije, mogu se svrstati u pet velikih grupa: radne sposobnosti, naučno-tehnički progres, organizaciju rada, prirodne uslove i motivaciju za rad.

Radna sposobnost je najneposredniji činilac produktivnosti jer označava subjektivnu mogućnost proizvođenja. Ona se sastoji od tri osnovne komponente posebno značajne za nivo produktivnosti: psiho-fizičke sposobnosti, praktičnih veština i teorijskog znanja. Sve tri ove komponente zajedno i svaka za sebe igraju veliku ulogu u određivanju subjektivnih mogućnosti proizvođenja.

Psiho-fizička sposobnost je opšti i primarni uslov produktivnosti, bez kojeg nema nikakvog pa ni produktivnog rada. Ona ne označava samo količinu radne energije kojom radnik raspolaže, nego i spremnost da se ta energija celishodno upotrebi i da se sa njom ostvari što veći učinak. Racionalnost svrsishodnog korišćenja radne energije bitno zavisi od radne koncentracije, a za nju je presudno upravo psiho-fizičko stanje radnika.

Preko psiho-fizičke sposobnosti se na produktivnost praktično odražava celokupno stanje u društvu jer je ona određena ukupnim uslovima života i rada radnika. Stoga se, pri jednakim ostalim uslovima, sa podizanjem životnog nivoa radnika podiže i nivo produktivnosti.[135] Ali nije samo nivo produktivnosti uslovljen životnim nivoom, nego je i životni nivo uslovljen nivoom produktivnosti.

Direktna međuzavisnost produktivnosti rada i životnog standarda radnika uspostavlja se, međutim, tek u uslovima relativno slobodne društvene reprodukcije. Dok je čovek još zavisio više od ćudi prirode nego od sopstvenog rada nije objektivno bilo mogućnosti za povećavanje ni produktivnosti ni životnog standarda. A čim su takve mogućnosti stvorene, produktivnost je umesto u funkciju životne egzistencije radnika, stavljena u funkciju uživanja neradnika.

Na taj način produktivnost rada u uslovima klasne reprodukcije dolazi u sukob sa životnom egzistencijom radnika koji stoga postaje nezainteresovan za njeno povećanje, zbog čega se ono mora oslanjati na prinudu. Ali, baš zbog toga što zavisi od psiho-fizičke sposobnosti radnika, produktivnost je u koliziji i sa eksploatacijom radne snage, kojom se ta sposobnost umanjuje. A sve dok su mogućnosti za podizanje produktivnosti relativno male, eksploatacija radne snage predstavlja osnovno sredstvo za povećanje njene proizvodnosti, jer povećanje vremena i intenziteta rada daju veći proizvodni efekat od mogućeg povećanja njegove produktivnosti. Zato su se ne samo robovalsništvo i feudalizam, nego i rani kapitalizam mnogo više oslanjali na fizičko iscrpljivanje radne snage, nego na povećanje produktivnosti rada.

Tek je mehanizacija proizvodnje otvorila široke mogućnosti da se fizičko iscrpljivanje radne snage, koje ima neprelazne prirodne granice, zameni podizanjem produktivnosti rada, koje je praktično bezgranično. Sa razvojem mehanizacije, smanjivanje fizičkog iscrpljivanja radne snage putem skraćivanja radnog vremena i ublažavanja intenziteta rada postaje zapravo sve značajniji činilac produktivnosti. I dok je tejlorizam rešenja za povećanje proizvodnje tražio i u povećanom intenzitetu i u većoj produktivnosti rada, savremeni tehnološki pokreti glavnu pažnju usredsređuju na činioce produktivnosti.

---

[135] "Ustanovljeno je da se produktivnost rada proizvođača podiže ili opada u zavisnosti od toga da li imaju viši ili niži životni standard. Institut za socijalni razvoj Ujedinjenih nacija, na bazi istraživanja u 18 zemalja u razvoju, konstatovao je da su one zemlje koje su krajem dekade 1950. godine imale viši nivo životnog standarda postigle i brži privredni razvitak u periodu 1950. do 1960. god. Analizom je ustanovljeno da je porast produktivnosti i privrednog razvitka dobrim delom postignut na bazi višeg životnog standarda". (Radomir Bijelić, *Raspodela prema radu i životni standard,* Beograd, 1966, str. 13 i 14).

Dok je ranije glavni put za povećanje proizvodnje bio u produžavanju, sada je on sve više u skraćivanju radnog vremena. Ako je produktivnost rada presudni uslov za povećanje slobodnog vremena, i slobodno vreme postaje sve značajniji uslov za povećanje produktivnosti. Produktivnost rada raste zapravo u obrnutoj srazmeri sa radnim, a u upravnoj srazmeri sa slobodnim vremenom radnika, pod uslovom da se skraćivanje radnog i produžavanje slobodnog vremena zasnivaju na rastu produktivnosti, i da su i radno i slobodno vreme ispunjeni aktivnostima koje sa svoje strane doprinose povećanju produktivnosti.

Da bi doprinosile povećanju produktivnosti, aktivnosti koje u uslovima savremene tehnologije treba da ispunjavaju radno vreme ne treba da budu samo radne, kao što ni aktivnosti koje treba da ispunjavaju slobodno vreme ne treba da budu samo neradne. Monotonija koja prati proizvodni rad, morala bi biti narušavana rekreativnim aktivnostima koje takvom radu nedostaju,[136] a dosada koju stvara praznina slobodnog vremena, morala bi se sprečavati stvaralačkim aktivnostima koje se ne mogu obavljati u radnom vremenu.

Normalna fiziološka reprodukcija životne egzistencije radnika je nesumnjivo primarni uslov njegove psiho-fizičke sposobnosti. A kad je taj uslov ispunjen, onda glavni problem postaje psihička ravnoteža, koja predstavlja rezultantu ukupnog života i rada radnika. Zato se već u eksploatatorskim oblicima proizvodnje sve veća pažnja posvećuje životnim i radnim uslovima radnika, ali se trajna psihička ravnoteža može obezbeđivati samo kad sami radnici odlučuju o uslovima svog života i rada. S obzirom na to, psiho-fizička sposobnost će kao činilac produktivnosti tek u socijalističkoj proizvodnji doći do punog izražaja.

Ukidanjem eksploatacije, socijalistički način proizvodnje višestruko utiče na nivo psiho-fizičke sposobnosti radnika. Prvo, napuštanjem fiziološkog minimuma na kojem se u eksploatatorskom društvu ostvaruje reprodukcija radne snage, otvara se mogućnost da nivo životne egzistencije radnika neograničeno raste u zavisnosti od rasta proizvodnje. Drugo, skraćivanjem radnog i produžavanjem slobodnog vremena omogućava se sve slobodnije razvijanje psiho-fizičkih sposobnosti radnika. I treće, ukidanjem najamničkog položaja ostvaruje se sve veća društvena sloboda radnika koja je bitan uslov za razvijanje psihofizičkih sposobnosti i ostvarivanje psihičke ravnoteže ljudske jedinke. Sve će to uticati da se na osnovama socijalističkog načina proizvodnje razvijanjem psiho-fizičkih sposobnosti radnika znatno ubrza rast društvene produktivnosti rada.

Praktična veština je sposobnost da se predmet rada neposredno oblikuje prema određenoj svrsi, čime se stvara odgovarajuća upotrebna vrednost proizvoda. A pošto se oblikovanje predmeta rada vrši određenim sredstvima rada, ona nužno uključuje sposobnost rukovanja tim sredstvima. Što je takva sposobnost veća, proizvod se sa manje napora izrađuje za kraće vreme,[137] zbog čega je čovek oduvek težio da je što više razvije.

Sposobnost neposrednog oblikovanja predmeta rada razvija se uvežbavanjem, koje podrazumeva višekratno ponavljanje istovetnih radnih operacija, kako u toku praktične obuke, tako i u procesu same proizvodnje. Što radnik duže radi isti posao, on je u njegovom obavljanju veštiji, a ukoliko je veštiji utoliko racionalnije koristi svoju energiju, manje se zamara i više proizvodi,[138] zbog čega su iskusniji radnici produktivniji.

---

136) "Ako se radilo sedeći, prijatno je prošetati se za vreme odmora. Pri aktivnom odmaranju angažuju se oni delovi organizma koji su u toku rada mirovali". (Slavko Marjanović, isto, str. 19).

137) "Uvježban čovjek troši manje energije po jedinici radnog učinka, radi uz manji napor i može duže izdržati u poslu". (Zoran Bujas, isto, str. 50).

138) "Zamaranje pri radu je manje, ako je organizam uvežban. Uvežbavanje smanjuje zamaranje na dva načina: isključivanjem nepotrebnih naprezanja i usklađivanjem rada krvotoka sa fiziološkim promenama u opterećenom delu tela". (Slavko Marjanović, isto, str. 16).

Značaj koji veština neposrednog oblikovanja proizvoda ima za produktivnost, predstavljao je najsnažniji motiv proizvodne podele rada. Ona je vršena pre svega zbog toga što je omogućavala da se specijalizacijom za određeni posao stiče veća veština u njegovom obavljanju, i time postiže viši nivo produktivnosti. I taj proces je tekao upravo dotle dok se ljudski rad nije toliko rascepkao da za njegovo obavljanje više nije potrebna gotovo nikakva veština.

Ukoliko je specijalizacija proizvodnu delatnost ljudske jedinke lišavala raznovrsnosti, utoliko ju je nadarivala produktivnošću. Takvo kretanje je toliko zakonomerno da se može utvrditi pravilo po kojem je produktivnost upravno srazmerna jednostranosti, a obrnuto srazmerna raznovrsnosti individualnog rada. Dok je prvobitnom svaštarenju odgovarao krajnje nizak, gotovo nulti nivo produktivnosti, visoki nivo produktivnosti industrijske proizvodnje ima za pretpostavku krajnje jednostrani, gotovo do apsurda specijalizovani rad proizvodnog radnika.

Proizvodna podela rada mogla je voditi povećavanju produktivnosti samo kroz razvijanje praktičnih veština u obavljanju proizvodnih operacija. Specijalizacija u kvalitativnom smislu zapravo i znači sticanje posebnih veština u obavljanju određenih poslova. Ona podrazumeva da se uz sužavanje proizvodne delatnosti istovremeno vrši njeno produbljivanje u pravcu pronalaženja praktičnih rešenja da se sa manjim utroškom radne energije ostvari veći proizvodni efekat.

U tom pravcu vekovima su razvijane i s generacije na generaciju prenošene različite proizvodne veštine, a kad je s industrijskom proizvodnjom iscrpljivanje radne snage dostiglo krajnje granice, nastala je nova naučna disciplina za istraživanje *ekonomije* rada. Predmet naučnog studija rada postalo je upravo to praktično iskustvo koje je do tada uglavnom spontano razvijano i prenošeno kroz sam proces rada.

Naučno istraživanje ekonomije živog rada svodi se u osnovi na studij pokreta i pronalaženje rešenja za njihovu racionalizaciju, koja se postiže naročito: eliminacijom suvišnih pokreta; automatizacijom i takvim usmeravanjem, povezivanjem i usklađivanjem nužnih pokreta da se sa manjim naporom ostvaruje veći učinak.[139] Smisao tehnološke racionalizacije živog rada svodi se time na to da se smanji utrošak radne energije i skrati radno vreme po jedinici proizvoda.

Skraćivanjem radnog vremena ekonomija pokreta doprinosi produktivnosti, a smanjivanjem radnog napora humanizaciji ljudskog rada. Zato ona u suštini predstavlja negaciju nehumanog iscrpljivanja radne snage koje odlikuje eksploatatorske oblike proizvodnje. Tehnološki pokret za unapređenje ekonomije živog rada zapravo je i nastao kad je eksploatatorski način proizvodnje dostigao svoj zenit, zbog čega se osnovni izvor za dalji razvoj proizvodnje umesto u proizvodnoj snazi radnika morao tražiti u proizvodnoj snazi samog rada.[140]

---

[139] "Studij pokreta obično se definira kao studij pokreta učinjenih pri izvođenju neke operacije u svrhu da se eliminiraju svi nepotrebni pokreti i da se ustanovi redoslijed najsvrsishodnijih pokreta radi maksimalnog učinka". (Ralph M. Barnes, *Studij pokreta i vremena*, "Panorama", Zagreb, 1964, str. 12).
Po N.N. Zaharovu, "proučavanje iskustva naprednih radnika pokazuje da su stvaralački napori u cilju racionalizacije elemenata zahvata usmjereni na: 1. smanjenje broja elemenata zahvata – otkrivanjem i isključivanjem suvišnih elemenata; 2. olakšanje rada koji se troši na izvršenje potrebnih elemenata zahvata – mehanizacijom elemenata; 3. stvaranje kratkih i manje zamarajućih elemenata zahvata; 4. racionalan raspored elemenata zahvata, što će osigurati ravnomjerno fizičko opterećenje radnika". *(Tehničko normiranje procesa rada,*, "Panorama", Zagreb, 1964, str. 111).
[140] Ralph M. Barnes naglašava da "cilj studija pokreta nije prisiljavanje radnika da se "brže miče", nego proučavanje njegovih pokreta za najkraće i najbolje ostvareni zadatak. Studij pokreta pomaže nam u iznalaženju najlakšeg i najmanje zamornog načina rada". (Isto, str. 166).

Ta promena je jedan od ključnih momenata na prelazu iz eksploatatorskog u socijalistički način proizvodnje. Jer dok osnovni izvor eksploatatorske proizvodnje čini eksploatacija radne snage, glavni izvor socijalističke proizvodnje je korišćenje neiscrpnih mogućnosti rada. Zato socijalistička ekonomija mora nastaviti s naučnim istraživanjem i unapređivanjem ekonomije živog rada da bi ubrzala i podizanje produktivnosti i humanizaciju proizvodnog rada.

Kao činilac radne sposobnosti, *teorijsko znanje* znači prodor u suštinu rada, koji omogućava da se njegova ekonomija unapređuje putem već ispitanih i naučno proverenih metoda. Znati raditi znači i znati proizvoditi, a proizvoditi se ne može ukoliko se ne zna raditi. Zato je teorijsko znanje kao izraz intelektibilnosti ljudskog bića, nužan uslov produktivnosti rada jer je nužan uslov samog rada kao intelektibilne aktivnosti čoveka.

Pošto se teorijsko znanje stiče obrazovanjem, obrazovanje se javlja kao jedan od najznačajnijih činilaca produktivnosti,[141] čiji nivo, pod jednakim ostalim uslovima, po pravilu raste u srazmeri sa nivoom obrazovanja. Kao oblik društvenog prenošenja znanja, obrazovanje je i nastalo i razvija se prvenstveno radi osposobljavanja za rad. Iako je u suprotnosti s podaničkim odnosima klasnog društva, obrzovanje proizvođača se upravo radi povećavanja proizvodnje, i u uslovima klasne reprodukcije moralo sve više razvijati da bi dostiglo nivo koji s takvom reprodukcijom postaje nespojiv.

Zbog te nespojivosti, obrazovanje eksploatisanih proizvođača se javlja kao snažan faktor ukidanja eksploatatorskog načina proizvodnje, ali je još snažnije dejstvo koje razvoj socijalističke proizvodnje vrši na univerzalno obrazovanje slobodnih proizvođača. A takvo obrazovanje će uticati da u socijalističkoj proizvodnji produktivnost rada raste brže nego što je rasla u uslovima eksploatatorske proizvodnje. Kao osnovni činilac intelektualizacije ljudskog rada, znanje će u socijalističkoj proizvodnji istovremeno postati i presudni činilac njegove produktivnosti.

Uloga znanja u podizanju produktivnosti rada sve više raste iako se s automatizacijom uloga čoveka u neposrednom procesu proizvodnje sve više smanjuje jer je znanje zapravo nezamenljiva osnova automatizacije. Promena nastaje samo utoliko što umesto čoveka neposredni nosilac primene znanja u proizvodnom procesu postaje proizvodna mehanizacija. Ukoliko ne koristi neposredno sopstveni mozak, čovek mora neophodnim znanjem napajati veštački mozak, jer bez odgovarajućeg znanja nema nikakve pa ni potpuno automatizovane proizvodnje.

Kao opšti uslov proizvodnje, znanje već samo za sebe ukazuje i na značaj *naučno-tehničkog progresa,* koji se u osnovi i svodi na stvaranje novih znanja i mogućnosti njihove primene. Iako nije neposredni činilac proizvodnje, naučno-tehnički progres je jedan od najznačajnijih činilaca produktivnosti jer je osnovni uslov razvoja neposrednih činilaca proizvodnog procesa. Zato će čovek preko naučno-istraživačkog rada i unapređenja proizvodne tehnike odlučujuće uticati na razvoj proizvodnje, i onda kad njegov rad bude potpuno oslobođen proizvodne funkcije.

Za podizanje produktivnosti rada značajne su naročito sledeće dimenzije naučno-tehničkog progresa: otkrivanje još neotkrivenih tajni postojećeg sveta kojim se otvaraju putevi novih ovladavanja prirodom; pronalaženje novih izvora prirodne energije kojom se u ovladavanju prirodom zamenjuje ljudska energija; i unapređivanje sredstava rada koje omogućava da se uz smanjivanje živog rada postiže veći proizvodni efekat.

---

[141] "Sovjetski akademik S.G. Strumilin je između ostalog konstatovao da je korist od obrazovanja, koje doprinosi povećanju produktivnosti rada, veća preko 27 puta nego što su bili izdaci za obrazovanje. Na bazi istraživanja pokazalo se da radnici sa sedmogodišnjom školom na istim radnim mestima postižu u proseku 67% veću produktivnost u odnosu na one koji nisu pohađali nikakvu školu". (Radomir Bijelić, isto, str. 13).

Iako nisu neposredno vezana za samu produktivnost, *fundamentalna naučna istra-živanja* pružaju relativno najveći doprinos njenom podizanju. Bez otkrića fundamentalnih zakona prirode, društva i ljudskog mišljenja ne bi bilo ni velikih pronalazaka energije koja se može koristiti kao pogonska snaga proizvodnje, ni tehničkih izuma pomoću kojih se ona može svrsishodno upotrebljavati. Zbog toga ni velikih tehnoloških revolucija, koje za rezultat imaju velike skokove i u rastu produktivnosti, ne bi bilo bez naučnih otkrića pomenutih zakona.

Otuda ulaganja u funadamentalna naučna istraživanja iako ne daju neposredni pro-izvodni efekat, predstavljaju društveno najrentabilniju investiciju, prvo, zato što otvara-ju puteve novim istraživanjima, a drugo, što su njihovi proizvodni efekti dugotrajni i prak-tično neizmerni. Fundamentalna istraživanja na taj način čine osnovu istorijskog konti-nuiteta u razvoju proizvodnje i podizanju ukupne produktivnosti rada.

Preko razvoja proizvodnje fundamentalna istraživanja deluju praktično kao točak zamajac ukupnog razvoja društva jer se i razvojem proizvodnje povratno ubrzava razvoj fundamentalnih istraživanja, prvo, tako što se jača njihova materijalna osnova, i drugo, što proizvodni rezultati deluju kao podsticaj za nova istraživanja. Da bi se brže razvijala proizvodnja, mora se više ulagati u istraživanja, a veća ulaganja u istraživanja moguća su samo ako se brže razvija proizvodnja.

Razvoj proizvodnje je zapravo omogućavao da se i naučno-istraživački rad sve više razvija i time šire mogućnosti za podizanje produktivnosti rada. Ako su u uslovima indi-vidualizirane naturalne proizvodnje naučna istraživanja predstavljala uglavnom ličnu preokupaciju genijalnih pojedinaca, već je s podruštvljavanjem kapitalističke robne proiz-vodnje otpočelo i njihovo prerastanje u društvenu delatnost. Ali tek kad su proradile "fabrike znanja", fabrička proizvodnja je krenula džinovskim koracima.

Društvena koncentracija sredstava omogućava da se naučna istraživanja umesto pojedinačnim naporima izvode udruženim snagama, i da se kroz velike istraživačke po-duhvate brže dolazi do novih otkrića. Zato socijalistički način proizvodnje otvara široke mogućnosti za razvoj nauke, ali on takav razvoj i pretpostavlja jer se jedino na njegovoj osnovi može i sam razvijati. Pošto socijalizam označava prelaz sa prinudnog proizvodnog na slobodan stvaralački rad, naučna istraživanja će predstavljati jedan od najznačajnijih činilaca ubrzanog rasta produktivnosti socijalističke proizvodnje.

Zamena ljudske energije prirodnom energijom je najznačajnija poluga preko koje naučna otkrića utiču na rast produktivnosti jer se time prave najveći skokovi u smanjiva-nju količine živog rada po jedinici proizvoda. A skokovitim smanjivanjem živog rada skokovito padaju i troškovi proizvodnje jer se smanjuje vrednost pogonske energije kojom se taj rad zamenjuje.[142] Upravo zbog toga što znači zamenu ljudske energije, mehaniza-cija pogonske snage je glavni i najpreči put do potpunog oslobođenja ljudskog rada iz neposrednog procesa proizvodnje.

Pošto se korišćenjem prirodne energije postižu veliki proizvodni efekti, čovek je oduvek nastojao da je ukroti i svrsishodno upotrebi. Najjednostavnije su se mogli isko-ristiti najočigledniji i najprostiji izvori energije kao što su snaga životinja, voda, vetar i vatra, pa ih je čovek prve počeo i koristiti. Otkrića zakona kretanja nevidljivih čestica materije omogućila su da se otkriju i skriveni izvori mnogo snažnijih oblika energije, koje je teže ukrotiti ali pomoću kojih se postižu daleko veći proizvodni efekti. To je doprine-

---

142) "Najskuplji izvor energije u industriji je čovek. Dok cena električne, elektronske i atomske ener-gije pokazuje iz godine u godinu tendenciju smanjenja, cena radne snage na čas, uključujući do-datna davanja, ima tendenciju stalnog porasta". (Bruno A. Moski, po H.B. Maynardu, *Savremena organizacija proizvodnje,* isto, 5 – 77).

lo da čovek najveći deo svoje energije u neposrednom procesu proizvodnje zameni prirodnom energijom i tako svoj rad znatno približi apsolutnoj produktivnosti, kojom će se potpuno osloboditi fizičkog teglenja.

Uvođenje novih oblika energije u neposredni proces proizvodnje redovno je izazivalo radikalne *promene i u sredstvima rada,* koja su se morala prilagođavati da bi se nova energija mogla upotrebiti. Upotreba mehaničke energije zahtevala je stvaranje mašinskog sistema, sastavljenog od mašina radilica i mašina alatljika, bez kojeg mehanizacija proizvodnog procesa kao osnova industrijske produktivnosti, praktično ne bi bila moguća. Snažniji izvori pogonske energije mogu veći proizvodni efekat dati samo ako se i sredstva rada na odgovarajući način oblikuju tako da se oni racionalno koriste.

Funkcionalnijim oblikovanjem i položajem sredstava rada postiže se veća produktivnost već i same ručne izrade, zbog čega se unapređivanje tehnoloških postupaka još u zanatskoj proizvodnji zasniva na racionalizaciji i živog i opredmećenog rada. Fizički napor smanjuje se kako pojednostavljivanjem pokreta, tako i funkcionalnim oblikovanjem alata po principu što lakšeg savlađivanja otpora prilikom upotrebe. A što važi za ručni, važi u principu i za mašinski alat, samo što se uštede, zbog angažovanja većih proizvodnih kapaciteta, multiplikuju.

Automatizacija je samo poslednja etapa na putu racionalizacije proizvodnog rada, pa je i njen uticaj na njegovu produktivnost relativno najveći. [143] Automatizovanjem radnih operacija i proizvodnog procesa u celini angažovanje živog rada se svodi na minimum, dok se racionalno korišćenje angažovanog opredmećenog rada približava maksimumu. [144] Time se i troškovi proizvodnje minimiziraju jer se maksimizira racionalizacija i živog i opredmećenog rada. [145] Potpuna automatizacija imaće za rezultat apsolutnu produktivnost proizvodnog rada, koja će u stvari značiti kraj njegove produktivnosti pošto će takvom automatizacijom i sam proizvodni rad biti konačno ukinut. Samim tim, i troškovi proizvodnje će pasti na nultu tačku jer će bez proizvodnog rada čoveka i materijalni činioci proizvodnje izgubiti ekonomsku vrednost.

To na prvi pogled protivreči uticaju *prirodnih uslova* na produktivnost s obzirom da se prirodni resursi proizvodnom eksploatacijom sve više iscrpljuju. Ali priroda je u svom totalitetu neiscrpna, i samo od sposobnosti čoveka zavise proizvodne mogućnosti prelaska sa jednog prirodnog izvora na drugi. Pošto se ta sposobnost kroz naučno-tehnički progres stalno povećava, i prirodni uslovi, koje će sam čovek menjati prema svojim potrebama, sve više će pogodovati ubrzanom rastu produktivnosti.

Iako su prirodni uslovi najobjektivniji činilac produktivnosti, od čoveka zavisi kako će oni biti iskorišćeni. Uticaj klimatskih prilika na produktivnost poljoprivredne proizvodnje zavisi od toga koliko je ona s njima usklađena, a vetar je kao izvor pogonske energije mogao biti iskorišćen tek kad je pronađena vetrenjača. Koliko će određeni prirodni uslovi biti iskorišćeni zavisi od razvijenosti tehnologije, tako da se s podjednakim prirod-

---

[143] "Sa tehnološke tačke gledišta automatizacija uz minimum utroška vremena omogućava maksimalnu proizvodnju, znatno povećavajući efikasnost mašina, čija je pretpostavka visoko mehanizovanje svih radnih operacija u proizvodnom procesu". (Teofanija Trivunac, isto, str. 13).

[144] Pri automatskom programiranju, "proizvodnja se odvija po optimalnom projektu – modelu". (Isto, str. 41).

[145] "Kad se sagledaju ekonomske posledice automatizacije, onda se vidi da se one očituju sasvim jasno u tri smjera. Prvo, u smanjenju troškova proizvodnje. Zatim, u povećanju produktivnosti rada, što zavisi od smanjenja kvantuma radnih sati zaposlenog personala. I treće, u skraćivanju vremena amortizacije, što znači da odnos između investicija za automatizaciju i vremena potrebnog da se investicije nadoknade, postaje sve manji". (Dr Rudi Supek, isto, str. 221).

nim uslovima pri različitim tehnologijama postižu nejednaki proizvodni efekti. Zbog toga se sa razvojem tehnologije dejstvo prirodnih uslova na produktivnost rada povećava i onda kad oni ostaju nepromenjeni.

Proizvodni efekat i prirodnih i tehnoloških činilaca zavisi u velikoj meri od njihove usklađenosti, zbog čega *organizacija rada* ima posebnu ulogu u ostvarivanju produktivnosti. Ukoliko je organizacija slaba, produktivnost će i pri najpovoljnijim prirodnim uslovima i najrazvijenijoj tehnologiji biti niska ili će se čak smanjiti kad je tehnologija razvijenija. I obrnuto, boljom organizacijom rada može se i sa nepovoljnijim prirodnim uslovima i nerazvijenijom tehnologijom ostvariti veća produktivnost.

S obzirom da se produktivnost robne proizvodnje izražava dohotkom kao društveno valorizovanim proizvodom, na nju ne utiče samo organizacija proizvodnog procesa, već usklađenost svih činilaca društvene reprodukcije. Zato se taj uticaj mora posmatrati i pojačavati kroz dejstvo tri osnovna činioca razvijene društvene organizacije rada: usklađenost neposrednih proizvodnih činilaca; usklađenost proizvodnih funkcija; i usklađenost proizvodnje i potrošnje.

Usklađenost neposrednih proizvodnih činilaca najneposrednije se izražava kroz internu organizaciju radnih mesta u osnovnoj proizvodnoj jedinici. Da bi se postigla optimalna produktivnost, moraju se obezbediti tri osnovna uslova radnog mesta: prvo, potpuna usklađenost živog i opredmećenog rada; racionalan raspored proizvodnih činilaca; i normalni uslovi rada. Svaki od navedenih uslova posebno se odražava na nivo produktivnosti, pa će ona biti umanjena ako bilo koji od njih nije u potrebnoj meri ispunjen.

Usklađenost živog i opredmećenog rada na radnom mestu podrazumeva punu zaposlenost radne snage u toku celog radnog vremena, koja pretpostavlja da se u osnovnoj proizvodnoj jedinici: zapošljavanje radnika i obezbeđivanje proizvodnih sredstava vrše tačno prema proizvodnom programu tako da se ne pojavljuje ni manjak ni višak bilo kojeg od proizvodnih činilaca; obezbeđuje uredno održavanje sredstava rada tako da u toku procesa proizvodnje ne dolazi do nepredviđenih prekida i zastoja; i da se vrši uredno snabdevanje radnog mesta potrebnim materijalom, energijom i drugim sredstvima, neophodnim za kontinuiran proces rada.

Racionalan raspored proizvodnih činilaca na radnom mestu podrazumeva takav položaj i međusobnu udaljenost radnika, sredstava i predmeta rada koji omogućavaju da se posao obavlja uz što manje napora i sa što manjim utroškom radnog vremena.[146] Takav raspored bi morao biti ustaljen, što je nužan uslov za stvaranje navika i automatizovanje pokreta kojim se smanjuju i radni napor i potrebno vreme.[147] Zato bi se, na bazi tehnoloških istraživanja, prostorno uređivanje radnog mesta moralo vršiti na duži rok i sa što manje eksperimentisanja.

U normalne uslove rada na radnom mestu spadaju naročito oni činioci koji obezbeđuju trajno održavanje radne sposobnosti u toku radnog vremena, kao što su: ravnomerna i odgovarajuća jačina osvetljenosti radnog mesta; povoljna temperatura, vlažnost i čistoća vazduha; odsustvo prekomerne buke; besprekorna higijena radnog prostora i opreme; odgovarajuća radna odeća; bezbednost od povreda i nesrećnih slučajeva; topli obrok i

---

[146] ”Svi predmeti, kojima se radnik koristi za vrijeme rada, treba da budu raspoređeni prema redoslidu njihove primjene; predmeti koji se najčešće upotrebljavaju treba da budu smješteni u neposrednoj blizini. Predmeti koji se uzimaju lijevom rukom treba da se nalaze s lijeve strane; oni koji se uzimaju desnom — s desne strane. Svaki predmet treba da ima svoje stalno mjesto”. (N.N. Zaharov, isto, str. 113).

[147] ”Ispravan raspored alata omogućuje radniku da razvije automatske navike, jer dohvatajući određen alat uvijek čini iste kretnje”. (Norman R.F. Maier, isto, str. 319).

osvežavajući napitak u toku radnog vremena; odgovarajuća rekreacija za vreme prekida rada; i drugi. Ti uslovi su prvenstveno stvar tekuće organizacije rada, i o njima odgovarajuće službe moraju neprekidno brinuti ⸱da bi se održavali na potrebnom⸱ nivou koji se u razvijenim oblicima proizvodnje tehnološki normira i standardizuje.

Usklađivanje proizvodnih funkcija, kako unutar iste proizvodne jedinice tako i među različitim reprodukciono povezanim jedinicama, je utoliko složenije i za produktivnost rada značajnije što je proces proizvodnje podruštvljeniji. U klasičnoj kapitalističkoj proizvodnji ono je još zatvoreno u granice preduzeća, dok se u socijalističkoj proizvodnji vrši u okviru sve širih proizvodnih asocijacija, tako da borba za produktivnost postaje zajednička stvar sve većeg broja udruženih radnika, i konačno cele socijalističke zajednice.

Da bi se ostvarivala optimalna produktivnost rada, neophodan je potpuni sklad među svim funkcijama vezanim za proizvodnju i društvenu valorizaciju zajedničkih proiz-⸱voda i usluga. To podrazumeva da se ceo proces proizvodnje prema zajedničkom planu odvija kontinuirano i bez nepredviđenih prekida i zastoja tako da se, pored ostalog: sve funkcije obavljaju kvalitetno, u predviđenom obimu i utvrđenim rokovima; da se ostvaruje takva sinhronizacija u obavljanju različitih funkcija kojom se obezbeđuje optimalno korišćenje angažovanih proizvodnih potencijala; da se nezadovoljavajućim obavljanjem jedne funkcije ne otežava obavljanje ostalih funkcija.

Pošto se produktivnost robne proizvodnje izražava ostvarenim dohotkom, njeno usklađivanje sa potrošnjom, putem koje se vrši novčana valorizacija proizvoda, je nezamenjiv činilac produktivnosti. Jer ako proizvodnja premašuje mogućnosti potrošnje, proizvod se neće u potpunosti valorizovati pa će dohodak proizvođača biti umanjen, ili će se na račun potrošača veštački uvećati ako je proizvodnja ispod mogućnosti potrošnje.

Ako se u kapitalističkoj proizvodnji takve nepravilnosti u odnosima društvene reprodukcije ispravljaju stihijski tako da iza neuravnotežene ponude i potražnje sledi njihovo uravnoteženje pa se produktivnost u krajnjoj liniji ipak probija kao presudni činilac uspešnog poslovanja, u socijalističkoj proizvodnji ona se planskim usklađivanjem sa potrošnjom unapred otklanja, čime se uspešnost poslovanja dovodi u direktnu zavisnost od produktivnosti. Ukoliko se proizvodnja i potrošnja ne bi planski usklađivali, dolazilo bi zbog visokog stepena podruštvljenosti proizvodnje, do teških poremećaja u odnosima društvene reprodukcije i do opšteg pada produktivnosti, ali takva reprodukcija u suštini i nije socijalistička.

Svaki od pomenutih činilaca utiče i zasebno i zajedno s ostalim na rast produktivnosti, ali ni jedan niti svi zajedno ne deluje sam po sebi. Presudnu ulogu u njihovom delovanju ima interes čoveka za podizanje produktivnosti, zbog čega *motivacija* predstavlja odlučujući i mobilizatorski činilac svih ostalih činilaca. [148] Ali motivacija nije samo mobilizator nego i kreator ostalih činilaca produktivnosti, koji ne mogu sami od sebe ni nastati niti se razvijati.

Kao izraz životnih potreba čoveka, motivacija je neposredni pokretač ljudske volje za delovanjem, stvaranjem i proizvođenjem, koja na produktivnost rada utiče neposredno preko radne sposobnosti, i posredno preko usmerenosti radnog napora na stvaranje, unapređivanje i aktiviranje ostalih činilaca produktivnosti. U prvom slučaju volja mobiliše sve potencije čoveka tako da se posao obavlja sa manje napora nego kad je u nedostat-

---

[148] "Stimulacija rada ima presudan utjecaj na produktivnost rada, zainteresovanost radnika za rezultate i odnos prema radu". (Mika Špiljak, isto, str. 24).

ku volje mobilisan samo deo tih potencija, [149] a u drugom slučaju ona mobilnost tih potencija usmerava na mobilisanje svih potencijalnih činilaca produktivnosti.

Najjaču volju za rad stvara potreba za samim radom, odakle logički proističe da će čovek najproduktivniji biti kad njegov rad postane potpuno slobodan i kad se bude obavljao samo iz zadovoljstva. A ukoliko osnovni cilj rada nije sam rad nego njegov proizvod, radnik može imati volju za rad samo ako radi za sebe, to jest ako proizvod rada samo njemu pripada. Pošto je to moguće jedino ako radniku pripadaju i sredstva za rad, opšte ukidanje nepovratnog otuđivanja rada je osnovni uslov da radnik postane zainteresovan za podizanje produktivnosti.

Odsustvo takvog interesa kod eksploatisanog radnika predstavlja suštinsko obeležje eksploatatorske proizvodnje, zbog čega se ona u isterivanju produktivnosti mora oslanjati na prinudu. Nasuprot interesu poslodavca da što više iskoristi i radnu snagu i rad, eksploatisani radnik je zainteresovan da što manje radi i što manje uradi. [150] A najamni radnik je ne samo ravnodušan prema povećanju produktivnosti jer mu ne donosi nikakve koristi, nego mu se i suprotstavlja jer ga ono pretvaranjem u tehnološki višak izbacuje na ulicu. [151]

U nastojanju da podstakne interes radnika za povećanje produktivnosti rada, kapitalizam se morao poslužiti eksploatatorskoj proizvodnji neprimerenim sredstvima: materijalnom i moralnom stimulacijom proizvođača, pre svega vezivanjem zarade za radni učinak [152] i uvođenjem radničke participacije u upravljanje preduzećem, čime je cenu povećane produktivnosti praktično plaćao potkopavanjem sopstvenih temelja. Ali sve dok se ti temelji drže, nezainteresovanost i otpori radnika predstavljaće glavnu smetnju za podizanje produktivnosti. [153]

Ukoliko u socijalizmu sredstva za proizvodnju faktički prelaze u ruke udruženih radnika, utoliko oni postaju životno zainteresovani za podizanje produktivnosti, koje se ostvaruje njihovom zajedničkom akcijom. U tome je i glavni razlog ubrzanog rasta ukupne produktivnosti socijalističke proizvodnje, zasnovanog na združenim snagama svih proizvođača i cele socijalističke zajednice. A to je ujedno i osnovna prednost socijalističke proizvodnje nad svim mogućim oblicima eksploatatorskog načina proizvodnje, koja joj širom otvara istorijsku perspektivu za razvoj.

---

[149] "Veća zainteresovanost za posao povećava "nervnu kondiciju". Čovek koji radi sa voljom, manje se zamara, kao što se vrlo brzo umori onaj koji nema volje za rad". (Inž. Slavko Marjanović, *Ekonomija radne snage,* "Rad", Beograd, 1964. str. 31).

[150] "Radniku je stalo do toga da uz što manji utrošak svog rada zaradi što veću nadnicu, obrnuto od želje i namjere kapitaliste koji želi da uz što veći rad radnika ima što manje troškova". (Stjepan Holadin, isto, str. 97).

[151] "Porast produktivnosti rada usled bolje opremljenosti, na primer, usled primene mašina, dovodi do istiskivanja jednog broja radnika iz procesa proizvodnje. Bolja opremljenost povećava produktivnost rada, ali i čini jedan broj radničkih ruku suvišnima". (Dr Vera Pilić; *Društveno-ekonomski aspekti produktivnosti rada,* "Rad", Beograd, 1976, str. 10).

[152] "Uvidjevši da visina plaće direktno ne podstiče produktivnost, mnoge su uprave nastojale efikasnije upotrijebiti novac, tj. tako da ekonomske simbole plaćanja direktno povežu s radnom aktivnošću: više izvršenog rada – veća plaća". (William Foote, Whyte, isto, str. 112).

[153] "Naime iskustva tih (kapitalističkih – ŽM) zemalja, a osobito SAD, pokazuju, da visoke najamnine i različite sheme stimuliranja radnika nisu dovoljne da savladaju otpor radnika prema produktivnosti, a Drucker čak smatra, da taj otpor raste". (Josip Županov, Ilija Marjanović, *Ekonomske jedinice kao socijalne grupe,* Savezni centar za obrazovanje rukovodnih kadrova u privredi, Zagreb, 1960, str. 6).

Kad radnik sam raspolaže proizvodom svog rada, onda je životno zainteresovan da ga stalno i što više uvećava unapređivanjem svih mogućih činilaca produktivnosti, jer ukoliko je veća produktivnost rada, utoliko su veće i mogućnosti zadovoljavanja životnih potreba radnika. To se izražava naročito kroz odnos prema osposobljavanju za rad, ali i kroz odnos prema naučno-tehničkom progresu, unapređivanju organizacije rada i korišćenju prirodnih uslova.

Menjanje odnosa prema osposobljavanju za rad najočiglednije se ispoljava kroz odnos prema obrazovanju, koji se menja naročito u pravcu: pridavanja sve većeg značaja stvarnoj umesto formalnoj kvalifikaciji; produžavanja školskog obrazovanja u permanentno obrazovanje uz rad; jačanje interesa svakog radnika kako za sopstveno obrazovanje tako i za obrazovanje ostalih radnika sa kojima je u odnosima saradnje i međusobne zavisnosti.[154] Iz odnosa saradnje i međusobne zavisnosti, koji karakterišu socijalističku reprodukciju, proističe i najširi interes svakog pojedinca za podizanjem ukupnih radnih sposobnosti i životnog standarda svih udruženih radnika.

Ali ukoliko se životna egzistencija radnika dovodi u zavisnost od ukupne produktivnosti rada, utoliko on postaje zainteresovan ne samo za unapređivanje živog rada, već i za razvijanje i racionalno korišćenje sredstava kojima taj rad obavlja.[155] Taj interes se ispoljava naročito kroz: samoupravno ulaganje u razvoj materijalne osnove udruženog rada; samoincijativno novatorstvo i racionalizatorstvo sve većeg broja radnika; zainteresovanost da se takvim aktivnostima i drugi bave, i da se naučno-tehnički progres u celini brže odvija. Otpore inovacijama koji proističu iz najamnog položaja radnika,[156] zamenjuje interes za inovacije koji proističe iz samoupravnog položaja udruženih radnika.

Dok je najamni radnik u stalnom sukobu s eksploatatorskom organizacijom rada, udruženi radnik je zainteresovan za stalno unapređivanje samoupravne organizacije kojom se eksploatacija zapravo onemogućava. To se ogleda naročito u: sve većem angažovanju sve većeg broja radnika na usklađivanju činilaca i tokova društvene reprodukcije; interesu za što racionalniju organizaciju rada kako na sopstvenom radnom mestu tako i na svim ostalim reprodukciono povezanim punktovima samoupravne organizacije; samoupravnoj kontroli izvršavanja radnih zadataka i međusobnih obaveza od strane svih udruženih radnika.[157]

---

154) "Odnos prema vlastitom stručnom, pa i općem obrazovanju se iz osnove mijenja. Opće potrebe i nastojanja poduzeća da se razvije intenzivniji rad na podizanju stručnog i općeobrazovnog nivoa pretvaraju se u dio potreba svakog člana jedinice ... Praktični interes za "formalne svedodžbe" koje omogućavaju da se dobije "viši status", prema tome "bolje" radno mjesto i veći tarifni stavovi, zamjenjuje se postepeno interesom za potpunijim stvarnim kvalifikacijama, koje obezbeđuju više umješnosti na radu i time veću "težinu" u raspodjeli realiziranih osobnih dohodaka". (Josip Županov, Ilija Marjanović, isto, str. 27/8).

155) "Radnikov interes više nije usmeren samo na tekući, nego i na minuli rad. Radnik je neposredno i materijalni i stvaralački stimulisan da minuli rad, kojim kao društvenim sredstvima upravlja, ekonomski što racionalnije koristi, udružuje i ulaže, jer od rezultata ostvarenih po tom osnovu on stiče određeni deo dohotka osnovne organizacije udruženog rada, a preko toga i deo svog ličnog dohotka". (Edvard Kardelj, *Slobodni udruženi rad,* isto, str. 20).

156) "U inostranim preduzećima a i u našim OUR u kojima nije u dovoljnoj meri primenjen sistem dohotka, radnici su protiv inovacija zbog toga što se boje (opravdano ili ne) da će im norma biti umanjena, a zarade ugrožene". (Dušan Ristić: "Otpori tehničkim inovacijama", *Zbornik radova jugoslovenskog simpozijuma o produktivnosti rada* u Peći, septembra 1976. god.).

157) "Ljudi će u obavljanju posla koristiti samousmeravanje i samokontrolu ukoliko su povezani sa radnim ciljevima, to jest, ako vide i prihvate da ovi nisu u suprotnosti sa njihovim sopstvenim interesima već da predstavljaju način na koji mogu postići i svoje sopstvene ciljeve". (Harold B. Maynard, *Savremena organizacija proizvodnje,* isto, 1--41).

Integralno se, dakle, produktivnost rada može izraziti kao funkcija pet osnovnih činilaca: motivacije kao opšteg činioca, radne sposobnosti, naučno-tehničkog progresa, prirodnih uslova i organizacije rada, tako da je:

$$Pr = F\ M(Rsp + Ntp + Pu + Or).$$

Motivacija je predstavljena kao opšti činilac produktivnosti jer ako nje néma neće biti ni proizvodnje, pa će se i dejstvo ostalih činilaca produktivnosti anulirati, ali je i sama jačina njihovog dejstva određena jačinom motivacije.

Za razliku od produktivnosti, ukupna ekonomija rada predstavlja još i funkciju uslova razmene, tako da je:

$$Er = F\ M(Rsp + Ntp + Pu + Or + Ur).$$

Uslovi razmene dati su nezavisno od konkretnog procesa proizvodnje jer su određeni ukupnim odnosima društvene reprodukcije, ali i njihovo dejstvo odlučujuće zavisi od motivacije pa se zbog nejednake zainteresovanosti subjekata privređivanja nejednako i koriste.

Iako na ukupnu ekonomiju svetske zajednice uslovi razmene nemaju nikakvog uticaja (jer se ekonomska vrednost ne stvara u sferi robnog prometa) pa se ekonomija rada u svetskom globalu izjednačava s ukupnom produktivnošću rada (tako da je Er = Pr), za poslovanje pojedinih subjekata privređivanja oni mogu biti presudni. Organizacija koja potrošnu robu kupi ispod, a proizvedenu proda iznad vrednosti ostvariće veći dohodak od organizacije koja s istom ili većom produktivnošću rada postupi suprotno. Ta razlika može ići čak dotle da prva organizacija ostvari ogroman ekstradohodak, a druga bankrotira.

Uslovi pod kojima će se kupovati i prodavati zavise u velikoj meri od poznavanja tržišta, koje i samo pretpostavlja određeni rad, ali i od okolnosti koje sa tim radom ne moraju imati nikakve veze. Ko te okolnosti više koristi, izvlači iz prometa veću dobit ali na račun drugih kojima one ne idu naruku, što još jednom pokazuje koliko se ekonomija otuđuje od rada iako je na radu zasnovana. U trci za što većom dobiti ne biraju se sredstva, pa se i prevara poslovnog partnera tretira kao poslovni uspeh.

Ako je uvećavanje bogatstva osnovni smisao ekonomije, onda je rad samo jedno, iako osnovno sredstvo da se taj cilj ostvari. Uvećavanje profita putem snižavanja troškova proizvodnje, kapitalista ne ostvaruje samo racionalnim korišćenjem radne snage i proizvodnih sredstava, već i njihovim kupovanjem po nižim cenama. Zato on pronalazi, veštački stvara ili silom osvaja jevtina tržišta žive sile i proizvodnog materijala posredstvom kojih stiče ekonomske prednosti u odnosu na svoje konkurente. Sličnim sredstvima on se bespoštedno bori i za monopol koji mu omogućava da proizvedenu robu prodaje po što višim cenama nezavisno od njene stvarne vrednosti.

Ukoliko se razvojem socijalističke proizvodnje ukida otuđivanje ljudskog rada, utoliko se ekonomija rada, ne samo u globalu nego i u pojedinačnim slučajevima, izjednačava s produktivnošću rada jer se sve više izjednačavaju i uslovi razmene. Pošto se najpre radna snaga prestaje kupovati i prodavati, samim tim nestaju i nejednakosti u njenoj razmeni, ali što se više zajednički proizvodi, to i nejednakosti u razmeni proizvedenih dobara sve više iščezavaju, prvo zato što postepeno iščezava sama razmena, a drugo, što se neekvivalentna razmena ukidanjem eksploatacije transformiše u ekvivalentnu razmenu.

Sužavanje mogućnosti da se bogatstvo stiče i nezavisno od rada primoravaće sve snage društva da se okreću samom radu i da samo u njemu traže izvor sopstvenog bogaćenja. Ekonomisanje radnom snagom i otuđenim radom radnika zameniće ekonomisanje samog radnika nejgovim sopstvenim radom. To je i najpouzdanija garancija da će produktivnost socijalističke proizvodnje rasti neuporedivo bržim tempom nego što je uopšte mogla rasti produktivnost eksploatatorskih oblika proizvodnje.

IV. RASPOLAGANJE RADOM

Opšti odnosi u raspolaganju živim i opredmećenim radom

Radom se može ekonomisati samo kad se njime raspolaže jer je ekonomisanje način korišćenja, a korišćenje nečeg pretpostavlja raspolaganje istim. Pošto je predmet ekonomije ukupan ljudski rad, njenu osnovu predstavlja raspolaganje i živim i opredmećenim radom, a raspolaganje živim i raspolaganje opredmećenim radom su inače toliko povezani da jednog bez drugog praktično i ne može biti. Kao opredmećenje živog rada, proizvod postaje predmet raspolaganja tek na bazi raspolaganja živim radom tako da se raspolaganje opredmećenim radom javlja kao nastavak raspolaganja živim radom. S druge strane, pošto je ljudski rad po svojoj prirodi posredovan, živim radom se praktično ne može raspolagati ukoliko se ne raspolaže odgovarajućim sredstvima rada.

Pošto je smisao ljudskog rada u zadovoljavanju životnih potreba čoveka, raspolagnaje radom svodi se u sušitni na njegovo podređivanje tim potrebama. Čovek utoliko više raspolaže svojim radom ukoliko ga više stavlja u funkciju svojih potreba, bilo da se radi o proizvođenju sredstava za njihovo zadovoljavanje ili o potrebi za samim radom. I s obzirom da se i ljudske potrebe i rad u funkciji njihovog zadovoljavanja stalno razvijaju, moć raspolaganja radom od strane čoveka sve više se povećava.

Moć raspolaganja radom zapravo je i određena stepenom njegovog razvoja jer je ona imanentna stvaralačkoj snazi rada. Što je stvaralačka snaga rada veća, veća je i moć raspolaganja njime u zadovoljavanju ljudskih potreba. Zbog izuzetno male stvaralačke snage prvobitnog rada, divljak je gotovo nemoćan u raspolaganju svojom radnom snagom, i još nije daleko od životinje koja svojim nagonskim silama ne raspolaže, već naprotiv, one upravljaju njenim aktivnostima.

Ali sve dok je i ljudski rad podređen prevashodno nagonskim potrebama, čovek svojom radnom snagom ne raspolaže slobodno, već se u njenom korišćenju rukovodi prvenstveno nagonskim silama. A sve dotle glavni predmet njegovog raspolaganja nije sam rad, nego proizvod rada kojim te potrebe može i mora zadovoljiti. Zato se on i bori prvenstveno za raspolaganje materijalnim dobrima kao sredstvom zadovoljavanja nagonskih potreba, a njegova moć ne meri se toliko raspolaganjem živim koliko raspolaganjem opredmećenim radom.

Pa ipak, pošto se opredmećeni rad stvara živim radom, njime se ne može raspolagati ako se ne raspolaže ovim poslednjim, zbog čega se borba za raspolaganje opredmećenim, produžava u borbu za raspolaganje živim radom. A ukoliko su mogućnosti zadovoljavanja nagonskih potreba čoveka još ograničene, borba sa prirodom produžava se u borbu među ljudima, čiji se smisao u osnovi svodi na *prisvajanje* tuđeg rada. Što ne može ostvariti u borbi sa prirodom, čovek pokušava da ostari i ostvaruje u borbi sa drugim čovekom.

Prisvajanje na jednoj, podrazumeva lišavanje na drugoj strani, čime se stvara monopol na raspolaganje, koji čini suštinu *svojine* kao pravnog izraza produkcionog odnosa. [1] A svojinski monopol može se samo prinudom održavati jer je dobrovoljno lišavanje raspolaganja svojinskim objektom u principu neostvarivo. Zato bez prinude svojinsko raspolaganje kao društveni odnos praktično ne bi bilo moguće, jer se pomoću nje vrši i prisvajanje i štiti svojinsko posedovanje.

To pokazuje da je svojinsko raspolaganje u suštini produžetak odnosa koji vladaju u životinjskom svetu, gde se ograničena sredstva egzistencije silom "prisvajaju". Osnovu prisvajanja čini zapravo ograničenost sredstava životne egzistencije oko čije se raspodele vodi bespoštedna borba među ljudima, a kad je životnih sredstava u izobilju tad i među životinjama zavlada mir. Sve dok se za sopstveni opstanak ne bori samo sa prirodom već i sa drugim ljudima, čovek u svom biću zadržava životinjsku sebičnost stavljajući vlastitu egzistenciju ispred egzistencije ostalih bića.

Ni pokušaji panteističke apsolutizacije svojine kojima se ona sa odnosa među ljudima proteže i na odnos između čoveka i prirode, [2] ne negiraju specifičnost svojinskog, na monopolu zasnovanog, društvenog odnosa, što samo potvrđuje da su prisvajanje prirode i prisvajanje čoveka bitno različite stvari. [3] Sa stanovišta vlastite reprodukcije, čovek prirodu prisvaja kad god u procesu proizvodnje i lične potrošnje koristi njene proizvode, ali pošto je i sam deo prirode, on je ne lišava tih proizvoda nego samo menja njihov oblik. Čovek se pri tom reprodukuje kao organski izdanak same prirode, koja je anorganski produžetak njegovog bića, i kojoj on pripada isto toliko koliko ona pripada njemu. [4]

Sasvim je drugačije sa prisvajanjem ljudskog rada, koje u suštini znači prisvajanje samog čoveka pošto je suština čoveka u njegovom radu. Ono se ne može vršiti bez istovremenog otuđivanja koje znači lišavanje radnika njegovog sopstvenog rada. Što je za prisvajača rada prisvajanje, za radnika je otuđivanje, pa se svaka od suprotnosti javlja kao naličje one druge tako da prisvajanje znači otuđivanje, a otuđivanje prisvajanje. [5] Dobitak

---

[1] "Svojina, shvaćena u smislu prisvajanja je ono, što je svaki ekonomski subjekat faktički prisvojio, što je prešlo u sferu njegove ekonomske dispozicije (potrošnje – odložene ili neposredne)" (Ivan Maksimović, *Teorijske osnove društvene svojine,* Beograd, 1974, str. 10)... "Svojina se može smatrati monopolom nad predmetom, kojim se isključuje vlast drugih subjakata". (Dr. Radomir Lukić, *Društvena svojina i samoupravljanje,* "Savremena škola", Beograd, bez godine izdanje, str. 9).

[2] Pošto je "prisvajanje delova prirode (u stvari, proizvodnja) večiti odnos, dolazi se do pogrešnog zaključka da je i svojina odnos koji takođe postoji u svakom društvu". (Dr. Dragoljub Dragišić, *Samoupravni socijalistički odnosi proizvodnje,* Institut društvenih nauka, Beograd, 1976, str. 59).

[3] "Uobičajno značenje reči svojina ne može nikako da se izjednači s prisvajanjem u tehničkom smislu reči, tj. s oduzimanjem predmeta od prirode i njegovom upotrebom, jer je svojina društveni odnos, koji, opet, nužno povlači za sobom isključenje drugoga iz toga ovlašćenja". (Dr Radomir Lukić, isto, str. 15).

[4] *"Vlasništvo,* dakle, prvobitno ne znači ništa drugo nego čovjekovo odnošenje prema svojim prirodnim uslovima proizvodnje kao prema uslovima *pretpostavljenim* s njegovim *vlastitim postojanjem;* odnošenje prema ovima kao prema *prirodnim pretpostavkama* sebe samoga koje, tako reći, čine samo njegovo produženo tijelo. On se zapravo ne odnosi prema svojim uslovima proizvodnje; nego on postoji dvostruko, kako subjektivno kao on sam, tako i objektivno u tim prirodnim anorganskim uslovima svoje egzistencije... *Vlasništvo,* dakle, prvobitno znači (i to u njegovom azijskom, slovenskom, antičkom, germanskom obliku) odnos subjekta koji radi (proizvodi ili se reproducira) prema uslovima svoje produkcije ili reprodukcije kao prema svojim vlastitim". (K. Marks: "Kritika političke ekonomije", isto, tom 19, str. 326. i 329).

[5] *"Prisvajanje* se pojavljuje kao *otuđenje, ospoljenje,* a *ospoljenje* kao *prisvajanje, otuđenje* kao istinsko *udomaćenje"* (K. Marks: Ekonomsko-filozofski rukopisi iz 1844. godine, isto, tom 3, str. 225).

na jednoj strani identičan je gubitku na drugoj strani, ali jedna strana ne može dobijati ako druga ne gubi, što implicira antagonistički odnos između radnika i prisvajača njegovog rada.

Svojinski odnosi među ljudima zasnivaju se samo na prisvajanju proizvodnog rada, jer pošto se generičke potrebe za samim radom ne mogu zadovoljavati pomoću tuđeg rada, njegovo prisvajanje ne bi imalo nikakvog smisla niti bi praktično bilo moguće kao što nije mougće ni njegovo otuđivanje. Ali i prisvajanje proizvodnog rada ima smisla samo kad može zadovoljiti određene potrebe prisvajača, što pretpostavlja takav nivo produktivnosti koji je dovoljan da se bar minimalno podmire fiziološke potrebe radnika i da preko toga pretekne neki suvišak pogodan za nepovratno otuđivanje.

Samo na tom nivou svojinski odnos je mogao postati osnova društvene zajednice, a sve do tada glavnu kohezonu snagu društvenog zajedništva činilo je krvno srodstvo, čija je integrativna uloga sporadičnim prisvajanjem mogla biti samo narušavana. Članovi takve zajednice raspolagali su prevashodno sopstvenim radom jer se nije ni imalo šta prisvajati pošto je i ono što je postojalo bilo uglavnom zajedničko. A raspolaganje sopstvenim radom može se smatrati izvornom svojinom, koja se reprodukuje bez prisvajanja (jer je prisvajanje svojega besmislica), ali koja monopolska obeležja, karakteristična za svaku svojinu, ni sama ne može zadržati bez oslanjanja na prinudu.

Prinuda je u funkciji svojinskog monopola prvobitno korišćena uglavnom za zaštitu od stranih prisvajača i za prisvajanje poseda drugih zajednica, što pokazuje da i sama izvorna, sopstvenim radom stečena svojina ima za opštu pretpostavku prisvajanje, koje podrazumeva društvenu prinudu. Kad ne bi bilo prisvajanja, ni društvena zaštita svojine ne bi bila potrebna, ali svojina u tom slučaju ne bi ni postojala jer bi raspoloživim sredstvima svi slobodno raspolagali.

Potpuno odsustvo svojine može se, međutim, pretpostaviti samo u dva ekstremna slučaja: u slučaju apsolutne oskudice kad se nema šta prisvajati, i u slučaju opšteg izobilja kad prisvajanje gubi svaki smisao. To su u stvari i krajnje granice postojanja svojine kao društvenog odnosa, koje se poklapa sa postojanjem proizvodnog rada kao svojom materijalnom osnovom.

Proizvodni rad kao izvor relativnog izobilja, koje istovremeno znači relativnu oskudicu, je zapravo autentična osnova svojine i svojinskih odnosa, kojima se reguliše društvena raspodela oskudnog proizvoda i ograničenih sredstava proizvodnje. Dok još nije počeo proizvoditi čovek je se prema prirodi odnosio kao svaka životinja, koristeći njene plodove prema ukazanim prilikama, pa su oni na taj način pripadali svima i nisu pripadali nikome posebno.[6] Zakonu jačeg, po kojem se vrši njihova "raspodela" među pripadnicima životinjskog sveta, morao se i čovek povinovati.

Zakon jačega nastavio je da u preobraženom obliku deluje i u društvenoj raspodeli među ljudima, jer je na prinudi zasnovano prisvajanje u stvari samo specifičan oblik njegovog *društvenog* ispoljavanja, pošto prinudu u društvu kao i u prirodi može vršiti jedino jači nad slabijim. Prvi veliki korak u tom pravcu predstavljalo je već prvobitno prisvajanje prirodnih uslova proizvodnje putem kojeg su najjače plemenske zajednice zaposedale najplodonosnije delove zemlje.

Samim tim stvaran je neravnopravan odnos ljudi prema prirodnim uslovima rada, koji omogućava da se sa prisvajanjem tih uslova vrši i zaobilazno prisvajanje samog rada. Posednici prisvojenih delova plodonosnije zemlje s istim radom proizvode više od onih koji su tih poseda lišeni, što praktično izlazi na isto kao da ih neposredno eksploatišu.

---

6) "Lovačka zajednica u kojoj je bilo organizirano društvo odnosila se prema cjelini prirode što ju je okruživala kao ničijem i svačijem vlasništvu". (Dr Ivo Burić, isto, str. 68).

To nedvosmisleno pokazuje (ako se pojedine prakomunističke zajednice ne posmatraju izolovano) da prisvajanje proizvodnog rada praktično traje od njegovog nastanka, a naučno se ne može ni pretpostaviti da neće trajati sve dok on postoji.

Prisvajanje prirodnih uslova proizvodnje predstavljalo je istorijski preduslov i za neposredno prisvajanje rada. Nejednaka raspodela tih uslova među plemenskim zajednicama nastavljana je nejednakom raspodelom među njihovim članovima, čime su stvarane pretpostavke za direktnu eksploataciju, kojom je polako ali sigurno razarano na krvnom srodstvu i prirodnoj nuždi zasnovano jedinstvo prakomunističke zajednice.[7] Viša produktivnost rada na plodnonosnijoj zemlji omogućila je pojavu viška proizvoda, od kojeg su se mogli izdržavati i oni koji ne rade, pa je zahvaljujući tome i prisvajanje tuđeg rada moglo postati bazični društveni odnos.

Neposredno prisvajanje tuđeg rada može se vršiti samo neposrednim prisvajanjem tuđe radne snage, čime se društveni položaj proizvođača praktično izjednačava sa položajem proizvodnih sredstava. Ropstvo, kmetstvo i najamništvo predstavljaju samo različite oblike prisvajanja proizvođača, bez kojeg se ne bi moglo vršiti ni prisvajanje proizvoda ljudskog rada. Za prisvajanje proizvodnog rada, u suštini je svejedno da li se proizvođač za prisvajača veže lancima, zemljišnim posedom ili kupo-prodajnim ugovorom, jer se u sva tri slučaja ostvaruje višak proizvoda koji se nepovratno otuđuje od proizvođača.

Zato prisvajanje u *suštini* ne predstavlja, kako na prvi pogled izgleda, odnos između ljudi i stvari, već odnos među samim ljudima, i to ne samo zato što jedni druge isključuju iz vlasništva nad stvarima, nego pre svega zato što jedni druge prisvajaju. Prisvojiti neki proizvod znači u suštini prisvajati samog proizvođača jer je taj proizvod njegov opredmećeni rad kao ospoljena emanacija njegovog bića. Štaviše, dok samo svojinsko pravo nad drugim čovekom još ne mora značiti njegovo prisvajanje, svojinsko pravo nad prisvojenim proizvodom samo po sebi znači da je prisvajanje drugog čoveka već izvršeno.

Prisvajanje tuđeg rada je zapravo *esencijalni oblik* svojine jer je svojinska zaštita sopstvenog rada neophodna samo ukoliko postoji mogućnost njegovog otuđivanja, što znači da je izvorna svojina samo poseban oblik protivrečnog ispoljavanja *privatne svojine* kao autentičnog izraza prisvajanja čije je naličje otuđivanje. Latinska reč *privatio* (onis) znači zapravo lišenje nečega, pa bi se privatna svojina i semantički mogla definisati kao *lišavajuća* ili otuđujuća svojina, dok je izvorna svojina, kao prisvajanje svojeg tautologična, pa u suštini i ne predstavlja svojinski odnos. Pod pretpostavkom nepostojanja privatne svojine, izvorna svojina se praktično izjednačava sa nesvojinom, što podrazumeva razvijene komunističke odnose koji su s one strane proizvodnog rada.

Zbog protivrečnog ispoljavanja, suština privatne svojine se zamagljuje, pa izgleda kao da je svaka svojina izvorna, sopstvenim radom stečena svojina, zbog čega se privatna svojina obično izjednačava sa *ličnom svojinom*, koja je u stvari njena suštastvena suprotnost pošto samo ona predstavlja istinski izvornu, ličnim radom stečenu svojinu. Shodno tome, i lična svojina se pogrešno izjednačava sa *individualnom svojinom*, koja se može zasnivati i na sopstvenom i na prisvojenom tuđem radu.[8] Određenje individualne svojine

---

7) "Rodovske starješine i vjerski poglavari grabe sebi najbolje oranice, livade i primjerke zajedničke stoke. Pretvaraju se u *robovsku aristokraciju,* t.j. u skup ljudi, koji posjeduje najbolja imanja, pa stoga ima daleko bolje uvjete života nego ostali pripadnici zajednice. U ratu zarobljenog neprijatelja više ne ubijaju, već ga upošljavaju na tim imanjima, što su narasla do te mjere, da ih njihovi vlasnici više ne mogu sami obrađivati". (Adolf Dragičević, *Robovlasništvo,* "Znanje", Zagreb, 1958, str. 7).

8) "Politička ekonomija načelno brka dve veoma različite vrste privatne (čitaj individualne – ŽM) svojine, od kojih jedna počiva na sopstvenom radu proizvođača, a druga na eksploataciji tuđeg rada. Ona zaboravlja da je ova druga ne samo direktna suprotnost one prve, nego jedino na njenom grobu i raste". (K. Marks: "Kapital" I, isto, tom 21, str. 674).

ne vrši se prema suštini svojine, već prema svojinskom subjektu u polarizaciji sa *grupnom svojinom.* A po suštinskom određenju, može i individualna i grupna svojina biti i lična i privatna jer se i jedna i druga mogu steći kako sopstvenim, tako i prisvojenim tuđim radom.

Svi oblici svojinske polarizacije pokazuju u stvari kako se vrši društvena raspodela ograničenog proizvoda koji ne dostiže za slobodno podmirivanje ljudskih potreba. Kad bi tog proizvoda bilo u izobilju, njegova raspodela bi predstavljala besmislicu, pa bi besmisleno bilo i samo prisvajanje. Ztao se može očekivati da će komunističko izobilje i raspodelu i prisvajanje zaista učiniti bespredmetnim, i da će se u slobodnoj komunističkoj zajednici i proizvoditi i trošti prema potrebama.

A sve dok su proizvodnja i potrošnja ograničene u odnosu na ljudske potrebe, svojinsko raspolaganje ljudskim radom je nužan uslov društvene reprodukcije. Pošto je osnovni smisao proizvodnje u spoljašnjem proizvodu, i njena motivacija je ospoljena, zbog čega se društvena raspodela i svojinsko raspolaganje proizvodom javljaju kao glavna pokretačka snaga proizvodnog rada, nasuprot slobodnom radu koji, kao samosvrsishodna delatnost, sam sebe pokreće.

Autentični nosilac interesa za proizvodnju nije proizvođač, nego vlasnik proizvoda, a i proizvođač je zainteresovan samo ukoliko svojim proizvodom sam raspolaže. Zato su društvena raspodela i svojinsko raspolaganje, kao pokretačka snaga, od sudbonosnog značaja za svaku proizvodnju koja se obavlja ljudskim radom, zbog čega revolucionarne promene u svojinskim odnosima i odnosima raspodele izazivaju radikalne promene i u povećavanju produktivnosti proizvodnog rada.

Privatna svojina i raspodela prema svojinskom monopolu

Pošto se zasniva na otuđivanju rada, [9] privatna svojina podrazumeva antagonističku polarizaciju radnika i prisvajača njegovog rada, u kojoj je prvi radni, a drugi svojinski subjekt. Na jednom polu se proizvodi, a na drugom koncentriše proizvod rada, od jednog se vrši otuđivanje, a od strane drugog prisvajanje rada, zbog čega je prvi objekt, a drugi subjekt prisvajanja. I pošto se prisvajanje mora oslanjati na prinudu, radnik je istovremeno objekt, dok je prisvajač njegovog rada subjekt prinuđivanja.

Rad se, međutim, ne može u celini nepovratno otuđivati od radnika jer jednim delom mora služiti bar za prostu reprodukciju radne snage, koja pretpostavlja nekakav minimum životne egzistencije. Sve dok je proizvod ljudskog rada jedva dostizao za podmirenje tog minimuma, nepovratno otuđivanje rada objektivno nije bilo moguće, pa zbog toga ni privatna sovjina nije mogla postojati. Pošto se zasniva na prisvajanju tuđeg rada, privatne svojine ne može biti tamo gde se nema šta prisvajati, kao što je neće biti ni pri životnom izobilju.

To praktično znači da se prisvajanje tuđeg rada vrši samo u uslovima relativne oskudice i relativnog izobilja kad proizvodnja već premašuje egzistencijalni minimum proizvođača, ali još ne dostiže za potpuno slobodnu reprodukciju njegove egzistencije. I pošto se prisvajati može samo taj suvišak iznad egzistencijalnog minimuma, ukupan rad eksploatisanog proizvođača deli se na dva osnovna dela, od kojih je jedan u funkciji njegove ži-

---

9) "Otuđeni rad je neposredan uzrok privatnog vlasništva". (K. Marks: Ekonomsko-filozofski rukopisi iz 1944. godine, isto, tom 3, str. 225).

votne reprodukcije, dok se drugi nepovratno otuđuje stavljajući se u funkciju reprodukcije eksploatatora i njegovog privatnog vlasništva. Polazeći od toga, Marks je prvi deo nazvao *potrebnim radom*, a drugi — *viškom rada*. [10]

U različitim istorijskim fazama razvoja proizvodnje ti delovi menjaju samo oblik dok u suštini uvek izražavaju eksploataciju tuđeg rada, koja se simbolički može predstaviti sa:

$$Ur = Pr + Vr,$$

gde Ur označava ukupan rad eksploatisanog radnika, Pr — potreban rad, i Vr — višak rada. Ako se radni dan u toku kojeg se obavlja ukupan rad eksploatisanog radnika, grafički predstavi pomoću duži koja označava, na primer, 16 — časovno radno vreme, onda se on, proizvoljno, može podeliti na dva dela tako da je:

$$\underbrace{\underset{\rule{0pt}{1.2em}}{Pr = 10^h} \quad Vr = 6^h}_{Ur = 16^h}$$

Potrebnim radom stvara se *potreban proizvod*, koji služi zadovoljavanju životnih potreba radnika, dok se viškom rada stvara *višak proizvoda*, koji se nepovratno otuđuje od radnika i služi zadovoljavanju životnih potreba eksploatatora i uvećavanju njegovog bogatstva. U razvijenoj robnoj proizvodnji potreban proizvod dobija oblik najamnine, a višak proizvoda — apstraktni oblik *viška vrednosti*, čiji je opšti novčani izraz *profit*. Menjanje oblika u kojima se vrši društvena podela ukupnog rada rezultira iz odgovarajućih promena u načinu proizvodnje i načinu prisvajanja.

U robovlasništvu je ta podela još prikrivena zbog toga što robovlasnik ne prisvaja neposredno sam rad, već radnika kao roba kojim neposredno raspolaže kao svojinskim objektom. Pošto mu neposredno pripada celim bićem, robovlasnik roba upotrebljava kao svako drugo sredstvo proizvodnje, te stoga njegov rad prisvaja u celini, tako da se između njih ne vrši nikakva *društvena* raspodela proizvoda. Ali da bi prisvajanje uopšte bilo moguće, robovlasnik jedan deo proizvoda mora sam izdvajati za izdržavanje robovske radne snage, tako da mu ceo proizvod pripada samo formalno, dok mu faktički pripada tek onaj deo proizvoda koji pretiče iznad egzistencijalnog minimuma radne snage.

Zbog toga se stvara privid da ne koristi robovlasnik roba nego rob robovlasnika pošto troši deo proizvoda koji ovom pravno pripada. I podela na potreban rad i višak rada ne vrši se u procesu samog rada, već u procesu potrošnje proizvoda kojim ne raspolaže rob nego robovlasnik. Time se eksploatacija kao društveni odnos potpuno prikriva, pa izgleda kao da ne prisvaja robovlasnik rad roba, nego da rob prisvaja proizvod robovlasnika.

Ukidanjem robovlasništva, i taj privid se ukida, jer se feudalnim načinom proizvodnje uspostavlja neposredna podela živog rada na potreban rad kojim kmet sam proizvodi sredstva svoje egzistencije, i višak rada koji feudalac u obliku radne rente neposredno

---

10) "Celokupan radnikov radni dan raspada se na dva dela. Jedan deo, u kome izvršuje onu količinu rada koja mu je potrebna da reprodukuje vrednost svojih sopstvenih životnih sredstava: plaćeni deo njegovog celokupnog rada, onaj deo njegovog rada koji je potreban za njegovo sopstveno održavanje i reprodukciju. Sav ostali deo radnog dana, cela suvišna količina rada koju obavi preko rada ostvarenog u vrednosti svoje najamnine, jeste višak rada, neplaćeni rad koji se predstavlja u višku vrednosti celokupne njegove robne proizvodnje". (K. Marks: "Kapital" III, isto, tom 23, str. 693).

prisvaja. Time se eksploatacija sasvim obelodanjuje, jer se umesto podele proizvoda u procesu potrošnje, vrši podela radnog vremena u procesu proizvodnje. Jedan deo radnog vremena proizvođač slobodno koristi za sebe, dok u drugom delu pod prinudom radi za drugoga.

Ali iako predstavlja negaciju robovlasničkog načina raspodele, radna renta delimično još zadržava obeležja robovskog načina proizvodnje. Ako rob celo vreme radi pod neposrednom prinudom robovlasnika, i kmet pod neposrednom prinudom feudalca odrađuje višak radnog vremena, a samo u potrebnom radnom vremenu radi kao relativno slobodan proizvođač. Bez neposredne prinude radna renta ne bi odbacivala višak proizvoda jer je kmet kao i rob, nezainteresovan za njegovo stvaranje. A sa prinudnim radom zadržava se i robovski položaj proizvođača u neposrednom procesu proizvodnje, samo što kmet u takav položaj stupa povremeno dok je rob u njemu neprekidno.

Za potpuno ukidanje robovskog načina proizvodnje bila je neophodna zamena radne rente *naturalnom rentom,* kojom je neposredna prinuda nad kmetom zamenjena posrednom prinudom tako što je potreban rad stavljen u neposrednu zavisnost od viška rada. Dok su kod radne rente potreban rad i višak rada potpuno nezavisni jedan od drugog jer su potrebno radno vreme i višak radnog vremena potpuno razdvojeni, kod naturalne rente potreban rad se praktično svodi na ostatak viška rada jer se količina proizvoda koju kmet u vidu feudalnih dažbina mora predati, nezavisno od njegove volje unapred određuje. Da bi podmirio te dažbine i obezbedio bar minimum svoje egzistencije, kmet je prinuđen da proizvodi i bez neposredne prinude u procesu proizvodnje.

Naturalnom rentom, koja izražava suštinu feudalnog načina raspodele, ponovo se prikriva društvena podela na potreban rad i višak rada jer se umesto podele samog rada vrši raspodela proizvoda. Pošto potrebno radno vreme i višak radnog vremena nisu, kao kod radne rente, odvojeni, ni potreban rad i višak rada se ne razdvajaju, tako da se istovremeno proizvode i potreban proizvod i višak proizvoda, jer iako je veličina ovog poslednjeg unapred određena, nije time predodređeno i vreme njegove proizvodnje.

Feudalna raspodela proizvoda se, međutim, bitno razlikuje od robovalsničke raspodele. Za razliku od robovlasnika, feudalcu ni formalno ne pripada potreban proizvod jer mu formalno ne pripada ni kmet, o čijem izdržavanju zato ne mora brinuti. Stoga se višak proizvoda koji on u obliku naturalne rente, i formalno i faktički prisvaja, strogo razgraničava od potrebnog proizvoda, čime se praktično legalizuje iako se ideološki ne priznaje eksploatacija tuđeg rada. Eksploatacija se i ovde prikriva samom feudalnom rentom, koja se predstavlja kao svojevrsna naknada za korišćenje tuđih sredstava proizvodnje, pa izgleda kao da feudalac njenim prisvajanjem samo naplaćuje to korišćenje.

Po svom obliku, već je radna renta mogla biti tretirana kao odrađivanje korišćenja feudalnog poseda, koji je jednim delom služio za stvaranje potrebnog proizvoda, a drugim delom za stvaranje viška proizvoda. I upravo zbog te podvojenosti, kmet je se prema potrebnom radu i višku rada sasvim različito odnosio. Dok ga je prvi motivisao jer je služio njegovoj sopstvenoj reprodukciji, za drugi je bio nezainteresovan jer se od njega nepovratno otuđivao, zbog čega je za sebe radio sa voljom, dok je rad za drugoga zahtevao spoljašnju prinudu, kojom se nikada ne može obezbediti takva produktivnost kakvu pruža dobrovoljni rad.

Uvođenjem naturalne rente potreban rad i višak rada stopljeni su u jedinstven radni proces, čime je njihova produktivnost praktično izjednačena, a interes kmeta za povećanje ukupnog proizvoda povećan jer je sav ostatak preko određene rente ostajao njemu. Povećanje produktivnosti koje je time podstaknuto, omogućilo je pretvaranje naturalne proizvodnje u robnu proizvodnju, a naturalne rente u *novčanu rentu.*

To je već samo po sebi vodilo ukidanju feudalnog načina proizvodnje i feudalizma kao društvenog porekta. Novačna renta i robna proizvodnja su podsticali još veći interes za povećanje produktivnosti jer su omogućavali koncentraciju novca u rukama kmeta, kojim je on otkupljivao zemlju i postajao samostalni proizvođač. Na taj način novčanom rentom je trasiran put samoukidanja feudalne raspodele i feudalnog načina prisvajanja tuđeg rada.

Transformacija naturalne proizvodnje u robnu proizvodnju predstavljala je osnovu za pretvaranje feudalnog načina proizvodnje u kapitalistički, i feudalnog u kapitalistički način prisvajanja. Kao negacija negacije robovlasništva, kapitalizam u izvesnom smislu znači njegovo ponavljanje na višem nivou, tako da se po načinu prisvajanja tuđeg rada može u suštini označiti kao svojevrsno moderno robovlasništvo. Razlika je uglavnom u tome što se robovska radna snaga prisvaja na neodređeno, a proleterska na određeno vreme, pri čemu je za prisvajanje samog rada irelevantno što je proleter formalno slobodan čovek. U samom procesu proizvodnje proleter je, baš kao i rob, pod neposrednom komandom poslodavca koji pomoću prinude eksploatiše njegov rad, i deo tako reprodukovanog kapitala u obliku *najamnine* izdaje za njegovo izdržavanje.

Najamnina je zapravo cena radne snage koju kapitalista svojim kapitalom mora platiti da bi je prisvojio i time stekao pravo na eksploataciju. A da bi se ta snaga mogla reprodukovati, najamnina mora biti dovoljna da podmiri bar minimum životnih potreba najamnog radnika, što podrazumeva da se sa njom mogu obezbediti odgovarajuća sredstva životne egzistencije, čijom se vrednošću praktično određuje i ekonomska vrednost radne snage.[11] I pošto kapital u suštini nije ništa drugo nego otuđeni rad, kapitalista radnika, slično kao robovlasnik roba, "izdržava" njegovim sopstvenim radom, samo što to ne čini neposredno nego preko tržišta radne snage, koju kao i svaku drugu robu, kupuje na "parče" ne brinući za njenu reprodukciju.

Za razliku od robovlasništva i feudalizma, u kapitalizmu se upravo tržište radne snage pojavljuje kao karakteristični oblik prikrivanja klasne eksploatacije i prisvajanja tuđeg rada. Na tržištu kapitalista i radnik istupaju neposredno kao potpuno ravnopravni partneri, jer je prvi slobodan kupac, a drugi slobodan prodavac radne snage. Neposredno se, u principu, među njima vrši i ekvivalentna ekonomska razmena jer kapitalista radnu snagu plaća prema njenoj vrednosti, tako da radnik kroz najamninu dobija tačno toliko koliko troši za svoju reprodukciju. Zato izgleda da je najamni radnik u odnosu na roba i kmeta potpuno slobodan čovek, i da je po društvenom položaju sasvim izjednačen sa svojim poslodavcem.

Ali kad bi kupo-prodaja radne snage zaista značila ekvivalentnu razmenu rada, ona ne bi ni postojala niti bi kapitalistički način prisvajanja uopšte bio moguć. Kapitalista radnu snagu upravo i kupuje samo zato da bi iz nje izvukao više nego što ulaže, bez čega se njegov kapital inače ne bi reprodukovao niti bi on sam egzistirao kao kapitalista. Zbog toga kapitalistički način proizvodnje sam po sebi podrazumeva neekvivalentnu razmenu putem koje se vrši prisvajanje tuđeg rada i ukupna raspodela društvenog proizvoda.

Otkrivajući suštinu kapitalističke eksploatacije, Marks je naučno pokazao kako se iza ekvivalentne razmene radne snage skriva zapravo neekvivalentna razmena rada, koja se ostvaruje zahvaljujući sposobnosti radne snage da daje više rada nego što je potrebno za

---

11) "Radno vreme potrebno za proizvodnju radne snage svodi se na radno vreme potrebno za proizvodnju životnih sredstava; drugim rečima, vrednost radne snage jeste vrednost životnih sredstava potrebnih za održanje njena vlasnika". (K. Marks: "Kapital" I, isto, tom 21, str. 157).

njenu sopstvenu reprodukciju, i da na taj način stvara veću vrednost nego što sama vredi.[12] Neposrednom kupovinom radne snage po njenoj stvarnoj vrednosti kapitalista izdatu najamninu posredno razmenjuje za potencijalno veću vrednost, tako da ekvivalentna razmena radne snage ne isključuje već, naprotiv, podrazumeva neekvivalentnu razmenu rada.

Kao nosilac te protivrečenosti, radnik se u svetu robne razmene, nasuprot svim drugim robama, i sam protivrečno ispoljava. Za razliku od samog roba, on je istovremeno i subjekt i objekt robne razmene, jer je istovremeno i vlasnik radne snage i sama radna snaga kao roba. Kao subjekt razmene, radnik je ravnopravan partner kapitalisti, a kao objekt razmene, on prema njemu dolazi u potpuno podređenu poziciju postajući njegov objekt eksploatacije.

To pokazuje da je robna razmena radne snage samo preduslov kapitalističkog prisvajanja, a da se stvarno prisvajanje vrši tek u procesu proizvodne upotrebe iznajmljene radne snage.[13] Kad se iznajmljena snaga ne bi svrsishodno upotrebila, prisvajanje se faktički ne bi izvršilo, pa bi i njeno iznajmljivanje ostalo bez ostvarene svrhe. Pošto je prisvajanje rada u suštini identično s njegovim otuđivanjem, ono se faktički ne može ni vršiti izvan procesa proizvodnje, izvan kojeg se vrši samo njegova preraspodela na različite vlasnike.[14]

Ma u kojem se obliku javljalo, prisvajanje tuđeg rada se, dakle, u suštini svodi na njegovu eksploataciju koja se vrši u neposrednom procesu proizvodnje. U svim oblicima eksploatatorske proizvodnje odnos viška rada i potrebnog rada, odnosno viška radnog vremena i potrebnog radnog vremena, označava *stepen eksploatacije*, koji se simbolički može izraziti sa:

$$Se = \frac{Vr}{Pr} \cdot 100, \quad \text{ili} \quad Se = \frac{Vrv}{Prv} \cdot 100,$$

gde Se označva stepen eksploatacije, Vr — višak rada, Pr — potreban rad, Vrv — višak radnog vremena, i Prv — potrebno radno vreme.

Stepen eksploatacije može se posredno izraziti i odnosom viška proizvoda prema potrebnom proizvodu, tako da je:

$$Se = \frac{Vp}{Pp} \cdot 100,$$

ili odnosom viška vrednosti prema vrednosti radne snage, tj.:

$$Se = \frac{Vv}{Vrs} \cdot 100.$$

---

[12] "Posebna upotrebna vrednost ove robe (radne snage – ŽM) jeste da bude izvor vrednosti, i to od više vrednosti no što je sama ima" (Isto, str. 176).

[13] "Čitav ovaj tok, pretvaranje njegova (kapitaliste – ŽM) novca u kapital, zbiva se u prometnoj oblasti i ne zbiva se u njoj. Zbiva se posredstvom prometa, jer je uslovljen kupovinom radne snage na robnom tržištu. Ne zbiva se u prometu, jer ovaj samo uvodi u proces oplođavanja vrednosti koji se zbiva u oblasti proizvodnje". (Isto, str. 177).

[14] "Svaki višak vrednosti, ma u kom se posebnom obliku posle skristalisao, u profitu, kamati, renti itd., u svojoj suštini je ovaploćenje neplaćenog radnog vremena". (Isto, str. 469).

Pošto se vrednost najamne radne snage izražava najamninom, i stepen eksploatacije najamnog rada može se u pojavnom obliku izraziti sa:

$$Se = \frac{Vv}{Na} \cdot 100 \, ,$$

ili sa stanovišta kapitaliste, za kojeg je najamnina jednaka izdatom promenljivom kapitalu, kao:

$$Se = \frac{Vv}{Prk} \cdot 100.$$

Stepen kapitalističke eksploatacije Marks je na specifičan način izražavo *stopom viška vrednosti,* 15) tako da je:

$$Se = Vv' = \frac{Vv}{Prk} \cdot 100,$$

ili u originalu:

$$V' = \frac{V}{Pr} \cdot 100.$$

Bez obzira kako se izražava, osnovnu determinantu stepena eksploatacije rada predstavlja relativni odnos između viška rada i potrebnog rada. Ako se višak rada povećava u odnosu na potreban rad, stepen eksploatacije će se povećavati, i obratno, nezavisno od toga kako se menja ukupan rad. Zato se stepen eksploatacije rada može i povećavati kad se radno vreme smanjuje, ili smanjivati kad se ono povećava.

To znači da se eksploatacija rada ne podudara s eksploatacijom radne snage čiji se intenzitet određuje odnosom viška rada prema potencijalnom radu koji radna snaga pri maksimalnom naprezanju može dati. Pod pretpostavkom da je maksimalno radno vreme koje radnik može podneti 16 časova, a stepen eksploatacije rada 100%, kad se radno vreme skrati na 8 časova, eksploatacija radne snage će se prepoloviti iako je stepen eksploatacije rada ostao nepromenjen. Pošto jedan deo rada mora služiti za izdržavanje radne snage, njena eksploatacija objektivno ne može biti stoprocentna, dok eksploatacija rada može i prelaziti 100%.

Sa povećavanjem produktivnosti eksploatacija rada i eksploatacija radne snage kreću se čak u obrnutoj srazmeri. Dok se eksploatacija radne snage skraćivanjem radnog vremena smanjuje, stepen eksploatacije rada se povećava jer se smanjuje potreban rad a time i vrednost radne snage.16) Zato relativni višak rada raste u obrnutoj srazmeri sa njegovim apsolutnim smanjivanjem, pod uslovom da se reprodukcija radne snage zadržava na minimumu egzistencije ili bar da se sporije širi nego što se povećava produktivnost.

---

15) "Stopa viška vrednosti je tačan izraz za stepen eksploatacije radne snage od strane kapitala, odnosno radnika od strane kapitaliste". (K. Marks: "Kapital" 1, isto, tom 21, str. 196).

16) "S povećavanjem produktivnosti rada ide ruku pod ruku pojevtinjavanje radnika, dakle povećanje stope viška vrednosti, čak i kad se penje realna najamnina". (Isto, str. 533).

Zadržavanje reprodukcije radne snage na minimumu egzistencije vrši se u naturalnoj proizvodnji direktnom raspodelom proizvoda ili radnog vremena, koju uz oslonac na prinudu vrši sam eksploatator radne snage. Robovlasnik jednostavno ne daje robu više nego što mu je potrebno za golu egzistenciju, a feudalac povećava rentu da maksimuma koji kmet uopšte može podneti a da njegov opstanak ne bude doveden u pitanje.

U kapitalističkoj robnoj proizvodnji isti cilj postiže se tržišnom konkurencijom same radne snage, kojom se najamnina obara sve do minimuma egzistencije. Takva konkurencija održava se samim povećavanjem produktivnosti, kojim se stalno reprodukuje tehnološki višak kao nepresušni izvor tržišnih viškova radne snage. Tako se samim delovanjem ekonomskih zakona, i bez direktnog oslanjanja na fizičku prinudu, obezbeđuje da se u neposrednom procesu proizvodnje može vršiti maksimalna eksploatacija najamnog rada. Kupo-prodajom radne snage veličina potrebnog rada unapred se svodi na minimum da bi se višak rada u procesu proizvodnje mogao povećavati do maksimuma.

Dok se raspodela na potreban rad i višak rada vrši pre svega po sili bioloških zakona egzistencije, preraspodelom samog viška rada upravljaju društveni zakoni. Pošto predstavlja prirodnu potrebu biološke reprodukcije proizvođača, potreban rad ne može biti stvar slobodne volje, te je praktično samo višak rada predmet slobodnog raspolaganja. Kad bi se radna snaga reprodukovala bez rada, podele na potreban rad i višak rada ne bi bilo jer bi celokupan rad prisvajao sam vlasnik proizvodnih sredstava.

Ukoliko je višak proizvoda osnovna svrha proizvodnje, potreban proizvod se u funkciji njegovog stvaranja javlja samo kao nužan proizvodni trošak, pa se tako i u raspodeli ukupnog proizvoda tretira. To se najjasnije očituje u kapitalističkom načinu proizvodnje i raspodele gde se promenljivi kapital, koji se izdaje u obliku najamnine, teži svesti na što je moguće nižu stavku sa tendencijom da se potpuno anulira. Čak i slobodni proizvođač često sam svoju egzistenciju zadržava na minimumu da bi što veći deo proizvoda ostajao za proširenje materijalne osnove rada.

Sve dok opredmećeni rad nad živim radom dominira u proizvodnji, mora dominirati i u raspodeli, zbog čega se raspodela potrebnog proizvoda podređuje raspodeli viška proizvoda, koja se vrši prema svojinskom monopolu. Udeo u ostvarenom višku proizvoda u principu je srazmeran veličini svojinskog poseda na angažovanim sredstvima proizvodnje, a veličina potrebnog proizvoda određena je onim delom viška proizvoda koji je u proizvodnoj funkciji jer što je veći obim proizvodnih sredstava, veća je, pri jednakom organskom sastavu proizvodnih činilaca, i angažovana radna snaga koja se potrebnim radom reprodukuje.

Pri niskoj podruštvljenosti naturalne proizvodnje svaki vlasnik proizvodnih sredstava neposredno prisvaja rad proizvođača koje eksploatiše. Svaki pojedini robovlasnik neposredno prisvaja rad svojih robova, ali već feudalni sistem raspodele preko vazalne zavisnosti uvodi i posredno prisvajanje kmetovskog rada. Iako nisu direktni eksploatatori, viši slojevi plemstva prisvajaju veći deo viška proizvoda nego niži slojevi, upravo zbog toga što su veći posednici. To je već svojevrstan oblik zajedničkog prisvajanja tuđeg rada, za razliku od robovlasništva gde se prisvajanje vrši uglavnom individualno.

U relativno podruštvljenoj robnoj proizvodnji podruštvljeno je na odgovarajući način i prisvajanje najamnog rada, tako da se u izvesnom smislu cela kapitalistička klasa javlja kao kolektivni eksploatator radničke klase. Iako svaki poslodavac neposredno prisvaja (iznajmljuje) radnu snagu, prisvajanje samog rada vrši se posredno jer se preko tržišta ukupan višak vrednosti na pojedine vlasnike kapitala raspodeljuje srazmerno veličini angažovanog kapitala ali nezavisno od veličine angažovane radne snage.

165

Zakon neekvivalentne razmene rada, koji vlada u odnosima između kapitaliste i radnika, deluje i u tržišnoj preraspodeli viška vrednosti među samim kapitalistima. Cene po kojima se vrši tržišna razmena roba, nisu određene samo njihovim ekonomskim vrednostima, nego i vrednošću novca, i posebno odnosima ponude i tražnje, koji se menjaju nezavisno od ekonomske vrednosti roba, tako da je:

$$Tc = f (Vr \leftrightarrow Vn \leftrightarrow Opt),$$

gde Tc označava tržišnu cenu, f — funkcionalnu zavisnost tržišne cene, Vr — vrednost robe, Vn — vrednost novca, i Opt — odnos ponude i tražnje.

Zbog promenljivog dejstva tržišnih faktora, cene roba redovno osciliraju oko njihove vrednosti, tako da, po pravilu, iz tržišne razmene jedni izvlače više, a drugi manje nego što ulažu. Zato i pojedinačni kapitali koji se obrću pod povoljnijim tržišnim uslovima, donose svojim vlasnicima *ekstraprofit*, pored ostalog i na račun kapitala čiji se obrt odvija pod nepovoljnijim uslovima te svojim vlasnicima donose umanjeni profit ili gubitak.

Ali neekvivalentnost tržišne razmene nije predodređena samo nejednakim tržišnim, nego i nejednakim proizvodnim uslovima. Pošto se pod jednakim tržišnim uslovima sve robe jednake upotrebne vrednosti prodaju po istim cenama, one koje su proizvedene pod povoljnijim uslovima daju se iznad, a koje su proizvedene pod nepovoljnijim uslovima, ispod svoje vrednosti. Stoga i kapitalisti sa višim organskim sastavom kapitala i većom ukupnom produktivnošću rada izvlače iz prometa nadprosečni profit, na račun onih sa nižim organskim sastavom kapitala i manjom produktivnošću koji ostvaruju skromnije profite pa i gubitke.

Neposredan izraz neekvivalentnosti kapitalističke robne razmene je *cena proizvodnje,* koja se javlja kao glavni regulator kapitalističke raspodele, a sastoji se od cene koštanja i prosečnog profita,[17] tako da je:

$$Cp = Ck + Pp.$$

Pošto se cena proizvodnje putem tržišne konkurencije stihijski formira, kapitalista na veličinu profita koji prisvaja može svesno uticati jedino preko cene koštanja. Iz navedenog obrasca zapravo proističe da je:

$$Pp = Cp - Ck,$$

što znači da se profit automatski povećava kad se cena koštanja smanjuje, i obrnuto.

S obzirom da je cena koštanja niža što je organski sastav kapitala viši, jači kapitali izvlače iz prometa veći profit nezavisno od toga koliko u samom procesu proizvodnje apsorbuju živog rada. Štaviše, pošto se sa povišavanjem organskog sastava kapitala promenljivi kapital smanjuje u odnosu na postojani, veličina prisvojenog profita raste srazmerno smanjivanju angažovanog živog rada. Na taj način vlasnici kapitala koji u promet ubacuju manju vrednost izvlače iz njega veću vrednost zahvaljujući tome što drugi za veću uloženu vrednost dobijaju manju.

---

17) "Cena proizvodnje robe jednaka je, dakle, njenoj ceni koštanja plus profit koji joj je procentualno dodat saobrazno opštoj profitnoj stopi, ili jednaka je njenoj ceni koštanja plus prosečni profit". (K. Marks: "Kapital" III, isto, tom 23, str. 135).

Putem neekvivalentne razmene vrši se preraspodela profita i među vlasnicima različitih funkcionalnih oblika kapitala. Trgovački, finansijski i rentijerski kapital, od kojih je u razvijenom kapitalizmu proizvodni kapital praktično neodvojiv, teško je bez takve razmene čak i zamisliti.

Trgovac svoje učešće u profitu može ostvariti samo ako robu prodaje skuplje nego što je kupuje, dakle, ako za manju vrednost dobija veću. Na taj način on prisvaja deo profita koji bi inače pripao proizvodnom kapitalisti kad bi ovaj svoju robu razmenjivao direktno sa njenim potrošačem. Bez toga trgovac ne bi imao nikakvog interesa da obavlja prometnu funkciju niti bi praktično postojao kao kapitalista, a proizvodni preduzetnik svoj interes u "plaćanju" te funkcije delom profita nalazi u ostvarivanju još većeg profita nego kad bi je sam obavljao.

Sličan interes proizvodni preduzetnik nalazi i u pozajmljivanju *finansijskog kapitala* ukoliko njegovim korišćenjem ostvaruje veći profit nego kad posluje samo sopstvenim kapitalom. Za *kamatu* koju plaća zajmodavcu, on ne dobija nikakvu ekonomsku protivvrednost, a uvećanje sopstvenog profita koje dobija korišćenjem glavnice ne potiče iz nje same već iz eksploatacije radnika baš kao i kamata kojom korišćenje glavnice plaća. Zajmodavcu kamata na taj način pritiče kao nekakav samonikli priraštaj pozajmljenog kapitala, koji on prisvaja po osnovu pukog svojinskog prava na taj kapital.[18]

Privid da kamata nema nikakve veze s eksploatacijom radnika proističe otuda što ona pritiče direktno iz prometa finansijskog kapitala, a njena se veličina određuje zakonima tržišta nezavisno od toga kako će pozajmljeni kapital biti upotrebljen. Ma kako da je pozajmica iskorišćena, ugovorena kamata se, uz povraćaj neokrnjene glavnice, mora platiti, tako da je u svim slučajevima:

$$k = \frac{K \cdot k'}{100},$$

gde k označava kamatu, K — pozajmljeni kapital, a k' — kamatnu stopu.

Rentijerstvo takođe počiva na čisto svojinskom sudelovanju u raspodeli viška vrednosti. *Renta* se prisvaja po osnovu davanja u zakup, bez otuđivanja i nezavisno od korišćenja svojinskog poseda. Na taj način deo viška vrednosti koji prisvaja kapitalistička klasa pritiče i rentijeru bez ikakve ekonomske naknade, pa izgleda kao da njegov posed sam od sebe leže novu vrednost.

Ti prividi nestaju čim se shvati da proizvodni preduzetnik, trgovac, bankar i rentijer deluju u suštini kao kolektivni kapitalista, da zahvaljujući svojinskom monopolu zajednički eksploatišu radničku klasu, i da svoj zajednički plen (profit), opet prema svojinskom monopolu, raspodeljuju na različite delove (preduzetničku dobit, trgovinski profit, kamatu i rentu). Uostalom, u robno-novčanom sistemu vladavine svojinskog monopola, i sama najamnina se stiče po osnovu svojinskog prava na sopstvenu radnu snagu, zbog čega se kapitalizam prikazuje kao sistem apsolutne vladavine svojinskog monopola.

Kao esencijalni oblik svojinskog monopola, privatna svojina je istovremeno i osnova i proizvod neekvivalentne razmene rada. U razmeni sa najamnim radnikom kapitalista dobija više nego što daje samo zahvaljujući tome što je privatni vlasnik od radnika otuđenih proizvodnih sredstava, ali je upravo taj prisvojeni i ničim nenadoknađeni višak nezamenljivi izvor ovih sredstava. Pa i bankar ili rentijer može bez ekvivalentne naknade pris-

---

18) "Kvalitativno posmatrano, kamata je višak vrednosti koji donosi puka svojina na kapital, koji odbacuje kapital po sebi, mada njegov vlasnik ostaje izvan procesa reprodukcije". (Isto, str. 316).

vajati kamatu ili rentu samo zato što je vlasnik sredstava kojima njihov korisnik ne raspolaže, a koja se samo na taj način mogu reprodukovati.

Neekvivalentnost kapitalističke robne razmene proističe iz same prirode privatne svojine kao otuđujućeg rada. I s obzirom da predstavlja zakonitu tendenciju u reprodukovanju privatne svojine, otuđivanje rada se ne vrši samo od radnika ka privatnom vlasniku, već i među samim privatnim vlasnicima. U preraspodeli između različitih vlasnika otuđeni rad putem neekvivalentne razmene nastavlja svoje otuđivanje od sitnijih ka krupnijim posednicima, tako da se centralizuje u rukama sve manjeg broja vlasnika dok se na kraju ne skoncentriše u naručju društva kao jedinstvenog opštenarodnog vlasnika, čime konačno i prestaje njegovo otuđivanje.

Razvoj privatne svojine na taj način vodi ka njenom ukidanju pretvaranjem u društvenu svojinu kao neposredni izraz razotuđivanja ljudskog rada. Kapitalistička konkurencija, samo ekonomskim putem, nastavlja istorijski proces svojinske centralizacije, koja je vekovima vršena prvenstveno pomoću nasilja. Ali ona nije samo nastavak, nego i podsticaj nasilne centralizacije, putem koje su socijalističke revolucije u nerazvijenim zemljama, baš pod pritiskom konkurencije, gotovo preko noći izvršile državnu centralizaciju sitnosopstveničkih poseda, koji se na međunarodnom tržištu nisu mogli nositi sa krupnim kapitalom.

Centralizovana *državna svojina* je u stvari vrhunac razvoja kapitalističke, i uopšte privatne svojine. Umesto mnoštva individualnih vlasnika, ceo kapital je na tom stadijumu razvoja skoncentrisan u rukama jednog jedinog depersonalizovanog vlasnika koji poseduje totalni monopol na sredstvima proizvodnje. [19] Zato su neodrživa shvatanja da državna svojina predstavlja negaciju privatne, ili čak najrazvijeniji oblik društvene svojine. [20]

Državni monopol na sredstvima proizvodnje podrazumeva da su ona i dalje otuđena od radnika, koji je zbog toga u najamnom položaju prema državi kao opštem poslodavcu. [21] Samim tim, zadržava se i društvena podela na potreban rad i višak rada, koji pored reprodukovanja otuđenih sredstava proizvodnje služi i za reprodukovanje državne birokratije kao profesionalnog i od radnika otuđenog upravljača tim sredstvima, koji je stvarni nosilac državnog monopola. Umesto pojedinačnih i konkurencijom međusobno suprotstavljenih kapitalista, birokratija viškom rada praktično raspolaže kao grupni vlasnik jedinstvenog državnog kapitala.

Ali centralizovani državni kapital je najrazvijeniji oblik podruštvljenosti privatne svojine, koji zbog toga predstavlja značajan preduslov istinski društvene, socijalističke svojine. [22] Povezivanje celokupnih sredstava proizvodnje u jedinstvenu celinu je zapravo

---

[19] "Nema osnovne kontradikcije između privatnog i državnog vlasništva. U stvari, prvo može biti smatrano subjektivnim pravom, a drugo se može postaviti uz bok s objektivnim pravom. A opet, to samo podrazumijeva da su individualni vlasnici zamijenjeni funkcionarima". (Branko Horvat, isto, str. 197).

[20] Po mišljenju Kozlovskog, na primer, "u periodu razvijene izgradnje komunizma državna svojina raste i učvršćuje se, vrši se njena dalja koncentracija i u budućnosti ona će postati jedini vladajući oblik svojine". (V. Kozlovskij, *Kommunizm vyrastaet iz socializma*, Minsk, 1963, str. 55).

[21] "U sistemu državne socijalističke svojine država je stvarni poslodavac rada proizvođaču. Ona upravlja sredstvima za proizvodnju, procesom rada, deobom društvenog proizvoda rada i distribucijom proizvoda... Proizvođač je i dalje ostao u okvirima najamnog odnosa". (Mito Hadži Vasilev, *Socijalistička raspodela prema radu*, "Kultura", Beograd, 1961, str. 65).

[22] "Državna svojina se ne može tretirati kao oličenje socijalističkog, već kao preduslov socijalističkih odnosa koji na njenom postojanju kao negaciji kapitalističke svojine, tek treba da nastanu". (Dr. Miloš Tomin, *Proizvodnja vrednosti u uslovima društvene svojine*, Institut za političke studije Fakulteta političkih nauka, Beograd, 1972, str. 12).

nužna pretpostavka takve svojine kao društveno-ekonomske osnove socijalističkog zajedništva. Zato je Lenjin državni kapitalizam opravdano nazivao "predvorjem" socijalizma, koji praktično započinje tek s ukidanjem otuđenog najamnog rada.

Društvena svojina i raspodela prema radu

Pošto suštinu privatne svojine čini otuđeni rad, njeno ukidanje ne može se izvršiti bez ukidanja otuđenog rada kao materijalne osnove opšteg otuđenja čoveka.[23] A ukidanje otuđenog rada je istorijski proces podruštvljavanja svojine, koje u stvari znači njeno odumiranje. Kao društveno-ekonomski izraz razotuđivanja ljudskog rada, društvena svojina predstavlja zapravo odumiruću svojinu, čije ostvarivanje vodi konačnom ukidanju svakog svojinskog monopola.

Društvena svojina ne nastaje, prema tome, automatski samim obezvlašćivanjem individualnih vlasnika. Ako se još i državna svojina zasniva na otuđivanju ljudskog rada, onda podržavljenje individualne privatne svojine znači samo promenu oblika privatizacije, a podržavljenje individualne lične svojine čak njenu prvobitnu privatizaciju. Ali centralizacija proizvodnih sredstava, kao nužna pretpostavka podruštvljavanja, ne mora se vršiti samo kroz njihovo podržavljenje, već se može ostvarivati i putem slobodnog udruživanja.

Klasični oblik centralizacije sredstava u ličnoj svojini je *zadružna svojina*, koja predstavlja svojevrstan oblik zajedničke sopstvenim radom stečene svojine. Kao takva, zadružna svojina je u stvari začetak društvene svojine, na čijoj se osnovi zadruga konstituiše kao minijaturna društvena zajednica, od koje se proizvodni rad ne otuđuje, nego se dobrovoljnim udruživanjem samo pretvara u predmet zajedničkog raspolaganja.

Putem slobodnog udruživanja mogu se centralizovati, i centralizuju se i sredstva u privatnoj svojini. Tipičan oblik takve centralizacije predstavlja *akcionarski kapital*, koji nastaje dobrovoljnim udruživanjem manjih, za samostalno reprodukovanje obično nesposobnih kapitala, u veći zajednički kapital. Ali iako, naročito kroz stvaranje multinacionalnih kompanija, dostiže visok stepen centralizacije proizvodnih sredstava, slobodno udruživanje kapitala još ne znači njihovo stvarno podruštvljavanje sve dok se reprodukuju nepovratnim otuđivanjem rada.

Da bi se privatna svojina, ma u kojem se obliku javljala, pretvorila u društvenu svojinu, neophodno je da se ukine nepovratno otuđivanje rada tako da on postane predmet zajedničkog raspolaganja samih udruženih radnika. Zavisno od konkretnih okolnosti, u zajedničko raspolaganje udruženih radnika mogu neposredno prelaziti i državni i akcionarski i individualni kapital. Bez obzira da li se ti prelazi vrše istovremeno ili sukcesivno, oni se međusobno uslovljavaju i povezuju u jedinstven proces podruštvljavanja svojine.

Kao što individualna privatna svojina u procesu podruštvljavanja ne mora proći fazu akcionarske ili državne svojine, tako se ni individualna lična svojina ne mora prethodno privatizovati da bi zatim bila podruštvljena. Ona se u određenim uslovima može neposredno podruštvljavati kako kroz zadružnu svojinu, tako i kroz druge oblike slobodnog udruživanja rada koji time postaje predmet zajedničkog raspolaganja udruženih radnika. Za sredine koje zaostaju u razvoju kapitalizma, takvo podruštvljavanje je i neophodno da bi ekonomski dostigle razvijeniji svet.

---

23) "Stoga je pozitivno ukidanje *privatnog vlasništva* kao prisvajanje *čovjekova* života *pozitivno* ukidanje svakog otuđenja". (K. Marks: Ekonomsko-filozofski rukopisi iz 1844. gdo., isto. str. 237).

U kvantitativnom pogledu, društvena svojina se razvija kao proces uspostavljanja sve šireg zajedništva u raspolaganju sopstvenim radom. Od najužih — ćelijskih oblika samoupravnog povezivanja to zajedništvo se širi kroz sve veće asocijacije dok na kraju ne zahvati celokupnu svetsku zajednicu.[24] Do kraja razvijena društvena svojina je u kvantitativnom pogledu zapravo opštečovečanska svojina koja isključuje sve monopole u raspolaganju ljudskim radom i ukupnim sredstvima društvene reprodukcije, i koja zbog toga prestaje biti bilo čijom svojinom.

Kvalitativno se društvena svojina razvija kao proces sve većeg razotuđivanja ljudskog rada. Kao negacija privatne svojine, društvena svojina je zapravo zajedničkim radom stečena svojina, kojom stoga zajednički i raspolažu svi koji u njenom stvaranju učestvuju. Potpuno razvijena društvena svojina podrazumeva potpunu društvenu slobodu rada koja isključuje svako otuđivanje pa stoga i svako prisvajanje, čime se konačno i društvena svojina ukida.

Nasuprot privatnoj svojini koja u suštini znači raspolaganje tuđim radom, suštinu društvene svojine čini raspolaganje udruženih radnika sopstvenim radom. A kao raspolaganje sopstvenim radom, društvena svojina je istovremeno i lična svojina udruženih radnika, koja se od individualne lične svojine bitno razlikuje samo po tome što je na *zajedničkom* umesto na individualnom raspolaganju. Dok o individualnoj svojini odlučuje pojedinac, društvena svojina je predmet zajedničkog odlučivanja.

Kao negacija privatne svojine, društvena svojina, prema tome, isključuje eksploataciju i prisvajanje tuđeg rada, čime se praktično ukida društvena podela na potreban rad i višak rada.[25] Ukoliko ostaje na raspolaganju samih radnika, celokupan rad postaje potreban u meri u kojoj služi zadovoljavanju njihovih životnih potreba i reprodukovanju društvenih uslova njihove egzistencije. Podruštvljavanjem privatne svojine višak rada koji se u eksploatatorskim oblicima proizvodnje otuđivao od radnika, pretvara se u stvari u potreban rad samih radnika.[26]

---

[24] "Geneza društvene svojine, prema Marksu, je da je to, malo uprošćeno rečeno, najpre klasna svojina ljudi koji rade, zatim svojina svih građana, prvo na nivou nacije, a potom i u međunarodnim razmerama" (E. Kardelj, *Samoupravljanje i društvena svojina,* BIGZ, 1973, str. 147).

[25] "Dok je u uslovima kapitalizma primarno razdvajanje novostvorene vrednosti (dohotka) na potreban proizvod (najamninu — n) i višak proizvoda (višak vrednosti — m) osnovano, jer izražava činjnicu društvene polarizacije funkcije proizvodnje i funkcije upravljanja njome na klasu proizvođača i klasu kapitalista, dotle takvo razdvajanje za socijalističku privredu nema teorijsku podlogu i ima u osnovi proizvoljan karakter". (Dr Aleksandar M. Vacić, *Principi i politika dohotka,* "Radnička štampa", Beograd, 1976, str. 102).

[26] "Uklanjanje kapitalističkog oblika proizvodnje dozvoljava da se radni dan ograniči na potreban rad. Ali tada bi se, pod ostalim jednakim okolnostima, proširio obim potrebnog rada. S jedne strane zato što bi radnik imao više uslova za život i što bi više zahtevao od života. S druge strane, jedan deo sadašnjeg viška rada uračunao bi se u potrebni rad, naime u rad potreban da se obrazuju rezervni i akumulacioni društveni fond". (K. Marks: "Kapital" I, isto, tom 21, str. 465).
"U takvim uslovima "višak rada" stvarno postaje samo deo radnikovog "potrebnog rada" jer se ekonomska funkcija društvenog kapitala tu zaista pojavljuje samo kao neposredna funkcija udruženog rada svih radnika, a višak vrednosti u klasno-antagonističkom smislu te reči nestaje; on se ne otuđuje od radnika, već čini deo dohotka kojim radnik samoupravno raspolaže". (E. Kardelj, *Samoupravljanje i društvena svojina,* isto, str. 56/7).

170

Ukoliko se podruštvljavanjem privatne svojine ukida prisvajanje tuđeg rada, sopstveni rad postaje jedini osnov prisvajanja,[27] jer se time ukida i prisvajanje po osnovu same svojine.[28] Ali o prisvajanju se u suštini više i ne može govoriti jer je prisvajanje sopstvenog puka tautologija. Ostaje samo da udruženi radnici zajednički proizvod raspodeljuju prema uloženom radu, ali ovde i sama raspodela gubi svoj klasni smisao, svodeći se praktično na računovodstveno raspoređivanje ostvarenog dohotka prema radnom doprinosu.

Pošto je dohodak kao zajednički proizvod udruženih radnika, rezultat njihovog ukupnog, i tekućeg i minulog rada, on se prema ukupnom uloženom radu mora i raspoređivati. Raspoređivanjem ostvarenog dohotka samo prema tekućem radu vršilo bi se prisvajanje rada radnika koji su uložili veći minuli rad od strane radnika sa manjim minulim radom,[29] što bi uz produžavanje eksploatacije među samim radnicima, umanjivalo interes za ulaganja u razvoj prozvodnje.

Prisvajanje tuđeg rada putem jednostranog prisvajanja dohotka samo prema tekućem radu može se uprošćeno ilustrovati sledećim apstraktnim primerom. Neka dva radnika A i B zajedničkim radom ostvare dohodak od 200 vrednosnih jedinica koji, pod pretpostavkom da su podjednako radili, podele međusobno na jednake delove. I neka A svoj deo dohotka u celini potroši na lične potrebe, a B polovinu svog dohotka uloži u modernizaciju proizvodnje kojom se produktivnost zajedničkog rada podigne za 25% i time novostvoreni dohodak poveća na 250 vrednosnih jedinica. Do povećanja od 50 vrednosnih jedinica došlo je isključivo zaslugom B—a, ali ako se ostvareni dohodak prema tekućem radu ponovo podeli na jednake delove, A će bez ikakve zasluge prisvojiti 25 vrednosnih jedinica koje bi prema doprinosu minulim radom pripale B—u.

Suprotno privatnoj svojini koja podrazumeva raspodelu prema svojinskom monopolu, društvena svojina, dakle, nužno podrazumeva raspodelu prema radu. Jer ako se privatna svojina ne može reprodukovati bez raspodele prema svojinskom monopolu, raspodela prema radu je neizostavni uslov reprodukovanja društvene svojine. U oba slučaja svojinski odnos određuje odgovarajući oblik raspodele kao nužan uslov sopstvene reprodukcije.

Dok se raspodela prema svojinskom monopolu ostvaruje putem neekvivalentne razmene kroz koju se razmenjuju nejednake ekonomske vrednosti, raspodela prema radu zahteva *ekvivalentnu razmenu* kroz koju svako za svoj ulog dobija jednaku ekonomsku protivvrednost. I pošto niko neće svojom voljom razmenjivati veću vrednost za manju, neekvivalentna razmena se mimo volje svojih subjekata može vršiti samo putem tržišne stihije, u kojoj vlada zakon jačeg, dok se ekvivalentna razmena vrši kao dobrovoljna *neposredna razmena rada.*

---

27) "Društveno-istorijski smisao samoupravljanja je u nastajanju takvog oblika proizvodnih odnosa zasnovanih na društvenoj svojini sredstava za proizvodnju u kome postoji, odnosno u kome u sve većoj meri treba da dominira, prisvajanje na osnovu rada kao jedini način prisvajanja". (Isto, str. 13/14).

28) "Društveno vlasništvo nad sredstvima za proizvodnju znači ujedno negaciju *odnosa* među ljudima po osnovu *vlasništva.* Rad time postaje jedini izvor egzistencije, a ne vlasništvo nad sredstvima za proizvodnju". (Dr Stojan Bulat, *Socijalistička proizvodnja roba,* Institut za političke studije Fakulteta političkih nauka, Beograd, 1973, str. 22/3).

29) "Ako bi ceo stvoreni višak rada odnosno dohodak pripao drugom radnom kolektivu, a u tome ne bi učestvovao radni kolektiv koji je pozajmio sopstvena sredstva minulog rada, onda bi radni kolektiv koji je dobio sredstva minulog rada na zajam neopravdano prisvojio višak rada onog radnog kolektiva koji je dao sredstva". (Blagoje Bošković, Mr David Dašić, *Minuli rad,* "Radnička štampa", Beograd, 1973, str. 96).

U oba slučaja deluje, međutim, isti ekonomski zakon vrednosti samo sa različitim ispoljavanjem. Kroz tržišnu stihiju zakon vrednosti deluje skriveno ispoljavajući se suprotno svojoj suštini, pa se ekvivalentnost robne razmene ostvaruje samo u proseku, dok se neposrednom razmenom rada ta suprotnost ukida tako da se suština zakona direktno ispoljava, zbog čega se ekvivalentnost razmene ostvaruje u svakom pojedinom slučaju. Svoje pravo lice zakon vrednosti u stvari i pokazuje tek kroz neposrednu razmenu rada, u kojoj zapravo sama ekonomska vrednost postaje neposredna mera razmene.[30]

To pretpostavlja da su subjekti razmene ovladali zakonom vrednosti umesto da zakon vrednosti kao tajanstvena sila vlada njima. Dok se pri tržišnoj razmeni sameravanje vrednosti roba vrši stihijski "iza leđa" njihovih proizvođača, neposredna razmena rada može se vršiti samo ako se isti neposredno meri i tako direktno utvrđuje ekonomska vrednost proizvoda koji se razmenjuju. Svejedno da li se rad u tekućem obliku razmenjuje za tekući rad ili za robu i novac, ili se roba kao opredmećeni rad razmenjuje za drugu robu ili novac, uvek se određena količina rada u jednom obliku mora razmenjivati za istu količinu rada u drugom obliku, što je moguće samo ako se rad neposredno meri.

Neposredna razmena rada podrazumeva da se robe razmenjuju po njihovim vrednosnim cenama, što znači isključivo prema količini rada koja je u njima sadržana, bez čega se ni raspodela prema radu ne može upotpunosti ostvariti. Cena robe u neposrednoj razmeni rada određena je, prema tome, proizvodom količine u njoj sadržanog rada i broja vrednosnih — novčanih jedinica po jedinici rada, tako da je:

$$C = R \cdot N/Jp.$$

Društveno potrebna količina rada sadržanog u robi utvrđuje se društvenim standardima, a broj novčanih jedinica po jedinici rada vrednošću novca, odnosno društveno potrebnom količinom novca u opticaju.

Pošto je nespojiva s neekvivalentnom razmenom, društvena svojina se razvija u zavisnosti od ostvarivanja ekvivalentne razmene, koje podrazumeva prevazilaženje tržišne razmene neposrednom razmenom rada. Potpuno podruštvljenje svojine moguće je tek pri potpuno razvijenoj neposrednoj razmeni rada koja sasvim isključuje tržišnu stihiju, ali takva razmena već znači kraj svake razmene jer se graniči s izobiljem upotrebnih dobara čije razmenjivanje gubi svoj smisao.

Kao faktor reprodukovanja privatne svojine, neekvivalentna tržišna razmena je zapravo osnovna suprotnost društvene svojine, čije će prevazilaženje trajati sve dok traje i društvena svojina. Ekvivalentna neposredna razmena rada kao faktor reprodukovanja društvene svojine, ne razvija se uporedo s tržišnom razmenom, već kao istorijski proces njenog prevazilaženja i sve većeg potiskivanja iz društvene reprodukcije. Neposredna razmena rada širi se upravo na račun sve većeg sužavanja posredovane tržišne razmene, jer se i raspodela prema radu razvija kroz prevazilaženje raspodele prema svojinskom monopolu a ne kao njena dopuna.

---

30) "Ovde očigledno vlada isti princip koji reguliše razmenu robe ukoliko je ta razmena razmena jednakih vrednosti. Sadržina i oblik su promenjeni, jer u promenjenim okolnostima niko ne može dati nešto drugo osim svog rada". Ali dok su u kapitalističkoj robnoj razmeni "princip i praksa oprečni", zbog čega "razmena ekvivalenata postoji samo u proseku", u neposrednoj razmeni rada ekvivalentnost se ostvaruje "u svakom pojedinom slučaju". (K. Marks: "Kritika Gotskog programa", isto, tom 30, str. 17).

Ekvivalentnost neposredne razmene rada ostvaruje se zapravo utoliko ukoliko nestaju činioci neekvivalentnosti tržišne razmene, kao što su, pre svega, stihijnost, nepodudarnost ponude i tražnje i razni oblici monopola.[31] U krajnjoj liniji, neekvivalentna razmena je uvek rezultat nekog monopola, pa makar on proisticao iz sasvim slučajnog stanja ponude i tražnje,[32] a monopoli se ne mogu prevladati bez ovladavanja zakonom vrednosti i bez zamene tržišne stihije organizovanom razmenom između stvarno ravnopravnih partnera.

Neposredna razmena rada je upravo oblik organizovanog usmeravanja društvene reprodukcije, koje se vrši ravnopravnim sporazumevanjem subjekata razmene. Neracionalnosti tržišne stihije sa sve težim posledicama, primoravaju već aktere kapitalističke reprodukcije na sve organizovanije usmeravanje robne razmene, koje praktično znači početak prevazilaženja njenog tržišnog ostvarivanja. Razmenske transakcije koje se u tržišnoj stihiji obavljaju od slučaja do slučaja, zamenjuju dugoročni trgovinski aranžmani koji se zaključuju bilateralnim i multilateralnim ugovorima među privrednim organizacijama i državama.

To su već začeci neposredne razmene rada, jer čim se subjekti razmene počnu na duži rok sporazumevati, sporazumi se teško mogu postizati ukoliko razmena nije bar približno ekvivalentna. Zato se umesto trenutnog stanja ponude i tražnje, razmenski odnosi određuju na osnovu dugoročnijih prometnih trendova, čime se manje ili više približava vrednosnim cenama roba koje se razmenjuju. A od toga pa do neposrednog sameravanja robnih vrednosti, na osnovu kojeg se vrši neposredna razmena rada, samo je jedan korak.

Neposredno sporazumevanje subjekata razmene je uslov planskog usklađivanja proizvodnje i potrošnje, kojim se prevazilazi stihijno delovanje zakona ponude i tražnje. Takvo usklađivanje je već kapitalizam prihvatio kao jedino pouzdanu preventivu protiv nepredvidivih kriza hiperprodukcije, a kad se proizvodnja i potrošnja (ili tržišnim rečnikom rečeno: ponuda i tražnja) usklade, onda se oscilacije robnih cena oko tržišne vrednosti radikalno smanjuju, čime se one znatno približavaju vrednosnim cenama.

Ali ako je plansko usklađivanje proizvodnje i potrošnje uslov približavanja vrednosnim cenama, i vrednosne cene su bitan uslov stabilizovanja robne razmene bez kojeg nema pouzdanog planiranja. U uslovima robne proizvodnje cene su ekonomska osnova svakog plana, a kad se one zbog nestabilnosti tržišta ne mogu pouzdano predviđati, onda su i svi ostali pokazatelji plana nepouzdani. Zbog toga planiranje ni u kapitalizmu ne predstavlja nekakvu dopunu tržišne stihije, već oblik njenog prevazilaženja.

Prihvatanjem planiranja za sredstvo razrešavanja sopstvenih protivrečnosti, kapitalizam, međutim, sam sebi jamu kopa. Kao merilo ekvivalentne razmene, vrednosna cena je u koliziji sa svakom eksploatatorskom, pa i kapitalističkom proizvodnjom, te ukoliko je uslov društvenog planiranja utoliko je s kapitalističkom proizvodnjom u koliziji i takvo planiranje. Ali novi sistem i nema odakle nastati nego iz utrobe starog sistema, a sve što nastaje neizostavno je u koliziji s onim što nestaje.

---

31) "Da bi cene po kojima se robe međusobno razmenjuju približno odgovarale njihovim vrednostima potrebno je samo: 1. da razmena različnih roba prestane biti čisto slučajna ili samo prigodna; 2. da se te robe, ukoliko posmatramo neposrednu razmenu roba, proizvode na jednoj i na drugoj strani u količinama koje približno odgovaraju međusobnoj potrebi, što se utvrđuje uzajamnim iskustvom prođe i što na taj način izrasta kao rezultat iz same neprekidne razmene; 3. ukoliko govorimo o prodaji, da nikakav prirodni ili veštački monopol ne osposobi neku od ugovornih strana da prodaje iznad vrednosti, ili je prisili na prodaju ispod nje". (K. Makrs: "Kapital" III, isto, tom 23, str. 152).

32) "Pod slučajnim monopolom razumemo monopol koji kupac ili prodavac stiče iz slučajnog stanja tražnje i ponude". (Isto).

Pošto svaka vrednosna cena ne isključuje svaki monopol, kapitalizam se može ne samo približiti, nego delimično čak i spustiti na nivo takve cene, ali čim ona od pomoćnog instrumenta postane centralna (sistemska) poluga reprodukcije, nikakav sistem eksploatacije više nije moguć. Jer kao glavna poluga društvene reprodukcije, vrednosna cena isključuje pre svega monopol u razmeni između kupca i prodavca radne snage, isključujući time i samu mogućnost eksploatacije tuđeg rada.

Monopol koji kapitalista ima na sredstvima proizvodnje omogućuje mu da radnu snagu kupuje ispod njene *izvorne vrednosti* koju svojim radom stvara, i koja je, po pravilu, veća od vrednosti (troškova) njene reprodukcije po kojoj se, kao svaka druga roba, prodaje. Tajna je kapitalističke eksploatacije upravo u tom raskoraku dvojne vrednosti radne snage, čija razlika i čini otuđujući višak vrednosti. Zato se prodajom radne snage i ne vrši ekvivalentna razmena rada, već (i to samo u proseku) ekvivalentna razmena vrednosti njene reprodukcije, kojom se nadoknađuje samo deo njenog rada.

Stoga, za razliku od svih drugih roba, vrednosna cena radne snage nije njena ekvivalentna cena, zbog čega ona u suštini i nije vrednosna, već depresirana monopolska cena određena otuđenim svojinskim monopolom na sredstvima proizvodnje. Samo zbog tog monopola radnik je prinuđen da radnu snagu prodaje ispod njene izvorne vrednosti kako, u suprotnom, ne bi izgubila svaku vrednost. Kad bi radnik sam raspolagao sredstvima proizvodnje, njegova radna snaga bi se i valorizovala i reprodukovala po svojoj izvornoj vrednosti, jer bi celokupan rad (uključujući i sredstva proizvodnje) bio u funkciji njegove egzistencije. Jedino se na toj osnovi i može izgraditi *sistem* ekvivalentne razmene rada u kojem će vrednosna cena predstavljati glavni razmenski instrumenat.

Ukidanje svojinskog monopola na sredstvima proizvodnje je osnovni uslov za ukidanje svih ostalih monopola, ali niti se ono može izvršiti menjanjem same razmene niti je uspostavljanje sistema ekvivalentne razmene rada moguće bez ukidanja svojinskog monopola. Pošto je razmena samo jedan od oblika reprodukovanja svojinskih odnosa, ukidanje svojinskog monopola podruštvljavanjem svojine i ukidanje neekvivalentne razmene ekvivalentnom razmenom rada jedinstven je proces istorijske transformacije prinudne u slobodnu reprodukciju društva.

Podruštvljavanje je u stvari istovremeno i proces demonopolizacije svojine, koji označava njeno postupno iščezavanje s obzirom da je monopol suštinsko obeležje svake svojine. Da se demonopolizacija ne može preko noći izvršiti samo formalno-pravnim prenosom svojine, potvrđuju svi slučajevi prinudne eksproprijacije i podržavljenja individualnog kapitala, kojima je od mnoštva sitnih monopola stvaran samo jedan monopol, ali moćniji od svih monopola na sredstvima društvene reprodukcije.

Jednom podržavljena svojina se više ne može putem državne prinude podruštvljavati jer je takva prinuda u koliziji sa prirodom društvene svojine. Ukoliko prelazi u društveno raspolaganje, svojina se umesto na državnu prinudu, oslanja na snagu javnog mnenja zasnovanog na zajedničkom interesu udruženih radnika, u čijim se rukama državna prinuda koristi samo kao krajnja mera. Zato ni glavno sredstvo njenog podruštvljavanja ne može biti državna prinuda, već demokratski organizovana društvena akcija, kojom se državni aparat zapravo lišava monopola društvene prinude a time i monopola na raspolaganje sredstvima društvene reprodukcije.

Kao osnova socijalističkog zajedništva, društvena svojina se naučno ne može tretirati drugačije nego kakva u suštini i jeste, kao odumiruća privatna svojina, koja je opšta osnova klasnog društva. U uslovima vladavine privatne svojine, svi postojeći oblici svojine se bar delimično zasnivaju na prisvajanju tuđeg rada, te utoliko svi odreda nose određena privatnosopstvenička obeležja, jer se neizbežno reprodukuju posredstvom neekvi-

174

valentne razmene. I sredstva u svojini samostalnih individualnih proizvođača samo su prividno rezultat njihovog vlastitog rada, i to ne samo zbog neekvivalentne razmene, već i zbog direktne eksploatacije unutar porodičnog domaćinstva, u kojem je samo starešina domaćinstva legitimni, a najčešće i stvarni vlasnik raspoložive imovine.

U procesu sopstvenog odumiranja, svojina postaje društvenom samo utoliko ukoliko se reprodukuje kao zajedničko raspolaganje sopstvenim radom, a ukoliko se u njenom reprodukovanju zadržava prisvajanje tuđeg rada, ona utoliko poseduje i privatnosopstvenička obeležja. Osnovni trend tog procesa je sve manja privatizacija i sve veće podruštvljavanje, a kad privatizacije sasvim nestane, nestaće svakog prisvajanja, pa time i svake svojine.

Iz suprotnosti privatizacije i podruštvljavanja proističe i osnovna protivrečnost društvene svojine. Dok je osnovna protivrečnost privatne svojine u monopolu na tuđi rad, osnovna protivrečnost društvene svojine je u monopolu na zajednički sopstveni rad. Druga je uslovljena prvom jer kad ne bi bilo prisvajanja tuđeg rada, svojinska zaštita sopstvenog rada bila bi nepotrebna i besmislena pošto mu ne bi pretila društvena opasnost od nepovratnog otuđivanja.

Protivrečnosti privatne i društvene svojine potiču od istog uzroka: ograničene mogućnosti ljudskog rada da svojim proizvodom zadovolji ljudske potrebe. Sve dok ta ograničenost bude postojala, biće neizbežne i tendencije prisvajanja tuđeg rada kao predodređena suprotnost podruštvljavanja u borbi s kojom se ono jedino i odvija, jer kad prisvajanje postane besmisleno, i podruštvljavanje će konačno biti završeno.

Ključ za razrešenje tog neizbežnog sukoba između tendencija privatizacije i podruštvljavanja je u raspodeli prema radu. Već i raspodela prema svojinskom monopolu sa podruštvljavanjem rada neizbežno vodi i sve većem podruštvljavanju svojine, koje se vrši njenim centralizovanjem u rukama sve manjeg broja vlasnika. A kad se pod okriljem državnog monopola dostigne maksimalna centralizacija, dalje podruštvljavanje raspodelom prema svojinskom monopolu više nije moguće, zbog čega je neminovna njena zamena raspodelom prema radu, koja praktično započinje već u razvijenom kapitalizmu. Kvalitativna transformacija privatne svojine u društvenu svojinu objektivno nije ni moguća dok ona sama ne počne prerastati u sopstvenu suprotnost.

Privatna svojina se najčešće javlja u obliku individualne svojine, sa kojom se obično izjednačava, čime se samo zamagljuje njen eksploatatorski karakter. Individualna svojina zapravo i jeste karakteristični oblik privatne svojine, jer kako je ljudski rad po svojoj prirodi društvena, to jest zajednička aktivnost ljudi, monopol individualne svojine je sam po sebi predodređen za prisvajanje tuđeg rada. Zato individualne svojine koja bi se zasnivala isključivo na sopstvenom radu praktično i nema, pa već to upućuje na zaključak da se lična svojina kao autentični izraz sopstvenog rada tek u obliku društvene svojine može upotpunosti ostvariti.

Zbog toga je razumljivo što u koliziju sa društvenim karakterom rada najpre dolazi upravo individualnost privatne svojine. Radi većeg podruštvljavanja kapitalističke proizvodnje, bez kojeg ona ne bi mogla dalje napredovati, individualni kapital je morao sve više ustupati mesto akcionarskom i državnom kapitalu, kroz koje privatna svojina praktično sama počinje prerastati u društvenu svojinu.

U akcionarskom kapitalu uveliko je već ukinut individualni subjektivitet privatne svojine. Iako svaki akcionar može svoju akciju samostalno otuđiti, udruženi kapitali funkcionišu kao jedinstveni kapital, kojim njegovi suvlasnici zajednički raspolažu. Tendencija individualizacije, koja odlikuje svaku privatizaciju, ovde se probija još kroz izvesnu dominaciju vlasnika najveće akcije, koji po tom osnovu poseduje i relativno najveće pravo u odlučivanju o korišćenju zajedničkog kapitala.

Državni kapitalizam formalno pravno sasvim ukida individualni subjektivitet svojine stvarajući privid da time ukida i samu privatnu svojinu. Zbog toga državna svojina predstavlja nedeljivi posed, koji ni u celini ni u delovima ne pripada pojedinačnim subjektima, pa izgleda da je njegovo podruštvljavanje već završeno. Ali ne samo što se u državnom posedu još koncentriše otuđeni rad, nego se kroz birokratsko-centralističko odlučivanje zadržava i tendencija njegove individualizacije. Kao što se u raspolaganju akcionarskim kapitalom ostvaruje relativna dominacija najvećeg akcionara, tako u raspolaganju državnim kapitalom dominira uticaj najvišeg državnog funkcionera.

Pretvaranje kapitalističke svojine u socijalističku svojinu, koje u suštini označava kvalitativni prelaz iz privatne u društvenu svojinu, praktično započinje sa početkom oslobađanja rada otuđenog u privatnom kapitalu, sa kojim se i otuđeno birokratsko odlučivanje počinje zamenjivati demokratskim odlučivanjem samih radnika. Time tendenciju individualizacije, koja se u raspolaganju privatnom svojinom ispoljava kroz hijerarhijsku subordinaciju, nadvladava tendencija kolektivizacije, izražena kroz ravnopravno sporazumevanje svojinskih subjekata.

Ukidanjem individualnog subjektiviteta svojine ne ukida se i svojinski subjektivitet individua kao nosioca kolektivnog subjektiviteta. Autentični subjekt društvene svojine je društvena zajednica, a ona je sastavljena od konkretnih individua povezanih zajedničkim radom, kojim svi zajednički raspolažu. Ono što članove takve zajednice bitno razlikuje od kapitalističkih akcionara i državnih funkcionera, nije to što su lišeni svojinskog subjektiviteta, već što u njegovom ostvarivanju *ravnopravno* raspolažu *sopstvenim* radom.

Suprotnost društvenog subjektiviteta svojine i svojinskog subjektiviteta individue je zapravo unutarnja suprotnost i osnovna protivrečnost društvene svojine. Kao nedeljivi posed, društvena svojina je na zajedničkom raspolaganju svih članova društvene zajednice, i niti se može od koga otuđivati, niti je može ko prisvajati. Utoliko su svi članovi društvene zajednice ravnopravni svojinski subjekti koji zajednički odlučuju o sopstvenom radu i ukupnim sredstvima društvene reprodukcije.

Ali ta ravnopravnost ostvaruje se samo utoliko ukoliko se odnos članova društvene zajednice prema sredstvima društvene reprodukcije izjednačava, te ukoliko se ona svima podjednako stavljaju na raspolaganje. Potpuna jednakost biće moguća tek kada tih sredstava bude u izobilju toliko da ih svako može neograničeno koristiti, a sve dotle neminovna je određena nejednakost kojom se društvenost svojinskog subjektiviteta relativizira. Svojina se, naime, podruštvljava u meri u kojoj se odnos članova društvene zajednice prema radu i sredstvima društvne reprodukcije izjednačava, što u krajnjoj liniji zavisi od toga koliko se rad stvarno pretvara u slobodnu delatnost.

Na društvenoj nejednakosti prema radu i sredstvima rada jedino se i zasnivaju svojinski odnosi, a kad takve nejednakosti nestane, i svojinski odnosi će nestati. Dok je privatna svojina izraz nejednakosti koja proističe iz otuđivanja rada, društvena svojina izražava nejednak doprinos u zajedničkom radu. Ako je ograničena produktivnost rada uopšte opšta osnova svake svojine, nejednaka produktivnost radnika i njihovih radnih asocijacija je posebna osnova društvene svojine.

Iz nejednakog radnog doprinosa proističe zapravo i nejednakost u raspolaganju zajedničkim radom. U raspolaganju društvenom svojinom svako, naime, sudeluje prema tome koliko svojim radom doprinosi njenom reprodukovanju, čime je u osnovi određeno i učešće u njenom korišćenju, jer sredstva društvene reprodukcije, kako sredstva rada tako i sredstva lične potrošnje, svako koristi zavisno od toga koliko sudeluje u njihovom stvaranju, tako da svoj društveni i materijalni položaj svako praktično sam svojim radom određuje.

176

To važi kako za položaj pojedinaca, tako i za položaj njihovih samoupravnih organizacija i zajednica. Svaka organizacija i zajednica sudeluje u raspolaganju i korišćenju društvenih sredstava prema tome koliko doprinosi njihovom stvaranju. Ukoliko se ne vrši među samoupravnim organizacijama i zajednicama, raspodela prema radu ne može se dosledno ostvarivati ni među pojedincima, a pri ograničenim sredstvima reprodukcije svaki drugačiji način raspodele značio bi prisvajanje tuđeg rada, pa samim tim i suštinsko narušavanje društvene svojine.

Da bi raspodela prema radu bila društveno obezbeđena, svi subjekti društvene reprodukcije moraju posedovati svojinsko pravo na samostalno raspolaganje sopstvenim radom, od njegovog udruživanja do slobodnog korišćenja ostvarenog proizvoda. Ako privatna svojina predstavlja monopol na raspolaganje tuđim radom, društvena svojina je monopol na raspolaganje sopstvenim radom, kojim je svaki subjekt društvene reprodukcije potpuno zaštićen od eksploatacije.

Ali dok je monopol privatne svojine isključiv, monopol društvene svojine je relativan, jer u prvom slučaju pravo jednog subjekta na određeni svojinski objekat isključuje, a u drugom, podrazumeva pravo drugih subjekata. Iz raspolaganja privatnom svojinom isključuju se pre svega oni koji je stvaraju, a iz raspolaganja društvenom svojinom samo oni koji u njenom stvaranju ne učestvuju ili se ne isključuje niko ukoliko društvenim sredstvima svi moraju raditi.

Relativnost monopola društvene svojine proističe iz njene nedeljivosti. Kao rezultat društvenog rada, ni jedan objekat društvene svojine nije samo svojina svojih neposrednih proizvođača, nego i svih ostalih učesnika društvene reprodukcije koji su na bilo koji način doprineli njegovom stvaranju. Zato ni jedna organizacija ili zajednica nema isključivi monopol u raspolaganju sredstvima koja neposredno koristi, pa ih ne može ni koristiti isključivo u sopstvenom interesu, ali ima posebna prava raspolaganja u skladu sa društvenim interesom koja joj, zavisno od radnog doprinosa, omogućavaju manje ili veće učešće u korišćenju društvene svojine.

Ukoliko pravo raspolaganja sopstvenim radom isključuje pravo prisvajanja tuđeg rada, ono se može obezbediti samo zajedničkim upravljanjem društvenom reprodukcijom, kojim će se međusobni odnosi svih učesnika reprodukcije urediti tako da niko svoju slobodu ne može ostvarivati na račun slobode drugih. A to podrazumeva da opšte uslove raspolaganja društvenom svojinom u skladu sa zajedničkim interesom demokratski utvrđuju svi članovi društvene zajednice tako da oni predstavljaju obaveznu osnovu posebnih i pojedinačnih svojinskih prava.

U sistemu reprodukcije zasnovanom na društvenoj svojini, svaka organizacija i zajednica ostvarenim i korišćenim sredstvima raspolaže samostalno u skladu sa društvenim uslovima u čijem utvrđivanju i sama neposredno učestvuje. I svaki član samoupravne organizacije i zajednice samostalno raspolaže sredstvima koja pod zajednički utvrđenim uslovima u toj organizaciji i zajednici ostvaruje i koristi. Na toj osnovi uspostavlja se integralni sistem samoupravnog raspolaganja sredstvima društvene reprodukcije, u kojem svako raspolaže svim, i svi svakim delom tih sredstava.

Takav sistem svojinskih odnosa je nužna osnova za razrešavanje protivrečnosti opštih, posebnih i pojedinačnih interesa u raspolaganju društvenom svojinom. Dok privatna svojina implicira suprotnosti interesa *različitih*, pre svega klasno suprotstavljenih ali i unutarklasnih subjekata, društvenoj svojini su kao primarne inherentne suprotnosti opštih, posebnih i pojedinačnih interesa *istih* subjekata, koje se na toj osnovi ispoljavaju i kao suprotnosti različitih nosilaca svojinskih prava.

Zato, narušavanje privatnosopstveničkih prava ne samo što ne mora ugrožavati, nego može i jačati društveni interes, dok se narušavanjem društvenosvojinskih prava neizbežno ugrožavaju i društveni i pojedinačni interesi. Ako bilo koji subjekt socijalističke reprodukcije naruši društvenosvojinsko pravo drugog subjekta, ugroziće time i društveni interes jer će negativno uticati na tokove društvene reprodukcije, kao što će samim narušavanjem društvenih normi kojima se štite opšti interesi, ugroziti i pojedinačne interese izvan kojih opšti interesi praktično i ne postoje.

Iz te unutarnje suprotnosti socijalističke reprodukcije kojom se suprotstavljeni subjekti reprodukcije dovode u neraskidivu međuzavisnost, zapravo i proističe relativni monopol društvene svojine, kojim se istovremeno štite njihovi i pojedinačni i zajednički interesi. Da ti interesi nisu protivrečni, njihova zaštita bi bila izlišna, pa bi izlišan bio i svaki svojinski monopol, ali sve dok postoji bilo kakva mogućnost da se jedni ostvaruju na račun drugih, svojinska zaštita je neminovna.

Ostvarivanje jednih interesa na račun drugih vrši se pre svega prisvajanjem rada jednih od strane drugih subjekata društvene reprodukcije. A ukoliko je rad zajednički, prisvajanje se ostvaruje prvenstveno preko raspodele zajedničkog proizvoda izraženog u zajednički ostvarenom dohotku. Svako učešće u takvom dohotku mimo rada moguće je samo na račun učešća po osnovu rada, tako da uvek kad bilo ko nezasluženo dobija, neko drugi mora nezasluženo gubiti.

Zato je raspodela prema radu osnovni smisao društvenosvojinskog monopola, čija je relativnost zapravo u tome što se radi o raspodeli zajedničkog proizvoda koji ostaje u posedu svojih proizvođača. Takav monopol treba upravo da onemogući otuđivanje zajedničkog proizvoda, kako od udruženih proizvođača tako i u njihovim međusobnim odnosima. Što kao rezultat zajedničkog rada pripada svima, to srazmerno radnom doprinosu pripada svakome, a što po tom osnovu pripada nekome deo je zajedničkog poseda svih.

Relativnost monopola društvene svojine označava odumiranje svojinskog monopola uopšte. Kao instrumenat ostvarivanja raspodele prema radu, takav monopol je u funkciji razrešavanja protivrečnosti između pojedinačnog i zajedničkog interesa šteći jedan od drugog sprečavanjem njihovog međusobnog narušavanja, a ukoliko se ta protivrečnost razrešava, i svojinski monopol postaje suvišan.

Pošto raspodela prema radu znači raspodelu zajedničkog proizvoda, pojedinačni i zajednički interesi su identični, ali i međusobno suprotstavljeni jer se, pri ograničenom proizvodu, bez raspodele prema radu jedan može ostvarivati samo na račun drugog. Ali bez raspodele prema radu socijalističko zajedništvo nije ni moguće jer interes koji se ostvaruje na račun pojedinačnih interesa u suštini i nije zajednički.

Nezasluženo (mimo rada) učešće pojedinaca ili organizacije u raspodeli ograničenog zajednički ostvarenog dohotka ne može se ostvarivati drugačije nego na račun zajednice kao celine jer se za toliko umanjuje učešće ostalih članova zajednice. Ali ono je u suprotnosti i sa njihovim dugoročnim pojedinačnim interesom ukoliko se ostvaruje na račun materijalne osnove zajedničkog rada jer će se u tom slučaju pojedinačno učešće u zajednički ostvarenom dohotku neizbežno smanjivati pošto će se smanjivati ukupna masa dohotka. Zajednički interes se ovde istovremeno javlja i kao pojedinačni interes konkretnih subjekata društvene reprodukcije, pa se i sukob između pojedinačnog i zajedničkog interesa ispoljava kao sukob trenutnog i dugoročnog pojedinačnog interesa.

Pri doslednoj raspodeli prema radu pojedinačno učešće u zajednički ostvarenom dohotku može se povećati samo ako se poveća pojedinačni doprinos zajedničkom radu i ako se povećanjem produktivnosti zajedničkog rada poveća ukupan dohodak. U tome zapravo i leži pokretačka snaga raspodele prema radu, koja sve subjekte društvene reprodukcije podstiče na podizanje ukupne produktivnosti rada, zbog čega raspodela prema

178

radu kao izraz protivrečnosti društvene svojine predstavlja istovremeno i glavno sredstvo njenog razrešavanja.

Ako je za reprodukovanje privatne svojine presudna raspodela prema svojinskom monopolu, raspodela prema radu je odlučujući činilac reprodukovanja društvene svojine. Ukoliko se raspodela društvenog proizvoda vrši prema radnom doprinosu, svi članovi društvene zajednice postaju zainteresovani za njegovo uvećavanje, a ono vodi prevazilaženju suprotnosti i sve većem izjednačavanju pojedinačnog i zajedničkog raspolaganja društvenom svojinom.

Raspodela prema radu je zapravo istorijski proces prevazilaženja svojinskog monopola, i što se ona potpunije ostvaruje svojinski monopol sve više nestaje. Već samo uvođenje društvenog sistema takve raspodele podrazumeva ukidanje isključivog svojinskog monopola na otuđenim sredstvima proizvodnje njihovim vraćanjem udruženim proizvođačima, koji se o raspodeli zajednički ostvarenog dohotka mogu sporazumevati jedino ako je vrše po principu radnog doprinosa. A kad se ukine isključivi monopol privatnog sopstvenika, preostaje ukidanje relativnog monopola samih proizvođača.

Način ukidanja relativnog monopola razlikuje se u zavisnosti od vrste monopola. Različito se ukida monopol na prirodne uslove rada, na sredstva proizvodnje kao proizvod minulog rada, i na radnu snagu kao neposredni izvor živog rada. Ali te razlike se javljaju samo u okviru jedinstvenog procesa ostvarivanja raspodele prema radu, u kojem prevazilaženje jednog oblika monopola utiče na prevazilaženje ostalih.

Kao privatna svojina, nejednaki prirodni uslovi robne proizvodnje donose svojim vlasnicima i nejednaku – *diferencijalnu rentu,* koja može biti pozitivna ili negativna u zavisnosti od toga da li su konkretni uslovi povoljniji ili nepovoljniji od prosečnih uslova. U stvari, svi koji proizvode pod povoljnijim prirodnim uslovima izvlače iz robnog prometa određeni ekstradohodak na račun onih koji proizvode pod nepovoljnijim uslovima čiji se dohodak time umanjuje. Takav ekstradohodak (ekstraprofit ili ekstradobit) u suštini predstavlja rentu i onda kad se u tom obliku ne odvaja od ostalog dohotka (ako je vlasnik prirodnih uslova proizvodnje istovremeno i preduzetnik odnosno proizvođač) jer se stiče na osnovu samog monopola na izuzetno povoljne prirodne uslove.

Ukidanjem isključivog monopola na prirodne uslove proizvodnje ne ukida se automatski i relativni monopol među proizvođačima koji proizvode pod nejednakim uslovima. Relativni monopol se gubi samo utoliko ukoliko udruženi proizvođači zajednički proizvode i zajednički ostvaren dohodak raspoređuju striktno prema radnom doprinosu. Tada se, na principu zajedničkog rizika, prema radnom doprinosu raspoređuju i pozitivna i negativna renta koja se u prometu zajedničkog proizvoda ostvari sa trećim subjektima.

To znači da je iščezavanje relativne rente neposredno uslovljeno prevazilaženjem tržišne razmene neposrednom razmenom rada i da će trajati dok i ono traje. Potpuna demonopolizacija prirodnih uslova proizvodnje moguća je tek u potpuno razvijenoj svetskoj zajednici slobodnih proizvođača, koja će već značiti prelazak u zajednicu neproizvođača kao slobodnih stvaralaca.

Relativni monopol na sredstva proizvodnje kao proizvod minulog rada ne proističe samo iz prisvajanja tuđeg rada putem neekvivalentne razmene, već je i rezultat raspodele prema radu, koja podrazumeva ekvivalentnu razmenu. Funkcija društveno svojinskog monopola je da štiti raspolaganje ukupnim proizvodom sopstvenog rada, tako da onaj ko više radi raspolaže, po pravilu, i razvijenijim sredstvima proizvodnje. Tako relativni monopol društvene svojine nastavlja da se sam od sebe reprodukuje kao što se reprodukovao isključivi monopol privatne svojine.

To reprodukovanje vrši se i kroz tržišnu i kroz neposrednu razmenu rada. Pošto razvijenija sredstva proizvodnje omogućavaju veću produktivnost rada, produktivniji proizvođači i po tom osnovu izvlače iz tržišne razmene određeni ekstradohodak na račun manje produktivnih. I kroz samu raspodelu prema radu veći doprinos minulim radom povlači, po tom osnovu, i veće učešće u raspodeli zajednički ostvarenog dohotka. Time se stalno reprodukuju razlike u tehničko-tehnološkim uslovima proizvodnje, pa izgleda da ni reprodukovanju svojinskog monopola nema kraja.

Postoji, međutim, suštinska razlika u tendencijama reprodukovanja isključivog monopola privatne svojine i relativnog monopola društvene svojine. Reprodukovanjem privatne svojine razlike u tehničko-tehnološkim uslovima i organskom sastavu osnovnih činilaca proizvodnje sve više se povećavaju, čime se jaz između razvijenih i nerazvijenih stalno produbljuje. I upravo to dovodi do određene kritične tačke kada dalje reprodukovanje privatne svojine postaje nemoguće jer nerazvijeni prestaju stvarati višak proizvoda koji se može prisvajati.

Pretvaranjem privatne svojine u društvenu svojinu točak reprodukcije počinje se obrtati u pravcu smanjivanja razlika u tehničko-tehnološkim uslovima proizvodnje. Ukoliko se razvija zajednička proizvodnja i zajedničko ostvarivanje dohotka, udruženi proizvođači postaju zainteresovani za ujednačavanje ukupnih, pa i tehničko-tehnoloških uslova proizvodnje, jer nejednakosti, na štetu svih, otežavaju ceo proces društvene reprodukcije, dok su privatnosopstveničku reprodukciju, u interesu najrazvijenijih, pospešivale.

Ujednačavanje tehničko-tehnoloških uslova proizvodnje vrši se većim zajedničkim ulaganjima u razvoj manje razvijenih, čime se otklanjaju "uska grla" i time, u interesu svih udruženih proizvođača, pospešuje zajednička proizvodnja. To je odlučujući preduslov i za sve veće smanjivanje nejednakosti u raspodeli po osnovu minulog rada, koje sa svoje strane povratno deluje na ujednačavanje tehničko-tehnoloških uslova proizvodnje. A kad se ovi uslovi počnu ujednačavati, onda se i neekvivalentna tržišna razmena počinje ubrzano približavati ekvivalentnoj neposrednoj razmeni rada, što takođe povratno utiče na ujednačavanje uslova proizvodnje.

Potpuna ujednačenost tehničko-tehnoloških uslova proizvodnje objektivno nikada neće biti moguća, ali će potpuna automatizacija već sama po sebi ukinuti sve nejednakosti među proizvođačima jer će ukidanjem proizvodnog rada čoveka ukinuti i same proizvođače. Kad se razvojem automatizacije dostigne takav nivo proizvodnje na kojem će se proizvoditi izobilje sredstava društvene reprodukcije, svako će u svom radu i životu moći da ih koristi prema svojim potrebama, pa će i bilo kakav monopol u raspolaganju tim sredstvima izgubiti svaki smisao.

S ukidanjem monopola na minuli rad istovremeno se ukida i monopol na radnu snagu kao neposredni izvor tekućeg rada. Gubitkom isključivog monopola na raspolaganje sredstvima proizvodnje privatni sopstvenik gubi takav monopol i na raspolaganje radnom snagom, jer sa prestankom otuđivanja rada prestaje otuđivanje i radne snage. Sa podruštvljavanjem sredstava proizvodnje podruštvljava se i radna snaga udruženih proizvođača koji je zajednički sami koriste umesto da je prodaju drugome.

Ali sve dok je upotreba radne snage u neposrednoj funkciji proizvodnog rada, ni njeno zajedničko korišćenje ne isključuje, nego podrazumeva određeni — relativni monopol na raspolaganje. Čim radna snaga prestane da se otuđuje, svako svojom snagom samostalno raspolaže i slobodno je udružuje sa radnom snagom drugih, čime ona postaje i predmet zajedničkog raspolaganja pod društveno utvrđenim uslovima. Sloboda i individualnog raspolaganja pojedinačnom radnom snagom i zajedničkog raspolaganja udruženim snagama može se pritom kretati samo u granicama zajedničkih interesa, čime se istovremeno štite i pojedinačni interesi udruženih radnika.

Relativno slobodno raspolaganje sopstvenom radnom snagom u funkciji proizvodnog rada može se obezbediti samo doslednom raspodelom prema radu, jer se jedino na taj način onemogućava da se s otuđivanjem rada praktično otuđuje i raspolaganje radnom snagom. Zato relativni monopol u raspolaganju radnom snagom nužno podrazumeva relativni monopol u raspolaganju živim radom kao proizvodnom funkcijom radne snage. Pravo na slobodno raspolaganje sopstvenom radnom snagom praktično je nemoguće ostvariti bez prava na slobodno raspolaganje sopstvenim radom, koje podrazumeva da u raspodeli zajedničkog proizvoda svako učestvuje prema tome koliko doprinosi njegovom stvaranju.

Ali relativni monopol i na radnu snagu i na živi rad pretpostavlja razlike u radnim sposobnostima, koje se i tim istim monopolom, a ne samo prirodnim činiocima, stalno reprodukuju. Iz nejednakih radnih sposobnosti proističu nejednakosti u radnom doprinosu i raspodeli zajedničkog proizvoda, pa zavisno od toga i u životnim mogućnostima reprodukovanja radnih sposobnosti. Zato i ovde izgleda kao da se reprodukcija relativnog svojinskog monopola i razlika na kojima se on zasniva nedogledno vrti u krug.

Izlaz iz tog kruga je u razrešavanju osnovne protivrečnosti društvene svojine, koja sama u sebi sadrži tendenciju sopstvenog prevazilaženja. Pošto veličina zajedničkog proizvoda koji se raspodeljuje prema radnom doprinosu zavisi od ukupnog zajedničkog rada, svako je zainteresovan za razvijanje ne samo sopstvenih radnih sposobnosti, već i sposobnosti svih ostalih udruženih radnika. Zato s uspostavljanjem društvene svojine svi počinju brinuti za svakog i svako za sve, a ukoliko se ona više razvija utoliko se razvija i socijalističko zajedništvo ne samo u radu, već u celokupnom životu.

Izvirući iz zajedničkog rada, tendencija socijalističkog zajedništva neposredni izraz nalazi u zajedničkom zadovoljavanju životnih potreba, koje se već i samo po sebi javlja kao nužan uslov unapređenja životne egzistencije čoveka jer se visoko razvijene, naročito duhovne potrebe drugačije i ne mgou zadovoljavati. Razvoj zajedničke industrijske proizvodnje je zahtevao da se već na osnovama kapitalističke privatne svojine počne ubrzano razvijati i zajedničko zadovoljavanje životnih potreba, iz čega je proistekao i proces ubrzane urbanizacije.

Zajedničko zadovoljavanje životnih potreba označava negaciju raspodele prema radu, a time i drušvene raspodele uopšte jer se sredstva životne egzistencije više ne raspodeljuju, nego udružuju radi zajedničkog korišćenja. U tom udruživanju svako učestvuje prema svojim mogućnostima, a zajednička sredstva koristi prema stvarnim potrebama, čime se razlike u reprodukovanju životne egzistencije praktično ukidaju. Samim tim ukida se i relativni svojinski monopol jer se ukida osnovna protivrečnost između individualnog i zajedničkog raspolaganja društvenim sredstvima.

Ukoliko se zajedničkim zadovoljavanjem ličnih potreba ujednačavaju životni uslovi radnika, razlike u njihovim radnim sposobnostima, a time i u radnom doprinosu te učešću u raspodeli zajedničkog proizvoda se smanjuju, čime se sve više ostvaruje vekovni ideal o društvenoj jednakosti. Put ka takvoj jednakosti trasira i sama automatizacija proizvodnje, koja ukidanjem društvene podele rada sve više izjednačava društveni položaj radnika ne samo u odnosu prema sredstvima rada, već i prema samom živom radu, čime se smanjuju i nejednakosti u raspodeli te uslovima životne egzistencije.

Društvena svojina se, dakle, razvija kao veoma složen i dugotrajan proces demonopolizacije raspolaganja sredstvima društvene reprodukcije, a kad se demonopolizacija u potpunosti izvrši samim tim nestaje i svaka svojina kao društveni odnos. Kao odumirući oblik svojine, društvena svojina je zapravo proces istorijske transformacije ljudskog rada iz svojinskog u nesvojinsko stanje. Zato do kraja razvijena ili potpuno ostvarena društvena svojina ne predstavlja više nikakvu svojinu, pa se na tom stadijumu razvoja svojina praktično izjednačava sa nesvojinom.

Metafizički pokušaji idealizacije društvene svojine redovno su završavali apsolutizacijom državne svojine kao ideološkom osnovom totalitarnog etatizma, koji je na taj način pogrešno izjednačavan sa razvijenim socijalizmom. Apstrahovana od sopstvenih protivrečnosti, koje predstavljaju pokretačku snagu razvoja, kategorija društvene svojine, mogla je služiti samo kao lažna ideološka maska za prikrivanje postojećih protivrečnosti podržavljene privatne svojine. Iza iluzorne predstave o potpunoj likvidaciji svojinskog monopola skrivan je najveći od svih monopola – birokratsko-etatistički monopol.

Na lažnoj predstavi o likvidaciji svojinskog monopola zasnivana je i zabluda o već ostvarenoj socijalističkoj jednakosti, iza koje je stajala jedna od najvećih društvenih nejednakosti – nejednakost između proizvođača i birokratije koja je već sama po sebi isključivala raspodelu prema radu. Umesto raspodele prema radu, vršena je troškovna distribucija društvenog proizvoda putem koje je faktički prisvajan tuđi rad ne samo od strane države već i među samim radnicima.

Pošto isključuje i tržišnu konkurenciju i raspodelu prema radu, državna svojina se i ne može reprodukovati drugačije nego putem troškovne preraspodele društvenog proizvoda, koja neizbežno dolazi u koliziju sa zakonom vrednosti. Zbog toga se reprodukcija državne svojine mora oslanjati prvenstveno na administrativnu prinudu, što neizbežno vodi zaoštravanju suprotnosti i povećavanju društvenih nejednakosti između proizvođača i birokratije.

S obzriom da gušenjem ekonomskih zakona troškovna preraspodela društvenog proizvoda sputava stvaralačke snage društva, ona ne otvara već zatvara perspektive društvenog razvoja i ne vodi smanjivanju već povećavanju društvenih nejednakosti. Zato državna svojina može igrati progresivnu ulogu samo dok je i ukoliko je u funkciji centralizacije sredstava društvene reprodukcije, a čim je takva centralizacija okončana ona se neizbežno pretvara u kočnicu društvenog progresa.

Da bi otpočelo stvarno podruštvljavanje državne svojine, troškovna preraspodela mora se zameniti raspodelom prema radu kao izvornim oblikom reprodukovanja društvene svojine. Princip pokrivanja proizvodnih i životnih troškova mora ustupiti mesto principu raspoređivanja zajedničkog prihoda i dohotka prema društveno potrebnom radu, tako da je udeo u zajednički ostvarenom dohotku srazmeran doprinosu u zajedničkom radu, ili simbolički izraženo:

$$d : D = p : P,$$

odakle je:

$$d = \frac{D \cdot p}{P} .$$

Taj princip važi kako za raspodelu među udruženim organizacijama, tako i za raspodelu na pojedince, i što se doslednije primenjuje u primarnoj, doslednije će se primenjivati i u individualnoj raspodeli. Ukoliko o zajednički ostvarenom dohotku demokratski odlučuju sami radnici, oni će težiti da princip raspodele prema radu do kraja primene jer je to jedini način da onemoguće otuđivanje sopstvenog rada. Nedemokratsko odlučivanje omogućava, međutim, i samim radnicima da jedni druge eksploatišu, zbog čega se prelazak na raspodelu prema radu ne može izvršiti bez *zajedničke* akcije *svih* udruženih radnika.

Udruživanje na principu zajedničkog ostvarivanja dohotka pretpostavlja relativno visok stepen društvene podele rada, u kojoj su ne samo različiti pojedinci, nego i različite organizacije neposredno povezane u proizvodnji i realizaciji zajedničkih proizvoda i usluga.[33] U takvoj proizvodnji već su kapitalisti objetkivno prinuđeni da udružuju svoj kapital pod uslovom da u raspodeli ostvarenog profita učestvuju prema veličini udruženog kapitala, tako da se *dividenda* prema ukupnom profitu odnosi kao što se udružena akcija odnosi prema ukupnom angažovanom kapitalu, ili simbolički:

$$dv : Pf = ak : Uk,$$

odakle je:

$$dv = \frac{Pf \cdot ak}{Uk} .$$

Tu u suštini vlada isti zakon raspodele kao pri tržišnoj stihiji, samo što se kapitalisti dogovaraju umesto da jedan drugom konkurišu. Iako je uslovljeno ekonomskom nuždom, — udruživanje kapitala se vrši dobrovoljno jer ne samo što obezbeđuje opstanak nego donosi i veći profit. A jedini uslov da se postigne sporazum o udruživanju je da se ostvareni profit deli prema veličini udruženog kapitala.

I raspodela prema radu vrši se u suštini po istom ekonomskom principu da u zajednički ostvarenom dohotku svako učestvuje srazmerno svom ulogu, samo što je taj ulog umesto kapitala sopstveni rad. Sličnost je utoliko veća što je i kapital opedmećeni (mada tuđi) rad, tako da se napred dati obrazac za veličinu dividende može sadržinski izraziti i kao:

$$dv = \frac{Pf \cdot r}{R} ,$$

gde r označava količinu rada opredmećenog u pojedinačnoj akciji, a R — u ukupnom akcionarskom kapitalu. Ako se ima u vidu da su i dividenda i ukupan profit po svojoj sadržini samo deo novoopredmećenog rada, onda je jasno da su odnosi raspodele profita u suštini odnosi prisvajanja tuđeg rada.

Dok kapitalisti u obliku kapitala udružuju samo prisvojeni opredmećeni rad, udruženi radnici udružuju sopstveni, i živi i opredmećeni rad. Sredstva koja organizacije udruženog rada udružuju radi proizvodnje zajedničkih proizvoda i usluga, rezultat su njihovog sopstvenog rada, i ona zajedno sa živim radom predstavljaju jedinstvenu osnovu njihovog učešća u zajednički ostvarenom dohotku. Zanemarivanjem doprinosa minulim radom ne samo što bi se destimulisao razvoj proizvodnih sredstava, nego bi se omogućilo i prisvajanje tuđeg rada, koje samo po sebi isključuje raspodelu prema radu.

---

[33] ”Zajednički dohodak se javlja kao objektivni izraz stepena razvijenosti društvene podele rada i robne privrede, odnosno kao objektivna potreba za uspostavljanje novih odnosa među organizacijama udruženog rada koje su povezane u procesu društvene reprodukcije”. (Dr Dušan Jovanović, *Zajednički dohodak u udruženom radu,* Gornji Milanovac, 1977, str. 39).
”Podruštvljenost sredstava za rad iziskuje na sadašnjoj razini razvijenosti proizvodnih snaga sve raščlanjeniju podjelu rada, s time što su pojedini dijelovi društvenog rada međusobno toliko povezani, da je tek njihov zajednički proizvod roba za tržište u pravom smislu te riječi, što znači da ostvaruju zajednički novčani dohodak tržišnom realizacijom zajednički proizvedene robe”. (Roman Albreht, *Dohodak i dohodovni odnosi,* ”Informator”, Zagreb, 1979, str. 16).

Organizacije koje u proizvodnji zajedničkih proizvoda udružuju i živi rad i sredstva, stiču dohodak iz *zajedničkog prihoda* koji realizacijom tih proizvoda ostvare. I tako ostvaren dohodak one međusobno raspodeljuju kroz raspodelu zajedničkog prihoda po jedinstvenom principu raspodele prema radu, tako da je:

$$p : P = r : R,$$

odakle je:

$$p = \frac{P \cdot r}{R},$$

gde p označava učešće pojedine organizacije u ukupnom zajedničkom prihodu, r — njen doprinos živim i minulim radom, P — ukupan zajednički prihod, i R — ukupan živi i minuli rad potreban za proizvodnju zajedničkog proizvoda.

U razvijenom obliku (sa odvojenim živim i opredmećenim radom), taj obrazac glasi:

$$p = \frac{P(\check{z}r + or)}{\check{Z} + Or}.$$

Ako je zajednički prihod ostvaren realizacijom više zajedničkih proizvoda i usluga, onda se radovi uloženi u pojedinačne proizvode i usluge zbrajaju tako da je:

$$p = \frac{P/(\check{z}r + or)_1 + (\check{z}r + or)_2 + ... + (\check{z}r + or)_n/}{(\check{Z}r + Or)_1 + (\check{Z}r + Or)_2 + ... + (\check{Z}r + Or)_n}.$$

Pošto se radni doprinos meri društveno potrebnim, a ne pojedinačno utrošenim radom, on se pomoću naučno zasnovanih i samoupravno utvrđenih standarda rada, za svaki proizvod unapred određuje tako da predstavlja realtivno konstantnu veličinu. Zato napred izvedeni obrazac za raspoređivanje zajedničkog prihoda u operativnom obliku treba da glasi:

$$p = \frac{P \cdot S(\check{z}r + or)}{S(\check{Z}r + Or)},$$

gde S označava standard rada.

Da bi se odnosi u raspoređivanju zajedničkog prihoda mogli kvantificirati, naturalni standardi se moraju prevesti na vrednosne standarde, izražene najpre društveno potrebnim radnim vremenom, a zatim i u monetarnom obliku, tako da je:

$$p = \frac{P \cdot S(t\check{z} + to)}{S(T\check{z} + To)} \qquad i \qquad p = \frac{P \cdot S(c\check{z} + co)}{S(C\check{z} + Co)},$$

gde tž i Tž označavaju potrebno vreme živog, a to i To — potrebno vreme opredmećenog rada, cž i Cž — cenu živog, a co i Co — cenu opredmećenog rada.

184

Najegzaktnije je da se za cenu rada uzima opštedruštveni novčani izraz društveno potrebnog radnog vremena, a ukoliko se isti ne utvrđuje, onda se ona za opredmećeni rad mora izračunavati kao dugoročniji (bar petogodišnji) prosek tekućih tržišnih cena koji se približava vrednosnoj ceni, a za živi rad kao prosek ostvarenog dohotka po jedinici radnog vremena. Zbog mogućih dispariteta, trenutno stanje cena ne bi predstavljalo stvarni izraz radnog doprinosa, pa bi njegovim korišćenjem za raspoređivanje zajedničkog prihoda princip raspodele prema radu bio narušen.

Pošto se vrši prema radnom doprinosu, raspoređivanje zajedničkog prihoda može se sasvim pojednostaviti utvrđivanjem relativnih odnosa u radnim doprinosima njegovom ostvarivanju, po obrascu:

$$Rd = \frac{p}{P} \cdot 100, \text{ odnosno}$$

$$Rd = \frac{S(\check{z}r + or)}{S(\check{Z}r + Or)} \cdot 100 = \frac{S(t\check{z} + to)}{S(T\check{z} + To)} \cdot 100, \text{ ili}$$

$$Rd = \frac{S(c\check{z} + co)}{S(C\check{z} + Co)} \cdot 100 = \frac{S(pd + pco)}{S(Pd + Pco)} \cdot 100,$$

gde Rp označava relativni doprinos, pd i Pd — prosečni dohodak po jedinici radnog vremena, a pc i Pc — prosečne dugoročne cene opredmećenog rada.

Na osnovu toga, može se za sve zajedničke proizvode i usluge jedne proizvodne asocijacije sastaviti odgovarajuća tabela relativnog doprinosa sledećeg izgleda:

VRSTE ZAJEDNIČKIH PROIZVODA	UČESNICI U OSTVARIVANJU ZAJEDNIČKOG PRIHODA				
		A	B	. . .	H	100 /100
	x	5 %	10 %	. . .	15 %	100 %
	y	10 %	15 %	. . .	20 %	100 %
	. . .	. . .	. . .	. . .	. . .	100 %
	z	15 %	20 %	. . .	25 %	100 %

Takva tabela može služiti za raspoređivanje zajedničkog prihoda pod određenim unapred predviđenim i ravnomerno promenljivim uslovima reprodukcije koji nemaju uticaja na relativne odnose u radnim doprinosima. Ukoliko se uslovi reprodukcije trajno ali za učesnike u ostvarivanju zajedničkog prihoda neravnomerno promene, i tabela se, zbog promene relativnih odnosa u radnim doprinosima, mora na odgovarajući način izmeniti. Pri povremenim poremećajima u jednom utvrđenim odnosima, tabela se ne mora menjati, ali su prilikom raspoređivanja ostvarenog prihoda neophodne odgovarajuće korekcije.

U suštini isti odnosi na kojima se zasniva raspoređivanje zajedničkog prihoda, uspostavljaju se i pri raspoređivanju *zajedničkog dohotka* kad pojedine organizacije sa živim radom drugih organizacija udružuju samo opredmećeni rad bilo u obliku finansijskih sredstava ili u vidu naturalnih sredstava proizvodnje. Jer i ovde se raspodela vrši prema radnom doprinosu pošto svako udružuje sredstva koja je sopstvenim radom stvorio i u raspodeli učestvuje zavisno od toga koliko je time doprineo stvaranju nove vrednosti.

Po tome se odnosi u raspodeli zajedničkog dohotka bitno razlikuju od kamatonosnog i rentonosnog kapital odnosa, koji se zasniva na prisvajanju tuđeg rada po osnovu isključivog svojinskog monopola. I sredstva koja kapitalista izdaje na korišćenje, i naknada koju za to u obliku kamate ili rente dobija, rezultat su tuđeg rada na kojem on uživa neograničeno pravo raspolaganja i koji stoga može upotrebiti kako sam hoće.

Nasuprot tome, sredstva koja radnici udružuju radi zajedničkog ostvarivanja dohotka ne samo što su proizvod njihovog sopstvenog rada, nego su i društvena svojina na kojoj oni uživaju samo relativni monopol, a i naknada koju dobijaju za njihovo korišćenje ne samo što je rezultat njihovog doprinosa nego služi isključivo za uvećavanje materijalne osnove društvenog rada. Oni je već po ekonomskoj nuždi moraju u obliku akumulacije upotrebiti za dalji razvoj proizvodnje baš kao da su udružena sredstva sami koristili.

Udruživanje sredstava na principu zajedničkog dohotka razlikuje se od kreditnog odnosa i kad se njime ne vrši prisvajanje tuđeg rada. Kreditna sredstva se u suštini ne udružuju, nego se ustupaju na korišćenje, pa se ni kamata ne vezuje za efekte korišćenja već se ugovara u fiksnom iznosu nezavisno od toga kako će pozajmljena sredstva biti iskorišćena. Nasuprot tome, udruživanje sredstava podrazumeva zajednički rizik i promenljivo učešće u raspodeli zajedničkog dohotka zavisno od njegove veličine, kojeg može i ne biti ako se sredstva neracionalno upotrebe.[34]

Kao i zajednički prihod, zajednički dohodak raspoređuje se prema radnom doprinosu učesnika u njegovom ostvarivanju, tako da se *naknada za korišćenje sredstava* prema ukupnom zajedničkom dohotku odnosi kao što se udružena sredstva odnose prema ukupnom (živom i opredmećenom) udruženom radu, pa je:

$$Na : Zd = Us : Ur,$$

odakle je:

$$Na = \frac{Zd \cdot Us}{Ur}.$$

Da bi se dobila visina naknade, mora se i ukupan udruženi rad (Ur) izraziti u vrednosnom obliku bilo da se za cenu rada uzima opštedruštveni novčani izraz društveno potrebnog radnog vremena ili dugoročniji prosek tekućih cena odnosno ostvarenog dohotka po jedinici radnog vremena. Radi toga se gornji obrazac transformiše u:

$$Na = \frac{Zd \cdot Us}{S(Cž + Co)},$$

pri čemu se, razume se, u cenu opredmećenog rada (Co) uključuju i udružena sredstva (Us).

---

34) "Promenljivi karakter naknade za privređivanje društvenim sredstvima u zavisnosti od toga kako su ostvareni ciljevi i interesi udruživanja rada i sredstava je jedna od najbitnijih karakteristika sistema učešća u zajedničkom dohotku na osnovu minulog rada, po čemu se taj sistem u suštini razlikuje od sistema međusobnih kreditnih odnosa OOUR". (E. Kardelj, *Slobodni i udruženi rad*, isto, str. 97).

Jednostavnije je, međutim, da se, u obliku procentualnog učešća u zajedničkom dohotku, utvrđuje *relativna naknada* kao odnos između udruženih sredstava i ukupnog udruženog rada, tako da je:

$$Rna = \frac{Us}{Ur} \cdot 100 = \frac{Us}{S(Cž+Co)} \cdot 100.$$

Relativna naknada izražava, dakle, relativni odnos u radnom doprinosu, i predstavlja relativno konstantnu veličinu koja se menja samo kad se trajno i neravnomerno promene objektivni uslovi reprodukcije, a koriguje u slučaju povremenih poremećaja u datim odnosima reprodukcije.

Zajedničko ostvarivanje dohotka na osnovama samoupravnog udruživanja rada i sredstava ne isključuje tržišnu razmenu, ali znači njeno prevazilaženje.[35] Proizvođači zajedničkih proizvoda i usluga stupaju sa njihovim korisnicima (potrošačima) i u tržišne odnose, ali međusobne odnose uspostavljaju na principu socijalističke raspodele prema radu, koja podrazumeva plansko usklađivanje tokova društvene reprodukcije.

Zato tržišne cene, kao izraz neekvivalentne razmene, ne mogu služiti za izražavanje radnog doprinosa te raspoređivanje zajedničkog prihoda i zajedničkog dohotka.[36] Uostalom, organizacije udružene radi zajedničkog ostvarivanja dohotka, i ne razmenjuju međusobno svoje proizvode, već zajednički proizvode određene proizvode i usluge koje razmenjuju tek sa trećim subjektima. I tako ostvaren dohodak, one prema radnom doprinosu zajednički raspodeljuju nezavisno od mesta koje u reprodukcionom lancu zauzimaju.

Samim širenjem takvog zajedništva prostor za tržišnu razmenu sve više će se sužavati, a ona će biti zamenjivana samoupravnim udruživanjem rada. Istovremeno će tržišnu razmenu sve više zamenjivati i neposredna razmena rada jer će organizacije povezane zajedničkom proizvodnjom i zajedničkim ostvarivanjem dohotka težiti da ovladaju i odnosima sa trećim licima (svojim snabdevačima i potrošačima), što je moguće samo ako ih zasnuju na ekvivalentnoj razmeni dok se konačno ne stvori jedinstvena asocijacija slobodno udruženog rada u kojoj više neće ni biti ekonomskih odnosa raspodele pa ni razmene.

Organizacije povezane zajedničkom proizvodnjom i zajedničkim ostvarivanjem dohotka mogu međusobnim odnosima ovladati sam doslednom primenom principa raspodele prema radu, koja pored tržišne razmene isključuje i troškovnu preraspodelu ostvare-

---

[35] "Udruživanje rada i sredstava pod neposrednom ekonomskom i političkom kontrolom radnika u OOUR — koja im omogućuje da neposredno upravljaju i raspolažu uslovima, sredstvima i plodovima svog rada — polazna je tačka usmeravanja tržišnih zakonitosti sve do negacije samog tržišta, odnosno njegovog postepenog prevazilaženja". (E. Kardelj, *Slobodni udruženi rad,* isto, str. 75).

[36] "Tržišne cene mogu, putem nerealnog vrednovanja doprinosa pojedinih OOUR ostvarenom zajedničkom prihodu, ostvariti nejednake uslove sticanja dohotka, bez obzira na *doprinos* OOUR ostvarenom zajedničkom prihodu". (Dr Tomislav Bandin, isto, str. 56).
"Zbir cena međufaznih proizvoda i usluga iz kojih se sastoji zajednički proizvod odnosno koji čine zajedničku uslugu u takvim slučajevima biće po pravilu veći od same cene zajedničkog proizvoda odnosno usluge. Drugo, po eksterno datim cenama može se plasirati samo ograničen i na duži rok posmatrano nestabilan obim proizvoda i usluga u međusobnom prometu, tako da njihovo integralno uključivanje u međusobne odnose bez ikakve korekcije nema ekonomske logike, odnosno protivreči udruživanju rada i sredstava. Najzad, treće, eksterne cene proizvoda i usluga u međusobnom prometu same nisu stabilne, već podložne promenama i tako ne pružaju dovoljnu sigurnost pojedinim OOUR, zbog čega se one i povezuju u zajedničkoj proizvodnji ili zajedničkom pružanju usluga". (Dr Aleksandar Vacić, *Principi i politika dohotka,* "Radnička štampa" Beograd, 1976, str. 255).

nog dohotka. Zato se raspoređivanje zajedničkog prihoda i zajedničkog dohotka ne može vršiti ni pomoću kalkulativnih troškovnih cena u koje se ugrađuju planirani ili ostvareni troškovi udruženih organizacija nezavisno od njihove ekonomske opravdanosti.

Primenom takvih cena vrši se, u stvari, troškovna distribucija ostvarenog dohotka, koja kao karakteristični oblik etatističke reprodukcije, čini osnovu birokratsko-centralističkog odlučivanja pomoću kojeg se jedino i može održavati jer je organizacije koje uspešnije posluju neće dobrovoljno prihvatati. Zato se takve asocijacije ne mogu dugo održati kao oblik samoupravnog udruživanja rada pošto to u suštini i nisu.

Cena, u stvari, ne može uopšte služiti kao ekonomski instrumenat raspodele prema radu, koja se vrši po meri samog rada. Ni pri slobodnoj tržišnoj konkurenciji ona se ne javlja kao instrumenat, već kao rezultat raspodele koji određuju ukupni odnosi reporkukcije. Samo se monopolskim cenama može bitno uticati na odnose raspodele, ali takve cene pretpostavljaju i odgovarajući svojinski monopol na većim ili najvećim delom sredstava društvene reprodukcije, koji u svakom slučaju isključuje stvarnu ravnopravnost među subjektima reprodukcije.

Kod zajedničkog prihoda i zajedničkog dohotka cene poluproizvoda i delova proizvoda, kao i visina naknade za korišćenje udruženih sredstava mogu se znati tek kad je poznata cena zajedničkog proizvoda, koju ni pri tržišnoj ni pri neposrednoj razmeni rada ne određuje sam proizvođač. Zato je i njihovo planiranje neodvojivo od planiranja cena zajedničkih proizvoda i usluga, koje je moguće samo ako se vrši plansko usklađivanje proizvodnje i potrošnje, što je opet do kraja ostvarivo tek na osnovama neposredne razmene rada.

Raspodela zajednički ostvarenog dohotka prema radnom doprinosu predstavlja glavnu pokretačku snagu produktivnosti i ukupne ekonomije udruženog rada, jer sve učesnike u njegovom ostvarivanju podstiče na maksimalno angažovanje. To je veliki napredak u odnosu na tržišnu razmenu preko koje se dohodak može sticati i po osnovu monopola, a pogotovu na troškovnu preraspodelu koja destimuliše i one od kojih se dohodak oduzima, i one kojima se dotira.

Kad se raspodela dohotka vrši na osnovu troškovnih kalkulacija, sve organizacije su zainteresovane za troškovno "zidanje" cena svojih proizvoda i usluga, što neizbežno vodi njihovom sukobljavanju jer se na taj način dohodak jednih može povećati samo na račun smanjenja dohotka drugih. Nasuprot tome, raspodela prema društveno potrebnom radu, merenom tehnološkim i samoupravno utvrđenim standardima živog i opredmećenog rada, podstiče udružene organizacije na smanjivanje ukupnih troškova proizvodnje jer svako sniženje standardizovanih utrošaka vodi povećanju, a svako povećanje smanjenju dohotka a da pritom ne utiče na dohodak drugih organizacija.

Raspodelom prema radu ne samo da se ne reprodukuju, nego se i prevazilaze suprotnosti koje se među subjektima društvene reprodukcije javljaju pri tržišnoj razmeni i troškovnoj preraspodeli novostvorene vrednosti. Jer iako tržišna konkurencija primorava na podizanje produktivnosti, ona istovremeno podstiče i na sticanje monopolskog položaja preko kojeg se ostvaruje neekvivalentna razmena kao izvor suprotnosti i reprodukovanja nejednakosti među subjektima razmene. I dok su subjekti tržišne razmene zbog toga zainteresovani za povećavanje razlika u sopstvenu korist, kako u produktivnosti tako i u celini društvene reprodukcije, interes organizacija povezanih zajedničkim ostvarivanjem dohotka je da se te razlike sve više smanjuju.

Takav interes proističe iz same reprodukcione međuzavisnosti udruženih organizacija, među kojima se uspostavljaju u suštini isti odnosi kao među pojedinačnim radnicima povezanim nedeljivom proizvodnjom zajedničkih proizvoda i usluga. Pošto se zajednički proizvod ne može proizvesti i realizovati bez odgovarajuće usklađenosti svih delova jedinstvenog radnog procesa na kojem se zasniva zajedničko ostvarivanje dohotka, svaki učesnik u tom zajedničkom poslu mora biti zainteresovan da se i svi ostali učesnici ravnomerno razvijaju i što više osposobljavaju za obavljanje svojih proizvodnih funkcija.

Taj interes može ići samo do granice preko koje bi napredak jednih dolazio u sukob sa napretkom drugih. Zato udružene organizacije moraju međusobne odnose urediti tako da, u zajedničkom interesu unpared isključe svaku mogućnost sukobljavanja svojih posebnih interesa. To podrazumeva da svako sam snosi posledice sopstvenih promašaja, a da se zajednički rizik vezuje samo za objektivne uslove zajedničkog rada i poslovanja na koje ni jedna od udruženih organizacija ne može uticati. U skladu s tim, svaki učesnik u zajedničkom poslu morao bi u celini nadoknaditi štetu koju neispunjavanjem svojih obaveza nanese drugim učesnicima.

U suštini isti odnosi uspostavljaju se na osnovama raspodele prema radu, i među pojedinačnim radnicima u svakoj organizaciji udruženog rada. Dohodak koji zajedničkim radom ostvare, udruženi radnici međusobno raspodeljuju prema individualnom doprinosu tekućim i minulim radom. Po opštem obrascu raspodele prema radu, lični dohodak svakog pojedinog radnika odnosi se prema ukupnom dohotku njegove osnovne organizacije kao što se njegov individualni kvantum rada odnosi prema ukupnom zajedničkom radu kojim je taj dohodak ostvaren.

Lični dohodak označava, prema tome, takav svojinski odnos po kojem se suštinski razlikuje od svih ostalih oblika sticanja sredstava lične egzistencije. Dok se sredstva lične egzistencije pripadnika eksploatatorskih klasa obezbeđuju prisvajanjem tuđeg rada, lični dohodak se stiče isključivo sopstvenim radom, a ukoliko je stečen prisvajanjem tuđeg rada, utoliko u suštini ne predstavlja *lični* dohodak.

Po tome što se stiče sopstvenim radom, lični dohodak se bitno razlikuje i od svih oblika obezbeđivanja lične egzistencije pripadnika eksploatisanih klasa i eksploatisanih radnika uopšte. Iako se održava u životu samo zato da bi proizvodio a proizvodi da bi se održao u životu, eksploatisani radnik ne obezbeđuje ličnu egzistenciju neposredno samim radom jer se njegov rad otuđuje drugome. Rob i proizvodi i živi zato da bi živeo robovlasnik, a slično je i sa kmetom, dok proleter, po istoj logici, ne stiče najamninu samim radom, već iznajmljivanjem radne snage. Ni državnom platom se ne plaća rad, nego radna snaga koja, kao što se zna, može biti plaćena i kad ne radi. U svakom slučaju, ni najamnina ni plata ne stoje niukakvoj neposrednoj vezi sa radnim učinkom, a ukoliko se takva veza uspostavlja utoliko gube svoja karakteristična obeležja.

Pošto vladavina eksploatatorske proizvodnje znači i opštu vladavinu prisvajanja tuđeg rada, lični dohodak se kao oblik obezbeđivanja lične egzistencije sopstvenim radom, javlja tek sa pojavom društvene svojine. On je zapravo karakteristični oblik protivrečnog ispoljavanja društvene, sopstvenim radom stečene svojine. Kroz lični dohodak društvena svojina se ispoljava i kao lična i kao individualna svojina udruženih radnika.

Kao izraz te protivrečnosti, lični dohodak je u funkciji i zajedničkog i individualnog zadovoljavanja ličnih potreba, po čemu čini materijalnu osnovu za transformaciju individualističkog u komunistički način egzistencije s obzirom da se sve više koristi zajednički a sve manje individualno. Zato se masa sredstava za lične dohotke udruženih radnika deli na dva osnovna dela, od kojih je jedan u funkciji zajedničkog, a drugi u funkciji individualnog zadovoljavanja njihovih potreba. Prvi deo koji se reprodukuje po principu socijalističke solidarnosti da ko više stiče više i doprinosi, već se prema potrebama i mogućnostima koristi komunistički, dok se samo drugi raspodeljuje na pojedince, koji tako dobijena sredstva i ne moraju koristiti individualno već ih radi zajedničkog zadovoljavanja ličnih potreba, mogu ponovo udruživati.

Masa sredstava namenjena za individualno zadovoljavanje ličnih potreba, raspodeljuje se prema individualnom doprinosu zajedničkom ostvarivanju dohotka jer se o drugačijem načinu raspodele udruženi radnici ne bi mogli ni sporazumeti. Po tome se individualni lični dohodak (Ild) prema masi sredstava za individualne lične dohotke (Mild) odnosi kao individualni kvantum rada (Ir) prema ukupnom zajedničkom radu (Zr), tako da je:

$$Ild : Mild = Ir : Zr,$$

odkale je:

$$Ild = \frac{Mild \cdot Ir}{Zr}.$$

Individualni kvantum tekućeg rada utvrđuje se u osnovi kao proizvod koeficijenta složenosti konkretnog rada, društveno potrebnog vremena po jedinici odgovarajućeg rezultata rada i broja ostvarenih jedinica rezultata rada, tako da je:

$$Itr = Ks \cdot T \cdot J$$

odnosno:

$$Itr = Ks \cdot S(žr) \cdot J$$

ako se društveno potrebno vreme izrazi kao standard živog rada. Taj proizvod predstavlja, u stvari, relativni individualni doprinos zajedničkom rezultatu rada, prema kojem se vrši raspodela sredstava na individualne lične dohotke. Kad su individualni rezultati rada raznovrsni, vrši se njihovo zbrajanje pa je:

$$Itr = /Ks \cdot S(žr)/_1 + /Ks \cdot S(žr)/_2 + ... + /Ks \cdot S(žr)/_n$$

U svakoj organizaciji može se prema sledećem modelu, sačiniti kompletna tabela relativnih vrednosti svih raznovrsnih rezultata tekućeg rada, kao polazne osnove za utvrđivanje pojedinačnih doprinosa udruženih radnika.

VRSTA REZULTATA RADA	JEDINICA REZULTATA RADA	KOEFICIJENT SLOŽENOSTI RADA	STANDARD ŽIVOG RADA (u časovima)	RELATIVNA VREDNOST JEDINICE REZULT.RADA
a	x	1	2	2
b	y	2	3	6
...	...	...	...	...
n	z	3	100	300

Relativna vrednost jedinice rezultata rada, koja sadržinski označava društveno potrebno vreme svedeno na vreme prostog rada, može se iz praktičnih razloga označavati i bodovima.

190

Data tabela je dovoljna za utvrđivanje radnog doprinosa kad su kvalitet rezultata rada, utrošak opredmećenog rada i objektivni uslovi rada standardni. Ukoliko se, međutim, javljaju odstupanja od utvrđenih standarda, date relativne vrednosti jedinica rezultata rada moraju se korigovati prema tome koliko se tim odstupanjima povećava ili smanjuje potrebna količina rada, što se postiže pomoću obrasca:

$$R = Ks \cdot T \cdot Kk \cdot Ko \cdot Ku,$$

gde Kk označava koeficijent kvaliteta, Ko — koeficijent utroška opredmećenog rada, i Ku — koeficijent uslova rada, iz čega pored ostalog, proističe da se u raspodeli sredstava za individualne lične dohotke neće uopšte učestvovati ako je proizveden škart jer kad je Kk = 0, onda je i R = 0.

Koeficijent kvaliteta utvrđuje se kad se ostvareni kvalitet stavi u odnos prema standardizovanom kvalitetu $(\frac{Ok}{Sk})$, koeficijent utroška opredmećenog rada kad se standardizovani utrošak stavi u odnos prema efektivnom utrošku opredmećenog rada $(\frac{Su}{Eu})$, i koeficijent uslova rada kad se standardni učinak koji bi se ostvarivao pod normalnim uslovima rada stavi u odnos prema učinku koji se može ostvariti pod konkretnim uslovima $(\frac{Nu}{Ku})$.

Neuvažavanje svih činilaca radnog doprinosa može imati za posledicu međusobno poništavanje njihovih efekata jer će jedni pozitivno a drugi negativno uticati na ekonomiju rada. Jednostranim vrednovanjem kvantiteta povećaće se učinak ali i škart te utrošak opredmećenog rada, što u globalu može dati veći negativni nego pozitivni efekat. Deformisanjem raspodele prema radu, i zanemarivanje razlika u objektivnim uslovima rada stvaraće nezadovoljstvo radnika, koji će zbog toga izbegavati svaki rad pod otežanim uslovima.

Korekciji podležu relativne vrednosti samo onih jedinica rezultata rada koji nisu ostvareni pod standardnim uslovima, čime se na osnovu identifikacije stvarno uloženog rada u stvari identifikuje njihova prava vrednost. Ako je Ks = 1, To = 10, Kk = 1,1, Ko = 1,2 i Ku = 1,3, onda je R = 1 · 10 · 1,1 · 1,2 · 1,3 = 17,16, ali ako su Kk = 0,9, Ko = 0,8, i Ku = 0,7, onda je R = 1 · 10 · 0,9 · 0,8 · 0,7 = 5,04, umesto R = = 1 · 10 · 1 · 1 · 1 = 10 kad su svi činioci radnog doprinosa standardni. Slične oscilacije oko standardne vrednosti nastajaće i kad su koeficijenti pojedinih korektiva iznad, a drugi ispod i ukoliko se ne vrši njihovo potiranje.

Individualni doprinos minulim radom, koji se uzima za osnovu individualne raspodele, obuhvata celokupan rad koji pojedinac u toku svog radnog veka uloži u podizanje ukupne društvene produktivnosti rada. Nisu to samo sredstva akumulacije namenjena za razvoj materijalne osnove rada, nego celokupna sredstva čijom se upotrebom doprinosi podizanju društvene produktivnosti uključujući i društveni standard. To je u stvari celokupan ostvareni dohodak umanjen za sredstva individualne lične potrošnje koja se raspodeljuju na individualne lične dohotke.

Pošto je doprinos minulim radom u stvari samo minuli doprinos tekućim radom, relativni odnosi u jednom i drugom doprinosu za isti obračunski period su identični. Pod uslovom da podizanju društvene produktivnosti svako doprinosi srazmerno svom radu, doprinos minulim radom jednog radnika odnosi se prema doprinosu minulim radom drugog radnika isto kao što se odnose njihovi doprinosi tekućim radom. Zato relativna vrednost jedinice rezultata rada predstavlja osnovu za utvrđivanje relativnog doprinosa i tekućim i minulim radom.

Doprinos društvenoj produktivnosti rada daje se, međutim, u toku celog radnog veka, a protekli vek udruženih radnika je različit, zbog čega se radi individualne raspodele, moraju utvrđivati i relativni odnosi u ukupnom doprinosu minulim radom. Ako su dva radnika u toku proteklog radnog veka davali isti doprinos tekućim radom, razlika u njihovom doprinosu minulim radom biće određena samo razlikom u dužini njihovog proteklog radnog veka. Ali pošto to može predstavljati samo puku slučajnost, relativni odnos u doprinosu minulim radom određen je razlikom u doprinosu ukupnim tekućim radom obavljenim u toku proteklog radnog veka, zbog čega radni staž ne može biti adekvatno merilo doprinosa minulim radom, pa stoga ni individualne raspodele prema radnom doprinosu.

Adekvatno merilo raspodele prema minulom radu može biti samo relativni doprinos minulim radom, koji pokazuje koliko svaki radnik treba po tom osnovu da dobije u odnosu na druge radnike sa kojima je udružio svoj rad. Za određeni obračunski period takav doprinos utvrđuje se kada se ukupan doprinos minulim radom u proteklom radnom veku podeli brojem odgovarajućih obračunskih perioda za ceo radni vek, tako da je:

$$Imr/op = \frac{Pmr}{Op/rv},$$

gde Imr/op označava individualni doprinos minulim radom u određenom obračunskom periodu, Pmr – protekli doprinos minulim radom, i Op/rv – broj obračunskih perioda u celom radnom veku. Ako se periodični obračun ličnog dohotka vrši mesečno, a radni vek je 40 godina, onda je:

$$Imr/m = \frac{Pmr}{480},$$

pa je pri proteklom doprinosu minulim radom od 240.000 vrednosnih jedinica:

$$Imr/m = \frac{240.000}{480} = 500.$$

Individualni doprinos minulim radom dodaje se na indivualni doprinos tekućim radom, tako da je ukupan individualni doprinos:

$$Ir = Itr + Imr.$$

Ako je po osnovu tekućeg rada ostvareno 1.000, a po osnovu minulog rada 200 vrednosnih jedinica, onda je:

$$Ir = 1.000 + 200 = 1.200.$$

Dobijeni iznos uzima se kao jedinstveni osnov individualnog učešća u raspodeli sredstava za lične dohotke, koja inače treba da čine jedinstvenu masu pošto se dohodak pomoću minulog rada stvara samo tekućim radom.

Kad se ta masa podeli ukupnim brojem relativnih vrednosnih jedinica ostvarenih u datom radnom kolektivu, dobija se novčani izraz relativne vrednosne jedinice, čijim se množenjem sa relativnim individualnim doprinosom izračunava individualni lični dohodak pojedinačnog radnika, tako da je:

$$Ild = Ir \cdot Jn,$$

gde Jn označava novčani izraz relativne vrednosne jedinice. Ako je Jn = 100, a Ir = 1.200, onda je:

$$Ild = 1.200 \cdot 100 = 120.000.$$

Time se individualna raspodela sredstava za lične dohotke u potpunosti objektivizira, što zapravo i jeste bitno obeležje raspodele prema radu, koja se ne vrši prema radnoj snazi radnika, već prema ospoljenim, objektivno datim rezultatima njegovog rada. Osnovu raspodele čini sam proizvod (određenog kvantiteta i kvaliteta) koji je potpuno odvojen od svog proizvođača, tako da je sasvim irelevantno ko ga je proizveo ako on sam poseduje određena upotrebna svojstva koja obezbeđuju njegovu razmensku i potrošnu realizaciju.

Zato su potpuni promašaj pokušaji da se individualna raspodela ličnog dohotka vrši na osnovu ocene samih izvršilaca radnih zadataka, bez obzira ko se stavlja u ulogu ocenjivača. Pri takvim pokušajima, raspodela se ne vrši prema samom radu, već prema subjektivnim svojstvima radnika, koja ne moraju biti u korelaciji sa njegovim radnim doprinosom. Zato u prvi plan izbija subjektivni odnos između ocenjivača i ocenjivanih, na kojem se zasnivaju proizvoljnosti u raspodeli i neprincipijelnosti u međuljudskim odnosima.

Negiranje mogućnosti objektivizacije merila za individualni doprinos zajedničkim rezultatima rada proističe iz neshvatanja suštine zakona vrednosti i njegovog ispoljavanja kroz socijalističku reprodukciju. Suprotno Marksovom shvatanju, individualni kvantum rada shvata se kao individualni, a ne kao društveno potrebni utrošak živog rada, iz čega se izvodi i pogrešan zaključak o njegovoj nespojivosti sa tržišnim i uopšte ekonomskim zakonima. [37]

Raspodela prema tako shvaćenom kvantumu rada neće se praktično nikada vršiti jer ne samo što su individualni utrošci radnog vremena bez svođenja na društveno potrebno vreme kao zajednički imenitelj, nesamerljivi, nego to u suštini ne bi ni bila raspodela prema radu. Rad uopšte, pa ni individualni kvantum rada ne može se praktično meriti drugačije nego društveno potrebnim radnim vremenom, koje izražava stvarnu, objektivno datu količinu rada neophodnog za proizvodnju nekog proizvoda određenog kvaliteta i kvantiteta.

U svim primercima određenog proizvoda izrađenim pod jednakim objektivnim uslovima, sadržane su jednake količine rada bez obzira na razlike u individualnim vremenima njihove izrade. To što je neko svoj primerak izradio za dvostruko kraće vreme nije dokaz da je u njega uložio dva puta manje rada, već samo da je vredniji i veštiji radnik te da je radio većim intenzitetom i uz manje rasipanja radne energije. Stoga bi raspodela prema individualnom vremenu proizvodnje samo slučajno mogla predstavljati raspodelu prema *uloženom* radu, koji se ne može izjednačavati s utrošenim radom, kao što ni materijal *uložen* u neki proizvod nije jednak utrošenom materijalu.

Raspodela prema utrošenom (radnom vremenu i energiji) a ne prema uloženom radu, značila bi stoga troškovnu preraspodelu a ne stvarnu raspodelu prema radnom doprinosu. To što neko određeni proizvod izrađuje duže nego što je potrebno, ne doprinosi

---

37) Vidi: Edvard Kardelj, *Protivrečnosti društvene svojine u savremenoj socijalističkoj praksi*, drugo dopunjeno izdanje, "Radnička štampa", Beograd, 1976, str. 80–88; i Miladin Korać, *Socijalistički samoupravni način proizvodnje*, I, "Komunist", Beograd, 1977, str. 203–235.

ništa više od drugih, nego naprotiv neracionalno troši (rasipa) radno vreme i energiju. Zato bi raspodela prema utrošenom a ne prema uloženom radu, značila neekonomsku i nepravednu raspodelu jer bi umesto rada podsticala nerad, a umesto jednakosti zasnovanoj na radnom doprinosu, reprodukovala bi nejednakost zasnovanu na eksploataciji pošto bi lošiji radnici prisvajali rad boljih radnika.

Ali, s obzirom da većina objektivno ne može živeti od prisvojenog rada manjine, takav način raspodele ne bi ni mogao predstavljati socijalistički — demokratski prihvaćen model. Troškovni model raspodele postao je zapravo osnova etatističke uravnilovke, koja se jedino pomoću državne prinude može održavati jer jedan oblik eksploatacije zamenjuje drugim. Umesto stvarnog rada, za osnovu raspodele uzima se pretpostavljeni rad, pa se i za njegovo merilo umesto društveno potrebnog vremena uzima vreme provedeno na radu, čime se praktično prekida neposredna veza između proizvodnje i raspodele [38] što omogućava da se dohodak nezavisno od rezultata rada preraspodeljuje prema etatistički oktroisanim potrebama potrošnje, u kojoj praktično najviše učestvuju oni koji najmanje rade.

Da ne odgovara birokratiji, takva raspodela nikada ne bi bila ni uvedena, ali se ona lažno predstavlja kao raspodela prema radu da bi se stvorilo ubeđenje kako drugačija raspodela u socijalizmu nije ni moguća. [39] Samo se time mogu objasniti toliko snažni otpori na koje nailaze svi pokušaji da se troškovni sistem raspodele zameni produktivnim, na zakonu vrednosti zasnovanim sistemom raspodele. Da bi pomirila svoj monopolski položaj sa neminovnošću razvoja proizvodnje, birokratija je prinuđena da pravi određene ustupke sve dok se ne poljuljaju sami temelji etatističkog sistema.

Kao početni korak ka prevazilaženju platnog sistema, tarifni sistem ne nailazi na veliki otpor upravo zbog toga što ne zadire u te temelje. Iako se vezuje neposredno za radno mesto, tarifni stav je u osnovi ipak određen stručnom kvalifikacijom kao osnovnim uslovom za obavljanje poslova na radnom mestu, [40] a pošto su i kvalifikacija i radno mesto samo konstatne pretpostavke za tekuće obavljanje radnih zadataka, i tarifni stav je unapred utvrđena i relativno konstantna veličina koja za osnovu ima pretpostavljeni, a ne stvarno obavljeni rad. [41]

Raspodelu prema radu birokratija po sili ekonomske nužde prihvata samo kao marginalni dodatak platnom sistemu jer bi njenim pretvaranjem u sistem izgubila ulogu distributera društvenog dohotka. Zato ona raspodelu prema radnoj normi, koju je kapita-

---

38) ''Na planu raspodele negativni efekti ovakvog sistema ogledaju se dalje u uravnilovci, koja proističe otuda što se za osnovu ličnih dohodaka uzima rad u njegovom konkretnom obliku, i to najčešće ne efektivni već pretpostavljeni, nezavisno od proizvodne jedinice u kojoj se obavlja i rezultata njenog rada. Iz ovakve raspodele zakonito nastaju nezainteresovanost proizvođača i proizvonih jedinica za unapređenje svoje delatnosti, pošto je polaznim premisama sistema raspodela izolovana od proizvodnje, tako da između rezultata proizvodnje i materijalnog položaja proizvodnih jedinica i proizvođača nema nikakve neposredne veze ili je ona simbolična". (Aleksandar Vacić, isto, str. 99).

39) "Spominjanje sadržaja u izrazu "svakome prema radu" poistovijećeno je kod većine ljudi kao nagrada prema vremenu boravka na radu bez obzira na rezultate rada". (M. Figurić, J. Mikulić, V. Vinter, Izgradnja sistema raspodjele osobnih dohodaka u organizaciji udruženog rada, "Informator", Zagreb, 1981, str. 18).

40) "Tarifni stav je odražavao kvalifikacije potrebne za obavljanje posla na tom radnom mjestu, u izvjesnoj mjeri težinu, uslove rada i odgovornost". (Mika Špiljak, Nagrađivanje po kompleksnom učinku, "Kultura", Beograd, 1960, str. 31).

41) "Tarifni stavovi su predstavljali oblik fiksno, unaprijed utvrđene zarade koja je imala puni prioritet pri isplati. Zarade na osnovu tarifnih stavova isplaćivale su se prije svih drugih oblika zarada, naročito zarada po učinku". (Dr Rikard Štajner — Dipl. ek. Viktor Franc, Ekonomske jedinice, "Informator", Zagreb, 1962, s. 79).

lizam davno uveo kao oblik materijalne stimulacije najamnog radnika, proglašava za vrhunac raspodele prema radu upravo zbog toga što za osnovnu pretpostavku ima najamni radni odnos.

U osnovi raspodele prema radnoj normi je zapravo u suštini najamničko-platni sistem. Radna norma je u stvari radni zadatak koji najamni radnik mora izvršiti za određenu unapred utvrđenu platu koja se naknadno samo povećava ili umanjuje zavisno od prebačaja ili podbačaja norme, ali nikada u srazmeri sa kretanjem radnog učinka čiji se određeni deo nepovratno otuđuje od radnika.[42] Zato se u takvom sistemu raspodele zadržava i odgovarajući klasni antagonizam karakterističan za najamni odnos, koji se zasniva na nepomirljivim interesima poslodavca za povećavanjem, a najamnika za smanjivanjem norme.[43]

Najamnički karakter raspodele prema radnoj normi ogleda se i u tome što se zarada vezuje samo za naturalni učinak pojedinca nezavisno od poslovnog uspeha i ostvarenog dohotka organizacije,[44] po čemu ona zapravo zadržava svojstva najamnine kao proizvodnog troška. Zarade se isplaćuju kao proizvodni izdatak, a viškom proizvoda raspolaže poslodavac, zbog čega je radnik nezainteresovan za poslovni uspeh organizacije, koja je faktički još otuđena od njega, i prema kojoj se zbog toga i dalje antagonistički odnosi.[45]

---

[42] "Radna norma je normalni količinski učinak koji se radniku postavlja kao njegov radni zadatak. Ukoliko on taj zadatak izvrši, njemu pripada (ako je nagrađivanje vezano za radne norme) određena normalna plata. Ako radnik zadatak prekorači, pripada mu plata veća od normalne, a ako ga ne postigne, njegova plata će biti niža od normalne". (Aleksandar Bajt, *Raspodela nacionalnog dohotka i sistem ličnih dohodaka u našoj privredi,* "Rad", Beograd, 1962, str. 135).

[43] "Pretpostavimo da je radna grupa postigla normu produktivnosti od 150%. Radnik ni na jednom poslu ne treba proizvoditi više. Čim novi radnik stekne vještinu koja mu omogućuje postizanje norme od 150%, on je ušao u tajne radne grupe. Tada ga upozoravaju da nije uputno da tu grupnu normu prekorači jer bi je rukovodstvo moglo povisiti. Ne reagira li na to — radna grupa primjenjuje sankcije". (William Foote Whyte, isto, str. 115).
"Sindikat i komuna treba i u pitanju normi da budu oni društveni faktori koji će štititi radnika i celu privrednu organizaciju pred eventualnim tendencijama da joj se nametnu oštre norme, ali, u isto vreme, i da svojom saradnjom doprinesu otklanjanju tendencija unutar radnih kolektiva da se pomoću labavo postavljenih normi postižu neopravdano visoke plate". (Teodor Tomić, *Uredba o platama radnika i službenika privrednih organizacija,* Beograd, 1955, str. 5).

[44] "Sistem obračuna po normi nosi u sebi strogo individualnu karakteristiku. Lični dohoci formiraju se na bazi izvršene norme. Lični dohoci su vezani za fizički obim proizvodnje i predstavljaju relativno fiksnu veličinu". (Dragomir S. Zlatanović, *Sistem unutrašnje raspodele i produktivnost rada,* "Službeni list SFRJ", Beograd, 1981, str. 38).

[45] "Radnik čija je zarada još dobrim dijelom tretirana kao trošak još uvijek se donekle može osjećati kao da je u nekoj vrsti najamnog odnosa, kao da ga se plaća za to da bi ostvarivao što veću dobit za poduzeće. Ovu "dobit" on još ne osjeća u potpunosti kao svoju. Praktično djelovanje ostataka najamne psihologije je u tome što radnik još nije dovoljno zainteresovan za rezultate poduzeća i za to da boljim privređivanjem i upravljanjem i on doprinosi tim rezultatima. U njemu se još ponekad javljaju ranije težnje: da za svoj rad dobije što veću zaradu na teret "dobiti". Isto tako, neki rukovodioci u poduzećima još su nužno opterećeni suprotnim težnjama, da se ostvari što veća "dobit" uz ograničene zarade". (Dr Rikard Štajner — Dipl. ek. Viktor Franc, isto, str. 66/7).

Taj antagonizam ne može se prevazići sve dok se zarada radnika ne veže za rezultate rada i ostvareni dohodak cele organizacije, što je inače nužan uslov da ona iz najamnine preraste u lični dohodak kao oblik ispoljavanja društvene svojine. Tek tada radnik postaje zainteresovan ne samo za svoju ličnu zaradu, već i za dohodak cele organizacije, pa stoga i za rezultate kako sopstvenog rada tako i rada drugih radnika te organizacije u celini,[46] odakle proističe i njegov interes za povećanje, umesto za smanjenje, radnih zadataka i proizvodnih planova organizacije.[47] I tada interes radne organizacije zaista postaje zajednički interes udruženih radnika koji je sadržan u njihovim pojedinačnim interesima umesto da im je kao interes otuđene organizacije, suprotstavljen.[48]

Ako već raspodela prema radnoj normi podstiče na povećanje produktivnosti, raspodela prema doprinosu zajedničkom radu i ostvarivanju dohotka mora to činiti u daleko većoj meri. Dok je u prvom slučaju pažnja radnika usredsređena samo na sopstveni učinak, u drugom se ona usmerava prema faktorima društvene produktivnosti, čije unapređivanje postaje zajednička stvar svih i svakoga.[49] Gde god je započinjano dosledno ostvarivanje raspodele prema radu, dolazilo je do opšteg angažovanja na unapređivanju svih činilaca produktivnosti, koja je ubrzano rasla i preko 20% godišnje.[50]

---

46) "U tim uslovima radnika ne interesuje samo njegovo radno mesto i njegov tarifni stav nego i uspeh preduzeća u celini i svi putevi koji vode takvom uspehu". (Vojin Hadžistević, Husein Kratina, Firdus Džinić, *Tendencije i praksa neposrednog upravljanja radnika u ekonomskim jedinicama,* Institut društvenih nauka, Beograd, 1963, str. 33).
"Kako je radniku visina njegovih osobnih dohodaka u zavisnosti ne samo od rezultata njegova vlastitog rada već rada svih u njegovoj ekonomskoj jedinici, on se počinje interesirati i za rad drugih, počinje pronalaziti bolje i jeftinije organizacione forme i postaje aktivni činilac za bolju organizaciju i kontrolu rada". (Prof.dr. ing. Eduard Blaško, *Raspodjela dohotka prema rezultatima rada i metode obračuna troškova* drugo izdanje, Pravno-ekonomski centar Beograd, 1979, str. 218).

47) "Ukoliko se raspodela vrši po ekonomskim jedinicama, a dohodak preduzeća i lični dohoci radnika tešnje povezuju za rezultate u proizvodnji i ukoliko se merila za utvrđivanje rezultata rada ređe menjaju, utoliko radnici stiču veći i neposredniji materijalni interes za optimalnim planom". (Vojin Hadžistević i dr., isto, str. 82).

48) "Raspodelom koja je povezivala lične dohotke radnika za uspeh preduzeća u celini – koji je meren određenim objektivnim merilima – postignut je, u znatno većoj meri nego što je to bio slučaj do tada, harmoničniji sklad ličnih interesa pojedinih radnika sa zajedničkim interesima radnog kolektiva i opštim interesom društva". (Isto, str. 33).
"Na takav način, umjesto ranijih suprotnosti, nastaje mnogo veće jedinstvo interesa u radnom kolektivu. Počev od radnika u proizvodnoj ekonomskoj jedinici do direktora poduzeća, svi su jednako zainteresirani za to da se povećava dohodak u svakoj ćeliji poduzeća i da se iz tog dohotka što potpunije podmiruju lične i kolektivne potrebe, uključujući ulaganja u dalji razvoj. U takvim okvirima izdvajanje u poslovni fond radnici sve manje osjećaju kao teret ili odricanje, a sve više kao svoju vlastitu potrebu i interes". (Dr Rikard Štajner – Dipl.ek. Viktor Franc, isto, str. 67).

49) "Raspodela po jedinici proizvoda, gde god se uvodila, davala je i takve rezultate na kakve se prilikom njenog uvođenja nije pomišljalo. U preduzećima u kojima je ona bila uvedena produktivnost rada je znatno porasla, zaustavljena je tendencija neopravdanog povećavanja broja radnika, pojačala se samodisciplina na radu, smanjili se nepotrebni izostanci i neopravdana bolovanja, kapaciteti se bolje koriste, oprema se bolje čuva, otkrivaju se nerealni normativi rada i materijala, otkrivaju se slabosti u organizaciji preduzeća kao i pravci u kojima treba tražiti rešenja za otklanjanje tih slabosti" (Vojin Hadžistević i dr. isto, str. 34).

50) Vidi: Živko Marković, *Osobni dohodak,* "Informator", Zagreb, 1981, str. 174–176.

V. RAD I LIČNA POTROŠNJA

Međusobna uslovljenost rada i lične potrošnje

Rad i lična potrošnja se toliko uslovljavaju da potrošnje ne bi bilo bez rada, ali ni rada bez potrošnje.[1] Ta uslovljenost je višedimenzionalna: od neposredne identičnosti[2] do posredovane međuzavisnosti.[3] Stoga su rad i lična potrošnja neodvojivi i univerzalni oblici svake reprodukcije kako ljudske jedinke tako i ljudske zajednice. U svim oblicima društvene reprodukcije rad prelazi u potrošnju, a potrošnja u rad, kroz međusobno suprotstavljanje se poistovećuju, a kroz poistovećivanje suprotstavljaju.

Rad je pre svega neposredna potrošnja radne enrgije. Bilo da je oblik ili sredstvo ljudske reprodukcije, rad se uvek sastoji u svrsishodnom trošenju životne energije čoveka, koju on lično usmerava prema određenim ciljevima. Simbolički je prema tome:

$$R = Pe,$$

odakle proističe i obrnuto — da je:

$$Pe = R.$$

Potrošnja lične energije se, međutim, samo uslovno može izjednačiti sa radom, to jest samo ukoliko predstavlja svrsishodno trošenje. Nesvrsishodno trošenje lične energije nije nikakav rad, zbog čega apsolutnog identiteta između rada i potrošnje nema. Iako je svaki rad istovaremeno i potrošnja lične energije, svaka potrošnja lične energije nije rad, što znači da je ona samo delimično identična sa radom.

Ali ni svrsishodno trošenje lične energije nije apsolutno identično sa radom jer se i pri svrsishodnom trošenju jedan deo energije neracionalno rasipa, zbog čega utrošena energija nije jednka *uloženoj* energiji. Zato se relativni identitet rada i lične potrošnje simbolički može izraziti sa:

---

[1] ”Bez proizvodnje nema potrošnje; bez potrošnje nema proizvodnje”. (K. Marks: ”Osnovi kritike političke ekonomije”, isto, tom 19, str. 12–13).

[2] ”Proizvodnja je neposredno potrošnja, potrošnja je neposredno proizvodnja. Svaka je neposredno svoja suprotnost”. Isto, str. 11).

[3] ”Da se svaka pojavljuje kao sredstvo one druge; da je posredovana njome, što se izražava kao njihova uzajamna zavisnost... Svaka od njih nije samo neposredno ona druga, niti samo posreduje drugu, nego svaka od njih, izvršavajući sebe, stvara drugu, sebe kao drugu”. (Isto, str. 12–13).

$$R \neq Pe,$$

što znači da je rad identičan samo sa racionalnom potrošnjom a da je neracionalna potrošnja nespojiva s efektivnim radom.

Pa i racionalnost trošenja radne energije je relativna. Što je racionalno sa stanovišta rada kao oblika životne egzistencije, nije uvek i do kraja racionalno i sa stanovišta rada kao sredstva egzistencije. Komponovanje muzike može biti neracionalno sa drugog iako je, racionalno sa prvog stanovišta, kao što je nasuprot tome, iscrpljivnaje na poluautomatizovanoj traci neracionalno sa prvog a racionalno sa drugog stanovišta. Ukoliko je istovremeno i oblik i sredstvo egzistencije, obavljanje pojedinih poslova je racionalno i u jednom i u drugom pogledu iako ne u podjednakoj meri.

Relativnost racionalnosti u potrošnji radne energije određena je i konkretnim uslovima rada. Pri jednakim uslovima rada racionalnija je ona potrošnja sa kojom se postiže veći radni efekat, ali se sa razvojem sredstava i metoda rada racionalnost potrošnje i u proseku povećava. Ako je u odnosu na ručnu obradu, obrađivanje zemlje pomoću životinjske zaprege veoma racionalno, u odnosu na mehanizovanu obradu, ono je neracionalno. Potpuna racionalizacija proizvodne potrošnje lične energije može se ostvariti tek sa potpunom mehanizacijom, to jest sa ukidanjem proizvodnog rada.

Nasuprot proizvodnoj potrošnji, stvaralačka potrošnja lične energije je sama po sebi racionalna jer je njena svrsishodnost u samom procesu umesto u proizvodu rada. Suprotnost između rada kao oblika i rada kao sredstva egzistencije ispoljava se i kroz potrošnju radne energije ukoliko je ona identična sa samim radom. Otuda proizvodna potrošnja lične energije znači otuđivanje, a stvaralačka potrošnja samopotvrđivanje radnika, pa se i racionalizacija prve sastoji u smanjivanju, a racionalizacija druge u povećavanju.

Ali i racionalnost stvaralačkog trošenja lične energije je relativna kao što je relativno i samo stvaralaštvo. Stvaralačka potrošnja je zapravo utoliko racionalnija ukoliko je stepen stvaralaštva veći pošto su stvaralačke težnje i mogućnosti stvaralaštva praktično neograničene, a apsolutna racionalnost je praktično nedostižna. Što ljudski rad bude kreativniji, biće i stvaralačka potrošnja lične energije racionalnija ali nikada neće dostići neku krajnju granicu preko koje dalja racionalizacija ne bi bila moguća.

Relativnost racionalnosti potrošnje lične energije već sama po sebi govori o protivrečnosti rada i potrošnje. Potrošnja je identična sa radom samo ukoliko je racionalna, a suprotna radu ukoliko je neracionalna, ali pošto je racionalnost svake potrošnje relativna, to znači da je svaka potrošnja istovremeno i racionalna i neracionalna, te stoga i identična i suprotna radu. Zato se potrošnja u radu istovremeno i potvrđuje i negira ispoljavajući se kao proces svrsishodne transformacije lične energije.

Ta protivrečnost je zapravo pokretačka snaga istorijske transformacije lične potrošnje u stvaralački rad. Ako je na samom početku te transformacije rad praktično identičan sa ličnom potrošnjom, [4] na kraju će lična potrošnja praktično biti identična sa radom. Dok je na pragu ljudske egzistencije celokupno biće čoveka preokupirano proizvodnom potrošnjom kao sudbonosnim uslovom fiziološke reprodukcije, na nivou razvijene generičke egzistencije čoveka glavnu preokupaciju predstavljaće sam stvaralački rad jer će, zahvaljujući automatizaciji proizvodnje, proizvodna potrošnja lične energije ustupiti mesto stvaralačkoj potrošnji.

---

[4] "Prvobitni uslovi proizvodnje sami po sebi uključuju materije koje se mogu neposredno, bez rada trošiti, kao što su plodovi, životinje itd; dakle sam fond potrošnje se pojavljuje kao sastavni deo *prvobitnog fonda proizvodnje*". (K. Marks, *Epohe ekonomske formacije društva*, "Kultura", 1957, str. 22).

Istorijski proces razrešavanja protivrečnosti između lične potrošnje i rada odvija se upravo kroz stalnu transformaciju proizvodne potrošnje u stvaralačku potrošnju, koja u stvari znači sve veću identifikaciju potrošnje sa samim radom. A sve dok se lična energija čoveka proizvodno troši, protivrečnost lične potrošnje i rada ne ispoljava se samo neposredno, već preko proizvoda rada i posredovano, i to zbog otuđivanja rada, u antagonističkom obliku, čime se i ljudska jedinka i društvena zajednica cepaju na međusobno suprotstavljene ali neodvojive polove proizvođača i potrošača.

Pored neposredne podudarnosti, između lične potrošnje i rada uspostavlja se, dakle, i posredovana međuzavisnost, tako da proizvodnja određuje potrošnju, a potrošnja proizvodnju. Ta međuzavisnost je višedimenzionalna, zbog čega je i posredna veza između proizvodnje i potrošnje složena i praktično neraskidiva.

Proizvodnja trostruko određuje potrošnju time što stvara: predmet, način i pobudu potrošnje.[5] Proizvodeći predmet potrošnje, proizvodnja proizvodi i samu potrošnju jer je potrošnja bez predmeta potrošnje praktično neostvariva. A proizvodnjom određenog predmeta potrošnje proizvodi se i način potrošnje jer se predmet koji poseduje sasvim određena upotrebna svojstva mora na sasvim određen način i potrošiti. Pa i sama pobuda potrošnje nastaje iz proizvodnje jer se potreba za potrošnjom nekog predmeta ne može osećati ako isti nije proizveden ili ako bar ne postoji mogućnost njegove proizvodnje.[6]

S druge strane, i potrošnja trostruko određuje proizvodnju time što određuje: potrebu, kvalitet i obim proizvodnje. Proizvodnja koja ne bi zadovoljavala potrebe potrošnje bila bi besmislena i ne bi ni predstavljala pravu proizvodnju, čiji je smisao upravo u samom proizvodu kao predmetu potrošnje kojom se zadovoljava određena potreba. A svaka potreba, da bi bila zadovoljena, zahteva određeni kvalitet odgovarajućeg predmeta potrošnje, kako u pogledu asortimana tako i u pogledu upotrebnih svojstava svakog pojedinog primerka. Potrebe potrošnje određuju objektivno i obim proizvodnje, koja bi bila nesvrsishodna u delu koji bi premašivao mogućnosti potrošnje.

Proizvodeći ličnu potrošnju, proizvodnja u stvari proizvodi samu sebe jer proizvodi proizvođača kao glavnu proizvodnu snagu.[7] Troseći proizvedena dobra, proizvođač zadovoljava životne potrebe[8] reprodukujući svoje proizvodne sposobnosti[9] kao osnovni uslov proizvodnje. Što je zadovoljavanje životnih potreba proizvođača potpunije, njegove proizvodne sposobnosti su veće, pa su veće i mogućnosti za povećanje proizvodnje.

Preko proizvoda rada proizvodnja na taj način stalno prelazi u potrošnju a potrošnja u proizvodnju. Lična energija proizvođača se najpre opredmećuje u proizvodu kao upotrebnoj vrednosti, koji zatim ulazi u ličnu potrošnju putem koje se ponovo pretvara u ličnu energiju spremnu da ulaskom u novi proizvodni proces nastavi beskrajno kruženje. Prekidanjem tog kruženja prekinuo bi se ceo proces reprodukcije, i ljudske jedinke i društvene zajednice.

---

5) "Proizvodnja, dakle, proizvodi potrošnju: 1) stvarajući materijal za nju; 2) određujući način potrošnje; 3) stvarajući u potrošaču kao potrebu one proizvode koje je tek ona stvorila kao predmet. Ona, dakle, proizvodi predmet potrošnje, način potrošnje, pobudu potrošnje". (K. Marks: "Osnovi kritike političke ekonomije", K. Marks i F. Engels, *Dela,* "Prosveta", Beograd, 1968—1979, tom 19, str. 12).

6) Vidi: Isto, str. 11—12.

7) "Potrošnja je faza trošenja materijalnih dobara, ali istovremeno i reprodukcije čoveka kao nosioca proizvodnih snaga". (Dr Berislav Šefer, *Lična i zajednička potrošnja,* "Delta pres", Beograd, 1979, str. 6).

8) "Kroz ličnu potrošnju podmiruju se potrebe ishrane, odevanja, ogreva, osvetljenja, opremanja domaćinstva, saobraćaja, higijene, obrazovanja, kulture, rekreacije, zdravlja i drugo". (Isto, str. 38).

9) "A što se tiče potrošnje radnika, ona reproducira jedno — naime njega samog kao živu radnu sposobnost". (K. Marks: "Osnovi kritike političke ekonomije", isto, tom 20, str. 52).

Stalno prelaženje proizvodnje u potrošnju i potrošnje u proizvodnju ne vrši se, međutim, u zatvorenom krugu. Viši nivo proizvodnje omogućava i viši nivo potrošnje koji je preduslov daljeg unapređenja proizvodnje, i tako u nedogled. Iz međusobne uslovljenosti ostvarivanja proističe i međusobna uslovljenost razvijanja proizvodnje i potrošnje. Ni jedna se ne može ni ostvarivati ni razvijati ukoliko se istovremeno ne ostvaruje i ne razvija i óna druga.

Protivrečnost proizvodnje i lične potrošnje

U svim društvenim oblicima proizvodnje ukupan proizvod deli se na dva osnovna dela od kojih jedan ulazi u ličnu, a drugi u proizvodnu potrošnju, tako da je:

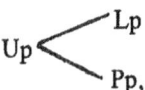

što znači da je:

$$Up = Lp + Pp.$$

Ta podela vrši se, u stvari, već u samom procesu proizvodnje koja se deli na proizvodnju sredstava lične potrošnje i proizvodnju sredstava proizvodnje. Ukoliko se predmeti lične i proizvodne potrošnje razlikuju po upotrebnim svojstvima njihova podela se, po prirodi stvari, i mora izvršiti u procesu proizvodnje.

Ako je smisao proizvodnje u ličnoj potrošnji kao nužnom uslovu reprodukcije ljudske jedinke, onda na prvi pogled izgleda prirodnom tendencija da se proizvodnja lične potrošnje povećava, a proizvodnja sredstava proizvodne potrošnje smanjuje. Ali pošto se sredstva lične potrošnje ne mogu proizvoditi bez sredstava proizvodnje, takva tendencija je objektivno neodrživa inače bi sredstva proizvodnje bila nepotrebna pa bi se ceo proizvod mogao sastojati samo od sredstava lične potrošnje.

Zbog toga što je bez sredstava proizvodnje nemoguće proizvoditi, proizvodnja sredstava lične potrošnje može se povećavati samo ako se povećava i proizvodnja sredstava proizvodnje. Jer što su proizvodna sredstva razvijenija mogućnosti proizvodnje su veće pa su samim tim veće i mogućnosti potrošnje. I upravo zbog toga se u svim društvenim oblicima proizvodnje jedan deo proizvoda ponovo vraća u proizvodni proces kao sredstvo za proizvodnju novih proizvoda.

I tu ne bi bilo nikakvih problema kad bi mogućnosti proizvodnje bile neograničene jer bi se tada i sredstva proizvodnje i sredstva lične potrošnje proizvodila prema stvarnim potrebama. Pri ograničenim mogućnostima proizvodnje, sredstva proizvodnje i sredstva lične potrošnje se, međutim, i međusobno ograničavaju tako da se jedna mogu povećavati, samo ako se druga smanjuju. Stoga su proizvodnja i lična potrošnja zapravo u protivrečnom odnosu.

S jedne strane, proizvodnja je identična sa ličnom potrošnjom, ne samo kao procesom svrsishodnog trošenja, već i kao procesom reprodukovanja lične energije proizvođača. Jer da bi se u neposrednom procesu proizvodnje mogla trošiti, radna energija se zadovoljavanjem fizioloških potreba proizvođača mora najpre proizvesti, što se može smatrati sastavnim i neizostavnim delom proizvodnog procesa u širem smislu. Lična potrošnja upotrebnih dobara je u stvari svojevrsna proizvodnja osnovnih sredstava (radne energije i

200

ukupnih radnih sposobnosti proizvođača) proizvodnje, kao što je njihova proizvodnja neposredna potrošnja tih istih sredstava.

S druge strane, proizvodnja i lična potrošnja se jedna drugoj suprotstavljaju jer se međusobno ograničavaju. Ako se previše troši, biće ugrožena proizvodnja, a ukoliko se previše ulaže u proizvodnju, trpeće lična potrošnja. U oba slučaja, biće neposredno ili posredno ugrožene i proizvodnja i potrošnja, jer će se povećanjem potrošnje na račun proizvodnje posredno ugroziti i sama potrošnja, kao što će se povećanjem ulaganja u proizvodnju na račun lične potrošnje posredno ugroziti i sama proizvodnja pošto će se umanjiti radne sposobnosti proizvođača.

Rešenje protivrečnosti je u ostvarivanju zakonitih proporcija proizvodnje i raspodele kojima se obezbeđuje relativno ravnomeran razvoj proizvodnje i lične potrošnje. Ako je međuzavisnost proizvodnje i lične potrošnje protivrečna, onda mora postojati određena linija njihovog razgraničenja kojim se obezbeđuje najbrži mogući razvoj jedne i druge. I prekoračivanje te granice, na jednu ili drugu stranu, mora izazivati određene poremećaje u društvenoj reprodukciji, koji se nepovoljno održavaju i na proizvodnju i na potrošnju.

Tu sudbonosnu granicu između proizvodnje i lične potrošnje prvobitno povlači sama priroda. Da bi opstao, čovek svojim radom već po sili prirode mora obezbeđivati određeni minimum svoje egzistencije ispod kojeg bi ona bila ugrožena. A na samom izlasku iz uslova životinjske egzistencije on taj minimum ne samo što nije premašivao, nego ga je teško i dostizao. Problem odnosa proizvodnje i lične potrošnje nije se ni postavljao, iz prostog razloga što proizvodnja, stopljena sa potrošnjom, nije kao posebna aktivnost još ni postojala.

Kao posebna aktivnost, proizvodnja se pojavljuje tek kada čovek pored obezbeđivanja sredstava lične potrošnje počinje izrađivati i sredstva proizvodnje. Ukoliko je proizvodnja u funkciji povećanja lične potrošnje samog proizvođača, on izrađivanju proizvodnih sredstava pristupa dobrovoljno jer je u njegovom sopstvenom interesu, ali upravo to i dovodi do podizanja proizvodne snage rada na nivo sa kojeg otpočinje njegovo nepovratno otuđivanje.

Pošto je s nepovratnim otuđivanjem rada interes proizvođača za razvijanje proizvodnje prestao, prirodnu nuždu u regulisanju odnosa proizvodnje i potrošnje morala je zameniti društvena prinuda. Podela na potreban rad u funkciji minimuma životne egzistencije proizvođača, i višak rada koji prisvaja vlasnik proizvodnih sredstava, mogla se održavati samo na ekonomskoj i nasilnoj prinudi.

Lična potrošnja proizvođača je na taj način i dalje zadržana na životnom minimumu neophodnom za prostu reprodukciju radne snage,[10] zbog čega se on ni po načinu egzistencije ne izdiže mnogo iznad životinje.[11] Ali dok je prvobitna "proizvodnja" u funkciji lične potrošnje "proizvođača", sada se lična potrošnja proizvođača stav-

---

[10] "Radniku pripada najmanji i najneophodniji dio proizvoda; samo toliko koliko je potrebno da egzistira, ali ne kao čovjek, nego kao radnik, da ne razmnožava čovečanstvo, nego robovsku klasu radnika". (K. Marks: Ekonomsko-filozofski rukopisi iz 1844. godine, isto, tom 3, str. 188). "Plate su uvijek obuhvatale minimume ispod kojih nije više bilo moguće ni zaposlenje ni konkurencija". (Georges Friedmann — Pierre Naville, isto, str. 483).

[11] "I tako dolazi do toga da se čovjek (radnik) osjeća samodjelatan samo u svojim životinjskim funkcijama, u jelu, piću i rađanju, najviše još u stanu, nakitu itd., a u svojim ljudskim funkcijama osjeća se samo kao životinja". (K. Marks, isto, str. 220).
"Divlje životinje u Italiji imaju svoje jazbine i svoje ležaje na kojima počivaju, a ljudi koji se bore i umiru za gospodstvo Italije nemaju ništa osim vazduha i svetlosti, jer im ovo ne mogu oteti. Bez kolibe i krova oni lutaju okolo sa ženom i decom". (Karl Kaucki, *Poreklo hrišćanstva,* "Kultura", 1954, str. 57/8).

lja u funkciju proizvodnje. Time se lična potrošnja u suštini izjednačava sa proizvodnom potrošnjom jer se praktično svodi na golo reprodukovanje radne snage kao pukog sredstva proizvodnje.

Pri nepovratnom otuđivanju rada, smisao proizvodnje umesto lične potrošnje proizvođača postaje u stvari samo lična potrošnja privatnog vlasnika otuđenog rada, na kojeg zbog toga prelazi i društvena funkcija usklađivanja proizvodnje i potrošnje. Samim tim na privatnog vlasnika prelazi i interes za razvoj proizvodnje, koji je upravo u funkciji unapređenja njegove lične egzistencije. A iz toga proističe i njegov interes za smanjivanjem lične potrošnje proizvođača da bi se što više uvećao višak proizvoda.

Ali pošto se lična potrošnja proizvođača može smanjiti samo do određene fiziološke granice ispod koje postaje ugrožena njegova egzistencija, glavni put za povećavanje viška proizvoda je u podizanju produktivnosti, kojim se skraćuje radno vreme potrebno za prostu reprodukciju radne snage, a produžava vreme u kojem se može stvarati višak proizvoda. Ukoliko se lična potrošnja proizvođača zadržava na minimumu egzistencije, efekti od povećane produktivnosti nemaju gde ni ići nego u višak proizvoda pošto se sve iznad tog minimuma otuđuje.

Zadržavanjem lične potrošnje proizvođača na minimumu egzistencije problem razvoja proizvodnje svodi se na odnos proizvodnje i lične potrošnje vlasnika proizvodnih sredstava. Pošto se višak proizvoda deli na sredstva proizvodnje i sredstva lične potrošnje njegovog prisvajača, od odnosa tih delova zavisi kojim će se tempom razvijati proizvodnja. S matematičkog stanovišta najpovoljniji odnos bio bi kad bi se i lična potrošnja vlasnika proizvodnih sredstava svela na egzistencijalni minimum, ali tada on ne bi bio zainteresovan da ulaže u razvoj proizvodnje.

Povećanje lične potrošnje upravo motiviše privatnog vlasnika da jedan deo viška rada usmerava u razvoj proizvodnje kojim će to povećanje obezbediti. Uostalom i samo posedovanje materijalnog bogatstva uključujući sredstva proizvodnje, čini sastavni deo njegovog ličnog standarda jer određuje njegov društveni status, ugled i moć. Prisvojeni rad postaje u stvari suštastveni deo njegovog privatnog bića jer ukoliko sam ne radi on i ne postoji drugačije nego kao privatno — u suštini otuđeno biće radnika.

Privatni vlasnik sam određuje meru svoje lične potrošnje ali to ne čini nezavisno od drugih. Čak i pri tipično naturalnoj proizvodnji ta mera je određena ne samo odnosom privatnog vlasnika i njegovih podanika, nego i odnosom samih vlasnika među kojima se vodi neprekidna borba za društveni prestiž, kako u posedovanju tako i u ličnoj potrošnji. Ko je bogatiji i raskošniji taj je u svim prilikama vladavine privatnog vlasništva ispred ostalih.

Što je proizvodnja društvenija, društvena determinisanost lične potrošnje je utoliko veća. Robovlasnik i feudalac mogu još donekle živeti i "za svoj račun", a ko se jednom uhvati u kolo kapitalističke konkurencije on mora "igrati" pre svega kako drugi "sviraju". Kapitalista je prinuđen da za račun proizvodnje po potrebi i škrtari u ličnoj potrošnji ali i raskoš je prvenstveno u funkciji njegovog poslovnog uspeha.

Ako čak i kapitalistu objektivno primorava na razumnu potrošnju, kapitalizam na određenom stepenu razvoja, po sili same proizvodne tehnologije, zahteva da se lični standard proizvođača počne dizati iznad životnog minimuma. Jer ukoliko znanje počinje dobijati presudnu ulogu u procesu proizvodnje, životni standard, a time i lična potrošnja neposrednih nosilaca proizvodnog procesa moraju sve više rasti pošto se umesto reprodukovanja životinjskog mora razvijati njihovo ljudsko biće.

Ljudsko biće proizvođača ne može se, međutim, slobodno razvijati dok sredstvima proizvodnje ne počnu oni sami raspolagati, ali to je i neminovno ukoliko glavno sredstvo proizvodnje postane njihovo znanje. A tada će, po prirodi stvari, njima pripasti i uloga usklađivanja proizvodnje i lične potrošnje, putem kojeg će meru sopstvene potrošnje oni određivati. To što je ranije činio njihov poslodavac sada će zajednički činiti sami jer će zapravo sami sebi poslodavcem postati.

Međutim, način na koji udruženi radnici usklađuju zajedničku proizvodnju i potrošnju bitno se razlikuje od načina na koji to čine privatni poslodavci. Pošto se, zbog sukoba interesa, ne mogu međusobno sporazumevati, privatni poslodavci svaki za sebe određuju meru svoje proizvodnje i potrošnje, i tek se kroz njihovu konkurenciju stihijski uspostavljaju spoljašnje granice u okviru kojih to mogu činiti.

Društveno usklađivanje proizvodnje i potrošnje se na taj način stihijski smenjuje sa stalnim narušavanjem slučajno uspostavljenog sklada, tako da njihov svakodnevni odnos redovno oscilira oko zamišljenog ekonomski racionalnog odnosa koji bi obezbeđivao najbrži mogući rast i proizvodnje i lične potrošnje. Tek kada proizvodnja sredstava potrošnje "prevrši meru", vrši se spontana preorijentacija na veću proizvodnju sredstava proizvodnje, i obratno, čime se tokovi društvene reprodukcije povremeno usporavaju što u krajnjoj liniji pogađa i proizvodnju i ličnu potrošnju.

Državnim planiranjem, zvalo se ono kapitalističkim ili socijalističkim, protivrečnost proizvodnje i lične potrošnje ne razrešava se ni unutar nacionalnih ekonomija upravo zbog toga što i država deluje kao otuđeni posrednik društvene reprodukcije. Karakteristična tendencija etatizma da proizvodnju razvija na račun lične potrošnje proizvođača, a ličnu potrošnju birokratije na račun proizvodnje, neizbežno dolazi u sukob sa zakonitim odnosima ekonomske međuzavisnosti proizvodnje i lične potrošnje uopšte.

Neposredno demokratsko dogovaranje samih proizvođača o tim odnosima jedini je pravi put za trajno razrešenje protivrečnosti na kojima se oni zasnivaju, jer to je nužan uslov da rad postane jedinstvena mera proizvodnje i potrošnje, bez čega je praktično nemoguće vršiti njihovo društveno usklađivanje. I samo se raspodelom prema radu odnosi proizvodnje i potrošnje mogu tako uskladiti da se obezbedi najbrži mogući rast i jedne i druge.

Na osnovama takve raspodele svako može trošiti zavisno od toga koliko proizvodi, čime se obezbeđuje neposredna zainteresovanost svih za što veću proizvodnju kao imperativni uslov veće potrošnje. Time se prevazilazi klasni sistem dvojne lične potrošnje, koji proizvođača i vlasnika proizvodnih sredstava stavlja u sasvim nejednak položaj, zbog čega je prvi potpuno nezainteresovan, a drugi nepotpuno zainteresovan za razvoj proizvodnje.

Ukidanjem sistema dvojne lične potrošnje društvena raspodela ostvarenog dohotka se pojednostavljuje utoliko što ga sada sami udruženi proizvođači namenski raspoređuju na dva osnovna dela, od kojih jedan služi za ličnu, a drugi za proizvodnu potrošnju, tako da je:

$$D < \begin{matrix} Ld \\ Pd \end{matrix} \qquad \text{odnosno } D = Ld + Pd,$$

gde Pd označava deo dohotka koji se ulaže u razvoj proizvodnje odnosno u proširenje materijalne osnove rada.

Tako se raspoređuje i ukupan društveni dohodak i pojedinačni dohodak svake pojedine organizacije udruženog rada, a drugačije ne može ni biti ukoliko se celo društvo konstituiše kao samoupravna asocijacija rada jer tada sve samoupravne organizacije i zajednice postaju ravnopravni i međusobno zavisni subjekti društvene reprodukcije koji prema radnom doprinosu samostalno stiču i raspoređuju zajednički ostvareni dohodak. Ni jedna samoupravna organizacija i zajednica ne može ostvareni dohodak koristiti samo za ličnu potrošnju, iz prostog razloga što ga bez ulaganja u proizvodnju ne može ni ostvarivati.

Zato su neosnovane sumnje, koje tendenciozno lansira birokratija, da će radnici "pojesti akumulaciju" ako se dokopaju vlasti. Primeri iz prakse govore upravo suprotno, da udruženi radnici posluju bolje i od privatnika i od dražve ako zaista samostalno raspolažu sopstvenim radom. Potrošačke tendencije koje ugrožavaju razvoj proizvodnje javljaju se u polovičnom samoupravljanju gde su radnici lišeni prava da odlučuju o sudbonosnim pitanjima društvene reprodukcije i gde se gubici organizacija koje loše posluju pokrivaju na račun uspešnih privrednika.

Ukoliko se socijalističko načelo raspodele prema radu striktno sprovodi, samoupravne organizacije i zajednice su ne samo objektivno prinuđene, nego i životno zainteresovane da stalno ulažu u razvoj proizvodnje pošto od toga sudbonosno zavisi i razvoj životnog standarda. Ako to ne čine, njihov dohodak, a time i životni standard, će ne samo stagnirati nego će se i smanjivati, čime će konačno biti doveden u pitanje i njihov opstanak.

Ne može se, međutim, očekivati da će slobodno udruženi proizvođači ličnu potrošnju zadržati na minimumu životne egzistencije, jer bi time zadržali i razvoj ne samo vlastite egzistencije već i same proizvodnje. Na određenom stepenu razvoja proizvodnja upotrebnih dobara neizbežno dolazi u sukob sa minimumom životne egzistencije proizvođača, ne samo zbog tehnološkog progresa, već i zbog obima proizvoda, koji se ne može realizovati ukoliko se lična potrošnja ne poveća. Masovna proizvodnja, bez koje se proizvodna automatizacija ne isplati, pretpostavlja i masovnu potrošnju koje ne može biti bez neograničenog zadovoljavanja životnih potreba celokupnog stanovništva.

Individualna i zajednička potrošnja

Kao način zadovoljavanja ličnih potreba, lična potrošnja se javlja u dva osnovna oblika: kao individualna i kao zajednička potrošnja. Takva podela je, međutim, relativna jer nema lične potrošnje koja nije istovremeno i individualna i zajednička, kao god što je ljudski rad istovremeno i individualna i zajednička aktivnost. Pošto su lične potrebe životne potrebe ljudske jedinke, lična potrošnja je nužno individualna, ali ukoliko je ljudska jedinka društveno biće utoliko je društvena i njena lična potrošnja.

Lična potrošnja duhovnih dobara je već po svojoj prirodi društvena jer je čovek po prirodi društveno biće, pa i svoje generičke potrebe zadovoljava zajednički sa drugim ljudima. Čak i oblici izrazito individualne potrošnje kao što je čitanje knjige na primer, predstavljaju u suštini oblike zajedničkog zadovoljavanja ličnih potreba jer u datom slučaju čitalac faktički komunicira sa piscem, za kojeg čitanje njegove knjige od strane drugih znači ujedno zadovoljavanje i njegove lične potrebe.

Društvenost duhovno potrošnje pogotovu je izražena u duhovnom stvaralaštvu, gde se lična potrošnja potpuno izjednačava sa radom kao razvijenom društvenom aktivnošću. Ukoliko takav rad predstavlja neposrednu životnu potrebu, utoliko je stvaralačko trošenje sredstava i predmeta rada u toku radnog procesa istovremeno lična potrošnja radnika, koja mu pričinjava isto ili još i veće zadovoljstvo nego čisto potrošno konzumiranje tuđih umotvorina.

Ali društvenost je izražena i u zadovoljavanju fizioloških potreba, i to ne samo u meri u kojoj je lična potrošnja identična sa proizvodnom već i u neposrednom procesu same potrošnje. Ona se embrionalno ispoljava već u prvobitnoj zajednici, gde se i pribavljanje životnih sredstava i njihovo neposredno trošenje obavljaju zajednički. Članovi zajednice borave u zajedničkim skloništima, zajednički se hrane i zajednički štite od neprijatelja, a drugačije ne može ni biti pošto za neku individualnu egzistenciju još nisu ni sposobni.

Zajednička potrošnja je tu još od prirode data, i ne ostvaruje se po slobodnom izboru već po prirodnoj nuždi, zbog čega zadržava mnoga životnjska obeležja. I u "proizvodnji" i u potrošnji ljudi su više nagonski vezani jedni za druge nego što se svesno udružuju da bi osigurali svoju egzistenciju. Zato je to tek začetak istinski zajedničkog zadovoljavanja ljudskih potreba, koje isto kao i u zajedničkom radu podrazumeva svesni individualitet ljudske jedinke.

Svesni individualitet u zadovoljavanju ličnih potreba zapravo se i počinje razvijati zajedno s osposobljavanjem ljudske jedinke za samostalno individualno stvaranje sredstava lične egzistencije. Samo ukoliko je postajao sposoban da ta sredstva samostalno obezbeđuje, pojedinac se mogao osamostaljivati i u njihovom korišćenju pri zadovoljavanju ličnih potreba. Individualizacija proizvodnje omogućavala je i individualizaciju lične potrošnje životnih sredstava.

Individualizacija lične potrošnje kao negacija prvobitnog zajedništva u zadovoljavanju ličnih potreba nastaje zapravo na osnovama individualizacije proizvodnje kao negacije prvobitnog zajedništva u obezbeđivanju sredstava lične egzistencije. Usavršavanjem proizvodnih sredstava jača proizvodna moć ljudske jedinke a time i njena sposobnost da samostalno reprodukuje svoju egzistenciju individualnim obezbeđivanjem i individualnim trošenjem životnih sredstava.

Osposobljavanje ljudske jedinke da se samostalno reprodukuje nije, međutim, značilo i društveno oslobađanje njene proizvodne aktivnosti, a ukoliko se nije oslobađala kao proizvođač, ona nije mogla postajati slobodnom ni kao pokretač. Povećavanjem proizvodne snage rada povećavane su i mogućnosti njegovog otuđivanja, a otuđivanjem rada automatski je otuđivana i lična potrošnja proizvođača. Osnovni smisao proizvodnje postajala je lična potrošnja vlasnika porizvodnih sredstava, dok je lična potrošnja proizvođača praktično pretvarana u proizvodnu potrošnju, čime je lišavana suštinskog obeležja *lične* potrošnje kao slobodnog ljudskog korišćenja životnih sredstava.

Nasuprot tome, proizvodna potrošnja je dobijala karakteristična obeležja lične potrošnje ukoliko je postajala uslov ne samo biološkog reprodukovanja već i društvenog potvrđivanja privatnog vlasnika, koji je u eksploatatorskoj proizvodnji svog bogatstva nalazio i fizičku i duhovnu hranu. Eksploatacija je za eksploatatora način zadovoljavanja njegovih ličnih potreba jer on sredstva lične egzistencije na obezbeđuje svojim nego tuđim radom. Ali i više od toga, ona je za njega, ma koliko nehumana bila, i neposredna duhovna potrošnja, kroz koju on iskaljuje svoj bes uživajući u nadmoći nad pokorenim žrtvama.

To pokoravanje drugih ljudi, koje se vrši prvenstveno radi njihove eksploatacije, je zapravo i svojevrsna psihološka kompenzacija za nemoć u pokoravanju prirode, a kad čovek uopšte postane svemoćan prema prirodi nestaće potreba i za takvom kompenzacijom i za eksploatacijom. Preko eksploatisane radne snage eksploatator u stvari prirodu posredno podređuje sebi umesto da je ona podređena onima koji je svojim radom neposredno podređuju.

Pošto je za privatnu svojinu kao proizvod eksploatacije tuđeg rada, tipično individualno prisvajanje, ona je autentična osnova individualnog zadovoljavanja ličnih potreba, koje se ostvaruje individualnim trošenjem sredstava životne egzistencije. Individualizam je stoga vladajući princip svakog društva zasnovanog na privatnoj svojini, koja individualnu egzistenciju pretvara u krajnji cilj i osnovni smisao društvene reprodukcije.[12] Ako se u početku ljudska jedinka još nije izdvajala iz amorfnog zajedništva primitivne egzistencije, sada se ljudsko zajedništvo utapalo u individualizam otuđene egzistencije kontinuirano reprodukovane otuđenim radom.

S otuđivanjem egzistencije otuđuje se i zajedništvo proizvodnje i potrošnje jer je ono esencija ljudske egzistencije. Zajedničke uslove proizvodnje i potrošnje ne određuju sami proizvođači i potrošači nego država kao oličenje otuđene zajednice kojem se moraju svi pokoravati jer poseduje monopol društvene prinude. Na osnovama privatne svojine drugačije ne može ni biti pošto se zbog opšte suprotstavljenosti pojedinačnih interesa neposredno zajedništvo ne može ni uspostaviti ni održati.

Ukoliko se, međutim, privatna svojina pretvara u društvenu prepreku za razvoj proizvodnje, utoliko i na njoj zasnovani individualizam lične potrošnje postaje smetanja za unapređivanje životne egzistencije. I kao što privatnu svojinu mora zameniti društvena svojina da bi se proizvodnja mogla dalje razvijati, tako se individualizam lične potrošnje mora zameniti zajedničkim zadovoljavanjem ličnih potreba da bi se životna egzistencija mogla dalje unapređivati.

Ma koliko na prvi pogled izgledalo paradoksalno, neposredno zajedništvo životne egzistencije istorijski se ponovo javlja na vrhuncu vladavine životnog individualizma, baš kao što neposredno zajedništvo proizvodnje ponovo nastaje na vrhuncu vladavine privatne svojine. Već pri vladavini robne proizvodnje, koja za osnovu ima najrazvijeniji oblik privatne svojine, svako počinje raditi za sve i svi za svakoga, tako da niko ne može živeti izolovano i nezavisno od drugih.

Zbog toga što na vrhuncu privatnosopstveničkog individualizma proizvodi njegovu sopstvenu negaciju, robna proizvodnja skriva u sebi karakterističnu protivrečnost da svako proizvodi ekonomsku vrednost za sebe proizvodeći upotrebne vrednosti za druge. I međuzavisnost ekonomskog individualizma i reprodukcionog zajedništva u toj protivrečnosti je tolika da svaki privatni posednik postaje bogatiji ukoliko više proizvodi za druge, a utoliko više proizvodi za druge ukoliko je bogatiji.

Uspotavljajući ekonomsku međuzavisnost najpre u nacionalnim, a zatim i u međunacionalnim razmerama, robna proizvodnja uspostavlja i ponovno zajedništvo potrošnje u zadovoljavanju životnih potreba proizvođača. Čim su hiljade industrijskih radnika počele da se zbijaju na jednom mestu, određeno zajedništvo njihove egzistencije postalo je neminovno jer su se u zajedničkim naseljima određene potrebe morale zadovoljavati zajednički.

Zato se već u razvijenom kapitalizmu individualno zadovoljavanje ličnih potreba ubrzano zamenjuje zajedničkim zadovoljavanjem, pa se i zajednička potrošnja sve brže širi na račun individualne potrošnje.[13] Utoliko brže taj proces treba da se odvija u socijalizmu, čiju osnovu zapravo i čini sve veće zajedništvo života i rada. Iako je objektivno bio iznuđen opštom nestašicom životnih sredstava, "ratni komunizam" je istovremeno predstavljao i neuspeo politički pokušaj da se komunističko zajedništvo potrošnje preko noći uvede, a tek je ubrzana industrijalizacija socijalističkih zemalja omogućila da i razvoj društvenog standarda krene ubrzanim tempom.

---

12) "Današnje građansko društvo je sprovedeni princip *individualizma;* indivudualna egzistencija je krajnji cilj; djelatnost, rad, sadržaj ets. su *samo* sredstvo". (K. Marks: "Kritika Hegelove filozofije prava", isto, tom 3, str. 71).

13) "U savremenom kapitalizmu udeo društvene potrošnje sve više raste. Drugim rečima, sve veći deo nacionalnog produkta troši se društveno umesto individualno". (Dr Branislav Šoškić, *Savremeni kapitalizam,* "Rad", Beograd, 1976, str. 35).

Istorijska transformacija individualne potrošnje u zajedničku potrošnju izraz je zakonitog razvoja lične i društvene reprodukcije ljudskog bića. Ako je individualna potrošnja istorijska negacija prvobitne zajedničke potrošnje, ona na višem stepenu razvoja mora biti negirana razvijenijim oblikom životnog zajedništva. Samim podruštvljavanjem rada kao esencije ljudske egzistencije nužno se podruštvljava ljudska egzistencija u celini. Pošto je čovek po prirodi društveno biće, on u zadovoljavanju životnih potreba može napredovati samo kroz društvenu i sve društveniju egzistenciju.

Zbog društvenosti svog bića, ljudi određene potrebe po prirodi stvari moraju zajednički zadovoljavati, pa stoga i odgovarajuća sredstva moraju zajednički koristiti. Pre svega, sva sredstva koja služe njihovom međusobnom komuniciranju, od pešačkih staza do najsavremenijih telekomunikacionih uređaja, predmet su njihovog zajedničkog korišćenja, bez čega inače ne bi imala nikakvog smisla. Jedno urbano naselje ne može se ni zamisliti bez određenih objekata, kao što su ulice, tržnice, javna zdanja i drugi, koji svima služe i na čije korišćenje niko ne može imati društveni monopol.

Individualno zadovoljavanje pojedinih potreba dostiže određeni plafon iznad kojeg je dalji napredak nemoguć bez prelaska na zajedničku potrošnju. U masovnoj upotrebi, petrolejka je mogla biti zamenjena električnom sijalicom tek kad je sagrađena električna centrala koja je preko zajedničke mreže napajala mnoga domaćinstva, kao što je izgradnja gradske vodovodne i kanalizacione mreže omogućila viši nivo vodosnabdevanja i kućne higijene. A u oblasti duhovne kulture pogotovu se ne može napredovati bez zajedničkog zadovoljavanja kulturnih potreba.

Ali zajedničko zadovoljavanje ličnih potreba nije samo progresivnije nego je i racionalnije. Zajednička potrošnja je, po pravilu, ekonomičnija od individualne jer su troškovi zajedničkih usluga po glavi korisnika manji. Sem toga, troškovi određenih usluga su toliki da njihovo obavljanje u funkciji individualnog zadovoljavanja ličnih potreba praktično ne bi bilo ni moguće. U celini s ekonomskog stanovišta, viši lični standard bi u masovnim razmerama praktično bio neostvariv bez zajedničke potrošnje.

Individualizam u zadovoljavanju ličnih potreba moguć je samo kad ogromna većina društva radi za relativno mali broj pojedinaca, koji zbog međusobnog rivalstva inače ne mogu živeti zajednički. Ali i to je moguće samo do određenog nivoa životnog standarda iznad kojeg individualno zadovoljavanje ličnih potreba objektivno više nije moguće ni za retke pojedince.

Zbog toga se pri socijalističkoj reprodukciji, koja podrazumeva stalno podizanje životnog standarda celokupnog stanovništva, sve veći deo sredstava lične potrošnje, u funkciji zajedničkog zadovoljavanja životnih potreba, mora trošiti zajednički. Stoga se i lični dohodak deli na dva osnovna dela od kojih je jedan u funkciji individualnog, a drugi u funkciji zajedničkog zadovoljavanja ličnih potreba, tako da je:

$$Ld \begin{cases} Ip \\ Zp, \end{cases} \quad \text{odnosno } Ld = Ip + Zp,$$

gde Ip označava individualnu, a Zp — zajedničku ličnu potrošnju. [14)]

14) "Sredstva zajedničke potrošnje treba da budu sastavni deo ličnog dohotka radnika, pa neka radnici odlučuju koliki će deo iz svog ličnog dohotka izdvajati za određene zajedničke potrebe". (E. Kardelj, *Slobodni udruženi rad,* isto, str. 142).

Opšta je tendencija socijalističke reprodukcije da zajedničku potrošnju stalno povećava, a individualnu smanjuje, pa se stepen razvijenosti socijalizma kao društvene formacije može meriti i relativnim odnosom Ip i Zp, tako da je u nižoj fazi Ip > Zp, a u višoj fazi Zp > Ip. Taj odnos, se, međutim, ne može veštački menjati nezavisno od ukupnih tokova društvene reprodukcije i pre svega rzavoja socijalističke proizvodnje, jer je on samo jedna od osnovnih dimenzija socijalizma.

Ukoliko se sredstvima zajedničke potrošnje plaćaju usluge drugih radnika, ona su u suštini rezultat njihovog rada i njihovog doprinosa zajedničkom ostvarivanju dohotka, a ne nekakav neproizvodni izdatak koji se otuđuje od korisnika zajedničkih usluga. Jer zajednička potrošnja je u funkciji reprodukovanja radnih sposobnosti osnovni uslov svake proizvodnje i svakog ostvarivanja dohotka putem rada.

Zato davaoci usluga u zajedničkom zadovoljavanju ličnih potreba mogu svoj dohodak sticati putem zajedničkog rada i zajedničkog ostvarivanja dohotka sa korisnicima usluga. Ukoliko određene naučne, obrazovne, zdravstvene, kulturne i druge organizacije neposredno sarađuju sa pojedinim proizvodnim organizacijama, one putem podizanja proizvodnih sposobnosti njihovih radnika doprinose proizvodnim rezultatima tih organizacija, koji su samim tim i rezultati njihovog rada.

S obzirom na to, najcelishodnije je i ekonomski najracionalnije da se na mestu rada zadovoljavanje zajedničkih potreba radnika po pravilu vrši putem neposrednog udruživanja rada i zajedničkog ostvarivanja dohotka sa davaocima usluga. Time se obezbeđuje obostrani interes korisnika i davalaca usluga za postizanje što boljih poslovnih rezultata i unapređenje ukupne ekonomije zajedničkog rada, te da se radi toga usluge u zadovoljavanju zajedničkih potreba, i po obimu i po kvalitetu, najneposrednije i najpotpunije usklađuju sa stvarnim društvenim potrebama i mogućnostima.

Ukoliko nije vezano za mesto rada, zadovoljavanje zajedničkih potreba, pre svega na mestu stanovanja, može se najracionalnije vršiti putem neposredne razmene rada sa davaocima odgovarajućih usluga. To je, u stvari, i jedini pravi put za prevazilaženje fiskalnog mehanizma putem kojeg se zajedničke potrebe zadovoljavaju posredstvom države, u kom slučaju u suštini i nema stvarnog zajedništva pre svega među samim korisnicima, pa ni među korisnicima i davaocima usluga, između kojih kao odlučujući činilac posreduju državni organi.

Uspostavljanjem neposredne razmene rada posredništvo države zamenjuje se neposrednim odnosima korisnika i davalaca usluga, koji putem samoupravnog sporazumevanja odlučuju o uslovima zadovoljavanja zajedničkih potreba. To je i osnovni uslov da se davaoci usluga umesto državi okrenu samim korisnicima usluga, sa čijim potrebama i mogućnostima treba da usklađuju svoj rad i razvoj, te u zavisnosti od radnog doprinosa stiču dohodak.

Na taj način umesto države sami korisnici i davaoci usluga treba da brinu o zadovoljavanju zajedničkih potreba i da neposrednim usklađivanjem svojih interesa rešavaju odgovarajuće probleme društvene reprodukcije. Interesna zajednica koju oni radi toga obrazuju, nije nikakav posrednik već oblik njihovog neposrednog udruživanja i samoupravnog sporazumevanja o zajedničkim interesima. 15) Obrazovanje takvih zajednica je neophodno kad se među korisnicima i davaocima usluga uspostavljaju odnosi trajne saradnje u zadovoljavanju određenih trajnih i kontinuiranih potreba kao što su zdravstvena zaštita, obrazovanje, nauka, kultura i druge.

---

15) "Suština samoupravnih interesnih zajednica jeste da neposredno, samoupravno i demokratski povezuju proizvođače usluga i korisnike njihovih usluga na način da mogu ravnopravno i sporazumno rešavati sve probleme međusobne slobodne razmene rada, kao i određene probleme zajedničkog planiranja i međusobne saradnje uopšte". (E. Kardelj, *Slobodni udruženi rad,* isto, str. 184).

Bez obzira da li korisnici i davaoci usluga uspostavljaju trajne ili povremene odnose, oni o zajedničkim interesima moraju odlučivati zajednički, neposredno i ravnopravno. Među takve interese spadaju pre svega vrsta, obim, kvalitet i cena usluga u zadovoljavanju potreba, o kojima ni jedna strana ne može sama odlučivati, i koji stoga moraju biti predmet samoupravnog sporazumevanja korisnika i davalaca usluga.

Vrste, obim i kvalitet usluga treba da izražavaju konkretne potrebe korisnika, koji bi se stoga morali javljati u ulozi naručilaca, što podrazumeva da oni prethodno sami definišu svoje zahteve. Iako davaoci usluga svojim ponudama treba da sudeluju u kreiranju potreba korisnika, oni se moraju izjašnjavati pre svega o mogućnostima i uslovima zadovoljavanja njihovih zahteva. A osnovni uslov je cena usluge, koja izražava količinu živog i opredmećenog rada neophodnog da se usluga po zahtevu korisnika kvalitetno obavi.

To su i osnovni pokazatelji samoupravnog programa i plana zadovoljavanja zajedničkih potreba, kojima se demokratski razrešavaju protivrečnosti između tih potreba i objektivnih mogućnosti njihovog zadovoljavanja. A objektivne mogućnosti zadovoljavanja zajedničkih potreba određene su s jedne strane platežnim sposobnostima korisnika da odgovarajuće usluge plate, i s druge strane radnim mogućnostima davalaca da iste usluge obave.

Platežne sposobnosti korisnika usluga su njihove zajedničke sposobnosti, kao što su im zajedničke i potrebe koje treba zadovoljiti. One su određene s jedne strane cenom usluge, a s druge strane količinom sredstava koja su korisnici usluge spremni da udruže radi njenog naknađivanja. Ukupna količina sredstava koja korisnici usluga uopšte mogu udružiti radi zadovoljavanja zajedničkih potreba, zavisi u krajnjoj liniji od njihove proizvodne sposobnosti, te od veličine ukupnog dohotka koji svojim radom ostvaruju.

Samoupravno udruživanje sredstava za zajedničke potrebe vrši se, po principu socijalističke solidarnosti, prema objektivnim mogućnostima, odnosno srazmerno ostvarenom dohotku, tako da ko više ima više i udružuje nezavisno od toga koliko će odgovarajuće usluge koristiti. To je put da sa širenjem zajedničke potrošnje socijalistička raspodela prema radu sve više prerasta u komunističku "raspodelu" prema potrebama kao svoju istorijsku negaciju.

Što je razvijenija raspodela prema radu, to se više ostvaruje i "raspodela" prema potrebama jer jača socijalistička solidarnost kao izraz sve veće reprodukcione međuzavisnosti članova socijalističke zajednice. Pošto je pojedinačna produktivnost pojedinih subjekata reprodukcije sve više uslovljena ukupnom društvenom produktivnošću, sve su veće težnje za opštim blagostanjem i podizanjem životnog standarda svih članova zajednice nezavisno od individualnih mogućnosti.

"Raspodela" prema potrebama koja se primenjuje među korisnicima, ne može se međutim, primeniti i u odnosima između korisnika i davalaca usluga jer bi time raspodela prema radu bila veštački ukinuta, a interes davalaca za pružanje kvalitetnih usluga znatno umanjen. Da bi se obezbedila racionalna upotreba sredstava za zajedničke potrebe, davaoci usluga moraju u odnosima neposredne razmene rada dobijati isto toliko koliko kroz svoje usluge pružaju.

To znači da cena usluge mora biti jednaka proizvodu uloženog rada i društveno određenog novčanog izraza jedinice rada, tako da je:

$$Cu = R \cdot Njr.$$

Na isti način određuje se i visina naknade za celovit program zadovoljavanja zajedničkih potreba, pa je:

$$Nap = R \cdot Njr.$$

Time se isključuje mogućnost neekvivalentne razmene putem koje bi korisnici i davaoci usluga mogli jedni druge eksploatisati.

Veličina naknade za realizaciju programa zadovoljavanja zajedničkih potreba je vrednosni okvir za udruživanje sredstava korisnika. Ukoliko se program ne realizuje jednokratno, naknada se prema stepenu realizacije može u vidu akontacije isplaćivati u ratama, s tim da se konačni obračun vrši na kraju realizacije. Time se obezbeđuje da visina isplaćene naknade bude u skladu sa realizacijom dogovorenog programa, prema kojoj se pri konačnom obračunu mora korigovati da bi se ostvarivala ekvivalentna razmena rada.

Samoupravno udruživanje sredstava za zajedničke potrebe može se vršiti pojedinačno i kolektivno. Prvi način udruživanja je normalan za individualne, a drugi za udružene proizvođače, što odgovara načinu ostvarivanja dohotka iz kojeg se ta sredstva izdvajaju. Ukoliko se dohodak zajednički ostvaruje, necelishodno je da se sredstva za zajedničke potrebe raspodeljuju na pojedince da bi se zatim ponovo udruživala. Normalno je, naprotiv, da udruženi radnici deo zajednički ostvarenog dohotka kolektivno izdvajaju i namenski udružuju sa drugim korisnicima zajedničkih usluga.

U oba slučaja korisnici usluga zajednički stupaju u odnose neposredne razmene rada sa davaocima usluga, što je i neophodno s obzirom da njihove usluge zajednički koriste. Oni u tim odnosima istupaju kao kolektivni partner, što podrazumeva da zajednički definišu svoje zahteve i kolektivno pregovaraju o njihovom ostvarivanju. Stoga potrebe koje oni utvrđuju kao zajedničke mogu izražavati samo njihove zajedničke interese, koji se ne moraju podudarati sa pojedinačnim interesima svih korisnika.

Određene zajedničke potrebe ne zadovoljavaju se, međutim, korišćenjem tuđih usluga nego kolektivnim samoobsluživanjem. U tom slučaju udružuju se samo sredstva koja su potrebna za obezbeđenje materijalne osnove rada jer se živi rad ne plaća. Ukoliko se društvena podela rada ukida, a proizvodni rad automatizuje, takav način zadovoljavanja zajedničkih potreba sve više će se širiti dok na kraju ne postane vladajući oblik društvene reprodukcije i samoreprodukcije ljudske egzistencije.

To je put sve bržeg zamenjivanja individualne potrošnje zajedničkom potrošnjom i individualnog zadovoljavanja ličnih potreba zajedničkim zadovoljavanjem. Dok je individualistički način života uslovljen relativnom oskudicom i relativnim izobiljem, zajedničku egzistenciju rađaju apsolutna oskudica i apsolutno izobilje. Ali ako se prvobitno zajedništvo krajnje oskudne lične potrošnje održavalo iz nužde, zajednička potrošnja komunističkog izobilja ostvarivaće se po sasvim slobodnom opredeljenju članova komunističke zajednice. Zajednička uživanja koja se pri relativnoj oskudici praktikuju uglavnom u svečarskim prilikama, pri komunističkom izobilju postaće uobičajena svakodnevnica.

VI. SLOBODNI RAD

Svrsishodnost slobodnog rada

Ako proizvodni rad karakteriše spoljna svrsishodnost, osnovnu karakteristiku slobodnog rada čini unutarnja svrsishodnost ili samosvrsishodnost. Po tome slobodni rad zapravo i jeste slobodan što se ne podređuje spoljnim ciljevima koji mu se suprotstavljaju i u kojima se gubi kao sopstvenoj negaciji, već je sam sebi cilj sa kojim se kao proces identifikuje. U slobodnom radu suprotnost cilja i procesa rada je prevaziđena jer je cilj u samom procesu koji je sam sebi cilj.

Pošto je ljudski rad u svom suštastvenom obliku esencija životne egzistencije čoveka, osnovna svrha slobodnog rada kao tog suštastvenog oblika je reprodukcija njegovih generičkih potencija. A reprodukcija generičkih potencija čoveka je zapravo sam proces slobodnog rada kojim se neposredno zadovoljavaju njegove generičke potrebe. Slobodni rad je generička hrana čoveka kao što je "hleb nasušni" njegova fiziološka hrana.

Osnovna substanca te generičke hrane je smišljanje samih ciljeva i načina njihovog ostvarenja, bez kojeg generičko biće čoveka praktično ne bi postojalo. Samo smišljanje ciljeva javlja se ovde kao osnovni cilj slobodnog rada sa kojim se on praktično izjednačava u potvrđivanju svoje samosvrsishodnosti. Umetničko ili naučno delo se u procesu stvaranja istovaremeno oblikuje i kao cilj i kao predmet rada, za razliku od proizvodnog rada gde je cilj u obliku projekta ili idejnog modela unapred zadat.

Kod svakog stvaralačkog rada smišljanje cilja produžava se u smišljanje njegovog ostvarenja. Smišljanje samih ciljeva bez smišljanja njihovog ostvarenja svodilo bi se na jalovo maštarenje, od kojeg se rad upravo i razlikuje po ostvarivanju zamišljenih ciljeva. Ali dok se proizvodni rad odvija po unapred projektovanom i cilju i njegovom ostvarenju, slobodni rad se sastoji u samom projektovanju i jednog i drugog.

Zato kod slobodnog rada nisu unapred dati ni cilj ni način njegovog ostvarenja, koji tek u procesu rada treba da se oblikuju. Utoliko se kao osnovni cilj slobodnog rada javlja i smišljanje samog ostvarenja cilja, koje zajedno sa smišljanjem krajnjeg cilja predstavlja imanentnu i u procesu samog rada stvaranu vodilju radne aktivnosti. Smišljanje cilja i smišljanje njegovog ostvarenja se kod slobodnog rada u stvari prepliću i stapaju u jedinstven misaoni proces koji tek na svom završetku daje kompletno rešenje problema, čije se konture u toku rada samo hipotetički naziru.

Takav tok slobodnog rada proističe iz njegovog stvaralačkog karaktera. Suprotno proizvodnom radu koji predstavlja prosto reprodukovanje i kopiranje već poznatog, slobodni rad je stvaralačko traganje za nepoznatim. Jedan rad ima karákter naučnog ili umetničkog dela samo ako u sebi sadrži nešto novo i ranije nepoznato.

Pošto ljudski rad po svojoj suštini nije repetitivna, već novatorska i stvaralačka aktivnost, u suštini je slobodan samo inventivni rad koji je originalan i po svom toku i po rezultatu. I čovek je kao radno biće u suštini slobodan samo utoliko ukoliko je u mogućnosti da stvara nešto novo, a da je on po svojoj prirodi stvaralačko biće dokaz je već i to da je praktično nesposoban za savršeno imitatorstvo, jer i kad se maksimalno trudi da nešto predstavi u izvornom obliku, to mu ne uspeva u potpunosti.

Kao stvaralačko biće, čovek je nagonski usmeren ka stvaralačkom novatorstvu. Njegovo generičko biće ne potvrđuje se imitiranjem postojećeg nego stvaranjem nepostojećeg, zbog čega stvaralaštvo predstavlja osnovnu svrhu slobodnog rada. Suprotno proizvodnom radu čiji je osnovni cilj određeni proizvod, osnovni cilj slobodnog rada je sam rad kojim se kao rezultat stvara novi, još nepoznati proizvod.

Taj proizvod su na jednoj strani generičke potencije stvaraoca, a na drugoj strani sami rezultati stvaralaštva koji su i duhovna hrana čoveka i osnovno sredstvo njegovog stvaralačkog rada. I u jednom i u drugom obliku on je uvek nov i originalan, ili nije proizvod stvarnog stvaralaštva. Otuda je slobodni rad u suštini glavni generator razvoja i ljudske jedinke i društvene zajednice, čiji se napredak, u krajnjoj liniji, samo na takvom radu i zasniva.

Kao generička hrana čoveka, slobodni rad je osnovno sredstvo razvoja njegovih generičkih potencija, bez kojeg bi nasleđene generičke predispozicije, koje su i same proizvod minulog slobodnog rada, ostale samo neiskorišćeni prirodni potencijal. Kao svako živo biće, i generičko biće čoveka poseduje specifičan unutarnji "nagon" za samoprevazilaženjem koji se ispoljava kroz organsku potrebu za slobodnim radom kao generatorom samoprevazilaženja. A ukoliko čovek bez njega ne može, utoliko je i slobodni rad neslobodan i stoga uistinu samo relativno slobodan.

Razvoj generičkih potencija nije, međutim, neka spoljna svrha slobodnog rada, već prevashodno spontani rezultat njegove unutarnje svrsishodnosti. Niko se slobodnim stvaralaštvom ne bavi prvenstveno radi razvijanja stvaralačkih sposobnosti, već iz zadovoljstva koje stvaralaštvo samo po sebi pričinjava. Ali to zadovoljstvo proističe upravo iz zadovoljavanja nasušne generičke potrebe za razvijanjem ljudskih potencija, koje čovek često nije ni svestan, kao što uostalom ne shvata uvek i dokraja ni svoje fiziološke potrebe.

Generičke potencije čoveka nisu, međutim, samo proizvod nego i osnovno sredstvo slobodnog rada. I ovde, slično kao kod proizvodnje sredstava za proizvodnju, proizvod jednog ciklusa rada ulazi u neki drugi radni ciklus kao sredstvo rada. Suštinska razlika je, međutim, u tome što konkretna proizvodna sredstva u procesu proizvodnje zadržavaju prvobitna proizvodna svojstva sa kojima su u njega i ušla, dok se individualne generičke potencije stvaraoca u procesu slobodnog rada razvijaju povećavajući svoju stvaralačku moć, koja dalje može proizvoditi još veće stvaralaštvo.

Na taj način se održava kontinuitet u razvijanju generičkih potencija ljudske jedinke koji omogućava odgovarajući kontinuitet i u razvijanju njenog stvaralaštva. Kontinuitet u razvijanju generičkih potencija ljudske vrste održava se pored toga i generacijskim transferom tekovina stvaralačkog rada. Svaka generacija zajedno sa sopstvenim doprinosom prenosi na nove generacije i rezultate minulog stvaralaštva koje je ona nasledila.

Rezultati slobodnog rada se na taj način javljaju pre svega kao unutarnja generička potreba ljudskog bića, čijim se zadovoljavanjem obezbeđuje njegova generička reprodukcija. Oni su kao i sam proces slobodnog rada njegova generička hrana, bez koje se uostalom proces slobodnog rada ne bi ni mogao odvijati jer počiva na jedinstvu tekućeg i minulog rada. Tekovine minulog stvaralaštva su uslov da bi se moglo dalje stvarati, što praktično znači da bi se uopšte moglo stvarati pošto je napredak imanentan svakom stvaralaštvu.

Tek kao neposredna generička potreba čoveka rezultati slobodnog rada su i osnova njegovog proizvodnog rada. Na tekovinama slobodnog neproizvodnog rada počiva zapravo celokupan napredak ljudske proizvodnje, koja uostalom ne bi ni nastala da se čovek prvobitno nije *dosetio* da makar putem primitivne obrade, prirodne predmete pretvara u proizvodna sredstva rada.

Ukoliko čovek stvara i zato da bi sa manje napora više proizveo, razlog je što proizvodni rad ne odgovara prirodi njegovg generičkog bića, i što ga se stoga želi što više i što pre osloboditi. A kada to u potpunosti postigne, njegova celokupna aktivnost u vezi sa proizvodnjom sveśće se na smišljanje novih proizvodnih tehnologija i postrojenja koja će po njegovim uputstvima sama proizvoditi.

Proces slobodnog rada

Pošto je proces slobodnog rada istovremeno i cilj rada, to mu daje karakteristična obeležja po kojima se bitno razlikuje od proizvodnog procesa. U proizvodnji su cilj rada i proces rada ne samo striktno razgraničeni nego i međusobno suprotstavljeni. Cilj rada je tu određeni proizvod koji se želi proizvesti, a proces rada je put koji se mora proći da bi se do željenog proizvoda stiglo. Zato je proizvodnom radu svojstvena tendencija da se proces rada što više skrati a proizvod rada što više poveća.

Slobodnim radom se ta suprotstavljenost cilja i procesa rada zapravo prevazilazi, pa se i radni proces javlja kao cilj, i proizvod rada kao sredstvo radnog procesa. Slobodni rad je u suštini otvoren proces, a njegov proizvod je kao cilj u stvari samo usputna stanica tog procesa kao primarnog cilja. Ko osnovni smisao rada traži u slobodnom stvaranju, taj ni jedno stvaralačko delo ne doživljava kao završeno i savršeno, već ga njegovi nedostaci podstiču na dalji rad. Zato se pravi stvaraoci nikada ne dive svome delu, kao što to inače čine samozaljubljeni diletanti.

Zbog toga što predstavlja neposrednu generičku potrebu čoveka, proces slobodnog rada, nosi u sebi, suprotno proizvodnom procesu, tendenciju beskrajnog produžavanja. To što se u slobodnom stvaralaštvu želi skratiti i prekratiti, nisu stvaralački napori nego rutinske radnje koje inače odlikuju proizvodni rad. Kompjuterizacija omogućava da se i proces slobodnog rada takvih radnji sve više oslobađa, i da se tako ubrzano približava čistoj invenciji.

Dok je proizvodnja rutinski proces koji se kreće uhodanim stazama, slobodno stvaralaštvo je proces neponovljivog traganja za novim i neponovljivim. I to tragalaštvo čini proces slobodnog rada, i po formi i po sadržini, bitno drugačijim od proizvodnog procesa. Organizacija proizvodnje i organizacija slobodnog stvaranja suštinski se razlikuju u svim osnovnim određenjima.

Proizvodnja je, pre svega, nužan proces koji čovek hteo ne hteo mora obavljati da bi biološki opstao, dok slobodno stvaranje već po definiciji zavisi od slobodnog opredeljenja. Kao svojevrsni oblik igre, slobodni rad je stvar neograničenog izbora po kojem čovek zavisno od generičkih potreba radi kad hoće i šta hoće,[1] dok je proizvodna delatnost predodređena fiziološkim potrebama koje se u sasvim određeno vreme moraju zadovoljiti sasvim određenim proizvodima.

---

[1] "Igramo jedino ako želimo i kad želimo, u vreme u koje želimo. U tom smislu igra je slobodna aktivnost". (Rože Kajoa, *Igre i ljudi,* "Nolit", Beograd, 1979, str. 35).

Zato se proizvodnja mora usklađivati sa potrebama za određenim proizvodima, dok je slobodni rad sam po sebi neposredna potreba, zbog čega se problem njegove organizacije u tom pogledu i ne postavlja. Slobodni rad inače ne bi ni bio slobodan kad bi se morao podređivati nagonskim i od samog rada nezavisnim potrebama. Kad su rad i potreba za radom podudarni, mogućnost njihove neusklađenosti je isključena, pa je samim tim isključena i potreba za usklađivanjem.

Pošto se ne podređuje potrebi slobodni rad se, za razliku od proizvodnog rada, ne podređuje ni svom proizvodu. Podređenost proizvodnog procesa proizvodu je i moguća i prirodna jer je proizvod unapred određeni smisao proizvodnog procesa. Za slobodni rad, međutim, takva podređenost nije ni prirodna ni moguća jer je njegov smisao u samom procesu rada, u kojem se proizvod rada tek definiše.

Ukoliko je proizvod rada unapred određen, određuje se unapred i proces rada, i obrnuto, neodređenost proizvoda podrazumeva i neodređenost radnog procesa. Zato se proizvodni proces odvija po unapred utvrđenoj tehnologiji, dok se tehnologija slobodnog rada izgrađuje tek u toku njegovog obavljanja. I pošto se proizvodnja određenog proizvoda ponavlja, proizvodna tehnologija je relativno postojana, dok se tehnologija slobodnog rada stalno menja, tako da iza svakog dela stoji i izvorna tehnologija.

A ukoliko nije postojana tehnologija, ne može biti postojana ni organizacija slobodnog rada, po čemu se on takođe bitno razlikuje od proizvodnog rada. Zahvaljujući postojanoj tehnologiji, proizvodnja ima određenu ustaljenu organizaciju, putem koje se njeni činioci unapred usklađuju, dok se slobodni rad organizuje "u hodu" pošto se njegovi tokovi teško mogu unapred i predvideti.

Zbog tehnološko-organizacione predodređenosti, proces neposredne proizvodnje odvija se po određenom šablonu, dok je proces slobodnog rada kao intelektualne igre i u tehnološkom i u organizacionom pogledu prožet stvaralačkom invencijom,[2] sa tendencijom prerastanja u čistu invenciju. Stoga se tehnologija i organizacija proizvodnje mogu otuđiti, a u razvijenom obliku se zaista i otuđuju od proizvođača, suprotno slobodnom radu, koji se ni u kom pogledu ne može otuđiti od slobodnog stvaraoca.

Slobodnim stvaralaštvom se otuđenost tehnologije i organizacije rada zapravo ukida jer se razrešava protivrečnost između njihove društvene objektivizacije i individualnog subjektiviteta radnika. Pošto se tehnologija i organizacija slobodnog rada svaki put stvaraju u toku samog radnog procesa, njihova društvena objektivizacija vrši se kroz zajedničku akciju udruženih stvaralaca, u kojoj svako deluje kao slobodan i potpuno samostalan subjekt. Društveni objektivitet tehnologije i organizacije slobodnog rada sadržan je tako u zajedničkom subjektivitetu slobodnih radnika od kojeg se objektivno ne može otuđiti jer je s njime identičan.

Što su tehnologija i organizacija proizvodnog rada više otuđeni, to su više stereotipni te utoliko više isključuju slobodnu inicijativu radnika. Nasuprot tome, potpuna fleksibilnost tehnologije i organizacije slobodnog rada podrazumeva potpuno slobodnu inicijativu radnika, bez koje ljudski rad inače ne bi ni bio slobodan.[3] Takva inicijativa je u stvari neizostavni uslov slobodnog rada bez kojeg se njegov proces ne bi mogao normalno odvijati upravo zbog toga što je nestereotipan.

---

[2] "Unapred poznat tok igre, koji ne dopušta mogućnost greške ili iznenađenja i čiji se rezultat unapred zna, nespojiv je sa prirodom igre". (Isto).

[3] "Pre svega potrebno je da rad, posmatran u celini, bude sačinjen od grupe poslova koji ostaju pod punom kontrolom onog koji ga obavlja: poslova koji su sledstveno tome, određeni i koordinirani po njegovoj *inicijativi,* njegovoj *volji* i, po samoj definiciji, ostali donekle *plastični".* (Žorž Fridman, *Kuda ide ljudski rad,* isto, str. 359).

214

Fleksibilnost tehnologije i organizacije slobodnog rada ne znači, međutim, neodređenost koja bi isključivala svaku pravilnost u odvijanju radnog procesa. Ona za osnovu ima istorijske tekovine ljudskog stvaralaštva kojim se otkrivaju opšte i posebne zakonitosti postojećeg sveta, i koje čini polaznu metodološku osnovu novih stvaralačkih poduhvata.

Zato stvaralački rad mora započinjati upoznavanjem stvaralačkih tekovina. To je neophodno i zbog toga što bi stvaranje već stvorenog bilo neracionalno, i u suštni ne bi ni predstavljalo neki stvaralački doprinos. Što se u različitim delovima sveta dolazilo do sličnih ili istih ostvarenja, posledica je nedovoljne podruštvljenosti ljudskog rada, a ukoliko se njegovo podruštvljavanje više razvija, stvaralački napori se racionalnije koriste i društvenim usmeravanjem koncentrišu na nove stvaralačke poduhvate.

Što se ljudski rad bude više podruštvljavao, izbor stvaralačkih ciljeva sve više će se vršiti zajedničkim opredeljivanjem udruženih stvaralaca jer će se i samo stvaranje zasnivati na zajedničkim naporima. Time će se postizati i veća racionalnost i potpunija društvena celishodnost stvaralačkog rada nego kada je on stvar izolovanih individualnih opredeljenja.

Zajedničkom izboru ciljeva odgovara i zajednički izbor metodologije, koja čini osnovu tehnologije i organizacije slobodnog rada. Što se više izgrađuje zajedničkim naporima, metodologija slobodnog rada je utoliko pouzdaniji putokaz radnog procesa, jer je stvaralačka moć kolektivnog uma veća od stvaralačke moći pojedinaca. Združenim naporima brže se i bolje sagledavaju putevi kojima radni proces treba da teče do određenog cilja, ali je kolektivno izgrađivanje metodologije i neizostavni uslov kolektivnog stvaranja u celini, koje je bez zajedničkog pristupa praktično neizvodljivo.

Bez obzira da li je kolektivan ili individualan, svaki stvaralački poduhvat, upravo zbog toga što je stvaralački, mora imati sopstvenu metodologiju, kojom se predviđaju glavni pravci i osnovni činioci stvaralačkog procesa. Stvaralačke tekovine predstavljaju samo polaznu osnovu iz koje se putem dedukcije izvodi određeni hipotetički okvir novog stvaralačkog procesa, čija ispravnost u toku tog procesa treba tek da bude proverena. Iz iste polazne osnove mogu se izvoditi i različiti hipotetički okviri kao posebne varijante koje će se putem selekcije u toku radnog procesa svesti na jednu najprihvatljiviju.

Različite hipotetičke varijante mogu biti izvedene na samom početku i proveravane paralelno, ili se to može činiti sukcesivno tako što se nova varijanta izvodi i proverava pošto je stara već odbačena. U svakom slučaju, to znači da proces slobodnog rada ne mora biti jednokratan, da su verovatna lutanja, vraćanja na početak, pa i potpuni promašaji. Verovatnoća lutanja je utoliko veća što su stvaralački poduhvati ambiciozniji i originalniji a polazna metodološka osnova oskudnija.

O ispravnosti pojedinih varijanti ne može se suditi samo na osnovu njihove saglasnosti sa stvaralačkim tekovinama, sa kojima nova ostvarenja ne samo što ne moraju biti saglasna nego im mogu biti i suprotna. Kao što se u stvarnosti inače sve menja i prevazilazi, tako je i sa duhovnim stvaralaštvom, koje je i samo sastavni deo postojeće stvarnosti. Bilo da se slobodnim stvaralaštvom otkrivaju nove zakonitosti ili stvaraju novi izumi, nova ostvarenja predstavljaju napredak samo ako znače prevazilaženje postojećih tekovina, čija je vrednost relativna ne samo zato što su one po svom dometu ograničene već i što se postojeća stvarnost u celini, zajedno sa objektivnim zakonitostima koje njome vladaju, stalno menja.

Zato slobodnom stvaralaštvu odgovara samo dijalektička metodologija, za koju je promena osnovni zakon postojećeg. Stvaranje novog zapravo već po svojoj prirodi implicira menjanje postojećeg jer novo iz postojećeg jedino i može nastati. Stoga je sasvim prirodno da metodologija slobodnog stvaralaštva predviđa nešto što je za zdrav razum neprirodno i neobjašnjivo, ali što je jedini smisao svakog pravog stvaralaštva.

S obzriom na to, slobodno stvaralaštvo po svojoj prirodi znači svojevrsnu – stvaralačku pobunu protiv postojećeg, bez koje se nešto novo, još nepostojeće nikada i ne može stvoriti. Tim novim postojeće se zapravo negira i prevazilazi, u njemu se gubi i njime obezvređuje. Stvaranje novog samo je druga – pozitivna strana rušenja postojećeg, koje je njegova negativna strana. Pošto nešto ne može nastati iz ničeg, stvaranje novog uvek za svoje naličje ima rušenje starog.

Generička sloboda ljudskog bića u stvari i jeste u rušenju postojećeg i stvaranju još nepostojećeg, jer postojeće ono doživljava kao zarobljenički okov, a u još nepostojećem traži izlaz iz postojećeg stanja. Slobodno stvaranje je svojevrsno bežanje od postojećeg u neki novi i ljudskiji svet koji jedino sam čovek može stvarati, ali u kojem nikada neće biti potpuno slobodan i zadovoljan. Otuda takav, kao ni bilo kakav drugi svet neće za čoveka nikada postati savršen niti će proces njegovog stvaranja ikada biti završen.

Zbog toga čovek nikada ne može biti zadovoljan ni sa sopstvenim stvaranjem, prema kojem se mora kritički odnositi kao što se odnosi prema svemu postojećem. Takvim odnosom prožet je i neposredni proces stvaralačkog rada, koji se već i stoga ne može odvijati pravolinijski i bez određenih, manjih ili većih izmena njegove prvobitne zamisli. U toku samog procesa rada rađaju se nove ideje koje zahtevaju njegovo preusmeravanje i oplemenjivanje nepredviđenim stvaralačkim zahvatima.

Zato detaljno planiranje radnog procesa kakvo se vrši kod proizvodnog rada, nije ni moguće ni poželjno. Plan slobodnog rada može predstavljati samo globalnu projekciju radnog procesa, ali i ona mora biti otvorena za nove ideje koje se mogu pojaviti u toku njene realizacije. Detaljnije planiranje moguće je samo u pojedinim fazama radnog procesa kada je osnovna ideja toliko privedena konkretnoj realizaciji da se mogu precizno utvrditi svi pokazatelji plana.

Fleksibilnost stvaralačkog procesa uslovljena je pre svega time što je on, nasuprot proizvodnom procesu, mnogo više određen subjektivnim nego objektivnim činiocima. Dok u proizvodnom procesu odlučujuću ulogu imaju materijalni činioci, za proces slobodnog rada presudna je moć invencije, koja se menja i u pojedinim fazama radnog procesa. Ovde do punog izražaja dolazi naročito sposobnost intuicije, koja se mobiliše tek u toku stvaralačkog procesa, čiji se tok pod njenim uticajem može sasvim preokrenuti.

Društveni uslovi i pretpostavke slobodnog rada

Neposredni uslov i osnovna pretpostavka slobodnog rada je *slobodno vreme*. [4] Kao što se proizvodni rad obavlja u proizvodnom vremenu, tako se slobodni rad obavlja u slobodnom vremenu, jer je vreme uopšte neizostavni uslov svakog rada. Zato se bez povećanja slobodnog vremana ne može povećavati ni slobodni rad pa se ne mogu razvijati ni generičke potencije i ukupna generička reprodukcija čoveka.

Pošto je slobodno vreme ograničeno proizvodnim vremenom, ono se može povećavati samo ako se proizvodno vreme skraćuje. [5] Stoga je skraćivanje proizvodnog vremena stvarni mobilni činilac povećavanja slobodnog rada, jer se njime slobodno vreme

---

[4] "Rad, što ga milijuni muškaraca i žena vrše, da bi zaradili svoj kruh, nema vrijednost, koja bi ih obogatila i uravnotežila. Oni mogu tražiti ostvarenje samoga sebe i zadovoljstvo samo u aktivnostima razonode ili, bolje rečeno, u svome "slobodnom vremenu". (Abraham H. Maslov, isto, str. 214).

[5] "Ušteda radnog vremena jednaka je povećanju slobodnog vremena, tj. vremena za pun razvitak individuuma, razvitak koji sa svoje strane djeluje povratno na proizvodnu snagu rada kao najveća proizvodna snaga". (K. Marks: *Osnovi kritike političke ekonomije,* isto, tom 20, str. 78).

automatski povećava. Da bi se slobodni rad povećao, potrebno je u stvari skraćivati proizvodno vreme jer je slobodno vreme samo za sebe nemoguće povećati.

Ali pošto se proizvodno vreme skraćuje podizanjem produktivnosti, rast produktivnosti proizvodnog rada je u stvari odlučujući činilac povećavanja slobodnog rada. Što je produktivnost veća, potrebno je manje vremena za proizvodnju sredstava životne egzistencije, pa više vremena ostaje za slobodne aktivnosti. Produktivnost rada je stoga u obrnutoj srazemeri sa vremenom fiziološke, a u upravnoj srazmeri sa vremenom generičke reprodukcije čoveka, odkale zapravo i proističe društveni interes za njeno povećavanje.

Samo zahvaljujući povećanoj produktivnosti mogao se jedan deo ljudskog roda osloboditi proizvodnog rada i zameniti ga slobodnim aktivnostima. Ali to je bilo moguće i zato što je eksploatacijom proizvođačke većine eksploatatorska manjina celokupno društveno slobodno vreme praktično monopolisala za sebe. Delimično razvijena produktivnost mogla je dati i delimičnu slobodu rada, koja se skraćivanjem proizvodnog vremena tek na nivou relativno razvijene produktivnosti mogla proširiti i na proizvođačku većinu društva.

Potpuna zamena proizvodnog rada slobodnim radom ostvariva je tek sa potpunim ukidanjem eksploatacije i, na bazi potpune automatizacije, do kraja razvijenom produktivnošću proizvodnog rada. Potpuna demokratizacija društva i potpuna automatizacija proizvodnje osnovne su pretpostavke potpuno slobodnog rada, kojim će se bez ikakvih ograničenja baviti svaki član razvijene komunističke zajednice.

Demokratizacija društva neophodna je ne samo radi toga da bi se neposrednim odlučivanjem radnika ukinuli eksploatacija i eksploatatorska monopolizacija slobodnog vremena, već i da bi se omogućila potpuna društvena sloboda samog stvaralačkog rada. U uslovima klasne eksploatacije vladajuće klase slobodu stvaralaštva podređuju svojim klasnim interesima, gušeći svaki stvaralački poduhvat koji te interese ugrožava. Ukidanjem klasne vladavine ukinuće se i društvena ograničenja slobodnog stvaralaštva jer će o društvenim uslovima stvaralaštva sami stvaraoci odlučivati.

Za razliku od eksploatatorskih klasa, slobodni stvaraoci neće imati nikakvog interesa da jedni drugima ograničavaju slobodu stvaranja, nego će naprotiv, biti zainteresovani za potpuno slobodno stvaralaštvo jer će slobodno stvaranje jednih doprinositi još slobodnijem stvaranju drugih. Ukoliko se sebični interesi pojedinaca budu suprotstavljali stvaralačkoj slobodi većine, oni pri demokratskom odlučivanju ionako neće moći da se ostvaruju i društvenu slobodu ugrožavaju.

Sloboda stvaranja ne ograničava se, međutim, samo vladavinom eksploatatorskih klasa, već i vladavinom proizvodnog rada, na kojoj se, u krajnjoj liniji, zasniva i sama klasna vladavina. Sve dok osnovni motiv stvaranja nije samo stvaranje nego i proizvod stvaranja kao sredstvo fiziološke egzistencije, ono ne može biti potpuno slobodno, ako ni zbog čega drugog onda zbog toga što nije predmet sasvim slobodnog izbora.

Izvesnom slobodom stvaranja prožet je i sam proizvodni rad ukoliko se ne svodi na čisto fizičku operaciju, ali tada on u suštini i ne predstavlja ljudsku aktivnost. U početku je ljudski rad u tom pogledu bio i nedeljiv, jer da bi se savladala divljač od koje se živelo, bila je uz fizičku snagu potrebna i određena invencija, i samo je njihovo istovremeno dejstvo moglo imati efekta. Izvesno jedinstvo proizvodnog i slobodnog rada trajno je zadržano naročito u zanatskoj proizvodnji gde se pojedini zanati gotovo dodiruju sa naučnim i umetničkim stvaralaštvom.

Ali u samoj proizvodnji nikad nije mogla biti ostvarena puna sloboda stvaranja pa makar se ona sastojala i od samog stvaralaštva jer proizvod kao osnovni motiv rada ma kakve prirode bio neizbežno ograničava slobodu stvaranja. Zato je proizvođač oduvek čeznuo za slobodnim vremenom u kojem može raditi samo to što voli i za čim oseća neposrednu potrebu. A sve raspoloživo vreme postaće za čoveka slobodno tek kada se automatizacijom proizvodnje do kraja ukine njegovo proizvodno vreme.

Kad se proizvodnja potpuno automatizuje ljudi će se potpuno slobodno baviti čime žele jer raspoloživo vreme neće morati da troše na proizvođenje sredstava fiziološke reprodukcije. Izobilje životnih sredstava, koja će se automatski proizvoditi, omogućiće da glavni motiv celokupne stvaralačke aktivnosti postane samo stvaranje kao autentični oblik generičke reprodukcije ljudskog bića.

Takvo carstvo ljudske slobode ne može, međutim, nastati ni odjednom ni samo po sebi, već ga dugotrajnim radom i društvenim angažovanjem sam čovek mora stvarati. Sem što se podizanjem produktivnosti mora skraćivati proizvodno vreme i povećavanjem proizvodnje približavati komunističkom izobilju, neophodno je stvarati i odgovarajuće uslove da se slobodno vreme ispunjava stvaralačkim aktivnostima i tako zaista postaje sve više slobodno.

Neproizvodno i vanproizvodno vreme nije samo po sebi i *slobodno* vreme čoveka. U uslovima ponekad i besmislenog društvenog nadmetanja u gomilanju materijalnog bogatstva, slobodno vreme je često samo formalno neproizvodno, i stoga samo formalno slobodno jer se jednim, pa čak i većim delom koristi kao produženo proizvodno vreme za sticanje materijalnih dobara. Pri relativno niskoj produktivnosti kojom se u redovnom proizvodnom vremenu objektivno ne može obezbediti normalna egzistencija, to je čak i neophodno, ali je necelishodno pri relativno visokoj produktivnosti kad gomilanje materijalnog bogatstva postaje samo sebi cilj.

Ali u suštini slobodno vreme čoveka nije ni prazno vreme koje nije ispunjeno nikakvim ili je ispunjeno beznačajnim aktivnostima. Vreme beskorisne dokolice u kojem se umire od dosade je u stvari najneslobodnije jer je praktično izgubljeno vreme koje označava prekid ljudskog postojanja. Stepen slobode čoveka u vremenu, jer vreme nezavisno od čoveka nije ni slobodno ni neslobodno, meri se koncentracijom njegove stvaralačke aktivnosti u jedinici vremena, tako da je nečije vreme utoliko slobodnije ukoliko je više ispunjeno stvaralačkim radom kao autentičnim oblikom generičkog samopotvrđivanja.

Da bi se neproizvodno vreme moglo ispuniti stvaralačkim aktivnostima, potrebna je određena materijalna osnova stvaralačkog rada. Kao što su određena sredstva proizvodnje neophodna za proizvodni rad, tako su i za stvaralački rad neophodna odgovarajuća sredstva rada. Ona po upotrebnoj vrednosti moraju odgovarati karakterü stvaralačkih aktivnosti, a po obimu bi trebalo da odgovaraju društvenim mogućnostima i konkretnim potrebama za tim aktivnostima.

Društvene mogućnosti su, međutim, ograničene a potrebe za stvaralačkim aktivnostima praktično neograničene, zbog čega se bar u socijalizmu mora vršiti njihova selekcija i demokratski izbor prioritetnih — društveno najneophodnijih aktivnosti za koje treba obezbeđivati odgovarajuće uslove rada. Time se ne isključuje mogućnost obavljanja i drugih aktivnosti angažovanjem individualnih sredstava mada će se stvaralački rad u celini sve više razvijati kao društvena aktivnost, što pretpostavlja sve veća društvena ulaganja u njegovu materijalnu osnovu.

Opravdanost društvenih ulaganja u materijalnu osnovu stvaralačkog rada proističe iz podudarnosti individualnih i društvenih interesa u zadovoljavanju generičkih potreba čoveka takvim radom kao osnovnim generatorom i društvenog progresa i individualnog razvoja ljudske jedinke. Mada je u tome velika i uloga proizvodnog stvaralaštva, društveni progres najviše duguje upravo slobodnom stvaralaštvu, od kojeg potiču i najveća naučna otkrića, čije se ostvarenje zasniva uglavnom na generičkim motivima zadovoljavanim često uz potpunu indiferentnost prema materijalnim naknadama i društvenim priznanjima.

Za obavljanje slobodnog rada potrebna su određena osnovna i tekuća sredstva, koja se moraju pravovremeno obezbediti da bi se proces rada normalno odvijao. Od osnovnih sredstava neophodni su: odgovarajuća prostorna i tehnička oprema; dokumentaciono-informaciona osnova; i sredstva radnih komunikacija.

Odgovarajuća prostorna i tehnička oprema su nužan uslov svakog rada jer se svaki konkretni rad mora obavljati u određenom prostoru i određenim sredstvima rada. Za stvaralački rad neophodni su specijalno opremljeni kabineti, laboratorije, ateljea i druge odgovarajuće prostorije u kojima se proces rada može normalno odvijati zavisno od svoje specifičnosti. Svejedno je da li su te prostorije na mestu proizvodnog rada ili na mestu stanovanja, a može se odgovarajuća proizvodna oprema koristiti i za slobodno stvaranje.

Određenu opremu mogu koristiti samo pojedinci, ali je racionalnije i društveno celishodnije da se ona što više zajednički koristi, tim pre što će se čovek kao univerzalno biće, sve manje baviti samo jednom vrstom posla, a ukoliko bude obavljao različite poslove, koristiće i različitu opremu, što će praktično biti moguće samo ako se ona zajednički upotrebljava. I što se stvaralački poslovi budu više zajednički obavljali, samim tim će i korišćenje odgovarajuće opreme biti zajedničko.

Dokumentaciono-informaciona osnova pogotovu mora biti zajednička jer pojedinac praktično ne može sam obezbeđivati potrebne informacije. Stvaralačke tekovine su već po svojoj prirodi zajedničko opštedruštveno dobro koje neograničeno mogu svi koristiti pod uslovom da su svima i dostupne. Jedna informacija putem koje se one saopštavaju, može pod tim uslovom služiti svim generacijama i svim pripadnicima iste generacije.

Opštedruštvena dostupnost informacija o stvaralačkim tekovinama može se obezbediti putem javnih banki informacija kao dokumentaciono-informacionih centara za prikupljanje, stručnu obradu, čuvanje i distribuiranje odgovarajućih podataka. Iako se sve dok deluju ekonomski zakoni takve usluge moraju plaćati, u interesu je društvenog progresa da se one obezbeđuju o zajedničkom opštedruštvenom trošku, i da se na taj način informacije koje predstavljaju osnovno sredstvo stvaralačkog rada zaista učine svima dostupnim.

Realno je da banke informacija o stvaralačkim tekovinama u početku nastaju kao nacionalni i regionalni centri, ali će se one sa podruštvljavanjem stvaralačkog rada sve više povezivati u jedinstvenu svetsku mrežu putem koje će se obavljati sve razvijenija međunarodna razmena informacija. Time će se stvarati sve povoljniji uslovi da svaka nova stvaralačka tekovina postane odmah dostupna svim članovima svetske zajednice nezavisno od toga u kom delu sveta borave.

I razvijena razmena informacija i neposredno komuniciranje u podruštvljenom procesu stvaralačkog rada pretpostavljaju razvijeni međunarodni sistem telekomunikacija, u koji se svi mogu uključivati. Takav sistem treba da omogući da se proces zajedničkog stvaranja kontinuirano odvija nezavisno od mesta rada njegovih učesnika. Ako nije neophodno da su neposredni saradnici u procesu stvaralačkog rada i fizički na okupu, onda prvenstveno od razvijenosti sistema telekomunikacija fizički zavisi stepen podruštvljenosti takvog rada.

Već po svojoj nameni telekomunikaciona tehnika predstavlja zajedničko sredstvo rada i međusobnog saobraćanja ljudi, zbog čega je neophodno da je i u njihovom zajedničkom raspolaganju. A razvijena međunarodna razmena informacija može se uspešno ostvarivati samo preko razgranate svetske mreže komunikacija koja funkcioniše kao jedinstven telekomunikacioni sistem, radi čega je neophodno da ona predstavlja opštečovečansko zajedničko dobro kojim će svi korisnici ravnopravno raspolagati.

Pitanje rentabilnosti ulaganja u zajednička sredstva ne samo proizvodnog već i slobodnog stvaranja, uopšte se ne postavlja jer ona daju neizmerne ekonomske efekte. Rezultati jednog naučnog otkrića ne koriste se u praktičnoj primeni samo neposredno, već kao stvaralačka tekovina doprinosa novim otkrićima čiji će se rezultati takođe praktično primenjivati. Praktični efekti koji proističu iz lanca stvaralačkih tekovina protežu se na taj način u nedogled.

VII. RAD I DRUŠTVENA DIFERENCIJACIJA

Društvena podela rada i socijalno-klasna diferencijacija

Kao suština ljudskog bića, rad u osnovi odређuje njegovo celokupno individualno i društveno bivstvovanje. Po svojoj prirodi ljudsko društvo je pre svega zajednica rada, u koju ljudi stupaju prvenstveno radi toga da bi obezbedili životnu egzistenciju jer pojedinačno to ne mogu činiti.[1] Ali pošto rad nije samo nužno sredstvo, nego i osnovni smisao njihove egzistencije, oni to ne čine samo iz prirodne nužde, već i po sopstvenoj volji.

Šta više, što je ljudski rad razvijeniji, način društvenog života sve je manje izraz prirodne nužde a sve više izraz slobodne volje ljudi. Dok je rad još u embrionalnom obliku, ljudi su više instiktivno nego svesno združeni u prvobitnu zajednicu, kroz koju deluju više prema prirodnim okolnostima nego po sopstvenom izboru. I sve dok je rad više sredstvo nego oblik ljudske egzistencije, način društvenog života i odnosi među ljudima više su određeni prirodnom nuždom nego slobodnim opredeljenjem.

Prvobitna jednostavnost ljudskog rada izražava se i kroz sasvim jednostavne odnose među ljudima, koji se ne razlikuju mnogo od prirodnih odnosa životinjskog sveta. Zbog jednoličnosti ukupnog društvenog rada, društvene funkcije u reprodukovanju životne egzistencije su gotovo istovetne, pa se i razlike među ljudima praktično svode na različitosti u njihovim prirodnim svojstvima. Jednakost rada izražava se kroz jednakost društvenog položaja radnika, koji je u embrionalnom stadijumu približan njihovom prirodnom položaju.

Zbog jednoobraznosti rada na kojem počiva, ljudsko društvo u embrionalnom stadijumu podseća na embrion živog organizma čiji se organi još ne razaznaju. Ne samo što je živi rad krajnje jednoličan, nego ni opredmećeni rad praktično još ne postoji kao njegov izvorni proizvod pošto se radna aktivnost čoveka svodi uglavnom na pribavljanje gotovih proizvoda prirode. Zato ni u živom ni u opredmećenom radu još nema postojane osnove za trajnu društvenu diferencijaciju. Pojedinci obavljaju čas jedne čas druge, ali sasvim jednolične radne operacije po kojima se kao članovi društvene zajednice ne mogu razlikovati.

Pošto je lična potrošnja uglavnom zajednička, nema osnova za razlikovanje ni u životnom standardu članova prvobitne zajednice. Iz jednakosti u radu proističe jednakost i u načinu života, koji je kao i sam rad sasvim jednoličan i za sve članove iste zajednice skoro istovetan. Tu se po društvenim uslovima egzistencije niko ne izdvaja od drugih, niti za to objektivno ima mogućnosti.

---

[1] Ljudi "proizvode samo delujući zajedno na   određeni način i razmenjujući svoje delatnosti među sobom. Da bi proizvodili, oni ulaze u određene međusobne veze i odnose, i samo unutar tih društvenih veza i odnosa postoji njihov odnos prema prirodi, odvija se proizvodnja". (K. Marks: "Najamni rad i kapital", isto, tom 9, str. 340).

Društvena diferencijacija mogla je nastati tek na osnovama društvene podele rada,[2] a nje nije moglo biti dok se sam rad nije počeo diferencirati. Do diferenciranja ljudskog rada pak, moglo je doći tek kad se prost rad počeo pretvarati u složen rad, i kad su se zbog toga pojedini konkretni radovi počeli razlikovati po složenosti. A to je podrazumevalo nastanak određnog organskog sjedinjavanja tekućeg i minulog rada putem prenošenja stečenih veština i znanja sa starijih na mlađe generacije.

Prve veštine i znanja čovek je sticao u svom prvom zanimanju — prikupljanju gotovih proizvoda prirode. Ako vađenje biljnog korenja i branje divljih plodova, i ne zahteva neko naročito iskustvo, za hvatanje divljači itekako su neophodna određena znanja i veštine, koji se i sponatno šire kako generacijski tako i među pripadnicima iste generacije. Zato lovstvo predstavlja prvi istorijski oblik specifično ljudske delatnosti kroz koji se ljudski rad počeo suštinski ispoljavati kao društvena aktivnost.

Lovstvo stoga najviše sadrži karakteristična obeležja prelaza sa čisto prikupljačke na proizvođačku aktivnost. Ulovljena divljač nije samo puko prirodno dobro, već je delimično i proizvod ljudskog rada, u koji je pored tekućeg, uložen i određeni minuli rad, ukoliko je uz lovačko znanje i veštinu kao sredstvo rada upotrebljeno i odgovarajuće oruđe. Za razliku od lovstva, stočarstvo je već tipično proizvođačka aktivnost jer je pripitomljena i odgojena životinja prvenstveno proizvod ljudskog rada.

I već je lovstvo kao privredna delatnost označila prvu, takoreći prirodnu podelu rada između muškarca i žene, kojom je gotovo automatski izvršena i društvena diferencijacija među različitim polovima. Pošto zahteva privremeno udaljavanje od porodice, ono je po prirodi stvari ženu predodredilo za kućne poslove, koji će je čvrsto vezati za porodično domaćinstvo sve dok ono bude postojalo. Zbog veće prirodne vezanosti za porod, žena je i kao stočar i kao ratar i uopšte kao privrednik zadržala sekundarnu ulogu u odnosu na muškarca.

Ali dok je lovstvo podrazumevalo "prirodnu" podelu rada samo unutar porodice, stočarstvo je donelo prvu društvenu podelu rada među samim porodicama odnosno plemenima.[3] I kao što su podeljeni poslovi unutar porodice bili komplementarni, tako su komplementarnim postali i poslovi podeljeni među plemenima, što je podrazumevalo njihovo povezivanje pre svega putem razmene proizvoda komplementarnih radova.[4]

Društvenom podelom rada stvorena je osnova i za horizontalnu i za vertikalnu društvenu diferencijaciju. Vertikalne diferencijacije ne može ni biti bez horizontalne diferencijacije, ali kao da horizontalna diferencijacija već sama u sebi skriva određenu vertikalnu diferencijaciju. Svakom posebnom obliku horizontalne podele rada među različitim delovima društva odgovarala je i određena, slabije ili jače izražena društvena hijerarhija, koja je jedne delove društva stavljala u podređen položaj prema drugim.

---

2) "Rad i društvena podela rada vidno se pokazuju kao osnova postojanja raznih socioprofesionalnih grupa. Industrijski radnici, poljoprivredni proizvođači, trgovci, prosvetni radnici, naučni radnici, izraz su podele rada. Nastajanje i nestajanje pojedinih zanimanja određeno je razvojem rada i njegove društvene podele... Formiranje i razvoj određenih globalnih društvenih grupa takođe je uslovljeno društvenom podelom rada". (Krsto Kilibarda, isto, str. 9/10).

3) "Pastirska plemena su se izdvojila od ostale mase varvara: *prva velika podèla rada".* (F. Engels: "Poreklo porodice, privatne svojine i države", isto, tom 32, str. 126).

4) "Posle izdvajanja pastirskih plemena, nalazimo gotove sve preduslove za razmenu između članova raznih plemena, za njeno usavršavanje i učvršćivanje kao redovne ustanove. Razmenu je prvobitno vršilo pleme s plemenom posredstvom obostranih gentilnih starešina; ali kad su stada počela prelaziti u zasebnu svojinu, sve više je preovlađivala razmena između pojedinaca, te je najzad ona postala jedini oblik". (Isto, str. 126/7).

Takvi odnosi sami po sebi nose određene suprotnosti među polarizovanim delovima društva, koji su međusobno suprotstavljeni iako su jedan od drugog neodvojivi. Te suprotnosti su u početku još relativno blage ali su i veze među suprotstavljenim delovima relativno slabe i lako se raskidaju. U lovačkim domaćinstvima supružnici se lako rastaju iako su bračne suprotnosti jedva izražene, kao što je međuplemenska robna razmena gotovo slučajna iako je skoro ekvivalentna.

Izrazito antagonistički karakter društvene suprotnosti dobijaju tek sa pojavom viška proizvoda. Dok je proizvod ljudskog rada jedva dostizao za podmirenje fizioloških potreba, ljudi se unutar iste zajednice nisu imali oko čega gložiti jer nije ništa preostajalo što bi neko mogao trajno prisvajati. A kad se, zahvaljujući pre svega društvenoj podeli rada kao izvoru povećane produktivnosti, počeo stvarati određeni višak proizvoda, nastala je ogorčena borba oko njegovog prisvajanja, koja je društvo pocepala na nepomirljive klase proizvođača i njihovih eksploatatora.

Klasna borba nastaje i vodi se pre svega zbog ograničenog proizvoda koji ne može podmiriti životne potrebe svih članova zajednice.[5] Kad bi životnih sredstava bilo u izobilju, ne bi bilo ni klasa ni klasne borbe jer niko ne bi težio njihovom prisvajanju kao što ne teži prisvajanju vazduha ili sunčeve svetlosti. Borba za prisvajanje vodi se kad je predmet prisvajanja ograničen u odnosu na potrebe mogućih prisvajača, a postaje bespredmetana u uslovima njegovog izobilja isto kao i u uslovima apsolutne oskudice kad se objektivno nema šta prisvajati.

Prisvajanje ograničenog viška proizvoda je u stvari osnovni neposredni uzrok klasne diferencijacije društva. Ukoliko tek neznatno prevazilazi najnužnije fiziološke potrebe proizvođača, taj višak može nešto značiti samo za neznatnu manjinu društva koja od njega može živeti a da sama ne mora proizvoditi. Otuda su u celoj istoriji kalsnog društva eksploatatorske klase činile samo neznatnu manjinu u odnosu na ogromnu većinu eksploatisanih proizvođača.

Podela proizvodnog rada na potreban rad i višak rada je u suštini autentična materijalna osnova društvene podele na proizvođačke i eksploatatorske klase. Ali takva podela proizvodnog rada ne postoji sama po sebi nego je rezultat klasne borbe između proizvođačkih i eksploatatorskih klasa. Kroz tu borbu se zapravo potreban rad svodi na minimum neophodan za prostu reprodukciju radne snage, a višak rada nepovratno otuđuje od radnika opredmećujući se u višku proizvoda, koji čini osnovu reprodukovanja privatne svojine i životne egzistencije eksploatatorskih klasa.

I suprotnost potrebnog rada i viška rada je osnova klasnih suprotnosti, ali ona ne bi ni postojala kad ne bi bilo klasne borbe oko prisvajanja rada. Učešće eksploatatorske klase u raspolaganju društvenim radom može se povećati samo ako se učešće proizvođačke klase smanji, i obratno, odakle nužno proističe nepomirljiva klasna suprotnost, ali srazmera tih učešća nije a priori data nego se uvek klasnom borbom određuje. A što se učešće proizvođačke klase svodi samo na raspolaganje potrebnim radom, rezultat je klasnog odnosa snaga u kojem dominantnu ulogu ostvaruje eksploatatorska klasa.

Dominacija eksploatatorske klase nad proizvođačkom klasom zasniva se na dominaciji opredmećenog rada nad živim radom, ali dominacije opredmećenog rada nad živim radom ne bi bilo kad on nepovratnim otuđivanjem od proizvođačke klase ne bi prelazio u

---

5) "Cepanje društva na eksploatatorsku i eksploatisanu, vladajuću i potlačenu klasu bilo je nužna posledica prijašnjeg neznatnog razvitka proizvodnje. Dokle god ukupan društveni rad daje samo produkt koji tek nešto malo prelazi ono što je potrebno za oskudnu egzistenciju svih, prema tome, dokle god rad zahteva celo ili skoro celo vreme velike većine članova društva, dotle se društvo nužno deli na klase". (F. Engels: "Razvitak socijalizma od utopije do nauke", isto, tom 30, str. 184).

privatnu svojinu eksploatatorske klase. I kao što je opredmećeni rad u obliku privatne svojine polarizovani rezultat nepovratnog otuđenja živog rada, tako je eksploatatorska klasa polarizovani rezultat nepovratnog otuđenja proizvođačke klase.

Eksploatatorska klasa je smisao postojanja proizvođačke klase isto kao što je privatna svojina smisao otuđujućeg proizvodnog rada, ali se proizvodni rad otuđuje u privatnu svojinu samo zato da bi se proizvođačka klasa otuđivala u eksploatatorsku klasu. Kao uslov velike podele rada na intelektualni i fizički rad, to otuđivanje je osnova velike polarizacije društva na upravljački i proizvođački deo, koja u suštini izražava društvenu polarizaciju čoveka na njegovo generičko i životinjsko biće.

Velika polarizacija društva na proizvođački i upravljački deo nepobitan je dokaz da je ono još poluživotinjska — poluljudska zajednica, baš kao što je i ljudska jedinka još poluživotinjsko — poluljudsko biće. Ograničeni višak rada omogućava da samo manji deo društva, oslobođen prinudnog proizvodnog rada, živi relativno slobodnim ljudskim životom ali na račun ogromne većine čiji se život stoga ne razlikuje mnogo od životinjske egzistencije.

I upravo zbog toga proizvođačka i eksploatatorska klasa čine neraskidivo jedinstvo u okviru kojeg jedino i mogu postojati. Eksploatatorska klasa ne bi mogla postojati bez proizvođačke klase iz prostog razloga što ne bi imala koga eksploatisati, a proizvođačka klasa ne bi mogla bez eksploatatorske klase zbog toga što ne bi imala čime proizvoditi. Stoga se ukidanjem eksploatatorskih klasa ukidaju i proizvođačke klase, a time i na klasnoj polarizaciji zasnovan društveni poredak.

Koheziona snaga klasnog poretka, koja suprotstavljene proizvođačke i eksploatatorske klase čvrsto vezuje u jedinstveno društveno biće, je zapravo privatna svojina i njeno reprodukovanje prisvajanjem tuđeg rada. U uslovima društvene vladavine opredmećenog rada odnosom prema opredmećenom radu određeni su u osnovi i odnosi među subjektima društvene reprodukcije. Odnosi među klasama određeni su pre svega njihovim odnosom prema sredstvima proizvodnje i ostvarenom proizvodu, od čega pored ostalog zavisi i njihov položaj u procesu proizvodnje i sistemu društvene reprodukcije.[6]

Ali odnos prema opredmećenom radu nije osnova samo klasne, već i ukupne socijalne diferencijacije društva. Raspolaganje sredstvima i proizvodima rada osnovni je kriterij za razlikovanje i unutarklasnih i međuklasnih grupacija i podgrupacija sve do pojedinaca. Horizontalna diferencijacija pripadnika eksploatatorskih klasa vrši se prema vrsti, a vertikalna prema veličini poseda, dok je osnovni kriterij horizontalne diferencijacije eksploatisanih proizvođača vrsta zanimanja, a vertikalne stepen kvalifikacije, za razliku od slobodnih proizvođača čija se diferencijacija vrši po svim navedenim kriterijumima.

Samo na prvi pogled izgleda da se socijalna diferencijacija proizvođača vrši prema tekućem radu jer trajna diferencijacija po tom osnovu nije ni moguća pošto je tekući rad, i jednog te istog radnika, veoma promenljiva kategorija. Stvarna osnova i horizontalne i vertikalne podele proizvodnog rada nije tekući, već minuli rad opredmećen u specijalizovanim stručnim znanjima i veštinama potrebnim za obavljanje određenih poslova.

Horizontalna diferencijacija proizvođača vrši se putem njihove specijalizacije za obavljanje određene vrste poslova, a specijalizacija podrazumeva ovladavanje određenim znanjima i veštinama koji su se decenijama i vekovima sticali i prenosili sa starijih na mla-

---

6) Klase su "velike grupe ljudi koje se razlikuju po svome mestu u istorijski određenom sistemu društvene proizvodnje, po svome odnosu (većinom utvrđenom i izraženom u zakonima) prema sredstvima za proizvodnju, po svojoj ulozi u društvenoj organizaciji rada, i shodno tome, po načinu dobijanja i po veličini onog dela društvenog bogatstva kojim raspolažu". (V.I. Lenjin, *Sočinenija*, izdanje 5. "Gospolitizdat", 1963. tom 39, str. 15).

đe generacije. Neko je krojač ili kovač ne zato što bilo kako kroji ili kuje, već što to znalački čini koristeći znanje i veštinu stečene sopstvenim i društvenim minulim radom.

Na istoj osnovi vrši se i vertikalna diferencijacija proizvodnih radnika. Neko je u istoj struci kvalifikovan ili visokokvalifikovan radnik ne zato što bilo kako, već što zahvaljujući stečenom znanju i veštini, uspešno obavlja odgovarajuće poslove. Složeniji poslovi ne zahtevaju veći tekući, nego veći minuli rad da bi se ovladalo odgovarajućim znanjima i veštinama potrebnim za njihovo obavljanje.

Horizontalna diferencijacija je osnova društvene podvojenosti, a vertikalna društvene hijerarhije kojem se društveno podvajanje podiže na viši stepen. Na lestvici društvene hijerarhije nisu samo proizvođačka i eksploatatorska klasa nego i podelom proizvodnog rada izdiferencirani proizvođački slojevi, čije se stratifikovanje ne svodi na stepenovanje profesionalnih zanimanja, već uključuje i nejednakosti u materijalnom položaju, životnom standardu i društvenom uticaju, iz kojih proističu i razlike u načinu života i javnog ophođenja.

Pošto jednakosti u raspolaganju opredmećenim radom praktično nema, nejednakost je opšta karakteristika društva zasnovanog na vladavini opredmećenog rada. Sve dok je društveni proizvod ograničen u odnosu na životne potrebe članova društvene zajednice, vodi se opšta borba oko njegove raspodele, u kojoj moćniji redovno otkidaju veći komad, a pošto podjednako moćnih nema, nejednakost raspodele je neizbežna. Rivalstvo i konkurencija, kao sušta suprotnost težnje za društvenom jednakošću, opšta su karakteristika međusobnih odnosa aktivnih učesnika u toj borbi.[7]

Individualno prisvajanje uslova lične reprodukcije uslovljava individualnu podvojenost i međusobnu suprotstavljenost članova društvene zajednice, koja čini osnovu individualističkog načina njihove životne egzistencije.[8] Svako u svakome traži pre svega sredstva sopstvene egzistencije, te se upravo zbog toga svako svakome isprečuje kao smetanja za ostvarenje njegove individualne slobode,[9] pa je i međusobno komuniciranje u funkciji podvajanja umesto da doprinosi zbližavanju ljudi.[10]

Individualizam je u stvari osnovna karakteristika svakog društva koje se temelji na privatnoj svojini. Grupna diferencijacija vrši se samo utoliko ukoliko određene individue povezuju neki zajednički interesi naspram drugih individua. Pa i klasno grupisanje zasniva se samo na izvesnoj podudarnosti koja za svoju polarizaciju ima suprotstavljenost individualnih interesa.[11] I kad su najjedinstveniji u zaštiti klasnih interesa, među pripadnicima eksploatatorskih klasa kao i među eksploatisanim proizvođačima vladaju odnosi međusebnog rivalstva i konkurencije u zaštiti različitih pojedinačnih interesa.

[7] "Konkurencija je najpotpuniji izraz rata svih protiv sviju koji vlada u modernom buržoaskom društvu. Taj rat, rat za život, za egzistenciju, za *sve*, dakle u krajnjem slučaju i rat na život i smrt, taj rat postoji ne samo između raznih klasa u društvu već i između pojedinih članova tih klasa; svako stoji na putu nekom drugom i stoga svako pokušava da sve one koji su mu na putu ukloni i da on dođe na njihovo mesto". (F. Engels: "Konkurencija", isto, tom 4, str. 169).

[8] "Čovjekovo pravo na privatno vlasništvo jeste pravo da se po svojoj volji (a son gre), bez obzira na druge ljude, nezavisno od društva, uživa sopstvena imovina i da se njom raspolaže, to je pravo sebičnosti". (K. Marks: "Prilog jevrejskom pitanju", isto, tom 3, str. 139).

[9] "Ta individualna sloboda ... stavlja svakog čovjeka u takvu situaciju da u drugom čovjeku ne nalazi *ostvarenje* svoje slobode, nego naprotiv njenu granicu". (Isto).

[10] "Što društveni život postaje gušća i čvršća mreža međusobno povezanih djelatnosti u kojoj su ljudi međusobno posve ovisni, to se pojedinci sve više raspršuju, a njihovi ih međusobni kontakti sve više odvajaju, umjesto da ih zbližuju". (Harry Braverman, isto, str. 229).

[11] "Pojedine individue čine klasu samo utoliko ukoliko moraju zajednički da vode borbu protiv neke druge klase; inače one se uzajamno odnose neprijateljski, kao konkurenti". K. Marks, F. Engels: "Nemačka ideologija", isto, tom 6, str. 58).

Protivrečnost privatne svojine uslovljava da se jedinstvo klase zasniva s jedne strane na suprotnosti njenih interesa s interesima druge polarizovane klase, a s druge strane na suprotnosti pojedinačnih interesa njenih sopstvenih pripadnika. Suprotnost klasnih interesa proističe iz prirode same eksploatacije koja se sastoji u prisvajanju rada jedne klase od strane druge klase, a suprotnost unutarklasnih interesa iz individualističkog načina prisvajanja koji pojedinačne vlasnike stavlja u odnose međusobnog rivalstva i konkurencije.

Kao individualno prisvajanje tuđeg rada, privatna svojina se reprodukuje kroz opštu, kako međuklasnu tako i unutarklasnu borbu svih protiv svih. Privatni vlasnici putem nasilne ili ekonomske prinude prisvajaju rad obezvlašćenih proizvođača, koji opet na sličan način (ratovanjem, neekvivalentnom razmenom i slično) međusobno preraspodeljuju. Ta borba, u kojoj samo jači pobeđuju, gotovo da se ne razlikuje od borbe koja se na život i smrt vodi u životinjskom svetu.

Samo kroz tu borbu se reprodukuju i privatna svojina i na privatnoj svojini zasnovano klasno zajedništvo izraženo kroz prinudno jedinstvo suprotstavljenih pojedinačnih i grupnih interesa, koje je objektivno utoliko čvršće ištoje suprotnost interesa veća. Međuklasne suprotnosti su daleko veće od unutarklasnih, ali je za toliko i međuklasno jedinstvo čvršće od unutarklasnog. Proleter i kapitalista su jedan za drugog mnogo čvršće vezani mnego što su sami proleteri i kapitalisti međusobno jer je i njihova ekonomska međuzavisnost mnogo veća i neposrednija.

Klasno jedinstvo je, međutim, ekonomskom nuždom spolja nametnuto, baš kao što je nametnuto i prisvajanje tuđeg rada. Osnovne zakonitosti klasnog društva su u suštini ekonomske zakonitosti reprodukovanja i prisvajanja opredmećenog rada, a pošto opredmećeni rad predstavlja nuždom nametnuto ospoljenje živog rada, i društvene zakonitosti deluju kao spoljašnje prinudne sile. Opremdećeni rad je glavna koheziona snaga takvog društva jer je njegovo reprodukovanje osnovni uslov reprodukovanja i privatne svojine i životne egzistencije.

Unutarnje jedinstvo besklasnog društva može biti uspotavljeno samo pod vladavinom živog rada, koja s iključenjem socijalnoklasne diferencijacije isključuje i socijalno-klasne suprotnosti. Kao što je sa društvenom podelom rada nastalo, socijalno-klasno podvajanje će zajedno sa njom i nestati, pa će nestati i društvene suprotnosti koje ono sa sobom nosi. Pošto se živi rad ne može trajno diferencirati, pri njegovoj vladavini neće biti moguća ni trajna društvena diferencijacija kojom bi se društvena zajednica cepala na podvojene i međusobno suprotstavljene grupacije čije se povezivanje mora spolja vršiti.

Socijalno-klasna diferencijacija baš kao i društvena podela rada nestaje obrnutim redosledom u odnosu na redosled po kojem nastaje. Iako je u istorijskom lancu društvene diferencijacije poslednja nastala, podela na eksploatatorske i eksploatisane klase prva će nestati jer da bi se izvršilo istorijsko oslobođenje ljudskog rada mora se najpre ukinuti eksploatacija kao oblik njegovog nepovratnog otuđivanja. Pošto je ukidanje nepovratnog otuđivanja rada osnovna pretpostavka za ukidanje velike podele na intelektualni i fizički rad, prevazilaženje klasne podele je nužan uslov za prevazilaženje svih društvenih podvajanja.

Nestajanje klasne podvojenosti započinje već sa njenim nastajanjem jer i razotuđivanje ljudskog rada započinje sa njegovim otuđivanjem, kao rezultat klasne borbe koja se od samog nastanka klasa vodi na jednoj strani za jačanje, a na drugoj za ukidanje eksploatacije. Najveće otuđivanje rada i najveće klasno podvajanje vladaju u robovlasništvu, gde jednom otuđeni proizvođač postaje doživotni rob svog eksploatatora, lišen svih ljudskih prava, nasuprot robovlasniku koji nad njim uživa apsolutnu vlast. Već feudalizam donekle ublažuje i nepovratno otuđivanje rada i klasne suprotnosti, jer dok se od roba otuđuje ceo proizvod, od kmeta se pojavno otuđuje samo višak proizvoda, zbog čega je rob u okovima robovlasnika, dok je kmet u odnosima sa feudalcem poluslobodan čovek.

U kapitalizmu kao najrazvijenijem obliku klasne eksploatacije, po prirodi stvari započinje proces konačnog ukidanja i klasne eksploatacije i klasne diferencijacije, koji se ispoljava s jedne strane kroz ubrzano reduciranje eksploatatorske klase, i s druge strane kroz sve veće profesionalno raslojavanje i deprofesionalizaciju proizvođačke klase. Oslobađanjem rada klasno društvo se tako sve više transformiše u besklasnu komunističku zajednicu gde konačno prestaju i klasna borba i socijalno-klasno podvajanje.

Kapitalistička konkurencija, u kojoj slabiji neminovno propadaju, redukuje eksploatatorsku klasu na sve manji broj pripadnika dok je na kraju ne svede na kapitalističku državu kao opšteg i obezličenog vlasnika društvenog kapitala. Centralizacija kapitala koja se pri tom vrši, izbacuje kapitalistu najpre iz neposrednog procesa proizvodnje, a zatim ga diskvalifikuje i za samo upravljanje kapitalom.

Funkciju upravljanja kapitalom preuzima državna birokratija, koja samim tim preuzima i monopol u upravljanju društvom. Vladavina birokratije kao posebnog sloja profesionalnih upravljača, označava istovremeno i prolongiranje i ukidanje klasne vladavine na istorijskom putu iščezavanja svake društvene vladavine. Ona svojom specifičnošću pokazuje da je klasna vladavina u svom klasičnom obliku postala neodrživa ali da se ne može odjednom ukinuti pa ni vladavinom neposrednih proizvođača preko noći zameniti.

Kao stvarni nosilac određenog, u izvesnim okolnostima i apsolutnog monopola u raspolaganju sredstvima društvene reprodukcije, birokratija zamenjuje vladajuću klasu, u ukupnom upravljanju društvom. Zahvaljujući tome, ona je objektivno u poziciji da se postavlja iznad društva i da u njegovo ime gospodari i procesom proizvodnje i neposrednim proizvođačem. Preuzimajući ulogu monopoliziranog upravljanja društvom, birokratija postaje glavni organizator proizvodnje i odlučujući subjekt raspodele društvenog proizvoda, u kojoj zahvaljujući takvoj ulozi može po sopstvenoj volji učestvovati.

Pošto raspolaže centralizovanim kapitalom, birokratija je i sama centralistički povezana tako da organizovano deluje kao jedinstvena društvena snaga, pa je i njena društvena moć veća nego što je ukupna moć izolovanih i konkurentski suprotstavljenih individualnih vlasnika kapitala. Ukoliko poseduje neograničen ekonomski i politički monopol, ona može i voluntaristički upravljati društvenom reprodukcijom, ali upravo u tome i leži njena ahilova peta zbog koje takav monopol ne može dugo posedovati. Neograničeni monopol daje birokratiji neograničenu moć u vladanju društvom, ali postavlja neprelaznu granicu društvenom razvoju koji pod neograničenom birokratskom vladavinom postaje nemoguć, pa se neograničena moć birokratske vladavine društvom istovremeno javlja kao potpuna nemoć u obezbeđenju društvenog progresa.

Tako protivrečan položaj birokratije proističe iz njenog protivrečnog odnosa prema proizvodnim sredstvima, kojima ona faktički raspolaže a da nije njihov legitimni vlasnik. Na tome se zasniva i protivrečnost društvenog bića birokratije koja joj istovremeno i daje i oduzima klasna obeležja, tako da ona u isto vreme i jeste i nije vladajuća klasa. Jeste vladajuća klasa po tome što faktički raspolaže proizvodnim sredstvima, a nije vladajuća klasa jer nije njihov legitimni vlasnik.

Time je određen odgovarajući položaj birokratije i u raspodeli društvenog proizvoda. Ona je oficijelno državni najamnik koji je plaćen za profesionalno upravljanje ali najamnik koji faktički sam sebe iznajmljuje. U tom pogledu birokratija se formalno izjednačava sa proizvođačkom klasom jer obavljanjem upravljačke funkcije oficijelno "odrađuje" državnu platu, dok faktički preuzima poslodavačku ulogu vladajuće klase obezbeđujući sopstvenu egzistenciju prisvajanjem tuđeg rada.

Pošto prisvaja tuđi rad a nije legitimni vlasnik proizvodnih sredstava, birokratija nije neposredno zainteresovana za ekonomiju ni živog ni opredmećenog rada niti za to snosi ekonomske posledice, pa su njena materijalna primanja, koja su određena položajem na hijerarhijskoj lestvici, potpuno nezavisna od stvarnog doprinosa društvenoj produktivnosti rada. Zato ona reprodukciju sopstvenog standarda pretpostavlja reprodukovanju materijalno-tehničke osnove rada svaljujući ceo teret proizvodnog napretka na standard neposrednih proizvođača, koji se zadržava uglavnom na životnom minimumu, usled čega se u svim zemljama totalitarnog etatizma rasponi u materijalnim primanjima birokratije i proizvodnih radnika stalno povećavaju.

Odsustvo ekonomske motivacije birokratija pokušava nadomestiti moralno-političkim stimulacijama i administrativno-političkom odgovornošću, što pretpostavlja hijerarhijske odnose i administrativno-političku prinudu koja se sa viših instanci vrši prema nižim instancama hijerarhijske lestvice. Ispunjavanje proizvodnih zadataka nagrađuje se napredovanjem, a neispunjavanje kažnjava nazadovanjem na birokratskoj lestvici, što sa svoje strane podstiče nerealno planiranje i lažno prikazivanje poslovnih rezultata.

Ekonomija se na taj način stavlja u službu politike umesto da je politika u službi ekonomije, čime se njihov prirodni odnos potpuno izokreće, zbog čega se i ekonomija izokreće u kvazi ekonomiju a politika u politikantstvo. I društvena reprodukcija se stavlja u funkciju reprodukovanja ekonomske i političke moći birokratije kao društvenog parazita, čija vladavina nema drugog smisla nego da na račun društvenog progresa samu sebe obezbeđuje.

Zbog toga bi proces obezvlašćivanja birokratije morao otpočeti od samog nastanka njene vladavine. A obezvlašćivanje birokratije već samo po sebi znači njeno odumiranje pošto je profesionalno vršenje vlasti glavno obeležje birokratije kao posebne društvene grupacije. Da bi birokratija postepeno gubila klasna obeležja, njena uloga mora se sve više svoditi na obavljanje operativno-izvršnih funkcija dok se i one na kraju potpuno ne automatizuju kad se upravljanje ljudima upotpunosti zameni upravljanjem stvarima. [12])

Debirokratizacija se može ostvarivati samo kroz demokratizaciju, koja podrazumeva da sami proizvođači preuzimaju upravljanje društvenom reprodukcijom. A preuzimanje upravljanja od strane proizvođača znači odumiranje i proizvođačkih klasa pošto se klasna podela zasniva na društvenoj podeli funkcija upravljanja i proizvođenja, čijim se sjedinjavanjem vrši samoupravna integracija društva na putu njegove komunističke homogenizacije.

Preuzimanjem funkcije upravljanja društvenom reprodukcijom radnička klasa gubi klasna obeležja pretvarajući se u vodeću snagu samoupravne integracije društva. A samoupravna integracija društva vrši se samo utoliko ukoliko neposrednim nosiocem upravljanja društvenom reprodukcijom postaju svi radni ljudi, to jest ukoliko se vrši opštedruštveno sjedinjavanje upravljanja i proizvodnog rada, koje vodi konačnom ukidanju i zamenjivanju slobodnim komunističkim stvaralaštvom i jednog i drugog.

Samim tim sve više nestaju klasne i socijalne razlike, ne samo između proizvođačkih i eksploatatorskih klasa, već i među samim proizvođačkim klasama. Ukoliko preuzimaju funkciju upravljanja društvenom reprodukcijom, proizvođačke klase prestaju biti ne samo

---

12) "O uništenju činovništva odjednom, svugde i do kraja nema ni govora. To je utopija. Ali *razbiti* odjednom staru činovničku mašinu i odmah početi graditi novu koja omogućava postepeno nestajanje svakog činovništva, to *nije* utopija, to je iskustvo Komune, to je neposredni, naredni zadatak revolucionarnog proletarijata". (V.I. Lenjin: "Gosudarstvo i revoljucija", *Sočinenija,* izd. IV, Ogiz, Gospolitizdat, tom 25, str. 397).

proizvođački nego i eksploatisani deo društva jer sopstvenim radom sve više sami raspolažu. Podruštvljavanjem rada odnos svih članova društvene zajednice pema sredstvima društvene reprodukcije objektivno se izjednačava, što predstavlja osnovu za izjednačavanje njihovog društvenog položaja u celini.

Proces "rastakanja" klasa otpočinje već sa ranom industrijalizacijom proizvodnje. Ne samo što se vlasnici kapitala sve više oslobađaju organizatorske i upravljačke funkcije, nego se s intelektualizacijom proizvodnog rada najamni proizvođači od fizičkih radnika sve više pretvaraju u intelektualne radnike. Već je kvalifikovani radnik više intelektualna nego fizička radna snaga, a takozvani srednji slojevi, koje u industrijskom društvu čine inženjeri, tehničari, naučnici, nadzornici, organizatori i drugi specijalizovani stručnjaci,[13] obavljanjem i proizvodnih i upravljačkih funkcija dobijaju određena obeležja i proizvođačkih i upravljačkih klasa a da upravo zbog toga ne pripadaju ni jednim ni drugim.[14]

Narastanje "novih srednjih slojeva" već u kapitalizmu označava proces prevazilaženja klasne diferencijacije društva. Iako se bave pretežno intelektualnim radom, ti slojevi obavljaju pre svega proizvodne funkcije ukoliko je proizvod osnovni smisao njihovog rada, ali oni sve više tendiraju slobodnim aktivnostima ukoliko rad uopšte sa potiskivanjem spoljašnje svrsishodnosti unutarnjom svrsishodnošću gubi prinudni karakter.

S druge strane, "srednji slojevi" preuzimaju određene upravljačke funkcije vladajućih klasa, ali sa tendencijom da one putem podruštvljavanja sve više odumiru. Ukoliko učestvuju u upravljanju, oni faktički učestvuju i u raspolaganju sredstvima društvene reprodukcije, pa zahvaljujući tome i u preraspodeli viška proizvoda. Ali već i zbog prirode proizvodnih funkcija koje obavljaju, "srednji slojevi" objektivno ne mogu ostati na minimumu životne egzistencije, koja se može unapređivati samo uz manje ili veće učešće u raspodeli viška proizvoda.

Kao rezultat zakonitog sjedinjavanja proizvođačkih i upravljačkih funkcija u istorijskom razvoju društvene reprodukcije, "srednji slojevi" su svojevrstan oblik istorijskog samoukidanja klasa, koje nastaje u interesu i takoreći po sopstvenoj volji njihovih pripadnika. Jer ne samo što prelazak u te slojeve postaje životni san svakog proizvodnog radnika,[15] nego im i vlasnici kapitala sasvim dobrovoljno predaju upravljačke funkcije.

Iako se često označavaju kao "srednja klasa" ili "međuklasa", u istorijskom smislu "srednji slojevi" su u stvari svojevrstan oblik nadklasne diferencijacije koji označava prelaz iz klasnog u besklasno društvo kao zakoniti proces prirodnog odumiranja klasa. Jer ako je državna birokratija kao nosilac neograničenog monopola vlasti, slučajni nusprodukt društvenog razvoja, koji od samog nastanka postaje njegova kočnica, "srednji slojevi" kao socijalni nosilac društvene transformacije proizvodnog rada u slobodni rad i upravljanja ljudima u upravljanje stvarima, su samim tim i nužan nosilac društvenog progresa, koji ljudsko društvo treba konačno da izvedu iz carstva nužnosti u carstvo slobode.

---

[13] "U taj dio zaposlenog stanovništva ("srednji slojevi") ubraja se inženjerski, tehnički i znanstveni kadar, niži slojevi nadglednika i uprave, znatan broj specijaliziranih namještenika i "stručnjaka" koji su zaposleni u administraciji u okviru marketinga, financija i organizacije, i slično, kao i, izvan kapitalističke privrede u užem smislu, u bolnicama, školama, državnoj administraciji, itd." (Harry Braverman, isto, str. 334/5).

[14] "Spomenuta "nova srednja klasa" ne zauzima središnji položaj zato što je *izvan* procesa uvećavanja kapitala, već zato što, kao dio tog procesa, poprima obeležja s *obiju strana*. Ne samo što uživa svoj sitni udio u povlasticama i nagradama kapitala, već također nosi obilježja stanja u kojemu se nalazi proletarijat". (Isto, str. 337).

[15] Empirijska istraživanja potvrđuju sasvim logičnu činjenicu da proizvodni radnici ne žele biti to što jesu (Vidi: Branko Horvat, isto, str. 71), a "bežanje" iz proizvodnje u uslužne delatnosti postalo je takoreći zakonita pojava koja se sve češće sukobljava sa principima ekonomije.

U tom pogledu novi srednji slojevi, koji rade i upravljaju već podruštvljenim sred-stvima rada, sasvim se razlikuju od starih srednjih slojeva, čiji su pripadnici kao izolovani proizvođači i individualni vlasnici proizvodnih sredstava oduvek imali marginalnu druš-tvenu ulogu. Zanatlije, seljaci i sitni trgovci koji rade sredstvima u individualnoj svojini, mogu postati značajna društvena snaga samo putem udruživanja sopstvenog rada i njegovog integrisanja u jedinstven sistem društvenog rada, 16) ali ukoliko se takva integra-cija ostvaruje utoliko oni praktično i nestaju kao posebni društveni slojevi.

Potpuno podruštvljeni rad neće davati osnova ni za kakvu socijalnu diferencijaciju jer će se svi slobodno baviti onim za čim osećaju neposrednu generičku potrebu i niko neće posedovati monopol na bilo koju društvenu funkciju. Tek se na toj osnovi može os-tvariti i potpuna društvena jednakost, koja isključuje svaku subordinaciju jer podrazume-va podjednak odnos svih i prema živom i prema opredmećenom radu.

Rad i porodična diferencijacija

Rad nije društvo podelio samo na klase i socijalne slojeve. Mnogo ranije započeo je u zavisnosti od njegovog razvoja, i proces porodične diferencijacije društva, koji od prvobitne zajednice traje sve do današnjih dana. Način reprodukovanja i ljudske jedinke i ljudskog roda oduvek je, u krajnjoj liniji, određivan načinom ljudskog rada.

Zbog toga što se nije mogla drugačije održati, cela prvobitna horda je egzistirala kao jedna "porodica". Pošto su se sredstva životne egzistencije mogla obezbeđivati samo zajedničkim angažovanjem svih članova horde, nije bilo nikakvih uslova za njeno unu-tarnje podvajanje, pa je ona i biološku funkciju reprodukovanja vrste ostvarivala kao mo-nolitna celina. Kao o pribavljanju životnih sredstava tako su i o porodu svi zajednički bri-nuli, zbog čega nije bilo nikakvih ograničenja u međusobnom opštenju polova, pa iz op-šteg zajedništva svih ni deca nisu izuzimana. 17)

Preistorijska zajednica bila je toliko brojna koliko je bilo neophodno da se održi u životu, pa se u toj meri morala i biološki reprodukovati. Ukoliko je produktivnost rada rasla, broj ljudskih jedinki koje su zajedničkim radom mogle samostalno obezbeđivati sopstvenu reprodukciju, sve više se smanjivao, pa se zavisno od toga i krug porodičnog zajedništva sužavao, što je vodilo sve većoj porodičnoj diferencijaciji prvobitne zajednice. Kao osnova porodice, i bračni krug se na tom putu sve više sužavao — od prvobitnog grup-nog, društveno potpuno neregulisanog braka do rigoroznim moralnim, religijskim i prav-nim normama okovane monogamije. 18)

Reprodukovanje vrste ne samo što je neodvojivo od reprodukovanja jedinke nego je njime i odlučujuće uslovljeno. Kao početni oblik porodične diferencijacije, *porodica krv-nog srodstva* morala je nastati usled promenjenih uslova obezbeđivanja sredstava životne

---

16) "Suština socijalističkog samoupravnog podruštvljavanja ličnog rada nije u administrativnoj ili kakvoj drugoj prisili na kolektivizaciju, likvidiranje prava privatne svojine na zemljište ili sredstva kojima se obavlja samostalni lični rad, nego u slobodnom i ravnopravnom udruživanju, u koope-raciji, odnosno — gde god je to moguće i racionalno — u trajnijem povezivanju ličnog rada sa ra-dom radnika u OOUR i na taj način njegovom uključivanju u dohodovne odnose samoupravnog udruženog rada". (E. Kardelj, *Slobodni udruženi rad,* isto, str. 204).

17) "Proučavanje preistorije otkriva nam društvena stanja gde ljudi žive u poligamiji , a njihove žene istovremeno u poliandriji, i zajednička deca su stoga i smatrana kao zajednička svih njih". (F. En-gels: "Poreklo porodice, privatne svojine i države", isto, tom 32, str. 32).

18) "Krug, koji obuhvata zajednička bračna veza i koji je prvobitno bio vrlo širok, sve više se suža-va, dok najzad ne obuhvati samo pojedinačni par". (Isto, str. 103).

egzistencije. Do prekidanja polnih odnosa između roditelja i dece, koje je značilo veliki napredak u reprodukovanju ljudske vrste, moglo je doći samo na osnovu iskustva o genetskoj štetnosti takvih odnosa, a ono se ne bi moglo steći bez izvesne podele funkcija mlađih i starijih generacija u društvenoj reprodukciji. Ukoliko su se mlađi u potrazi za životnim sredstvima (koja su zahvaljujući savršenijem oruđu mogli obezbeđivati za celu zajednicu) privremeno odvajali od starijih, koji su za to vreme ostajali u staništu brinući o "kućnim" poslovima, oni su se kroz međusobno polno opštenje mogli uveriti u njegove prednosti nasuprot opštenju sa starijim, čiju su genetsku štetnost morali doživljavati kao tajanstvenu kaznu.

Ako je podela rada među generacijama dovela do porodice krvnog srodstva, onda je logično da je *porodica punalua* nastala kao rezultat podele rada među polovima. Podvajanje polova u poslu vodilo je daljem podvajanju krvnih srodnika u polnom opštenju jer je pri tom, zbog većeg polnog afiniteta zasnovanog na izraženijim genetskim razlikama, izbor bračnog partnera radije vršen van kruga krvnih srodnika. I pošto je polno opštenje izvan tog kruga pokazivalo genetske prednosti, nastala je svest o neprihvatljivosti opštenja među krvnim srodnicima, koje je kao porok javno osuđivano i time praktično zabranjivano.

Društvena podela rada nastajala je i razvijala se pod dominacijom opredmećenog rada, koja je stoga sudbonosna i za porodičnu diferencijaciju. Poslovi se na različite izvršioce nisu delili da bi se u njima uživalo već da bi se više proizvodilo. I dok je u početku proizvodni rad bio u neposrednoj funkciji golog bitisanja, sa povećavanjem produktivnosti on je sve više stavljan u funkciju posedovanja.

To je bilo sudbonosno i za tokove porodične diferencijacije. Dok su se porodice krvnog srodstva i punalua još borile za golo bitisanje, *sindijazmička porodica* je već prilagođena i za posedovanje. A pošto posedovanje tendira ka individualnoj monopolizaciji poseda, sindijazmička porodica iz grupnog braka vodi pravo u monogamiju. Sve dok je majka predstavljala glavni stožer porodičnog domaćinstva, ona je po prirodi svoje pozicije u gentilnoj podeli rada bila glavni posednik porodične imovine, na čemu se zasnivalo i njeno kućno starešinstvo. Stoga je i nasleđivanje porodične imovine vršeno isključivo po majci tako da je celokupan imovinski posed ostajao u gensu. [19]

Samo je usled promenjene uloge polova u društvenoj reprodukciji moglo doći do prerastanja matrijarhata u patrijarhat. Ukoliko se proizvodnja razvijala, utoliko je, pored ostalog i zbog neizbežne zauzetosti žene u kući, rasla uloga muškarca u organizovanju proizvodnog procesa, pa stoga i u porodičnom gazdovanju te raspolaganju porodičnom imovinom. Otuda je i nasleđivanje po majci moralo biti zamenjeno nasleđivanjem po ocu kao isključivom vlasniku porodičnog imetka. [20]

Kao vladavina patrijarhata, *monogamija* je karakteristični oblik porodične diferencijacije klasnog društva zasnovane na privatnoj svojini. Monogamska porodica je nastala i razvijala se sa nastankom i razvojem privatne svojine, pa će i nestati sa njenim nestan-

---

[19] Vidi isto, str. 49.

[20] "Ukoliko su bogatstva rasla, ona su, s jedne strane, davala muškarcu važniji položaj u porodici nego ženi, a, s druge strane, podsticala su da se taj pojačani položaj iskoristi tako što će se tradicionalni red nasleđa izmeniti u korist dece ... Dovoljno je bilo jednostavno rešenje da će ubuduće potomci muških članova ostati u gensu, a da će potomci ženskih članova biti isključeni prelaskom u gens svoga oca. Time su bili ukinuti poreklo po ženskoj lozi i matrijarhalno nasledno pravo, a ustanovljeni muška loza porekla i patrijarhalno nasledno pravo". (Isto, str. 50).

kom. [21]) Ona je zapravo elementarni oblik reprodukovanja privatne svojine i stoga ćelij-ski oblik organizacije klasnog društva, u kojem se začinje i u okviru kojeg se produžava klasna eksploatacija. [22])

Zbog toga se i klasna polarizacija društva produžava u društvenu polarizaciju poro-dice, koja u stvari predstavlja klasnu nadgradnju njene biološke polarizacije. Na jednoj strani je starešina porodice kao isključivi vlasnik zajedničkim radom proizvedenog poro-dičnog imetka, dok su na drugoj strani eksploatisani i obezvlašćeni ostali članovi poro-dice, koji stoga prema glavi porodice ne mogu biti u drugačijem nego u podređenom odnosu. Starešina porodice se na taj način javlja kao svojevrstan produžetak eksploatator-ske, a žena i deca kao produžetak eksploatisane klase. [23])

Porodica je okrilje eskploatacije mogla predstavljati samo kao proizvodna jedinica, što zapravo i jeste osnovno obeležje njenog razvijenog i suštastvenog — monogamskog oblika. [24]) Na vrhuncu svog razvoja porodica je predstavljala kompletnu ekonomsku — proizvodno-potrošačku zajednicu, u kojoj su se i proizvodila i trošila osnovna sredstva životne egzistencije. Reprodukcija materijalne osnove životne egzistencije činila je zapravo osnovnu – ekonomsku funkciju razvijene – monogamske porodice.

Bez ekonomske funkcije monogamska porodica ne bi mogla ostvarivati ni svoju bio-lošku funkciju jer reprodukcija života bez reprodukcije njegovih materijalnih pretpostavki objektivno nije moguća. Stoga su ekonomski obziri predstavljali glavnu polugu i zasniva-nja i održavanja bračne zajednice, dok su lični afiniteti igrali sasvim sporednu ulogu. Mo-nogamija ne počiva na individualnoj polnoj ljubavi, kao što se obično priželjkuje, već na egoističkim ekonomskim interesima koji su s emotivnim polnim osećanjima u dubokoj koliziji. [25])

Ekonomskom funkcijom određena je u osnovi i socijalna funkcija monogamske porodice. Članovi porodice koji proizvode dužni su da izdržavaju članove koji za proiz-vodnju nisu sposobni, o čemu praktično brine starešina porodičnog domaćinstva, koji i raspolaže ostvarenim proizvodom. Bez raspolaganja sredstvima životne egzistencije so-cijalna funkcija porodice ne bi praktično ni bila ostvariva.

21) ”Život u bračnim parovima i bračna neverstva mogu se društvenim uticajima zadržavati u snoš-ljivim granicama, ali nestaće tek onda kada se upotpunosti iživi sopstveničko osećanje kod čove-ka; kada privatna svojina i posed postanu daleka, tužna prošlost”. (Dr Velizar N. Najman, Socio-patologija u socijalističkom društvu, ”Vuk Karadžić”, Beograd, str. 73).

22) ”Prva klasna suprotnost koja se javlja u istoriji poklapa se s razvojem antagonizma između muža i žene u monogamiji, a prvo klasno ugnjetavanje – s ugnjetavanjem ženskog pola od strane mu-škog”. (F. Engels: ”Poreklo porodice, privatne svojine i države”, isto, tom 32, str. 56).

23) ”Moderna inokosna porodica osnovana je na otvorenom ili prikrivenom domaćem ropstvu žene, a moderno društvo je masa koja se sastoji samo od inokosnih porodica kao svojih molekula. Da-nas u velikoj većini slučajeva, bar u imućnim klasama, muž mora da bude onaj koji privređuje, hranilac porodice, a to mu daje položaj gospodara kome nije potrebno nikakvo posebno pravno povlašćivanje. On je u porodici buržuj, a žena predstavlja proletarijat”, (isto, str. 62).

24) ”U tom početnom stadijumu industrijskog kapitalizma obitelj je imala središnje mjesto u proiz-vodnim procesima društva ... Obitelj je bila ekonomska jedinica i na njoj se osnivao cjelokupni sistem proizvodnje”. (Harry Braverman, isto, str. 226).

25) Monogamija ”nikako nije bila plod individualne polne ljubavi, s kojom nije imala ničeg zajednič-kog, jer su brakovi, kao i ranije, bili brakovi iz imovinskih obzira. Ona je bila prvi oblik porodi-ce koji se zasnivao, ne na prirodnim, već na ekonomskim uslovima, naime, na pobedi privatne svojine nad prvobitnom, iskonskom zajedničkom svojinom. Vladavina muža u porodici i rađa-nje dece koja su mogla biti samo njegova i koja su bila određena za naslednike njegova bogat-stva – to su bili jedini i isključivi ciljevi monogamije, koje su Grci bez okolišenja izražavali”. (F. Engels: ”Poreklo porodice, privatne svojine i države”, isto, str. 56).

S druge strane, socijalna funkcija porodice je prvenstveno u funkciji ostvarivanja njene ekonomske funkcije. Deca su izdržavana pre svega radi toga da bi se osposobila za proizvodnju i da bi zahvaljujući tome i sama mogla izdržavati stare i iznemogle. Za učinjenu uslugu traži se odgovarajuća protivusluga tako da uzvraćanje predstavlja imperativ porodične solidarnosti.

Sličan je i odnos ekonomske i obrazovno-vaspitne funkcije porodice. Obrazovno-vaspitnu funkciju, koja zahteva određena materijalna sredstva, porodica ne bi mogla obavljati bez ekonomske funkcije, kojom se ta sredstva obezbeđuju. Stoga su obrazovanje i vaspitanje sve dok je porodica predstavljala glavnu proizvodnu jedinicu obavljani uglavnom ili čak isključivo u porodičnom krugu, gde su manje ili više utkivani u proizvodni proces.

Porodično obrazovanje i vaspitanje je u osnovi takođe podređeno ekonomskoj funkciji porodice. Članovi porodice obrazuju se prvenstveno za proizvodnju, i vaspitavaju za bespogovorno pokoravanje volji starijih i pre svega starešini porodice. Odnosi hijerarhijske subordinacije koji odlikuju klasno društvo, dominiraju i u njegovoj osnovnoj ćeliji. Žena se mora pokoravati mužu, deca roditeljima, mlađi brat starijem bratu, te mlađa sestra starijoj sestri. Zbog neizbežne nejednakosti u društvenoj reprodukciji, stvarne ravnopravnosti unutar monogamske porodice ne može biti baš kao što je nema ni izvan nje.

Uprkos tome, monogamska porodica predstavlja karakterističan oblik podvajanja klasnog društva koji je u stalnom sukobu sa širom društvenom zajednicom. Pri klasnoj diferencijaciji društva ne teži samo svaki pojedinac nego i svaka porodica baš kao i svaka društvena grupa da sva drušvena kretanja podredi sopstvenim interesima, zbog čega nastaje opšte sukobljavanje svakoga sa svakim. Na tome se zasniva i separatistički mentalitet koji članove sopstvene porodice izdiže iznad ostalih članova društvene zajednice kao da je krvnom srodnošću i društvena bliskost unapred predodređena.

Da je svaki, pa i porodični separatizam nespojiv sa prirodom *ljudskog* bića svedoči ne samo prvobitna jednakost kada su svi pripadnici jednog plemena bili podjednako bliski jedni drugima, već i neodoljiva težnja za jednakošću koja se javila čim su društvene nejednakosti nastale. Pa i rano hrišćanstvo je, dok nije pretvoreno u instrumenat klasne vladavine, propovedalo ravnodušnost ili čak mržnju prema porodici da bi afirmisalo sopstvene ideje jednakosti među ljudima. 26)

Porodično podvajanje društva može, međutim, nestati tek sa nestankom njegove ekonomske osnove, a to je relativno dugotrajan istorijski proces koji započinje već sa ranim kapitalizmom. Iako na prvi pogled izgleda paradoksalno, prirodno je da porodica, kao i sve ostalo, počinje nestajati još dok je na vrhuncu svoje moći. Poslednji stadijum njenog razvoja istovaremeno je i prvi stadijum njenog odumiranja, koje baš na tom nivou neminovno mora započeti.

Zakonom zagarantovana ravnopravnost muža i žene najviši je stupanj monogamske porodice, ali njeno ostvarivanje praktično započinje s odumiranjem osnovnih funkcija porodice. Osnovu stvarne ravnopravnosti članova porodice čini njihova ekonomska ravnopravnost, koja se počinje ostvarivati tek sa napuštanjem porodične proizvodnje. 27)

---

26) ”Ako ko dođe k meni (Hristu) a ne mrzi na svojega oca, i na mater, i na ženu, i na djecu, i na braću, i na sestre i na samu dušu svoju, ne može biti moj učenik” (Jevanđelje po Luci)... Kod Mateja je međutim mržnja prema porodici već veoma oslabila: ”Koji ljubi oca ili mater većma nego mene, nije mene dostojan; i koji ljubi sina ili kćer većma nego mene, nije mene dostojan”. (Karl Kaucki, *Poreklo hrišćanstva,* ”Kultura”, 1954, str. 300).

27) ”Za oslobođenje žena prvi preduslov je ponovno uvođenje celog ženskog rada u javnu radinost, a ovo, opet, iziskuje uklanjanje svojstva inokosne porodice kao društvene privredne jedinice”. (F. Engels: ”Poreklo porodice, privatne svojine i države”, isto, str. 63).

Bez ukidanja same porodične proizvodnje nije moguće ukinuti ni hijerarhijski karakter proizvodnih odnosa u porodici jer je takva proizvodnja po svojoj prirodi hijerarhijski uređena.

Istorijski udarac porodičnoj proizvodnji zadala je proletarizacija proizvođača. Samim odvajanjem od sredstava proizvodnje proizvođač je osuđen na to da svoju radnu snagu prodaje tražeći posao izvan porodičnog kruga, unutar kojeg od ekonomske uloge porodice ostaje još samo njena potrošačka funkcija ali i ona sa tendencijom postepenog ukidanja ukoliko se individualno zadovoljavanje životnih potreba zamenjuje njihovim zajedničkim zadovoljavanjem. 28) Razvojem industrije porodična proizvodnja sve više se zamenjuje tvorničkom proizvodnjom, tako da porodicu kao osnovnu proizvodnu jedinicu zamenjuje tvornica u kojoj se nezavisno od krvnog srodstva okuplja znatno veći broj proletarizovanih proizvođača. 29)

Usled koncentracije velikog broja radnika ne samo na mestu rada već i na mestu stanovanja, individualno zadovoljavanje životnih potreba putem porodične potrošnje sve više se zamenjuje njihovim zajedničkim zadovoljavanjem putem javnih usluga. A ukoliko zajednički život izlazi iz porodičnog kruga, utoliko se i socijalna funkcija porodice zamenjuje socijalnim staranjem šire društvene zajednice. 30) Ne samo što raste međusobna solidarnost radnika, nego se i sama kapitalistička klasa mora brinuti o određenoj socijalnoj sigurnosti najamne radne snage da bi u sopstvenom interesu obezbedila njeno reprodukovanje.

S industrijalizacijom proizvodnje se i obrazovanje te vaspitanje proizvođača nužno pretvaraju u javnu delatnost, usled čega sve više slabi i obrazovno-vaspitna uloga porodice. 31) Ako tvornica zamenjuje porodicu u sferi proizvodnje, škola je zamenjuje u oblasti obrazovanja i vaspitanja. A pošto se obrazovanje i vaspitanje podređuju pre svega zahtevima proizvodnje, škola se vezuje prvenstveno za tvornicu delujući potpuno nezavisno od porodice.

Prenošenje osnovnih funkcija porodice na širu društvenu zajednicu nije nikakvo nužno zlo već društveni progres zasnovan pored ostalog i na interesu samih članova porodice. Ukoliko je tvornička proizvodnja rentabilnija od porodične proizvodnje, a školsko obrazovanje i vaspitanje omogućavaju veću društvenu afirmaciju, oni sami po sebi postaju za sve privlačniji, zbog čega se napuštanje porodičnog kruga vrši na bazi sasvim slobodnog opredeljivanja. 32) Ako je prvobitna akumulacija kapitala i zahtevala određeno

---

28) "Osim svoje biološke funkcije, obitelj je bila ključna institucija *društvenog života, proizvodnje* i *potrošnje*. Od ta tri aspekta kapitalizam ostavlja samo poslednji, i to u oslabljenom obliku, jer je čak i kao potrošačka jedinica obitelj obično raspada na sastavne dijelove koji odvojeno sudjeluju u potrošnji". (Harry Braverman, isto, str. 229/30).

29) "U seoskim općinama obitelj je ne samo biološka nego i proizvodna jedinica. Djeca sudjeluju u radu cijele obitelji. Pod dominacijom industrijalizma propada ta uska povezanost tjelesno-duševne sa socijalno-produktivnom jedinicom". (J.A.C. Brown, isto, str. 41).

30) "U današnjem društvu dom i obitelj nisu više žarište socijalnog života". (Isto).

31) "Nega i vaspitanje dece postaju javni posao; društvo se stara za svu decu podjednako, bila ona bračna ili vanbračna". (F. Engels: "Poreklo porodice...", isto, str. 64).

32) "Često rad u domaćinstvu postaje neekonomičan u usporedbi s najamnim radom, zbog pojeftinjenja industrijske robe, a to, zajedno sa svim drugim pritiscima na radničku obitelj, potiče izlazak žene iz doma i njezino zapošljavanje u industriji. Ali tome pridonose i brojni drugi činioci: pritisak društvenih običaja, osobito za svaku novu generaciju, putem načina života, mode, reklamiranja i obrazovnog procesa (a svi oni čine izraz "domaći" pogrdnim, a "tvornički" pohvalnim), zatim srozavanje umijeća (zajedno s nestajanjem materijala) i, naposljetku, jaka želja svakog člana obitelji da ima vlastiti dohodak, što je jedan od najsnažnijih osjećaja koji je u čovjeku usadio preobražaj društva i divovsko tržište rada i robe". (Harry Braverman isto, str. 228/9).

prinudno obezbeđivanje najamne radne snage, razvijena industrijalizacija je već sama po sebi praznila seoska domaćinstva pružajući znatno veće ekonomske i društvene pogodnosti od onih koje objektivno može pružiti porodična poljoprivredna proizvodnja.

Ako takve prednosti pruža već kapitalistička proizvodnja, one u uslovima socijalističke proizvodnje, koja podrazumeva viši stepen podruštvljenosti, moraju biti još veće. Ukoliko udruženi radnici budu više raspolagali sredstvima i rezultatima svog rada, oni će i u proizvodnji i u životu sve više razvijati međusobno zajedništvo, koje će se sve dalje širiti i preko kućnih i preko tvorničkih zidova. Na osnovama zajedničkog rada i zajedničkog zadovoljavanja životnih potreba celo društvo će praktično sve više funkcionisati kao jedinstvena "tvornica" i jedinstvena "porodica".

Razvijanjem takvog zajedništva prevazilaziće se svi, pa i porodični odnosi hijerarhijske subordinacije među ljudima. Lišena ekonomske osnove za takve odnose, već je proleterska porodica značila veliki istorijski korak u pravcu stvaranja unutarporodične jednakosti, [33] jer ukoliko se žena oslobađa ekonomske zavisnosti, utoliko ona biva oslobođena i bračne podređenosti prema mužu. [34] A ukoliko brigu o izdržavanju, obrazovanju i vaspitanju dece preuzima šira društvena zajednica, sve više iščezava i njihovo porodično potčinjavanje roditeljima.

Pošto odumiru ekonomska, socijalna i obrazovno-vaspitna funkcija porodice, postavlja se pitanje šta će biti sa biološkom funkcijom porodice, i kako će se ubuduće ostvarivati biološka reprodukcija ljudskog roda. Iz nužnosti takve reprodukcije izvodi se zaključak da biološka funkcija porodice a time i sama porodica moraju postojati sve dok postoji ljudski rod. I sam istorijski razvoj porodice pruža dosta ubedljive dokaze za takav zaključak jer se odvijao u pravcu sve većeg isključivanja krvnih srodnika iz polnog opštenja, što je za rezultat imalo sve zdraviju reprodukciju ljudskog roda.

Ali reprodukcija ljudskog roda ostvarivana je i pre nastanka porodice, a kroz vanbračno polno opštenje ostvaruje se i uporedo s porodicom. Vanbračna deca nisu fizički i mentalno ništa manje napredna od bračne, ili su, zbog veće slobode u izboru bračnog partnera, čak i naprednija. U civilizovanim društvima vanbračna deca imaju jednak društveni tretman sa bračnom decom, a zbog nedostatka porodične brige posvećuje im se posebna društvena briga.

Isključivanje krvnih srodnika iz polnog opštenja od8uvek je vršeno putem društvenih zabrana zasnovanih naročito na religijskim, moralnim i pravnim normama. Pošto se i unutarporodični odnosi uređuju otuđenim društvenim normama, porodica funkcioniše kao otuđena društvena institucija koja način zajedničkog života svojih članova određuje nezavisno od njihove volje. Već zbog toga ona ne može predstavljati oblik *slobodnog* reprodukovanja *ljudskog* roda, zbog čega i njena regulativna biološka funkcija mora biti zamenjena drugačijim, slobodnom ljudskom biću primerenim načinom regulisanja polnog opštenja.

---

33) "Ovde nema nikakve svojine radi čijeg su očuvanja i nasleđivanja baš stvorene i monogamija i vladavina muškarca; ovde, prema tome, nema nikakve pobude za ustanovljavanje vladavine muškaraca... A otkako je krupna industrija premestila ženu iz kuće na tržište rada i u fabriku i načinila je dosta često hraniteljkom porodice, potpuno je uklonjen u proleterskom stanu poslednji ostatak vladavine muškaraca — osim možda nešto brutalnosti prema ženi, koja je uzela maha otkako je uvedena monogamija". (F. Engels: "Poreklo porodice ...", isto, str. 61).

34) "Prevlast muža u braku je jednostavna posledica njegove ekonomske prevlasti, i iščezava s njom sama od sebe". (Isto, str. 68).

Za tu zamenu postarala se sama priroda ljudskog bića. Upravo u vreme najvećeg uspona monogamske porodice rađa se specifičan oblik ljudskog polnog osećanja, takozvana individualna polna ljubav [35] kao prirodni regulator polnog opštenja koji obezbeđuje zdravu, i do sada najzdarviju reprodukciju ljudskog roda, jer se zasniva na prirodnom afinitetu polova sa različitim, i pre svega suprotnim gentilnim dispozicijama čije ukrštanje daje najvitalnije potomstvo. Takvo osećanje moglo je nastati tek na određenom stepenu razvoja ljudskog bića koji podrazumeva relativno visok nivo razvijenosti i ljudske inteligencije i ljudske slobode, što zapravo omogućava da umesto društvenih zabrana u dejstvo stupi slobodan izbor polnog partnera. [36]

Individualna polna ljubav se danas uzima za ideal bračne zajednice, a ona je u stvari njena istorijska negacija jer je kroz celu istoriju svog postojanja brak sklapan prvenstveno iz ekonomskih obzira. O sklapanju braka nisu uostalom ni odlučivali bračni drugovi već njihovi roditelji, pa se polna ljubav više pojavljivala izvan braka nego u samom braku. [37] A ukoliko je izbor bračnog partnera postajao stvar slobodnog opredeljenja zasnovanog na uzajamnoj naklonosti, brak je već zalazio u fazu svog odumiranja.

Ako se porodična diferencijacija društva zasniva na društvenoj dominaciji prinudnog proizvodnog rada, slobodnom stvaralačkom radu odgovara slobodna polna ljubav, kojom će se pri izboru polnog partnera svako rukovoditi kao što se pri izboru posla rukovodi generičkom potrebom za samim radom. Na prelazu iz jednog stanja u drugo je bračna zajednica koja će se sve više zasnivati na slobodnoj polnoj ljubavi, i slobodna polna ljubav koja će sve manje biti sputavana nametnutim bračnim obavezama.

Kao što razvijena komunistička zajednica neće biti društvo gotovana koji samo troše a ništa ne rade, ona neće biti ni društvo polnih razvratnika koji u osobi drugog pola vide samo sredstvo seksualnog naslađivanja. Sa humanizacijom rada humanizuju se ukupni, pa i polni odnosi među ljudima, i kao što se ljudski rad sve više intelektualizira tako se i polni odnosi sve više prožimaju uzvišenim ljudskim osećanjima svojstvenim samo razvijenim intelektibilnim bićima.

Sa tim je najneposrednije povezano i pitanje trajnosti individualnih polnih odnosa kad više ne bude nikakve društvene prinude kojom bi se oni nasilno održavali. Kao što se pri slobodnom radu svako može trajno posvetiti jednoj vrsti posla, tako se pri slobodnoj polnoj ljubavi svako može doživotno vezati za jednog polnog partnera, ali će se polni odnosi bez ikakvih problema i raskidati čim se polna osećanja ugase jer neće više biti nikakvih drugih obzira koji bi na njihovo prinudno produžavanje obavezivali.

Stoga razvijeni komunizam neće, kao prvobitnu zajednicu, odlikovati nagonsko polno opštenje svakog sa svakim, ali ni polno podvajanje na zatvorene bračne zajednice izvan kojih bi bilo isključeno slobodno komuniciranje među suprotnim polovima. Međusobna vernost zasnovana na polnim osećanjima ne isključuje već, naprotiv, pretpostavlja potpuno slobodno društveno komuniciranje putem kojeg će se u razvijenoj komunističkoj zajednici upostavljati, održavati i razvijati najraznovrsniji međuljudski odnosi.

---

[35] Prema Engelsu, "pre srednjeg veka ne može se govoriti o individualnoj polnoj ljubavi", jer se "naša polna ljubav suštinski razlikuje od antičkog prostog polnog nagona, erosa. Prvo, ona pretpostavlja kod voljenog bića uzvraćanje ljubavi — utoliko je žena izjednačena s muškarcem; dok se kod antičkog erosa to uzvraćanje i ne traži uvek. Drugo, polna ljubav ima takav stepen intenziteta i trajanja da obema stranama neposedovanje i rastanak izgledaju velika, ako ne i najveća nesreća". (Isto, str. 65).

[36] "Ovde stupa u dejstvo novi moment koji je u vreme kad se monogamija razvijala bio u najboljem slučaju jedva u začetku: individualna polna ljubav". (Isto, str. 64).

[37] Vidi isto, str. 59—60. i 66.

Odumiranjem braka i podruštvljavanjem dečjeg odgoja porodična segregacija biće do razvijenog komunizma potpuno ukinuta tako da će s ukupnom humanizacijom društvenih odnosa svako svakome postati svoj. U uslovima komunističkog zajedništva ni roditljeska ljubav neće više predstavljati isključivo osećanje prema rođenoj deci, kao što neće biti isključiva ni ljubav dece prema sopstvenim roditeljima, tako da će svako za sve i svi za svakog brinuti ne iz nekih egoističkih interesa već iz uzajamnih ljudskih osećanja koja će život za druge činiti jednako srećnim kao život za samoga sebe.

Rad i nacionalna diferencijacija

Osnovu nacionalne diferencijacije društva čini *kapitalistička* podela rada, sa čijim nastankom i sama nastaje. [38] Viši stepen društvene podele rada zahtevao je njegovo šire i čvršće povezivanje, pa samim tim i širu te čvršću društvenu integraciju od one koja je počivala na manje razvijenoj diferencijaciji naturalne proizvodnje, [39] Kao rezultat razvijenije podele rada, nacija zapravo nastaje iz naroda, kao uže i manje integrisane etničke celine.

Nastavši raspadanjem plemenskih zajednica, narodi su predstavljali prvi oblik teritorijalne diferencijacije društva zasnovane na naturalnom načinu proizvodnje, koji nije ni zahtevao ni omogućavao čvršću društvenu integraciju. Transformacija naturalnog načina proizvodnje u robno-novčani izazvala je i transformaciju naroda u naciju putem njegovog sve čvršćeg unutarnjeg povezivanja. Odlučujući činilac tog povezivanja bilo je zapravo tržište, putem kojeg se morala vršiti razmena različitih roba čiji su proizvođači na taj način međusobno sve više komunicirali razmenjujući uz robe i svoja životna iskustva. [40]

Kroz takvu razmenu vršeno je sjedinjavanje i učvršćivanje određenih etničkih vrednosti koje su svi prihvatali i koje su tako, kao zajednički način života, postajale opšte odličje nacije. Zajedničkim načinom života stvarani su nacionalna kultura i nacionalna osećanja po kojima su se narodi sve više razlikovali jedni od drugih. Kroz ukupno međusobno komuniciranje nastajao je i zajednički, narodni i književni jezik, kao posebno obeležje nacionalnog identiteta.

U funkciji ostvarivanja robnonovčane proizvodnje, nacija je i nastala i razvijala se u skladu sa njenim potrebama. U toj funkciji ona je predstavljala karakteristični oblik organizacije kapitalističkog društva u okviru kojeg je vršena ekonomska i politička centralizacija kapitala i vlasti buržoazije. [41] Kapitalistička zajednica egzistirala je uglavnom kao nacionalna država sa formalno demokratskim pravima naroda i stvarnom vladavinom buržoazije.

---

[38] Nacija je "specifična narodna zajednica nastala na osnovu društvene podele rada epohe kapitalizma". (Edvard Kardelj, *Razvoj slovenačkog nacionalnog pitanja,* Beograd, 1958, str. 47).

[39] "Viši stepen podele rada, koji je karakterističan za produkcione odnose epohe kapitalizma, počeo je ujedinjavati ljude i ekonomski ih povezivati u nacionalnim granicama na isti način na koji je niže razvijena društvena podela rada ujedinjavala ljude u lokalnim ili provincijskim granicama". (Isto, str. 103/4).

[40] Po nalazima E. Kardelja, za unutarnje povezivanje i buđenje nacije bile su "od presudne važnosti, pre svega, ove težnje buržoazije: 1) težnja za slobodom trgovine i industrije; 2) težnja za stvaranjem, odnosno proširenjem unutrašnjeg tržišta; 3) težnja za slobodnim najamnim radnikom". (Isto, str. 83).

[41] "Buržoazija sve više savlađuje rasparčanost sredstava za proizvodnju, poseda i stanovništva. Ona je nagomilala stanovništvo, centralizovala sredstva za proizvodnju i koncentrisala svojinu u malo ruku. Nužna posledica toga bila je politička centralizacija. Nezavisne samo labavo povezane provincije s različitim interesima, zakonima, vladama i carinama sabijene su u *jednu* naciju, *jednu* vladu, *jedan* zakon, *jedan* nacionalni klasni interes, *jednu* carinsku granicu". (K. Marks, F. Engels: "Manifest Komunističke partije", isto, tom 7, str. 384).

Takva protivrečnost buržoaske države proističe iz protivrečnosti same nacije polarizovane na obezvlašćeni proletarijat i povlašćenu buržoaziju, koja je samo nužan izraz ekonomske protivrečnosti najamnog rada i kapitala. Glavnu kohezionu snagu nacije predstavlja zapravo neraskidivo jedinstvo rada i kapitala, koje čini okosnicu zajedničkog tržišta kao ekonomske osnove nacionalne zajednice. Osnovu robne razmene u okviru nacionalnog tržišta čini pre svega razmena najamne radne snage i privatnog kapitala, bez koje je kapitalistički način proizvodnje inače nezamisliv.

Kao oblik organizacije kapitalističkog društva, naciju odlikuje dominacija kapitala nad najamnim radom i vladavina kapitalista nad najamnim radnicima. Po tome je ona svojevrstan, za kapitalizam karakterističan oblik klasne vladavine, kojem su imanentni odnosi klasne subordinacije. Stoga nacija nužno egzistira kao državna zajednica u kojoj se sredstvima državne prinude ostvaruje klasna diktatura.

Odnosi koji vladaju unutar nacije zakonito teže da se prošire i među nacijama. Stoga se klasno potčinjavanje koje odlikuje naciju kao oblik organizacije kapitalističkog društva, neizbežno proširuje i na međunacionalne odnose. [42] I kao što je unutarnacionalno potčinjavanje u funkciji klasne eksploatacije, tako je međanacionalno potčinjavanje u funkciji nacionalne eksploatacije, bez koje ono inače ne bi ni imalo nekog smisla. Jedna nacija teži da potčini drugu naciju radi toga da bi prisvajala njena nacionalna bogatstva, i pre svega njen živi i opredmećeni rad.

Dok su ekonomski odnosi među nacijama još nerazvijeni, to potčinjavanje vrši se pomoću sile, a zatim sve više i ekonomskim sredstvima. I pre nastanka nacija ratovi su vođeni radi osvajanja i porobljavanja kojima je obezbeđivano ne samo prisvajanje gotovih upotrebnih dobara već i eksploatacija živog rada. Kolonijalna osvajanja i porobljavanja buržoazija je vršila pre svega radi toga da bi obezbedila jeftine sirovine i radnu snagu, ali i siguran plasman svojih proizvoda, čime je kolonijalizovane nacije praktično pretvarala u predmet svoje eksploatacije.

Razvoj međunarodnih ekonomskih odnosa učinio je nasilna kolonijalna osvajanja suvišnim jer je omogućio da se međunacionalna eksploatacija vrši i bez upotrebe nasilja. Već kroz tržišnu razmenu vrši se spontano prelivanje novostvorene vrednosti iz nerazvijenih u razvijenije zemlje, koje u slobodnoj cirkulaciji finansijskog kapitala na svetskom tržištu dobija takav oblik kroz koji se nerazvijene zemlje praktično same pretvaraju u finansijske kolonije najrazvijenijih zemalja. Sa centralizacijom kapitala vrši se i centralizacija znanja, koja nerazvijene zemlje čini tehnološki zavisnim od razvijenih zemalja, čime se međunarodna eksploatacija putem ekonomskih odnosa još više uvećava.

Unutarnacionalna polarizacija je na taj način prerastala u međunacionalnu polarizaciju sa relativno malim brojem razvijenih zemalja na jednoj, i ogromnom većinom nerazvijenih zemalja na drugoj strani. Ubrzani razvoj jednih, osvarivan je putem međunarodne centralizacije kapitala na račun zaostajanja drugih, čime su razlike u stepenu njihove razvijenosti sve više povećavane, a međusobne suprotnosti zaoštravane. Takvim odnosima nacije su već kapitalističkim načinom proizvodnje integrisane u jedinstvenu međunarodnu zajednicu iz koje se više ne mogu isključiti, i u kojoj stoga moraju egzistirati u ma kako nepovoljnom položaju se nalazile.

Međunacionalno potčinjavanje je izvor nacionalističkih osećanja, koja su osnova nacionalne netrpeljivosti, separatizma i šovinizma. A takvo stanje nacionalne svesti vodi apsolutizaciji nacije i nacionalnih vrednosti, koja internacionalno zajedništvo čini nepod-

---

42) "Kao što je selo učinila zavisnim od grada, tako je buržoazija varvarske i poluvarvarske zemlje učinila zavisnim od civilizovanih zemalja, seljačke narode od buržoaskih naroda, Istok od Zapada". (Isto).

nošljivim, što u uslovima sve veće ekonomske međuzavisnosti može svakoj naciji samo štetiti. Međunacionalno potčinjavanje dolazi stoga u sukob s interesima i eksploatisanih i eksploatatorskih nacija, zbog čega se na određenom stepenu ekonomskog razvoja više objektivno ne može održati.

I unutarnacionalna i međunacionalna eksploatacija može se vrštii samo do određene granice, preko koje postaje štetna i za same eksploatatore. Stoga se ni međunacionalnom eksploatacijom stvoreni jaz između razvijenih i nerazvijenih zemalja ne može beskrajno produbljivati, već se u obostranom interesu mora prevazilaziti, što će za rezultat imati da se istorijski trend povećavanja nacionalnih nejednakosti zameni obrnutim trendom ostvarivanja sve potpunije nacionalne jednakosti, bez koje ne može biti društvene jednakosti ni unutar same nacije.

Internacionalna polarizacija kapitalizma je na jednoj strani ublažila, a na drugoj pojačala intranacionalnu klasnu polarizaciju, jer je međunacionalna eksploatacija doprinela da suprotnosti buržoazije i proletarijata u razvijenim zemljama oslabe, a da se u nerazvijenim zaoštre, čime je revolucionarni prevrat u prvim odložen a u drugim ubrzan. Ti prevrati su omogućili da se ekonomski razvoj zemalja u kojima su izvršeni ubrza i njihovo zaostajanje za razvijenim zemljama bar za vreme uspori, ali su jačanjem etatizma i same dovedene u odnose međusobnog potčinjavanja i eksploatacije.

Do reprodukovanja takvih međunacionalnih odnosa dolazilo je u stvari zbog toga što je jačanjem etatizma, i pored ukidanja buržoazije, produžavan vek kapitalističkim produkcionim odnosima, čime su kroz polarizaciju radničke klase i birokratije produžavane i unutarnacionalne suprotnosti. Umesto buržoazije, sada je državna birokratija nastupala kao nosilac nacionalnog hegemonizma, koji je postao vladajući odnos i među zemljama državnog "socijalizma". Birokratski centralizam koji je nakon svrgavanja buržoazije zavladao unutar pojedinih nacija nezadrživo se širio i u odnosima među nacijama.

To samo potvrđuje da je međunacionalni kao i unutarnacionalni hegemonizam neizbežan sve dok postoji hegemonizam opredmećenog rada nad živim radom jer je on samo oblik i sredstvo njegovog ispoljavanja i održavanja. Zato je oslobađanje od takvog hegemonizma u sudbonosnoj zavisnosti od oslobođenja ljudskog rada, ali bi i samo moralo biti u njegovoj funkciji. Oslobađanje od nacionalnog hegemonizma je istovremeno i put oslobađanja same nacije, koje se ne može izvršiti bez oslobođenja radnika, ali se i radnik može osloboditi samo oslobađanjem rada.

Ali pošto nacionalni hegemonizam nije samo puka posledica već i sredstvo ostvarivanja klasnog hegemonizma, i njegovo ukidanje je nužan uslov ukidanja ovog poslednjeg. Stoga ukidanje klasnog i nacionalnog hegemonizma predstavlja jedinstven istorijski proces, jer se ni nacija ne može osloboditi bez oslobođenja proletarijata ni proletarijat bez oslobođenja nacije, zbog čega bi zanemarivanjem bilo koje strane tog procesa praktično ceo proces bio zaustavljen.

Time se, međutim, ne negira primarnost oslobođenja proletarijata, kao ni odlučujuća uloga oslobođenja rada, koji je materijalna osnova celokupne društvene reprodukcije. Ukidanjem eksploatacije, koje je osnovna pretpostavka oslobođenja rada, oslobođa se pre svega sam čovek, bez čijeg se oslobođenja ne može osloboditi ni nacija. Odnose eksploatacije i potčinjavanja među nacijama moguće je ukinuti samo ukoliko se takvi odnosi ukinu među klasama kao suprotstavljenim delovima nacije. [43]

---

[43] "U meri u kojoj se ukida eksploatacija jedne individue od strane druge, ukida se i eksploatacija jedne nacije od strane druge. S nestankom suprotnosti između klasa u samoj naciji nestaće i neprijateljski stav među nacijama". (Isto, str. 393).

Kao što se oslobađanje rada i radnika ne sastoji u podvajanju već u povezivanju, tako ni pravi put za oslobađanje nacija nije u njihovom podvajanju i zatvaranju nego u međusobnom povezivanju. A najdublju i sudbonosnu osnovu povezivanja nacija čini zapravo internacionalno povezivanje samog rada, bez kojeg se ni jedna nacija ne bi mogla ni održati ni razvijati. I ukoliko se nacije jedna za drugu radom vezuju, utoliko nestaje ne samo njihovo podvajanje, već i međusobno suprotstavljanje. [44]

Ekonomsko povezivanje, uslovljeno sve većim podruštvljavanjem rada, predstavljalo je zapravo odlučujući činilac razvoja civilizovanih nacija. Već su stvaranjem međunarodnog tržišta nacionalne ekonomije dovođene u takvu međuzavisnost da su se postepeno stapale u jedinstvenu svetsku ekonomiju, [45] koju je međunarodna podela rada sve više pothranjivala i učvršćivala. Do danas je ta međuzavisnost toliko uznapredovala da su sve civilizovane nacije, vidljivim i nevidljivim nitima, već čvrsto integrisane u jedinstvenu, iako veoma protivrečnu i nestabilnu svetsku zajednicu.

Protivrečnost i nestabilnost savremenog sveta ne proističu iz njegove nepovezanosti već naprotiv, iz sudbonosne međuzavisnosti različitih nacija koje još nisu raščistile sa svojim unutarnjim protivrečnostima i koje su stoga i same nestabilne. A unutarnje protivrečnosti nacije mogu se razrešiti samo socijalističkom reprodukcijom, kojom se dominacija kapitala nad radom zamenjuje dominacijom rada nad kapitalom, i kojom se na taj način ukida i unutarnacionalna i međunacionalna klasna polarizacija.

Da bi se ukinula međunacionalna eksploatacija, podruštvljavanje proizvodnih sredstava mora preći nacionalne granice i društvena svojina se mora internacionalizovati. Iako stvaranje multinacionalnog kapitala predstavlja značajan korak u tom pravcu, tek će njegov prelazak u ruke udruženih radnika značiti sudbonosnu revolucionarnu promenu na istorijskom putu ukidanja međunacionalne eksploatacije, sa kojim će i međunacionalno potčinjavanje izgubiti svoj ekonomski i društveni smisao.

Internacionalizacijom kapitala ostvaruje se viši stepen međunarodne integracije nego što se može ostvariti samo na osnovama robne razmene, ali se međunacionalna eksploatacija još ne ukida jer se kapitalistički produkcioni odnos i dalje zadržava. Da bi se eksploatacija ukinula, udruživanje kapitala mora biti zamenjeno udruživanjem samog rada, koje se izlaženjem iz okvira nacionalnih ekonomija takođe mora internacionalizovati. To je nužan uslov da i međunacionalna eksploatacija bude zamenjena međunarodnom raspodelom prema radu, putem koje će u raspodeli svetskog proizvoda svaka nacija učestvovati prema tome koliko doprinosi njegovom stvaranju.

Jedino na takvoj ekonomskoj osnovi mogu i odnosi potčinjavanja biti zamenjeni odnosima saradnje među nacijama, koja će se ostvarivati na istim principima — samostalnosti, ravnopravnosti i socijalističke solidarnosti — na kojima se ostvaruju i odnosi među subjektima samoupravljanja unutar svake pojedine nacije. Ako kapitalistički način proiz-

---

[44] Ako "nacionalna podvojenost i suprotnost između naroda sve više iščezavaju već s razvitkom buržoazije, sa slobodom trgovine, svetskim tržištem, jednoobraznošću industrijske proizvodnje i životnih odnosa koji njoj odgovaraju, vladavina proletarijata učiniće da se ta podvojenost i te suprotnosti još više izgube". (Isto, str. 388).

[45] "Buržoazija je eksploatacijom svetskog tržišta dala kosmopolitski karakter proizvodnji i potrošnji svih zemalja. Na veliku žalost reakcionara, ona je izvukla nacionalno tle ispod nogu industrije. Uništene su prastare nacionalne industrije i uništavaju se svakodnevno i dalje. Potiskuju ih nove industrije, čije uvođenje postaje životno pitanje za sve civilizovane nacije, industrije koje više ne prerađuju domaće sirovine, već sirovine koje dolaze iz najudaljenijih oblasti i čiji se fabrikati ne troše samo u zemlji, već u isto vreme u svim delovima sveta... Na mesto stare lokalne i nacionalne samodovoljnosti i ograđenosti — stupa svestrani saobraćaj, svestrana uzajamna zavisnost nacija". (Isto, str. 383).

vodnje po svojoj prirodi zahteva potčinjavanje, socijalističkom načinu proizvodnje odgovara jedino ravnopravna saradnja među samostalnim nacijama, što podrazumeva da se međunarodna zajednica razvija i deluje kao integralna samoupravna asocijacija.

Samostalnost nacije u sastavu takve zajednice proističe iz same prirode socijalističkog produkcionog odnosa da udruženi radnici u samoupravnim organizacijama i zajednicama pa i unutar samoupravne nacionalne zajednice, sami raspolažu sredstvima i rezultatima svog rada. A iz toga proističe i pravo na samoopredeljenje, koje podrazumeva da svaka nacija sama odlučuje o svojoj sudbini i sama se opredeljuje za oblike i uslove saradnje sa drugim nacijama. To je osnovna pretpostavka da saradnja među nacijama bude zaista ravnopravna s isključenjem svakog nametanja volje jedne nacije drugim nacijama.

Ravnopravnost nacija ostvaruje se, međutim, samo u meri u kojoj se ostvaruje njihova ekonomska samostalnost, a to je proces koji traje sve dok traje socijalistička reprodukcija čiji smisao zapravo i jeste u potpunom ukidanju ekonomskog i društvenog potčinjavanja. Pošto mogućnost potčinjavanja ostaje sve do razvijene komunističke reprodukcije, nacija se od njega mora štititi i ekonomskim i političkim sredstvima. U tome je osnovni smisao i prava na otcepljenje, po kojem se nacija sama može isključiti iz određene višenacionalne zajednice kad god su njeni interesi ugroženi. [46]

Otcepljenje, međutim, za svaku naciju može predstavljati samo nužno zlo, i samo manje zlo nego što je potčinjavanje drugoj naciji. Ukoliko se razvija međunarodna integracija rada, povećava se ekonomska i društvena međuzavisnost nacija, zbog čega izdvajanje iz međunacionalne zajednice nije u trajnom interesu ni jedne nacije. [47] Da bi se suprotnosti među nacijama razrešavale, one se umesto izdvajanja moraju još tešnje povezivati.

To je istovremeno i pravi put za potpuno oslobođenje nacije, koja do punog izražaja može doći tek u odnosima saradnje sa drugim nacijama, baš kao što se i ljudska jedinka potvrđuje samo kroz odnose sa drugim jedinkama. Kroz ravnopravnu saradnju svaka nacija drugim nacijama prenosi svoje, i sama prihvata njihove vrednosti, tako da nacionalno postaje internacionalno a internacionalno nacionalno, pri čemu se internacionalizacija nacionalnog vrši pre svega prema opšteljudskim vrednostima.

Nacije se na taj način sve više stapaju u jedinstvenu svetsku zajednicu, koja svoju egzistenciju započinje na njihovim istorijskim tekovinama. Time one prestaju postojati kao posebne društvene zajednice sa divergentnim interesima koji čine osnovu njihovog podvajanja. Raznovrsnosti života time se ne ukidaju nego se sjedinjuju u jednu celinu unutar koje se još slobodnije ispoljavaju ali se međusobno ne suprotstavljaju.

Osnovu tog sjedinjavanja čini prerastanje nacionalne u internacionalnu podelu rada, iz kojeg izrasta i prerastanje nacionalnih ekonomija u jedinstvenu svetsku ekonomiju. Ako ekonomsku osnovu nacionalnog zajedništva predstavlja zajedničko tržište, materijalnu osnovu komunističkog zajedništva predstavljaće slobodno udruživanje rada, koje će se vršiti bez ikakvih društvenih ograničenja. A s iščezavanjem ekonomske osnove nacije iščezavaće samo od sebe i nacionalno zajedništvo koje je radi reprodukovanja te osnove, u krajnjoj liniji, i nastalo.

---

[46] "Pravo na samoopredeljenje nacija označava isključivo pravo na nezavisnost u političkom smislu, na slobodno političko otcepljenje od ugnjetačke nacije". (V.I. Lenjin, *Sočinenija*, izd. IV, Ogiz, Gospolitizdat, tom 22, str. 135).

[47] "Što je demokratsko uređenje države bliže punoj slobodi otcepljenja, to će u praksi težnja za otcepljenjem biti ređa i slabija, jer su pogodnosti krupnih država i u pogledu ekonomskog progresa i u pogledu interesa mase nesumnjive". (Isto).

Internacionalizacija rada podrazumeva internacionalizaciju međusobnog komuniciranja radnika, koje opet zahteva odgovarajuću internacionalizaciju sporazumevanja. Ako je već međunarodno tržište zahtevalo izdvajanje svetskih jezika, međunarodno udruživanje rada vodiće, poput esperanta, stvaranju univerzalnog sredstva međunarodnog sporazumevanja. Umesto da bude sredstvo razdvajanja, jezik će na taj način postati sredstvo zbližavanja ljudi.

Na osnovama internacionalizacije rada vrši se internacionalizacija ukupnog života, a kroz zajednički život razvija se i zajednički *način* života kao osnova jedinstvene svetske kulture. Kulturne tekovine sve više dobijaju svetski karakter, jer iz sve razvijenije međunarodne saradnje u oblasti nauke, kulture i umetnosti nastaju dela koja su internacionalna ne samo po svojoj vrednosti već i po nastanku. I što se zajedništvo života i rada više internacionalizuje, smenjuje se i značaj teritorijalnog omeđivanja nacija, tako da će komunističko zajedništvo biti sasvim oslobođeno teritorijalnog podvajanja.

Sve veća internacionalizacija života i rada uticaće i na sve veće zbližavanje ljudi, koji će se sve lakše sporazumevati i međusobno razumevati, tako da će bliskost među ljudima različitog nacionalnog porekla postati veća nego što je bila među pripadnicima iste nacije. I nacionalna osećanja neosetno će iščeznuti u sve razvijenijim opšteljudskim osećanjima. Nacije će tako same od sebe odumreti, a nacionalno zajedništvo ustupiće mesto razvijenijem opšteljudskom zajedništvu.

Rad i država

Podeljeno na različite, međusobno suprotstavljene delove, društvo ne može opstati bez posebne društvene sile koja te delove putem prinude drži na okupu. Ta sila je zapravo svima dobro znana država, koja se kao aparat društvenog nasilja, postavljanjem iznad pojedinih delova društva istovremeno postavlja iznad društva u celini. Država se na taj način javlja kao poseban izraz društvene diferencijacije kojom se klasno društvo nadograđuje sopstvenim otuđenjem. [48]

Ali država nije neki nepristrasni i klasno neutralni arbitar. Ona je aparat vlasti jedne — vladajuće klase, koji služi za održavanje njene vladavine nad ostalim, i pre svega proizvođačkim klasama. [49] Samo u toj funkciji država i deluje kao činilac spoljašnje integracije društva koji potčinjene klase primorava da se pokoravaju volji vladajuće klase, [50] čime se obezbeđuje iznuđena, na klasnim suprotnostima održavana i klasnim sukobima stalno narušavana društvena harmonija. [51]

---

[48] Država je po Engelsu, "proizvod društva na određenom stupnju razvoja; ona je priznanje da se to društvo zaplelo u nerazrešivu protivrečnost sa samim sobom, da se pocepalo na nepomirljive suprotnosti koje je nemoćno da savlada. A da ove suprotnosti, klase sa suprotnim ekonomskim interesima, ne bi u jalovoj borbi iscrpljivale i sebe i društvo, postala je neophodna sila koja prividno stoji iznad društva i koja treba da ublažava konflikt, da ga drži u okviru granica "poretka"; a ta sila koja je proizašla iz društva, ali koja se stavlja iznad njega i sve se više otuđuje od njega jeste država". ("Poreklo porodice, privatne svojine i države", isto, tom 32, str. 134).

[49] Država je "u svim tipičnim periodima bez izuzetka država vladajuće klase i u svim slučajevima ostaje u suštini mašina za držanje u pokornosti potlačene, eksploatisane klase". (Isto, str. 138).

[50] "Država je bila službeni predstavnik celog društva, njegovo obuhvatanje u jednu vidljivu korporaciju, ali ona je tu ulogu ispunjavala samo ukoliko je bila država one klase koja je za svoje doba predstavljala celo društvo". (F. Engels: "Razvitak socijalizma od utopije do nauke", isto, tom 30, str. 184).

[51] "Glavna uloga državnog aparata je održavanje jedinstva i kohezije društvene formacije (i to putem koncentrisanja i osvežavanja klasne vladavine), kao i reprodukovanje društvenih, tj. klasnih odnosa". (Nikos Pulancas, *Klase u savremenom kapitalizmu*, "Nolit", Beograd, 1978, str. 25).

Oslonjena na državnu silu, klasna vladavina je u stvari neposredni izraz društvne diktature vladajuće klase nad potčinjenim klasama. Na toj diktaturi zapravo se i održava neophodno jedinstvo klasne zajednice jer je dobrovoljno potčinjavanje volji vladajuće klase nezamislivo. Potčinjene klase se po normama koje propisuje vladajuća klasa ne ponašaju zato što tako žele, nego što iza tih normi stoji neumoljiva državna sila koja ih na takvo ponašanje primorava.

Diktatura vladajuće klase nad potčinjenim klasama nije sama sebi cilj. Njen osnovni smisao je u eksploataciji tuđeg rada, koja se ne može vršiti bez oslanjanja na državnu prinudu. Zato je i osnovna funkcija države u obezbeđivanju eksploatacije proizvođačkih klasa od strane vladajuće eksploatatorske klase,[52] zbog čega se ostvarivanje te funkcije u osnovi svodi na ekonomsko ugnjetavanje većine od strane manjine društva.[53]

Država je zapravo i nastala kao oruđe klasne eksploatacije. Dok objektivnih uslova za eksploataciju i prisvajanje tuđeg rada nije bilo, nisu postojali uslovi ni za državu jer nije bilo ni mogućnosti za njeno postojanje.[54] Prvobitna zajednica nije znala za državu iz prostog razloga što u njoj još nije bilo uslova za eksploataciju. Dok njeni članovi nisu bili sposobni da obezbede ni postojani minimum egzistencije, nisu se mogli izdvojiti ni pojedinci koji bi živeli na račun tuđeg rada. U opštoj oskudici vladala je i opšta jednakost kako u zajedničkoj proizvodnji i potrošnji, tako i u zajedničkom odlučivanju.[55]

Pojava države uslovljena je, u krajnjoj liniji, razvojem proizvodnje. Čim se usled povećane proizvodnje pojavio višak proizvoda, i čim se u borbi za njegovo prisvajanje društvo pocepalo na klase, postala je neophodna i država kao sredstvo tog prisvajanja.[56] Osnovni smisao države je zapravo u reprodukovanju i zaštiti privatne svojine. Pošto se nepovratno otuđivanje rada ne može vršiti uz dobrovoljni pristanak radnika, neophodan je poseban aparat nasilne prinude koji će takvo otuđivanje obezbeđivati.

Kao sredstvo neposrednog otuđivanja rada, država je i sama oličenje tog otuđenja. Sa pojavom otuđujućeg viška proizvoda ona je postala ne samo neophodna već i objektivno moguća, jer je zapravo taj otuđujući višak istovremeno i osnovna svrha i ekonomska osnova njenog postojanja. Državni aparat nema se odkale izdržavati nego iz otuđenog viška proizvoda, te je on utoliko i za vladajuću klasu samo nužno zlo, nepoželjno ali društveno neophodno.

Po tome je država karakteristični oblik otuđenja klasnog društva, kroz koji se ono samo sebi suprotstavlja da bi se iz samog sebe reprodukovalo kao otuđujuće društvo. Preko otuđenog viška proizvoda u državnom aparatu se ovaploćuje otuđeno biće proizvođača kao sredstvo njegovog sopstvenog otuđivanja. Zasnovano na otuđenom radu proizvođača, državno nasilje je okrenuto pre svega protiv samog proizvođača koji proizvođenjem viška vrednosti proizvodi nasilje nad samim sobom.

---

52) ''Društvu koje se kreće u klasnim suprotnostima bila je potrebna država, tj. organizacija eksploatatorske klase za održavanje njenih spoljnih uslova proizvodnje, a posebno radi nasilnog držanja eksploatisane klase u uslovima ugnjetenosti koji su određeni postojećim načinom proizvodnje (ropstvo, kmetstvo ili feudalna zavisnost, najamni rad)''. (F. Engels: ''Razvitak socijalizma od utopije do nauke'', isto, tom 30, str. 183/4).

53) ''Glavna svrha te organizacije (države – Ž.M) bila je oduvek osiguranje, oružanom moći, ekonomskog ugnjetavanja radne većine od ekskluzivne imućne manjine''. (Isto, str. 288).

54) ''Država ne postoji odvajkada. Bilo je društava koja su izlazila na kraj i bez nje, koja nisu imala ni pojma o državi i državnoj vlasti''. (F. Engels: ''Poreklo porodice...'', isto, tom 32, str. 136).

55) ''Svaku svađu i spor rešava zajednica onih kojih se tiče, gens ili pleme, ili pojedini gensovi među sobom... Odluke donose oni kojih se one tiču, i u većini slučajeva sve je već uređeno vekovnim običajem''. (Isto, str. 79).

56) ''Na određenom stupnju ekonomskog razvoja, koji je bio nužno povezan s rascepom društva na klase, država je usled ovog rascepa postala nužnost''. (Isto, str. 136).

U funkciji reprodukovanja privatne svojine kao otuđenog rada, država istovaremeno reprodukuje sopstvenu ekonomsku osnovu. Stoga države kao otuđenog aparata javne vlasti ne može biti bez privatne svojine, [57] kao što ni privatne svojine nema bez države. Jer privatna svojina je nezamenjiva ekonomska osnova države baš kao što je država nezamenjivo sredstvo reprodukovanja privatne svojine.

Kao sredstvo reprodukovanja privatne svojine, država obavlja trojaku funkciju. Ona, prvo, ogromnu većinu društva primorava da se bavi isključivo ili pretežno proizvodnim radom; drugo, obezbeđuje prisvajanje viška proizvoda tog rada od strane manjine koja ne radi; i treće, štiti svojinski monopol tako prisvojenog viška garantovanjem njegovim posednicima neograničenog prava na raspolaganje.

Proizvodni rad nije prinudan samo zato što proizvodi nužna sredstva životne egzistencije proizvođača, već i zato što proizvodi višak proizvoda kao nužan uslov egzistencije neproizvođača. I dok je u prvom slučaju dovoljna prirodna prinuda, koja proističe iz potrebe životne egzistencije, u drugom slučaju neophodna je društvena prinuda koja se oslanja na državnu silu. Sredstva sopstvene egzistencije proizvođač mora sam proizvoditi da bi opstao, dok se na proizvodnju otuđujećeg viška proizvoda mora spolja primoravati.

Stoga nad eksploatatorskom proizvodnjom mora bdeti država kao sredstvo društvene prinude, dok je za proizvodnju prvobitne zajednice takva prinuda nepotrebna. I kad neposrednu prinudu nad proizvođačem vrši sam individualni vlasnik proizvodnih sredstava ili njegovi plaćenici, ona se i tada oslanja na državno nasilje, koje u neposredno dejstvo stupa čim se proizvođač pobuni protiv klasnog podjarmljivanja. Pa i u kapitalističkom najamništvu, gde se radni odnos zasniva slobodnom kupo-prodajom radne snage, poslodavac stiče zakonsko pravo da kupljenu radnu snagu u procesu proizvodnje koristi po sopstvenom nahođenju jer samim činom kupovine on postaje njen isključivi vlasnik baš kao i svake druge kupljene robe kojom po zakonu može slobodno raspolagati.

Ali u državnom kapitalizmu država preko proizvodne birokratije vrši i neposrednu prinudu nad radnom snagom, čak i do njenog prinudnog raspoređivanja na različite poslove i u različite proizvodne organizacije. [58] Ta neposrednost državne prinude u samom procesu proizvodnje proističe otuda što je umesto individualnih vlasnika država postala neposredni vlasnik otuđenih sredstava proizvodnje, čime je preuzela i ulogu neposrednog eksploatatora te prisvajača otuđenog viška vrednosti. [59] A to znači da je praktično državna birokratija preuzela neposrednu ulogu buržoazije kako u organizovanju i vođenju proizvodnog procesa tako i u vršenju nasilne prinude nad proizvođačem sa ciljem isterivanja otuđenog viška vrednosti. [60]

---

57) ”Moć političke države ... je *sopstvena vlast privatnog* vlasništva, njegova suština koja je dovedena do egzistencije”. (K. Marks: ”Kritika Hegelove filozofije državnog prava”, isto, tom 3, str. 87).

58) ”U monopolističko-kapitalističkom stadijumu, država odlučujuće deluje u privredi i to tako što se njena uloga ne ograničava na reprodukciju onoga što je Engels nazivao ”opštim uslovima” proizvodnje viška vrednosti, *već se proširuje na sam ciklus proširene reprodukcije kapitala kao društvenog odnosa”.* (Nikos Pulancas, isto, str. 111).

59) U slučaju podržavljenja privrede, ”vrhovi državnog aparata stiču, posredstvom države, etatističko vlasništvo i poseduju sredstva za proizvodnju, ”odvojena” od radnika. Ti ”vrhovi” mogu koristiti prava koja iz toga proizilaze: eksploatacija i zgrtanje viška vrednosti pomeraju se u pravcu ”vrhova” državnog aparata”. (Isto, str. 211).

60) ”O državnoj buržoaziji možemo govoriti kada dođe do radikalne nacionalizacije i podržavljenja privrede, pri čemu sami radnici ne vrše stvarnu kontrolu proizvodnje”. (Isto).

Eksploatatorsku proizvodnju država obezbeđuje pre svega time što obezbeđuje prisvajanje osnovnih činilaca proizvodnje. Ona to čini uglavnom na dva načina: neposrednom primenom nasilja i sankcionisanjem ekonomskih oblika prisvajanja. Oba oblika su pre svega u funkciji ostvarivanja interesa vladajuće klase, koja je glavni nosilac svojinskih prava i čija je svojina na sredstvima proizvodnje osnova ukupnih svojinskih odnosa klasnog društva.

Klasični oblici prisvajanja neposrednom primenom državnog nasilja su osvajački ratovi i nasilne političke revolucije. U prvom slučaju međusobnu preraspodelu raspoloživih činilaca proizvodnje vrše postojeće vladajuće klase, dok se u drugom slučaju vrši istorijska smena vladajućih klasa u kojoj nova klasa preuzima sredstva proizvodnje od stare klase. I dok se osvajački ratovi vode pomoću postojećeg državnog aparata, oružane revolucije izvode se novim aparatom nasilja koji se u toku same revolucije stvara izrastajući u novi državni aparat.

U oba slučaja vrši se nasilno prisvajanje i stvaraju uslovi za ekonomsko prisvajanje činilaca proizvodnje, pri čemu je i samo nasilno prisvajanje jedan od osnovnih preduslova ekonomskog prisvajanja. Osnovni smisao nasilnog prisvajanja je u stvari obezbeđenje eksploatacije koja se uz oslonac na nasilje ekonomskim metodima vrši u neposrednom procesu proizvodnje. Osvajačkim ratovima eksploatacija se samo širi uz prostu promenu njenih činilaca, dok se nasilnim revolucijama stvaraju uslovi za menjanje produkcionih odnosa na kojima se ona zasniva.

I osvajačkim ratovima i nasilnim revolucijama prisvajaju se ili stvaraju uslovi za prisvajanje i materijalnih činilaca proizvodnje i proizvođača. Čim je mogao proizvoditi višak proizvoda, zarobljeni proizvođač je pretvaran u svojinski objekat robovlasnika, a potom zajedno sa zemljom u svojinski posed feudalca, dok je u buržoaskoj revoluciji silom odvajan od sredstava proizvodnje i time prinuđavan da svoju radnu snagu putem prodaje kapitalisti sam otuđuje. Nasilna kolonijalna osvajanja bila su kapitalistička prethodnica ekonomskog porobljavanja nerazvijenih od strane razvijenih zemalja.

Ali državno nasilje nije samo preduslov već i neposredni oslonac ekonomskog prisvajanja. Kupoprodaja radne snage je istovremeno i ekonomski i pravni čin koji se sankcioniše merama državne prinude. Samo zahvaljujući tome, i može se vršiti eksploatacija jer poslodavac stiče na to zakonsko pravo samom kupovinom radne snage, čije se korišćenje opet samo zakonom može ograničavati. Kad se ne bi oslanjala na državnu prinudu, eksploatacija kao društveno-ekonomski odnos ne bi bila moguća, što uostalom potvrđuje i praksa da država interveniše čim dođe do pobune radnika makar i samo radi ograničenja eksploatacije.

Država, međutim, nije samo zaštitnik eksploatacije već i svakog prisvajanja i svakog prenosa svojine sa jednog svojinskog subjekta na drugog. Ona takvu ulogu ima upravo zbog toga što je svojina po svojoj prirodi ekonomsko-pravni izraz društvene vladavine opredmećenog rada, koja se samo uz oslanjanje na državnu prinudu, i može održavati. Otuda i ukupna društvena cirkulacija ekonomske vrednosti kao otuđujućeg rada jedino u državi može imati pouzdanog zaštitnika.

To na potpuno videlo izlazi tek u državnom kapitalizmu, gde se suština svojine kao ekonomsko-pravnog izraza otuđujućeg rada najneposrednije ispoljava. Država ovde nije više spoljašnje sredstvo, već sam neposredni subjekt prisvajanja sposoban da prisvajanje svojim sopstvenim sredstvima obezbeđuje. Ekonomska i nasilna prinuda kao činioci prisvajnja se tu potpuno sjedinjuju, zbog čega postaje sasvim evidentno da nema ni države bez prisvajanja, ni prisvajnja bez države.

Da države ne može biti bez prisvajanja jasno je već po tome što se ona bez njega ne bi imala čime izdržavati ali bi i prisvajanje bilo besmisleno bez svojinskog monopola koji samo država može štititi. Smisao prisvajanja je u relativno trajnom posedovanju svojinskog objekta koje potpuno ili bar delimično isključuje njegovo posedovanje od strane drugih subjekata. To isključenje može garantovati jedino takva sila koja poseduje monopol na društveno nasilje sposoban da spreči svaku uzurpaciju svojinskog prava.

Država zapravo i postoji prvenstveno radi zaštite svojinskog monopola koja zahteva i monopol društvenog nasilja, zbog čega je težište njene aktivnosti na utvrđivanju i zaštiti svojinskih prava. Najveći deo svoje aktivnosti država posvećuje pitanjima koja su direktno ili indirektno vezana za stvaranje, prisvajnje i održavanje svojinskog poseda, što u totalitarnom državnom monopolizmu, gde je država neposredni vlasnik gotovo celokupnog svojinskog poseda, postaje i sasvim evidentno. Ona na taj način praktično deluje kao nezamenjivi instrumenat vladavine otuđenog opredmećenog rada nad eksploatisanim živim radom.

Stoga je država po svojoj klasnoj pripadnosti organizacija posedničkih klasa, koja radi održavanja i uvećavanja njihovog svojinskog poseda služi za potčinjavanje i eksploataciju neposedničkih klasa. Pa i za pripadnike same posedničke klase, država je njihova samo u srazmeri sa veličinom njihovog individualnog poseda, kojom nije određen samo relativni udeo državnog aparata u ostvarivanju njihovih interesa, već i njihov stvarni uticaj na njegovo funkcionisanje.[61]

Privatnu svojinu posedničke klase država štiti pre svega od eksploatisane neposedničke klase. Sprečavanjem svakog povraćaja opredmećenog rada njegovom sopstvenom izvoru ona u stvari obezbeđuje njegovu nepovratnu otuđenost od radnika. Tako se uz pomoć države lična svjina radnika koja mu po prirodi stvari pripada, pretvara u privatnu svojinu neradnika kojem, suprotno prirodi stvari pripada samo po sili državnog zakona.

Ako država postoji radi vladavine otuđenog rada, onda sa njenim padom treba i sama da padne, a pošto se na njoj i zasniva, ona neizostavno *mora* pasti. Oslobođenje rada učiniće državu suvišnom jer više neće biti potrebno društveno nasilje kojim se obezbeđuje njegovo otuđivanje.[62] Kad nestane eksploatacije i prisvajanja tuđeg rada, nestaće i klasnog ugnjetavanja, a čim prestane potreba za takvim ugnjetavanjem prestaće i potreba za državom kao posebnim instrumentom ugnjetavanja.[63]

Kao sredstvo nepovratnog otuđivanja rada, država smisaọ svog postojanja gubi u meri u kojoj se vrši društveno oslobađanje rada, a pošto je oslobađanje rada istorijski proces, i država kroz relativno dugotrajan proces odumiranja nestaje postupno. Ali odumiruća država nije samo posledica, nego i aktivni činilac oslobađanja rada, a ukoliko deluje suprotno svojoj klasičnoj funkciji, utoliko se i sama pretvara u sopstvenu suprotnost, gubeći karakteristična obeležja otuđene vlasti.

Suprotno klasičnoj funkciji eksploatatorske države, osnovna funkcija odumiruće socijalističke države je ukidanje eksploatacije. Zato je socijalistička država prvi ali i poslednji oblik države eksploatisane proizvođačke klase koja s ukidanjem eksploatacije istovremeno ukida i same klase. A pošto je ukidanje eksploatacije odlučujući činilac društve-

---

61) "U većini istorijskih država državljanima su priznata prava u srazmeri s njihovom imovinom, i time neposredno rečeno da je država organizacija imućne klase za zaštitu od klase koja nema ništa". (F. Engels: "Poreklo porodice...", isto, tom 32, str. 135).

62) "Društvo koje će iznova organizovati proizvodnju na osnovu slobodne i jednake asocijacije proizvođača, premestiće celu državnu mašinu tamo gde će joj tada biti mesto: u muzej starina, pored kolovrata i bronzane sekire". (Isto, str. 136).

63) "Čim nema ni jedne društvene klase koju treba držati u ugnjetenosti, čim su zajedno s klasnom vladavinom i s borbom za individualni opstanak zasnovanom na dosadašnjoj anarhiji proizvodnje uklonjeni konflikti i ekscesi koji otuda proističu, onda više nema ko da se potlačuje, što je činilo nužnim posebnu represvinu silu, državu". (F. Engels: "Razvitak socijalizma...", isto, tom 30, str. 184).

nog oslobođenja rada, socijalistička država je istovaremeno oblik političke vlasti svih radnih ljudi, čije je oslobođenje neodvojivo od oslobođenja radničke klase i potpunog ukidanja svih oblika klasne diferencijacije društva.

Kao oblik političke vlasti radničke klase svih radnih ljudi, socijalistička država je, nasuprot eksploatatorskoj državi, revolucionarna diktatura proletarijata,[64] koja se ostvaruje kroz demokratsku vladavinu eksploatisane većine nad eksploatatorskom ili eksploatatorski nastrojenom manjinom. Pošto je ukidanje eksploatacije zajednički interes svih radnih ljudi, diktatura proletarijata prerasta u opštedruštvenu diktaturu kao političko sredstvo univerzalnog oslobođenja rada.

Kad diktaturu ostvaruje većina društva, država više ne može biti poseban aparat vlasti koji se postavlja iznad društva, nego se celo društvo mora organizovati kao samoupravna organizacija vlasti, koja više i nije država u pravom smislu.[65] Kao instrumenat socijalističke revolucije, diktatura proletarijata može se dosledno ostvarivati i do kraja ostvariti samo kroz neposrednu demokratiju, putem koje se praktično celo društvo mobiliše u borbi za konačno oslobođenje rada i radnog čoveka.

U funkciji eksploatacije, klasična država se nužno organizuje i deluje na principu birokratskog centralizma, putem kojeg eksploatatorska manjina potčinjava i ugnjetava eksploatisanu većinu. Nasuprot tome, samoupravna država se u funkciji ukidanja eksploatacije organizuje i deluje na principu demokratskog centralizma, putem kojeg eksploatisana većina sprečava eksploatatorsku i eksploatatorski nastrojenu manjinu da vrši eksploataciju. I dok birokratski centralizam znači vladavinu neznatne manjine društva, u ostvarivanju demokratskog centralizma učestvuje neposredno svaki član socijalističke zajednice.[66]

Radi ukidanja eksploatacije, i socijalistička država se u krajnjoj liniji oslanja na silu, ali pošto obuzdava eksploatatorsku manjinu, njoj je sila manje i sve manje potrebna nego eksploatatorskoj državi koja ugnjetava eksploatisanu većinu društva. Umesto sile, glavni oslonac samoupravne države postaje zajednički interes udruženih radnika i na njemu zasnovano javno mnenje koje se izgrađuje u procesu pripremanja, donošenja i sprovođenja samoupravnih odluka.

Eksploatatorskoj državi je sila potrebna pre svega za to da bi eksploatisane klase prinudila na otuđujući proizvodni rad. Ukoliko se otuđivanje rada ukida, tako da udruženi radnici sami raspolažu sredstvima i rezultatima svog rada, utoliko državna sila postaje za to nepotrebna jer na njeno mesto stupa životni interes proizvođača za povećanje proizvodnje. Spoljašnju prinudu bez koje je eksploatatorska proizvodnja neodrživa, zamenjuje raspodela prema radu kao unutarnja pokretačka snaga socijalističke proizvodnje.

---

64) "Između kapitalističkog i komunističkog društva leži period revolucionarnog preobražaja prvog u drugo. Njemu odgovara i politički prelazni period, a država tog perioda ne može da bude ništa drugo do *revolucionarna diktatura proletarijata*". (K. Marks: "Kritika Gotskog programa", isto, tom 30, str. 24).

65) "Čim većina naroda *sama* guši svoje ugnjetače, "posebna sila" za ugušivanje *već nije potrebna*. U tom smislu država počinje *odumirati*. Umesto posebnih ustanova privilegovane manjine (privilegovanog činovništva, rukovodstva, stajaće armije), sama većina može to neposredno činiti, a što obavljanje funkcija državne vlasti više postaje opštenarodnim, to je sve :manjá potreba za tom vlašću". (V.I. Lenjin, *Sočinenija,* izd. 4, tom 25, str. 391).

66) Po Lenjinu, demokratski centralizam podrazumeva da "svaki građanin bude stavljen u takve uslove da može učestvovati i u razmatranju državnih zakona, i u izboru svojih predstavnika, i u sprovođenju državnih zakona u život". (Isto, str. 185).

Ako se neekvivalentna raspodela na potreban rad i višak rada, koja podrazumeva klasnu nejednakost, ne može vršiti bez oslanjanja na državnu prinudu, za ekvivalentnu raspodelu prema radu, koja podrazumeva društvenu ravnopravnost, takva prinuda je suvišna jer se ona vrši slobodnim sporazumevanjem zainteresovanih subjekata. Dok eksploatatorska država silom obezbeđuje neekvivalentnu raspodelu prema svojinskom monopolu, socijalistička država treba takvu raspodelu da sprečava kako bi obezbedila ekvivalentnu raspodelu prema radu.

Prvi i ujedno poslednji čin socijalističke države u kojem ona istupa kao samostalni posrednik društvene raspodele, je oduzimanje sredstava proizvodnje od eksploatatora. [67] To je istovremeno i jedini čin u kojem se društveno nasilje javlja kao glavni oslonac socijalističke države jer se eksploatatori bez preke nužde ne odriču eksploatacije. Ukidanje privatnog monopola na sredstvima eksploatacije je i odlučujući udarac koji socijalistička država zadaje eksploatatorskom načinu proizvodnje, ali ona od tendencija takve monopolizacije celo vreme mora štititi socijalističku proizvodnju.

To socijalistička država čini, u stvari, zaštitom svojinskog monopola društvene svojine, jer kao što eksploatatorska država obezbeđuje neprikosnovenost privatne svojine, tako socijalistička država treba da obezbedi neprikosnovenost društvne svojine. I dok prva potpomaže, druga je pozvana da sprečava otuđivanje rada i sopstvenim radom stečene svojine, time što umesto raspodele prema svojinskom monopolu, obezbeđuje raspodelu prema radu.

Takvu ulogu socijalistička država ne ostvaruje samo pomoću restriktivnih mera kad dođe do odstupanja od raspodele prema radu, već pre svega samim samoupravnim odlučivanjem udruženih radnika o odnosima raspodele. Odlučivanje po principu demokratskog centralizma kao modus funkcionisanja socijalističke države, jedini je način da se obezbede socijalistička raspodela prema radu i relativni monopol društvene svojine jer većina, čija se volja takvim odlučivanjem izražava, jedino od sopstvenog rada može živeti.

Demokratski centralizam obezbeđuje da se raspodelom prema radu ostvaruje zajednički interes većine, i istovremeno onemogućava da se otuđivanjem rada i raspodelom prema svojinskom monopolu nameće parcijalni interes manjine. Državno nasilje se radi njegove zaštite, primenjuje samo kao krajnja mera kad na prekršioce samoupravnih odluka ne deluje kolektivni autoritet javnog mnjenja, ali ono ovde nije akt neke spoljašnje sile, već sastavni deo samoupravne akcije samih udruženih radnika koji sredstvima državnog nasilja neposredno raspolažu.

Socijalistička država nije, prema tome, neki spoljašnji zaštitnik socijalističkog produkcionog odnosa nego njegova unutarnja snaga i autentični oblik njegovog ostvarivanja. Zato se samoupravljanje ne razvija niti se može razvijati uporedo sa klasičnom državom, već samo kao njena unutarnja negacija, to jest kao odumiruća država. Ono je zapravo taj autentični oblik socijalističke države, kojem nije potrebna nikakva spoljašnja zaštita, i pored kojeg ne može postojati nikakva posebna država a da ono samo ne bude ugroženo.

Kao zaštitnik privatne svojine i raspodele prema svojinskom monopolu, eksploatatorska država je po prirodi svoje funkcije autokratska, dok je socijalistička država kao zaštitnik društvene svojine i raspodele prema radu, po prirodi *svoje* funkcije demokratska. To praktično znači da u prvoj manjina upravlja većinom, a u drugoj većina manjinom, sa tendencijom da upravljanje ljudima sve više odumire ukoliko demokratska većina postaje

---

67) "Prvi čin u kome država stvarno istupa kao predstavnik celog društva — uzimanje u posed sredstava za proizvodnju u ime društva — ujedno je i njen poslednji samostalan čin kao države". (F. Engels: "Razvitak socijalizma...", isto, tom 30, str. 184).

sve brojnija a manjina sve malobrojnija. S iščezavanjem otuđivanja ljudskog rada i na njemu zasnovanih suprotnosti različitih interesa iščezavaće i svako upravljanje kao društveni odnos. Što se demokratija bude potpunije ostvarivala, ona će i sama iščezavati u slobodnom komunističkom zajedništvu gde će upravljanje ljudima konačno postati besmisleno.[68]

___

68) "Od trenutka kada su se svi članovi društva ili bar njihova ogromna većina naučili da upravljaju državom, ... od tog trenutka počinje da iščezava potreba za svakim upravljanjem. Što je demokratija potpunija, to je bliži trenutak kada ona postaje nepotrebna... U socijalizmu će svi naizmenično upravljati i brzo će se privići da niko ne upravlja". (V.I. Lenjin, isto, tom 25, str. 445. i 458).

VIII. RAD I DRUŠTVENA AKTIVNOST

Kao *zajednička* delatnost, rad već sam po sebi predstavlja društvenu aktivnost. Radeći ljudi stupaju u međusobne odnose, povezujući se vremenski i prostorno u zajedničkom delovanju na ostvarivanju određenih ciljeva. [1] Takvo delovanje čini zapravo *društvenu* aktivnost, za razliku od usamljene individualne aktivnosti, koja je rezultat izolovanog angažovanja pojedinaca. Potpuno izolovano angažovanje koje nema nikakve veze s angažovanjem drugih ljudi, ne predstavlja, međutim, ljudski rad, i proističe prvenstveno iz nagonskih potreba.

Kao suština ljudskog bića, rad je istovremeno osnova njegove ukupne društvene aktivnosti. I kad ne predstavlja neposredno sam rad, društvena aktivnost čoveka je posredno ili neposredno vezana za njegov rad kao svrsishodnu delatnost. Ma koliko da je odvojena od samog rada, svaka društvena akcija se u krajnjoj instanci zasniva na radu bilo da se on javlja kao sredstvo ili kao oblik životne egzistencije čoveka.

Društvena aktivnost koja nije neposredno sam rad je u stvari dopuna rada kao generičke aktivnosti čoveka. Ukoliko je rad još nedovoljno podruštvljen da bi predstavljao dovoljnu integrativnu snagu društva, javlja se potreba za dodatnim aktivnostima kao dopunskom integrativnom snagom. One, međutim, nisu u jednostavnom, već u protivrečnom odnosu sa radom, kojeg potpomažu suprotstavljajući mu se, i suprotstavljaju mu se potpomažući ga. Kad potreba za društvenom dopunom rada prestane nestaće i ta protivrečnost.

Određena suštinska obeležja rada karakterišu i društvene aktivnosti. Svaka društvena akcija predstavlja, pre svega, svrsishodnu aktivnost koja je usmerena prema određenom unapred postavljenom cilju. Ali za razliku od rada, neposredni cilj neradnih društvenih aktivnosti nije ni sam rad ni proizvod rada, već stvaranje određenih društvenih uslova za rad. I taj cilj zajedno sa načinom njegovog ostvarivanja nije izraz pojedinačnog, već grupnog opredeljenja, kojim se stvara određena društvena svest kao regulator društvenog delovanja.

---

[1] Ljudi "proizvode samo delujući zajedno na određeni način i razmenjujući svoje delatnosti među sobom. Da bi proizvodili, oni ulaze u određene međusobne veze i odnose, i samo unutar tih društvenih veza i odnosa postoji njihov odnos prema prirodi, odvija se proizvodnja". (K. Marks: "Najamni rad i kapital", isto, tom 9, str. 340).

Društvena svest

Kao što pojedinci postavljaju pred sebe određene ciljeve i određuju puteve njihovog ostvarivanja, slično čine i društvene grupe kao, zajedničkim interesima povezane, skupine pojedinaca. Misaone predstave o zajedničkim ciljevima te putevima njihovog ostvarivanja i čine zapravo društvenu svest, koja se od individualnih predstava pojedinaca razlikuje po tome što predstavlja njihovu zajedničku svest. Kao izraz zajedničkih interesa, ona je faktor društvene integracije koji ljude povezuju u jedinstvenu zajednicu ne samo u procesu rada već u celokupnom životu.

Društvena svest, s jedne strane, nastaje iz zajedničkog života,[2] a s druge strane, ona je njegov nezamenljivi regulator. Takva međuzavisnost proističe otuda što društvena aktivnost predstavlja isključivo svesnu delatnost, za razliku od individualne aktivnosti koja je istovremeno i nagonska. Društvena svest je rezultat svesnog uzajamnog delovanja ljudi, koji samo kroz takvo delovanje mogu stvarati predstave o zajedničkim ciljevima i putevima njihovog ostvarivanja.

Ako nije vezana neposredno na sam rad, društvena svest se odnosi na društvene uslove rada i raspolaganja radom. Težnje za njihovim uspostavljanjem i održavanjem izražavaju se kroz odgovarajuće društvene ciljeve, a predstave o tim ciljevima i putevima njihovog ostvarivanja, zajedno sa predstavama o samom radu čine osnovnu sadržinu društvene svesti. Iza toga uvek stoji određeni zajednički interesi za održavanjem ljudskog rada, koje nije moguće bez zajedničkog rada i zajedničkog stvaranja odgovarajućih uslova za rad.

Kao predstava društvenih ciljeva i puteva njihovog ostvarivanja, društvena svest je "zvezda vodilja" društvenih kretanja. U svojoj aktivnosti, i pojedinac i zajednica streme određenim ciljevima koje mogu ostvarivati samo ako znaju šta hoće i kako će to čemu teže dostići. Zato svaka zajednica mora imati kolektivnu predstavu o ciljevima i putevima sopstvenog kretanja, baš kao što svaki pojedinac, da bi celishodno delovao, mora imati individualnu predstavu o tome šta će i kako raditi. Ta predstava je nezamenljiv činilac jedinstva zajednice jer aktivnost njenih članova usmerava u istom pravcu.

Pošto se čovek po prirodi svog generičkog bića nikada ne zadovoljava postojećim, koje samo kroz društvenu akciju može menjati, društvena svest se kao izraz zajedničkih težnji za promenom, stalno menja, jer se na ostvarenje jednih ciljeva u nedogled nadovezuju drugi. Nove ideje nastaju i pre nego se stare ostvare, čime se zapravo obezbeđuje kontinuitet društvene prakse, koja se bez ideja, kao svojih vodilja, ne bi mogla odvijati. Pri tom se različite ideje sukobljavaju, jedne potiskuju druge, i samo se neke od njih ostvaruju. U tom pogledu društvena svest je bogatija od društvene prakse, ali je praksa neiscrpni izvor svesti, koja iz tog izvora jedino i može nastajati.

Iako proističe iz društvene prakse, koju na određeni način izražava, društvena svest je istovremeno njena misaona negacija, jer joj se kao izraz težnji za promenom, neizbežno suprotstavlja zahtevajući novu praksu i projicirajući drugačiju stvarnost od postojeće. Ona nikako nije puki odraz postojeće društvene stvarnosti, već nastaje zapravo iz buntovničkog odnosa prema postojećem. Bez pobune protiv postojećeg nikakva promena ne bi ni mogla nastati, a svaka društvena promena je rezultat svesnog opredeljenja ljudi.

---

[2] "Zar je potrebna mudrost da bi se razumelo da se sa životnim odnosima ljudi, s njihovim društvenim odnosima, s njihovim društvenim životom, menjaju i njihove predstave, pogledi i pojmovi, jednom rečju – i njihova svest". (K. Marks, F. Engels: "Manifest Komunističke partije", isto, tom 7, str. 394).

Promena je zapravo osnovni smisao svake ideje bilo da je usmerena unapred, ustranu ili unazad. Zbog različitih težnji za društvenim promenama koje se javljaju istovremeno, postojeće stanje svesti je u stvari uvek složeno od različitih, divergentnih, pa i nepomirljivih idejnih opredeljenja. U krajnjoj liniji, ono je misaoni izraz nejednakog odnosa prema radu i društvenim uslovima rada, ali i nejednakih težnji za njegovom promenom.

Zbog neodoljive težnje da se rad kao sredstvo i oblik ljudske egzistencije stalno razvija, kroz bujicu različitih idejnih tendencija probija se, kao istorijska tendencija, matica progresivnih ideja koja idejno osvetljava tokove tog razvoja. U težnji za razvijanjem rada čovek se bori i sa prirodom i sa samim sobom, i samo kroz pobede nad samim sobom dolazi do pobeda nad prirodom. Savladavanje otpora koji se razvoju rada pružaju unutar društva, uslov je da se savladaju otpori izvan društva.

Ljudska svest je mogla i nastati i razvijati se jedino iz težnje za nastankom i razvojem ljudskog rada jer od nagona za opstankom nije bilo jače sile koja bi pračoveka naterala da misli. I kao što je rad nastao iz kolektivne instinktivne aktivnosti, tako je i svest nastala iz kolektivnog instinkta, zbog čega je u svom začetku predstavljala neizdiferenciranu kolektivnu predstavu baš kao što je rad predstavljao neizdiferenciranu kolektivnu delatnost.[3]

U početku se ljudska svest nije razlikovala ni od samog rada, sa kojim je činila nerazdeljivu aktivnost kao apsolutno neizdiferenciranu mobilnost podređenu borbi za goli opstanak. Kolektivne aktivnosti u borbi za pribavljanje životnih sredstava nije moglo biti bez kolektivne svesti, ali ni kolektivne svesti nije bilo bez kolektivne borbe za opstanak. Ista sila koja je ljudsko biće pokretala u akciju za obezbeđenje životne egzistencije, pokretala ga je neposredno i na razmišljanje.

Zbog te neposrednosti, svest nije bila izdiferencirana ni od emocija,[4] koje su takođe bile kolektivne kao što je bio kolektivan ceo život. Ali baš je kolektivno doživljavanje i proživljavanje tekućih zbivanja podsticalo i na njihovo kolektivno prosuđivanje. Kolektivni strah ili radost koje ona izazivala, upućivali su na to da se jedna kolektivno izbegavaju, a drugim kolektivno teži, i to sve manje instinktivno a sve više svesno. Celokupnu generičku egzistenciju prvobitnog čoveka sačinjavala je u stvari jednolična aktivnost u kojoj se rad, emocije i mišljenje još nisu razaznavali kao posebni oblici njenog ispoljavanja.

Tek sa diferenciranjem mišljenja od rada mogla se diferencirati i individualna svest od kolektivne svesti. Za takvu diferencijaciju bilo je odlučujuće rađanje intelektualne sposobnosti za razlučivanje suštine od pojave, kao sposobnosti apstraktnog mišljenja. To je u stvari bio odlučujući momenat za istovremeno rađanje i ljudskog rada i ljudskog mišljenja, kao nerazdvojnih suprotnosti jedinstvenog generičkog bića čoveka.

Iz nerazdvojnih suprotnosti rada i mišljenja proistekle su i nerazdvojne suprotnosti individualne i kolektivne svesti. Individualna i kolektivna svest ne mogu se reprodukovati jedna bez druge, ali su upravo zbog toga i prirodna granica jedna drugoj. Društvene tekovine ljudske misli koje su već postale vladajuća društvena svest, predstavljaju polaznu osnovu za rađanje nove misli koja najpre nastaje u glavama pojedinaca dok se širenjem konačno i sama ne pretvori u vladajuću društvenu svest. Društvena svest ne može, prema tome, dosezati dalje od dometa individualne misli, ali ni individualna misao ne može kročiti dalje bez naboja društvene svesti.

---

[3] Vidi: Slobodan Žarković, isto, str. 27.

[4] Primitivci "svuda vide nešto magično i okrutno i u svakoj predstavi, bez obzira na što se ona odnosi, ima uvek nešto čega se oni boje, od čega strepe, što priželjkuju i k čemu strasno teže". (Isto, str. 16).

Društvena svest može se reprodukovati samo apstrahovanjem suštine od pojave, pa je jedino tako mogla i nastati. Ako je, kao što se pretpostavlja, prvi iskristalisani oblik društvene svesti *animizam*, zamisao "duše" kao nečeg tajanstvenog u dodirljivim stvarima prirode, nije mogla nastati dok se misao nije odvojila od čulnog opažanja. A kad je jednom nastala u svesti nekog genijalnog pojedinca, onda je bilo mnogo lakše da se usadi i u svest drugih misaonih bića kao njihova zajednička predstava koja je egzistirala objektivno nasuprot njihovim subjektivnim opažanjima.

Kao svojevrsna identifikacija prirode sa ljudskim bićem i ljudskog bića sa prirodom, animizam je mogao nastati samo kao duhovni proizvod ljudskog rada. Da priroda, kao i čovek, ima "dušu", moglo se pretpostaviti jedino na osnovu pokušaja da se savlada, kojima ona podleže ili se opire, baš kao što se i čovek odnosi prema sličnim pokušajima drugog čoveka. A predstava "duše" kao nečeg što je zajedničko svemu postojećem pa i čoveku, nije u stvari bila ništa drugo do genijalno naziranje kretanja kao suštine materije, koja se u različitim oblicima materije samo različito ispoljava. Kao što je ljudski rad specifičan oblik kretanja čoveka, tako su odgovarajući oblici kretanja svojstveni svim ostalim oblicima postojanja materije. I kao što je pokretačka snaga ljudskog rada mišljenje, tako i kretanje bilo koje stvari ima neku pokretačku snagu, koja opet ne može biti ništa drugo do neki posebni oblik kretanja materije.

Traganje ljudskog uma za tajanstvenim pokretačkim snagama prirode samo je produžetak traganja za pokretačkom snagom rada jer ima smisla jedino ukoliko povećava njegovu stvaralačku moć. U tom traganju ljudska misao je krenula u dva sasvim suprotna pravca. Ukoliko je pokretačke snage prirode tražila u samoj prirodi, ona se razvijala u istinitu svest, koja je predstavljala nezamenljivu osnovu i za razvijanje rada, a ukoliko se udaljavala od prirode, izopačavana je u lažnu svest koja je razvoj rada mogla samo sputavati. Na jednom pravcu nastala je *nauka*, a na drugom *religija*, kao dva dijametralno suprotna i nepomirljiva oblika društvene svesti, koji uporednim održavanjem još i danas istovremeno izražavaju sav sjaj i svu bedu ljudskog uma.

Pošto se međusobno isključuju, nauka i religija su u stalnom sukobu. Dok nauka osvetljava puteve progresa, religija ih zamračuje, zbog čega je prva u funkciji oslobađanja a druga u funkciji otuđivanja rada. Samim tim, nauka je sredstvo samoizbavljenja, a religija sredstvo samoporobljavanja radnika. U naučnoj svesti radnik pronalazi samog sebe, dok se u religijskoj svesti gubi, [5] jer prva je poziv na buđenje, a druga opijum za uspavljivanje. [6]

Religijska svest je, međutim, neizbežna kompenzacija nerazvijene naučne svesti, jer ukoliko čovek još ne veruje u sopstveno biće, mora verovati u neka druga bića. I nauka i religija su duhovni izraz nemirenja s postojećim i duhovne pobune protiv postojećeg. [7] Samo što naučna svest znači aktivnu, a religijska pasivnu pobunu; prva je ofanzivna, druga defanzivna; jedna je poziv na menjanje postojećeg, druga na povlačenje u sebe; nauka pokreće u borbu za stvaranje novog sveta, dok religija poziva na iščekivanje milosti božje koja u zamenu za postojeći nudi nepostojeći svet; jedna izlaz traži u novom životu, a druga u smrti.

Dok je nauka izraz duhovne moći, religija je izraz duhovne nemoći ljudskog bića, koje bežeći od postojeće stvarnosti beži i od samoga sebe. Ukoliko sebe ne nalazi u samome sebi, čovek sebe traži izvan sebe, zamenjujući istinsko ostvarenje svog bića

---

5) "Religija je samosvest i samoosećanje čoveka koji sebe ili još nije našao ili se već ponovo izgubio". (K. Marks: "Prilog kritici Hegelove filozofije prava, isto, tom 3, str. 150).

6) Religija je, po rečima Marksa "opijum naroda". (Isto).

7) *"Religijska* beda je jednim delom *izraz* zbiljske bede, a jednim delom *protest* protiv zbiljske bede". (Isto).

lažnim ostvarenjem.[8] Stvarnu nemoć sopstvenog bića on zamenjuje poželjnom svemoći imaginarnih bića, kao što ovozemaljski pakao zamenjuje poželjnim onozemaljskim rajem. Religija se na taj način javlja kao imaginarna negacija, nasuprot nauci kao stvarnoj negaciji postojećeg. I dok je za imaginarnu negaciju potrebna samo mašta, za stvarnu negaciju je neophodan stvaralački rad.

Nužnost te antagonističke dvojnosti društvene svesti proističe iz dvojnosti poluljudskog bića koje, s jedne strane bojažljivo tek iskoračuje iz životinjskog sveta, a s druge strane odvažno već zakoračuje u ljudski svet. Probijajući se oprezno napred i zastajući istovremeno pred nepoznatim, ono je samo sebi postavljalo duhovne ograde i pregrade u koje je ukalupljivalo društveni život da bi se održalo kao društveno biće. U održavanju društvenog života religijska svest je na taj način popunjavala prostor koji nauka nije stizala da ispuni, stvarajući iluzornu utehu za ljudsku nemoć koja se samo naučnom svešću mogla prevladavati.

Kao restriktivna svest, religija svoju funkciju društvenog usmeravanja života vrši pre svega pomoću zabrana, kojima nalaže šta se *ne sme činiti*, dok nauka kao slobodarska svest, upućuje pre svega na to šta *treba činiti* da bi se ograničenja ljudske slobode ukinula. Religija, na primer, zabranjuje ubistvo, krađu i preljubu, a nauka otkriva puteve do takvog društvenog stanja u kojem takvih poroka više neće biti te će i njihove zabrane postati izlišne. Kao restriktivna svest, religija se sastoji sve od samih propovedi koje striktno određuju način ponašanja i koje se stoga oslanjaju na spoljašnju prinudu (božiju kaznu), dok nauka svojim otkrićima pruža mogućnost slobodnog izbora koji se vrši prema unutarnjim potrebama čoveka.

Zbog toga je religija otuđujuća, a nauka oslobađajuća svest. Oslonjena na izmišljene sankcije, religijska svest egzistira kao spoljašnja društvena sila, kojoj se pojedinac u strahu od preteće kazne pokorava, dok se naučna svest spušta u biće same individue iz čijih životnih ambicija crpi svoju društvenu snagu. Religija je zapravo snaga negiranja, a nauka snaga potvrđivanja ljudske individue; prva je petvara u objekat, a druga u subjekat; jedna je platforma uzdržavanja, druga platforma delovanja; prva upućuje na pokoravanje, druga na oslobađanje.

Zahvaljujući svom podaničkom duhu, religija je i mogla postati univerzalnom ideologijom klasne vladavine, dok je nauka s takvom vladavinom u večitom sukobu. Ali podanički duh religije nije samo sredstvo, nego i proizvod stvarnog podaništva, na čijoj je osnovi jedino i mogao nastati. U molitvama se čovek klanja pred bogovima baš kao što se u životu klanja pred pretpostavljenima,[9] a prvima se klanja zato da bi lakše podneo klanjanje ovim drugima.

Ali ako je svojim podaništvom obogotvoravala klasnu vladavinu, religija je svojim konzervativizmom istovremeno sputavala razvoj klasnog društva. Zato ona nije mogla predstavljati isključivi oblik vladajuće klasne svesti, a zbog menjanja klasnog društva morala se i sama menjati i prilagođavati konkretnim oblicima klasne vladavine. Da bi se i društvo razvijalo i klasna vladavina održavala, religija i nauka, kao ekstremni oblici društvene svesti, morali su biti nadopunjeni i drugim oblicima klasne ideologije, pre svega *pravom* i *moralom*.

---

8) Religija je, po Marksu, *"fantastično ostvarenje* čovekovog bića, jer *čovekovo biće* ne poseduje istinsku stvarnost". Ona je "uzdah potlačenog stvorenja, duša sveta bez srca, kao što je duh sveta bez duha". (Isto).

9) "Religija je opšta teorija ovoga sveta, njegov enciklopedijski kompendijum, njegova logika u popularnom obliku". (Isto).

Za razliku od nauke koja je po svojoj prirodi okrenuta progresu, i religije koja se okreće protiv progresa, pravo i moral izražavaju i jednu i drugu orijentaciju, zbog čega predstavljaju izrazito klasne oblike društvene svesti. Dok nauku i religiju, kao opštedruštvene oblike svesti, koriste sve klase za progresivne ili regresivne ciljeve, svoj moral stvara svaka, a svoje pravo i svaka vladajuća klasa, dajući im progresivnu ili regresivnu sadržinu u zavisnosti od toga kako je sama orijentisana.

Zato je moral vladajuće klase u suprotnosti sa moralom potčinjene klase, a pravo jedne vladajuće klase sa pravom druge vladajuće klase. U svim klasnim formacijama, pravo i moral vladajuće klase su, međutim, vladajući oblici društvene svesti, [10] a svest vladajuće klase je otuđena svest, koja se u funkciji klasne vladavine izdiže iznad društva i stoga nužno oslanja na društvenu prinudu bilo da ona za osnovu ima državno nasilje ili javnu osudu.

Ta otuđenost društvene svesti proističe u suštini iz otuđenosti ljudskog rada, koja je zapravo njena materijalna osnova. S otuđivanjem fizičkog bića radnika neizbežno se otuđuje i njegovo duhovno biće, ne samo zato što se ono lišava svoje materijalne osnove, već što se radnik lišava i fizičke mogućnosti da se kao duhovno biće ispoljava. A samo se po sebi razume da će klasa koja raspolaže i otuđenim viškom rada i slobodnim vremenom stvarati takvu društvenu svest kakva pre svega njoj odgovara. [11]

Ali ne samo što otuđena svest proističe iz otuđenog rada, nego i služi njegovom reprodukovanju. Njena osnovna funkcija je zapravo da otuđivanje rada opravdava i time nasilnu prinudu nad proizvođačem svodi u društveno podnošljive okvire. Ona to čini tako što interese vladajuće klase koja prisvaja otuđeni višak rada, prikazuje kao interese celog društva, pribavljajući sebi na taj način lažni legitimitet opštedruštvene svesti, čime samo prikriva svoju klasnu suštinu.

Ta protivrečnost otuđene društvene svesti proističe iz protivrečnosti društvenih interesa, u čijoj je osnovi protivrečnost polarizovanih interesa eksploatatorske i eksploatisane, odnosno potčinjene i vladajuće klase. Ukoliko društvo ne može postojati bez klasne eksploatacije i klasnog potčinjavanja, interesi vladajuće klase se, s jedne strane, podudaraju s interesima potčinjenih klasa, te utoliko zaista predstavljaju interese celog društva. Ali kao interesi eksploatacije, oni se, s druge strane, tim istim interesima istovremeno suprotstavljaju, te se utoliko lažno prikazuju kao opštedruštveni interesi.

Kad te protivrečnosti društvenih interesa ne bi bilo, onda ni društvena svest ne bi bila protivrečna, pa stoga ne bi ni postojala kao otuđena svest. Dok je prvobitna zajednica predstavljala još amorfnu društvenu celinu, nikakve norme zajedničkog života nisu postojale, niti su se objektivno mogle izdiferencirati bez diferencijacije same zajednice. Ali one tada nisu bile ni potrebne jer su se ljudi, slično životinjama, ponašali u skladu s prirodnim zakonima. Dok su članovi prvobitne zajednice u reprodukovanju zajedničkog života praktično delovali kao jedna individua, uređivanje njihovih međusobnih odnosa mimo onoga što je uredila sama priroda, i da je bilo moguće, bilo bi suvišno.

---

[10] "Misli vladajuće klase su u svakoj eposi vladajuće misli, tj. klasa koja predstavlja vladajuću *materijalnu* silu društva je ujedno i njegova vladajuća *duhovna sila*". (K. Marks, F. Engels: "Nemačka ideologija", isto, tom 6, str. 43).

[11] "Klasa kojoj stoje na raspolaganju sredstva za materijalnu proizvodnju raspolaže time u isto vreme i sredstvima za duhovnu proizvodnju, tako da su joj na taj način, u proseku, potčinjene i misli onih koji nemaju sredstva za duhovnu proizvodnju. Vladajuće misli nisu ništa drugo do idejni izraz vladajućih materijalnih odnosa koji čine vladajućom upravo tu klasu, prema tome, misli njene vladavine". (Isto).

Potreba za društvenim uređivanjem međuljudskih odnosa nastala je tek kad su se ljudi, zahvaljujući povećanoj produktivnosti ráda, u reprodukovanju svog života počeli osamostaljivati jedni prema drugima ali i jedni druge ugrožavati. Čim su se članovi prvobitne zajednice kao pojedinci i najmanje osamostalili, svako svakome je pored životnog saputnika postao i potencijalni objekat iskorišćavanja, zbog čega su njihovi interesi, i međusobno i u odnosu prema zajedničkom interesu postali protivrečni.

Da bi se sa tako protivrečnim interesima društvena zajednica održala, morala su nastati odgovarajuća, isto tako protivrečna, pravila ponašanja koja će ljudsku slobodu istovremeno i štititi i ograničavati: štititi slobodu jednih od slobode drugih, i ograničavati slobodu jednih radi slobode drugih. Takva pravila su svi prihvatali ukoliko su štitila, i svi im se suprotstavljali ukoliko su ograničavala njihovu slobodu, zbog čega ona funkciju regulatora društvenog života nisu mogla ostvarivati bez oslonca na nekakvu društvenu prinudu.

Snaga te prinude morala je biti utoliko veća ukoliko su suprotnosti interesa bivale veće. Za poštovanje *običajnih normi*, kojima je praktično započelo otuđivanje društvene svesti, dovoljan je i društveni prekor, ali one se još ne zasnivaju na nepovratnom otuđivanju rada iz kojeg proističu antagonističke klasne suprotnosti. Običaji su i danas vezani uglavnom za odnose među samim proizvođačima i pre svega za radne obrede u funkciji proizvodnje.

Proizvodni rad, njegova društvena podela i raspodela zapravo i jeste osnovni uzrok otuđene društvene svesti. Dok se taj rad još nije razvio, bila je nerazvijena i društvena svest, pa i društvena prinuda na koju se ona u ostvarivanju svoje funkcije oslanja. Ukoliko je, međutim, proizvodna snaga rada povećavana te je zahvaljujući tome stvaran određeni višak proizvoda preko životnog minimuma proizvođača, oko kojeg je vođena borba za prisvajanje, bile su neophodne sve rigoroznije društvene norme da bi se sve oštriji klasni sukobi ublažavali.

U ostvarivanju te funkcije vladajuća društvena svest redovno se stavlja na stranu prisvajača viška proizvoda jer je ona upravo njihova svest. Zaštita privatne svojine i prisvajanja je osnovna društvena funkcija svih oblika otuđene klasne svesti. I pravo i moral i religija zabranjuju krađu opredmećenog rada, a ni jedan od oblika vladajuće svesti eksploatatorskih društvenih formacija ne zabranjuje eksploataciju živog rada.

To je i razumljivo jer otuđena društvena svest privatnu svojinu štiti upravo time što prikriva eksploataciju. Radi toga, ona je ne prikazuje u njenom suštastvenom — društveno-ekonomskom obliku kao prisvajanje tuđeg rada, već u njenom pojavnom — formalno pravnom obliku kojim se apstrahuje njeno izvorno poreklo, te izgleda kao da je svom vlasniku bogomdana. Na taj način privatna svojina dobija društveni legitimitet koji je u potpunoj suprotnosti sa njenom društveno-ekonomskom suštinom. [12]

Na osnovu toga eksploatatorska klasa se lažno predstavlja kao životni dobročinitelj i društveni zastupnik interesa eksploatisane klase. Lažnom predstavom da su sredstva proizvodnje njihovim vlasnicima od prirode data, stvara se i lažno predubeđenje da obezvlašćeni proizvođač nije iskorišćen od svog poslodavca već da, naprotiv, on njega koristi te da za svoju egzistenciju samo njemu ima da zahvali. Po tome bi rob, kmet i proleter za svoje postojanje morali da zahvale robovlasniku, feudalcu i kapitalisti, a ne obratno, čime se suština njihovog stvarnog odnosa potpuno izvrće.

---

[12] "Ako je privatno vlasništvo proglašeno "prirodnim i svetim pravom" onda napr. moralni postulat *"ne kradi"* ne znači ništa drugo nego zahtjev da se ne narušava sistem *utemeljen na krađi,* na *prisvajanju tuđeg rada".* (Jovan Mirić, *Sistem i kriza,* Centar za kulturnu djelatnost, Zagreb, 1984, str. 207).

Takvo izvrtanje ne može imati drugog smisla do stvaranja klasnog bogopoklonstva sa skrivenom ambicijom da se obezbedi dobrovoljno klasno potčinjavanje koje olakšava eksploataciju i društvenu vladavinu eksploatatorskih klasa. U tom smislu, otuđena društvena svest je samo duhovni izraz društvene bede eksploatisanog proizvođača u funkciji njenog održavanja. Religijska molitva za božiju milost mogla je nastati samo kao fantazoidna refleksija stvarne molitve za milost ovozemaljskih bogova, ali njen jedini stvarni smisao može biti samo u tome da se ova poslednja trajno održi.

Ukoliko se, međutim, interesi eksploatatorskih klasa podudaraju s interesima eksploatisanih klasa, utoliko njihova ideologija zaista predstavlja opštedruštvenu svest jer izražava interese celog društva. Zabrana ubistva je, na primer, opšteprihvaćena društvena norma jer štiti životnu egzistenciju čoveka uopšte, ali ona ne bi imala legitimitet vladajuće društvene svesti da zaštitom reprodukcije radne snage ne štiti pre svega interes vladajuće klase. To uostalom potvrđuje i njeno bezobzirno kršenje čim sa tim interesom dođe u sukob, kao što je slučaj naročito u građanskim i osvajačkim ratovima.

Svest vladajućih eksploatatorskih klasa je, prema tome, istovremeno i lažna i istinita ukoliko se njihovi interesi istovremeno i sukobljavaju i podudaraju s interesima potčinjenih eksploatisanih klasa. Ta protivrečnost razrešava se samo revolucionarnim promenama kojima se klasne suprotnosti ukidaju ukidanjem samih eksploatatorskih klasa, ali ukoliko jedna eksploatatorska klasa smenjuje drugu, smenjuju se samo oblici klasnih suprotnosti dok same suprotnosti ostaju.

Pri tom se vrše tektonska pomeranja i u društvenoj svesti kojima se stari oblici klasne svesti zamenjuju novim. Razarajući postojeći produkcioni odnos, revolucionarna klasa razara i zatečenu, na njemu zasnovanu društvenu svest, izražavajući time interese eksploatisane većine društva, koja u revolucionarnom prevratu traži šansu za oslobađanje od eksploatacije. Utoliko se revolucionarna klasa identifikuje sa celim društvom, [13] pa se i njena revolucionarna ideologija ispoljava kao opštedruštvena svest, ali ukoliko zauzima eksploatatorske pozicije, ona se neizbežno suprotstavlja eksploatisanoj većini društva, zbog čega se i njena ideologija izokreće u lažnu, kvazidruštvenu svest.

Trajno ukidanje takve svesti moguće je samo na bazi trajnog ukidanja eksploatacije. Ako je otuđivanje društvene svesti uslovljeno otuđivanjem rada, onda ono jedino njegovim razotuđivanjem može biti prevaziđeno, ali ni razotuđivanje rada nije moguće bez razotuđujuće svesti. Jedino istinita svest može predstavljati idejnu osnovu istinskog oslobođenja rada, radi čega klasna ideologija mora ustupiti mesto klasno nepristrasnoj nauci.

Dok ideologija eksploatatorskih klasa prikriva eksploataciju, ideologija eksploatisanih klasa je razobličava. I dok je stoga prva već po svojoj funkciji lažna, druga je po svojoj funkciji istinita svest, zbog čega jedna neizbežno dolazi u sukob sa naukom dok se druga na nauci zasniva. Da bi ostvarila revolucionarni prevrat oslobođenja ljudskog rada, bez kojeg se ni sama ne može osloboditi, radnička klasa mora raščistiti sa svim oblicima lažne svesti i idejnu orijentaciju za svoju revolucionarnu akciju tražiti isključivo u nauci.

Nauka je klasno nepristrasna društvena svest, ali i radnička klasa je klasno nepristrasna društvena snaga, koja ne može osloboditi sebe dok od eksploatacije zauvek ne oslobodi celo društvo. Ukidanjem eksploatacije ukida se i klasna polarizacija društva pa i

---

13) "Revolucionarna klasa od samog'početka ne istupa kao klasa, već kao predstavnik celog društva, ona se pojavljuje kao cela masa društva nasuprot toj jednoj jedinoj vladajućoj klasi. Ona to može zato što je na početku njen interes stvarno još u većoj meri povezan sa zajedničkim interesom svih ostalih nevladajućih klasa, zato što se pod pritiskom dotadašnjih odnosa još nije mogao razviti u poseban interes jedne posebne klase". (K. Marks, F. Engels: "Nemačka ideologija", isto, tom 6, str. 44).

radnička klasa, koja po prirodi stvari ne može imati ni svojinski monopol ni monopol političke vlasti jer zajednički monopol udruženih proizvođača znači negaciju svakog monopola pošto izvan samoupravne asocijacije proizvođača niko praktično ne može ni opastati.

Pošto se socijalističkom revolucijom na taj način trajno ukida osnovna protivrečnost klasnog društva, ukida se trajno i osnovna protivrečnost njegove klasne ideologije. Ukoliko se istorijski interes radničke klase za oslobađanje ljudskog rada podudara s interesom celog društva, utoliko njena ideologija predstavlja istinitu društvenu svest jer ona, za razliku od eksploatatorskih klasa, ne mora svoje interese *lažno* prikazivati kao interese celog društva pošto oni to uistinu i jesu.

Ako je osnovni smisao otuđene klasne svesti u zaštiti privatne svojine i prisvajanja, osnovni smisao socijalističke svesti je u njihovom ukidanju. A pošto se to ukidanje vrši podruštvljavanjem svojine, socijalistička svest umesto prisvajanja tuđeg rada kao suštine privatne svojine, štiti raspodelu prema radu kao suštinu društvene svojine. Time se ona umesto u funkciju reprodukovanja otuđenog opredmećenog rada, stavlja u funkciju reprodukovanja slobodnog živog rada.

Dok je svest eksploatatorskih klasa u suštini ideologija eksploatacije živog rada, svest radničke klase je u suštini ideologija njegovog oslobađanja od eksploatacije. Stoga prva predstavlja platformu za porobljavanje, a druga platformu za oslobađanje proizvođača. Ali suštinska različitost njihove društvene funkcije i idejne sadržine ne ispoljava se kroz apsolutnu različitost njihove forme jer se nova svest uvek rađa u "krilu" stare svesti i razvija kroz idejnu borbu sa njom. Stoga socijalistička svest u svom pojavnom obliku predstavlja odumiruću klasnu svest i suštinski se upotpunosti ostvaruje tek na završetku tog odumirućeg procesa.

Kao idejna negacija otuđene klasne svesti, socijalistička svest začinje se već utopijskim socijalizmom, a naučno utemeljenje dobija u marksizmu. Neophodni su, međutim, teška i dugotrajna klasna borba za njeno prerastanje u masovnu svest i duboke revolucionarne promene za pretvaranje u vladajuću društvenu svest. Na tom putu ona se ne sukobljava samo sa klasičnom buržoaskom ideologijom, već i sa birokratsko-etatističkom svešću, koja se u bezobzirnoj težnji za ovladavanjem masama zaodeva i u ideološko ruho izopačenog, naizgled bezazleno revidiranog marksizma.

Zbog sopstvene birokratizacije, radnički pokret je udaljavajući se od autentičnih ideja socijalizma, svojim najvećim delom podlegao bilo buržoaskoj bilo birokratsko-etatističkoj ideologiji. U pokušaju da interese radničke klase pomiri s interesima buržoazije ili birokratije, on je umesto revolucionarne svesti stvarao novu lažnu svest kojom je radničku klasu dovodio u zabludu o mogućnostima njenog oslobođenja. Pošto su interesi radničke klase po svojoj prirodi nepomirljivi s interesima njenih eksploatatora, takva svest može biti samo u interesu buržoazije i radničke birokratije.

Ideologija vladajućih eksploatatorskih klasa uključujući ideologiju birokratije kao vladajuće društvene sile, predstavlja društvu nametnutu svest. Njeni tvorci su vladajući društveni slojevi i njihovi ideolozi, koji kroz vladajuću društvenu svest izražavaju prvenstveno sopstvene interese, dok su eksploatisane mase društveni objekat njihove ideološke indoktrinacije koji oni bestidno napajaju lažnim predstavama o svom političkom mesijanstvu. Ideološka dominacija nastoji se ostvariti ne samo kroz ideološki monopol, već i putem propagande torture kojom se društvo drži pod ideološkom presijom.

Nasuprot tome socijalistička ideologija je izvorna svest društva koju neposredno celo društvo stvara. Ukoliko se klasična država zamenjuje samoupravnom organizacijom društva, i državno pravo se zamenjuje *samoupravnim pravom*, koje se umesto autokratskim, stvara demokratskim odlučivanjem. Zato je samoupravno pravo i po idejnoj sadržini i po načinu stvaranja oblik ideološke svesti celog društva, nasuprot državnom pravu koje je i u jednom i u drugom pogledu oblik svesti vladajuće klase ili državne birokratije.[14]

U istom smislu menja se i moralna svest, što vodi stvaranju jedinstvenog socijalističkog morala, čime se prevazilazi klasna polarizacija moralne svesti na moral eksploatatorskih i moral eksploatisanih klasa. Ukoliko se odnosi klasne eksploatacije zamenjuju odnosima socijalističke raspodele prema radu, i vladajuće moralne norme koje eksploataciju opravdavaju, zamenjuju se moralnim normama koje osuđujući eksploataciju afirmišu socijalističku raspodelu. Sada umesto eksploatatorskog morala socijalistički moral postaje vladajućim oblikom društvene svesti upravo zbog toga što ga stvara celo društvo u kojem eksploatatora više i nema, a ukoliko se još zadržavaju, oni u demokratskom izgrađivanju društvene svesti ne mogu dolaziti do izražaja.

Demokratskim izgrađivanjem društvene svesti vrši se njeno razotuđivanje kao zakoniti izraz, ali i nezamenljivi činilac razotuđivanja ljudskog rada. Ukoliko se kroz demokratski utvrđene norme zajedničkog delovanja izražava interes većine društva, onda bar za tu većinu nije potrebna nikakva spoljašnja sila koja bi je primoravala da u skladu s takvim normama deluje. Zato je oslanjanje demokratske svesti na društvenu prinudu neophodno još samo radi one eksploatatorski i autokratski nastrojene manjine koja teži da svoje sebične interese nametne celom društvu.

Kad se stvaranjem komunističkog zajedništva suprotnosti između pojedinačnih i zajedničkih interesa upotpunosti prevaziđu, više neće biti potrebna nikakva društvena prinuda da bi se ljudi primoravali na normalno društveno ponašanje, ali će samim tim postati suvišne i bilo kakve društvene norme kao spoljašnja, od individualne svesti odvojena pravila ponašanja. Umesto otuđene svesti, tada će sama naučna svest postati sasvim dovoljna i jedino ispravna orijentacija ukupnog ljudskog delovanja. Socijalistička svest je u stvari samo oblik revolucionarnog preobražaja otuđene ideološke svesti u naučnu svest, kao što je socijalizam u celini istorijski oblik revolucionarne transformacije otuđenog klasnog društva u slobodnu ljudsku zajednicu.

U tom procesu, i religijska svest se sa neba sve više spušta na zemlju gubeći polako svoja religijska obeležja i sagorevajući u lavinama naučne svesti. Kao kreator i propagator religijske svesti, crkva je radi sopstvenog održanja, prinuđena da se prilagođava savremenim društvenim kretanjima i da umesto onozemaljske sreće svojim podanicima sve više nudi ovozemaljsku sreću, dopunjujući i zamenjujući verske propovedi organizovanim aktivnostima na zadovoljavanju njihovih životnih potreba. Ateizam se na taj način polako ali sigurno uvlači u samu religiju, razarajući je iznutra potiskivanjem verskih zabluda otrežnjavajućim naučnim predstavama o ljudskom životu i stvarnim uslovima njegove reprodukcije.[15]

Otuđena svest se, s jedne strane, razara naučnom svešću, a s druge strane, njeno razaranje olakšava razvoj naučne svesti. Zato naučna svest jača u srazmeri sa slabljenjem otuđene svesti dok na kraju sama ne postane vladajući opštedruštveni oblik svesti, koji

---

14) "Samoupravno pravo je antimonopolsko i antiapsolutističko pravo i društveni odnos". *(Teorijske osnove samoupravnog prava,* zbornik, "Radnička štampa" Beograd i "Samoupravna praktika" Skoplje, 1985, predgovor, str. 31).
"Dok državno pravo ima svoj oslonac u "državnoj volji", odnosno u političkoj vlasti, dotle samoupravno pravo ima svoj temelj u emancipovanom kolektivu rada, u ravnopravnoj zajednici po pravilu jednakih pojedinaca". (Jovan Đorđević: "Koncept i značaj samoupravnog prava". (Isto, str. 44).

15) "Ako ima neke istine koju je istorija stavila izvan sumnje, to je da religija obuhvata sve manji i manji deo društvenog života. (Emil Dirkem, isto, str. 194).

u svom razvoju neće više nailaziti ni na kakve društvene otpore jer će izražavati interes svih članova slobodne ljudske zajednice. U pohodu ka punoj slobodi ljudskog stvaralaštva samo nauka pronalazi skrivene puteve do tog cilja jer se do slobodnog stvaralaštva jedino stvaralaštvom može stići.

Društveno delovanje

Društvena svest je inspirator i regulator društvenog delovanja u kojem i iz kojeg i sama nastaje. Bez društvenog delovanja, koje se odvija prema određenim zajedničkim ciljevima ljudi, nema društvenih promena, pa ni društvenog progresa. A u funkciji društvenih promena, društveno delovanje se i suprotstavlja društvenoj svesti i potvrđuje je, čime se zapravo i ona sama menja.

U početku se društveno delovanje nije odvajalo od rada jer se ni društveni uslovi rada još nisu odvajali od prirodnih uslova. Dok se još nije izdiferenciralo rad kao specifično ljudska aktivnost, nisu se mogli izdiferencirati ni društveni uslovi rada kao specifično ljudski uslovi egzistencije. Do međusobnog opštenja društveno amorfnih hordi moglo je dolaziti samo pri slučajnom sukobljavanju u borbi za goli opstanak. Nekih smišljenih akcija u cilju društvenog potčinjavanja nije moglo biti jer takvo potčinjavanje nije još imalo nikakvog smisla.

Društveno delovanje moglo se izdvojiti u posebnu aktivnost tek kad je čovek počeo sam proizvoditi sredstva svoje egzistencije, i kada je radi toga morao sam obezbeđivati i društvene uslove proizvodnje. A društveni uslovi bez kojih nije mogao proizvoditi, bila su pre svega sredstva proizvodnje, koja su se zajedno sa radom i kroz sam proizvodni rad od njega otuđivala i osamostaljivala kao posebna i od njega nezavisna sila. I upravo zbog toga što se bez tih sredstava nije moglo proizvoditi, borba za njihovo posedovanje postala je glavna društvena preokupacija čoveka na izlasku iz životinjskog carstva.

S otuđivanjem proizvodnog rada otuđivani su i njegovi prirodni uslovi, koji su na taj način pretvarani i u društvene uslove. Dok ljudi nisu počeli sami proizvoditi priroda je, sa svim svojim blagodetima, bila svačija i ničija, i pripadala je svakome onoliko koliko je u opštoj prirodnoj borbi za opstanak uspevao da je koristi. Isto parče plodonosne zemlje pripadalo je čas jednima čas drugima i istovremeno svima, što je bilo sasvim prirodno baš kao što je prirodno i "pravo" svih i svakog živog bića da se bori za opstanak. Ali čim je se priroda ljudskim radom mogla oplemeniti i učiniti plodotvornijom nego što sama po sebi jeste, nastala je borba za njeno prisvajanje zajedno s pridodatim radom, a prisvajanja na jednoj, nije moglo biti bez otuđivanja na drugoj strani.

Ta borba je zapravo postala osnovna sadržina društvenog delovanja kao posebne, od neposrednog rada odvojene društvene aktivnosti čoveka. Prisvajanje ukupnih uslova rada i samog rada je, u krajnjoj liniji, njegov jedini smisao. Kao nužan uslov rada, takvo delovanje je, s jedne strane, i samo nužno, a s druge strane, ono je ograničavajući faktor rada jer apsorbuje društvenu energiju koja bi bila radno usmerena. Od proizvodnog rada otuđeno društveno delovanje se na taj način javlja kao njegova neodvojiva suprotnost.

Ali ako se u sukobu tih suprotnosti na jednoj strani gubilo na obimu rada, dobijalo se na drugoj strani na njegovoj produktivnosti. Čim su počeli sami proizvoditi, ljudi su istovremeno počeli tragati i za povoljnijim uslovima proizvodnje, baš kao što su pre toga tragali za obilatijim plodovima prirode. U težnji za njihovim prisvajanjem, oni su se međusobno i sukobljavali, ali su se zbog neophodne prozvodne kompaktnosti prvobitne zajednice, ti sukobi mogli odigravati samo među različitim zajednicama.

Ti sukobi su od samog početka imali karakter osvajačkih ratova sa osnovnim ciljem prisvajanja, najpre materijalnih uslova proizvodnje a zatim i samih proizvođača. Svojinski monopol na najpovoljnije prirodne uslove proizvodnje uz sve razvijenija sredstva rada učinili su rentabilnim i prisvajanje samog proizvođača, kojeg se više isplatilo eksploatisati nego ubijati. Ali time su sukobi među različitim zajednicama prerasli u interne međuklasne sukobe svake pojedine zajednice.

Sa pojavom viška rada klasna borba za njegovo prisvajanje postala je osnova celokupnog društvenog delovanja. Pokretačku snagu te borbe čini zapravo sama suprotnost živog i opredmećenog rada, koja u sebi sadrži zakonitu tendenciju otuđivanja. Ona omogućava da na određenom nivou produktivnosti sa potencijalnim viškom rada tehnološko otuđivanje proizvodnog rada počne prerastati u njegovo društveno otuđivanje koje podrazumeva klasnu polarizaciju sa suprotstavljenim društvenim težnjama iz čijeg sukoba proističe i antagonistički polarizovano društveno delovanje.

Ono na jednoj strani dobija oblik klasne diktature čiji je osnovni smisao održavanje eksploatacije, a na drugoj strani oblik revolucionarne borbe sa ciljem ukidanja i jedne i druge. Zakonita uslovljenost tako polarizovanog delovanja proističe otuda što se eksploatacija ljudskog rada objektivno ne može vršiti bez diktature kao što se bez ukidanja diktature ni eksploatacija ne može ukinuti. A čim na jednoj strani postoji diktatorska akcija radi eksploatacije, ona na drugoj strani neizbežno izaziva i diktatorsku reakciju protiv eksploatacije.

Kao nužan uslov eksploatacije, klasna diktatura je neophodna najpre radi toga da bi se proizvođač odvojio od sredstava proizvodnje, bez čega on inače ne može postati predmet neposredne eksploatacije. Robovlasnički poredak stvaran je porobljavanjem slobodnih plemena, a prvobitna akumulacija kapitala nasilnim oduzimanjem zemlje od seljaka. Pa i neposredna međunarodna eksploatacija uspostavljana je putem nasilnih kolonijalnih osvajanja kojima su slabije nacije porobljavane od strane jačih nacija, što je predstavljalo samo nužan produžetak i svojevrstan oblik klasnog porobljavanja. Uostalom, svi osvajački ratovi su za krajnji cilj imali neko prisvajanje i neku eksploataciju, inače ne bi imali nikakvog smisla.

Ali na klasnoj diktaturi zasniva se neposredno i sam proces eksploatatorske proizvodnje. Da bi proizvodio, obezvlašćeni proizvođač mora u toku celog proizvodnog procesa biti izložen neposrednoj kontroli i torturi poslodavca i njegovih zastupnika.[16] Celokupna organizacija eksploatatorske proizvodnje nije u suštini ništa drugo do svojevrstan oblik diktature eksploatatorske klase nad eksploatisanom proizvođačkom klasom. Odnosi subordinacije na kojima se takva organizacija zasniva ne bi se mogli održavati bez oslanjanja na nasilnu prinudu, utoliko pre što se svaka organizacija proizvodnog rada već zbog njegovog prinudnog karaktera mora oslanjati na nekakvu prinudu.

Klasnom diktaturom ostvaruje se i sama zaštita prisvojenog rada. Privatno-sopstvenički monopol može se održavati samo ako iza njega stoji cela eksploatatorska klasa sa celokupnim arsenalom društvenog nasilja spremnog da svom snagom štiti neprikosnovenost privatne svojine. Da je to nasilje usmereno pre svega protiv eksploatisanih klasa, proističe već iz toga što se svaka krađa opredmećenog rada, kojim uglavnom raspolažu eksploatatorske klase, rigorozno kažnjava, dok je eksploatacija živog rada, iako prikrivena, u suštini legalizovana.

---

16) "Sve dok oni (radnici – ŽM) budu kontrolirali sam radni proces, osujećivat će nastojanja da se ostvari puni potencijal koji je sadržan u njihovoj radnoj snazi. Da bi se ta situacija izmijenila, kontrola radnog procesa mora doći u ruke uprave, ne samo u formalnom smislu, već u smislu kontrole i usmjeravanja svakog koraka procesa, uključujući i način njegova izvođenja". (Harry Braverman, isto, str. 86/7).

Reprodukovanje privatne svojine čini, najkraće rečeno, osnovni smisao diktature eksploatatorskih klasa kao okosnice njihovog društvenog delovanja. Ono je zajedničko delo privatnih nosilaca svojinskog monopola na sredstvima proizvodnje koje ih zapravo i povezuje u jedinstvenu klasu nasuprot eksploatisanoj proizvođačkoj klasi. Eksploatacija tuđeg rada u funkciji stalnog bogaćenja, kojom oni to delo ostvaruju, glavna je preokupacija i okosnica njihovog društvenog angažovanja.

Zajedničko delovanje pripadnika eksploatatorske klase proističe iz njihovog zajedničkog interesa za eksploatacijom ali ono nije rezultat nekog prijateljskog dogovora. Samo ukoliko se njihovi pojedinačni interesi podudaraju oni deluju saglasno, a ukoliko se sukobljavaju utoliko se i njihova pojedinačna delovanja razilaze, pa se društveno delovanje klase javlja tek kao rezultanta različitih pojedinačnih delovanja njenih pripadnika. Oni se mogu i moraju sporazumeti jedino o najznačajnijim opštim uslovima eksploatacije u okviru kojih se pored međuklasne vodi i bespoštedna unutarklasna borba.

Ti uslovi izražavaju se pre svega kroz vladajuće društvene norme, koje vladajuća klasa organizovano ili spontano stvara radi ostvarivanja, i u procesu samog ostvarivanja svoje diktature. Vladajuća društvena svest se na taj način kroz samu diktaturu reprodukuje kao sastavni deo i nezamenljivi instrumenat diktature vladajuće klase. Ona je zapravo duhovna, kao što je nasilna prinuda fizička strana klasne diktature, koja bi bez te sprege bila neostvariva, ali ni otuđena društvena svest ne bi predstavljala *vladajuću* svest bez oslonca na fizičku silu.

Kod državnog prava, koje se neposredno oslanja na fizičko nasilje, to je već toliko očito da ga je bez nasilja teško i zamisliti. Klasično pravo je neodvojivo od države kao što je klasična država neodrživa bez prava, jer je ona osnovno oruđe klasne diktature čija se upotreba mora pravno regulisati da bi služilo svojoj nameni. Pravo je zapravo klasna ”duša” državnog aparata koja u skladu s interesima vladajuće klase determiniše njegovu funkciju klasnog potčinjavanja.

Za razliku od prava, moral i religija su samo bezazleniji i za toliko prikriveniji oblici duhovne diktature. Jer ne samo što su u suštini iste ideološke sadržine kao pravo, nego za društvenu pretpostavku takođe imaju fizičko nasilje. Kao oblici otuđene svesti, oni ne bi mogli ni nastati niti se održati bez društvene pretnje fizičkom prinudom kojom se ljudi primoravaju da čine nešto što inače ne bi činili. Prinuda na koju se moral i religija neposredno oslanjaju, samo je duhovni produžetak fizičke prinude, jer je prinuda uopšte nespojiva sa generičkom prirodom ljudskog bića, zbog čega je ono, ma u kom se obliku javljala, apsolutno ne podnosi.

Kao moralna sankcija, griža savesti je samo subjektivna refleksija objektivno prisutnog javnog mnenja, koje preti društvenim bojkotom, fatalnim ne samo za duhovnu nego pre svega za fizičku egzistenciju. A odlučujuću ulogu u stvaranju javnog mnenja imaju one društvene snage koje zahvaljujući monopolu u raspolaganju sredstvima fizičke prinude raspolažu osnovnim sredstvima društvene reprodukcije, pa i sredstvima za reprodukovanje javnog mnenja. Stoga je javno mnenje po pravilu samo produžetak vladajućeg oficijelnog mnenja, čiji se monopol pomoću fizičke prinude štiti i neposrednim gušenjem drugačijih mišljenja.

I uobraženi strah od božije kazne, kao specifične sankcije za narušavanje religijskih normi, je svojevrstan produžetak stvarnog straha koji se iznuđuje primenom ovozemaljskih kazni oslonjenih na fizičko nasilje. Drastičnim kaznenim merama crkve on je i neposredno uterivan ukoliko posredno dejstvo svetovnog nasilja nije za to bivalo dovoljno. A uterivanje straha pred izmišljenim onozemaljskim bogom ne može imati drugog društvenog smisla do usađivanja straha pred stvarnim ovozemaljskim ”bogovima”.

To samo pokazuje da je duhovna diktatura praktično neodvojiva od fizičke diktature i da je njihov smisao u suštini isti: ostvarivanje vlasti eksploatatorskih klasa u funkciji eksploatacije proizvođača i reprodukovanja privatne svojine. Ali nije fizičko nego duhovno ugnjetavanje osnova klasne diktature jer je predmet ugnjetavanja sam čovek kao duhovno biće. Fizička je prinuda u stvari u funkciji duhovnog porobljavanja proizvođača, jer duhovno ga obesnažiti znači praktično ga pretvoriti u tegleću marvu spremnu samo da proizvodi pokoravajući se bespogovorno volji gospodara.

To već samo po sebi podrazumeva da je samo vladajuća klasa subjekt društvenog delovanja a da je proizvođač kao predmet eksploatacije istovremeno objekat društvenog manipulisanja. Osnovni smisao lišavanja roba svih ljudskih prava je zapravo u lišavanju mogućnosti društvenog delovanja, ali je i formalizovanje ljudskih prava kmeta i proletera sračunato na njihovo društveno mirovanje. Kao objekat eksploatacije, oni su objektivno osuđeni na pasivnost jer u uslovima vladavine otuđenog opredmećenog rada stvarni subjekt društvenog delovanja može biti samo onaj ko tim radom raspolaže.

Ukidanje eksploatacije jedini je put, a borba za to ukidanje i jedina šansa da proizvođač od objekta postane subjekt društvenog delovanja, ali čim to postane on će i prestati da bude proizvođač, kao što će društveno delovanje prestati da bude posebna, od samog rada odvojena aktivnost. Ustanak, štrajk i revolucija, usmereni protiv konkretnih oblika eksploatacije, jedini su oblici klasne borbe u kojima rob, kmet, i proleter dolaze do punog izražaja kao subjekti društvenog delovanja. Suprotno svojim poslodavcima koji su stalno u akciji za obezbeđenje eksploatacije, stalni oblik njihove klasne borbe je pasivni otpor, kojim eksploataciju mogu ublažiti ali ne i ukinuti.

Pošto se eksploatacija može ukinuti samo revolucijom, jedino je revolucionarna aktivnost autentični oblik društvenog delovanja eksploatisanih klasa. Kao što je eksploatacija osnovni smisao društvenog delovanja eksploatatorskih klasa, tako je osnovni smisao društvenog delovanja eksploatisanih klasa ukidanje eksploatacije. Delovanje koje nije usmreno protiv eksploatacije, može trenutno odgovarati pojedinačnim ili grupnim interesima proizvođača ali ne izražava osnovni interes eksploatisane klase koji je po prirodi stvari nespojiv s eksploatacijom.

Ali pošto se eksploatacija može potpuno ukinuti tek sa potpunim ukidanjem proizvodnog rada, revolucionarni poduhvati eksploatisanih proizvođačkih klasa znače samo skokovita približavanja tom istorijskom činu. Ustanci robova i kmetova imali su za rezultat samo promenu načina eksploatacije na tom istorijskom putu, dok joj tek socijalistička revolucija zadaje odlučujući udarac. A sa menjanjem načina eksploatacije menja se i način ostvarivanja diktature eksploatatorskih klasa jer manje nehumanim oblicima eksploatacije odgovaraju i manje nehumani oblici diktature.

Ukoliko se oslanja na diktaturu, eksploatacija se bez diktature ne može ni ukinuti jer se dikatatura kao oslonac eksploatacije samo diktaturom može suzbiti. Svi revolucionarni poduhvati eksploatisanih klasa predstavljali su svojevrsnu revolucionarnu diktaturu usmerenu protiv eksploatacije i protiv diktature eksploatatorskih klasa. Bez revolucionarne diktature ne bi bilo ni revolucionarnih promena na istorijskom putu ka ukidanju klasne eksploatacije.

Pošto revolucionarne promene podrazumevaju korenitu izmenu društvenih odnosa, revolucionarna diktatura mora predstavljati diktaturu većine nad manjinom, nasuprot eksploatatorskoj diktaturi koja predstavlja diktaturu manjine nad većinom. Zato jedna klasa može postati revolucionarna snaga samo ukoliko čini većinu društva ili bar ukoliko uspe da ugnjetenu većinu pokrene u revoluciju.[17] To je uostalom neophodno i zbog toga što vladajuća klasa raspolaže monopolom društvenog nasilja, koji se može srušiti samo opštedruštvenom pobunom.[18]

Radi uspostavljanja novog, revolucionarna diktatura je usmerena protiv postojećeg društvenog poretka, pa prema tome i protiv vladajuće društvene svesti kojom se njegovo funkcionisanje rukovodi. Zato je ona uvek nelegalna i protivzakonita jer umesto važećih zakona i vladajućeg javnog mnenja stvara sopstvene zakone i sopstveno javno mnenje. Nepomirljivost s postojećim društvenim poretkom uključuje i nepomirljivost s vladajućim društvenim normama na kojima se taj poredak zasniva.

Ukoliko eksploatisane proizvođačke klase, zbog nemogućnosti ukidanja eksploatacije, nisu u mogućnosti da uspostave sopstveni poredak, revolucionarnu diktaturu zamenjuje nova eksploatatorska diktatura, radi čijeg ostvarivanja nova eksploatatorska klasa uspostavlja svoj normativni i politički poredak. Kao nosioci društvenih težnji za oslobođenjem rada, proizvođačke klase su, međutim, noseća snaga svih društvenih revolucija. Nove vladajuće klase mogle su iz tih revolucija izlaziti kao pobednici samo zahvaljujući tome što su ih izvodile u savezu sa proizvođačkim klasama, kojima bi okretale leđa i podjarmljivale ih čim bi prigrabile vlast. Tek u socijalističkoj revoluciji proizvođačke klase dolaze u poziciju da uspostave sopstveni normativni i politički poredak koji označava kraj svakog normativnog i političkog poretka. To je i nužan uslov da se njihova diktatura produži u permanentnu revoluciju bez koje se eksploatacija ne bi mogla trajno ukinuti, pa se ni prelaz iz klasnog u besklasno društvo ne bi mogao izvršiti.[19] A sem ukidanja eksploatacije, diktatura proletarizovanih proizvođača i ne može imati drugog smisla jer ona po svojoj prirodi ne može imati eksploatatorski karakter.

Proletarizovani proizvođači su u suštini svi eksploatisani radnici, zbog čega se diktatura proletarijata kao nosioca socijalističke revolucije ne svodi na delovanje industrijske radničke klase, već obuhvata revolucionarno delovanje svih radnih ljudi zainteresovanih za ukidanje eksploatacije, a to je ogromna većina društva. Kad bi nosilac revolucionarne diktature proletarijata bila samo radnička klasa, socijalistička revolucija bi praktično bila neostvariva, i to ne samo u industrijski nerazvijenim zemljama.

Revolucionarnu diktaturu proletarijata pogotovu ne može ostvarivati nikakva predstavnička elita, jer bi takvo posredovanje neizbežno značilo, i u praksi je uvek i značilo diktaturu birokaratije nad proletarijatom. Jer ukoliko birokratija uživa monopol vlasti, ona ga može ostvarivati jedino kroz vladavinu nad proizvođačem, koja ne može imati drugog smisla sem njegove bezobzirne eksploatacije. Uostalom, već i samo postojanje birokratije kao profesionalnog upravljačkog sloja nužno pretpostavlja takvu eksploataciju jer ona nema od čega drugog živeti nego od prisvojenog viška rada.

Zato se uloga diktature proletarijata ne svodi samo na obezvlašćivanje buržoazije, već obuhvata ukidanje svakog monopola kojim se obezbeđuje eksploatacija i prisvajanje tuđeg rada. A takav monopol mogu uživati i pojedini proizvođači i njihove asocijacije

---

17) "Diktatura proletarijata je moguća *samo kada* proletarijat čini većinu stanovništva". (V.I. Lenjin, *Sočinenija,* izd. V, Gospolitizdat, 1963, tom 39, str. 453).

18) "Već zato što stoji nasuprot jednoj *klasi*, revolucionarna klasa od samog početka ne istupa kao klasa, već kao predstavnik celog društva, ona se pojavljuje kao cela masa društva nasuprot toj jednoj jedinoj vladajućoj klasi". (K. Marks, F. Engels: "Nemačka ideologija", isto, tom 6, str. 44).

19) "Suštinu Marksovog učenja o državi usvojio je samo onaj ko je shvatio da je diktatura *jedne* klase neophodna ne samo za svako društvo uopšte, i ne samo za *proletarijat* koji je svrgnuo buržoaziju, već i za ceo *istorijski period* koji deli kapitalizam od "društva bez klasa", od komunizma". (V.I. Lenjin, *Sočinenija* izd. IV, isto, tom 25, str. 385).

ukoliko rade i posluju pod povoljnijim uslovima od ostalih, ali takve izuzetne pogodnosti nikada ne može u isto vreme uživati većina proizvođača. Zato se uloga diktature proletarijata u globalu sastoji u tome da onemogućavanjem svake eksploatacije, eksploatisanu većinu štiti od ma koje eksploatatorske manjine.

U tom pogledu se diktatura proletarijata sa generičkog stanovišta čoveka, suštinski razlikuje od diktature eksploatatorskih klasa. Dok eksploatatorske klase ugnjetavaju ljudsku ličnost, proletarijat je, nasuprot tome, štiti od ugnjetavanja jer i postojeće i potencijalne ugnjetače sprečava da ga vrše. Ta razlika proističe zapravo otuda što je eksploatatorska diktatura u funkciji otuđivanja, dok je antieksploatatorska dikatatura u funkciji oslobađanja ljudskog rada kao generičke suštine ljudskog bića. Prva je, prema tome, porobljavajuća a druga oslobađajuća snaga generičkog bića čoveka.

Eksploatatorska dikatatura podrazumeva da eksploatatori upravljaju eksploatisanim proizvođačima određujući, neposredno ili posredno, uslove i način njihovog života i rada, dok diktatura proletarijata takvo upravljanje isključuje, svodeći se na samoupravljanje putem kojeg udruženi proizvođači uslove i način svog života i rada zajednički sami određuju. Zato je samoupravljanje, koje iz upravljanja nikog ne isključuje, autentični oblik ostvarivanja revolucionarne diktature proletarijata kao svoje klasne suštine.

Upravljanje eksploatatora koji čine manjinu, eksploatisanim proizvođačima koji predstavljaju većinu društva, je samo po sebi autokratsko, dok je samoupravljanje po svojoj prirodi demokratsko. Zbog toga se diktatura eksploatatorskih klasa ostvaruje kroz autokratsku, a diktatura proletarijata kroz demokratsku državu. A pošto tek pri diktaturi proletarijata ceo narod učestvuje u upravljanju, jedino samoupravljanje predstavlja istinski demokratsku državu, bez koje se eksplatacija inače ne bi mogla ukinuti. 20)

Pošto autokratsko upravljanje znači vladavinu manjine nad većinom, diktatura eksploatatorskih klasa zasniva se na birokratskom centralizmu, dok osnovu diktature proletarijata čini *demokratski* centralizam, koji podrazumeva pokoravanje manjine većini, ali ne isključje ni opštu saglasnost kao prelaz sa klasne diktature na potpunu društvenu slobodu bez bilo kakvog centralizma i bilo kakvog upravljanja. Bez demokratskog centralizma samoupravljanje bi kao oblik diktature proletarijata bilo neostvarivo jer je težnje za oslobođenjem rada i težnje za eksploatacijom, koje će postojati sve dok postoji proizvodni rad, praktično nemoguće pomiriti. 21)

I sve dok postoje tako nepomirljive težnje, mora postojati i demokratsko pokoravanje manjine većini kao oblik podređivanja pojedinačnih interesa oprečnih zajedničkom interesu udruženih proizvođača. Diktatura proletarijata a sa njom i demokratski centralizam iščezavaće samo utoliko ukoliko se razvojem proizvodnje i podruštvljavanjem rada objektivno prevazilaze mogućnosti eksplaotacije i prisvajanja te na njima zasnovane suprotnosti različitih interesa. Što interesi članova socijalističke zajednice budu više saglasni, postizaće se veća saglasnost i u njihovom demokratskom odlučivanju, sa čim će svaki centralizam i svako pokoravanje sami po sebi iščezavati.

---

20) "Proletarijat ne može pobediti drugačije nego kroz demokratiju, to jest ostvarujući demokratiju upotpunosti i povezujući najodlučnije demokratske zahteve sa svakim korakom svoje borbe". I "socijalizam se ne može ostvariti drugačije nego *kroz* diktaturu proletarijata, koja nasilje protiv buržoazije, to jest manjine stanovništva, sjedinjuje s *punim* razvojem demokratije, to jest stvarno opštim učešćem *celokupne* mase stanovništva u svim državnim poslovima i u svim složenim pitanjima ukidanja kapitalizma". (Isto, tom 21, str. 372. i tom 23, str. 13).

21) "Demokratski centralizam ne samo što ne isključuje lokalnu samoupravu s *autonomijom* oblasti, koje se odlikuju specifičnim privrednim i životnim uslovima, specifičnim nacionalnim sastavom stanovništva i tome slično, već, naprotiv nužno zahteva *i jedno i drugo*". (Isto, tom 20, str. 29).

Diktatura proletarijata već po svojoj prirodi predstavlja odumiruću diktaturu, i to ne samo po klasnoj sadržini već i po samoj formi jer se sve manje oslanja na nasilje,[22] a sve više na dobrovoljno prihvatanje i ostvarivanje samoupravnih normi.[23] Ukoliko se povećava salgasnost različitih interesa, utoliko se smanjuje broj prestupa, a time i obim nasilja koje iziskuje njihovo sprečavanje. U toj funkciji, njega sve više i u daleko većoj meri nego pri eksploatatorskoj diktaturi zamenjuje javno mnenje, čije je preventivno dejstvo zbog njegovog demokratskog karaktera neuporedivo efikasnije u odnosu na mnenje koje se javnosti nameće autokratski.

Društveno dejstvo demokratskog javnog mnenja povećava se i zbog prevazilaženja raskoraka između misli i akcije odnosno reči i dela, karakterističnog za autokratsko mnenje. Kao izraz otuđene lažne svesti, autokratsko javno mnenje je otuđeno i od svojih kreatora i od njihovih podanika, jer prvi *mogu* da deluju i drugačije nego što od drugih zahtevaju, a drugi *moraju* da rade drugačije nego što sami misle.

Otuđene društvene norme predstavljaju vladajuću društvenu svest upravo zbog toga što se po njima, suprotno ličnim ubeđenjima, mora ponašati najveći deo društva. Iz dvojnosti rada (prinudnog i slobodnog) proističe i dvojnost radnikove ličnosti: jedne otuđene i javne, i druge samo potencijalno slobodne i silom prilika u sebe povučene. Prva je proizvod otuđivanja proizvodnog rada koji se svojim opredmećivanjem društveno potvrđuje, a druga je izraz samo poželjnog slobodnog rada koji se još ne može ostvarivati pa ni društveno potvrđivati.

Pošto je regulisano određenim relativno ustaljenim društvenim normama, javno ponašanje proizvođača je stereotipno baš kao što je stereotipan i sam proizvodni rad. Kao što u procesu proizvodnje postupa po ustaljenom tehnološkom postupku, proizvođač je dužan da i u životu postupa po ustaljenim društvenim normama. Tako se njegov celokupan javni život otuđuje i suprotstavlja njegovom intimnom životu potisnutom u svest imaginacije.

S druge strane, i vlastodržac je u dvojnom, ali za razliku od proizvođača u sasvim suprotnom odnosu prema vladajućim društvenim normama. On ih sam stvara, ali ih, upravo zahvaljujući tome, i krši kad god se nađu na putu njegovom privatnom životu jer ih i ne stvara za sebe već za drugoga. A njegov privatni život nije ništa drugo nego u suštini otuđeni, posredstvom eksploatacije prisvojeni život proizvođača koji upravo zbog toga i nema *svoj* život.

S obzirom da vladajuće društvene norme sam stvara, vlastodržac može sam i da ih menja kad mu ne odgovaraju, ali on to čini samo kad želi promeniti ponašanje potčinjenih jer njegovo ponašanje tim normama praktično nije ni podređeno. Vladajuće društvene norme su u stvari svojevrsna duhovna uzda za obuzdavanje proizvođača radi njegovog podređivanja proizvodnji. Zato se vlastodržac javno zalaže za njihovo poštovanje, a privatno ih krši kad god mu zasmetaju: oštro kažnjava krađu a svakodnevno potkrada druge, osuđuje ubistva a ne preza od njih kad želi ostvariti svoje ciljeve, i tome slično.

Prevazilaženjem dvojnosti ljudskog rada prevazilazi se i dvojnost ljudske ličnosti koja se oslobađa svog životinjskog naličja. Pošto u procesu tog prevazilaženja udruženi radnici sami uređuju svoje ponašanje, oni nemaju razloga da se ponašaju drugačije od javno izraženih zajedničkih opredeljenja. Zato se ukida, na klasnom potčinjavanju

---

22) "Diktatura je vlast koja se neposredno oslanja na nasilje". (Isto, tom 28, str. 216).

23) "Konstitucija udruženog rada, za razliku od konstitucije privatnog vlasništva, stvara u sferi svijesti čvrsta uporišta za poštovanje normi, za njihovu *primarnu efikasnost,* bez prinudnog instrumentarija i primjene sankcija". (Jovan Mirić, isto, str. 190).

zasnovani, jaz ne samo između privatnog života i javnog istupanja vlastodržaca, već i suprotnost između prinudnog javnog ponašanja i ličnih težnji proizvođača, tim pre što čovek prestaje biti i vlastodržac i proizvođač.

Intelektualizacija proizvodnog rada čini sve manje mogućom duhovnu diktaturu nad proizvođačem, bez koje se ni fizička diktatura ne može održati. Zbog toga već u razvijenoj kapitalističkoj proizvodnji započinje proces spajanja klasno suprotstavljenih funkcija proizvođenja i upravljanja, koji putem njihovog odumiranja vodi pretvaranju životinjske egzistencije proizvođača u njegovu ljudsku egzistenciju. A ono podrazumeva i pretvaranje nametnutog stereotipnog ponašanja u slobodno neuniformisano delovanje koje omogućava da se intimne težnje javno ispolje i time konačno ostvari, klasnim suprotnostima razbijeni integritet ljudske ličnosti.

Spajanjem klasno razdvojenih funkcija proizvođenja i upravljanja u jedinstvenu funkciju proizvođača započinje proces sjedinjavanja rada i društvenog delovanja u jedinstvenu aktivnost slobodno udruženih radnika. Time se stvara društveno-ekonomska osnova i za jedinstveno društveno delovanje bez njegove klasne polarizacije i bez suprotstavljanja privatnog i javnog ponašanja. Isključivi i stalni nosilac društvenog delovanja postaju sami udruženi radnici, čiji je zajednički interes nedeljiva osnova njihovog principijelnog ponašanja u skladu sa zajedničkim opredeljenjima.

Ukoliko se, međutim, zajednički interes suprotstavlja određenim pojedinačnim interesima, utoliko se i društveno delovanje suprotstavlja odgovarajućim ličnim težnjama pojedinaca koje se moraju suzbijati da bi se *zajedničke* težnje ostvarivale. Ali takva polarizacija nema više za osnovu klasnu polarizaciju društva, već proističe iz povremenog suprotstavljanja zajedničkih i pojedinačnih interesa, čiji su nosioci na jednoj strani većina udruženih radnika, i na drugoj strani različiti a ne uvek isti pojedinci.

Na osnovama društvene polarizacije klasnih interesa otuđeno društveno delovanje dobija oblik *politike* sa ideološkom platformom predstavljanja posebnih interesa kao opštih interesa društva, kojim se vrši društveno opravdavanje klasne diktature. I diktatura proletarijata se ideološki oslanja na predstavljanje interesa eksploatisanih proizvođača kao interesa društva, samo što oni to stvarno i jesu jer predstavljaju interese najvećeg dela društvene zajednice, zbog čega ovde politika iz monopolisanog delovanja povlašćene manjine prerasta u opštedruštvenu aktivnost.

Takva politika je, međutim, na putu odumiranja svake politike kao oblika ostvarivanja klasne diktature. Ona svoju društvenu osnovu ima još samo u suprotstavljanju zajedničkih i pojedinačnih odnosno opštih i posebnih interesa, a ukoliko se te suprotnosti sve više prevazilaze, i društveno delovanje udruženih radnika sve više gubi politički karakter. Stoga je opšta politizacija društva u stvari put ka njegovoj opštoj depolitizaciji.

Razrešavanjem protivrečnosti zajedničkih i pojedinačnih interesa prevazilazi se i otuđenost društvenog delovanja udruženih radnika, koje se na početku javlja kao slobodno delovanje većine, a zatim sve više i svih članova društvene zajednice. Time se društveno delovanje sve više gubi kao poseban oblik delovanja jer se izjednačava sa ličnim delovanjem slobodno udruženih individua, čiji se interesi pa ni težnje ka njihovom ostvarivanju više ne sukobljavaju.

Ukoliko se ljudski rad pretvara u slobodno stvaralaštvo, utoliko prestaje potreba za bilo kakvim društvenim delovanjem koje ne bi predstavljalo sam rad, jer potpuna sloboda rada podrazumeva pored ostalog i slobodu od svih drugih obaveza koje nemaju stvaralački karakter. U zajednici potpuno slobodnog rada obezbeđivanje društvenih uslova rada i samo će se svoditi na stvaralački rad, izvan kojeg čovek za drugim društvenim aktivnostima praktično neće ni osećati potrebu.

Društveni pokreti

Kao nadgradnja radne aktivnosti, društveno delovanje je u funkciji razrešavanja sukoba različitih interesa koji nastaju otuđivanjem rada. A u toj funkciji ono se odvija uglavnom preko društvenih pokreta, čijim se posredovanjem obezbeđuje praktično ostvarivanje opredeljenja.[24] Ukoliko je sukob suprotstavljenih interesa neizbežan, on se može razrešavati jedino prigušivanjem jednih interesa od strane drugih, zbog čega društveni pokreti predstavljaju oblik otuđene organizacije društvenog delovanja, baš kao što je otuđena i organizacija samog proizvodnog rada na koju se ona nadograđuje.

Zbog toga je svaki društveni pokret manje ili više otuđen ne samo od onih protiv kojih se bori, već i od svojih sopstvenih pripadnika ukoliko njihovi pojedinačni interesi protivreče zajedničkom interesu izraženom u društvenim opredeljenjima pokreta. I zato svaki društveni pokret ima određena obeležja političke organizacije jer interese za čije se ostvarivanje bori predstavlja kao interese svih svojih pripadnika iako oni to nisu uvek i u potpunosti. Ali to je i neophodno da bi se uspostavilo određeno jedinstvo pokreta bez kojeg on inače ne bi mogao ostvarivati svoju funkciju.

Ukoliko se to jedinstvo zbog suprotnosti interesa mora spolja nametati, utoliko se pokret u ostvarivanju svojih ciljeva oslanja na određenu prinudu kojom obezbeđuje disciplinovano učestvovanje u konkretnim akcijama i onih pripadnika koji bi zajedničkim ciljevima pretpostavljali pojedinačne interese. Snaga te prinude srazmerna je žestini potencijalnog sukoba interesa, i oslanja se na sankcije koje se kreću od blagog prekora do smrtne kazne. Zbog neizdiferenciranosti pojedinačnih interesa, prvobitnoj zajednici gotovo da nije ni bila potrebna neka interna društvena prinuda, i ona je kao pokret delovala samo u odnosima sa drugim zajednicama, pa su tek sa klasnom polarizacijom društva nastali i pravi, snažnim sredstvima prinude opremljeni i od društva otuđeni politički pokreti.

Pošto sukobe različitih interesa razrešava potiskivanjem jednih od strane drugih, svaki društveni pokret organizuje se i deluje po principu nekog centralizma. Ako to potiskivanje vrši manjina, centralizam je birokratski, a demokratski je kad je u toj ulozi većina pokreta. Po tome se svi pokreti mogu podeliti na autokratske i demokratske, bez obzira da li deluju u interesu manjine ili većine, mada se za interese manjine najuspešnije mogu boriti autokratski, a za interese većine demokratski pokreti.

Centralizam u delovanju pokreta ogleda se već u samoj selekciji interesa na čijem će se ostvarivanju pokret angažovati. Pošto se svi interesi ne mogu ostvariti, vrši se njihovo svođenje na uži izbor, koji zavisi pre svega od toga *kako* se vrši. Iako je i pri birokratskom izboru moguće opredeljenje za interese većine, a pri demokratskom za interese manjine, po pravilu opredeljenja za interese većine proističu iz demokratskog, a opredeljenja za interese manjine iz birokratskog izbora.

Pošto nikada nisu sasvim podudarni sa pojedinačnim interesima, interesi pokreta moraju biti zvanično utvrđeni i kroz programske ciljeve izraženi, koji, i kad se ne prezentiraju u obliku nekog pisanog dokumenta, treba da budu prisutni u svesti svih članova pokreta da bi on uopšte delovao kao jedinstvena organizacija. Ali kao objektivizirana svest, programski ciljevi istovremeno lebde iznad glava propadnika pokreta poput dežurnog pozornika kojim se oni moraju povinovati.

---

24) "Ideje se ne mogu materijalizovati, pretočiti u praksu bez "posredničke" uloge pokreta". (Branko Pribićević, *Socijalizam svetski proces*, "Partizanska knjiga", Ljubljana, OOUR "Minos" Beograd, Beograd, 1979, str. 92).

Njihovo ostvarivanje odvija se po određenim, takođe objektiviziranim i od pripadnika pokreta otuđenim pravilima koja se moraju poštovati da bi pokret delovao kao jedinstvena organizacija. Razvijeni pokreti imaju razrađene statutarne norme kojima, u skladu sa zahtevima ostvarivanja programskih ciljeva, striktno uređuju ponašanje svojih pripadnika. Njihovo poštovanje obezbeđuje se određenim kaznenim i podsticajnim merama kojima se pripadnici spolja pokreću u zajedničke akcije ukoliko samim ciljevima pojedinih akcija nisu iznutra motivisani.

Programski ciljevi društvenih pokreta svode se u krajnjoj liniji ili na prisvajanje tuđeg, ili na zaštitu sopstvenog rada, po čemu bi se svi pokreti u osnovi mogli podeliti na osvajačke i oslobodilačke. A pošto se osvajanje i oslobađanje međusobno pretpostavljaju (jedno podrazumeva drugo kao svoju suprotnost), i društveni pokreti deluju kao polarizovane i međusobno suprotstavljene snage, koje su zbog isključujućih programskih ciljeva u stalnom sukobu. Jedan pokret zapravo i nastaje radi toga da bi se udruženim snagama svojih pripadnika mogao suprotstaviti nekom drugom, potencijalnom ili već postojećem pokretu.

Takvi sukobi datiraju još od samog nastanka ljudske zajednice, a njihov glavni motiv moglo je biti samo prisvajanje sredstava životne egzistencije, i pre svega ljudskog rada kao osnovnog uslova fiziološke i duhovne reprodukcije čoveka. Već su se prvobitne horde u borbi oko plena sukobljavale kao svojevrsni, još neotuđeni i neinstitucionalizovani, ali prirodnom nuždom veoma zbijeni pokreti. I svi sukobi koji su među plemenima i državama izbijali uglavnom oko ljudskog rada i prirodnih uslova njegovog reprodukovanja, bili su u suštini sukobi svesno suprotstavljenih pokreta koji su sasvim određeno znali i šta sami hoće i za šta se suprotna strana bori. Kad god se jedna društvena skupina suprotstavlja nekoj drugoj skupini, ona praktično uvek istupa kao, manje ili više, organizovani pokret jer joj se jedino tako i može suprotstaviti.

Eksploatatorski način proizvodnje uslovio je da se sa klasnom polarizacijom svaka društvena zajednica i interno polarizuje na međusobno suprotstavljene klasne pokrete koji su tek pod tim uslovima mogli u punoj meri razviti svoja politička obeležja. Iako se svi zavojevači porobljenim narodima predstavljaju kao njihovi oslobodioci, to je ipak naivnije licemerje nego kad se eksploatatorska kalsa eksploatisanoj klasi, zahvaljujući svojinskom monopolu na sredstvima proizvodnje, predstavlja kao njen društveni dobrotvor. Ali kao što se licemerjem zavojevača ne mogu prikriti njihovi porobljivački ciljevi, tako se ni ciljevi klasne eksploatacije ne mogu prikriti licemerjem vladajućih eksploatatorskih klasa, zbog čega osvajački pokreti sami po sebi izazivaju stvaranje oslobodilačkih pokreta.

Da li će pokreti za oslobođenje od eksploatacije zaista nastati i delovati zavisilo je samo od odnosa klasnih snaga. Vladajuće eksploatatorske klase su oduvek nastojale da pomoću državnog aparata onemoguće svaki otpor eksploatisanih klasa koje jedino zbog toga nisu mogle kontinuirano delovati kroz organizovan pokret. Država je u stvari predstavljala najmoćniji, i dugo sasvim dovoljan, pokret eksploatatorskih klasa za ugnjetavanje i eksploataciju proizvođačkih klasa koje su upravo pod monopolom otuđene vlasti držane u podređenom položaju.

Da bi se suprotstavile eksploataciji, proizvođačke klase su se morale suprotstavljati tom monopolu pomoću kojeg je eksploatacija štićena, a da bi ga srušile njihov pokret je morao raspolagati većom snagom od snage državnog aparata. Ustanci robova i kmetova silom su se suprotstavljali državnoj sili i uspevali su samo kad su je nadjačavali. Autokratska država koja se oslanja uglavnom na nasilje, samo je se pomoću nasilja mogla savladati, ali se nikakvim nasiljem nije mogla ukinuti, pa su stari oblici eksploatacije zamenjivani novim zavisno od toga kako su se smenjivali istorijski oblici privatne svojine.

270

Zbog toga što su proisticali iz težnji za prisvajanjem tuđeg rada, sukobi među društvenim pokretima su se u celom klasnom društvu prvenstveno pomoću nasilja razrešavali. Upotreba sile kojom su pre toga plemenske zajednice raščišćavale međusobne račune, samo je proširena i na međuklasne obračune unutar svake državne zajednice. To najbolje pokazuje koliko je klasno društvo jednom nogom još u životinjskom svetu, gde se svi sukobi samo silom razrešavaju.

Tek je kapitalistički način reprodukcije omogućio da se proizvođačke klase politički organizuju jer je bar u robnoj razmeni zahtevao određenu ravnopravnost najamnog radnika i poslodavca, kojom je praktično započeo istorijski proces demokratizacije države. A ukoliko se država demokratizuje, ona svoje funkcije sve manje ostvaruje pomoću nasilja a sve više pomoću društvenog uticaja, koji pretpostavlja određenu slobodu društvenog delovanja pa i političkog organizovanja. Jednom reči, slobodna trgovina radnom snagom urodila je određenom slobodom političkog organizovanja i delovanja radnika.

Stoga ni buržoazija svoj pokret nije mogla svesti na autokratizovanu državnu organizaciju, već je kroz političke partije, u koje je uvlačila i same radnike, stvarala za politički uticaj širu društvenu osnovu. Na taj način ona je nastojala da eksploataciju radničke klase obezbeđuje i uz pomoć samih radnika, a vladavinu nad društvom i uz njegovu sopstvenu pomoć. Koristeći dijalektiku klasnih interesa, buržoazija i državna birokratija umnogome uspevaju da radnike okreću protiv njihove sopstvene klase, i da stvaranjem unutarklasnih razdora razbijaju jedinstvo radničkog pokreta, čime postižu mnogo više nego što bi postigli represivnim merama nasilne prinude.

Zato demokratizacija buržoaske države nije samo u interesu radnika već i same buržoazije, pa nije samo ni rezultat borbe radničkog pokreta nego i preka potreba buržoaskog pokreta, i to utoliko preča što se kapitalistička proizvodnja više razvija. Ona je zapravo kao i sam razvoj kapitalističke proizvodnje stožerna tačka ukrštanja protivrečnih interesa buržoazije i najamnih radnika posredstvom koje se humaniziraju i uz sve manju primenu nasilja razrešavaju sukobi njihovih klasnih pokreta.

Demokratizacija buržoaske države je stoga u klasnom pogledu najkontradiktorniji proces jer je istovremeno i u interesu i protiv interesa i buržoazije i proletarijata. Ona je, s jedne strane, u interesu buržoazije jer joj olakšava eksploataciju koju ostvaruje uz manju primenu nasilja, ali je, s druge strane, i protiv njenih interesa jer protivničkoj klasi omogućava da se protiv nje organizovano bori za svoje interese. S jedne strane, buržoaska demokratija je, prema tome, i u interesu proletarijata ali je, s druge strane, i protiv njega jer omogućava da se radnički pokret u borbi za vlast odvoji od svoje klase i okrene protiv njenih interesa.

Ta mogućnost je već toliko korišćena da je dovela do opšte birokratizacije radničkog pokreta kojom je on praktično pretvoren u svoju suprotnost. U borbi za osvajanje vlasti, i pogotovu po dolasku na vlast mnoge radničke partije su napuštale revolucionarna opredeljenja za oslobođenje rada i od pokreta protiv eksploatacije pretvarale se u pokret za njeno ostvarivanje. Tako je klasna vladavina buržoazije u funkciji reprodukovanja individualnog kapitala već uveliko zamenjena vladavinom radničke birokratije u funkciji reprodukovanja državnog kapitala.

Radnički pokret nastajao je iz spontanog bunta radnika koji je najpre ispoljavan prema sredstvima rada, a tek potom prema njihovom vlasniku,[25] i koji je od izolovanih pobuna pojedinaca postupno prerastao u organizovanu borbu sve većeg broja radnika.[26] Trebalo je, međutim, dosta vremena da radnici shvate svoju klasnu poziciju i da se kao klasa organizuju u samotalan politički pokret sa dugoročnim programskim ciljevima i naučno definisanim putevima njihovog ostvarivanja.[27]

Ako se izuzmu radničke organizacije koje su potpale pod uticaj buržoaske ideologije, u početku je radnički pokret svojim najvećim delom bio orijentisan na revolucionarne promene usmerene na ukidanje privatne svojine i eksploatacije. I pošto je socijalistička revolucija shvaćena kao svetski proces, komunistički pokret se razvijao kao međunarodna organizacija u okviru kojeg su nacionalne partije samostalno delovale. Takva orijentacija jasno je izražena i u Manifestu komunističke partije i u programskim dokumentima I internacionale.

Nejednake mogućnosti revolucionarnih promena u različitim zemljama doprinele su, međutim, da se radnički pokret pocepa na revolucionarno i oportunističko krilo, od kojih je, shodno objektivnim pogodnostima za revoluciju, prvo preovladalo u nerazvijenijim a drugo u razvijenijim zemljama. Tim rascepom je praktično razbijeno jedinstvo pokreta ne samo u međunarodnim već i u nacionalnim okvirima, čime je znatno umanjena njegova politička moć i klasni odnos snaga promenjen u korist protivničke strane, tim pre što je zajednička borba protiv buržoazije uveliko zamenjena međusobnom borbom radničkih partija.

Mogućnost participacije u ostvarivanju vlasti buržoazije dovodila je rukovodstva pojedinih radničkih partija do iskušenja da se odvoje od klase i da napuštajući opredeljenja za revolucionarne promene, svoje interese stave ispred klasnog interesa. Oportunizmu radničkog pokreta u razvijenim kapitalističkim zemljama uveliko doprinosi i "povlašćen" položaj radničke klase u odnosu na proletarijat nerazvijenih zemalja, koji zahvaljujući velikim ekstra-profitima svojih poslodavaca lako uspevaju da izbore povećavanje svog životnog standarda.[28]

Ali politički oportunizam nije radnički pokret zahvatio samo u razvijenim, već i u nerazvijenim zemljama, što pokazuje da se on ne može pravdati objektivnim okolnostima. I radničke partije koje su revolucionarnim merama preuzele vlast, pale su u iskušenje da monopol sopstvene vlasti pretpostave neposrednoj vlasti radničke klase, da se zbog toga birokratizuju i praktično odvoje od klase suprotstavljajući se njenim interesima. Pod sop-

---

25) "Trebalo je vremena i iskustva dok je radnik naučio da razlikuje mašinu od njene kapitalističke primene i da svoje napade prenese od samog materijalnog sredstva za proizvodnju na društveni oblik njegovog iskorišćavanja". (K. Marks: "Kapital", I tom, isto, tom 21, str. 380).

26) "U početku se bore pojedini radnici, zatim radnici jedne fabrike, onda radnici neke grane rada u jednom mestu protiv pojedinog buržuja koji ih neposredno eksploatiše", tako da "sukobi između pojedinačnog radnika i pojedinačnog buržuja sve više dobijaju karakter sukoba između dveju klasa". (K. Marks, F. Engels: "Manifest komunističke partije, isto, tom 7, str. 386. i 387).

27) "Radničkoj klasi su bile potrebne mnoge godine dok nije potpuno shvatila da ona čini posebnu i u datim društvenim uslovima stalnu klasu modernog društva. A zatim su joj opet bile potrebne godine dok je ta klasna svest nije dovela dotle da se organizuje u posebnu političku partiju". (F. Engels: prilozi ("Radnički pokret u Americi"), isto, tom 4, str. 344).

28) "Najvišem stupnju kapitalističkog razvitka u najrazvijenijim kapitalističkim zemljama odgovara jedan nizak nivo revolucionarnog potencijala... Integracija najvećeg dela radničke klase u kapitalističko društvo nije površan fenomen, nego je utemeljena u bazi, u političkoj ekonomiji monopolnog kapitalizma: radnička klasa metropola profitira od ekstra–profita, od neokolonijalne eksploatacije, naoružanja i ogromnih subvencija vlade. Da ova klasa ima da izgubi više od svojih okova, može da izgleda trivijalno, ali je tačno". (Herbert Markuze, *Kontrarevolucija i revolt*, "Grafos", Beograd, 1979, str. 11. i 12).

stvenom birokratizacijom, revolucionarno krilo radničkog pokreta samo je preraslo u nosioca kontrarevolucije zaustavljajući tokove započete revolucije i suprotstavljajući se revolucionarnim težnjama progresivnih socijalističkih snaga.

Zbog toga se radnički pokret našao u paradoksalnoj situaciji da je po svojim idejno--političkim opredeljenjima dalje od komunizma nego što je bio u vreme svog nastajanja uprkos tome što je čovečanstvo objektivno u tom pravcu znatno uznapredovalo. Organizacije koje se izdaju za političku avangardu ne samo radničke klase već i celog društva našle su se zatečene savremenim tokovima oslobađanja ljudskog rada da ih još ne uspevaju ni shvatiti a kamoli se u njih aktivno uključiti. Šta više, one im se ne samo pasivnim držanjem nego i svojim delovanjem više suprotstavljaju nego što ih podstiču.

Ali angažovanje na oslobađanju rada se od birokratizovanih organizacija ne može ni očekivati jer je ono u direktnoj suprotnosti s interesima birokratije, koja je već po svojoj funkciji pozvana da raspolaže *tuđim* radom. Da bi se mogao boriti za oslobođenje rada, radnički pokret se stoga najpre mora osloboditi sopstvene birokratije zamenjujući je samim radnicima koji će najodgovornije funkcije u organizaciji pokreta obavljati bez ikakve novčane naknade i bez ikakvog izgleda za sticanje profesionalne političke karijere.

Za oslobođenje rada ne mogu se, međutim, izboriti nikakvi izabranici radničke klase ukoliko se za njega ne bori cela klasa i svi radni ljudi koji su za slobodu rada zainteresovani. Ako ni jedna društvena revolucija ne uspeva bez angažovanja celog društva, to pogotovu važi za socijalističku revoluciju u kojoj zapravo celo društvo preuzima ulogu raspolaganja sopstevnim radom. Zato revolucionarni pokret radničke klase mora prerasti u opštedruštveni pokret svih radnih ljudi da bi socijalistička revolucija uspela.

Takav pokret može delovati samo kroz masovne društveno-političke organizacije revolucionarno orijentisane na demokratsku borbu za oslobođenje rada. Demokratskoj organizaciji socijalističkog pokreta ne može se suprotstaviti nikakva snaga kontrarevolucije, koja se može sprovoditi samo nasilnom diktaturom manjine s obzirom da je usmerena protiv interesa većine. Upravo zbog toga birokratija kao nosilac kontrarevolucije osujećuje svaki pokušaj demokratskog organizovanja masa despotski se razračunavajući sa nosiocima demokratskih težnji. [29]

Opštenarodni pokreti i u političkim revolucijama i u narodnooslobodilačkim ratovima imaju presudnu ulogu u slamanju autokratske vladavine koja se bez opštenarodnog otpora ne bi ni mogla slomiti. Njihovu glavninu čak ni u socijalističkoj revoluciji ne mora činiti industrijski proletarijat ako je samo čini eksploatisana i politički ugnjetavana glavnina društva. Ni oktobarske, ni kineske ni jugoslovenske revolucije ne bi bilo bez revolucionarnog angažovanja proletarizovanog i poluproletarizovanog seljaštva koje je činilo ogromnu većinu društva.

Ako se politička vlast već ne može ni preuzeti bez *opštenarodnog* pokreta, ona se bez njega pogotovu ne može demokratizovati jer demokratije, po samoj njenoj prirodi, ne može biti bez angažovanja *naroda* (demosa). Zato nosilac socijalističke revolucije od početka do kraja mora, a jedino i može biti ceo radni narod, bez obzira na njegov socijalno-profesionalni sastav. Čak i kad bi činila najveći deo društva, radnička klasa se za oslobođenje rada ne bi mogla sama izboriti, iz prostog razloga što ono, da bi se do kraja izvršilo, mora zahvatiti celokupan ljudski rad.

Nasuprot autokratskim pokretima čija se politička moć zasniva na raspolaganju silom, društvena moć opštenarodnog socijalističkog pokreta proističe iz njegovih socijalističkih opredeljenja koja izražavaju interese većine društva i čije moralno-političko dej-

---

29) "Despotizam se ničega ne boji toliko koliko društvenih organizacija. Njegova je moć najveća ako građani stoje prema državi samo kao rasute individue". (Karl Kaucki, isto, str. 144).

stvo stoga nosi u sebi veću snagu od bilo kakve nasilne prinude. Ako se pri preuzimanju političke vlasti u određenim revolucionarnim okolnostima služi i nasiljem, pri njenom ostvarivanju socijalistički pokret se služi prvenstveno moralno-političkim uticajem, koji proističe iz same prirode njegovog demokratskog delovanja u borbi za oslobođenje rada.

Takav uticaj vrši se već u toku demokratskog izgrađivanja političkih stavova koji kao izraz slobodne volje većine moraju činiti osnovu samoupravnih odluka da bi se one kao takve mogle uopšte donositi i sprovoditi. Po tome što proističu iz neposredno izražene volje većine, samoupravne odluke se zaparvo bitno razlikuju od autokratskih odluka čiju stvarnu osnovu čini volja pojedinaca ili užih grupa koja se samo formalno izražava. kroz političke stavove pokreta.

Ta razlika u osnovi proističe iz razlike u načinu raspolaganja društvenim uslovima rada. Privatizacija društvenih uslova rada zahteva i privatizaciju politike koja se praktično vodi iza kulisa političkih pozornica, na kojima se samo proklamuje ono što je faktički već odlučeno. Nasuprot tome, javno raspolaganje društvenim uslovima rada podrazumeva i javno vođenje politike koje se odvija na samoj političkoj pozornici uz neposredno učešće svih zainteresovanih subjekata.

Zbog toga autokratski pokreti koji se bore samo za interese jednog dela društva deluju iz pozadine u političkom sistemu koji se predstavlja kao zaštitnik interesa celog društva, dok socijalistički pokret deluje kao integralni deo sistema sa kojim više nije u koliziji jer i jedan i drugi istinski štite interese društva. Socijalistički pokret čini u stvari osnovu socijalističkog sistema, čije je funkcionisanje zapravo u funkciji njegovih klasnih opredeljenja a ne obratno, pa se sistem mora i menjati prema delovanju pokreta a ne delovanje pokreta prema promenama sistema. Jer pokret je u suštini motorna snaga sistema, a sistem mehanizam pokreta, ili prvi je "duša" drugog, a drugi "organizam" prvog.

To, međutim, ne znači da se socijalistički pokret mora organizovati kao unitarni opštinarodni front koji bi isključivao mogućnost parcijalnog interesnog organizovanja, a¹˙ bi takvi oblici organizovanja morali delovati kao integralni delovi jedinstvenog fronta sᵥ cijalističkih snaga. Kao oblik političkog samoorganizovanja i neposrednog delovanja radničke klase, i sindikat bi morao delovati kao integralni deo takvog fronta unutar kojeg se vrši političko povezivanje udruženih radnika s ostalim radnim ljudima.

Neposredno povezivanje društvenih organizacija u jedinstveni demokratski front socijalističkih snaga ne isključuje, već naprotiv, pretpostavlja njihovu samostalnost, koja se ogleda u tome da se one autonomno bore za posebne, a zajednički za zajedničke interese. Ni jedna od organizacija ne može, međutim, svoje posebne interese oficijelno predstavljati kao opšte interese fronta ukoliko oni, to, kao interesi radničke klase, nisu sami po sebi, jer u demokratskim odnosima ne postoji mogućnost da manjina svoja opredeljenja nameće većini.

Zato se u socijalističkom frontu ne mogu održati ni klasične partije koje se bore samo za interese jedne klase ili bilo kojeg *dela* društva. Za razliku od buržoaske demokratije, autentični sistem socijalističke demokratije nije po svojoj suštini ni jednopartijski ni višepartijski, a ukoliko su se određene partije u njemu zatekle, one se moraju transformisati u sastavne delove socijalističkog pokreta, u kojem će se umesto borbe za vlast boriti za društvo u kojem više neće biti nikakve vlasti.[30] Ukoliko je buržoazija kao vladajuća društvena snaga zajedno sa svojim partijama već nestala, nema mesta ni za postojanje radničkih partija, koje se za vlast samo u konfrontaciji s buržoaskim partijama mogu boriti.

---

30) "Dĕmokratska struktura vlasti u socijaliştičkom društvu isključuje mogućnost da vlast bude "u rukama" jedne partije". *(Samoupravljanje i radnički pokret* III, zbornik, Anton Panekuk, "Komunist" Beograd, 1973, str. 69).

Činjenica da je buržoaziju kao vladajuću društvenu snagu uveliko zamenila birokratija, nije razlog za postojanje političkih partija jer se birokratija može ukinuti samo demokratizacijom političkog sistema i političkog pokreta, koja u suštini znači njihovo odumiranje uključujući i odumiranje političkih partija. U tom procesu radničke partije se mogu transformisati samo u *idejno-političku avangradu* pokreta koja se isključivo progresivnošću svojih idaja i snagom argumenata bori za politički uticaj.

Ukoliko se interesi radničke klase podudaraju s interesima društva, njena avangarda postaje praktično avangardom celog društva. Karakteristika je socijalističkog pokreta da on po svom sastavu postaje opštenarodnim, a po idejno-političkim opredeljenjima ostaje radničkim pokretom. Upravo zahvaljujući tome, radnička avangarda i može postati opštenarodnom avangardom, a ukoliko to postaje ona samim tim prestaje biti političkom partijom.

Ulogu avangarde opštenarodnog socijalističkog pokreta može ostvarivati samo ona organizacija koja deluje kao njegova *unatarnja* pokretačka i usmeravajuća snaga, a da bi tako delovala ona mora idejno i politički, rečju i delom prednjačiti u odnosu na ostale pripadnike pokreta. I ukoliko u borbi za oslobođenje rada zaista prednjači, ona nema ni potrebe da svoje stavove autoritetom vlasti nameće drugima jer će ih radni ljudi već zbog toga što izražavaju njihove životne interese dobrovoljno prihvatati.

Da bi zaista prednjačila u borbi za oslobođenje rada, avangarda mora okupljati pripadnike koji svojim stvaralaštvom i stvaralačkim ambicijama prednjače u samom radu. Najkreativniji i najambiciozniji radnici pogotovu moraju zauzimati ključne pozicije u pokretu da bi on svim svojim snagama delovao u pravcu oslobađanja rada. Najveću tragediju revolucionarnih pokreta na putu njihovog pretvaranja u nosioce kontrarevolucije predstavljalo je to što je ključne pozicije u njima zaposela birokratija koja je revolucionarne težnje za oslobođenjem rada potisnula karijerističkim ambicijama za njegovim novim porobljavanjem.

Nosioci profesionalnih političkih funkcija u sistemu ne bi mogli zauzimati ključne pozicije u pokretu već i zbog toga što se pokret u borbi za oslobođenje rada mora boriti i za deprofesionalizaciju politike bez koje nema sjedinjavanja funkcija rada i upravljanja jer je politički profesionalizam zapravo neposredni izraz njihove podvojenosti i suprotstavljenosti. Socijalistički pokret bi stoga morao prednjačiti u deprofesionalizaciji politike i političkih funkcija zamenjujući njihovo profesionalno obavljanje volonterskim angažovanjem. Deprofesionalizacija politike i političkih funkcija uostalom i nije stvar proizvoljnog opredeljenja. Ukoliko je u procesu oslobađanja rada nužno sjedinjavanje proizvođačkih i upravljačkih funkcija, utoliko je nužna i deprofesionalizacija politike. Sjedinjavanje rada i upravljanja je zapravo osnovna pretpostavka kompleksne automatizacije i proizvodnje i upravljanja društvenom reprodukcijom, koja profesionalne upravljače, baš kao i profesionalne proizvođače, čini sve više suvišnim. Ako, međutim, deprofesionalizacija upravljačkih funkcija ne ide ispred ili bar u korak s automatizacijom, politički profesionalizam se neizbežno pretvara u kočnicu oslobođenja rada.

Kao osnovni činioci oslobođenja rada, automatizacija proizvodnje i demokratizacija društvenih odnosa morali bi predstavljati osnovnu idejnopolitičku orijentaciju socijalističkog pokreta da bi on zaista delovao kao revolucionarna snaga društva. A pošto se i automatizacija i demokratizacija zasnivaju na scientizaciji, nauka i naučni pristup moraju predstavljati osnovu ideologije i politike socijalističkog pokreta.

S obzirom da je oslobađanje rada kao okosnica socijalizma svetski proces, socijalističke snage bi se morale organizovati i delovati kao svetski pokret, što je zapravo i bio osnovni smisao političkog pokliča Komunističkog manifesta "proleteri svih zemalja ujedinite se". Jedinstvo takvog pokreta, čije je stvaranje započeto osnivanjem Komunističke internacionale, razbijeno je pre svega njegovom idejnom i političkom polarizacijom, kojom je praktično isključena mogućnost bilo kakvog dogovaranja i zajedničkog delovanja na međunarodnoj sceni. Zbog takve polarizacije, jedinstvo nije mogao sačuvati ne samo radnički pokret u celini, nego ni njegovi delovi, pa čak ni pojedine partije u istoj zemlji, što najbolje pokazuje da osnovni uzrok nejedinstva nije u objektivnim uslovima delovanja već u samom pokretu.

Nejednaki objektivni uslovi upravo zahtevaju da delovi socijalističkog pokreta u ostvarivanju zajedničkih ciljeva deluju sinhronizovano na bazi jedinstvene strategije oslobođenja rada. Sem socijalističkog pokreta nema druge političke snage koja bi mogla doprineti ujedinjavanju savremenog sveta jer je to jedina svetska snaga koja je čvrsto povezana zajedničkim interesima oslobođenja rada, a bez njenog jedinstvenog delovanja do ujedinjavanja sveta praktično ne može doći.

Jedinstveno delovanje socijalističkog pokreta na svetskoj sceni podrazumeva samostalno delovanje njegovih delova u pojedinim zemljama i kroz pojedine oblike njegovog organizovanja. S obzirom da su osnovni problemi oslobođenja rada u sve većoj meri jedinstveni problemi savremenog sveta, socijalističke snage svoju revolucionarnu ulogu sve teže mogu ostvarivati izolovanim delovanjem u pojedinim zemljama i pojedinim organizacijama, zbog čega njihovo povezivanje u jedinstveni pokret postaje sve neophodnije.

Bez obzira na organizacione forme povezivanja, svetski pokret za oslobođenje rada može i mora delovati kao moralno-politička snaga savremenog sveta u borbi za njegovo ujedinjavanje na osnovama slobodnog udruživanja rada. Osnovna pretpostavka za to je da socijalistički pokret stalno prednjači u idejnom osvetljavanju i praktičnom krčenju puteva društvenog progresa. Nema tog otpora oslobođenju ljudskog rada koji se koncentrisanim moralno-političkim dejstvom udruženih socijalističkih snaga sveta ne bi mogao slomiti.

IX. RAD I DRUŠTVENA REPRODUKCIJA

Zaključni deo

Reprodukcija rada

Reprodukcija rada je osnova ukupne društvene reprodukcije, pod kojom se, u najširem smislu reči, podrazumeva reprodukcija društva i čoveka u njihovom totalitetu. Jer ako rad kao svrsishodna delatnost čini suštinu ljudskog bića, onda i njegova reprodukcija čini osnovu ukupne reprodukcije čoveka pa i samog društva kao ljudske zajednice. A pošto je rad ujedno i generator ljudskog bića, njegova reprodukcija je samim tim nužan uslov reprodukcije i ljudske jedinke i društvene zajednice.

Rad se, pre svega, reprodukuje u dva osnovna oblika—kao živi i kao opredmećeni rad, a da se u jednom obliku ne može reprodukovati ako se ne reprodukuje u drugom, jasno je već iz njegove prirode kao svrsishodne i posredovane ljudske delatnosti. Bez obzira kad koji oblik igra značajniju ulogu u životu čoveka, reprodukcija živog i reprodukcija opredmećenog rada je u stvari neraskidivi proces reprodukcije samog čoveka i njegove razmene materije sa prirodom.

Zavisnost reprodukcije opredmećenog od reprodukcije živog rada proističe već iz toga što je opredmećeni rad u stvari opredmećen živi rad koji kao proces svrsishodnog trošenja radne energije nužno prethodi svom opredmećenju. Da bi se reprodukovao opredmećeni rad, mora se prema tome, kao njegov generator reprodukovati živi rad. Novi proizvod rada ne može nastati bez novog procesa rada u kojem se živi rad akumulira u svom opredmećenju.

Proces reprodukcije opredmećenog rada može se simbolički, u najopštijem obliku, izraziti kao:

$$\check{Z}r \rightarrow Or \rightarrow \check{Z}r' \rightarrow Or' \rightarrow \check{Z}r'' \rightarrow Or'' \rightarrow ... \rightarrow \check{Z}r^n \rightarrow Or^n.$$

To je u stvari svojevrstan kružni tok koji mora stalno iznova započinjati živim, da bi završavao opredmećenim radom, slično kao što se i u prirodi vrši stalno kruženje materije koja iz jednog oblika prelazi u drugi. Ključnu kariku u tom procesu predstavlja zapravo živi rad jer se reprodukovanje opredmećenog rada vrši stalnim obnavljanjem svrsishodnog trošenja radne energije.

Ali i reprodukcija živog rada sudbonosno zavisi od reprodukcije opredmećenog rada. Da bi se živi rad reprodukovao mora se pre svega obnavljati radna energija radnika, koja se u njegovom organizmu stvara transformacijom životnih sredstava kao opredmećenog rada. Pored toga, opredmećeni rad se kao uslov reprodukcije živog rada mora reprodukovati i u obliku znanja i radnih veština odnosno odgovarajućih tehnoloških informacija neophodnih za kvalifikovano obavljanje živog rada. I treći nužan uslov reprodukcije živog rada je stalno reprodukovanje materijlanih sredstava i predmeta rada bez kojih se ljudski rad kao posredovana aktivnost ne može odvijati.

Pošto bez pomenutih činilaca opredmećenog rada proces živog rada ne može otpočeti, lanac njegove reprodukcije može se simbolički izraziti kao:

$$Or \rightarrow Žr \rightarrow Or' \rightarrow Žr' \rightarrow Or'' \rightarrow Žr'' \rightarrow ... \rightarrow Or^n \rightarrow Žr^n.$$

To je u stvari isti kružni tok kao kod reprodukcije opredmećenog rada, samo što se ovde reprodukcija opredmećenog rada prikazuje kao pretpostavka reprodukcije živog rada. Da bi se živi rad obnavljao, mora se obnavljati opredmećeni rad, ali se taj problem rešava neprekidnom reprodukcijom samog živog rada kojom se opredmećeni rad stalno iznova stvara.

Iz međuzavisnosti reprodukcije živog i opredmećenog rada proističe i međuzavisnost reprodukcije slobodnog i proizvodnog rada. S jedne strane, za reprodukovanje slobodnog rada potrebno je obnavljanje istih činilaca opredmećenog rada kao za reprodukovanje bilo kojeg živog rada. Ni slobodni ni proizvodni rad ne mogu se reprodukovati bez reprodukovanja radne energije, znanja i radnih veština, tehnoloških informacija, sredstava i predmeta rada, a sve su to činioci koji se u celini ili bar delimično stvaraju proizvodnim radom. Što je proizvodni rad u obnavljanju tih činilaca plodotvorniji, mogućnosti za reprodukovanje slobodnog rada su veće, i obrnuto.

S druge strane, reprodukovanje slobodnog rada svojim stvaralaštvom otvara perspektive i povećava mogućnosti za reprodukovanje proizvodnog rada jer doprinosi unapređivanju tehnike, tehnologije i organizacije proizvodnje, kao i ukupnih uslova života i rada proizvođača. Unapređivanju proizvodnje više, i sve više, doprinosi slobodni nego proizvodni rad koji je okrenut prvenstveno neposrednim fiziološkim potrebama čoveka. Uslovljen slobodnim stvaralaštvom, razvoj proizvodnje odvija se zapravo istom dinamikom sa njegovim razvojem.

Pitanje razvoja predstavlja u stvari sudbonosno pitanje reprodukcije ljudskog rada, koja se ne svodi na prosto obnavljanje već ide uzlaznom razvojnom linijom. Pošto se čovek po prirodi svog bića ne miri s postojećim, on novo može stvarati samo unapređivanjem svog rada, u čemu je zapravo ključ i osnova celokupnog razvoja i ljudske jedinke i ljudske zajednice. Ni pojedinac ni društvo ne mogu se razvijati bez razvijanja samog rada kao svoje suštine.

Zato se reprodukcija ljudskog rada ne odvija u zatvorenom već u otvorenom krugu koji se u vidu spirale stalno širi, tako da se grafički može predstaviti na sledeći način:

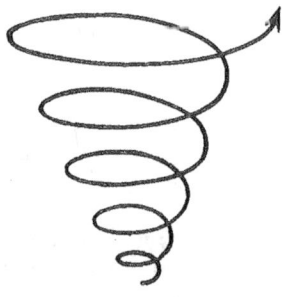

Od same granice između životinjske i ljudske aktivnosti taj krug se širi prema nesagledivim visinama kojima stremi ljudska misao kao esencija ljudskog rada.

Na tom putu ljudski rad se razvija kroz stalnu borbu svojih suprotnosti: fizičkog i intelektualnog, rutinskog i stvaralačkog te proizvodnog i slobodnog rada. Taj razvoj označava u stvari prirodnu transformaciju životinjske aktivnosti u specifično ljudsku aktivnost, koja će se tek sa konačnim razrešenjem pomenutih suprotnosti ispoljavati u svom suštastvenom obliku — kao intelektualna, stvaralačka i slobodna aktivnost, nasuprot fizičkoj, stereotipnoj i nagonskoj aktivnosti životinja.

Osnovnu pokretačku snagu reprodukcije ljudskog rada predstavlja suprotnost između proizvodnog i slobodnog rada, iz koje proističe neodoljiva težnja čoveka da prvi što više i što pre zameni drugim. Na toj težnji zasniva se stalna borba za podizanje produktivnosti rada koje ima za rezultat da se proizvodni rad sve više smanjuje a slobodni sve više povećava. Slobodna aktivnost čoveka raste približno istim tempom kojim se njegova proizvodna aktivnost smanjuje dok na kraju prva upotpunosti ne zameni drugu.

Rast produktivnosti je zapravo ključ razvojne reprodukcije ljudskog rada koja vodi sve potpunijem ostvarivanju njegove suštine. Njime se iz procesa proizvodnje oslobađa sve veća količina radne energije proizvođača, koja se pretvara u potencijalnu pogonsku snagu slobodnog stvaralaštva, što omogućava da se istovremeno i vreme proizvodnje sve više skraćuje a slobodno vreme povećava. A oslobađanje radne energije i radnog vremena osnovna je pretpostavka za pretvaranje prinudnog proizvodnog rada u slobodno stvaralaštvo.

Oslobađanjem radne energije proizvođača smanjuje se količina živog rada u procesu proizvodnje, i to i apsolutno i relativno u odnosu na opredmećeni rad koji se i apsolutno i relativno povećava. Opredmećeni rad povećava se, naime, u istoj srazmeri u kojoj se živi rad smanjuje jer ga on u procesu proizvodnje upravo zamenjuje. A pošto je živi rad generator opredmećenog rada, on time u stvari sam sebe oslobađa proizvodne prinude da bi se ispoljavao kao slobodno stvaralaštvo.

Istorijski proces takve transformacije proizvodnje počinje praktično od apsolutne dominacije živog, da bi završio s apsolutnom dominacijom opredmećenog rada. Služeći se neobrađenim predmetima prirode da bi se dokopao plena, čovek se pri pribavljanju sredstava životne egzistencije u početku nije koristio gotovo nikakvim opredmećenim radom, tako da se njegova aktivnost u borbi za opstanak praktično sastojala samo ili uglavnom od živog rada.

Ali ni tada se reprodukcija ljudskog rada nije svodila na sasvim prosto obnavljanje radnih operacija, jer je čovek u svaki novi radni proces (na primer, hvatanja divlje životinje) ulazio s izvesnim, makar i sasvim neznatnim iskustvom stečenim minulim radom. Radne veštine su se pogotovu i još više razvijale kad su u upotrebu počela ulaziti ljudskim radom proizvedena oruđa rada, koja su i sama samo materijalizovani izraz minulim radom stečenih znanja i veština.

Ako se teorijski pretpostavi nulti stadijum ljudskog rada na kojem je on još izjednačen sa pukom životinjskom aktivnošću svedenom na tekuće opštenje sa prirodom bez ikakvog posredovanja opredmećenog rada, onda se njegovo reprodukovanje vrši samo prostim obnavljanjem živog rada u nekom jednoličnom lancu:

$$\check{Z}r_1 \to \check{Z}r_2 \to ... \to \check{Z}r_n.$$

Granica između životinjske aktivnosti i ljudskog rada je u stvari između tog jednoličnog i složenog lanca sa naizmeničnim smenjivanjem živog i opredmećenog rada kojim proizvodna delatnost čoveka praktično započinje.

Neposredni smisao svake proizvodnje je zapravo već po njenoj definiciji u reprodukovanju opredmećenog rada, koje se vrši u lancu:

$$\text{Or} \rightarrow \check{Z}r \rightarrow Or',$$

gde je Or' veće od Or za opredmećeno Žr. Reprodukovanje ljudskog rada moralo je u stvari započeti obrađivanjem predmeta prirode sa neposrednim ciljem njihovog prilagođavanja ljudskim potrebama. A takvo prilagođavanje može se vršiti samo ako se tim predmetima ljudski rad dodaje u opredmećenom obliku.

S obzirom da se predmeti prirode moraju obrađivati takođe obrađenim predmetima prirode, reprodukcija opredmećenog rada se od samog početka vrši u dvojakom obliku: kao reprodukovanje sredstava proizvodnje i kao reprodukovanje sredstava životne egzistencije, tako da se napred predstavljeni lanac reprodukcije u konkretnom obliku javlja kao:

$$\text{Or} \rightarrow \check{Z}r \rightarrow Or \ (Sp + S\check{z})'.$$

Ali da bi se proizvod pojavio u dvojnom obliku, mora se u dvojnom obliku odvijati i proces proizvodnje, tako da je:

$$\text{Or} \rightarrow Pp \ (Sp + S\check{z}) \rightarrow P \ (Sp + S\check{z})'.$$

Sturktura reprodukcije opredmećenog rada određena je, prema tome, strukturom samog proizvoda prema kojem je njegova proizvodnja usmerena.

Takva struktura reprodukcije opredmećenog rada je nužan uslov njenog ostvarivanja i u prostom i u razvojnom obliku. Pošto je ljudski rad po svojoj prirodi posredovana aktivnost, proizvodnja sredstava životne egzistencije ne bi bila moguća bez proizvođenja sredstava proizvodnje, baš kao što se ni sredstva proizvodnje ne bi mogla proizvoditi bez proizvođenja sredstava životne egzistencije. Šta više, proizvodnja sredstava proizvodnje je odlučujući činilac razvojne reprodukcije i živog i opredmećenog rada.

Da bi se ubrzao rast društvene produktivnosti rada, morala su biti ispunjena tri osnovna uslova njegove reprodukcije: da proizvodnja sredstava proizvodnje raste relativno brže od proizvodnje sredstava životne egzistencije; da se ona sve više centralizuje i podruštvljava; i da se sredstva proizvodnje stalno unapređuju i usavršavaju. Kao neposredni činilac produktivnosti, ovaj poslednji uslov mogao je biti ispunjen samo ako su ispunjavana prva dva. Sredstva proizvodnje mogla su se razvijati ubrzanim tempom samo ako je sve veći deo proizvodnog rada usmeravan u njihovu proizvodnju, i ako je ta proizvodnja sve više objedinjavana i u određenom pravcu društveno usmeravana.

Sve veći deo proizvodnog rada usmeravan je u proizvodnju sredstava proizvodnje na račun proizvodnje sredstava lične potrošnje koja je za proizvođača zadržavana na fiziološkom minimumu egzistencije. To je bilo moguće samo zahvaljujući tome što su sredstva proizvodnje otuđena od proizvođača, čime je predodređeno da se i višak rada ne samo otuđuje već i koncentriše u rukama relativno malog, i sve manjeg broja vlasnika, koji su ga u sve većoj meri mogli, pa i morali, usmeravati u razvoj proizvodnih sredstava.

Tim razvojem sudbonosno je određen celokupan razvoj proizvodnje, koji u procesu razvojne reprodukcije rada obeležavaju tri velike istorijske faze: ručne, mašinske i automatizovane obrade. Dok u prvoj fazi sredstva proizvodnje funkcionišu kao pomoćno sredstvo živog rada, u drugoj fazi je obrnuto jer je živi rad ovde u funkciji pomoćnog dodatka sredstvima proizvodnje, da bi u trećoj fazi bio potpuno potisnut iz neposrednog procesa proizvodnje. Ljudski rad se na taj način sve više oslobađa svoje proizvodne ljušture pretvarajući se malo po malo u slobodnu aktivnost što po svojoj suštini zapravo i treba da bude.

Taj proces je pun protivrečnosti koje svoj koncentrísani izraz dobijaju u naoko paradoksalnom trendu da se povećavanje slobode rada na jednoj, odvija kroz njeno smanjivanje na drugoj strani. Jedinstvo intelektualne i fizičke funkcije koje karakteriše ručnu proizvodnju, razbija se u mašinskoj proizvodnji i polarizuje na pripremno-kontrolnu i operativno-izvršnu funkciju tako da se prva sve više intelektualizira a druga sve više uprošćava svodeći se na čisto fizičke, do krajnosti dehumanizirane operacije. Samim tim vrši se i odgovarajuća polarizacija na stvaralački i rutinski, raznovrsni i jednolični rad, tako da sve veća sloboda na jednoj, i sve veća prinuda na drugoj strani postaju bitno obeležje mašinske proizvodnje.

Protivrečnosti mašinske proizvodnje razrešavaju se automatizacijom, koja fizički rad čoveka upotpunosti zamenjuje mehaničkim radom oslobađajući ljudsku energiju za slobodno stvaralaštvo. Ukidanjem fizičkog rada, i intelektualni rad se povlači iz neposrednog procesa proizvodnje, prepuštajući funkcije neposredne pripreme i kontrole "neintelektibilnijoj" ali preciznijoj elektronici. Automatizacija proizvodnje je u stvari poslednji i završni čin samooslobođenja ljudskog rada kojim se on upotpunosti oslobađa svoje životinjske ljušture u kojoj se začinjao i pod čijim se teretom razvijao.

Kroz taj razvoj rasla je stvaralačka, a time i proizvodna snaga rada, koji je zahvaljujući tome izrastao u sve moćniju silu ovladavanja prirodom. Oslobađanje stvaralačke snage rada nije se, međutim, moglo vršiti bez njegovog otuđivanja, kojim se njegova izvorna vrednost da stvara upotrebne vrednosti pretvara u ekonomsku vrednost kao svoju suprotnost. Iako se preko ekonomske vrednosti kao spoljašnjim izrazom svog otuđenja proizvodni rad potčinjava sopstvenom opredmećenju, bez toga njegovo oslobođenje praktično ne bi bilo moguće jer se time zapravo vrši njegovo samoprevazilaženje pretvaranjem iz prinudnog u slobodni rad.

Da je otuđivanje rada nezaobilazni put njegovog oslobođenja, proističe već iz toga što je ono nužan uslov ubrzanog rasta produktivnosti koji zapravo vodi smanjivanju proizvodnog i povećavanju slobodnog rada. A da se sloboda rada povećava u srazmeri sa rastom njegove produktivnosti, najnepobitnije dokazuje činjenica da se u istoj srazmeri smanjuje količina rada koji se otuđuje u jedinici prozvoda, što znači da izvorna vrednost rada raste u istoj meti u kojoj opada ekonomska vrednost kao njeno otuđenje.

Količina otuđenog rada u jedinici proizvoda može se smanjivati samo ako se povećava ukupna količina otuđenog proizvoda, što podrazumeva da se i ekonomska vrednost po jedinici proizvoda smanjuje samo pod uslovom da se povećava ukupna količina proizvedenih upotrebnih vrednosti. Ta međuzavisnost proističe otuda što se produktivnost rada kao uslov smanjivanja ekonomske vrednosti po jedinici proizvoda ne može povećavati ako se u procesu proizvodnje ne povećava količina opredmećenog rada angažovanog u funkciji proizvodnih sredstava.

Ali smanjivanje ekonomske vrednosti po jedinici proizvoda uslovljeno je istovremeno i relativnim povećavanjem ukupne ekonomske vrednosti koja se otuđuje u proizvodu. Ukoliko se sredstva proizvodnje razvijaju, utoliko njihova vrednost raste u odnosu na angažovani živi rad koji se razvijanjem proizvodnih sredstava smanjuje. Mada se smanjivanjem živog rada smanjuje i vrednost proizvodnih sredstava, njeno smanjivanje po prirodi reprodukcije opredmećenog rada zaostaje, zbog čega se razlika između živog i opredmećenog rada u strukturi osnovnih činilaca proizvodnje povećava.

Takav trend organskog sastava osnovnih činilaca proizvodnje neposredni je izraz zakonite tendencije oslobađanja ljudskog rada iz neposrednog procesa proizvodnje, koje čini okosnicu njegove razvojne reprodukcije. Dok je u manuelnoj tehnologiji dominantan činilac proizvodnje živi, u mašinskoj tehnologiji to sve više postaje opredmećeni rad. Pošto iz neposrednog procesa proizvodnje potpuno potiskuje ljudski rad zamenjujući ga mehaničkim radom, automatizacija ukidanjem otuđene ekonomske vrednosti opredmećenog rada do kraja oslobađa izvornu vrednost živog rada sadržanoj u njegovoj sposobnosti da stvara nove vrednosti.

Istorijski proces oslobađanja ljudskog rada može se u zavisnosti od razvoja tehnologije proizvodnje predstaviti na sledeći način:

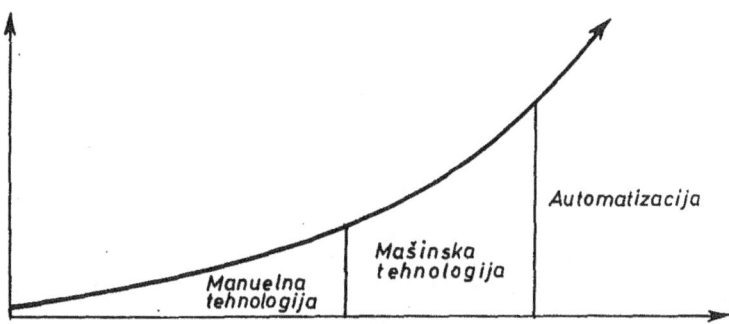

Krivulja oslobađanja rada, podudara se u osnovi sa krivuljom rasta njegove produktivnosti, koji je opet u korelaciji sa razvojem tehnologije, ali je upravo slobodni rad odlučujući činilac i razvoja tehnologije i rasta produktivnosti. Slobodni stvaralački rad, s jedne strane, stvara osnovne pretpostavke za razvoj tehnologije i podizanje produktivnosti, koji, s druge strane, stvaraju prostor za još brži razvoj slobodnog stvaralaštva. Tehnoloških revolucija ne bi bilo bez razvoja nauke, ali upravo tehnološke revolucije oslobađaju stvaralačke snage za naučna istraživanja.

Oslobađanjem radne energije i radnog vremena, rast produktivnosti stvara mogućnosti za reprodukovanje slobodnog rada u sve širem obimu. Slobodni rad povećava se u srazmeri sa smanjivanjem proizvodnog rada jer se slobodna energija i slobodno vreme povećavaju u srazmeri sa smanjivanjem proizvodne energije i proizvodnog vremena. Pretpostavka da će se proizvodni rad zamenjivati lenčarenjem, nespojiva je sa prirodom *ljudskog* bića, koje je u suštini *radno* biće, dok je lenčarenje svojstveno zapravo životinjskom biću čoveka, i redovni je pratilac proizvodnog rada kao neka vrsta protesta protiv njegovog prinudnog karaktera.

Ukidanje prinudnog karaktera proizvodnog rada izražava se pre svega kroz ukidanje dominacije proizvoda rada nad procesom rada odnosno opredmećenog rada nad živim radom. Kao osnovni smisao proizvodnog rada, proizvod svojim kvalitetom i obimom predodređuje proces rada koji se mora odvijati po unapred utvrđenom tehnološkom postupku i ponavljati prema potrebama fiziološke, nagonski determinisane reprodukcije života. Oslobađanjem od dominacije opredmećenog rada, živi rad se oslobađa spoljašnje svrsishodnosti kojom se njegovi tokovi spolja usmeravaju.

Zamenom spoljašnje svrsishodnosti unutarnjom samosvrsishodnošću, rad se iz prinudne aktivnosti pretvara u slobodnu aktivnost koja se kreće sopstvenim, nagonske predodređenosti oslobođenim tokovima. Tek se pod tim uslovom može razvijati karakteristična samosvojnost rada kao stvaralačke aktivnosti koja neprekidno teži novim i neponovljivim,

282

iz nje same izvirućim ciljevima. Kroz taj razvoj ljudski rad će se sve više približavati potpunom ostvarenju svoje suštine, oslobađajući se ne samo fizičkih već i rutinskih misaonih operacija i pretvarajući se u čisto inventivnu delatnost.

Reprodukcija društvenih odnosa

Pošto je rad društvena delatnost, njegovim reprodukovanjem reprodukuju se i društveni odnosi, koji su u osnovi određeni radom. Radeći i raspodeljujući proizvode rada, ljudi stupaju u određene međusobne odnose putem kojih se povezuju u odgovarajuću društvenu zajednicu. Karakter tih odnosa određen je u osnovi načinom rada i veličinom proizvoda koji se radom stvara, zbog čega svaka značajnija promena u reprodukovanju rada izaziva odgovarajuće promene u društvenim odnosima, koje opet sa svoje strane, povratno utiču na reprodukovanje rada.

Čak i pod aspstraktnom pretpostavkom čisto individualne proizvodnje, pojedinac ne radi samo za sebe već i za svoj porod sa kojim stupa u određene društveno-ekonomske odnose. Kao nužan uslov produženja vrste, reprodukcija poroda je istovremeno i životna potreba roditelja koju oni svojim radom moraju zadovoljavati ukoliko deca za to nisu sposobna. Zato su deca i roditelji upravo tim radom sudbonosno vezani jedni za druge, i nije njihova krvna srodnost već proizvodni rad kao uslov životne egzistencije, osnova porodičnog zajedništva, zbog čega se na reprodukciji rađa zasniva i reprodukcija porodice.

Kao društvena aktivnost, rad međutim, već sam po sebi podrazumeva međusobno povezivanje ljudi koje se u procesu njegove reprodukcije i samo reprodukuje kao društveni odnos. To povezivanje, kao i sve postojeće, ima svoju prostornu i vremensku dimenziju, bez kojih se ljudski rad objektivno ne bi mogao reprodukovati. Povezivanjem u prostoru i vremenu vrši se zapravo sve veće podruštvljavanje rada koje čini osnovu sve većeg razvijanja društvenih odnosa. Razvojnost njihove reprodukcije na taj način organski proističe iz razvojnosti reprodukcije ljudskog rada.

Prostorno povezivanje rada predstavlja osnovu prostornog povezivanja radnika i prostornog razvijanja društvenog zajedništva u celini. Samo zahvaljujući prostornom povezivanju rada, to zajedništvo se od minijaturne i u sebe zatvorene horde može proširiti do opštečovečanske komunističke zajednice bez ikavih društvenih ograda i pregrada. Zato razvoj prostornog zajedništva prolazi u osnovi isti put kao prostorno povezivanje rada na kojem se zapravo i zasniva.

I protivrečnosti kroz koje se razvija prostorno zajedništvo, samo su pojavni izraz protivrečnosti prostornog povezivanja rada. Jer kao što se prostorno povezivanje rada vrši kroz njegovu podelu i specijalizaciju, tako se prostorno zajedništvo širi kroz društvenu diferencijaciju na proizvodne organizacije i teritorijalno-političke zajednice, koje upravo zbog svoje parcijalnosti moraju međusobno komunicirati, baš kao što se podeljeni rad mora povezivati. Što je isparcelisanost rada i društva veća, to je veća i neophodnost njihove integracije, zbog čega put do slobodne opštečovečanske zajednice i vodi kroz protivrečan proces istovremene diferencijacije i integracije.

Dok je na osnovama manuelne tehnologije vladao naturalni oblik svaštarske proizvodnje, proizvodne jedinice i teritorijalno-političke zajednice su međusobno komunicirale uglavnom kroz ratne sukobe, a mirnodopski samo ukoliko su delimično razmenjivale svoje proizvode. Tek je specijalizovanom robno-novčanom proizvodnjom na osnovama mašinske tehnologije stvarana osnova za njihovo sudbonosno povezivanje i sve veće integrisanje u jedinstvenu svetsku zajednicu. Konačno razrešenje te protivrečnosti moguće je tek sa potpunom mehanizacijom proizvodnog rada, kojom se društvena podela rada do kraja zamenjuje njegovom tehničkom podelom.

Put do tog istorijskog cilja vodi pre svega kroz istorijsko podruštvljavanje rada. Kao što osnovu prostornog povezivanja ljudskog rada čini njegovo vremensko povezivanje, tako se prostorno zajedništvo zasniva na istorijskom zajedništvu. Svaki nivo društvenog zajedništva rezultat je celokupnog prethodnog razvoja društvenih odnosa, baš kao što je svaki nivo društvenog povezivanja rada rezultat celokupnog prethodnog razvoja njegove reprodukcije, koji ga vodi u pravcu sve većeg podruštvljavanja.

Povezivanje ljudskog rada u vremenu predstavlja osnovu generacijskog povezivanja ljudi. To što svaku novu generaciju društveno povezuje sa prethodnim generacijama je minuli rad koji od njih nasleđuje, i sve što je društveno povezuje sa predstojećim generacijama je rad koji im prenosi u nasleđe. Kao istorijska zajednica, ljudsko društvo je u svojoj osnovi zajednica rada jer sve što bilo koja generacija može društvu iza sebe ostaviti jesu samo rezultati njenog rada, koji narednoj generaciji služe kao polazna osnova za njen rad.

Jedino na toj osnovi društvena zajednica se i može razvijati od nižih oblika ka višim i od najužeg zajedništva zasnovanog na krvnom srodstvu ka opštečovečanskom zajedništvu zasnovanom na opštoj integraciji celokupnog tekućeg i minulog rada. Reprodukcija ljudskog društva je u svojoj osnovi reprodukcija ljudskog rada, čijim je razvojem stoga predodređen i njegov razvoj, zbog čega svaki zastoj u razvoju rada neizbežno uslovljava i stagnaciju u razvoju društva.

I protivrečnosti kroz koje prolazi razvoj društva, izraz su protivrečnosti koje se javljaju u razvoju rada. Kao što istorijski put do konačnog oslobođenja rada vodi kroz njegovo otuđivanje, tako se i kroz otuđivanje društva mora proći da bi se stiglo do njegovog oslobođenja. Iz vladavine opredmećenog rada nad živim radom nužno proističe i vladavina neradnika nad radnikom, koja svoj izraz dobija u klasnoj diferencijaciji i vladavini eksploatatorskih klasa nad proizvođačkim klasama.

Dok rad nije počeo da se reprodukuje u obliku otuđujuće privatne svojine, odnosi među ljudima bili su sasvim jednostavni i neposredni jer još nisu posredovani stvarima. Zato je sasvim jednostavno bilo i samo reprodukovanje društvenih odnosa, koji se nisu mnogo razlikovali od životinjskog zajedništva u pribavljanju i potrošnji životnih sredstava. Prakomunističko zajedništvo zasniva se uglavnom na prostoj reprodukciji rada i prostoj reprodukciji društvenih odnosa koja je veoma sporo i gotovo neprimetno prerastala u razvojnu reprodukciju.

Čim se, međutim, u procesu tog prerastanja pojavio nekakav višak proizvoda iznad fiziološkog minimuma životne egzistencije, razvojna reprodukcija i rada i društvenih odnosa dobila je rapidno ubrzanje jer se sve veći deo tog viška mogao usmeravati u razvoj proizvodnje koji je predstavljao materijalnu osnovu ukupnog razvoja društva. A da bi se razvoj proizvodnje ubrzao, bila je neophodna centralizacija viška proizvoda koja je podrazumevala njegovo otuđivanje od proizvođača i koncentrisanje u rukama relativno malog i sve manjeg broja vlasnika.

Time je smisao celokupne reprodukcije rada iz reprodukcije života pretvoren u reprodukciju privatne svojine, na čijoj je osnovi i reprodukcija društvenih odnosa dobila oblik reprodukovanja klasnih suprotnosti i klasne diferencijacije društva. Nasuprot klasi eksploatisanih prozvođača izdvojila se klasa eksploatatorskih prisvajača i povlašćenih upravljača društvenom reprodukcijom koji su i reprodukciju rada i reprodukciju društvenih odnosa podredili reprodukovanju privatne svojine.

Kao reprodukovanje privatne svojine reprodukcija otuđenog viška proizvoda postala je osnova reprodukcije otuđenog društva, koje se u procesu društvenog života postavlja iznad proizvođača baš kao što se u procesu privatnosopstveničke proizvodnje opredmećeni rad postavlja iznad živog rada. U takvom društvu proizvođač je pretvoren u puko sredstvo za reprodukovanje privatne svojine te mu pripada tek toliko kolika su materijalna sredstva tog reprodukovanja, o čemu nepobitno svedoči i činjenica da se rob u svemu izjednačava sa sredstvima proizvodnje a ni u čemu sa slobodnim ljudima, da se kmet tretira kao sastavni deo feuda, a proleter kao roba koja podleže svim zakonima robnog sveta i samo se formalno izjednačava sa slobodnim ljudima i to upravo radi toga da bi u procesu društvne reprodukcije mogao funkcionisati kao roba.

Reprodukcija klasnih odnosa omogućavala je da se eksploatacijom proizvođača privatna svojina sve više uvećava i koncentriše u rukama sve manjeg broja vlasnika, što je predstavljalo svojevrstan točak zamajac ubrzanog reprodukovanja rada. Pošto se privatna svojina reprodukuje kroz borbu za prisvajanje ne samo između eksploatatorske i eksploatisane klase, već i među pripadnicima same eksploatatorske klase, ona se pretvara u neprikosnovenu vladajuću silu društva koja sve snage i sve tokove društvene reprodukcije stavlja pod sopstvenu dominaciju.

Ta sila deluje po sopstvenim — ekonomskim zakonima koji upravljaju reprodukcijom proizvođačkog društva kroz koju se životinjska egzistencija čoveka transformiše u njegovu ljudsku egzistenciju. Pošto i sami znače razvojnu transformaciju prirodnih zakona u zakone slobodnog ljudskog delovanja, oni imaju protivrečan: i prinudni i slobodarski karakter, koji proističe iz suprotnosti različitih interesa čiji se sukobi u vidu svojevrsne rezultante razrešavaju i protivno i saglasno pojedinačnim težnjama, što se grafički može predstaviti u sledećem obliku:

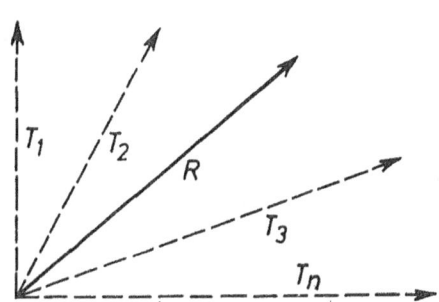

U sukobu različitih težnji nadjačavaju one koje imaju najsnažniji ekonomski oslonac, koji je po prirodi stvari na strani posedničkih klasa, zbog čega se društveni odnosi reprodukuju prvenstveno po njihovoj volji. Ali pošto ekonomska moć privatnih posednika nije podjednaka, i njihova klasna volja predstavlja neku rezultantu pojedinačnih volja koja najviše inklinira onim najmoćnijim. Pošto eksploatisani proizvođači ne poseduju ili poseduju relativno malu ekonomsku moć, oni u sukobu sa svojim eksploatatorima i kao pojedinci i kao klase ostaju u prodređenom položaju.

U nepomirljivim klasnim sukobima eksploatisani proizvođači mogu svoju moć povećati jedino ako uskraćivanjem eksploatacije oslabe ekonomsku moć eksploatatorskih klasa, koje da bi to onemogućile, stvaraju čitav aparat ideološke i nasilne prinude pomoću kojeg eksploatisane klase drže u pokornosti. Tako se reprodukovanjem otuđenog rada reprodukuju i otuđene društvene sile pomoću kojih se otuđivanje rada obezbeđuje i koje predstavljaju društveni oslonac za prinudno delovanje ekonomskih zakona.

Pošto ostvarivanje životnih težnji zavisi od ekonomske moći koja je određena veličinom privatnog poseda, borba za njegovo uvećavanje predstavlja osnovni moto životne egzistencije pod vladavinom opredmećenog rada. Zato se opredmećeni rad zapravo i izdiže iznad živog rada ne samo kao ekonomska već i kao duhovna snaga društva koja je istovremeno i osnovni motiv i odlučujući uslov duhovnog stvaralaštva, i koja stoga rad kao neposrednu životnu potrebu čoveka potiskuje sasvim ustranu.

U neizbežnoj trci za posedovanjem kao neophodnim uslovom i društvene moći i životne egzistencije, vodi se slično životinjskom svetu, opšta borba svih protiv svakog i svakog protiv sviju, što najbolje pokazuje da čovek iz tog sveta još nije sasvim iskoraknuo. Zato je svako sa svakim u nekom sukobu koji se, po pravilu, mora razrešavati arbitriranjem otuđenih društvenih sila da bi se društvo uopšte održalo kao zajednica suprotstavljenih individua.

Zbog ograničenosti društvenog proizvoda, trka za njegovim prisvajanjem vodi sve većoj centralizaciji privatnog poseda koja se zasniva na obezvlašćivanju eksploatisanih proizvođača i privatnih posednika. U uslovima naturalne proizvodnje ona se vrši prvenstveno ratnim osvajanjima, a u robno-novčanoj proizvodnji putem konkurencije. Sa zamenom naturalne proizvodnje robno-novčanom proizvodnjom, i nasilno obezvlašćivanje zamenjuje se obezvlašćivanjem putem ekonomske prinude.

Dok je produktivnost rada još na niskom nivou najpreči put centralizacije privatne svojine su nasilna (ratna i kolonijalna) osvajanja putem kojih se vrši bukvalno spajanje sitnijih poseda u krupnije. Na taj način su već u prvobitnoj zajednici vršena međuplemenska prisvajanja, a od samog nastanka klasnog društva međuklasna eksploatacija prerastala je u međunarodnu eksploataciju na čijoj su osnovi iz malih i u sebe zatvorenih državica izrastale velike imperije i moćni kolonijalni sistemi.

Industrijalizacija robno-novčane proizvodnje učinila je ekonomske metode centralizacije efikasnijim od nasilnih osvajanja. Za relativno kratko vreme savremeni svet je putem ekonomskog potčinjavanja gotovo neprimetno pretvoren u jedinstven kolonijalni sistem sa nekoliko eksploatatorskih kolonijalnih sila i ogromnom većinom eksploatisanih kolonija pretvorenih u svetski proletarijat. Da je međuklasna eksploatacija prerasla u sistem međunarodne eksploatacije, najbolje pokazuje činjenica da je ona danas intenzivnija između razvijenih i nerazvijenih, nego unutar pojedinih razvijenih zemalja.

Ekonomska centralizacija svojine započinje praktično već sa samim nastankom robno-novčane proizvodnje, ali se pri niskoj produktivnosti rada sporo ostvaruje zadržavajući u odnosu na nasilnu centralizaciju marginalnu ulogu sve dok se robno-novčana proizvodnja javlja samo kao dopuna naturalne proizvodnje. Ona je u stvari zakoniti proizvod neekvivalentne robne razmene koja omogućava da oni koji ostvaruju višu produktivnost i posluju pod povoljnijim uslovima prisvajaju na račun svojih partnera više nego što kroz razmenu daju.

Ukoliko takvi prisvajači ostvareni ekstradohodak ulažu u razvoj proizvodnje, njihov kapital se sve više uvećava na račun sitnih vlasnika koji u sve jačoj konkurenciji sve više gube i konačno propadaju. Rezultat tog procesa je da se broj vlasnika stalno smanjuje a veličina kapitala u njihovoj svojini uvećava sve dok se individualno vlasništvo na sredstvima proizvodnje konačno sasvim ne ukine.

Podstičući tako ubrzani razvoj proizvodnje, tržišna konkurencija je upravo time sve brže vodila sopstvenom ukidanju. Anarhija u društvu koja je iz nje proisticala, nasuprot savršenoj organizaciji u radionici, mogla se održavati pri još nerazvijenoj masovnoj proizvodnji, a čim se takva proizvodnja počela zahuktavati, ona je neizbežno vodila u sve dublje krize hiperprodukcije koje izazivaju velike poremećaje u društvenoj reprodukciji.

Zbog toga je već u privatno-sopstveničkoj proizvodnji, suprotno njenoj prirodi, moralo otpočeti zamenjivanje konkurencije udruživanjem i tržišne stihije društvenim planiranjem. Stvaranje akcionarskog kapitala i uvođenje državnog planiranja označili su prve značajnije korake u pravcu podruštvljavanja proizvodnje i prerastanja preduzetne organizacije u društvenu organizaciju rada, čime je istovaremno započet i proces prevazilaženja društvenih suprotnosti zasnovanih na privatno-sopstveničkom načinu proizvodnje.

Potiskivanje konkurencije na jednoj, izazivalo je njeno zaoštravanje na drugoj strani, što je podsticalo i ubrzavalo nasilnu centralizaciju kapitala u vlasništvu države. U konkurenciji sa krupnim akcionarskim kapitalom, sitni kapital se mogao održati jedino ukrupnjavanjem u još moćniji državni kapital, koje je u nerazvijenim zemljama vršeno eksproprijatorskim merama revolucionarnih i narodnooslobodilačkih pokreta. A jačanje državnog kapitala je sa svoje strane još više uticalo na širenje akcionarskog kapitala koji je iz nacionalnih prerastao u sve moćnije multinacionalne kompanije.

Međunarodna ekspanzija akcionarskog kapitala uticala je da se preko zajedničkih tržišta i razvojnih programa razvija i međudržavna saradnja, putem koje nacionalni kapitali praktično prerastaju u multinacionalne kapitale. Bez obzira na oblike povezivanja, u toku je proces ubrzane međunarodne centralizacije kapitala kojom se umesto mnoštva izolovanih i konkurentski suprotstavljenih kapitala stvara jedinstveni svetski kapital.

U tom procesu menjaju se i suprotnosti između najamnog rada i kapitala koje u antagonističkom odnosu između najamnih radnika i birokratije dobijaju nov klasni izraz. U zemljama koje su socijalističku revoluciju započele oružanim putem, buržoazija je praktično ukinuta samom eksproprijacijom privatnog kapitala, dok je u drugima postupno potiskivana narastanjem državnog kapitala i jačanjem uloge menadžerskog sloja u upravljanju privredom, tako da je danas bar u svetskim razmerama vodeću ulogu u upravljanju tokovima društvene reprodukcije preuzela birokratija.

Zato je suprotnost između birokratije i proizvođača već postala vladajući odnos savremenog sveta kojim se suprotnosti između buržoazije i radničke klase sve više potiskuju u drugi plan. I kako nacionalna polarizacija najamnog rada i kapitala prerasta u svetsku polarizaciju, tako i suprotnosti između proizvođača i birokratije prerastaju nacionalne okvire dobijajući svetske razmere. Pošto kapital dominira nad radom, odlučujuću ulogu u njegovom međunarodnom povezivanju nemaju radnici već državna i privredna birokratija, koja se naspram atomiziranih najamnih radnika sve čvršće povezuje u neprobojni međunarodni kordon.

Međunarodnom centralizacijom kapitala stvaran je sve veći jaz između bogatstva na jednoj, i bede na drugoj strani, sa kojim je povećavan i jaz između društvene moći birokratije i nemoći proletarizovanih proizvođača. Vladavina buržoazije nad radičkom klasom zamenjivana je vladavinom birokratije nad celim proizvođačkim društvom koja prerasta u opštedruštvenu dominaciju birokratizma providno prikrivenog formalnom demokratijom.

Pošto je centralizacija kapitala, kao nužan uslov razvoja proizvodnje, zakonit proces, i produbljivanje jaza između rada i kapitala je neizbežno, ali ono može ići samo do određene granice preko koje se pretvara u nepodnošljivu prepreku reprodukcije i rada i kapitala. O tu prepreku najpre udara proces automatizacije koja dolazi u nepomirljivi sukob sa najamnim karakterom rada, a bez najamnog rada ne može biti ni kapitala. Ukoliko bi se, međutim, proces automatizacije zaustavio, neizbežno bi stao i razvoj proizvodnje, zbog čega ukidanje suprotnosti između najamnog rada i kapitala postaje neminovno, čime se automatski ukidaju i najamni rad i kapital.

Reprodukciju najamnog rada i kapitala mora zameniti reprodukcija slobodnog rada i društvene svojine, koja otvara perspektive za neograničen razvoj i proizvodnje i slobodnog stvaralaštva. A kroz to će i reprodukciju najamnih odnosa zameniti reprodukcija slobodnog udruživanja rada koja će s isključenjem eksploatacije isključiti i odnose međusobnog potčinjavanja ljudi. Samo na osnovama slobodnog rada mogu nastati i slobodni odnosi među ljudima jer osnovu međuljudskih odnosa čine zapravo njihovi odnosi u samom radu.

Ukidanjem društvenog potčinjavanja ukidaju se i društvene nejednakosti koje se upravo na potčinjavanju održavaju. Ali pošto ekonomsku osnovu nejednakosti čini neekvivalentna razmena rada, odlučujući uslov njenog ukidanja je transformacija neekvivalentne razmene u ekvivalentnu razmenu rada, kojom se i odnosi potčinjavanja čine suvišnim i besmislenim jer njihov smisao zapravo i jeste u obezbeđenju neekvivalentne razmene. Kao osnova društvene jednakosti, ekvivalentna razmena rada je nužan i nezamenjiv uslov neposredne saradnje i ravnopravnog sporazumevanja među ljudima, kojih na osnovama neekvivalentne razmene ne može biti iz prostog razloga što niko ne prihvata odnos u kojem mimo sopstvene volje dobija manje nego što daje.

Odlučujući momenat ukidanja i neekvivalentne razmene i klasnog potčinjavanja, na kojima počivaju društvene nejednakosti, je ukidanje neekvivalentne razmene živog rada kao opšteg generatora svih razmenskih vrednosti. Čim se uspostavljanjem ekvivalentne razmene rada prestane od radnika otuđivati njegov rad, prestaće i otuđivanje njegove društvene moći kojoj se kao otuđenoj društvenoj sili mora pokoravati, pa će samim tim nestati i društvene podele na eksploatatore i eksploatisane te ugnjetače i ugnjetavane.

Raspodela prema radu, koja se na osnovama ekvivalentne razmene uspostavlja, jedini je pravi put za ukidanje klasnih nejednakosti i ostvarenje društvene jednakosti koja će isključivati svako potčinjavanje među ljudima. Samim tim ona je i jedini pouzdani znak da je ljudsko društvo stalo na istorijski put socijalističke transformacije iz klasne zajednice društvenih nejednakosti u besklasnu zajednicu komunističke jednakosti u kojoj će neposredna saradnja i potpuno ravnopravno sporazumevanje među ljudima postati vladajući društveni odnos.

Kao istorijski put do komunističkog zajedništva, socijalizam prema tome, nije društvo ostvarene jednakosti već samo proces njenog ostvarivanja, baš kao što je i raspodela prema radu samo put do komunističkog izobilja koje će svaku raspodelu kao društveni odnos učiniti besmislenom, i bez kojeg potpune jednakosti objektivno ne može biti. Pošto osnovu društvene jednakosti čine jednaki odnosi u radu i prema radu, ona se do kraja može ostvariti tek na osnovama potpuno slobodnog rada, do kojeg se može stići samo sve potpunijom automatizacijom proizvodnje i e doslednijom raspodelom prema radu. Potpuna društvena jednakost moguća je samo s one strane proizvodnog rada i s one strane raspodele prema radu.

Potpunu društvenu jednakost među pojedincima nemoguće je, međutim, ostvariti bez ostvarenja potpune jednakosti među narodima, baš kao što se potpuno jednaki odnosi u radu ne mogu ostvariti bez potpune raspodele prema radu koja mora zahvatiti sve sfere i sve odnose raspodele. Odnose eksploatacije i potčinjavanja među razvijenim i nerazvijenim zemljama moguće je prevazići jedino ekvivalentnom razmenom i raspodelom prema radnom doprinosu u kojoj će svako dobijati u zavisnosti od toga koliko svojim radom daje.

Pošto se ekvivalentnom razmenom rada ukidaju povlašćene pozicije i pojedinaca i pojedinih zemalja, ona se ne može ostvarivati bez revolucionarne akcije svih obezvlašćenih, koji bi u borbi za društvenu jednakost morali delovati kao međunarodni socijalistički pokret. Međunarodna zajednica može se demokratizovati samo kroz ravnopravnu saradnju nacionalnih zajednica koje se i same demokratizuju, a ni unutarnacionalne ni međunacionalne demokratizacije ne može biti bez zajedničke borbe za oslobođenje rada svih eksploatisanih i potčinjenih klasa i naroda. Zato je danas komunistički poklič "proleteri svih zemalja ujedinite se" aktuelniji no ikada.

Reprodukcija čoveka

Osnovni smisao reprodukcije rada je, s jedne strane, u reprodukovanju čoveka, ali je, s druge strane, i osnovni smisao reprodukcije čoveka u reprodukovanju rada. Čovek radi zato da bi živeo i živi da bi radio, ali on i ne bi mogao živeti ako ne bi radio kao što ne može raditi ako ne živi. Radom se reprodukuje radnik, a radnik je samo onaj ko se radom reprodukuje. Ako čovek ne može bez rada, on je u suštini radno biće (radnik), jer je rad njegova suština kao što je kretanje uopšte suština materije.

Ali rad nije samo nužan uslov postojanja, nego i razvoja čoveka. Razvojna reprodukcija rada osnova je razvojne reprodukcije čoveka, i kao što se rad odvija unapređujući se, tako i čovek egzistira razvijajući se. Kao generator životne egzistencije čoveka, rad je istovremeno i pokretačka snaga njegovog razvoja koji se jedino kroz rad i može odvijati. Razvoj rada i razvoj čoveka odvijaju se u stvari kao jedinstven proces jer je prvi zapravo osnova i sama suština drugog.

Da bi se reprodukovao kao generičko biće, čovek se mora reprodukovati kao biološko biće, zbog čega je fiziološka reprodukcija nužan uslov njegove generičke reprodukcije. Zadovoljenje fizioloških potreba neizostavna je pretpostavka zadovoljavanja duhovnih potreba, pa je i razvoj opštih bioloških potencija čoveka neizostavna pretpostavka za razvijanje njegovih generičkih potencija. Kao generičko biće čovek se može razvijati samo pod uslovom da se razvija kao biološko biće jer je njegova egzistencija samo poseban oblik biološke egzistencije.

Kao rezultat proizvodnog rada, fiziološka reprodukcija čoveka može se simbolički predstaviti u obliku sledećeg reprodukcionog lanca:

$$Pr \to S\check{z} \to Fp,$$

gde Pr označava proizvodni rad, Sž — sredstva životne egzistencije, i Fp — fiziološke potrebe čoveka. Proces reprodukcije započinje živim radom kao proizvodnom delatnošću, a završava zadovoljavanjem fizioloških potreba, koje se sa živim radom povezuje posredstvom opredmećenog rada u obliku sredstava životne egzistencije.

Neraskidivost tog lanca proističe iz nužnosti proizvodnog rada kao nezamenjivog sredstva fiziološke egzistencije. Da bi se vršilo fiziološko obnavljanje ljudskog organizma, moraju se zadovoljavati fiziološke potrebe, za što su neophodna odgovarajuća životna sredstva koja se stvaraju proizvodnim radom. Zato se ne samo taj lanac u celini, nego i svaka pojedina karika u njemu javlja kao nužan uslov reprodukcije jer se ni jedna ne može reprodukovati bez reprodukovanja ostalih.

Neposredni uslov fiziološke reprodukcije, kao sredstvo zadovoljavanja fizioloških potreba, nije međutim, živi nego samo opredmećeni rad koji je otuđen u proizvodu, i koji se stoga može i nepovratno otuđiti od radnika te postati sredstvom egzistencije neradnika.

Ali to je u principu moguće samo ako reprodukovanje opredmećenog rada premašuje fi-fiziološke potrebe radnika od kojeg se nepovratno može otuđivati samo višak iznad tih potreba.

Da bi se opredmećenim radom reprodukovala fiziološka egzistencija radnika, on se mora reprodukovati u odgovarajućem obimu kojim se može zadovoljiti određeni minimum fizioloških potreba. Takva reprodukcija predstavlja prostu reprodukciju životne egzistencije koja karakteriše prvobitnu zajednicu gde, po pravilu, svi žive na određenom minimumu iznad kojeg ne preostaje ništa što bi se moglo trajno otuđivati.

Mogućnost nepovratnog otuđivanja rada javlja se tek sa pojavom viška proizvoda koji pretiče iznad egzistencijalnog minimuma radnika i koji se stoga ne mora trošiti za podmirivanje njegovih potreba da bi se rad u tom obimu obnavljao. A sa time se istovremeno javlja i mogućnost da se živi bez sopstvenog rada, čime se zapravo i stvara privid da rad nije nužan uslov ljudske egzistencije već bogom darovano prokletstvo grešnika koji nisu zaslužili milost božiju da bez rada uživaju u carstvu ovozemaljskom.

Na tom nivou reprodukcija fiziološke egzistencije čoveka dobija oblik razvojne reprodukcije ali ne za radnika već za neradnika koji višak njegovog rada prisvaja. Dok radnik i dalje ostaje na fiziološkom minimumu egzistencije, prisvajač njegovog rada živi u izobilju, zadovoljavajući svoje potrebe neograničeno, tako da se reprodukuju dve vrste individua: jedna čija se reprodukcija svodi na prosto obnavljanje radne snage, i druga koja svoje potencije slobodno razvija.

Tako proširena reprodukcija može se simbolički predstaviti u sledećem obliku:

$$Pr \rightarrow Sž' \begin{array}{c} \rightarrow Fpr \\ \searrow Žpn \end{array} ; \text{ ili: } Pr \rightarrow Sž' \begin{array}{c} \rightarrow Sž \rightarrow Fpr \\ \searrow sž \rightarrow Žpn, \end{array}$$

gde Sž' označava uvećana sredstva životne egzistencije a sž samo uvećanje, Fpr — minimalne fiziološke potrebe radnika i Žpn — životne potrebe neradnika. Pošto se životna egzistencija radnika reprodukuje na istom — minimalnom nivou, celo uvećanje životnih sredstava koje izlazi iz procesa proizvodnje, ide na reprodukciju životne egzistencije neradnika.

Da bi to uvećanje na osnovama rasta produktivnosti, i samo raslo, prisvajač viška rada jedan deo tog rada usmerava u razvoj proizvodnih sredstava, tako da višak proizvoda iz procesa proizvodnje izlazi u dva različita oblika: u obliku životnih sredstava i u obliku sredstava proizvodnje, to jest:

$$Pr \overset{\displaystyle Por}{\underset{\displaystyle Vr}{<}} \overset{\displaystyle Sp}{\underset{\displaystyle Sž}{<}}$$

Jedan deo viška proizvoda, prema tome, ponovo ulazi u proces proizvodnje da bi iz njega izlazilo još veći višak proizvoda, pa i još veći deo životnih sredstava koji vlasnik proizvodnih sredstava prisvaja.

To je i osnovni motiv vlasnika proizvodnih sredstava da sve veći deo prisvojenog viška rada usmerava u razvoj proizvodnje, bez obzira na karakter proizvodnih odnosa. Takav motiv zadržava se i u socijalističkoj proizvodnji, samo što umesto individualnog interesa privatnog vlasnika pretpostavlja zajednički interes udruženih radnika. Jer u svim proizvodnim odnosima veća ulaganja u razvoj proizvodnje rezultiraju i većom proizvodnjom životnih sredstava, samo što se ona zavisno od karaktera proizvodnih odnosa različito raspodeljuju i prisvajaju.

290

U svim uslovima suprotnost između reprodukcije životne egzistencije i reprodukcije proizvodnih sredstava ispoljava se ne samo kroz sukobe klasnih interesa proizvođača i prisvajača njihovog rada, već i kroz suprotstavljanje trenutnih i dugoročnih interesa samog vlasnika proizvodnih sredstava. Pošto se ceo višak rada otuđuje od proizvođača, proizvodnja se ne može razvijati ako se jedan deo toga rada, na račun neposrednog poboljšanja životne egzistencije prisvajača, ne ulaže u razvoj proizvodnih sredstava da bi tek kroz efekte takvih ulaganja došlo i do poboljašanja životne egzistencije. Razvojna reprodukcija proizvodnih sredstava se na taj način javlja kao ograničavajući, ali i kao odlučujući faktor razvojne reprodukcije njihovog vlasnika.

Ta protivrečnost karakteriše svaku, pa i socijalističku proizvodnju, samo što ovde vlasnikom proizvodnih sredstava postaju sami udruženi radnici, zbog čega se i reprodukcija životne egzistencije u osnovi svodi na njihovo reprodukovanje, tako da se ukupna reprodukcija pojednostavljuje i svodi na:

$$Pr \underset{\searrow Sp'.}{\overset{\nearrow Sž' \rightarrow Žpr}{\Big\langle}}$$

I udruženi radnici moraju proizvodnju razvijati na račun neposrednog unapređivanja svoje egzistencije, koja se trajno može unapređivati samo stalnim razvijanjem proizvodnje.

To je istovremeno put i za trajno razrešenje protivrečnosti između reprodukcije životne egzistencije i reprodukcije proizvodnih sredstava. Razvijanjem proizvodnih sredstava povećava se produktivnost rada, čime se smanjuje količina rada potrebnog za reprodukciju životne egzistencije proizvođača. To najpre dovodi do pojave viška rada kojim se obezbeđuje slobodna reprodukcija njegovih prisvajača, a zatim do proizvodnje izobilja životnih sredstava koje omogućava i slobodnu reprodukciju samih proizvođača.

Razvoj proizvodnje na određenom stepenu već i sam po sebi zahteva konačno napuštanje egzistencijalnog minimuma proizvođača, koji sa sve većom intelektualizacijom proizvodnog rada mora sve potpunije zadovoljavati svoje životne, i fiziološke i duhovne, potrebe. Potpuno slobodna reprodukcija ljudske individue biće moguća tek sa potpunim ukidanjem proizvodnog rada, kad se čovek konačno oslobodi svakodnevne brige za fiziološku reprodukciju i u potpunosti se posveti svom generičkom reprodukovanju.

Isti put koji vodi razrešenju protivrečnosti između reprodukcije životne egzistencije i reprodukcije proizvodnih sredstava, put je i za razrešenje protivrečnosti fiziološke i generičke reprodukcije čoveka. Ukoliko se podizanjem produktivnosti smanjuje proizvodni, a povećava slobodni rad, utoliko zauzetost fiziološkom reprodukcijom ustupa mesto angažovanju na generičkoj reprodukciji, koja sve više postaje glavnom preokupacijom ljudskog bića.

Za razliku od fiziološke reprodukcije čiji je neposredni uslov opredmećeni rad, neposredni uslov generičke reprodukcije je sam živi rad kao neposredna generička potreba čoveka. Zato se proces generičke reprodukcije simbolički može predstaviti kao:

$$Žr \rightarrow Gp,$$

gde Žr označava živi rad, a Gp — generičke potrebe čoveka. Ali pošto se generičke potrebe čoveka zadovoljavaju samo slobodnim — samosvrsishodnim radom, lanac generičke reprodukcije autentično se, u stvari izražava sa:

$$Sr \rightarrow Gp.$$

Pošto su generičke potrebe čoveka neponovljive, njegovu generičku reprodukciju karakteriše kontinuirana razvojnost, kaja se simbolički može izraziti sa:

$$Sr \to Gp \to Sr' \to Gp' \to \ldots \to Sr^n \to Gp^n.$$

Svaki novi proces rada je nov ne samo po vremenu obavljanja već i po sadržini, tako da se svaki put čini novi korak u razvoju generičkih potencija, čime se zapravo ostvaruje kontinuiran razvojni trend generičke reprodukcije ljudske individue.

Generička reprodukcija jedinke je samo karika u generičkoj reprodukciji vrste. koja se takođe odlikuje razvojnim kontinuitetom. Svaka nova generacija samo nadovezuje svoje stvaralaštvo na tekovine prethodnih generacija krećući novim stvaralačkim stazama i praveći nove korake u razvoju generičkih potencija vrste. Istorijski trend generičke reprodukcije vrste pokazuje da se taj razvoj odvija geometrijskom progresijom sa tendencijom sve većeg ubrzavanja.

Upravo takav trend generičke reprodukcije omogućava da ubrzano raste proizvodna snaga rada kojom se vreme fiziološke reprodukcije čoveka progresivno smanjuje sve do potpunog ukidanja proizvodnog rada, što se grafički može predstaviti na sledeći način:

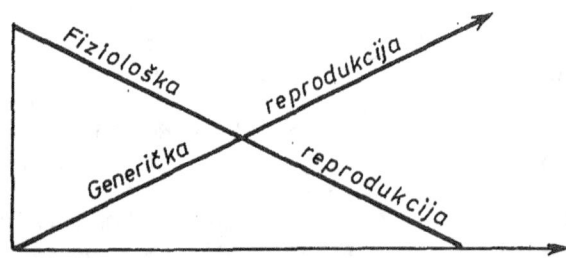

U uslovima komunističkog izobilja, koje će omogućiti potpuna automatizacija proizvodnje, društvena reprodukcija čoveka svešće se praktično na njegovo generičko reprodukovanje jer će se fiziološka reprodukcija ljudskog organizma svesti na prirodno obnavljanje za koje neće biti potreban nikakav poseban trud pored onog koji zahteva slobodno stvaralaštvo. Fiziološka reprodukcija odvijaće se u stvari kao prirodni "nusprodukt" generičke reprodukcije jer će se automatizovana proizvodnja sredstava životne egzistencije zasnivati na slobodnom umesto na proizvodnom radu čoveka.

Reprodukcija *čoveka* zapravo i jeste reprodukcija njegovog *generičkog* bića, dok fiziološka reprodukcija predstavlja reprodukciju njegovog životinjskog bića koja ga biološki vezuje za ostali životinjski svet. Dominacija fiziološke reprodukcije nad generičkom reprodukcijom samo svedoči da je čovek na prelazu iz životinjskog u ljudsko carstvo te da je kao slobodno stvaralačko biće još na putu ostvarivanja svoje suštine.

Taj put je u stvari put oslobađanja čoveka od prirodne nužde i njegovog samoprevazilaženja kao životinjskog bića u težnji da postane slobodno "natprirodno" biće. Dominacija fiziološke reprodukcije nad generičkom reprodukcijom samo je izraz domancije prirodnog nagona nad slobodnom voljom, koja se jedino stvaralačkim radom može prevladati i obrnuti u dominaciju slobodne volje nad nagonom. Takvim radom čovek će se osposobiti ne samo da nagonske potrebe posredstvom atuomatizovane proizvodnje zadovoljava, već i da ih, ovladavajući prirodnim zakonima, po sopstvenoj volji svesno reguliše.

292

Dominacija opredmećenog rada nad živim radom, i proizvodnog rada nad slobodnim radom proističe zapravo iz dominacije prirodnog nagona nad slobodnom voljom radnika. Da bi zadovoljio nagonske potrebe, radnik *mora* obezbediti odgovarajuća životna sredstva, a da bi ih obezbedio, on *mora* raditi, zbog čega se njegova egzistencija više sastoji od moranja nego od slobodnih htenja. Njegovo robovanje stvarima neodoljivo mu se nameće kao neodvojivi produžetak robovanja životinjskim nagonima.

. Preko otuđivanja rada radnik se otuđuje od samoga sebe gubeći potencijalnu slobodu sopstvenog delovanja u stvarnom razmetanju drugoga. Kao što se otuđeni rad akumulira u privatnom posedu, tako otuđena sloboda radnika nestaje u obesti neradnika. I razmah obesti neradnika jednak je širini otuđene slobode radnika, baš kao što je veličina privatnog poseda jednaka količini otuđenog rada jer se ništa ne može steći na jednoj, što se ne otuđi na drugoj strani.

Iz suprotstavljenosti živog i opredmećenog rada proističe suprotstavljenost robstva radnika i obesti neradnika, pa se i na vladavini opredmećenog rada nad živim radom zasniva vladavina neradnika nad radnikom. Nemoć vladanja prirodom nadomešta se vladanjem ljudima pomoću koje se vlada i prirodom, jer ukoliko su još nerazvijena materijalna sredstva ovladavanja prirodom, u sredstvo njenog potčinjavanja čoveku pretvara se sam čovek. Zato se ogromna većina društva reprodukuje kao roblje da bi se samo neznatna manjina reprodukovala slobodno, ali i to je veliki napredak u odnosu na prvobitno stanje kad su bukvalno *svi* robovali prirodi.

Izgleda čudnovato ali je zakonito da istorijski put do konačnog oslobođenja čoveka vodi preko njegovog porobljavanja, baš kao što se oslobađanje ljudskog rada vrši posredstvom njegovog otuđivanja. Kao što se bez privatne svojine ne može stići do komunističkog izobilja, tako se ni potpuna društvena sloboda ljudske jedinke ne može ostvariti bez klasnog potčinjavanja. I ma koliko da je nehumana, klasna diferencijacija društva je nezaobilazni put do njegove potpune humanizacije.

Proces oslobađanja čoveka od prirodne nužde počinje praktično sa njegovim nastankom, i odvija se u zavisnosti od oslobađanja ljudskog rada jer je sloboda čoveka u suštini određena slobodom njegovog rada. Oslobađanje od prirodne nužde je pre svega oslobađanje od proizvodnog rada kojim se ona mora zadovoljavati. Ukoliko se podizanjem produktivnosti smanjuje proizvodni a povećava slobodni rad, utoliko se smanjuje i robovanje a povećava sloboda radnika.

Sloboda čoveka je u slobodi od prinudnog, i u mogućnosti slobodnog rada, te je u obrnutoj srazmeri sa prvim, a u upravnoj srazmeri sa drugim. Slobodan čovek nije neradnik već slobodni radnik jer ako je rad suština ljudskog bića, onda je i suština njegove slobode u slobodnom radu. Stoga je i reprodukcija čoveka kao slobodnog bića u suštini reprodukcija slobodnog rada. Čovek je zapravo samo utoliko slobodan ukoliko je ne samo u mogućnosti da slobodno dela već ukoliko to i stvarno čini.

Stvaranjem viška proizvoda, razvoj manuelne proizvodnje je od proizvodnog rada najpre oslobodio njegove prisvajače, dok mašinska tehnologija, skraćivanjem radnog vremena te intelektualizacijom proizvodnog rada, sve više oslobađa i samog radnika. Potpuno oslobođenje celog društva biće moguće tek sa potpunom automatizacijom prozvodnje, kojom će se ne samo osloboditi sve stvaralačke snage čoveka nego će biti isključena i svaka mogućnost društvenog potčinjavanja kojim se čovek kao objekat porobljavanja pretvara u sredstvo oslobađanja drugog čoveka.

Sopstvenim oslobađanjem čovek se ne "oslobađa" odnosa sa drugim čovekom jer to što kao društveno biće jeste zapravo jeste samo u odnosima sa drugima. U tim odnosima se njegova dručvena sloboda jedino i ogleda, te od njihove razvijenosti zavisi i njen domet. Dok su u početku prirodnom nuždom bili vezani, ljudi skoro da se nisu svesno ni odnosili jedni prema drugima, i sve što su činili diktirano je pretežno slepim nagonom. Tek su kroz zajednički rad postajali svesni i svojih odnosa i granica svoje slobode, koje su opet samo kroz rad mogli razvijati.

Socijalizacija ljudske jedinke odvijala se u stvari u sudbonosnoj zavisnosti od podruštvljavanja ljudskog rada, kojim je zapravo sudbonosno i određena. Nepovezanosti manuelnog rada odgovarala je i nepovezanost manuelnih radnika, koji su komunicirali uglavnom u najužem porodičnom krugu, te su i društvene granice njihove slobode bile vrlo skučene. Internacionalizacijom ljudskog rada mašinska tehnologija reprodukovanju ljudske jedinke daje sve više kosmopolitska obeležja, te utoliko i njena sloboda dobija kosmopolitski karakter.

Kao podruštvljavanje ljudskog rada, tako i socijalizacija ljudske jedinke ima protivrečan istorijski tok. U prvobitnoj zajednici problem socijalizacije nije se ni postavljao sve dok s diferencijacijom rada nije otpočela i socijalna diferencijacija. U jednoličnom zajedničkom radu sa kolektivnom potrošnjom jedinka je praktično bila "stopljena" s kolektivom u kojem se još nije izdvajala kao samostalna ličnost.

Reprodukovanje ljudske jedinke kao samostalne ličnosti počinje tek sa nastajanjem društvene podele rada i privatne svojine, kojim je zapravo i stvarana materijalna i društvena osnova lične samostalnosti. A osamostaljivanja ljudskih jedinki nije moglo biti bez njihovog društvenog povezivanja, baš kao ni podele rada bez njegovog društvenog integrisanja, jer niti dela ima bez celine ni samostalnosti bez jedinstva.

Na osnovama privatne svojine to jedinstvo se, međutim, sastojalo sve iz samih antagonističkih suprotnosti klasnih, te pojedinačnih i zajedničkih interesa, pa se i socijalizacija ljudske jedinke zasnivala na njenoj egocentričnosti. Svaka klasa i svaka jedinka težili su prvenstveno sopstvenom održanju odnoseći se prema suprotnoj strani kao sredstvu za ostvarenje svojih ciljeva, i tek na uzajamnoj suprotstavljenosti takvih težnji uspostavljano je i silom održavano jedinstvo.

Na osnovama svojinskog monopola ljudi se ne mogu ni reprodukovati drugačije nego kao egocentrične i međusobno suprotstavljene individue jer se reprodukovanje jednih neizbežno ograničava reprodukovanjem drugih kao što se i njihovi svojinski monopoli na uslove reprodukcije međusobno ograničavaju. Zato se i odnosi među takvim individuama reprodukuju kao antagonističke suprotnosti kroz koje one jedna prema drugoj istupaju prvenstveno kao protivnici pa i kada su u zajedničkim akcijama saveznici.

Ako je svojinski monopol osnovni uzrok reprodukovanja egocentrične ličnosti, onda se samo njegovim ukidanjem može i ono ukinuti. Ukoliko se u procesu tog ukidanja, na osnovama demonopolizirajuće društvene svojine, vrši slobodno udruživanje rada i zajedničko zadovoljavanje životnih potreba, utoliko reprodukciju egocentrične ličnosti zamenjuje reprodukcija socijalizirane ličnosti, koja se u odnosima međusobne zavisnosti udruženih radnika od same sebe sve više okreće i drugima, što se grafički može izraziti na sledeći način:

El   Pel   Sl

294

Egocentrična ličnost koja se reprodukuje na osnovama privatne svojine, preobražava se na osnovama društvene svojine u socijaliziranu ličnost koja će se tek u uslovima komunističkog izobilja reprodukovati kao potpuno slobodna jedinka koja će u drugim jedinkama tražiti i nalaziti samu sebe. Ako se pri prinudnom radu čovek prinudom vezuje za druge ljude, pri slobodnom radu on to čini po slobodnoj volji, ali ne iz koristoljublja već iz ljudske potrebe za drugim čovekom u kojem se zapravo potvrđuje kao društveno biće.

Sa promenom karaktera ljudskog rada zakonito se menja i karakter ljudske ličnosti jer je čovek u suštini to što je kao radnik. U uslovima prvobitnog zajedništva čovek je se prema čoveku odnosio prirodno i neposredno bez skrivanja svojih namera jer drugačije nije ni mogao, ali takav odnos nije proisticao toliko iz slobodne volje koliko iz objektivnih uslova egzistencije koji su ga činili nužnim i sudbonosnim.

U uslovima otuđivanja rada, iz kojeg je neizbežno proisticalo i otuđivanje čoveka, ljudska jedinka je u odnosima sa drugim jedinkama morala prikrivati svoje namere, baš kao što je otuđeni rad kojim su ti odnosi posredovani, prikrivao svoje izvorište – živi rad. Dvojnosti ljudskog rada odgovara dvojnost ljudske ličnosti u kojoj otuđena ličnost dominira nad izvornom ličnošću kao što otuđeni rad dominira nad izvornim radom.

Zato pod dominacijom otuđenog rada nad izvornim radom licemerje dominira nad iskrenošću, laž nad istinitošću, a prevara nad dobročinstvom. I to nije rezultat neke bogomdane poročnosti čoveka već nužan uslov njegovog održanja, koje bez otuđenog rada kao sudbonosnog uzročnika te poročnosti, ne bi bilo moguće. Ljudi se jedni prema drugima ne ponašaju neljudski iz nekih urođenih pobuda, već iz ličnog koristoljublja koje se pri otuđivanju rada javlja kao društveni uslov njihove egzistencije.

Stoga se dvojnost ljudske ličnosti ne može prevazići bez prevazilaženja dvojnosti ljudskog rada na kojoj se objektivno zasniva i iz koje nužno proističe. Čovek će se prema drugima odnositi ljudski tek kad se ljudski bude odnosio prema samome sebi, a prema sebi se može odnositi ljudski kad svoje težnje za slobodnim delanjem ne bude u borbi za golu egzistenciju morao potiskivati prinudnim radom. Sve dotle ljudski poroci se mogu osuđivati i osudom potiskivati, ali se ne mogu iskoreniti dok se ne iskoreni prinudni, i u potpunosti ne omogući slobodni rad.

Potiskivanjem slobodnog rada prinudnim radom vrši se i potiskivanje slobodnog razvoja generičkih potencija čoveka fizičkim iscrpljivanjem na obezbeđenju fiziološke reprodukcije, iz čega takođe nastaje potreba za lažnim predstavljanjem kao prividnom kompenzacijom nerazvijenih potencija. Kao univerzalni stvaralac, čovek je po generičkoj prirodi univerzalno biće, te ukoliko nije u mogućnosti da se istinski svestrano ispolji, on to čini lažnim ispoljavanjem.

Nemogućnost svestranog razvoja ljudske ličnosti proističe iz nemogućnosti svestranog rada pošto se generičke potencije čoveka samo radom mogu razvijati te ukoliko je njegov rad jednostran, i on se mora jednostrano razvijati. Društvenom podelom rada čovek je neizbežno osuđen na jednostranu aktivnost pa samim tim i na jednostrano razvijanje generičkih potencija, zbog čega se u generičkom pogledu reprodukuje kao okrnjena ličnost. I tek kroz društvenu komplementarnost jednostrano razvijenih jedinki reprodukuje se univerzalna društvena zajednica, baš kao što se kroz društveno povezivanje jednostranih pojedinačnih radova reprodukuje univerzalni društveni rad.

Pitanje da li se ljudska jedinka može razviti u univerzalnu ličnost, svodi se u suštini na pitanje da li ona može postati univerzalni radnik. A da li je moguć univerzalni radnik, zavisi od toga da li je moguć slobodni rad koji je po svojoj suštini univerzalan inače ne bi bio slobodan. Ako je čovek već na početnom stadijumu svog razvoja radio sve što je morao, zašto na najvišem stadijumu ovladavanja prirodom ne bi mogao raditi sve što želi.

Mogućnost univerzalnog rada kao osnove univerzalne ličnosti, određena je pre svega stvaralačkom snagom·rada, a ukoliko stvaralačka moć rada određuje njegovu univerzalnost, utoliko je i univerzalnost ljudske jedinke određena njenom stvaralačkom moći. Moć pojedinca raste zapravo od potpune nemoći do opšte svemoći, kao god što i stvaralačka moć ljudskog rada raste od nule do beskonačnosti.

U početku je čovek bio potpuno nemoćan i prema prirodi i prema društvenoj zajednici jer je rad kao oblik ljudskog ovladavanja prirodom tek nastajao. Manuelna tehnologija mu je omogućavala da se na relativno niskom nivou stvaralačke moći rada bavi opštim svaštarenjem, a da bi ta moć dalje rasla, krug njegovog zanimanja morao se sve više sužavati sve do najjednostavnijih operacija poluautomatizovane proizvodnje.

Društvenom podelom rada moć pojedinca je sužavana da bi se širila·moć društvene zajednice, pa je i njegova univerzalnost smanjivana u srazemri sa povećavanjem univerzalnosti zajednice. Time je parcijalna moć pojedinaca otuđivana u integralnu moć zajednice koja je stoga funkcionisala kao otuđena i pojedincu nadređena društvena sila. Na osnovama razvijene podele rada moć pojedinca i moć otuđene zajednice stoje zapravo u obrnutoj srazmeri.

Pojedinac se, međutim, ne može učiniti moćnim tako što bi se zajednica učinila nemoćnom. Suprotnost nemoći pojedinca i svemoći zajednice moguće je razrešiti jedino obostranim jačanjem moći i na jednoj i na drugoj strani putem potpune automatizacije proizvodnje i potpune demokratizacije društva. Jer to je jedini pravi put za potpuno ukidanje proizvodnog rada i njegove društvene podele, kojim se ukidaju sva društvena ograničenja slobodnog stvaralaštva, bez kojeg ne može biti moćne i univerzalne ličnosti.

Na osnovama slobodnog rada univerzalna moć zajednice ispoljavaće se kroz univerzalnu moć njenih članova, i obratno. I reprodukcija pojedinca će se u tom pogledu ostvarivati kao reprodukcija zajednice u malom, a reprodukcija zajednice kao reprodukcija pojedinca u velikom. Tek tada će do kraja biti oslobođene stvaralačke snage čoveka koje će se u potpunosti usmeriti na slobodno stvaranje kao osnovni smisao ljudske egzistencije.